U0906607

2014

江西统计年鉴

Jiangxi Statistical Yearbook

江西省统计局　国家统计局江西调查总队·编

总第32期

图书在版编目（CIP）数据

江西统计年鉴. 2014：汉英对照 / 江西省统计局，国家统计局江西调查总队编. -- 北京：中国统计出版社，2014.9
ISBN 978-7-5037-7264-1

Ⅰ. ①江… Ⅱ. ①江… ②国… Ⅲ. ①统计资料－江西省－2014－年鉴－汉、英 Ⅳ. ①C832.56-54

中国版本图书馆 CIP 数据核字(2014)第 204508 号

江西统计年鉴-2014

作　　者/ 江西省统计局　国家统计局江西调查总队
责任编辑/ 佘竞雄　洪　安　周丽琴
装帧设计/ 黄正坤　史屹伟
出版发行/ 中国统计出版社
地　　址/ 北京市丰台区西三环南路甲 6 号　邮政编码/100073
电　　话/ 邮购（010）63376909　书店（010）68783171
网　　址/ http://csp.stats.gov.cn
印　　刷/ 江西昌和特种票证有限公司
经　　销/ 新华书店
开　　本/ 890mm×1240mm　1/16
字　　数/ 1200 千字
印　　张/ 34
版　　别/ 2014 年 9 月第 1 版
版　　次/ 2014 年 9 月第 1 次印刷
定　　价/ 400.00 元

本书附同版本 CD-ROM 一张，光盘内容以书面文字为准。
如有印装差错，由本社发行部调换。

《江西统计年鉴2014》编辑部

Jiangxi Statistical Yearbook 2014 Editorial

经济总量
Economic Aggregate

▶地区生产总值(亿元)
Gross Domestic Product(100 million yuan)

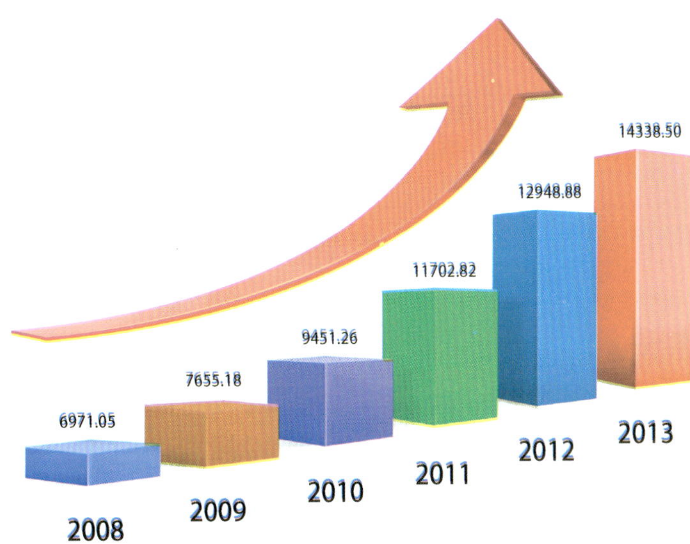

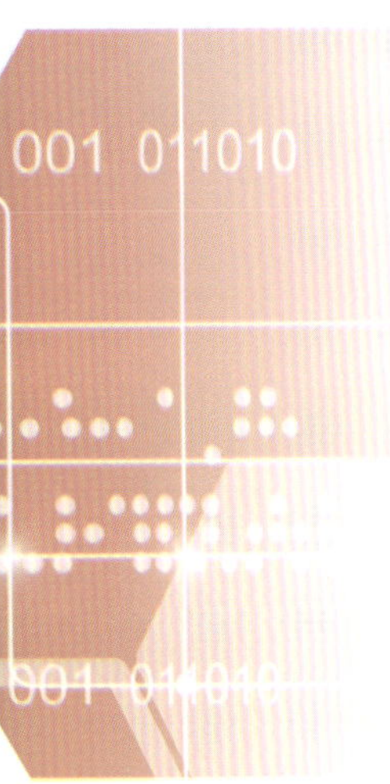

▶财政总收入(亿元)
Government Revenue(100 million yuan)

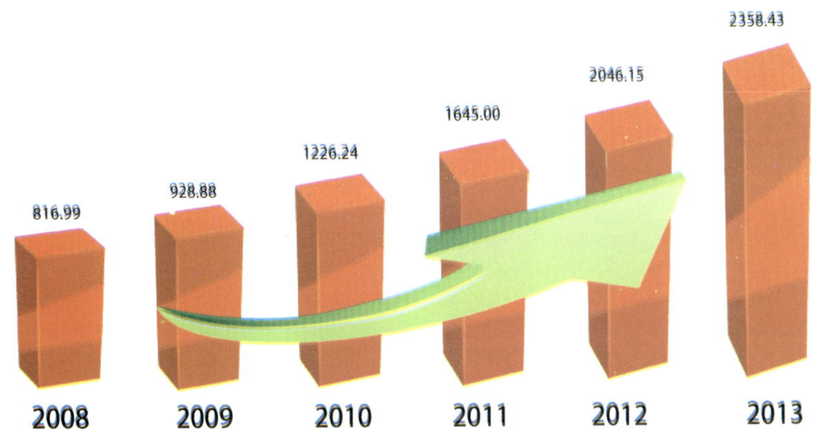

产业结构
Industrial Structure

▶三次产业结构
Three Industrial Structure

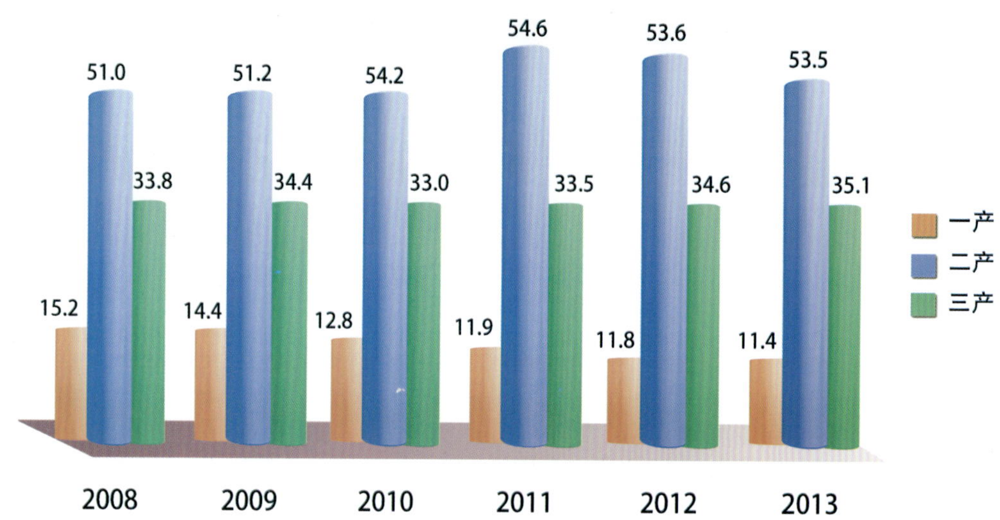

▶农业总产值及工业增加值(亿元)
Agricultural Output and Value-added of Industrial(100 million yuan)

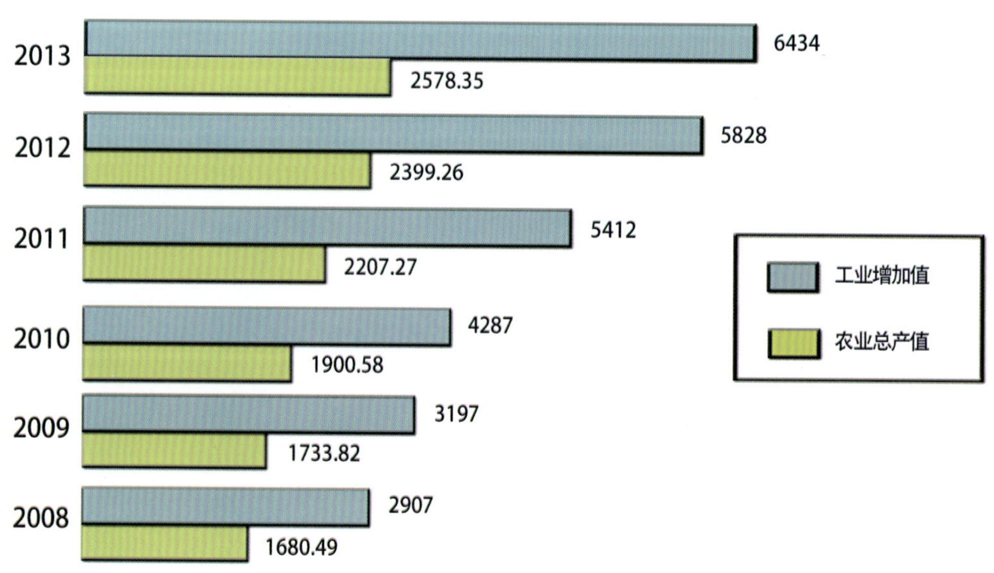

基础设施
Infrastructure Construction

▶固定资产投资(亿元)
Investment in Fixed Assets(100 million yuan)

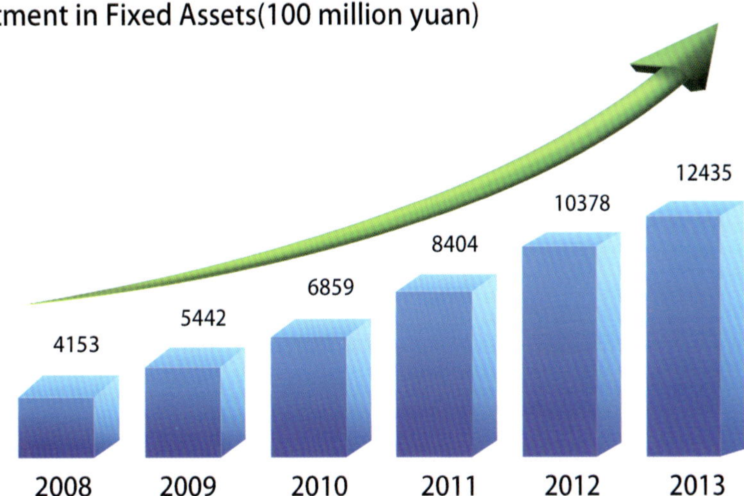

▶高速公路(公里)
Expressway(kilometer)

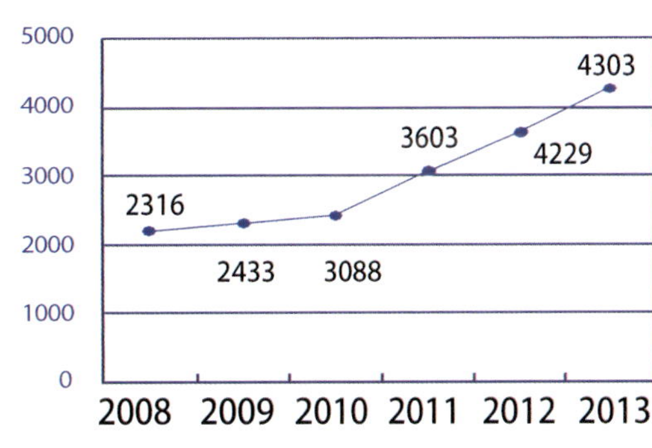

▶城镇化率
Urbanization Rate

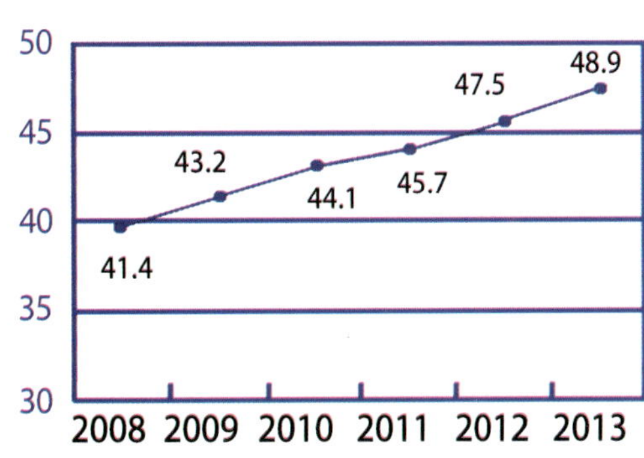

对外开放
Opening to the outside world

▶进出口总额(亿美元)
Total Value of Imports and Exports(USD 100 million)

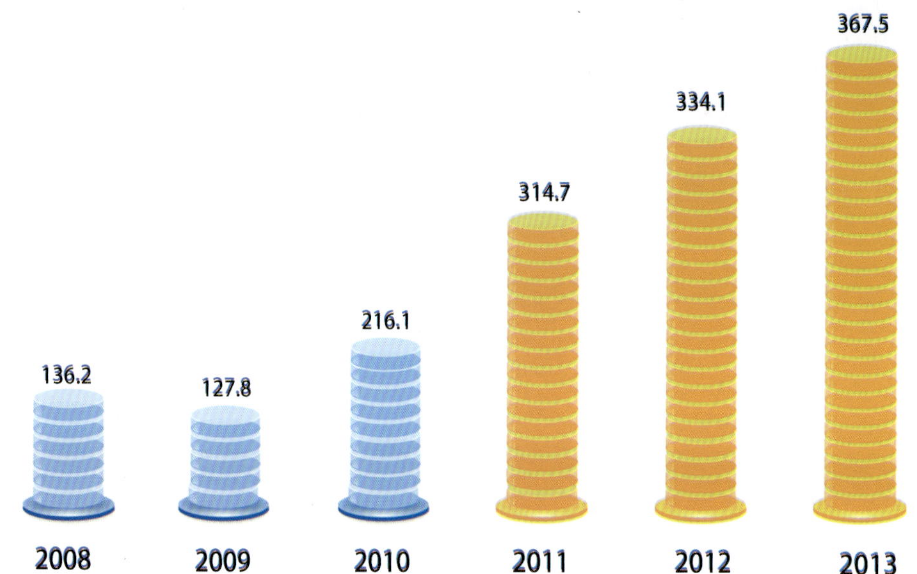

▶实际利用外商直接投资(亿美元)
Direct Foreign Investments(USD 100 million)

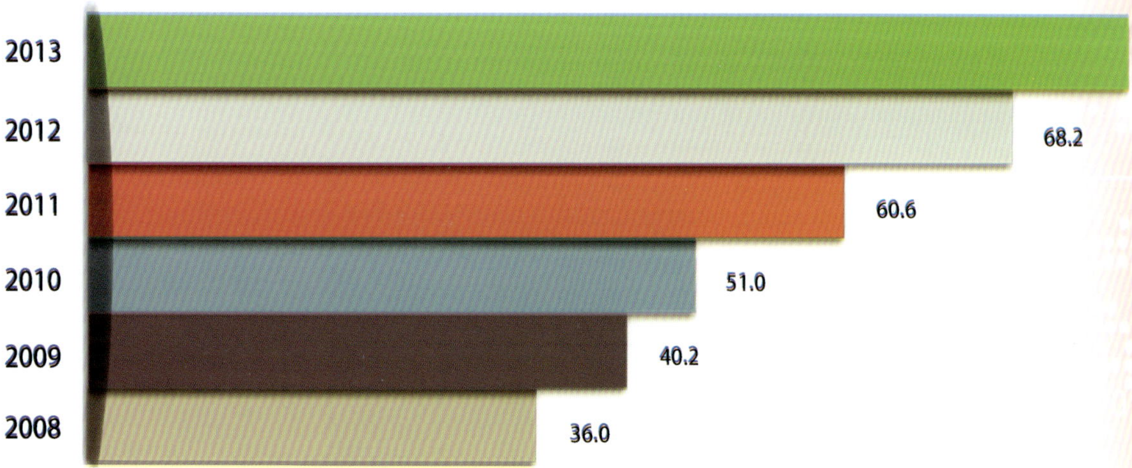

贸易、旅游
Trade and Tourism

▶社会消费品零售总额(亿元)
Total Retail Sales of Consumer Goods(100 million yuan)

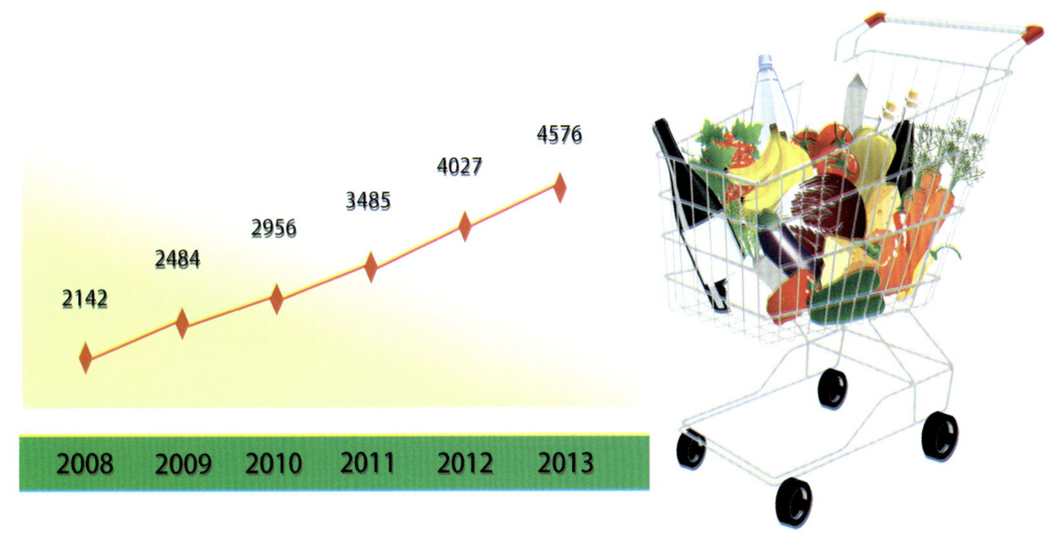

▶入境旅游人数(万人次)
Number of Overseas Visitor Arrivals(10000 person-times)

▶旅游外汇收入(万美元)
Foreign Exchange Earnings from International Tourism(USD 10000)

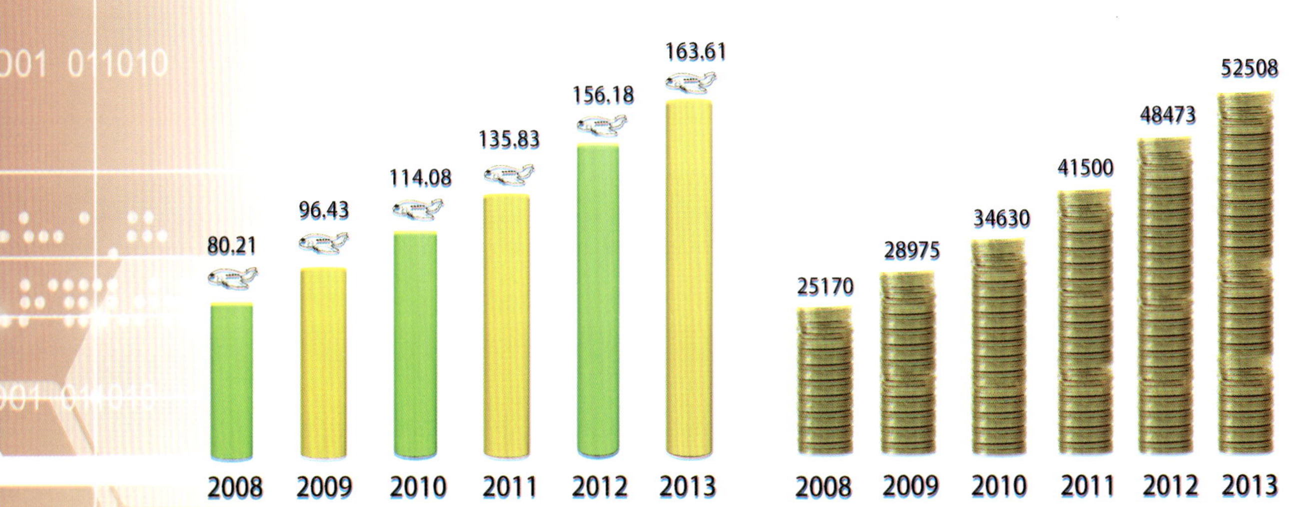

人民生活
People's Livelihood

▶城镇居民人均可支配收入(元)及农民人均纯收入(元)
Per-capita Disposable Income of Urban Households(yuan) and Per-capita Net Income of Rural Residents(yuan)

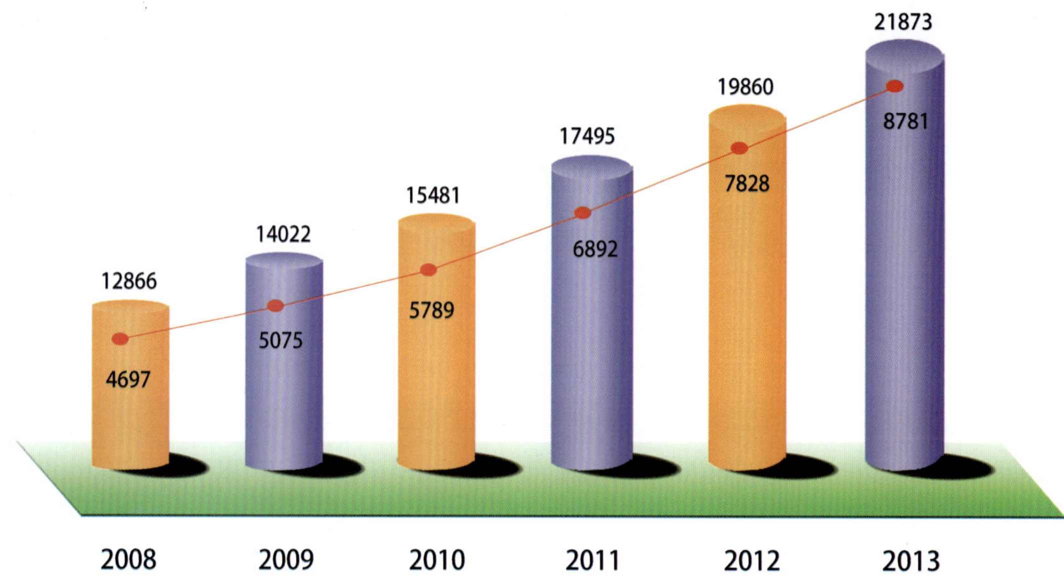

▶城乡居民储蓄存款(亿元)
Balance of Savings Deposit in Urban and Rural Areas(100 million yuan)

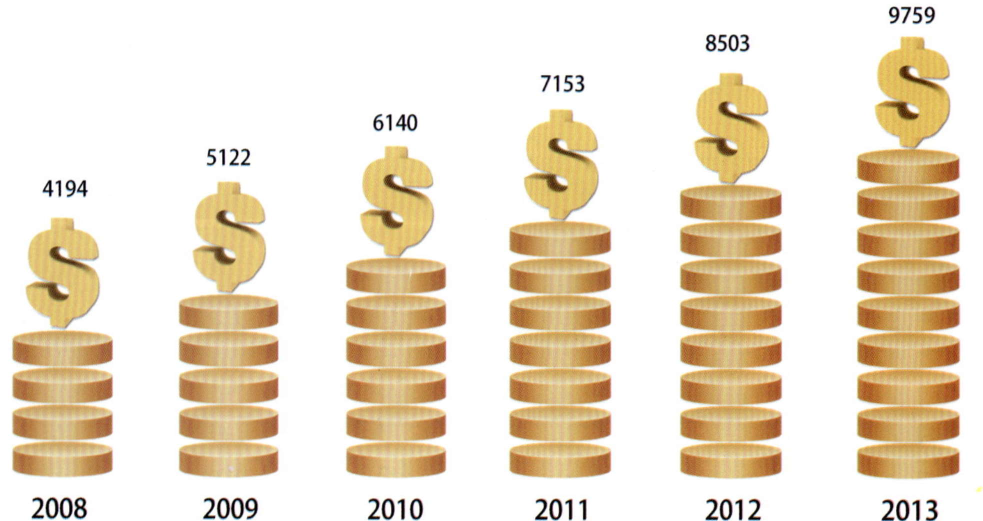

社会事业
Social Undertakings

▶高等学校在校学生数(万人)
Total Enrollment of Regular Institutions of Higher Eduction(10000 persons)

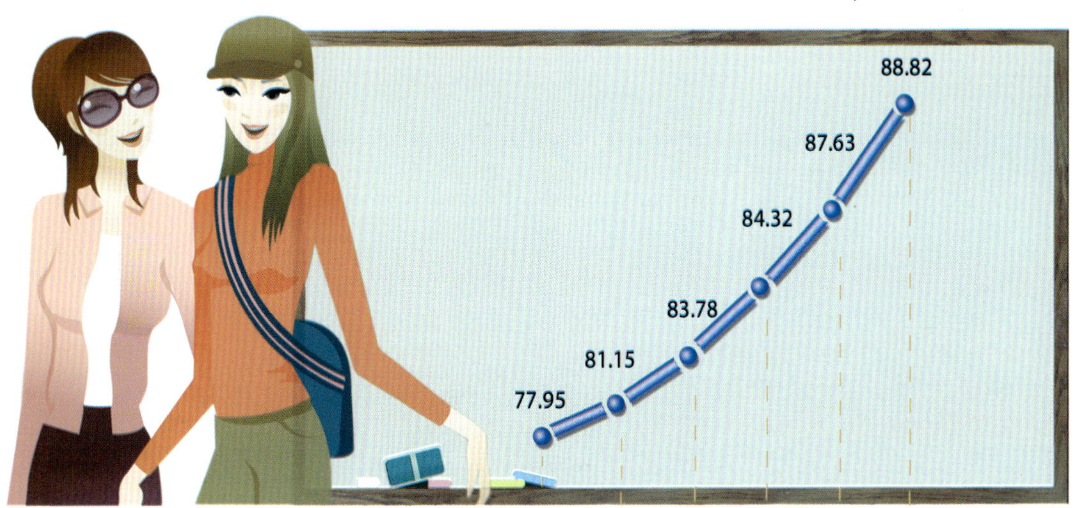

▶卫生技术人员(万人)
Medical Technical Personnel(10000 persons)

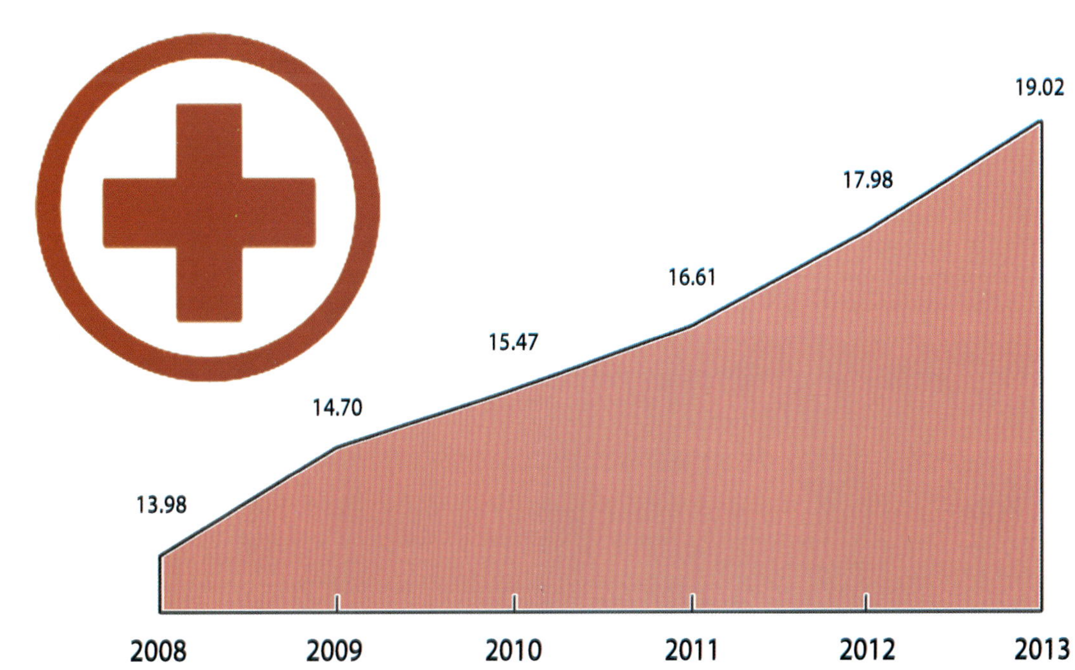

生态建设
Ecological Construction

▶森林覆盖率%
Forest Coverage%

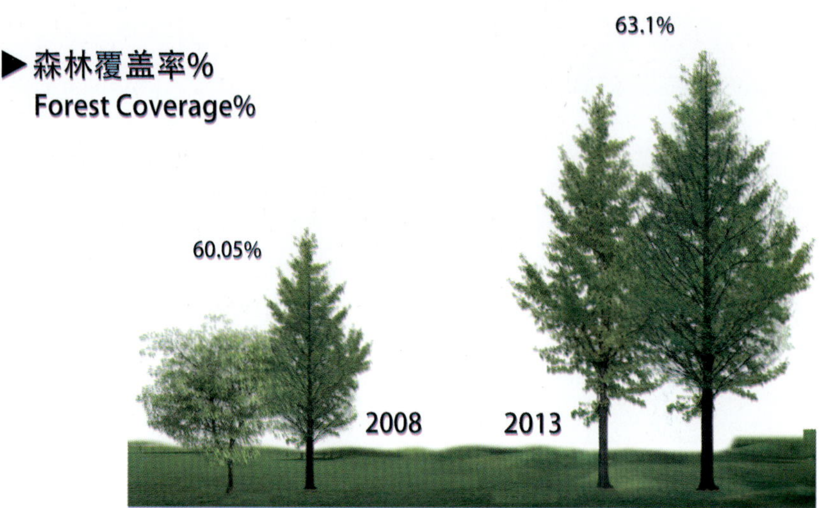

▶万元生产总值能耗(吨标准煤)
Energy Consumed for Each 10,000 yuan of GDP(ton of SCE)

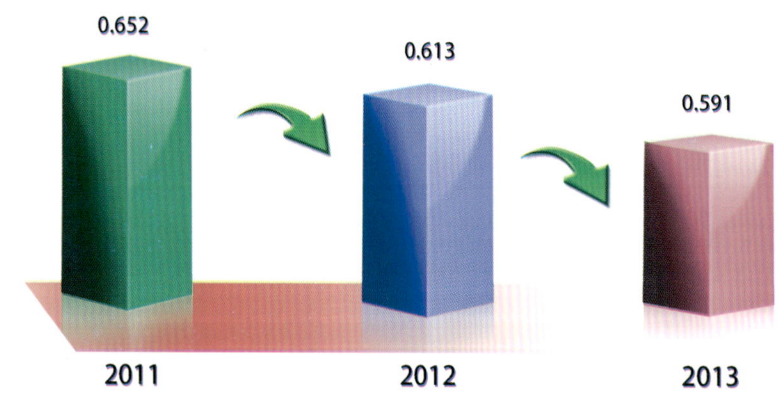

▶城镇污水集中处理率及生活垃圾无害化处理率%
Treatment Rate of Urban Sewage And Treatment Rate of Urban Sewage%

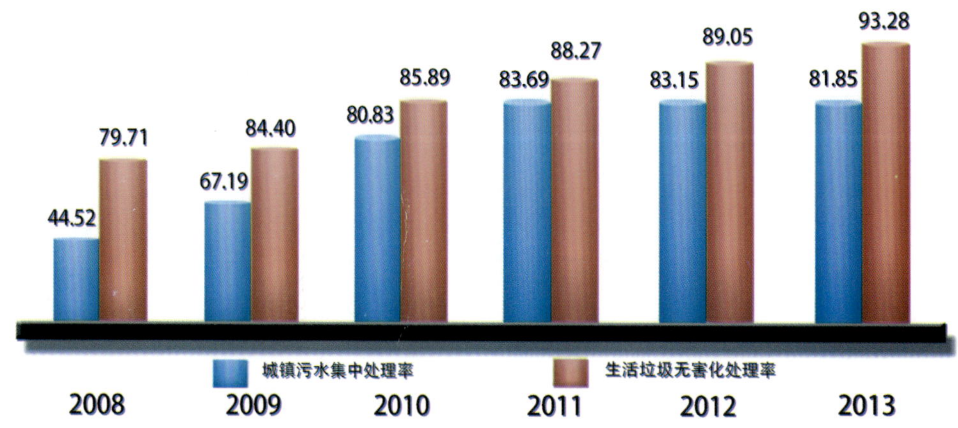

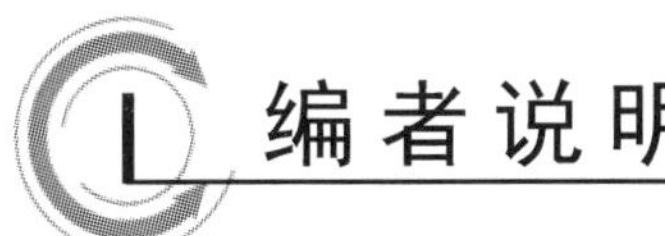

编者说明

一、《江西统计年鉴-2014》系统收录了全省和11个设区市2013年经济、社会各方面的统计数据，改革开放以来和其他历史重要年份的全省主要统计数据，以及全国各省市部分主要指标数据。是一部全面反映江西省经济和社会发展情况的资料性年刊。

二、本年鉴正文内容分为21个篇章，即：综合，人口，就业人员和职工工资，固定资产投资，对外经济贸易，能源，财政，价格指数，人民生活，城市建设，林业建设和生态环境，农业，工业，建筑业，交通运输、邮电通讯业，国内贸易和旅游，金融业，房地产开发，科技、教育、文化，卫生、体育、社会福利及其他，各省、市、自治区主要经济指标及2013年江西统计调查工作大事记。为方便读者使用，各篇章前设有《简要说明》，对本篇章的主要内容、资料来源、统计范围、统计方法等予以简要概述，篇末附有《主要统计指标解释》。

三、本《年鉴》对以前发表的统计资料重新予以审核，凡与本《年鉴》资料有出入的，均以本年鉴为准。

四、本年鉴所使用的度量衡单位，均采用国际统一标准计量单位。

五、本年鉴中部分数据合计数或相对数由于单位取舍不同而产生的计算误差，均未作机械调整。

六、符号使用说明:年鉴各表中的“空格”表示该项统计指标数据不足本表最小单位数、数据不详或无该项数据；“#”表示其中的主要项。

I Editor's Notes

I. *Jiangxi Statistical Yearbook 2014* is an annual statistics publication, which covers very comprehensive data in 2013 and some selected data series in historically important years and the most recent thirty years at level of province and other provinces and municipalities. Therefore, reflects various aspects of Jiangxi's social and economic development.

II. The yearbook contains the following twenty-two chapters, General Survey; Population; Employment and Wages; Investment in Fixed Assets; Energy; Price Indices; People′s Livelihood; General Survey of Cities; Environment Protection; Water Resources and Meterology; Agriculture; Industry; Construction; Transport, Post and Telecommunication Services; Domestic Trade; Foreign Trade and Economic Cooperation; Tourism; Financial Intermediation; Insurance; Real Estate; Education, Science and Technology; Culture, Sports and Public Health; Social Welfare and Other Social Activities; Main Statistical Indictors on provinces, autonomous regions and municipalities and Notes of Jiangxi Statistical Events in 2013. For readers' convenience, in Brief Introduction at the beginning of each chapter, main coverage of this chapter, data sources, statistical coverage, statistical methods and historical changes are concerned. In addition, Explanatory Notes on Main Statistical Indicators are provided at the end of each chapter.

III. This Yearbook re-audited statistic data published previously, any data different from this yearbook, take this yearbook's as standard data.

IV. The units of measurement used in this yearbook are internationally standard measurement units.

V. Statistical discrepancies due to rounding are not adjusted in the yearbook.

VI. Notations used in the yearbook: blank space indicates that the figure is not large enough to be measured with the smallest unit in the table, or data are unknown or are not available; "#" indicates a major breakdown of the total.

目 录 Contents

一、综 合 CHAPTER 1 GENERAL SURVEY

二、人 口 CHAPTER 2 POPULATION

三、就业人员和职工工资
CHAPTER 3 EMPLOYMENT AND WAGE

四、固定资产投资
CHAPTER 4 INVESTMENT IN FIXED ASSETS

七、财 政
CHAPTER 7 GOVERNMENT FINANCE

八、价格指数
CHAPTER 8 PRICE INDICES

十、城市建设

CHAPTER 10 MUNICIPAL CONSTRUCTION

十一、林业建设和生态环境
CHAPTER 11 FORESTRY CONSTRUCTION AND ECOLOGY

十二、农 业
CHAPTER 12 AGRICULTURE

十三、工 业
CHAPTER 13 INDUSTRY

十四、建筑业
CHAPTER 14 CONSTRUCTION

十五、交通运输、邮电通讯业
CHAPTER 15 TRANSPORTATION,POSTAL AND TELECOMMUNICATIONS

十七、金融业 CHAPTER 17 FINANCIAL INDUSTRY

十八、房地产开发 CHAPTER 18 REAL ESTATE DEVELOPMENT

十九、科技、教育、文化
CHAPTER 19 SCI-TECH,EDUCATION AND CULTURE

二十、卫生、体育、社会福利和其他
CHAPTER 20 PUBLIC HEALTH,SPORTS,SOCIAL WELFARE AND OTHERS

二十一、各省、市、自治区主要经济指标
CHAPTER 21 MAIN ECONOMIC INDICATORS OF PROVICES,AUTONOMOUS REGIONS AND MUNICIPALITIES DIRECTLY UNDER THE CENTRAL GOVERNMENT

1

综　合

GENERAL SURVEY

◆1/28

资料整理及英文翻译：　张万才、朱志强、兰　园

I 简要说明

本篇章由综合资料及国民经济核算资料两个部分组成。

综合资料主要包括国民经济和社会发展综合资料，通过对各篇章主要统计指标及其速度、结构、比例和效益等的加工计算，来反映国民经济和社会发展的总体情况。

国民经济核算资料主要包括地区生产总值及其有关资料。地区生产总值是根据不同产业部门、不同支出构成的特点和资料来源情况而分别采取不同方法计算的。

分设区市的国民经济核算数据由各设区市统计局提供，由于采取分级核算，各设区市数据相加不等于全省总计。

根据第一次第三产业普查结果，对1992年以前全省地区生产总值的历史数据做了调整；2005年根据全国第一次经济普查结果，对1993-2004年的全省地区生产总值历史数据做了调整，本年鉴的数据为调整后数据。

I Brief Introduction

This chapter consists of two parts: The summary data and the data on national accounts.

The summary data on the national economy reflect the overall situation of the economic and social development by presenting further processed statistics including growth, structure, ratio and efficiency data derived from other chapters.

The data on national accounts mainly include Gross Domestic Product (GDP) and related data. Data on GDP are calculated with various approaches in accordance with the features of various sectors, various expenditure structures and the data resources.

The data on national accounts by region are provided by the statistical bureaus of various region. The sum of the city data is not equal to the provincial total due to the decentralized accounting approach.

The GDP figures of years up to 1992 been revised in accordance with the result of the First Tertiary Industry Census. In 2005, the GDP figures from the year 1993 to 2004 had in accordance with the result of the First National Economic Census. Data published in this yearbook have been revised.

自然地理资源

位 置

江西省，简称赣。位于长江中下游交接处的南岸。地处北纬 24° 29′ ~30° 04′ 、东经 113° 34′ ~118° 28′ 之间，东邻浙江、福建，南连广东，西接湖南，北毗湖北、安徽。北控长江，上接武汉三镇，下通南京、上海，东南与沿海开放城市相邻近。京九铁路和浙赣铁路纵横贯通全境，交通便利，地理位置优越。

地势、面积

全省东南西三面群山环绕，内侧丘陵广亘，中北部平原坦荡，整个地势，由外及里，自南而北，渐次向鄱阳湖倾斜，构成一个向北开口的巨大盆地。全省面积 16.69 万平方公里。全境以山地、丘陵为主，山地占全省总面积的 36%，丘陵占 42%，岗地、平原、水面占 22%。

山脉、河流、湖泊

主要山脉分布于省境边陲，山峰一般海拔 1000 米左右，少数海拔 2000 余米。省境东和东北有蜿蜒于赣闽、赣浙之间的武夷山和怀玉山；南有逶迤于赣粤之间的大庾岭和九连山；西有耸峙于赣湘之间的罗霄山脉，雄伟的井冈山就在罗霄山脉的中段；西北有盘亘于赣鄂之间的幕阜山，庐山即是它向东延伸的余脉。

全省有大小河流 2400 多条，总长约 18400 公里，大部分河流汇向鄱阳湖，再注入长江。主要河流有 5 条，即赣江、抚河、信江、修河、饶河。赣江全长 751 公里，为本省第一大川，水量为长江第二大支流，它自南而北流贯全省，从赣州至湖口而入长江，通航里程 5000 余公里。

鄱阳湖是全国最大的淡水湖，它是江西最大的聚水盆，长江水量的巨大调节器，也是沟通省内外各地航道的中转站。

气 候

江西气候四季变化分明。春季温暖多雨，夏季炎热温润，秋季凉爽少雨，冬季寒冷干燥。2013 年全省平均气温为 19.2 ℃，降水量为 2523 毫米，日照为 2121 小时。全年气候温暖，光照充足,雨量充沛,无霜期长，具有亚热带湿润气候特色。

资 源

2013 年末，全省林业用地面积 1072.22 万公顷，活木蓄积量 4.45 亿立方米，森林覆盖率 63.1%。

2013 年，全省淡水面已养殖面积 43.32 万公顷。已查明鱼类 155 种，产量较多的有鲤、鲫、青、鲢等 30 余种，名贵鱼类有荷包红鲤鱼、玻璃鲤鱼、银鱼、石鱼、鲥鱼、鳜鱼等。省内还有众多的水禽和珍禽，其中不少是受到世界性保护的珍禽。

江西地下矿藏丰富，是我国矿产资源配套程度较高的省份之一。储量居全国前三位的有铜、钨、银、钽、钪、铀、铷、铯、金、伴生硫、滑石、粉石英、硅灰石等。铜、钨、铀、钽、稀土、金、银被誉为江西的“七朵金花”。

Nature, Geography and Resourcesrief

Position

Jiangxi Province, called Gan for short, lies in the southern bank of the middle and lower reaches of the Yangtze River. It is located at latitude 24° 29′ ~30° 04′ north, longitude 113 ° 34′ ~118° 28′ east. It borders Zhejiang and Fujian provinces to the east, Guangdong to the south, Hunan to the west, and Hubei and Anhui to the north. Jiangxi dominates the Yangtze River on the north, and connects the Wuhan in the upper stream, Nanjing and Shanghai in the downstream. And it closes to the coastal opening cities in the southeast. Both Beijing-Kowloon and Zhejiang¬-Jiangxi railways run through the whole province, which provided with the convenient transportation and superior location.

Topography and area

Mountains surround Jiangxi province on three sides. The southern half of the province is hilly with ranges and valleys interspersed; while the middle and northern half is flatter and lower in altitude. Stretching from south to north, the whole land is generally sloping towards Poyang Lake, which has formed a huge basin opening to the north. The total area of the province is 166,900 square kilometers. Within it are various land forms, with mountains and hills dominating. Mountains account for 36% of the province's total area, hills account for 42%, and mounds, plains, and water surface area for 22%.

Mountain ranges, rivers and lakes

The main mountain ranges are distributed by the border of the province, which generally have the altitude of about 1000m, and minority over 2000m. On the east and northeast of Jiangxi have Wuyi and iHuaiyu Mountains winding between Jiangxi and Fujian, Jiangxi and Zhejiang provinces. On the south have Dayu and Jiulian Mountains wriggling between Jiangxi and Guangdong provinces. In the west have Luoxiao Ranges standing between Jiangxi and Hunan provinces, where the magnificent Mt. Jinggang is situated at the middle. In the northwest have Mufu Mountains circling between Jiangxi and Hubei provinces. And its extending part on the east is namely the famous mountain—Mt. Lushan.

There are more than 2,400 rivers of various sizes in Jiangxi province, which have a combined total length of about 18,400 kilometers. Most of them enter Poyang Lake, which in turn empties into the Yangtze River. The five major rivers are Gan River, Fu River, Xin River, Xiu River, and Rao River. The Gan River winds along 751 kilometers, which is the biggest river of the province, and the second tributary of the Yangtze River in water volume. Flowing through the entire length of the province from south to north, it enters Ganzhou to Hukou, and then pours into the Yangtze River, with navigation mileage of over 5000 kilometers.

Poyang Lake is the largest fresh lake in China, and the biggest water assembling basin of Jiangxi province. It is the huge volume moderator of the Yangtze River, and also the intersection of linking up with all shipping lines in-and-out of the province.

Climate

The climate of Jiangxi province is four seasons alternating distinctively: warm with abundant rainfall in spring, hot and humid in summer, cool with little rainfall in autumn, chilly and dry in winter. In 2013, The average temperature of the whole province is about 19.2℃, with the annual precipitation of 2523mm and sunshine hours of 2121h. The whole year of Jiangxi has mild climate, with sufficient sunshine, plentiful rainfall and long frost-free period, which belongs to humid subtropical climate.

Resources

At the end of the year 2013, the total area of afforested land in Jiangxi is 10,720,220 hectares. The total standing forest stock is 445 million cubic meters, and the forest coverage rate of 63.1%.

In 2013, the total cultivated freshwater area of the whole province is 43.32 hectares. The identified species of the fishes are 155 and more than 30 types of them occupied the main production, such as carp, crucian carp, black carp, and silver carp etc. The valuable types are including lotus red carp, transparent carp, whitebait, reeves shad, and mandarin fish etc. There are also numerous birds and cherished ones in province, most of which belonged to world-protected species.

Jiangxi province has a rich reserve of underground minerals, which is one of the provinces with higher matching degree of mineral resources in China. The reserves of Copper, Tungsten, Silver, Tantalum, Scandium, Uranium, Rubidium, Caesium, Gold, and Associated Pyrite etc. rank the top three of the nation. Among all these minerals, Copper, Tungsten, Uranium, Tantalum, Rare Earths, Gold and Silver are called “the seven gold flowers of jiangxi”.

1-1 行 政 区 划(2013年末)
Administratives Divisions (end of 2013)

地 区	Region	设区市 Cities at Prefecture Level	县级市 Cities at County Level	县 Countries	市辖区 Districts Under the Jurisdication of Cities	市、县、区名称	Name of Cities at County Level, Countries and Districts Under the Jurisdication of Cities
全 省	**Total**	**11**	**11**	**70**	**19**		
南 昌 市	Nanchang	1		4	5	东湖区、西湖区、青云谱区、湾里区、青山湖区、南昌县、新建县、安义县、进贤县	Donghu,Xihu,Qingyunpu, Wanli,Qingshanhu,Nanchang, Xinjian,Anyi,Jinxian
景德镇市	Jingdezhen	1	1	1	2	昌江区、珠山区、浮梁县、乐平市	Changjiang,Zhushan,Fuliang, Leping
萍 乡 市	Pingxiang	1		3	2	安源区、湘东区、莲花县、上栗县、芦溪县	Anyuan,Xiangdong,Lianhua, Shangli,Luxi
九 江 市	Jiujiang	1	2	9	2	庐山区、浔阳区、九江县、武宁县、修水县、永修县、德安县、星子县、都昌县、湖口县、彭泽县、瑞昌市、共青城市	Lushan,Xunyang,Jiujiang, Wuning,Xiushui,Yongxiu, De'an,Xingzi,Duchang, Hukou,Pengze,Ruichang, Gongqingcheng
新 余 市	Xinyu	1		1	1	渝水区、分宜县	Yushui,Fenyi
鹰 潭 市	Yingtan	1	1	1	1	月湖区、余江县、贵溪市	Yuehu,Yujian,Guixi
赣 州 市	Ganzhou	1	2	15	1	章贡区、赣 县、信丰县、大余县、上犹县、崇义县、安远县、龙南县、定南县、全南县、宁都县、于都县、兴国县、会昌县、寻乌县、石城县、瑞金市、南康市	Zhanggong,Ganxian,Xinfeng, Dayu,Shangyou,Chongyi, Anyuan,Longnan,Dingnan, Quannan,Ningdu,Yudu, Xingguo,Huichang,Xunwu, Shicheng,Ruijin,Nankang
吉 安 市	Ji'an	1	1	10	2	吉州区、青原区、吉安县、吉水县、峡江县、新干县、永丰县、泰和县、遂川县、万安县、安福县、永新县、井冈山市	Jizhou,Qingyuan,Ji'an, Jishui,Xiajiang,Xingan, Yongfeng,Taihe,Suichuan, Wan'an,Anfu,Yongxin, Jinggangshan
宜 春 市	Yichun	1	3	6	1	袁州区、奉新县、万载县、上高县、宜丰县、靖安县、铜鼓县、丰城市、樟树市、高安市	Yuanzhou,Fengxin,Wanzai, Shanggao,Yifeng,Jing'an, Tonggu,Fengcheng,Zhangshu, Gao'an
抚 州 市	Fuzhou	1		10	1	临川区、南城县、黎川县、南丰县、崇仁县、乐安县、宜黄县、金溪县、资溪县、东乡县、广昌县	Linchuan,Nancheng,Lichuan, Nanfeng,Chongren,Le'an, Yihuang,Jinxi,Zixi, Dongxiang,Guangchang
上 饶 市	Shangrao	1	1	10	1	信州区、上饶县、广丰县、玉山县、铅山县、横峰县、弋阳县、余干县、鄱阳县、万年县、婺源县、德兴市	Xinzhou,Shangrao,Guangfeng, Yushan,Yanshan,Hengfeng, Yiyang,Yugan,Poyang, Wannian,Wuyuan,Dexing

1-2 国民经济和社会发展主要指标与发展速度

指标	Item	1978
人口(万人)	**Population (10000 persons)**	
年末总人口	Population at Year-end	3182.82
#男性人口	Male	1642.78
女性人口	Female	1540.04
#城镇人口	Urban	533.12
乡村人口	Rural	2649.70
就业(万人)	**Employment (10000 persons)**	
年末社会就业人数	Employment at Year-end	1254.3
#职工人数	Staff and Workers	267.4
年末城镇登记失业人数	Registration Unemployment in Urban Areas at Year-end	21.38
地区生产总值(亿元)	**Gross Domestic Product (100 million yuan)**	**87.00**
第一产业	Primary Industry	36.18
第二产业	Secondary Industry	33.08
第三产业	Tertiary Industry	17.74
人均生产总值(元)	Per Capita GDP (yuan)	276
固定资产投资(亿元)	**Investment in Fixed Assets (100 million yuan)**	
全社会固定资产投资总额	Total Investment in Fixed Assets	8.13
#房地产开发投资	Investment in Real Estate Development	
新增固定资产	Newly Increased Fixed Assets	
财政(亿元)	**Government Finance (100 million yuan)**	
财政总收入	Government Revenue	12.22
公共财政预算收入	Public Financial Revenue of the Local Government	
财政支出	Government Expenditures	16.27
能源生产与消费(万吨标准煤)	**Production and Consumption of Energy (10 000 tons of SCE)**	
能源生产总量	Total Energy Production	
能源消费总量	Total Energy Consumption	
价格指数(上年=100)	**Price Indices (preceding year=100)**	
居民消费价格指数	Consumer Price Index	
商品零售价格指数	Retail Price Index	100.1
工业生产者出厂价格指数	Producer Price Index for Industrial Products	
工业生产者购进价格指数	Producer Price Indices for Purchasing Goods	
固定资产投资价格指数	Investment in Fixed Assets Price Indices	
人民生活	**People's Livelihood**	
城镇非私营单位在岗职工平均工资(元)	Average Wage of Employed Staff and Workers in Urban Non-Private Units(yuan)	552
城镇住户人均年可支配收入(元)	Per Capita Annual Disposable Income of Urban Households(yuan)	305.36
农村住户人均年纯收入(元)	Per Capita Net Income of Rural Residents (yuan)	140.70
城乡居民储蓄存款年末余额(亿元)	Outstanding Amount of Saving Deposits in Urban and Rural Areas (100 million yuan)	4.16
城镇住户人均住宅建筑面积(平方米)	Per Capita Gross Living Space in Cities (sq.m)	
农村居民人均住房面积(平方米)	Per Capita Net Floor Space of Rural Residents (sq.m)	
城市建设、环境保护	**City Construction ,Environmental Protection**	
人工煤气供气量(万立方米)	Coal Gas Supply(10000 cu.m)	
液化石油气供气量(吨)	Total Liquefied Petroleum Gas Supply (ton)	
道路长度(公里)	Length of Roads (km)	
排水管道长度(公里)	Length of Drainpipes (km)	
公共车辆(汽、电车)运营数(辆)	Operating Public Buses (Buses and Trolley Buses) (unit)	
绿化覆盖面积(公顷)	Coverage Area of Afforestation (hectare)	
工业用水重复利用率(%)	Re-use Rate of Industrial WasteWater (%)	

注：1.地区生产总值、农业总产值、工业增加值的发展速度均按可比价格计算。
2.自1998年起,职工人数为在岗职工人数。自2012年起，职工人数含劳务派遣人员。
3.从2011年起，固定资产投资项目统计起点由过去的计划投资50万元及以上提高到计划投资500万元及以上。

Major Indicators and Growth Rates on National Economic and Social Development

总量指标		Aggregate Data			速度指标 (%)				Indices and Growth Rates (%)		
					指数 Index (2013为以下各年) (2013 as Percentage of the Following Years)				平均增长速度 Average Annual Growth Rate		
1990	2000	2010	2012	2013	1978	1990	2000	2012	1979-2013	1991-2013	2001-2013
3810.64	4148.54	4462.25	4503.93	4522.15	142.1	118.7	109.0	100.4	1.0	0.7	0.7
1972.77	2157.02	2303.16	2318.60	2326.58	141.6	117.9	107.9	100.3	1.0	0.7	0.6
1837.87	1991.52	2159.08	2185.33	2195.56	142.6	119.5	110.2	100.5	1.0	0.8	0.8
775.47	1148.73	1966.07	2139.82	2209.97	414.5	285.0	192.4	103.3	4.1	4.7	5.2
3035.18	2999.81	2496.18	2364.11	2312.17	87.3	76.2	77.1	97.8	-0.4	-1.2	-2.0
1816.5	2060.9	2498.8	2556.0	2588.7	206.4	142.5	125.6	101.3	2.1	1.6	1.8
386.2	291.6	279.6	360.9	410.0	153.3	106.2	140.6	113.6	1.2	0.3	2.7
10.26	16.68	26.26	25.72	27.42	128.3	267.3	164.4	106.6	0.7	4.4	3.9
428.62	**2003.07**	**9451.26**	**12948.88**	**14338.50**	**3198.5**	**1136.2**	**442.6**	**110.1**	**10.7**	**11.7**	**13.2**
175.96	485.14	1206.98	1520.23	1636.49	610.7	288.3	185.0	104.6	5.5	4.9	5.3
133.56	700.76	5122.88	6942.59	7671.38	7495.7	2396.3	742.5	111.7	13.5	15.5	18.2
119.10	817.17	3121.40	4486.06	5030.63	4480.6	1170.2	337.0	109.1	11.8	11.8	10.7
1134	4851	21253	28800	31771	2234.4	951.6	405.1	109.7	9.6	10.8	12.4
70.65	548.20	7164.62	10774.16	12850.25	158059.7	18188.6	2344.1	126.8	23.3	25.6	28.6
2.88	42.37	706.82	969.62	1174.58		40809.4	2772.2	121.1		31.8	32.6
32.5	453.31	4739.38	7693.51	8328.46		25600.1	1837.3	108.3		27.3	25.0
40.62	171.69	1226.24	2046.15	2358.43	19299.8	5806.1	1373.7	115.3	16.2	19.3	22.3
	111.55	778.09	1371.99	1621.24			1453.3	118.2			22.9
50.76	223.47	1923.26	3019.22	3470.30	21329.4	6836.7	1552.9	114.9	16.6	20.2	23.5
1282.42	1293.23	2204.40	2595.89	2569.40		200.4	198.7	116.6		3.1	5.4
1732.29	2505.00	6248.45	7232.92	7672.72		442.9	306.3	122.8		6.7	9.0
102.1	100.3	103.0	102.7	102.5		267.8	131.4	102.5		4.4	2.1
101.3	98.5	102.7	102.1	101.5	453.7	215.2	124.8	101.5	4.4	3.4	1.7
	101.0	115.3	96.5	98.5			171.3	98.5			4.2
	101.2	111.8	98.3	98.4			196.7	98.4			5.3
	101.4	104.8	101	100.4			145.5	100.4			2.9
1729	7014	29092	39651	43582	7895.3	2520.6	621.4	109.9	13.3	15.1	15.1
1187.88	5103.60	15481.12	19860.36	21872.68	7162.9	1841.3	428.6	110.1	13.0	13.5	11.8
669.90	2135.30	5788.56	7827.82	8781.47	6241.3	1310.9	411.3	112.2	12.5	11.8	11.5
142.79	1243.15	6113.24	8471.86	9725.17	233778.2	6810.8	782.3	114.8	24.8	20.1	17.1
	32.4	38.88	40.10	40.06			123.6	99.9			1.6
20.58	27.79	40.26	47.61	49.11		238.6	176.7	103.2		3.9	4.5
1203	39463	58208	48497	36049		2996.6	91.3	74.3		15.9	-0.7
12182	164698	188847	204258	223399		1833.8	135.6	109.4		13.5	2.4
1108	3033	5742	6477	6865		619.6	226.3	106.0		8.3	6.5
878	2074	7340	9484	10573		1204.2	509.8	111.5		11.4	13.3
1091.0	4031	7048	7837	7733		708.8	191.8	98.7		8.9	5.1
7044	20044	48924	50752	53185		755.0	265.3	104.8		9.2	7.8
	55.05	76.83	78.35	84.55							

a) Growth rates of Gross Domestic Product, gross output value of agriculture and gross industrial value-added are calculated at constant prices.

b) Since 1998,number of staff and workers refers to number of employed staff and workers.Since 2012,number of staff and workers includes dispatche

c)From 2011 onwards, the statistical starting point of the fixed assets investment projects from the previous plan to invest 500,000yuan and above to pl

1-2 续表1

指　　标	Item	1978
一般工业固体废物综合利用量(万吨)	General Industrial Solid Wastes Utilized (10000 tons)	
一般工业固体废物综合利用率(%)	Ratio of General Industrial Solid Wastes Utilized (%)	
农业	**Agriculture**	
农业总产值(亿元)	Gross Output Value of Agriculture (100 million yuan)	49.29
主要农产品产量	Output of Major Farm Products	
粮食(万吨)	Grain(10000 tons)	1125.74
棉花(万吨)	Cotton(10000 tons)	3.48
油料折油(万吨)	Oil-bearing Crops Converted Into Oil(10000 tons)	6.63
油料(万吨)	Oil-bearing Crops(10000 tons)	13.49
黄红麻(万吨)	Jute and Ambary Hemp(10000 tons)	0.48
烟叶(万吨)	Tobacco(10000 tons)	0.61
茶叶(吨)	Tea(ton)	8878
蚕茧(吨)	Silkworm Cocoons(ton)	143
甘蔗(万吨)	Sugar Cane(10000 tons)	68.29
水果(万吨)	Fruits(10000 tons)	2.92
肉类总产量(万吨)	Total Output of Meat(10000 tons)	26.27
水产品(万吨)	Aquatic Products(10000 tons)	5.93
生猪年末存栏(万头)	Number of Slaughtered Fattened Hogs at Year-end(10000 heads)	944.27
生猪当年出栏(万头)	Number of Slaughtered Fattened Hogs of the Year(10000 heads)	574.00
工业	**Industry**	
主要工业产品产量	Output of Major Industrial Products	
化学纤维(万吨)	Chemical Fiber (10000 tons)	0.42
布(混合数)(万米)	Cloth(10000 m)	20173
机制纸及纸板(万吨)	Machine-made Paper and Paperboard (10000 tons)	9.26
卷烟(万箱)	Cigarettes(10000 boxs)	19.14
原煤产量(万吨)	Coal(10000 tons)	1435.50
原油加工量(万吨)	Processed Crude Oil(10000 tons)	
发电量(亿千瓦时)	Electricity(100 million kwh)	45.31
粗钢 (万吨)	Crude Steel (10000 tons)	25.64
钢材 (万吨)	Rolled Steel (10000 tons)	24.50
水泥(万吨)	Cement(10000 tons)	155.56
汽车(万辆)	Vehicles(10000 unit)	0.10
照相机(万架)	Cameras(10000 sets)	1.00
化学肥料(折合100%)(万吨)	Chemical Fertilezers(pure)(10000 tons)	15.97
化学农药(原药)(吨)	Chemical Pesticide(ton)	13539
规模以上工业企业主要指标(亿元)	Main Indicators of Industrial Enterprises above Designated Size (100 million yuan)	
工业增加值	Gross Industrial Value-added	
资产总计	Total Assets	
主营业务收入	Revenue from Principal Business	
利税总额	Total Profits	
建筑业(资级企业)	**Construction With Grade**	
建筑业企业人数(万人)	Number of Employed Persons(10000 persons)	
建筑业总产值(亿元)	Gross Output Value(100 million yuan)	
施工房屋面积(万平方米)	Floor Space of Buildings Under Construction(10000 sq.m)	
竣工房屋面积(万平方米)	Floor Space of Buildings Completed(10000 sq.m)	
交通运输业	**Transportation**	
铁路营业里程(公里)	Length of Railways in Operation(km)	1184
公路通车里程(公里)	Length of Highways(km)	30245

注：1.2000年及以后工业产品产量为规模以上产量。
　　2.公路通车里程从2006年开始包括村道。

continued

总量指标 Aggregate Data					速度指标（%） Indices and Growth Rates (%)						
					指数 Index（2013为以下各年） (2013 as Percentage of the Following Years)				平均增长速度 Average Annual Growth Rate		
1990	2000	2010	2012	2013	1978	1990	2000	2012	1979-2013	1991-2013	2001-2013
	702.24	4379.14	6071.25	6430.98			915.8	105.9			18.6
	14.64	46.54	54.46	55.72							
255.24	741.35	1900.58	2399.26	2578.35	583.2	294.5	174.4	104.5	5.2	4.8	4.4
1658.20	1614.60	1954.70	2084.84	2116.1	188.0	127.6	131.1	101.5	1.8	1.1	2.1
5.70	6.80	13.08	15.22	13.09	376.0	229.6	192.4	86.0	3.9	3.7	5.2
19.61	32.52	36.47	46.04	43.72	659.4	222.9	134.4	95.0	5.5	3.5	2.3
54.89	96.73	107.57	117.08	119.22	883.8	217.2	123.3	101.8	6.4	3.4	1.6
1.88	0.44	0.11	0.08	0.07	15.0	3.8	16.4	89.6	-5.3	-13.2	-13.0
2.31	1.82	3.76	5.25	5.05	828.5	218.8	277.7	96.3	6.2	3.5	8.2
19415	15703	29808	38662	42999	484.3	221.5	273.8	111.2	4.6	3.5	8.1
2639	3266	7550	7484	6880	4811.2	260.7	210.7	91.9	11.7	4.3	5.9
194.29	136.81	59.10	61.58	64.66	94.7	33.3	47.3	105.0	-0.2	-4.7	-5.6
23.30	42.34	297.13	370.28	441.34	15114.5	1894.2	1042.4	119.2	15.4	13.6	19.8
111.74	192.31	308.20	333.91	344.52	1311.4	308.3	179.1	103.2	7.6	5.0	4.6
30.68	127.12	215.34	237.00	242.65	4091.8	790.9	190.9	102.4	11.2	9.4	5.1
1547.26	1473.50	1756.33	1911.62	1967.61	208.4	127.2	133.5	102.9	2.1	1.1	2.2
1313.18	1992.27	2897.54	3130.64	3230.35	562.8	246.0	162.1	103.2	5.1	4.0	3.8
2.00	7.08	17.92	37.89	42.00	10000.6	2100.1	593.3	110.8	14.1	14.2	14.7
30566	21710	80517	92650	77615	384.7	253.9	357.5	83.8	3.9	4.1	10.3
25.59	24.02	186.59	161.39	181.90	1964.4	710.8	757.3	110.2	8.9	8.9	16.9
47.02	50.99	111.80	119.80	127.80	667.7	271.8	250.6	106.7	5.6	4.4	7.3
2027.11	1813.76	2830.21	2511.79	2378.54	165.7	117.3	131.1	95.2	1.5	0.7	2.1
155.10	327.62	468.43	507.64	519.18		334.7	158.5	102.3		5.4	3.6
121.41	201.06	617.03	664.71	788.07	1739.3	649.1	392.0	116.5	8.5	8.5	11.1
112.09	319.86	1834.03	2140.85	2156.63	8411.2	1924.0	674.2	100.8	13.5	13.7	15.8
92.32	282.90	1951.55	2368.89	2463.82	10056.4	2668.8	870.9	102.7	14.1	15.3	18.1
469.13	1382.00	6220.54	7420.94	9204.20	5916.8	1962.0	666.0	119.8	12.4	13.8	15.7
0.97	13.36	37.28	34.36	36.81	37142.9	3790.4	275.6	107.1	18.4	17.1	8.1
9.00	17.84	0.58	1505.22	374.38	37438.4	4159.8	2098.6	24.9	18.4	17.6	26.4
31.07	43.43	113.42	93.71	106.29	665.5	342.1	244.7	122.9	5.6	5.5	7.1
5146	13796	21213	38866	42057	310.6	817.3	304.8	106.3	3.3	9.6	9.0
	269.81	3101.89	4885.21	5755.50			1016.0	112.4			19.5
	1835.86	8424.86	11474.12	13640.12			743.0	118.9			16.7
	897.00	14196.68	22267.64	26700.22			2976.6	119.9			29.8
	80.54	1445.95	2129.76	2882.40			3578.8	135.3			31.7
12.58	29.80	86.10	107.40	130.07		1033.9	436.5	121.1		10.7	12.0
13.76	116.41	1691.47	2793.72	3471.56		25229.3	2982.2	124.3		27.2	29.8
487.50	2572.30	13669.67	18889.37	23144.38		4747.6	899.8	122.5		18.3	18.4
192.50	1359.80	6488.09	10148.83	11881.19		6172.0	873.7	117.1		19.6	18.1
1581	2197	2734.10	2734	2984	252.0	188.7	135.8	109.1	2.7	2.8	2.4
33203	60292	140597	150595	152067	502.8	458.0	252.2	101.0	4.7	6.8	7.4

a) Output of industrial products are above designated size since 2000.
b) The total length of highways have included the village road since 2006.

1-2 续表2

指　　标	Item	1978
货物周转量(亿吨公里)	Freight Ton-kilometers (100 million ton-km)	128.63
铁　路(亿吨公里)	Railways (100 million ton-km)	108.48
公　路(亿吨公里)	Highways (100 million ton-km)	5.14
水　运(亿吨公里)	Waterways (100 million ton-km)	15.01
旅客周转量(亿人公里)	Passenger-kilometers (100 million person-km)	44.67
铁　路(亿人公里)	Railways (100 million person-km)	26.73
公　路(亿人公里)	Highways (100 million person-km)	16.83
水　运(亿人公里)	Waterways (100 million person-km)	1.13
邮电通信业	**Postal and Telecommunication Services**	
邮电业务总量(亿元)	Business Volume of Postal and Telecommunication Services (100 million yuan)	0.92
函　件(万件)	Number of Letters (10000 pcs)	7372
报刊期发数(万份)	Issue of Number of Newspapers and Magazines (10000 copies)	302
移动电话用户(万户)	Number of Mobile Telephone Subscribers (10000 subscribers)	
固定电话用户(万户)	Fixed Telephone Subscribers (10000 Subscribers)	5.59
城市	Urban	3.01
农村	Rural	2.58
互联网宽带用户数(万户)	Number of DSL Services Subscribers (10000 subscribers)	
局用交换机容量(万门)	Capacity of Office Telephone Exchanges (10000 line)	10.21
内外贸易和旅游	**Domestic Trade , Foreign Trade and Tourism**	
社会消费品零售总额(亿元)	Total Retail Sales of Consumer Goods(100 million yuan)	33.93
海关进出口总额(万美元)	Total Value of Imports and Exports (USD 10000)	
出口额	Exports	
进口额	Imports	
外商直接投资合同金额(万美元)	Contracted Foreign Direct Investments (USD 10000)	
外商直接投资实际使用金额(万美元)	Actually Utilized Foreign Direct Investments (USD 10000)	
旅游总收入(亿元)	Total Tourism Earnings (100 million yuan)	
涉外旅游人数(人次)	Number of International Tourists (person-times)	
涉外旅游收汇(万美元)	Foreign Exchange Earnings from International Tourism (USD 10000)	
金融业(亿元)	**Financial Intermediation (100 million yuan)**	
金融机构人民币存款余额	Deposits of National Banking System	
金融机构人民币贷款余额	Loans of National Banking System	
教育、文化、卫生	**Education,Culture and Health Care**	
高等学校在校学生数(人)	Students Enrollment of Higher Education(person)	21847
中等专业学校在校学生数(人)	Students Enrollment of Specialized Secondary Schools(persons)	28926
普通中学在校学生数(万人)	Students Enrollment of Secondary Schools(10000 persons)	169.20
小学在校学生数(万人)	Students Enrollment of Primary Schools(10000 persons)	513.77
学龄儿童入学率(%)	Rate of School-age Children Enrollment (%)	94.15
报纸出版数量(万份)	Number of Newspapers Published(10000 copies)	14453
期刊出版数量(万册)	Number of Magazines Published(10000 copies)	378
图书出版数量(万册)	Number of Books Published (10000 copies)	8495
卫生机构数(个)	Number of Hospitals(unit)	5178
卫生技术人员(人)	Number of Medical Technical Personnels(person)	70247
#医　生	Number of Doctors	30430
病 床 数(张)	Number of Hospital Beds(bed)	72289

注：1.邮电业务总量2000年以前按1990年不变价格计算，2001年以后按2000年不变价格计算,2011年以后按2010年不变价格计算。
2.卫生机构数1996年开始包括个体机构。
3.2007年卫生年报统计口径变动。
4.交通运输数据2008年开始按新口径计算

continued

总量指标	Aggregate Data				速度指标 (%)			Indices and Growth Rates (%)				
					指数 Index (2013为以下各年) (2013 as Percentage of the Following Years)				平均增长速度 Average Annual Growth Rate		
1990	2000	2010	2012	2013	1978	1990	2000	2012	1979-2013	1991-2013	2001-2013
299.06	746.93	2738.70	3448.97	3646.05	2834.5	1219.2	488.1	105.7	10.0	11.5	13.0
204.27	563.82	705.90	681.75	618.66	570.3	302.9	109.7	90.7	5.1	4.9	0.7
62.83	147.19	1850.20	2559.78	2829.02	55039.4	4502.7	1922.0	110.5	19.8	18.0	25.5
31.96	35.81	182.41	207.26	198.36	1321.5	620.7	553.9	95.7	7.7	8.3	14.1
170.37	453.07	912.76	979.85	930.69	2083.5	546.3	205.4	95.0	9.1	7.7	5.7
74.65	271.91	564.80	584.06	622.63	2329.3	834.1	229.0	106.6	9.4	9.7	6.6
93.88	171.33	330.48	371.89	307.69	1828.2	327.8	179.6	82.7	8.7	5.3	4.6
1.11	1.20	0.32	0.32	0.36	32.3	32.8	30.3	115.0	-3.2	-4.7	-8.8
2.85	81.31	698.05	309.74	336.54	36513.0	11808.4	413.9	108.7	18.4	23.1	11.5
17162	14010	17971	10247	7506	101.8	43.7	53.6	73.3	0.1	-3.5	-4.7
490	375	361	346	366.9	121.6	74.9	97.8	106.0	0.6	-1.3	-0.2
	140.29	1811.26	2638.8	2806.9			2000.8	106.4			25.9
12.61	354.09	709.60	644.2	621.5	11118.1	4928.6	175.5	96.5	14.4	18.5	4.4
10.11	234.34	439.74	405.4	395.9	13152.8	3915.9	168.9	97.7	15.0	17.3	4.1
2.49	119.75	269.84	238.8	226.6	8782.9	9100.4	189.2	94.9	13.6	21.7	5.0
	26.95	253.40	372.0	410.1			1521.7	110.2			23.3
26.94	438.63	567.10	288.9	275.0	2692.9	1020.9	62.7	95.2	9.9	10.6	-3.5
151.94	704.87	2956.21	4027.25	4576.05	13486.7	3011.7	649.2	113.6	15.0	16.0	15.5
71934	162399	2160007	3341383	3674663		5108.4	2262.7	110.0		18.7	27.1
58023	119736	1341606	2511279	2816665		4854.4	2352.4	112.2		18.4	27.5
13911	42663	818400	830104	857998		6167.8	2011.1	103.4		19.6	26.0
2855	26478	749447	816170	913261		31988.1	3449.1	111.9		28.5	31.3
621	22724	510084	682431	755096		121593.6	3322.9	110.6		36.2	30.9
	134.6	818.32	1402.59	1896.06			1408.7	135.2			22.6
52875	163057	1140792	1561793	1636100		3094.3	1003.4	104.8		16.1	19.4
418	6234	34630	48473	52508		12561.7	842.3	108.3		23.4	17.8
	1966.78	11846.18	16715.91	19434.75			988.2	116.3			19.3
	1739.87	7757.12	10924.55	12953.47			744.5	118.6			16.7
57087	146411	837797	876328	888179	4065.5	1555.8	606.6	101.4	11.2	12.7	14.9
61675	160022	238744	249127	260665	901.1	422.6	162.9	104.6	6.5	6.5	3.8
181.06	259.22	273.96	278.18	263.08	155.5	145.3	101.5	94.6	1.3	1.6	0.1
450.44	422.68	426.02	434.14	408.11	79.4	90.6	96.6	94.0	-0.7	-0.4	-0.3
98.24	99.58	99.93	99.85	99.99	106.2	101.8	100.4	100.1	0.2	0.1	0.0
58930	39929	70449	76158	128431	888.6	217.9	321.6	168.6	6.4	3.4	9.4
2714	9060	7060	7217	7328	1938.6	270.0	80.9	101.5	8.8	4.4	-1.6
19216	20300	16039	18196	18628	219.3	96.9	91.8	102.4	2.3	-0.1	-0.7
5632	8048	7172	7137	7250	140.0	128.7	90.1	101.6	1.0	1.1	-0.8
116786	123192	154733	179797	190234	270.8	162.9	154.4	105.8	2.9	2.1	3.4
51994	54437	59264	67168	70276	230.9	135.2	129.1	104.6	2.4	1.3	2.0
92274	90930	127915	157660	174299	241.1	188.9	191.7	110.6	2.5	2.8	5.1

a) Business volume of post and telecommunication services before 2000 are calculated at constant prices of 1990 and at 2000 constant prices since 2000，and at 2011 constant prices since2010.
b) Number of hospitals include individual since 1996.
c) Statistical standards in health report have changed since 2007.
d)The datas of transportation are calculated according to new statistical scope since 2008.

1-3 国民经济主要比例关系

Principal Relations of Major Indicators on National Economic

单位：% (%)

指 标	Item	1978	1980	1990	2000	2010	2012	2013
地区生产总值	**Gross Domestic Product**							
第一产业	Primary Industry	41.6	43.5	41.0	24.2	12.8	11.8	11.4
第二产业	Secondary Industry	38.0	36.9	31.2	35.0	54.2	53.6	53.5
工 业	Industry	26.6	27.8	27.2	27.2	45.4	45.0	44.9
建筑业	Construction	11.4	9.1	4.0	7.8	8.8	8.6	8.6
第三产业	Tertiary Industry	20.4	19.6	27.8	40.8	33.0	34.6	35.1
#交通运输邮电业	Transport,Postal and Telecommunication Services	2.9	3.5	5.9	9.7	4.7	4.9	4.7
批零贸易和住宿餐饮业	Wholesaleand Retaill Trades,Hotel and Catering Services	5.6	5.2	4.6	9.1	9.2	9.6	9.6
金融业	Financial Intermediation	1.4	1.3	6.4	4.6	2.6	3.2	3.5
全省总人口	**Province Total Population**							
城镇人口	Urban				27.7	44.1	47.5	48.9
乡村人口	Rural				72.3	55.9	52.5	51.1
社会就业人员	**Total Employed Persons**							
第一产业	Primary Industry	77.2	77.7	65.7	46.6	35.6	32.9	31.7
第二产业	Secondary Industry	13.0	12.3	20.3	24.4	29.6	31.0	31.8
第三产业	Tertiary Industry	9.8	10.0	14.0	29.0	34.8	36.1	36.5
农业总产值	**Gross Agricultural Output Value**							
农 业	Farming	74.0	70.7	60.1	46.5	42.2	41.8	41.6
林 业	Forestry	11.9	14.1	9.4	7.8	9.8	9.5	9.8
牧 业	Animal Husbandry	12.8	14.0	26.4	29.9	30.7	31.4	30.9
渔 业	Fishery	1.3	1.2	4.1	13.5	13.5	13.9	14.4
服 务 业	Service in Support of Agriculture				2.3	3.8	3.4	3.3
规模以上工业增加值	**Gross Industrial Value-added Above Designated Size**							
轻 工 业	Light Industry				37.7	34.6	33.6	34.7
重 工 业	Heavy Industry				62.3	65.4	66.4	65.3
全社会固定资产投资	**Total Investment in Fixed Assets**							
第一产业	Primary Industry					2.9	2.9	2.4
第二产业	Secondary Industry					57.5	55.7	56.0
第三产业	Tertiary Industry					39.6	41.4	41.5
财政支出	**Government Expenditures**							
文教科学卫生事业费	Operating Expenses for Culture, Education, Science and Health Care	18.0	25.4	27.4	24.7	25.7	30.3	29.6
#科 学	Science	0.2	0.4	0.8	0.5	0.9	0.9	1.3
教 育	Education	10.6	15.6	16.4	17.1	15.5	20.6	19.1

1-4 主要指标每人年平均水平

Per Capita Average Annual Level of Major Indicators

指　　标	Item	1978	1980	1990	2000	2010	2012	2013
地区生产总值(元)	**Gross Domestic Product(yuan)**	**276**	**342**	**1134**	**4851**	**21253**	**28800**	**31771**
第一产业	Primary Industry	115	149	466	1175	2714	3381	3626
第二产业	Secondary Industry	105	126	353	1697	11519	15441	16998
第三产业	Tertiary Industry	56	67	315	1979	7019	9977	11147
财政总收入(元)	**Government Revenue (yuan)**	**39**	**38**	**107**	**416**	**2757**	**4551**	**5226**
年末居民储蓄存款余额(元)	**Balance of Savings Deposit of Households at Year-end(yuan)**	**13**	**24**	**375**	**2997**	**13746**	**18842**	**21549**
主要农产品产量(公斤)	**Output of Major Farm Products(kg)**							
粮　　食	Grain	357.33	381.60	438.86	391.04	439.53	463.69	468.89
棉　　花	Cotton	1.10	1.32	1.51	1.65	2.94	3.39	2.90
油料折油	Oil-bearing Crops Converted into oil	2.10	2.09	5.19	7.88	8.20	10.24	9.69
甘　　蔗	Sugar Cane	21.68	26.38	51.42	33.13	13.29	13.70	14.33
水　　果	Fruits	0.93	1.73	6.17	10.25	66.81	82.35	97.79
肉类总产量	Total output of Meat	8.34	11.71	29.57	46.58	69.30	74.27	76.34
牛　　奶	Milk	0.16	0.28	0.59	1.36	2.67	2.82	2.81
水 产 品	Aquatic Products	1.88	2.32	8.12	30.79	48.42	52.71	53.77
主要工业产品产量	**Output of Major Industrial Products**							
化学纤维(公斤)	Chemical Fiber(kg)	0.13	0.41	0.53	1.71	4.03	8.43	9.31
布(混合数)(米)	Cloth(m)	6.40	9.24	8.09	5.26	18.10	20.61	17.20
机制纸及纸板(公斤)	Machine-made Paper and Paperboard(kg)	2.94	3.91	6.77	5.82	41.96	35.90	40.31
原　　煤(公斤)	Coal(kg)	455.65	458.62	536.50	439.28	636.40	558.65	527.04
原油加工量(公斤)	Processed Crude Oil(kg)					1053.31	1129.05	1150.41
发 电 量(千瓦小时)	Electricity(kwh)	143.82	176.05	321.32	486.95	1387.46	1478.38	1746.21
粗钢(公斤)	Crude Steel (kg)	8.14	11.93	29.67	77.47	412.40	476.15	477.87
钢材(公斤)	Rolled Steel(kg)	7.78	14.36	24.43	68.52	438.83	526.87	545.93
水　　泥(公斤)	Cement(kg)	49.38	61.85	124.16	334.71	1398.75	1650.50	2039.47
化学肥料(公斤)	Chemical Fertilizers(kg)	5.07	7.92	8.22	10.52	25.50	20.84	23.55
化学农药(公斤)	Chemical Pesticide(kg)	0.43	0.54	0.14	0.33	0.48	0.86	0.93
主要消费品消费量	**Consumption of Major Consumer Good**							
农民生活消费量(公斤)	Living Consumption of Rural Households(kg)							
粮　　食	Grain		314.55	340.85	303.61	213.52	190.77	182.62
植 物 油	Vegetable Oils		2.03	4.76	8.73	6.57	8.27	8.40
猪牛羊肉	Pork, Beef and Mutton		6.60	11.99	12.64	12.71	13.90	15.28
蛋　　类	Eggs		1.04	1.95	3.26	3.28	4.71	4.77
水 产 品	Aquatic Products		1.54	2.02	3.73	5.23	5.84	6.57
城镇居民购买量(元)	Purchase of Urban Households(yuan)							
粮　　食	Grain					353.11	438.11	480.04
油脂类	Vegetable Oils					164.49	200.77	218.83
肉禽及其制品类	Pork, Beef and Mutton					916.40	1161.86	1113.06
蛋　　类	Eggs					89.11	104.01	101.04
水 产 品	Aquatic Products					254.69	291.21	298.34

1-5 江 西 的 一 天

One Day of Jiangxi

指　　标	Item	1978	2000	2010	2012	2013
全省每天创造的财富	**Province Daily Production**					
地区生产总值(万元)	Gross Domestic Product(10000 yuan)	2384	54879	258939	354764	392836
第一产业	Primary Industry	991	13292	33068	41650	44835
第二产业	Secondary Industry	907	19199	140353	190208	210175
工业	Industry	635	14788	117445	159677	176285
建筑业	Construction	272	4410	22907	30531	33890
第三产业	Tertiary Industry	486	22388	85518	122906	137825
#交通运输邮电业	Transport,Postal and Telecommunication Services	70	5342	12225	17276	18592
批零贸易和住宿餐饮业	Wholesaleand Retaill Trades,Hotel and Catering Services	135	4985	23770	34158	37664
金融业	Financial Intermediation	32	2708	6616	11317	13556
财政总收入(万元)	Government Revenue(10000 yuan)	335	4704	33596	56059	64615
财政支出(万元)	Government Expenditures(10000 yuan)	446	6123	52692	82718	95077
布产量(万米)	Cloth(10000 meters)	55	59	221	254	213
机制纸及纸板(吨)	Machine-made Paper and Paperboard(ton)	254	658	5112	4422	4984
原煤产量(吨)	Coal(ton)	39329	49692	77540	68816	65165
原油加工量(吨)	Processed Crude Oil(ton)			12834	13908	14224
发电量(万千瓦小时)	Electricity(10000 kwh)	1241	5508	16905	18211	21591
粗钢(吨)	Crude Steel (ton)	702	8763	50247	58654	59086
钢材(吨)	Rolled Steel (ton)	671	7751	53467	64901	67502
水泥(吨)	Cement(ton)	4262	37863	170426	203314	252170
汽车(辆)	Vehicles(unit)	3	366	1021	941	1008
照相机(架)	Cameras(set)	27	489	16	41239	10257
全省每天消费	**Province Daily Consumption**					
能源消费(万吨标准煤)	Energy Consumption(10000 tons of SCE)		6.86	17.41	19.82	21.02
社会消费品零售总额(万元)	Total Retail Sales of Consumer Goods (10000 yuan)	930	19312	80992	110336	125371
全省每天其他活动	**Province Other Daily Economic Activities**					
货物运输量(万吨)	Freight Traffic(10000 tons)	12.89	64.66	274.90	369.73	369.96
旅客运输量(万人)	Passenger Traffic(10000 persons)	17.69	98.14	209.95	232.09	180.13
出版报纸(万份)	Newspapers Published(10000 copies)	39.60	109.39	193.01	208.65	351.87
出版期刊(万册)	Number of Magazines Published(10000 copies)	1.03	28.70	19.34	19.77	20.08
出版图书(万册)	Books Published(10000 copies)	23.27	55.62	43.94	49.85	51.04
邮电业务总量(万元)	Business Volume of Postal and Telecommunication Services(10000 yuan)	21	2228	19125	8486	9220
邮寄函件(万件)	Letters Delivered(10000 pieces)	20.20	38.38	49.24	28.07	20.56
邮寄包裹(件)	Packages Delivered(piece)		6767	3321	2438	2575
结婚人数(对)	Number of Marriages(couple)	437	810	989	1154	1079
离婚人数(对)	Number of Divorces(couple)	28	66	134	164	192

1-6 地区生产总值
Gross Domestic Product

本表按当年价格计算。
Data in this table are calculated at current prices.

单位：亿元 (100 million yuan)

年份 地区 Year Region	地区生产总值 Gross Domestic Product	第一产业 Primary Industry	第二产业 Secondary Industry	工业 Industry	建筑业 Construction	第三产业 Tertiary Industry	交通运输仓储和邮政业 Transport, Storage and Post	批发零售和住宿餐饮业 Whlesale and Retail Trades,Hotel and Catering Services	金融业 Financial Intermediation	人均地区生产总值(元) Per Capita GDP (yuan)
1978	87.00	36.18	33.08	23.16	9.92	17.74	2.54	4.91	1.18	276
1980	111.15	48.31	41.00	30.84	10.16	21.84	3.92	5.78	1.39	342
1985	207.89	84.06	76.05	63.13	12.92	47.78	12.27	11.57	5.60	597
1990	428.62	175.96	133.56	116.50	17.06	119.10	25.18	19.74	27.33	1134
1991	479.37	183.27	154.77	135.82	18.95	141.33	26.73	27.86	31.17	1249
1992	572.55	200.81	199.40	168.14	31.26	172.34	31.61	35.80	38.83	1472
1993	723.04	225.58	282.46	233.76	48.70	215.00	39.43	44.68	48.44	1835
1994	948.16	314.35	338.23	269.16	69.07	295.58	55.93	57.76	61.71	2376
1995	1169.73	374.64	403.74	314.49	89.25	391.35	78.32	82.39	71.84	2896
1996	1409.74	440.00	481.30	375.83	105.47	488.44	101.64	108.31	86.32	3452
1997	1605.77	475.18	548.84	438.98	109.86	581.75	115.41	124.66	97.40	3890
1998	1719.87	450.44	608.22	477.15	131.07	661.21	145.40	143.54	100.50	4124
1999	1853.65	464.40	648.82	503.79	145.03	740.43	167.74	161.63	101.15	4402
2000	2003.07	485.14	700.76	543.88	156.88	817.17	194.98	181.96	92.97	4851
2001	2175.68	506.00	786.12	603.23	182.89	883.56	217.94	192.06	82.02	5221
2002	2450.48	535.98	941.77	702.42	239.35	972.73	248.61	214.19	76.51	5829
2003	2807.41	560.00	1204.33	863.31	341.02	1043.08	266.11	243.06	64.31	6624
2004	3456.70	664.50	1566.40	1140.00	426.40	1225.80	320.50	296.37	65.10	8097
2005	4056.76	727.37	1917.47	1455.50	461.97	1411.92	300.60	355.63	69.55	9440
2006	4820.53	786.14	2419.74	1905.15	514.59	1614.65	339.08	406.55	79.75	11145
2007	5800.25	905.77	2975.53	2412.30	563.23	1918.95	371.60	473.70	101.34	13322
2008	6971.05	1060.38	3554.81	2906.86	647.95	2355.86	388.42	596.97	130.57	15900
2009	7655.18	1098.66	3919.45	3196.56	722.89	2637.07	394.90	721.48	165.10	17335
2010	9451.26	1206.98	5122.88	4286.76	836.12	3121.40	446.22	867.60	241.49	21253
2011	11702.82	1391.07	6390.55	5411.86	978.69	3921.20	507.44	1102.26	357.44	26150
2012	12948.88	1520.23	6942.59	5828.20	1114.39	4486.06	630.56	1246.78	413.07	28800
2013	14338.50	1636.49	7671.38	6434.41	1236.97	5030.63	678.62	1374.75	494.78	31771
南昌市 Nanchang	3336.03	157.24	1850.49	1398.63	451.86	1328.30	147.26	297.95	190.84	64678
景德镇市 Jingdezhen	680.28	52.29	396.48	348.18	48.30	231.51	37.95	72.30	10.55	42130
萍乡市 Pingxiang	798.33	56.32	473.70	428.75	44.95	268.31	44.02	80.09	15.78	42515
九江市 Jiujiang	1601.73	130.05	898.24	756.72	141.52	573.44	90.22	177.70	21.15	33500
新余市 Xinyu	845.07	50.95	490.37	430.16	60.20	303.75	52.51	95.78	28.04	73275
鹰潭市 Yingtan	553.47	44.55	346.37	322.29	24.08	162.55	41.30	45.84	21.61	48541
赣州市 Ganzhou	1673.31	271.79	763.96	656.71	107.25	637.57	88.75	125.84	79.37	19768
吉安市 Ji'an	1123.90	197.11	575.71	494.67	81.04	351.08	50.82	84.71	26.41	23126
宜春市 Yichun	1387.07	213.69	765.91	689.38	76.53	407.47	55.31	121.07	38.31	25352
抚州市 Fuzhou	940.64	163.48	489.02	408.03	80.99	288.14	59.91	67.81	8.20	23780
上饶市 Shangrao	1401.31	207.15	715.45	595.18	120.26	478.72	62.33	143.01	26.87	21061

注:1.自2005年起，交通运输仓储和邮政业不含信息传输计算机服务和软件业。
2.2013年地区生产总值为快报数。

a) Since 2005, transportation,storage and post has not included information transmission, computer service and software.

b)Gross domestic product of 2013 is preliminary data.

1-7 地区生产总值构成

Composition of Gross Domestic Product

本表按当年价格计算。
Data in this table are calculated at current prices.
单位：% (%)

年份 地区 Year Region	地区生产总值 Gross Domestic Product	第一产业 Primary Industry	第二产业 Secondary Industry	工业 Industry	建筑业 Construction	第三产业 Tertiary Industry	交通运输仓储和邮政业 Transport, Storage and Post	批发零售和住宿餐饮业 Whlesale and Retail Trades,Hotel and Catering Services	金融业 Financial Intermediation
1978	100.0	41.6	38.0	26.6	11.4	20.4	2.9	5.6	1.4
1980	100.0	43.5	36.9	27.8	9.1	19.6	3.5	5.2	1.3
1985	100.0	40.4	36.6	30.4	6.2	23.0	5.9	5.6	2.7
1990	100.0	41.0	31.2	27.2	4.0	27.8	5.9	4.6	6.4
1995	100.0	32.0	34.5	26.9	7.6	33.5	6.7	7.0	6.1
1996	100.0	31.2	34.1	26.6	7.5	34.7	7.2	7.7	6.1
1997	100.0	29.6	34.2	27.3	6.9	36.2	7.2	7.8	6.1
1998	100.0	26.2	35.4	27.8	7.6	38.4	8.5	8.3	5.8
1999	100.0	25.1	35.0	27.2	7.8	39.9	9.0	8.7	5.5
2000	100.0	24.2	35.0	27.2	7.8	40.8	9.7	9.1	4.6
2001	100.0	23.3	36.1	27.7	8.4	40.6	10.0	8.8	3.8
2002	100.0	21.9	38.5	28.7	9.8	39.6	10.1	8.7	3.1
2003	100.0	19.9	42.9	30.8	12.1	37.2	9.5	8.7	2.3
2004	100.0	19.2	45.3	33.0	12.3	35.5	9.3	8.2	1.9
2005	100.0	17.9	47.3	35.9	11.4	34.8	7.4	8.4	1.7
2006	100.0	16.3	50.2	39.5	10.7	33.5	7.0	8.4	1.7
2007	100.0	15.6	51.3	41.6	9.7	33.1	6.4	8.2	1.7
2008	100.0	15.2	51.0	41.7	9.3	33.8	5.6	8.6	1.9
2009	100.0	14.4	51.2	41.8	9.4	34.4	5.2	9.4	2.2
2010	100.0	12.8	54.2	45.4	8.8	33.0	4.7	9.2	2.6
2011	100.0	11.9	54.6	46.2	8.4	33.5	4.3	9.4	3.1
2012	100.0	11.8	53.6	45.0	8.6	34.6	4.9	9.6	3.2
2013	100.0	11.4	53.5	44.9	8.6	35.1	4.7	9.6	3.5
南昌市 Nanchang	100.0	4.7	55.5	41.9	13.6	39.8	4.4	8.9	5.7
景德镇市 Jingdezhen	100.0	7.7	58.3	51.2	7.1	34.0	5.6	10.6	1.6
萍乡市 Pingxiang	100.0	7.1	59.3	53.7	5.6	33.6	5.5	10.0	2.0
九江市 Jiujiang	100.0	8.1	56.1	47.2	8.9	35.8	5.6	11.1	1.3
新余市 Xinyu	100.0	6.0	58.0	50.9	7.1	36.0	6.2	11.3	3.3
鹰潭市 Yingtan	100.0	8.0	62.6	58.2	4.4	29.4	7.5	8.3	3.9
赣州市 Ganzhou	100.0	16.2	45.7	39.3	6.4	38.1	5.3	7.5	4.7
吉安市 Ji'an	100.0	17.6	51.2	44.0	7.2	31.2	4.5	7.5	2.3
宜春市 Yichun	100.0	15.4	55.2	49.7	5.5	29.4	4.0	8.7	2.8
抚州市 Fuzhou	100.0	17.4	52.0	43.4	8.6	30.6	6.4	7.2	0.9
上饶市 Shangrao	100.0	14.8	51.1	42.5	8.6	34.1	4.4	10.2	1.9

1-8 地区生产总值指数

Indices of Gross Domestic Product

本表按可比价格计算。
Data in this table are calculated at constant pieces.

(1978年=100) (year of 1978=100)

年份 Year	地区生产总值 Gross Domestic Product	第一产业 Primary Industry	第二产业 Secondary Industry	工业 Industry	建筑业 Construction	第三产业 Tertiary Industry	交通运输仓储和邮政业 Transport, Storage and Post	批发零售和住宿餐饮业 Whlesale and Retail Trades,Hotel and Catering Services	金融业 Financial Intermediation	人均地区生产总值 Per Capita GDP
1978	100.0	100.0	100.0	100.0	100.0	100.0	100.0	100.0	100.0	100.0
1979	115.8	115.4	115.9	120.9	104.2	116.6	141.6	108.2	83.3	113.8
1980	120.7	116.4	129.7	138.9	108.1	114.4	147.1	106.1	98.1	117.0
1981	127.5	128.3	127.8	142.2	93.6	125.0	152.0	120.4	107.2	122.2
1982	139.4	144.1	131.5	146.5	96.4	141.4	202.3	131.1	141.6	132.0
1983	148.9	144.2	150.6	165.5	115.4	154.8	221.7	149.1	155.1	139.1
1984	171.8	157.9	182.5	211.0	115.4	183.0	235.9	156.6	314.1	157.9
1985	197.2	169.1	218.3	258.7	123.5	222.9	303.1	182.8	382.9	178.3
1986	210.4	171.0	234.2	286.9	117.0	256.8	312.5	210.6	514.6	187.0
1987	227.9	186.6	250.4	310.4	115.5	280.2	320.9	199.9	761.6	199.2
1988	253.9	191.6	291.5	361.3	134.4	327.6	375.1	233.7	1077.7	218.7
1989	269.4	199.1	305.2	373.9	150.8	364.0	390.9	207.8	1353.6	228.5
1990	281.5	211.8	312.8	392.2	133.9	382.9	439.0	136.5	1368.5	234.8
1991	304.6	219.2	349.7	434.6	138.5	429.2	407.4	177.7	1467.0	250.1
1992	349.7	231.9	430.1	511.5	222.7	511.6	449.0	275.3	1665.0	283.4
1993	397.6	235.6	554.4	650.1	315.3	573.0	489.4	277.5	1981.4	318.0
1994	432.6	249.0	593.2	678.1	392.5	659.0	580.4	301.6	2211.2	341.5
1995	462.0	261.5	611.0	684.2	449.0	749.3	705.2	348.6	2339.4	360.4
1996	516.1	283.7	692.3	778.6	499.3	848.2	777.8	425.3	2470.4	398.2
1997	579.6	303.0	799.6	917.2	520.8	966.9	912.4	482.7	2670.5	442.4
1998	620.8	291.5	888.4	1013.5	597.4	1087.8	1121.3	562.3	2729.3	468.9
1999	669.2	309.0	946.1	1068.2	670.3	1204.2	1320.9	634.3	2786.6	500.5
2000	722.7	330.0	1009.5	1143.0	705.2	1329.4	1550.7	726.9	2549.7	551.5
2001	786.3	343.9	1139.7	1266.4	844.8	1434.4	1713.5	780.0	2412.0	594.8
2002	868.9	359.0	1350.5	1495.6	1012.9	1533.4	1895.1	862.7	2151.5	651.3
2003	981.9	368.7	1678.7	1787.2	1408.9	1646.9	2052.4	975.7	1912.7	730.1
2004	1111.5	398.2	1990.9	2114.3	1682.2	1808.3	2309.0	1097.7	1579.9	820.6
2005	1253.8	424.1	2331.3	2545.6	1826.9	2003.6	2593.0	1238.2	1668.4	919.9
2006	1408.0	451.7	2711.3	3029.3	1965.7	2202.0	2917.1	1386.8	1786.9	1026.6
2007	1593.9	470.2	3180.4	3683.6	2012.9	2459.6	3281.7	1547.7	1954.9	1154.9
2008	1804.3	492.8	3721.1	4427.7	2087.4	2742.5	3445.8	1767.5	2166.0	1298.1
2009	2040.7	515.0	4357.4	5242.4	2308.7	3035.9	3483.7	2068.0	2577.5	1457.8
2010	2326.4	535.6	5150.4	6285.6	2525.7	3375.9	3919.2	2336.8	2959.0	1650.2
2011	2617.2	558.1	5933.3	7373.0	2639.4	3750.6	4166.1	2612.5	3281.5	1844.9
2012	2905.1	583.8	6710.6	8361.0	2950.8	4106.9	4524.4	2873.8	3632.6	2036.8
2013	3198.5	610.7	7495.7	9356.0	3254.7	4480.6	4823.0	3109.5	4202.9	2234.4

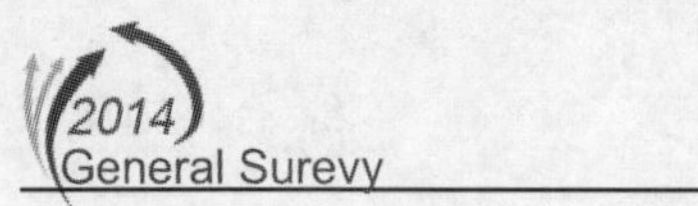

1-9 地区生产总值指数

Indices of Gross Domestic Product

本表按可比价格计算。

Data in this table are calculated at constant prices.

(上年=100)　　(preceding year =100)

年份 地区 Year Region	地区生产总值 Gross Domestic Product	第一产业 Primary Industry	第二产业 Secondary Industry	工业 Industry	建筑业 Construction	第三产业 Tertiary Industry	交通运输仓储和邮政业 Transport, Storage and Post	批发零售和住宿餐饮业 Whlesale and Retail Trades,Hotel and Catering Services	金融业 Financial Intermediation	人均地区生产总值 Per Capita GDP
1978	113.3	99.8	126.1			128.6				
1980	104.2	100.9	111.9	114.9	103.7	98.1	103.9	98.1	117.8	102.8
1985	114.8	107.1	119.6	122.6	107.0	121.8	128.5	116.7	121.9	112.9
1990	104.5	106.4	102.5	104.9	88.8	105.2	112.3	65.7	101.1	102.7
1991	108.2	103.5	111.8	110.8	103.4	112.1	92.8	130.2	107.2	106.5
1992	114.8	105.8	123.0	117.7	160.8	119.2	110.2	154.9	113.5	113.3
1993	113.7	101.6	128.9	127.1	141.6	112.0	109.0	100.8	119.0	112.2
1994	108.8	105.7	107.0	104.3	124.5	115.0	118.6	108.7	111.6	107.4
1995	106.8	105.0	103.0	100.9	114.4	113.7	121.5	115.6	105.8	105.5
1996	111.7	108.5	113.3	113.8	111.2	113.2	110.3	122.0	105.6	110.5
1997	112.3	106.8	115.5	117.8	104.3	114.0	117.3	113.5	108.1	111.1
1998	107.1	96.2	111.1	110.5	114.7	112.5	122.9	116.5	102.2	106.0
1999	107.8	106.0	106.5	105.4	112.2	110.7	117.8	112.8	102.1	106.7
2000	108.0	106.8	106.7	107.0	105.2	110.4	117.4	114.6	91.5	110.2
2001	108.8	104.2	112.9	110.8	119.8	107.9	110.5	107.3	94.6	107.8
2002	110.5	104.4	118.5	118.1	119.9	106.9	110.6	110.6	89.2	109.5
2003	113.0	102.7	124.3	119.5	139.1	107.4	108.3	113.1	88.9	112.1
2004	113.2	108.0	118.6	118.3	119.4	109.8	112.5	112.5	82.6	112.4
2005	112.8	106.5	117.1	120.4	108.6	110.8	112.3	112.8	105.6	112.1
2006	112.3	106.5	116.3	119.0	107.6	109.9	112.5	112.0	107.1	111.6
2007	113.2	104.1	117.3	121.6	102.4	111.7	112.5	111.6	109.4	112.5
2008	113.2	104.8	117.0	120.2	103.7	111.5	105.0	114.2	110.8	112.4
2009	113.1	104.5	117.1	118.4	110.6	110.7	101.1	117.0	119.0	112.3
2010	114.0	104.0	118.2	119.9	109.4	111.2	112.5	113.0	114.8	113.2
2011	112.5	104.2	115.2	117.3	104.5	111.1	106.3	111.8	110.9	111.8
2012	111.0	104.6	113.1	113.4	111.8	109.5	108.6	110.0	110.7	110.4
2013	110.1	104.6	111.7	111.9	110.3	109.1	106.6	108.2	115.7	109.7
南昌市 Nanchang	110.7	103.1	111.9	111.7	112.6	109.8	107.8	108.8	119.2	109.7
景德镇市 Jingdezhen	110.2	104.0	111.5	111.8	108.7	109.1	110.0	108.0	111.1	109.5
萍乡市 Pingxiang	109.3	103.2	110.1	110.2	109.4	109.0	108.0	108.8	112.9	108.9
九江市 Jiujiang	110.4	104.0	112.0	112.5	109.3	109.1	106.5	108.3	111.4	110.1
新余市 Xinyu	104.5	103.2	104.0	103.9	104.7	106.0	105.6	107.8	111.4	104.1
鹰潭市 Yingtan	110.3	104.5	111.6	111.4	115.4	109.1	110.7	109.9	108.7	109.9
赣州市 Ganzhou	110.5	105.1	113.0	112.8	114.5	109.8	107.4	108.3	118.4	110.1
吉安市 Ji'an	110.9	105.1	113.3	113.7	110.8	110.0	107.5	107.1	119.9	110.6
宜春市 Yichun	110.1	103.5	112.4	112.6	110.8	109.0	107.2	108.4	124.3	109.8
抚州市 Fuzhou	110.3	104.9	112.9	113.3	110.5	109.0	109.8	112.0	119.0	109.9
上饶市 Shangrao	110.0	103.8	112.3	113.0	108.9	108.9	106.2	110.1	117.4	109.7

1-10 收入法地区生产总值

Income Approach of Gross Domestic Product

本表按当年价格计算。

Data in this table are calculated at current prices.

单位：亿元 (100 million yuan)

年份 地区 Year Region	地区生产总值 Gross Domestic Product	劳动者报酬 Compensation of Employees	固定资产折旧 Depreciation of Fixed Assets	生产税净额 Net Taxes on Production	营业盈余 Operating Surplus
1978	87.00	57.36	8.19	7.62	13.83
1980	111.15	73.40	9.06	9.05	19.64
1985	207.89	134.11	17.82	19.79	36.17
1990	428.62	265.24	33.85	42.61	86.92
1991	479.37	277.58	44.06	45.52	112.21
1992	572.55	358.84	55.87	50.56	107.28
1993	723.04	462.89	61.49	80.65	118.01
1994	948.16	613.87	97.04	106.10	131.15
1995	1169.73	718.54	123.45	100.37	227.37
1996	1409.74	898.92	140.02	120.04	250.76
1997	1605.77	1044.68	192.38	160.07	208.64
1998	1719.87	1081.83	229.54	166.88	241.62
1999	1853.65	1151.31	282.15	180.32	239.87
2000	2003.07	1218.70	351.87	210.86	221.64
2001	2175.68	1274.14	419.36	280.09	202.09
2002	2450.48	1399.72	497.42	316.47	236.87
2003	2807.41	1555.45	567.25	374.23	310.48
2004	3456.70	1932.98	684.25	475.52	363.95
2005	4056.76	1845.67	488.88	502.26	1219.95
2006	4820.53	2140.24	568.14	624.30	1487.85
2007	5800.25	2544.29	677.27	778.30	1800.39
2008	6971.05	3006.32	1159.71	1300.32	1504.70
2009	7655.18	3118.08	1364.35	1488.80	1683.95
2010	9451.26	4258.71	1183.45	1616.83	2392.27
2011	11702.82	5143.98	1607.25	1965.45	2986.14
2012	12948.88	5529.01	2114.79	1986.72	3318.36
南昌市 Nanchang	3000.52	1270.63	424.53	461.63	843.73
景德镇市 Jingdezhen	628.25	282.25	94.19	98.31	153.50
萍乡市 Pingxiang	733.06	237.93	116.63	77.49	301.01
九江市 Jiujiang	1420.10	523.29	196.04	221.59	479.18
新余市 Xinyu	830.32	245.28	181.41	159.13	244.50
鹰潭市 Yingtan	482.17	145.20	61.76	111.70	163.51
赣州市 Ganzhou	1508.49	629.69	188.80	246.64	443.36
吉安市 Ji'an	1006.26	502.24	115.32	149.39	239.31
宜春市 Yichun	1247.60	614.21	238.31	194.87	200.21
抚州市 Fuzhou	825.04	403.01	124.55	163.87	133.61
上饶市 Shangrao	1265.39	602.35	165.59	147.47	349.98

注：2013年收入法、支出法地区生产总值未出快报数。

a) The preliminary data of gross domestic product of 2013 by income approach and expenditure approach can not be obtained.

1-11 支出法地区生产总值

Gross Domestic Product by Expenditure Approach

本表按当年价格计算

Data in this table are calcuated at current prices

单位：亿元 (100 million yuan)

年份 地区 Year Region	支出法地区生产总值 Gross Domestic Product by Expenditure Approach	最终消费支出 Final Consumption Expenditures					资本形成总额 Gross Capital Formation			货物和服务净出口 Net Exports of Goods and Services
			居民消费支出 Household Consumption Expenditures			政府消费支出 Government Consumption Expenditures		固定资本形成总额 Gross Fixed Capital Formation	存货增加 Change in Inventories	
				农村居民 Rural Household	城镇居民 Urban Household					
1978	87.00	56.88					34.52	29.71	4.81	-4.40
1980	111.15	81.02	68.45	49.22	19.23	12.57	36.34	31.28	5.06	-6.21
1985	207.89	151.31	126.30	90.76	35.54	25.01	68.83	52.05	16.78	-12.25
1990	428.62	310.12	250.02	172.83	77.19	60.10	126.99	78.87	48.12	-8.88
1991	479.37	341.79	270.89	185.27	85.62	70.90	147.60	86.56	61.04	-10.02
1992	572.55	381.98	299.37	196.36	103.01	82.61	219.50	136.93	82.57	-28.93
1993	723.04	460.22	349.29	222.92	126.37	110.93	298.34	222.47	75.87	-35.52
1994	944.75	597.07	471.91	291.17	180.74	125.16	368.62	282.84	85.78	-20.94
1995	1177.26	769.98	629.78	401.86	227.92	140.20	425.44	325.55	99.89	-18.16
1996	1413.70	919.59	758.36	495.80	262.56	161.23	507.63	395.85	111.78	-13.52
1997	1596.56	989.60	796.77	504.29	292.48	192.83	617.03	477.30	139.73	-10.07
1998	1719.01	1053.66	823.03	516.98	306.05	230.63	672.85	520.82	152.03	-7.50
1999	1831.25	1122.56	865.87	532.56	333.31	256.69	715.49	552.67	162.82	-6.80
2000	1982.17	1269.58	989.20	574.63	414.57	280.38	718.29	605.54	112.75	-5.70
2001	2161.75	1357.47	1041.96	578.29	463.67	315.51	800.83	696.70	104.13	3.45
2002	2460.49	1459.65	1114.58	602.72	511.86	345.07	999.28	931.80	67.48	1.56
2003	2815.35	1525.90	1171.27	628.50	542.77	354.63	1321.68	1269.92	51.76	-32.23
2004	3464.59	1822.14	1431.42	744.46	686.96	390.72	1697.01	1633.53	63.48	-54.56
2005	4061.76	2117.30	1642.20	816.84	825.36	475.10	1981.98	1922.10	59.88	-37.52
2006	4790.28	2348.66	1780.54	893.04	887.50	568.12	2494.67	2422.06	72.61	-53.05
2007	5783.14	2782.34	2036.02	976.65	1059.37	746.32	3060.96	2982.33	78.63	-60.16
2008	6993.94	3302.78	2545.08	829.47	1715.61	757.70	3760.50	3675.71	84.79	-69.34
2009	7647.76	3538.42	2743.30	907.65	1835.65	795.12	4163.37	4082.63	80.74	-54.03
2010	9458.73	4496.69	3552.93	1156.53	2396.40	943.76	4854.65	4740.28	114.37	107.39
2011	11702.82	5593.93	4261.66	1443.74	2817.92	1332.27	5989.05	5785.75	203.30	119.84
2012	12948.88	6314.31	4753.79	1541.90	3211.89	1560.52	6513.67	6301.13	212.54	120.90
南昌市 Nanchang	3000.52	1575.27	1433.50	466.07	967.43	141.77	1482.26	1328.10	154.16	-57.01
景德镇市 Jingdezhen	628.25	282.42	234.77	76.95	157.82	47.65	346.38	317.52	28.86	-0.55
萍乡市 Pingxiang	733.06	287.56	193.11	73.51	119.60	94.45	426.37	419.46	6.91	19.13
九江市 Jiujiang	1420.10	633.09	482.28	153.92	328.36	150.81	777.28	682.28	95.00	9.73
新余市 Xinyu	830.32	275.46	154.71	28.15	126.56	120.75	530.57	538.91	-8.34	24.29
鹰潭市 Yingtan	482.17	165.01	119.04	34.64	84.40	45.97	350.38	325.85	24.53	-33.22
赣州市 Ganzhou	1508.49	745.81	557.39	235.63	321.76	188.42	1076.48	1027.10	49.38	-313.80
吉安市 Ji'an	1006.26	470.99	348.86	190.68	158.18	122.13	542.98	519.27	23.71	-7.71
宜春市 Yichun	1247.60	674.95	550.08	346.55	203.53	124.87	588.87	578.86	10.01	-16.22
抚州市 Fuzhou	825.04	313.78	237.20	113.53	123.67	76.58	503.12	367.38	135.74	8.14
上饶市 Shangrao	1265.39	518.08	448.35	248.33	200.02	69.73	805.01	774.91	30.10	-57.70

注：支出法生产总值不等于前表生产总值是由于计算误差的影响。

a) The gorss regional production by expenditure approach is not equal to gross domestic product due to statistical discrepancies.

1-12 支出法地区生产总值结构

Components of Gross Domestic Product by Expenditure Approach

本表按当年价格计算

Data in this table are calcuated at current prices

单位：% (%)

年份 地区 Year Region	最终消费率（消费率） Final Consumption Rate	资本形成率（投资率） Capital Formation Rate	最终消费支出=100 Final Consumption Expenditures=100		资本形成总额=100 Gross Capital Formation=100		居民消费支出=100 Household Consumption Expenditures=100	
			居民消费支出 Household Consumption Expenditures	政府消费支出 Government Consumption Expenditures	固定资本形成总额 Gross Fixed Capital Formation	存货增加 Change in Inventories	农村居民 Rural Household	城镇居民 Urban Household
1978	65.38	39.68			86.1	13.9		
1980	72.89	32.69	84.5	15.5	86.1	13.9	71.9	28.1
1985	72.78	33.11	83.5	16.5	75.6	24.4	71.9	28.1
1990	72.35	29.63	80.6	19.4	62.1	37.9	69.1	30.9
1991	71.30	30.79	79.3	20.7	58.6	41.4	68.4	31.6
1992	66.72	38.34	78.4	21.6	62.4	37.6	65.6	34.4
1993	63.65	41.26	75.9	24.1	74.6	25.4	63.8	36.2
1994	63.20	39.02	79.0	21.0	76.7	23.3	61.7	38.3
1995	65.40	36.14	81.8	18.2	76.5	23.5	63.8	36.2
1996	65.05	35.91	82.5	17.5	78.0	22.0	65.4	34.6
1997	61.98	38.65	80.5	19.5	77.4	22.6	63.3	36.7
1998	61.29	39.14	78.1	21.9	77.4	22.6	62.8	37.2
1999	61.30	39.07	77.1	22.9	77.2	22.8	61.5	38.5
2000	64.05	36.24	77.9	22.1	84.3	15.7	58.1	41.9
2001	62.79	37.05	76.8	23.2	87.0	13.0	55.5	44.5
2002	59.32	40.61	76.4	23.6	93.2	6.8	54.1	45.9
2003	54.20	46.95	76.8	23.2	96.1	3.9	53.7	46.3
2004	52.59	48.98	78.6	21.4	96.3	3.7	52.0	48.0
2005	52.12	48.80	77.6	22.4	97.0	3.0	49.7	50.3
2006	49.03	52.08	75.8	24.2	97.1	2.9	50.2	49.8
2007	48.11	52.93	73.2	26.8	97.4	2.6	48.0	52.0
2008	47.22	53.77	77.1	22.9	97.7	2.3	32.6	67.4
2009	46.27	54.44	77.5	22.5	98.1	1.9	33.1	66.9
2010	47.54	51.32	79.0	21.0	97.6	2.4	32.6	67.4
2011	47.80	51.18	76.2	23.8	96.6	3.4	33.9	66.1
2012	48.80	50.30	75.3	24.7	96.7	3.3	32.4	67.6
南昌市 Nanchang	52.50	49.40	91.0	9.0	89.6	10.4	32.5	67.5
景德镇市 Jingdezhen	44.95	55.13	83.1	16.9	91.7	8.3	32.8	67.2
萍乡市 Pingxiang	39.23	58.16	67.2	32.8	98.4	1.6	38.1	61.9
九江市 Jiujiang	44.58	54.73	76.2	23.8	87.8	12.2	31.9	68.1
新余市 Xinyu	33.18	63.90	56.2	43.8	101.6	-1.6	18.2	81.8
鹰潭市 Yingtan	34.22	72.67	72.1	27.9	93.0	7.0	29.1	70.9
赣州市 Ganzhou	49.44	71.36	74.7	25.3	95.4	4.6	42.3	57.7
吉安市 Ji'an	46.81	53.96	74.1	25.9	95.6	4.4	54.7	45.3
宜春市 Yichun	54.10	47.20	81.5	18.5	98.3	1.7	63.0	37.0
抚州市 Fuzhou	38.03	60.98	75.6	24.4	73.0	27.0	47.9	52.1
上饶市 Shangrao	40.94	63.62	86.5	13.5	96.3	3.7	55.4	44.6

1-13 支出法地区生产总值指数

Indices of Gross Domestic Product by Expenditure Approach

本表按可比价格计算.

Data in this table are calculated at constant prices.

(1980=100) (year of 1980=100)

年份 Year	支出法地区生产总值 Gross Domestic Product by Expenditure Approach	最终消费支出 Final Consumption Expenditures	居民消费支出 Household Consumption Expenditures	农村居民 Rural Household	城镇居民 Urban Household	政府消费支出 Government Consumption Expenditures	资本形成总额 Gross Capital Formation	固定资本形成总额 Gross Fixed Capital Formation	存货增加 Change in Inventories
1980	100.0	100.0	100.0	100.0	100.0	100.0	100.0	100.0	100.0
1981	105.6	106.4	107.1	102.6	118.6	104.3	87.8	80.0	105.2
1982	115.4	122.8	121.9	121.8	122.2	129.2	113.0	105.2	145.7
1983	123.2	130.0	129.5	131.3	124.9	133.9	125.1	128.0	77.7
1984	142.2	146.6	141.5	143.5	136.6	180.0	149.0	140.9	163.0
1985	163.2	159.1	154.1	154.0	154.4	192.8	198.5	161.9	315.2
1986	174.1	168.3	158.6	156.0	165.5	233.9	216.4	212.4	204.6
1987	188.6	176.4	166.7	161.1	182.2	240.7	221.2	182.0	324.1
1988	210.1	187.5	177.5	166.4	208.4	252.7	291.8	145.6	815.8
1989	222.9	205.7	181.6	172.4	195.9	362.4	397.7	211.3	904.7
1990	232.9	219.5	193.9	184.8	207.5	385.6	371.8	205.8	811.5
1991	253.6	234.9	205.3	194.8	222.0	430.7	414.6	212.2	1018.4
1992	291.1	257.5	221.9	207.3	248.6	498.3	589.1	313.8	1367.7
1993	331.0	282.0	238.1	220.1	273.0	588.0	705.7	453.8	1131.1
1994	358.8	298.1	255.2	233.3	300.0	588.6	767.1	516.4	1079.1
1995	386.8	318.4	275.6	252.0	324.3	601.0	825.4	568.0	1081.3
1996	430.1	360.7	312.8	293.3	348.6	676.7	884.0	607.2	1164.6
1997	480.4	389.2	330.0	304.4	381.0	793.8	1035.2	700.7	1431.3
1998	516.9	412.6	338.9	310.5	397.0	935.1	1129.4	756.8	1610.2
1999	554.7	441.1	357.2	324.5	426.0	1042.6	1217.5	814.3	1742.2
2000	599.6	498.4	408.3	360.5	514.2	1137.5	1226.0	903.1	1210.8
2001	654.8	534.8	432.0	365.5	575.4	1280.8	1368.2	1040.4	1120.0
2002	726.8	566.9	455.3	375.4	626.0	1385.8	1637.7	1333.8	698.9
2003	821.3	592.4	478.5	389.3	641.7	1420.4	2088.1	1751.3	520.7
2004	929.7	645.7	530.7	424.7	724.5	1458.8	2516.2	2122.6	547.3
2005	1050.6	703.8	585.4	458.3	819.4	1518.6	2926.3	2485.6	507.3
2006	1180.9	777.7	635.7	492.7	898.9	1775.2	3353.5	2851.0	561.6
2007	1336.8	871.0	693.5	523.7	1005.9	2153.3	3829.7	3261.5	595.9
2008	1513.3	971.2	801.7	450.9	1437.4	2144.7	4385.0	3734.4	668.0
2009	1711.5	1080.0	906.7	500.0	1642.9	2249.8	5020.8	4279.6	748.8
2010	1951.1	1212.8	1021.9	565.0	1848.3	2497.3	5763.9	4913.0	852.1
2011	2195.0	1364.4	1147.6	640.7	2066.4	2856.9	6507.4	5532.0	959.5
2012	2436.5	1515.8	1273.8	707.3	2302.0	3179.7	7223.2	6140.5	1064.1

1-14 支出法地区生产总值指数

Indices of Gross Domestic Product by Expenditure Approach

本表按可比价格计算.

Data in this table are calculated at constant prices.

(上年=100) (preceding year=100)

年 份 地 区 Year Region	支出法地区生产总值 Gross Domestic Product by Expenditure Approach	最终消费支出 Final Consumption Expenditures	居民消费支出 Household Consumption Expenditures	农村居民 Rural Household	城镇居民 Urban Household	政府消费支出 Government Consumption Expenditures	资本形成总额 Gross Capital Formation	固定资本形成总额 Gross Fixed Capital Formation	存货增加 Change in Inventories
1980	104.2	100.2	99.8	97.9	105.3	100.3	93.7	99.3	57.5
1985	114.8	108.5	108.9	107.3	113.0	107.1	133.2	114.9	193.4
1990	104.5	106.7	106.8	107.2	105.9	106.4	93.5	97.4	89.7
1991	108.9	107.0	105.9	105.4	107.0	111.7	111.5	103.1	125.5
1992	114.8	109.6	108.1	106.4	112.0	115.7	142.1	147.9	134.3
1993	113.7	109.5	107.3	106.2	109.8	118.0	119.8	144.6	82.7
1994	108.4	105.7	107.2	106.0	109.9	100.1	108.7	113.8	95.4
1995	107.8	106.8	108.0	108.0	108.1	102.1	107.6	110.0	100.2
1996	111.2	113.3	113.5	116.4	107.5	112.6	107.1	106.9	107.7
1997	111.7	107.9	105.5	103.8	109.3	117.3	117.1	115.4	122.9
1998	107.6	106.0	102.7	102.0	104.2	117.8	109.1	108.0	112.5
1999	107.3	106.9	105.4	104.5	107.3	111.5	107.8	107.6	108.2
2000	108.1	113.0	114.3	111.1	120.7	109.1	100.7	110.9	69.5
2001	109.2	107.3	105.8	101.4	111.9	112.6	111.6	115.2	92.5
2002	111.0	106.0	105.4	102.7	108.8	108.2	119.7	128.2	62.4
2003	113.0	104.5	105.1	103.7	106.9	102.5	127.5	131.3	74.5
2004	113.2	109.0	110.9	109.1	112.9	102.7	120.5	121.2	105.1
2005	113.0	109.0	110.3	107.9	113.1	104.1	116.3	117.1	92.7
2006	112.4	110.5	108.6	107.5	109.7	116.9	114.6	114.7	110.7
2007	113.2	112.0	109.1	106.3	111.9	121.3	114.2	114.4	106.1
2008	113.2	111.5	115.6	86.1	142.9	99.6	114.5	114.5	112.1
2009	113.1	111.2	113.1	110.9	114.3	104.9	114.5	114.6	112.1
2010	114.0	112.3	112.7	113.0	112.5	111.0	114.8	114.8	113.8
2011	112.5	112.5	112.3	113.4	111.8	114.4	112.9	112.6	112.6
2012	111.0	111.1	111.0	110.4	111.4	111.3	111.0	111.0	110.9
南 昌 市 Nanchang	112.5	115.4	116.3	120.3	114.5	106.0	104.3	103.9	108.1
景德镇市 Jingdezhen	111.6	109.4	110.2	110.3	110.1	106.3	113.1	113.4	110.5
萍 乡 市 Pingxiang	111.8	107.6	104.6	104.0	104.9	114.2	115.1	115.2	108.3
九 江 市 Jiujiang	112.0	111.6	111.0	111.7	110.7	113.6	112.4	113.4	105.8
新 余 市 Xinyu	110.3	110.4	107.3	105.1	107.8	114.9	113.1	117.6	-74.0
鹰 潭 市 Yingtan	112.4	118.5	114.2	105.2	118.3	131.1	119.7	116.2	196.1
赣 州 市 Ganzhou	111.9	102.1	102.7	97.1	107.8	100.2	125.2	122.0	252.2
吉 安 市 Ji'an	111.3	112.5	111.4	110.6	112.2	116.4	110.1	110.2	108.7
宜 春 市 Yichun	111.6	111.5	111.6	112.0	110.9	112.0	111.6	111.7	109.0
抚 州 市 Fuzhou	110.8	115.9	120.7	114.5	126.9	102.8	107.8	108.0	107.1
上 饶 市 Shangrao	111.5	110.9	111.0	110.6	111.5	110.2	112.7	113.0	104.9

1-15 各县(市、区)地区生产总值(2013年)
Gross Domestic Product by County(County-level City) (2013)

地 区	Region	绝对值(万元) Value (10000 yuan)				比上年增长(%) Rate of Increase over Preceding Year(%)			
		地区生产总值 Gross Domestic Product	第一产业 Primary Industry	第二产业 Secondary Industry	第三产业 Tertiary Industry	地区生产总值 Gross Domestic Product	第一产业 Primary Industry	第二产业 Secondary Industry	第三产业 Tertiary Industry
东湖区	Donghu	4041309	77	244436	3796796	9.6	7.3	13.8	9.4
西湖区	Xihu	4063000	185	789588	3273227	9.0	20.0	5.1	9.9
青云谱区	Qingyunpu	2585600	2535	1675684	907381	11.1	-49.0	11.4	10.8
湾里区	Wanli	401133	25109	174232	201792	11.8	1.0	10.8	14.2
青山湖区	Qingshanhu	4445223	15134	3139674	1290415	10.3	-13.8	10.7	9.7
南昌县	Nanchang	5000649	454217	3221260	1325172	12.0	3.5	13.4	11.6
新建县	Xinjian	2706379	430399	1390888	885092	11.5	3.6	13.9	11.9
安义县	Anyi	860844	98587	415312	346945	12.8	3.6	13.4	14.9
进贤县	Jinxian	2597510	454524	1412100	730886	10.7	3.4	12.0	12.4
昌江区	Changjiang	1828228	56372	1307471	464385	10.7	3.7	11.9	8.0
珠山区	Zhujiang	1692139	4700	704000	983439	8.2	2.3	6.9	9.2
浮梁县	Fuliang	898239	149853	496120	252266	10.2	4.6	12.0	9.4
乐平市	Leping	2384353	312188	1370112	702053	11	3.9	12.5	11.0
安源区	Anyuan	2151535	40254	1067758	1043523	8.1	3.5	8.2	8.1
湘东区	Xiangdong	1588312	153148	1003676	431488	9.6	1.4	10.3	10.7
莲花县	Lianhua	483876	75688	231156	177032	8.5	3.4	10.0	8.9
上栗县	Shangli	1472260	143373	914304	414583	10.4	4.9	11.1	10.5
芦溪县	Luxi	1091156	139075	635554	316527	9.6	3.4	11.0	9.0
庐山区	Lushan	2268177	46865	1108324	1112988	11.8	4.5	12.3	11.6
浔阳区	Xunyang	3168133	6182	1157535	2004416	9.7	3.6	11.8	8.6
九江县	Jiujiang	810243	113873	492794	203576	11.1	4.2	14.1	7.8
武宁县	Wuning	801460	128699	422188	250573	10.5	5.1	13.6	7.9
修水县	Xiushui	1104175	162460	561908	379807	10.7	5.2	13.5	9.6
永修县	Yongxiu	1039321	135227	688081	216013	10.6	4.9	12.9	7.5
德安县	De'an	705127	50960	494302	159865	11.2	4.8	12.8	8.9
星子县	Xingzi	554571	55000	254820	244751	10.3	1.8	12.2	10.4
都昌县	Duchang	747924	164543	350725	232656	10.2	2.0	14.3	10.5
湖口县	Hukou	921905	104202	684908	132795	9.5	5.0	10.5	7.0
彭泽县	Pengze	613793	150449	343187	120157	10.3	4.0	15.1	7.0
瑞昌市	Ruichang	1259752	130127	860821	268804	12.1	4.8	13.6	10.1
共青城市	Gongqingcheng	672513	21933	536464	114116	10.5	4.0	11.4	7.7
渝水区	Yushui	6676208	343688	3890388	2442132	5.0	3.3	4.5	6.0
分宜县	Fenyi	1774484	165812	1013296	595376	5.5	3.9	4.6	9.0
月湖区	Yuehu	1560242	26243	745374	788625	10.9	1.4	13.5	8.7
余江县	Yujiang	827037	249932	421006	156099	13.3	8.0	17.3	10.6
贵溪市	Guixi	3147421	169345	2297300	680776	9.4	7.8	9.5	9.5
章贡区	Zhanggong	2347621	41603	865125	1440893	12.5	4.9	14.0	11.9
赣 县	Ganxian	1158838	190462	671715	296661	11.4	5.7	14.0	9.5
信丰县	Xinfeng	1291042	247829	543784	499429	11.8	5.8	14.5	11.7
大余县	Dayu	799760	111812	414178	273770	9.8	4.5	12.4	8.0
上犹县	Shangyou	430999	94295	173728	162976	10.8	5.7	12.8	11.5
崇义县	Chongyi	579638	86572	344075	148991	10.0	4.4	11.3	10.0
安远县	Anyuan	444726	139113	108583	197030	9.5	5.2	12.3	10.8
龙南县	Longnan	1044997	108449	600008	336540	10.0	4.9	11.3	9.7
定南县	Dingnan	527271	85611	237224	204436	11.7	5.8	14.0	11.2
全南县	Quannan	444798	69978	231260	143560	9.7	4.1	11.4	10.4
宁都县	Ningdu	1117922	264561	449609	403752	9.5	6.0	12.7	8.0
于都县	Yudu	1400128	219870	717674	462584	11.5	5.1	15.7	8.1
兴国县	Xingguo	1108360	263897	527476	316987	10.4	5.7	13.3	9.6
会昌县	Huichang	675811	147861	287272	240678	11.6	4.6	16.1	10.7
寻乌县	Xunwu	446783	117807	147763	181213	10.2	5.1	14.1	10.4
石城县	Shicheng	350098	108219	109490	132389	10.1	5.0	14.7	11.0
瑞金市	Ruijin	1010897	165213	352696	492988	11.4	5.7	14.2	11.0
南康市	Nankang	1372921	228931	722173	421817	10.7	2.9	14.3	8.4

注：本表增长速度按可比价格计算。

a)Data in this table are calculated at constant pieces.

1-15 续表 continued

地区	Region	绝对值(万元) Value (10000 yuan)				比上年增长(%) Rate of Increase over Preceding Year(%)			
		地区生产总值 Gross Domestic Product	第一产业 Primary Industry	第二产业 Secondary Industry	第三产业 Tertiary Industry	地区生产总值 Gross Domestic Product	第一产业 Primary Industry	第二产业 Secondary Industry	第三产业 Tertiary Industry
吉州区	Jizhou	1042992	90330	412609	540053	11.2	2.7	16.2	9.1
青原区	Qingyuan	693087	77111	423342	192634	10.4	5.0	11.4	10.2
吉安县	Ji'an	1205603	232738	679113	293752	11.9	5.8	14.3	11.4
吉水县	Jishui	1002725	204164	484463	314098	12.1	7.0	14.7	11.6
峡江县	Xiajiang	507074	112679	254261	140134	10.8	5.0	14.0	10.0
新干县	Xingan	881549	175827	469824	235898	11.9	5.7	14.2	11.7
永丰县	Yongfeng	1047336	183912	539202	324222	12.2	7.8	14.1	11.5
泰和县	Taihe	1136605	237306	621107	278192	11.6	5.2	14.8	9.6
遂川县	Suichuan	861672	147064	429388	285220	11.2	6.5	14.2	9.2
万安县	Wan'an	518628	114257	246478	157893	10.6	4.7	14.1	9.4
安福县	Anfu	1007746	196758	564735	246253	11.3	6.5	12.6	11.9
永新县	Yongxin	710046	151726	332962	225358	10.0	3.8	13.3	9.0
井冈山市	Jinggangshan	492838	47243	178472	267123	10.1	5.0	11.1	10.2
袁州区	Yuanzhou	1887900	261740	753950	872210	10.2	3.4	13.2	9.8
奉新县	Fengxin	962291	153125	597103	212063	10.6	3.5	12.4	9.8
万载县	Wanzai	951460	127315	584547	239598	10.0	3.5	12.1	8.9
上高县	Shanggao	1132260	177251	617251	337758	11.0	3.5	13.0	10.7
宜丰县	Yifeng	841864	178259	442354	221251	9.8	3.5	12.8	8.9
靖安县	Jing'an	308538	54595	158296	95647	9.4	3.3	12.0	8.2
铜鼓县	Tonggu	300431	50333	131301	118797	9.5	3.3	12.7	8.4
丰城市	Fengcheng	3412327	551368	1833080	1027879	9.7	3.5	12.3	7.9
樟树市	Zhangshu	2671126	279280	1581484	810362	10.6	3.6	12.5	10.0
高安市	Gaoan	1667531	303602	862002	501927	10.0	3.6	12.3	9.7
临川区	Linchuan	2947773	374649	1668204	904920	11.0	3.3	12.9	10.3
南城县	Nancheng	892526	148474	440580	303472	10.7	6.5	12.7	9.8
黎川县	Lichuan	516749	89542	271741	155466	10.3	4.8	13.2	8.2
南丰县	Nanfeng	884024	267180	295042	321802	10.0	7.3	12.4	10.0
崇仁县	Chongren	828073	206308	414345	207420	8.7	4.2	12.3	7.3
乐安县	Le'an	441624	83783	180543	177298	8.8	3.1	11.5	8.7
宜黄县	Yihuang	490426	77459	288730	124237	10.2	6.4	12.7	7.3
金溪县	Jinxi	609740	100772	295564	213404	9.9	4.5	12.8	8.6
资溪县	Zixi	269589	33584	130601	105404	8.9	4.3	10.9	7.7
东乡县	Dongxiang	1131942	177019	687043	267880	10.6	6.2	12.0	9.7
广昌县	Guangchang	416272	79561	206930	129781	9.8	4.5	11.7	9.2
信州区	Xinzhou	1656457	63046	465877	1127534	9.1	0.7	8.8	9.9
上饶县	Shangrao	1471552	149180	1111237	211135	11.1	3.9	13.1	6.0
广丰县	Guangfeng	2400010	193607	1374815	831588	9.7	3.4	11.6	8.5
玉山县	Yushan	1082779	137976	543562	401241	10.6	4.4	13.0	9.7
铅山县	Qianshan	840753	145364	412207	283182	10.4	3.9	13.9	9.6
横峰县	Hengfeng	688136	62818	453339	171979	10.0	4.1	11.3	8.8
弋阳县	Yiyang	701296	130111	341764	229421	10.3	3.8	13.7	8.9
余干县	Yugan	1018499	350391	364702	303406	10.5	3.6	16.2	9.7
鄱阳县	Poyang	1531219	519283	621830	390106	9.6	4.4	14.4	8.3
万年县	Wannian	918018	126009	529789	262220	11.2	4.6	13.5	9.8
婺源县	Wuyaun	730047	98738	275041	356268	9.3	4.1	11.0	9.5
德兴市	Dexing	975500	94939	429761	450800	9.0	3.6	10.0	8.4

主要统计指标解释

国内（地区）生产总值 指按市场价格计算的一个国家（或地区）所有常住单位在一定时期内生产活动的最终成果。地区生产总值有三种表现形态，价值形态、收入形态和产品形态。从价值形态看，它是所有常住单位在一定时期内所生产的全部货物和服务价值超过同期投入的全部非固定资产货物和服务价值的差额，即所有常住单位的增加值之和；从产品形态看，它是最终使用的货物和服务减去进口货物和服务。在实际核算中，国内（或地区）生产总值的有三种计算方法，即生产法，收入法和支出法。三种方法分别从不同的方面反映国内（或地区）生产总值及其构成。

地区收入总值 即国民生产总值，指一个国家（或地区）所有常住单位在一定时期内收入初次分配的最终成果，它等于地区生产总值加上来自国外的劳动者报酬和财产收入减去支付给国外的劳动者报酬和财产收入，与地区生产总值不同，地区生产总值是一个生产概念，而地区收入总值是一个收入概念。

支出法地区生产总值 是从最终使用的角度反映一个国家（或地区）一定时期内生产活动最终成果的一种方法，包括最终消费支出、资本形成总额及货物和服务净出口三部分。计算公式为:

支出法地区生产总值=最终消费支出+资本形成总额+货物和服务净出口

最终消费支出 指常住单位为满足物质、文化和精神生活的需要，从本国经济领土和国外购买的货物和服务的支出。它不包括非常住单位在本国经济领土内的消费支出。最终消费支出分为居民消费支出和政府消费支出。

居民消费支出 指常住住户在一定时期内对于货物和服务的全部最终消费支出。居民消费支出除了直接以货币形式购买的货物和服务的消费支出外，还包括以其他方式获得的货物和服务的消费支出，即所谓的虚拟消费支出。居民虚拟消费支出包括如下几种类型：单位以实物报酬及实物转移的形式提供给劳动者的货物和服务；住户生产并由本住户消费了的货物和服务，其中的服务仅指住户的自有住房服务；金融机构提供的金融媒介服务；保险公司提供的保险服务。

政府消费支出 指政府部门为全社会提供的公共服务的消费支出和免费或以较低的价格向居民住户提供的货物和服务的净支出，前者等于政府服务的产出价值减去政府单位所获得的经营收入的价值；后者等于政府部门免费或以较低价格向居民住户提供的货物和服务的市场价值减去向居民住户收取的价值。

资本形成总额 指常住单位在一定时期内获得减去处置的固定资本和存货的净额，包括固定资本形成总额和存货增加两部分。

固定资本形成总额 指常住单位在一定时期内获得的固定资产减处置的固定资产的价值总额。固定资产是通过生产活动生产出来的，且其使用年限在一年以上，单位价值在规定标准以上的资产，不包括自然资产。可分为有形固定资本形成总额和无形固定资本形成总额。有形固定资本形成总额包括一定时期内完成的建筑工程、安装工程和设备器具购置（减处置）价值，以及土地改良、新增役、种、奶、毛、娱乐用牲畜和新增经济林木价值。无形固定资本形成总额包括矿藏的勘探、计算机软件等获得减处置。

存货增加 指常住单位在一定时期内存货实物量变动的市场价值，即期末价值减期初价值的差额，再扣除当期由于价格变动而产生的持有收益。存货增加可以是正值，也可以是负值，正值表示存货上升，负值表示存货下降。包括生产单位购进的原材料、燃料和储备物资等存货，以及生产单位生产的产成品、在制品和半产品等存货。

货物和服务净出口 指货物和服务出口减货物和服务进口的差额。出口包括常住单位向非常住单位出售或无偿转让的各种货物和服务的价值；进口包括常住单位从非常住单位购买或无偿得到的各种货物和服务的价值。由于服务活动的提供与使用同时发生，一般把常住单位从非常住单位得到的服务作为进口，非常住单位从常住单位得到的服务作为出口。货物的出口和进口都按离岸价格计算。

三次产业 三产业的划分是世界上较为常用的产业结构分类，但各国的划分不尽一致。我国的三次产业划分是：

第一产业是指农业、林业、畜牧业、渔业和农林牧渔服务业。

第二产业是指采矿业、制造业、电力、煤气及水的生产和供应业，建筑业。

第三产业是指除第一、二产业以外的其他行业。

固定资产折旧 指一定时期内为弥补固定资产损耗按照规定的固定资产折旧率提取的固定资产折旧，或按国民经济核算统一规定的折旧率虚拟计算的固定资产折旧。它反映了固定资产在当期生产中的转移价值。各类企业和企业化管理的事业单位的固定资产折旧是指实际计提的折旧费。不计提折旧的政府机关、非企业化管理的事业单位和居民住房是按照统一规定的折旧率和固定资产原值计算的虚拟折旧。原则上，固定资产折旧应按固定资产当期的重置价值计算，但是目前我国尚不具备对全社会固定资产进行重估价的基础，所以暂时只能采用上述办法。

劳动者报酬 指劳动者因从事生产活动而获得的全部报酬。包括劳动者获得的各种形式的工资、奖金和津贴，既包括货币形式的，也包括实物形式的，还包括劳动者所享受的公费医疗和医药卫生费、上下班交通补贴、单位支付的社会保险费、住房公积金等。对于个体经济来说，其所有者所获得的劳动报酬和经营利润不易区分，这两部分统一作为劳动者报酬处理。

生产税净额 指生产税减生产补贴后的余额，生产税是指政府对生产单位从事生产、销售和经营活动以及因从事生产活动使用某些生产要素（如固定资产、土地、劳动力）所征收的各种税、附加费和规费。生产补贴与生产税相反，指政府对生产单位的单方面转移支出，因此视为负生产税，包括政策亏损补贴、价格补贴等。

营业盈余 指常住单位创造的增加值扣除固定资产折旧、劳动者报酬和生产税净额后的余额，它相当于企业的营业利润加上生产补贴，但要扣除利润中开支的工资、福利等。

Explanatory Notes on Main Statistical Indicators

Gross Domestic Product (GDP) refers to the final products at market prices produced by all resident units in a country (or a region) during a certain period of time. Gross domestic product is expressed in three different perspectives, namely value, income, and products respectively. GDP in its value perspective refers to the total value of all goods and services produced by all resident units during a certain period of time, minus the total value of input of goods and services of the nature of non-fixed assets; in other words, it is the sum of the value-added of all resident units. GDP from the perspective of income includes the primary income created by all resident units and distributed to resident and non-resident units. GDP from the perspective of products refers to the value of all goods and services for final consumption by all resident units minus the net exports of goods and services during a given period of time. In the practice of national accounting, gross domestic product is calculated from three approaches, namely production approach, income approach and expenditure approach, which reflect gross domestic product and its composition from different angles.

Gross National Income (GNI) also known as Gross National Product, refers to the final result of the primary distribution of the income created by all the resident units of a country (or a region) during a certain period of time. The value-added created by the resident units of a country engaged in production activities is distributed, during the primary distribution, mainly to the resident units of that country, while part of it is distributed to the non-resident units in the form of production tax and import duties (minus subsidies to production and import), labourers remuneration and property income. In the meantime, a part of the value-added created abroad is distributed to the resident units of the country in the form of production tax and import duties (minus subsidies to production and import), labourers remuneration and property income. The concept of Gross National Income is thus developed, which equals to Gross Domestic Product plus the net factor income from abroad. Unlike GDP which is a concept of production, GNP is a concept of income.

GDP by Expenditure Approach refers to the method of measuring the final results of production activities of a country (region) during a given period from the perspective of final uses. It includes final consumption expenditure, gross capital formation and net export of goods and services. The formula for computation is.:

GDP by expenditure approach = final consumption expenditure + gross capital formation + net export of goods and services

Final Consumption Expenditure refers to the total expenditure of resident units for purchases of goods and services from both the domestic economic territory and abroad to meet the needs of material, cultural and spiritual life. It does not include the expenditure of non-resident units on consumption in the economic territory of the country. The final consumption expenditure is broken down into household consumption expenditure and government consumption expenditure.

Household Consumption Expenditure refers to the total expenditure of resident households on the final consumption of goods and services. In addition to the consumption of goods and services bought by the households directly with money, the household consumption expenditure also includes expenditure on goods and services obtained by the households in other ways, i.e. the so-called imputed consumption expenditure, which includes the following: (a) the goods and services provided to households by employers in the form of payment in kind and transfer in kind; (b) goods and services produced and consumed by the households themselves, in which the services refer only to the owner-occupied housing; (c) financial intermediate services provided by financial institutions; (d) insurance services provided by insurance companies.

Government Consumption Expenditure refers to the consumption expenditure spent for the provision of public services provided by the government to the whole country and the net expenditure on the goods and services provided by the government to households free of charge or at reduced prices. The former equals to the output value of the government services minus the value of operating income obtained by the government departments. The latter equals to the market value of the goods and services provided by the government free of charge or at reduced prices to the households minus the value received by the government from the households.

Gross Capital Formation refers to the fixed assets acquired less disposals and the net value of inventory, thus including gross fixed capital formation and changes in inventories.

Gross Fixed Capital Formation refers to the value of acquisitions less those disposals of fixed assets during a given period. Fixed assets are the assets produced through production activities with unit value above a specified amount and which could be used for over one year. Natural assets are not included.Gross fixed capital formation can be categorized into total tangible fixed capital formation and total intangible fixed capital formation. Total tangible fixed capital formation includes the value of the construction projects and installation projects completed and the equipment, apparatus and instruments purchased (less those disposed) as well as the value of land improved, the value of draught animals, breeding stock and animals for milk, for wool and for recreational purposes and the newly increased forest with economic value. Total intangible fixed capital formation includes the prospecting of minerals and the acquisition of computer software minus the disposal of them.

Changes in Inventories refers to the market value of the change in the physical volume of inventory of resident units during a given period, i.e. the difference between the values at the beginning and at the end of the period minus the gains due to the change in prices. The changes in inventories can have a positive or a negative value. A positive value indicates an increase in inventory while a negative value indicates a decrease in inventory. The inventory includes raw materials, fuels and reserve materials purchased by the production units as well as the inventory of finished products, semi-finished products and work-in-progress.

Net Export of Goods and Services refers to the exports of goods and services subtracting the imports of goods and services. Exports include the value of various goods and services sold or gratuitously transferred by resident units to non-resident units. Imports include the value of various goods and services purchased or gratuitously acquired resident units from non-resident units. Because the provision of services and the use of them happen simultaneously, the acquisition of services by resident units from abroad is usually treated as import while the acquisition of services by non-resident units in this country is usually treated as export. The exports and imports of goods are calculated at FOB.

Three Strata of Industry Classification of economic activities into three strata of industry is a common practice in the world, although the grouping varies to some extent form country to country. In China economic activities are categorized into the following three strata of industry:

Primary industry refers to agriculture, forestry, animal husbandry and fishery and services in support of these industries.

Secondary industry refers to mining and quarrying, manufacturing, production and supply of electricity, water and gas, and construction.

Tertiary industry refers to all other economic activities not included in the primary or secondary industries.

Labourers Remuneration refers to the total payment of various forms to labourers for the productive activities they are engaged in. It includes wages, bonuses and allowances, which the labourers earn in cash and in kind. It also includes the free medical services provided to the labourers and the medicine expenses, transport subsidies and social insurance, and housing fund paid by the employers. As regards the individual economy, since labourers remuneration is not easily distinguishable from the operating profit, both parts are treated as labourer remuneration.

Net Taxes on Production refers to taxes on production less subsidies on production. The taxes on production refers to the various taxes, extra charges and fees levied on the production units on their production, sale and business activities as well as on the use of some factors of production, such as fixed assets, land and labour in the production activities they are engaged in. In contrast to taxes on production, subsidies on production refer to the unilateral government transfer to the production units and are therefore regarded as negative taxes on production. They include subsidies on the loss due to implementation of government policies, price subsidies, etc.

Depreciation of Fixed Assets refers to the depreciation of fixed assets in a given period, drawn in accordance with the stipulated depreciation rate for the purpose of compensating the wear-and-tear loss of the fixed assets or the depreciation of fixed assets imputed in accordance with the stipulated unified depreciation rate in the national economic accounting system. It reflects the value of transfer of the fixed assets in the production of the current period. The depreciation of fixed assets in various enterprises and institutions managed as enterprises refers to the depreciation expenses actually drawn. In government agencies and institutions not managed as enterprises which do not draw the depreciation expenses, as well as for the houses of residents, the depreciation of fixed assets is the imputed depreciation, which is calculated in accordance with the stipulated unified depreciation rate. In principle, the depreciation of fixed assets should be calculated on the basis of the re-purchased value of the fixed assets. However, currently the conditions in China do not facilitate the revaluation of all the fixed assets. Therefore, only the above-mentioned methods can be adopted at present.

Operating Surplus refers to the balance of the value added created by the resident units after deducting the labourers remuneration, net taxes on production and the depreciation of fixed assets. It is equivalent to the business profit of the enterprises plus subsidies to production, but the wages and welfare expenses paid from the profits should be deducted.

人 口
POPULATION

◆29/38

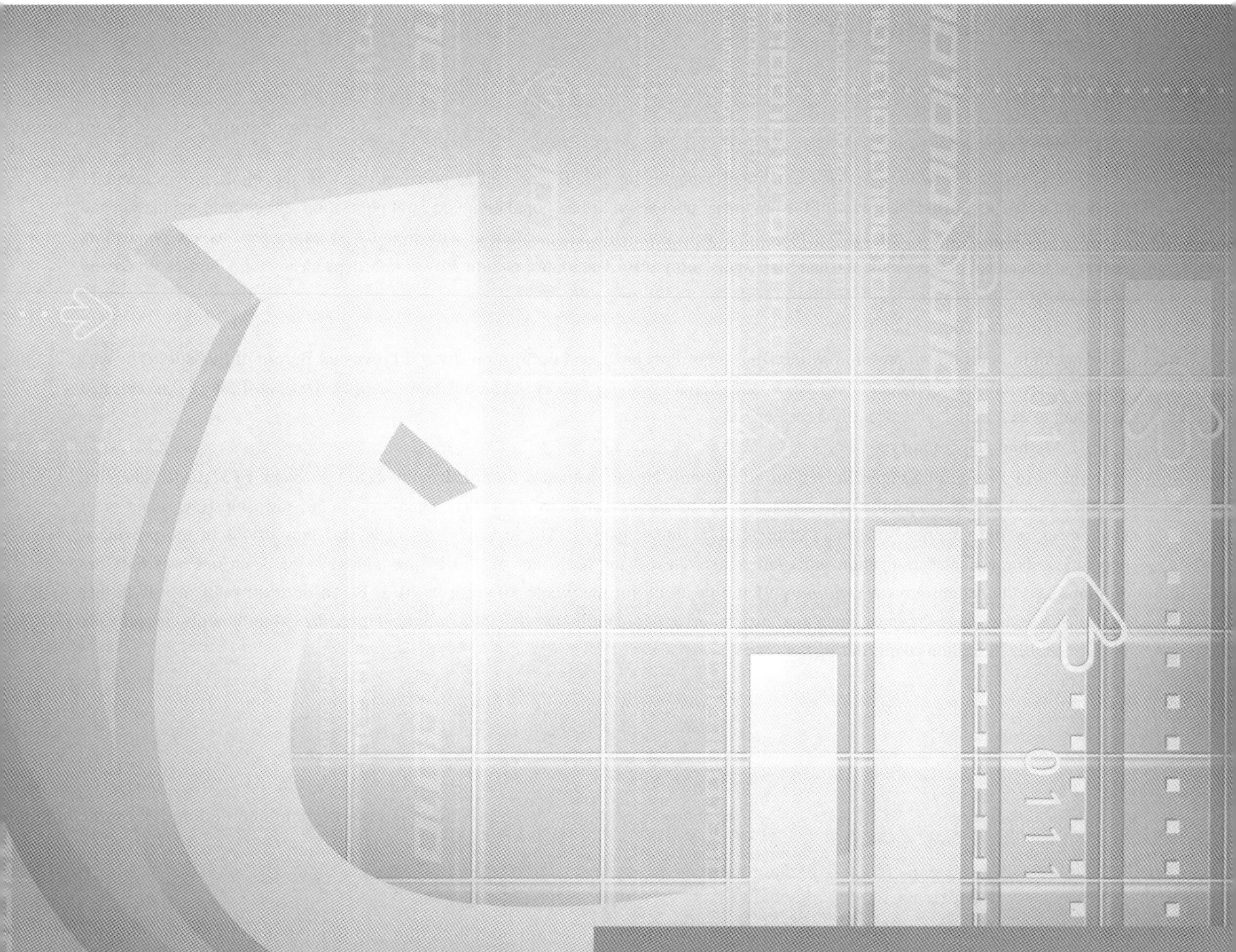

资料整理及英文翻译：冷　晴

简要说明

一、本篇资料的主要内容

本篇资料反映全省2013年及历年人口方面的基本情况，包括全省及11个设区市的主要人口统计数据，如：全省历年人口数、城镇人口、乡村人口、农业人口、非农业人口、男性人口、女性人口、分年龄人口、人口密度、人口受教育程度、婚姻状况；2013年各设区市人口数、出生率、死亡率、自然增长率、家庭户规模等。

二、本篇的资料来源

本篇资料由省统计局人口和就业统计处整理。资料来源为人口普查和年度人口变动情况抽样调查数据。其中表2-2根据公安年报资料推算。

三、本篇的统计调查方法

2013年全省人口变动情况抽样调查是以全省为总体，各设区市为次总体，采用分层、多阶段、整群概率比例抽样方法，在全省11个设区市抽取了100个县（市、区）、565个乡（镇、街道）、759个村（居）委会、802个调查小区的约20万人，调查样本占全省总人口的0.44%。经加权后汇总，2013年全省人口出生率为13.19‰、死亡率为6.28‰、自然增长率为6.91‰。按此推算，2013年全省总人口为4522.15万人，出生人口为59.53万人，死亡人口为28.34万人，考虑迁移流动情况，全省净增人口18.21万人。

Brief Introduction

Ⅰ. Main Contents

Data in this chapter show the basic condition of population in 2013 as well as previous years for the whole province and 11 municipalities. They include the sizes of the provincial population, urban population and rural population ,agricultural population and non-agricultural population, male population and female population ,Population density over the years, as well as age population, education attainment of the population and Marriage； birth rates, death rates, natural growth rate, dependency ratio, household size by region in 2013.

Ⅱ. Sources of Data

Data in this chapter are prepared by the Division of Population and occupation, Jiangxi Provincial Bureau of Statistics. The data sources from statistics of Population Census and Annual Sample Survey on Population Changes. Data in Table 2-2,is adjusted according to data from Public Security Year Report.

Ⅲ. Methodology of Survey

The 2013 Provincial Sample Survey on Population Change adopted a Stratified multi-stage systematic PPS cluster sampling scheme. A total of 200 000 people were selected from 802 survey district in 759 village committees in 565 townships(towns and street committees in 100 counties (cities and districts of 11 municipalities. The size of the sample was thus 0.44% of the provincial population. The weighted estimation procedure suggested that the birth rate was 13.19 per thousand, the death rate was 6.28 per thousand and the natural growth rate was 6.91 per thousand for the whole Province in 2013. Based on these rates, it was further estimated that the whole Province had a total population of 45.22 million, with 0.5953 million births, 0.2834 million deaths and a net increase of 0.1821 million people during the year.

2-1 户数和人口数（年末数）
Households and Population (year-end)

年份 地区 Year Region	总户数 (户) Total Number of Households (household)	总人口 (人) Total Population (person)	按性别分 By Sex		以年末总人口为100 Total Population at year-end=100	
			男 Male	女 Female	男 Male	女 Female
1978	6153908	31828203	16427779	15400424	51.61	48.39
1980	6364176	32701960	16866769	15835191	51.58	48.42
1985	6986097	35097971	18155525	16942446	51.73	48.27
1990	8524926	38106418	19727708	18378710	51.77	48.23
1991	8748781	38646374	19978326	18668148	51.69	48.31
1992	8877008	39130927	20259917	18871010	51.77	48.23
1993	8987115	39660405	20500789	19159616	51.69	48.31
1994	9165092	40154459	20586009	19568450	51.27	48.73
1995	9422399	40625406	20837093	19788313	51.29	48.71
1996	9611344	41054635	21184192	19870443	51.60	48.40
1997	9784924	41503338	21345274	20158064	51.43	48.57
1998	10040894	41912074	21364925	20547149	50.98	49.02
1999	10318396	42311742	21810874	20500868	51.55	48.45
2000	10645841	41485447	21570202	19915245	51.99	48.01
2001	10934368	41857676	21840587	20017089	52.18	47.82
2002	11226475	42224273	21813059	20411214	51.66	48.34
2003	11524786	42542255	21807160	20735095	51.26	48.74
2004	11808762	42835667	22064652	20771015	51.51	48.49
2005	12084036	43112439	21935609	21176830	50.88	49.12
2006	12375753	43391287	22194643	21196644	51.15	48.85
2007	12664544	43684125	22388114	21296011	51.25	48.75
2008	12794161	44001038	22584130	21416908	51.33	48.67
2009	12925542	44321581	22717106	21604475	51.26	48.74
2010	11887821	44622489	23031644	21590845	51.61	48.39
2011	12097969	44884367	23133750	21750617	51.54	48.46
2012	12316056	45039321	23186034	21853287	51.48	48.52
2013	12530776	45221468	23265848	21955620	51.45	48.55
南昌市 Nanchang	1513666	5184231	2703256	2480975	52.14	47.86
景德镇市 Jingdezhen	469442	1619462	840313	779149	51.89	48.11
萍乡市 Pingxiang	516797	1881537	952062	929475	50.60	49.40
九江市 Jiujiang	1317496	4789449	2431044	2358405	50.76	49.24
新余市 Xinyu	377831	1155618	604037	551581	52.27	47.73
鹰潭市 Yingtan	318469	1142490	598110	544380	52.35	47.65
赣州市 Ganzhou	2253387	8478051	4302905	4175146	50.75	49.25
吉安市 Ji'an	1335342	4866243	2516309	2349934	51.71	48.29
宜春市 Yichun	1535810	5477749	2836469	2641280	51.78	48.22
抚州市 Fuzhou	1111892	3962359	2056554	1905805	51.90	48.10
上饶市 Shangrao	1780643	6664279	3424789	3239490	51.39	48.61

2-2 按农业和非农业分的人口数（年末数）
According to Agricultural and Non-agricultural Population(year-end)

年份 地区 Year Region	总人口（人） Total Population (person)	按农业、非农业分 By Agricultural and Non-agricultural		以年末总人口为100 Total Population at year-end=100	
		非农业人口 Non-agricultural Population	农业人口 Agricultural Population	非农业人口 Non-agricultural Population	农业人口 Agricultural Population
1978	31828203	4594562	27233641	14.44	85.56
1980	32701960	5080910	27621050	15.54	84.46
1985	35097971	6247793	28850178	17.80	82.20
1990	38106418	7083983	31022435	18.59	81.41
1991	38646374	7228163	31418211	18.70	81.30
1992	39130927	7407802	31723125	18.93	81.07
1993	39660405	7601785	32058620	19.17	80.83
1994	40154459	7889735	32264724	19.65	80.35
1995	40625406	8224854	32400552	20.25	79.75
1996	41054635	8423556	32631079	20.52	79.48
1997	41503338	8659324	32844014	20.86	79.14
1998	41912074	8877268	33034806	21.18	78.82
1999	42311742	9065485	33246257	21.43	78.57
2000	41485447	9410159	32075288	22.68	77.32
2001	41857676	9765396	32092280	23.33	76.67
2002	42224273	10159160	32065113	24.06	75.94
2003	42542255	10614293	31927962	24.95	75.05
2004	42835667	11192960	31642707	26.13	73.87
2005	43112439	11329949	31782490	26.28	73.72
2006	43391287	11607169	31784118	26.75	73.25
2007	43684125	11663661	32020464	26.70	73.30
2008	44001038	11990283	32010755	27.25	72.75
2009	44321581	12046606	32274975	27.18	72.82
2010	44622489	12065921	32556568	27.04	72.96
2011	44884367	12138833	32745534	26.78	73.22
2012	45039321	12143200	32896121	26.96	73.04
2013	45221468	12152216	33069252	26.87	73.13
南昌市 Nanchang	5184231	2398178	2786053	46.26	53.74
景德镇市 Jingdezhen	1619462	630689	988773	38.94	61.06
萍乡市 Pingxiang	1881537	586462	1295075	31.17	68.83
九江市 Jiujiang	4789449	1311826	3477623	27.39	72.61
新余市 Xinyu	1155618	402916	752702	34.87	65.13
鹰潭市 Yingtan	1142490	321693	820797	28.16	71.84
赣州市 Ganzhou	8478051	1774069	6703982	20.93	79.07
吉安市 Ji'an	4866243	1080409	3785834	22.20	77.80
宜春市 Yichun	5477749	1336114	4141635	24.39	75.61
抚州市 Fuzhou	3962359	983705	2978654	24.83	75.17
上饶市 Shangrao	6664279	1326155	5338124	19.90	80.10

2-3 按城乡分的人口数（年末数）

According to The Urban and Rural Population(year-end)

年份 地区 Year Region	总人口 (人) Total Population (person)	按城乡分 By Residence		以年末总人口为100 Total Population at year-end=100	
		城镇人口 Urban Population	乡村人口 Rural Population	城镇人口 Urban Population	乡村人口 Rural Population
1978	31828203	5331228	26496975	16.75	83.25
1980	32701960	6145928	26556032	18.79	81.21
1985	35097971	6942379	28155592	19.78	80.22
1990	38106418	7754656	30351762	20.35	79.65
1991	38646374	8148201	30498173	21.08	78.92
1992	39130927	8537586	30593341	21.82	78.18
1993	39660405	8944215	30716190	22.55	77.45
1994	40154459	9350367	30804092	23.29	76.71
1995	40625406	9689159	30936247	23.85	76.15
1996	41054635	10092871	30961764	24.58	75.42
1997	41503338	10507815	30995523	25.32	74.68
1998	41912074	10918934	30993140	26.05	73.95
1999	42311742	11333623	30978119	26.79	73.21
2000	41485447	11487320	29998127	27.69	72.31
2001	41857676	12728919	29128757	30.41	69.59
2002	42224273	13596216	28628057	32.20	67.80
2003	42542255	14472875	28069380	34.02	65.98
2004	42835667	15240930	27594737	35.58	64.42
2005	43112439	15994715	27117724	37.10	62.90
2006	43391287	16783750	26607537	38.68	61.32
2007	43684125	17386282	26297843	39.80	60.20
2008	44001038	18198829	25802209	41.36	58.64
2009	44321581	19138059	25183522	43.18	56.82
2010	44622489	19660669	24961820	44.06	55.94
2011	44884367	20512156	24372211	45.70	54.30
2012	45039321	21398181	23641140	47.51	52.49
2013	45221468	22099731	23121737	48.87	51.13
南昌市 Nanchang	5184231	3620149	1564082	69.83	30.17
景德镇市 Jingdezhen	1619462	988682	630780	61.05	38.95
萍乡市 Pingxiang	1881537	1193835	687702	63.45	36.55
九江市 Jiujiang	4789449	2283130	2506319	47.67	52.33
新余市 Xinyu	1155618	767677	387941	66.43	33.57
鹰潭市 Yingtan	1142490	602435	540055	52.73	47.27
赣州市 Ganzhou	8478051	3608259	4869792	42.56	57.44
吉安市 Ji'an	4866243	2098811	2767432	43.13	56.87
宜春市 Yichun	5477749	2288604	3189145	41.78	58.22
抚州市 Fuzhou	3962359	1667757	2294602	42.09	57.91
上饶市 Shangrao	6664279	2976267	3688012	44.66	55.34

2-4 人口自然变动情况
Population Natural Change

年 份 地 区 Year Region	年平均人口(人) Average Population (person)	人口出生率 (‰) Birth Rate (‰)	人口死亡率 (‰) Death Rate (‰)	人口自然增长率 (‰) Natural Growth Rate(‰)	人口密度 (人/平方公里) Population Density (person/sq.km)
1978	31504121	27.01	7.39	19.62	191
1980	32495869	18.57	6.38	12.19	196
1985	34838425	20.29	5.39	14.90	210
1990	37784307	24.59	7.54	17.05	228
1991	38376396	21.20	7.13	14.07	231
1992	38888651	19.53	7.07	12.46	234
1993	39395666	20.33	6.89	13.44	238
1994	39907432	19.38	7.00	12.38	241
1995	40389933	18.94	7.28	11.66	243
1996	40840020	17.53	7.02	10.51	246
1997	41278987	17.43	6.56	10.87	249
1998	41707706	16.85	7.05	9.80	251
1999	42111908	16.51	7.02	9.49	253
2000	41289734	15.55	6.07	9.48	249
2001	41671562	15.44	6.06	9.38	251
2002	42040975	14.74	6.02	8.72	253
2003	42383264	14.07	5.98	8.09	255
2004	42688961	13.61	5.99	7.62	257
2005	42974053	13.79	5.96	7.83	258
2006	43251863	13.80	6.01	7.79	260
2007	43537706	13.86	5.99	7.87	262
2008	43842582	13.92	6.01	7.91	264
2009	44161310	13.87	5.98	7.89	266
2010	44472035	13.72	6.06	7.66	267
2011	44753428	13.48	5.98	7.50	269
2012	44961844	13.46	6.14	7.32	270
2013	45130395	13.19	6.28	6.91	271
南 昌 市 Nanchang	5157897	12.98	6.19	6.79	720
景德镇市 Jingdezhen	1614715	13.04	6.24	6.80	308
萍 乡 市 Pingxiang	1877748	13.07	6.14	6.93	491
九 江 市 Jiujiang	4781287	13.12	6.18	6.94	251
新 余 市 Xinyu	1153291	12.87	6.13	6.74	365
鹰 潭 市 Yingtan	1140188	13.10	6.29	6.81	321
赣 州 市 Ganzhou	8464952	13.26	6.33	6.93	216
吉 安 市 Ji'an	4859919	13.23	6.28	6.95	193
宜 春 市 Yichun	5471187	13.21	6.26	6.95	294
抚 州 市 Fuzhou	3955620	13.22	6.29	6.93	211
上 饶 市 Shangrao	6653591	13.25	6.31	6.94	293

2-5 各地区家庭户数和家庭户规模（2013年末）

Family Households Number and Family Households Size by Region(end of 2013)

地 区	Region	户 数 (户) Number of Households (household)	#家庭户 Number of Family Households	人口数 (人) Population (person)	#家庭户人口数 Population Family Households	家庭户规模 (人/户) Average Family Household Size (person/household)
全 省	**Provincial Total**	**12530776**	**12088439**	**45221468**	**42793075**	**3.54**
南 昌 市	Nanchang	1513666	1382943	5184231	4508394	3.26
景德镇市	Jingdezhen	469442	456747	1619462	1552938	3.40
萍 乡 市	Pingxiang	516797	501805	1881537	1801480	3.59
九 江 市	Jiujiang	1317496	1273846	4789449	4547629	3.57
新 余 市	Xinyu	377831	360303	1155618	1062894	2.95
鹰 潭 市	Yingtan	318469	312319	1142490	1108731	3.55
赣 州 市	Ganzhou	2253387	2173510	8478051	8017954	3.69
吉 安 市	Ji'an	1335342	1301369	4866243	4671914	3.59
宜 春 市	Yichun	1535810	1486809	5477749	5203832	3.50
抚 州 市	Fuzhou	1111892	1095349	3962359	3866579	3.53
上 饶 市	Shangrao	1780643	1743440	6664279	6450729	3.70

2-6 各地区人口抚养比（2013年末）

Dependency Ratio of Population by Region (end of 2013)

单位：% (%)

地 区	Region	少儿抚养比 Children Dependency Ratio	老年抚养比 Old Dependency Ratio	总抚养比 Gross Dependency Ratio
全 省	**Provincial Total**	**29.21**	**12.44**	**41.64**
南 昌 市	Nanchang	23.50	11.32	34.82
景德镇市	Jingdezhen	32.40	16.61	49.01
萍 乡 市	Pingxiang	25.90	12.75	38.65
九 江 市	Jiujiang	27.37	12.23	39.59
新 余 市	Xinyu	24.04	12.15	36.19
鹰 潭 市	Yingtan	28.71	11.90	40.61
赣 州 市	Ganzhou	33.44	13.53	46.97
吉 安 市	Ji'an	28.30	11.75	40.05
宜 春 市	Yichun	29.09	12.07	41.16
抚 州 市	Fuzhou	29.95	11.32	41.26
上 饶 市	Shangrao	31.62	12.73	44.35

2-7 分年龄、性别的人口构成（2013年末）
Population Composition by Age and Sex (end of 2013)

单位：% (%)

年 龄(岁) Age(year old)	人口构成合计 Population Composition Total	男 Male	女 Female	性别比 (女=100) Sex Ratio (Female=100)
总 计 Total	**100.00**	**51.45**	**48.55**	**105.97**
0—4	6.71	3.67	3.04	120.72
5—9	7.61	4.27	3.34	127.84
10—14	6.30	3.51	2.79	125.81
15—19	7.03	3.78	3.25	116.31
20—24	9.05	4.46	4.59	97.17
25—29	7.06	3.48	3.58	97.21
30—34	7.33	3.57	3.76	94.95
35—39	8.95	4.66	4.29	108.62
40—44	8.68	4.46	4.22	105.69
45—49	7.40	3.80	3.60	105.56
50—54	5.46	2.78	2.68	103.73
55—59	5.45	2.72	2.73	99.63
60—64	4.19	2.12	2.07	102.42
65—69	3.14	1.56	1.58	98.73
70—74	2.47	1.19	1.28	92.97
75—79	1.66	0.77	0.89	86.52
80—84	0.91	0.43	0.48	89.58
85—89	0.41	0.16	0.25	64.00
90—94	0.14	0.05	0.09	55.56
95+	0.05	0.01	0.04	25.00

2-8 6岁及以上人口的文化构成（2013年末）
Educational Attainment Composition of Population Aged 6 and above (end of 2013)

单位：% (%)

年 龄(岁) Age(year old)	不识字或识字很少 Illiterate	小 学 Primary School	初 中 Junior Secondary School	高 中 Senior Secondary School	大专以上 Junior College and Above
总 计 Total	**3.59**	**30.92**	**42.18**	**14.90**	**8.41**
6-9	0.10	5.20	0.04	0.00	0.00
10-14	0.03	3.58	3.49	0.22	0.01
15-19	0.01	0.26	3.81	3.49	1.05
20-24	0.02	0.63	4.95	2.13	2.78
25-29	0.01	0.70	4.57	1.35	1.22
30-34	0.03	1.23	5.48	1.36	0.85
35-39	0.04	2.11	5.76	1.42	0.70
40-44	0.06	2.66	4.78	1.30	0.60
45-49	0.10	2.41	3.28	1.35	0.47
50-54	0.20	2.52	2.13	0.99	0.24
55-59	0.32	2.94	1.67	0.55	0.21
60-64	0.41	2.35	1.04	0.32	0.09
65+	2.26	4.33	1.18	0.42	0.19

2-9 15岁及以上人口的婚姻构成（2013年末）

Marital Composition of Population Aged 15 and above (end of 2013)

单位：% (%)

年 龄(岁) Age(year old)	未 婚 Never Married		初婚有配偶 First Married		再婚有配偶 Re-married		离 婚 Divorced		丧 偶 Widowed	
	男 Male	女 Female	男 Male	女 Female	男 Male	女 Female	男 Male	女 Female	男 Male	女 Female
总 计 Total	**10.54**	**7.24**	**36.62**	**37.73**	**0.62**	**0.69**	**0.64**	**0.41**	**1.59**	**3.92**
15-19	4.51	3.67	0.07	0.10	0.00	0.00	0.00	0.00	0.00	0.00
20-24	3.47	2.70	0.79	1.93	0.00	0.01	0.01	0.01	0.00	0.00
25-29	1.29	0.62	2.46	3.57	0.01	0.03	0.04	0.03	0.01	0.01
30-34	0.49	0.15	4.13	4.87	0.04	0.05	0.08	0.05	0.01	0.01
35-39	0.28	0.05	5.21	5.57	0.07	0.09	0.11	0.07	0.02	0.04
40-44	0.17	0.02	5.43	5.47	0.08	0.11	0.13	0.07	0.03	0.08
45-49	0.09	0.01	4.73	4.69	0.09	0.12	0.09	0.06	0.07	0.14
50-54	0.07	0.01	3.90	3.59	0.08	0.08	0.06	0.04	0.09	0.19
55-59	0.06	0.00	3.49	3.24	0.08	0.07	0.05	0.03	0.13	0.34
60-64	0.05	0.00	2.54	2.17	0.06	0.06	0.03	0.02	0.19	0.47
65+	0.06	0.00	3.87	2.53	0.10	0.07	0.04	0.02	1.04	2.63

2-10 育龄妇女分年龄的生育状况（2013年末）

Age-specific Fertility Rate of Childbearing Women by Age of Mother (end of 2013)

年 龄(岁) Age(year old)	平均育龄妇女比重(%) Average Proportion of Childbearing Women (%)	出生人口比重(%) Births Proportion (%)	育龄妇女生育率(‰) Fertility Rate of Childbearing Women (‰)	一 孩 1st Birth	二 孩 2nd Birth	三孩及以上 3rd Birth and Above
总 计 Total	**100.00**	**100.00**	**48.15**	**29.85**	**15.87**	**2.43**
15-19	11.76	2.12	8.67	8.10	0.57	0.00
20-24	16.39	35.73	104.99	87.68	16.82	0.49
25-29	13.40	32.88	118.02	69.28	42.92	5.82
30-34	13.38	16.18	58.23	26.39	27.34	4.50
35-39	16.09	8.25	24.67	9.67	12.37	2.63
40-44	15.47	3.16	9.85	5.37	3.76	0.72
45-49	13.51	1.68	5.97	4.19	1.64	0.14

主要统计指标解释

人口数 指一定时点，一定地区范围内有生命的个人总和。

城镇人口和乡村人口 城镇人口是指居住在城镇范围内的全部常住人口；乡村人口是除上述人口以外的全部人口。

出生率（又称粗出生率） 指在一定时期内（通常为一年）一定地区的出生人数与同期内平均人数（或期中人数）之比，用千分率表示。本资料中的出生率指年出生率，其计算公式为：

$$出生率=\frac{年出生人数}{年平均人数}\times 1000‰$$

式中：出生人数指活产婴儿，即胎儿脱离母体时（不管怀孕月数），有过呼吸或其他生命现象。年平均人数指年初、年底人口数的平均数，也可用年中人口数代替。

死亡率（又称粗死亡率） 指在一定时期内（通常为一年）一定地区的死亡人数与同期平均人数（或期中人数）之比，用千分率表示。本资料中的死亡率指年死亡率，其计算公式为：

$$死亡率=\frac{年死亡人数}{年平均人数}\times 1000‰$$

人口自然增长率 指在一定时期内（通常为一年）人口自然增加数（出生人数减死亡人数）与该时期内平均人数（或期中人数）之比，用千分率表示。计算公式为：

$$人口自然增长率=\frac{本年出生人数-本年死亡人数}{年平均人数}\times 1000‰$$

$$=人口出生率-人口死亡率$$

Explanatory Notes on Main Statistical Indicators

Total Population refers to the total number of people alive at a certain point of time within a given area.

Urban Population and Rural Population Urban population refers to all people residing in cities and towns, while rural population refers to population other than urban population.

Birth Rate (or Crude Birth Rate) refers to the ratio of the number of births to the average population (or mid-period population) during a certain period of time (usually a year), expressed in ‰. Birth rate in the chapter refers to annual birth rate. The following formula is used:

$$\text{Birth Rate}=\frac{\text{Number of Births}}{\text{Annual Average Population}}\times 1000‰$$

Number of births in the formula refers to live births, i.e. when a baby has breathed or showed any vital phenomena regardless of the length of pregnancy. Annual average population is the average of the number of population at the beginning of the year and that at the end of the year. Sometimes it is substituted by the mid-year population.

Death Rate (or Crude Death Rate) refers to the ratio of the number of deaths to the average population (or mid-period population) during a certain period of time (usually a year), expressed in ‰. Death rate in the chapter refers to annual death rate.The following formula is used:

$$\text{Death Rate}=\frac{\text{Number of Deaths}}{\text{Annual Average Population}}\times 1000‰$$

Natural Growth Rate of Population refers to the ratio of natural increase in population (number of births minus number of deaths) in a certain period of time (usually a year) to the average population (or mid-period population) of the same period, expressed in ‰. The following formula is applied:

$$\text{Natural Growth Rate of Population}=\frac{\text{Number of Births - Number of Deaths}}{\text{Annual Average Popultion}}\times 1000‰$$

Natural Growth Rate of Population = Birth Rate-Death Rate.

3

就业人员和职工工资

EMPLOYMENT AND WAGE

◆39/60

资料整理及英文翻译： 龚　丹

简要说明

一、本篇资料的主要内容

本篇资料反映全省劳动经济方面的基本情况，包括11个设区市的主要劳动统计数据。如：就业人员、职工工资总额、职工平均工资等情况。

二、本篇资料的统计范围

《劳动统计报表制度》的调查范围为城镇辖区内独立核算法人单位（不包括乡镇企业和个体工商户），自1998年起部分指标有所变动，职工人数为在岗职工；劳动力资源、全社会就业人员统计范围为城镇和乡村16岁以上人口，2002年及以后全社会就业人员、城镇和乡村就业人员的总计资料根据人口和劳动力调查资料推算，因此分地区、分类型、分行业的资料相加不等于总计；私营和个体工商户统计范围为全社会；《培训就业统计报表制度》的填报范围为全省就业服务和职业介绍机构。

三、本篇资料来源

1. 就业基本情况及分组资料、职工工资总额等资料，是省统计局人口和就业处根据《劳动统计报表制度》、《人口变动情况抽样调查制度》、《劳动力调查制度》等资料，加工整理。

2. 职业介绍服务机构、城镇登记失业人数是根据省人力资源和社会保障厅《培训就业统计报表制度》整理。

3. 个体劳动者根据省工商行政管理局报表整理。

四、本篇的统计调查方法

劳动统计采用全面调查方法，由各级统计部门和各直报单位逐级上报；劳动力调查采用抽样调查方法；培训、就业统计及个体工商统计利用行政登记资料加工汇总。

Brief Introduction

I. Main Contents

Data in this chapter show the basic conditions of labour economy for the whole province, including main labour statistics on the 11 municipalities, such as number of employed persons, total wage bills and average wages of staff.

II. Scope of Statistics

The Reporting Form System on Labour Statistics covers independent corporate units within the urban areas (not including township enterprise or self-employed individuals). Since 1998, some indicators varied, number of staff refers to working staff. Scope of statistics on labour force and whole society employment is refers to population above age 16 in urban and rural areas. Since 2002, statistics on whole society employment、urban and rural areas employment are complied according to Population and labour force survey data, thus the sum of region or category or sector does not necessarily equal the total number. Scope of Statistics on private and individual industrial and commercial households is the whole society. Scope of Training and Employment Statistics System is employment services and employment agencies in the whole province.

III. Sources of Data

1. Data on basic conditions of employment, data by groups, total wage bills of staff and workers are collected and compiled through The Reporting Form System on Labour System, The Sample Survey System on Demographic changes and The System of Labour Survey by Division of Population, and Employment Jiangxi Provincial Bureau of Statistics.

2. Data on the employment services and the exchanges of labour force and on the number of registered The Reporting Form System on Training and Employment Statistics, which provided by jiangxi Labour and Social Security Department.

3. Data on the number of employed persons in self-employed individuals are provided by the Provincial Administration for Industry and Commerce.

IV. Methodology of Survey

A complete reporting form from lower-level statistical bureaus to higher level statistical bureaus is used in the labour statistics. The Sampling Survey on Labour Force are conducted by using sampling methods. Statistics on training, employment,and self-employed individuals are collected and complied on basis of administrative registering records.

3-1 劳 动 力 资 源

Labor Force Resources

单位：万人 (10000 persons)

年 份 Year	劳动力资源总数 Total Number of Labor Force Resources	社会就业人数 Number of Employed Persons in Society	#职工人数 Number of Staff and Workers	国有经济单位 State-owned Units	城镇集体经济单位 Urban Collective-owned Units	其他各种经济单位 Units of Other Types of Ownership	劳动力资源总数占人口数的比重(%) Percentage of Total Number of Labor Force Resources to Population(%)	劳动力资源利用率(%) Utilization Ratio of Labor Force Resources (%)
1978	1448.1	1254.3	267.4	221.0	46.4		45.5	86.6
1979	1503.5	1307.0	269.6	219.6	50.0		46.6	86.9
1980	1559.6	1356.3	286.7	233.0	53.7		47.7	87.0
1981	1610.2	1409.8	301.9	242.2	59.7		48.7	87.6
1982	1638.9	1434.0	311.9	249.3	62.6		49.0	87.5
1983	1731.4	1498.2	311.1	245.6	65.5		51.2	86.5
1984	1824.8	1537.3	324.9	247.0	77.9		53.4	84.3
1985	1887.1	1584.8	341.6	261.4	80.1	0.1	54.5	84.0
1986	1934.6	1622.6	351.9	269.4	82.3	0.2	55.1	83.9
1987	1981.4	1668.4	365.3	281.4	83.7	0.2	55.7	84.2
1988	2055.3	1723.0	379.2	293.8	85.0	0.4	56.6	83.8
1989	2107.2	1760.4	380.1	298.3	81.3	0.5	57.0	83.5
1990	2175.3	1816.5	386.2	304.0	81.6	0.6	57.1	83.5
1991	2248.8	1874.5	398.9	313.9	83.9	1.1	58.2	83.4
1992	2354.0	1870.4	408.4	322.0	84.4	2.0	60.2	79.5
1993	2418.7	1903.7	412.0	326.9	80.4	4.7	61.0	78.7
1994	2636.1	2007.7	413.5	328.6	79.2	5.7	65.6	76.2
1995	2653.3	2100.5	411.3	332.7	71.4	7.2	63.3	79.2
1996	2735.4	2107.2	412.0	336.0	68.8	7.2	66.6	77.0
1997	2768.8	2120.6	409.4	334.0	67.6	7.8	66.7	76.6
1998	2809.1	2094.3	322.5	254.9	41.0	26.6	67.0	74.6
1999	2830.2	2089.0	305.9	242.8	36.3	26.8	66.9	73.8
2000	2898.2	2060.9	291.6	231.8	33.0	26.8	69.8	71.1
2001	2898.5	2054.8	279.3	222.2	27.9	29.2	69.2	70.9
2002	2911.6	2130.6	261.9	206.8	22.8	32.3	69.0	73.2
2003	3016.6	2168.2	256.7	196.1	20.0	40.6	70.9	71.9
2004	3073.5	2214.0	258.4	192.4	17.5	48.5	71.8	72.0
2005	3130.0	2276.7	264.8	191.3	17.6	55.9	72.6	72.7
2006	3210.4	2321.1	271.9	191.9	16.0	64.0	74.0	72.3
2007	3290.6	2369.6	275.0	190.5	16.3	68.2	75.3	72.0
2008	3353.0	2404.5	275.2	186.6	13.9	74.7	76.2	71.7
2009	3413.8	2445.2	273.8	187.4	12.6	73.8	77.0	71.6
2010	3417.6	2498.8	279.6	187.8	12.5	79.3	76.6	73.1
2011	3480.5	2532.6	311.3	185.3	15.7	110.2	77.5	72.8
2012	3495.5	2556.0	360.9	195.2	15.6	150.1	77.6	73.1
2013	3524.7	2588.7	410.0	173.0	12.6	224.4	77.9	73.4

注：自1998年起,职工人数为在岗职工人数。自2012年起，职工人数含劳务派遣人员。

a) Since 1998,number of staff and workers refers to number of employed staff and workers.Since 2012,number of staff and workers includes dispatched laborers.

3-2 三次产业社会就业人员数(年末数)

Number of Employed Persons by Three Strata of Industry (year-end)

年份 地区 Year Region	合计 (万人) Total (10000 persons)				构成(以合计数为100) Composition (Total=100)		
		第一产业 Primary Industry	第二产业 Secondary Industry	第三产业 Tertiary Industry	第一产业 Primary Industry	第二产业 Secondary Industry	第三产业 Tertiary Industry
1978	1254.3	968.7	163.4	122.2	77.2	13.0	9.8
1980	1356.3	1053.8	166.9	135.6	77.7	12.3	10.0
1985	1584.8	1057.2	320.5	207.1	66.7	20.2	13.1
1990	1816.5	1193.1	368.6	254.8	65.7	20.3	14.0
1991	1874.5	1224.2	388.7	261.6	65.3	20.7	14.0
1992	1870.4	1186.2	412.9	271.3	63.4	22.0	14.6
1993	1903.7	1085.9	462.5	355.3	57.3	24.3	18.4
1994	2007.7	1127.2	493.3	387.2	56.1	24.6	19.3
1995	2100.5	1071.7	525.1	503.7	51.0	25.0	24.0
1996	2107.2	1049.7	539.7	517.8	49.8	25.6	24.6
1997	2120.6	1000.9	549.8	569.9	47.2	25.9	26.9
1998	2094.3	975.5	548.8	570.0	46.6	26.2	27.2
1999	2089.0	969.3	530.7	589.0	46.4	25.4	28.2
2000	2060.9	960.9	502.8	597.2	46.6	24.4	29.0
2001	2054.8	949.6	482.6	622.6	46.2	23.5	30.3
2002	2130.6	964.5	483.8	682.3	45.3	22.7	32.0
2003	2168.2	910.7	568.0	689.5	42.0	26.2	31.8
2004	2214.0	907.7	598.4	707.9	41.0	27.0	32.0
2005	2276.7	907.5	619.5	749.7	39.9	27.2	32.9
2006	2321.1	907.4	639.5	774.2	39.1	27.5	33.4
2007	2369.6	900.8	663.3	805.5	38.0	28.0	34.0
2008	2404.5	900.1	675.0	829.4	37.4	28.1	34.5
2009	2445.2	892.6	710.1	842.5	36.5	29.0	34.5
2010	2498.8	888.6	741.1	869.1	35.6	29.6	34.8
2011	2532.6	870.5	763.3	898.8	34.4	30.1	35.5
2012	2556.0	841.0	792.3	922.7	32.9	31.0	36.1
2013	2588.7	820.9	824.1	943.8	31.7	31.8	36.5
南昌市 Nanchang	326.1	68.9	118.7	138.5	21.1	36.4	42.5
景德镇市 Jingdezhen	101.7	27.8	35.3	38.6	27.3	34.7	38.0
萍乡市 Pingxiang	113.5	25.4	50.6	37.6	22.4	44.5	33.1
九江市 Jiujiang	309.5	95.5	108.0	106.0	30.9	34.9	34.2
新余市 Xinyu	64.7	24.0	22.1	18.6	37.1	34.1	28.8
鹰潭市 Yingtan	74.4	25.8	21.4	27.1	34.7	28.8	36.5
赣州市 Ganzhou	522.5	183.1	166.6	172.9	35.0	31.9	33.1
吉安市 Ji'an	275.1	126.0	66.7	82.4	45.8	24.3	29.9
宜春市 Yichun	324.2	117.7	94.7	111.7	36.3	29.2	34.5
抚州市 Fuzhou	218.6	90.6	45.2	82.9	41.4	20.7	37.9
上饶市 Shangrao	421.4	129.0	144.4	148.0	30.6	34.3	35.1

3-3　社会就业人员数（年末数）

Number of Employed Persons in Society (year-end)

单位：万人　　　　(10000 persons)

类　　　别	Type	2012	2013
总　　计	**Total**	**2555.95**	**2588.72**
按经济类型分	**Classifed by Types of Ownership**		
城镇	Urban	885.85	934.94
#国有	State-owned	209.03	187.20
集体	Collective-owned	18.10	15.39
股份合作	Cooperative	3.72	3.35
联营	Joint Ownership	0.58	0.26
有限责任公司	Limited Liability Corporations	86.49	148.29
股份有限公司	Share-holding Corporations Ltd.	25.16	34.42
港澳台投资	Funds from Hong Kong,Macao&Taiwan	21.97	34.63
外商投资	Foreign Funded	14.02	19.02
私营和个体	Private Enterprises and Self-employed Individuals	336.68	488.89
乡村	Rural	1670.10	1653.78
#私营和个体	Private Enterprises and Self-employed Individuals	434.14	304.13
按国民经济行业分	**Classified by Sector**		
农、林、牧、渔业	Farming,Forestry,Animal Husbandry and Fishery	840.90	820.88
采矿业、制造业	Mining,Manufacturing	554.88	576.16
电力、热力、燃气及水生产和供应业	Production and Distribution of Electricity,Heat,Gas and Water	18.50	22.24
建筑业	Construction	218.96	225.69
批发和零售业	Wholesale and Retail Trades	436.14	439.65
交通运输、仓储和邮政业	Traffic, Transport, Storage and Post	74.54	82.59
住宿和餐饮业	Hotels and Catering Services	113.02	113.05
信息传输、软件和信息技术服务业	Information Transmission,Software and Information Technical Services	38.19	34.18
金融业	Financial Intermediation	11.41	12.18
房地产	Real Estate	17.26	18.16
租赁和商务服务业	Leasing and Business Services	19.55	37.09
科学研究和技术服务业	Scientific Research and Technical Service	7.60	10.23
水利、环境和公共设施管理业	Management of Water Conservancy, Environment and Public Facilities	6.36	8.50
居民服务、修理和其他服务业	Services to Households,Repair and Other Services	71.52	60.28
教育	Education	44.46	50.16
卫生和社会工作	Health and Social Work	21.67	21.75
文化、体育和娱乐业	Culture, Sports and Entertainment	13.44	7.67
公共管理、社会保障和社会组织	Public Management,Social Security and Social Organization	47.55	48.26

注：就业人员总计是根据人口变动抽样调查资料推算，因此，分地区、分经济类型、分行业资料相加不等于总计。下表同。

a) The total mumber of employed persons have been estimated in accordance with the data from the national sample survey on population changes. As a result,the sum of the data by region,by ownership and by sector is not equal to the total.The same applies to the following tables.

3-4 城镇私营企业就业人数和城镇个体劳动者（2013年末）

Number of Employed Persons in Urban Private Enterprises and Urban Self-employed Individuals Laborers (end of 2013)

单位：人　　(person)

行　业	Sector	城镇私营企业就业人数 Number of Employed Persons in Urban Private Enterprises	城镇个体劳动者 Urban Self-employed Individual Laborers
总　　计	**Total**	**2854094**	**2034754**
农、林、牧、渔业	Farming,Forestry,Animal Husbandry and Fishery	49646	69226
采矿业	Mining	124041	3912
制造业	Manufacturing	1563439	144361
电力、热力、燃气及水生产和供应业	Production and Distribution of Electricity,Heat,Gas and Water	18258	443
建筑业	Construction	365085	4969
批发和零售业	Wholesale and Retail Trades	286500	1244148
交通运输、仓储和邮政业	Traffic, Transport, Storage and Post	89562	53534
住宿和餐饮业	Hotels and Catering Services	74336	220032
信息传输、软件和信息技术服务业	Information Transmission,Software and Information Technical Services	25582	8829
金融业	Financial Intermediation	3123	
房地产业	Real Estate	75403	1796
租赁和商务服务业	Leasing and Business Services	55471	21920
科学研究和技术服务业	Scientific Research and Technical Service	10224	5753
水利、环境和公共设施管理业	Service and Geologic Management Prospecting of Water Conservancy,Environment and Public Facilities	4143	170
居民服务、修理和其他服务业	Services to Households,Repair and Other Services	38612	232054
教育	Education	41285	666
卫生和社会工作	Health and Social Work	10831	7082
文化、体育和娱乐业	Culture, Sports and Entertainment	18553	12933
其他	Others		2926

3-5 各地区城镇就业人员数（年末数）

Number of Employed Persons in Urban Areas by Region (year-end)

单位: 万人 (10000 persons)

地 区	Region	2008	2009	2010	2011	2012	2013
全 省	**Provincial Total**	**733.96**	**766.58**	**802.02**	**845.69**	**885.85**	**934.94**
南 昌 市	Nanchang	153.36	157.49	161.68	169.29	177.95	188.38
景德镇市	Jingdezhen	39.04	40.24	41.61	44.09	45.11	46.19
萍 乡 市	Pingxiang	37.01	38.33	39.84	41.86	44.15	45.72
九 江 市	Jiujiang	85.49	89.06	93.13	99.07	104.35	110.04
新 余 市	Xinyu	28.70	29.69	30.72	31.96	33.68	35.39
鹰 潭 市	Yingtan	25.21	26.03	26.93	28.02	30.08	31.17
赣 州 市	Ganzhou	86.86	91.85	97.20	103.82	108.69	118.72
吉 安 市	Ji'an	67.21	71.14	75.27	79.70	82.92	87.42
宜 春 市	Yichun	75.97	80.11	84.73	88.81	92.38	97.36
抚 州 市	Fuzhou	57.93	60.98	64.38	68.35	71.80	75.71
上 饶 市	Shangrao	77.18	81.66	86.53	90.72	94.74	98.84

3-6 各地区城镇个体劳动者数（年末数）

Number of Self-employed Workers in Urban Areas by Region (year-end)

单位: 万人 (10000 persons)

地 区	Region	2008	2009	2010	2011	2012	2013
全 省	**Provincial Total**	**113.08**	**129.67**	**160.01**	**196.83**	**195.94**	**203.48**
南 昌 市	Nanchang	16.92	20.24	26.42	28.28	33.73	33.64
景德镇市	Jingdezhen	8.38	9.10	10.20	10.81	9.55	9.45
萍 乡 市	Pingxiang	5.92	7.80	12.91	13.95	14.53	11.45
九 江 市	Jiujiang	9.18	11.56	14.69	31.77	30.29	24.98
新 余 市	Xinyu	3.80	4.88	5.92	6.79	8.79	9.71
鹰 潭 市	Yingtan	4.54	3.86	4.85	5.48	6.17	5.17
赣 州 市	Ganzhou	24.67	28.32	33.38	33.27	34.88	35.82
吉 安 市	Ji'an	8.15	9.90	12.73	13.41	14.26	15.86
宜 春 市	Yichun	8.67	10.10	13.74	20.10	16.87	24.50
抚 州 市	Fuzhou	7.01	7.92	9.13	11.46	12.65	18.64
上 饶 市	Shangrao	15.84	15.99	16.04	21.51	14.21	14.25

3-7 城镇登记失业人数及登记失业率

Unemployed Persons and Unemployment Rate in Urban Areas

年份 地区 Year Region	城镇登记失业人数 (万人) Unemployed Persons in Urban Areas (10000 persons)	#失业青年 Unemployed-Youth	占城镇登记失业人数(%) Percentage to Unemployed Persons in Urban Areas(%)	登记失业率 (%) Unemployment Rate (%)
1978	21.38			7.39
1979	15.17	13.35	88.0	5.31
1980	17.03	14.43	84.7	5.59
1981	14.58	11.61	79.6	4.57
1982	14.81	11.63	78.5	4.47
1983	13.26	10.60	79.9	3.98
1984	7.57	6.10	80.6	2.21
1985	5.21	4.74	91.0	1.45
1986	5.42	4.98	91.9	1.46
1987	5.56	4.83	86.9	1.45
1988	6.17	5.57	90.3	1.53
1989	6.95	6.60	95.0	1.69
1990	10.26	9.60	93.6	2.44
1991	10.56	10.14	96.0	2.40
1992	8.65	7.92	91.6	1.92
1993	8.65	8.29	95.8	1.82
1994	8.85	7.13	80.6	1.79
1995	8.66	7.48	86.3	1.57
1996	10.10	6.36	63.1	2.20
1997	14.22	8.52	60.0	2.32
1998	14.45	8.26	57.2	2.47
1999	15.50	5.95	38.4	2.60
2000	16.68	5.45	32.7	2.90
2001	17.28	3.39	19.6	3.30
2002	17.76	3.86	21.7	3.40
2003	21.62	4.21	19.5	3.80
2004	22.42	4.39	19.5	3.56
2005	22.84	3.87	16.90	3.48
2006	25.27	3.83	15.20	3.64
2007	24.34	2.41	9.90	3.37
2008	25.99	2.12	8.15	3.42
2009	27.30	1.36	4.98	3.44
2010	26.26	0.94	3.58	3.31
2011	24.64	1.44	5.84	3.20
2012	25.72	1.03	4.00	3.00
2013	27.42	1.19	4.34	3.17

注：自1999年起失业青年为长期失业者。

a) Unemployed youth are the long-term umemployed since 1999.

3-8 城镇非私营单位就业人员年末人数、工资（2013年）
Number and Wage of Employed Persons in Urban Non-Private Units at Year-end (2013)

类　　别	Type	就业人员人数（人）Number of Employed Persons (person)	就业人员工资总额（万元）Total Wage Bill of Employed Persons (10000 yuan)	就业人员平均工资（元）Average Wage of Employed Persons (yuan)
总　　计	**Total**	**4450069**	**18779720**	**42473**
按经济类型分	**Classified by Types of Ownership**			
国有单位	State-owned	1872002	8537176	45315
城镇集体单位	Collective-owned	153894	525712	36004
其他单位	Others	2424173	9716833	40629
#股份合作	Cooperative	33451	87958	30107
联营	Joint Ownership	2562	8705	33950
有限责任公司	Limited Liability Corporations	1482871	6012419	40603
股份有限公司	Share-holding Corporations Ltd.	344169	1590111	46405
其他	Others	24555	95233	38416
港澳台商投资	Funds from Hong Kong,Macao&Taiwan	346334	1209150	37310
外商投资	Foreign Funded	190231	713256	38038
按隶属关系分	**Classified by Subordinative Relationship**			
中央	Central	108866	629328	58812
地方	Regional	4333985	18124113	42077
其他	Others	7218	26279	36377
按国民经济行业分	**Classified by Sector**			
农、林、牧、渔业	Farming,Forestry,Animal Husbandry and Fishery	55802	152945	26459
采矿业	Mining	83298	349001	41762
制造业	Manufacturing	1258497	4930850	39351
电力、热力、燃气及水生产和供应业	Production and Distribution of Electricity,Gas and Water	131941	685056	51676
建筑业	Construction	913309	3392457	38753
批发和零售业	Wholesale and Retail Trades	155961	608179	39111
交通运输、仓储和邮政业	Traffic, Transport, Storage and Post	212442	1148737	54417
住宿和餐饮业	Hotels and Catering Services	46930	124218	26772
信息传输、软件和信息技术服务业	Information Transmission,Software and Information Technical Services	63475	371785	57867
金融业	Financial Intermediation	112662	805884	70497
房地产业	Real Estate	54294	200221	37376
租赁和商务服务业	Leasing and Business Services	55354	210346	37835
科学研究和技术服务业	Scientific Research and Technical Service	56714	276378	47738
水利、环境和公共设施管理业	Service and Geologic Management Prospecting of Water Conservancy,Environment and Public Facilities	73794	304475	40756
居民服务、修理和其他服务业	Services to Households,Repair and Other Services	5679	17951	31840
教育	Education	457603	2094103	45499
卫生和社会工作	Health and Social Work	196605	985266	48823
文化、体育和娱乐业	Culture, Sports and Entertainment	33092	145660	44087
公共管理、社会保障和社会组织	Public Management,Social Security and Social Organization	482617	1976209	40732

3-9 城镇非私营单位在岗职工年末人数、工资（2013年）

Number and Wage of Employed Staff and Workers in Urban Non-Private Units at Year-end (2013)

类　别	Type	在岗职工人数（人）Number of Employed Staff and Workers (person)	在岗职工工资总额（万元）Total Wage Bill of Employed Staff and Workers (10000 yuan)	在岗职工平均工资（元）Average Wage of Employed Staff and Workers(yuan)
总　计	**Total**	**4100025**	**17789724**	**43582**
按经济类型分	**Classified by Types of Ownership**			
国有单位	State-owned	1730479	8248934	47238
城镇集体单位	Collective-owned	125856	435385	36185
其他单位	Others	2243690	9105405	41101
#股份合作	Cooperative	32128	84247	30217
联营	Joint Ownership	2217	8150	36762
有限责任公司	Limited Liability Corporations	1337838	5490109	40995
股份有限公司	Share-holding Corporations Ltd.	317182	1525022	48253
其他	Others	23199	92426	39350
港澳台商投资	Funds from Hong Kong,Macao&Taiwan	342666	1197497	37358
外商投资	Foreign Funded	188460	707955	38063
按隶属关系分	**Classified by Subordinative Relationship**			
中央	Central	102367	611986	60666
地方	Regional	3990852	17152312	43159
其他	Others	6806	25426	37129
按国民经济行业分	**Classified by Sector**			
农、林、牧、渔业	Farming,Forestry,Animal Husbandry and Fishery	48075	143096	28569
采矿业	Mining	81161	342583	42164
制造业	Manufacturing	1234778	4877030	39662
电力、燃气及水的生产和供应业	Production and Distribution of Electricity,Gas and Water	111412	612620	54753
建筑业	Construction	747976	2818330	39268
批发和零售业	Wholesale and Retail Trades	146437	589575	40237
交通运输、仓储和邮政业	Traffic, Transport, Storage and Post	203937	1122966	55318
住宿和餐饮业	Hotels and Catering Services	45492	121398	27066
信息传输、软件和信息技术服务业	Information Transmission,Software and Information Technical Services	58403	361743	61086
金融业	Financial Intermediation	97665	768951	77389
房地产业	Real Estate	52367	195582	37843
租赁和商务服务业	Leasing and Business Services	49580	197098	39602
科学研究和技术服务业	Scientific Research and Technical Service	52967	267048	49194
水利、环境和公共设施管理业	Service and Geologic Management Prospecting of Water Conservancy,Environment and Public Facilities	58871	278767	46192
居民服务、修理和其他服务业	Services to Households,Repair and Other Services	5371	17109	32051
教育	Education	439800	2063470	46627
卫生和社会工作	Health and Social Work	178916	942704	51037
文化、体育和娱乐业	Culture, Sports and Entertainment	30382	141536	46684
公共管理、社会保障和社会组织	Public Management,Social Security and Social Organization	456435	1928122	41972

注：在岗职工含劳务派遣人员。
a)Number of employed staff and workers includes dispatched laborers.

3-10 城镇非私营单位各种分组的就业人员人数（2013年末）
Number of Employed Persons in Urban Non-Private Units by Types of Groups (end of 2013)

单位：人 (person)

类别	Type	合计 Total	国有单位 State-owned Units	城镇集体单位 Urban Collective-owned Units	其他单位 Units of Other Types of Ownership
总　计	**Total**	**4450069**	**1872002**	**153894**	**2424173**
按国民经济行业分	**Grouped by Sector**				
农、林、牧、渔业	Farming,Forestry,Animal Husbandry and Fishery	55802	51184	438	4180
采矿业	Mining	83298	46885	2786	33627
制造业	Manufacturing	1258497	103748	11186	1143563
电力、煤气及水的生产和供应业	Production and Distribution of Electricity,Gas and Water	131941	15510	104	116327
建筑业	Construction	913309	112781	100414	700114
批发和零售业	Wholesale and Retail Trades	155961	37230	4022	114709
交通运输、仓储和邮政业	Traffic, Transport, Storage and Post	212442	131837	4193	76412
住宿和餐饮业	Hotels and Catering Services	46930	9951	292	36687
信息传输、软件和信息技术服务业	Information Transmission,Software and Information Technical Services	63475	17165	392	45918
金融业	Financial Intermediation	112662	48280	16355	48027
房地产业	Real Estate	54294	8971	1127	44196
租赁和商务服务业	Leasing and Business Services	55354	34380	3165	17809
科学研究和技术服务业	Scientific Research and Technical Service	56714	46979	67	9668
水利、环境和公共设施管理业	Service and Geologic Management Prospecting of Water Conservancy,Environment and Public Facilities	73794	63792	2778	7224
居民服务、修理和其他服务业	Services to Households,Repair and Other Services	5679	3877	384	1418
教育	Education	457603	446337	330	10936
卫生和社会工作	Health and Social Work	196605	181013	5770	9822
文化、体育和娱乐业	Culture, Sports and Entertainment	33092	29767	21	3304
公共管理、社会保障和社会组织	Public Management,Social Security and Social Organization	482617	482315	70	232

3-11 城镇非私营单位各种分组的在岗职工人数（2013年末）
Number of Employed Staff and Workers in Urban Non-Private Units by Types of Groups (end of 2013)

单位：人 (person)

类别	Type	合计 Total	国有单位 State-owned Units	城镇集体单位 Urban Collective-owned Units	其他单位 Units of Other Types of Ownership
总计	**Total**	**4100025**	**1730479**	**125856**	**2243690**
按国民经济行业分	**Grouped by Sector**				
农、林、牧、渔业	Farming,Forestry,Animal Husbandry and Fishery	48075	43802	437	3836
采矿业	Mining	81161	45624	2761	32776
制造业	Manufacturing	1234778	95437	9215	1130126
电力、煤气及水的生产和供应业	Production and Distribution of Electricity,Gas and Water	111412	14471	104	96837
建筑业	Construction	747976	85984	77359	584633
批发和零售业	Wholesale and Retail Trades	146437	34233	3853	108351
交通运输、仓储和邮政业	Traffic, Transport, Storage and Post	203937	129908	4045	69984
住宿和餐饮业	Hotels and Catering Services	45492	9020	224	36248
信息传输、软件和信息技术服务业	Information Transmission,Software and Information Technical Services	58403	15323	306	42774
金融业	Financial Intermediation	97665	43130	15297	39238
房地产业	Real Estate	52367	8581	1040	42746
租赁和商务服务业	Leasing and Business Services	49580	31080	3025	15475
科学研究和技术服务业	Scientific Research and Technical Service	52967	43795	53	9119
水利、环境和公共设施管理业	Service and Geologic Management Prospecting of Water Conservancy,Environment and Public Facilities	58871	49935	2041	6895
居民服务、修理和其他服务业	Services to Households,Repair and Other Services	5371	3696	362	1313
教育	Education	439800	428755	330	10715
卫生和社会工作	Health and Social Work	178916	163974	5321	9621
文化、体育和娱乐业	Culture, Sports and Entertainment	30382	27598	13	2771
公共管理、社会保障和社会组织	Public Management,Social Security and Social Organization	456435	456133	70	232

3-12 城镇非私营单位职工工资总额和平均工资
Total Wages Bill and Average Wage of Staff and Workers in Urban Non-Private Units

年 份 Year	工资总额 (万元) Total Wages Bill (10000 yuan)	国有经济单位 State-owned Units	城镇集体经济单位 Urban Collective-owned Units	其他各种经济单位 Units of Other Types of Ownership	平均工资 (元) Average Wage (yuan)	国有经济单位 State-owned Units	城镇集体经济单位 Urban Collective-owned Units	其他各种经济单位 Units of Other Types of Ownership
1978	145123	122929	22194		552	562	500	
1979	161102	135538	25564		603	624	512	
1980	199674	167220	32454		713	733	625	
1981	210974	175632	35342		719	745	613	
1982	223632	185973	37659		732	758	625	
1983	230035	190050	39985		747	774	640	
1984	284282	230178	54067	37	894	949	716	949
1985	329858	266560	63213	86	997	1052	817	1132
1986	394647	321560	72890	197	1147	1215	919	1190
1987	431756	352660	78895	202	1215	1286	974	1312
1988	533074	440107	92403	564	1446	1539	1121	1675
1989	583499	486785	95917	798	1562	1658	1205	1809
1990	656975	551602	104213	1160	1729	1843	1300	2079
1991	719291	598920	118234	2137	1842	1946	1446	2329
1992	860275	724646	131368	4261	2154	2295	1606	2414
1993	1042007	883776	144510	13720	2580	2753	1842	3114
1994	1407031	1207665	176282	23084	3450	3720	2268	4214
1995	1621603	1393677	189980	37946	4211	4427	2990	5623
1996	1858269	1588203	218857	51209	4852	5050	3562	7275
1997	1944011	1666516	219199	58297	5089	5303	3636	7843
1998	1739295	1400368	152032	186895	5384	5473	3720	7104
1999	2057811	1675969	170518	211325	6749	6930	4692	7913
2000	2047372	1681669	151720	213983	7014	7249	4676	7798
2001	2255433	1864519	144576	246339	8026	8346	5149	8349
2002	2437527	2001095	133577	302855	9262	9607	5859	9444
2003	2710865	2161536	137779	411551	10521	10918	6905	10359
2004	3054546	2367213	136642	550691	11860	12291	7873	11569
2005	3583091	2726459	157004	699628	13688	14276	8952	13140
2006	4170749	3136396	160449	873904	15590	16491	10102	14220
2007	4994197	3703412	203353	1087433	18400	19624	12574	16344
2008	5732519	4204570	192028	1335921	21000	22608	13934	18247
2009	6713864	4900030	205362	1608472	24696	26247	16624	22088
2010	8071398	5796975	223793	2050630	29092	30985	18194	26272
2011	9970075	6256416	378133	3335526	34055	36939	24265	30939
2012	12823272	7891818	455102	4476352	39651	40712	30608	39030
2013	17789724	8248934	435385	9105405	43582	47238	36185	41101

注:自1998年起,职工工资为在岗职工工资。自2012年起，平均工资含劳务派遣人员工资。

a) Since 1998,wage of staff and workers refers to wage of employed staff and workers.Since 2012,average wage includes dispatched laborers' wage.

3-13 城镇非私营单位职工平均工资指数

Average Wage Indices of Staff and Workers in Urban Non-Private Units

(以上年为100) (preceding year=100)

年份 Year	货币工资指数 Currency Wages Indices	国有经济单位 State-owned Units	城镇集体经济单位 Urban Collective-owned Units	其他各种经济单位 Units of Other Types of Ownership	实际工资指数 Actual Wages Indices	国有经济单位 State-owned Units	城镇集体经济单位 Urban Collectiv-owned Units	其他各种经济单位 Units of Other Types of Ownership
1978	106.8	105.4	102.0		106.6	105.2	101.8	
1979	109.2	111.0	102.4		107.0	108.7	100.3	
1980	118.2	117.5	122.1		112.0	111.4	115.7	
1981	100.8	101.6	98.1		97.1	97.9	94.5	
1982	101.8	101.7	102.0		98.7	98.6	98.9	
1983	102.0	102.1	102.4		100.1	100.2	100.5	
1984	119.7	122.6	111.9		116.7	119.5	109.1	
1985	111.5	110.9	114.1	119.3	102.5	101.9	104.9	109.7
1986	115.0	115.5	112.5	105.1	108.5	108.7	106.1	99.2
1987	105.9	105.8	106.0	108.0	98.1	98.1	98.2	100.1
1988	119.0	119.7	115.1	127.7	96.2	96.8	93.0	103.2
1989	108.0	107.7	107.5	108.0	92.2	91.9	91.7	92.2
1990	110.7	111.2	107.9	114.9	109.1	109.6	106.3	113.2
1991	106.5	105.6	111.2	112.0	102.0	101.1	106.5	107.3
1992	116.9	117.9	111.1	103.6	108.7	109.7	103.3	96.4
1993	115.9	115.9	111.5	127.8	100.1	100.1	96.3	110.4
1994	138.2	139.8	126.1	136.6	108.9	110.2	99.4	107.6
1995	122.1	119.0	131.8	133.4	104.4	101.8	112.7	114.1
1996	115.2	114.1	105.8	129.4	106.6	105.5	97.9	119.7
1997	104.9	105.0	102.1	107.8	101.8	101.9	99.1	104.7
1998	105.8	103.2	102.3	90.6	104.8	102.2	101.3	89.7
1999	125.4	126.6	126.1	111.4	127.2	128.4	127.9	112.9
2000	103.9	104.6	99.7	98.5	103.5	104.2	99.4	98.2
2001	114.4	115.1	110.1	107.0	114.9	115.7	110.7	107.5
2002	115.4	115.1	113.8	113.1	115.3	114.9	113.7	112.9
2003	113.6	113.6	117.9	109.7	112.7	112.7	117.0	108.8
2004	112.7	112.6	114.0	111.7	108.9	108.8	110.1	107.9
2005	115.4	116.2	113.7	113.6	113.5	114.3	111.8	111.7
2006	113.9	115.5	112.8	108.2	112.5	114.1	111.5	106.9
2007	118.0	119.0	124.5	114.9	112.6	113.5	118.8	109.6
2008	114.1	115.2	110.8	111.6	107.5	108.7	104.5	105.3
2009	117.6	116.1	119.3	121.1	118.4	116.9	120.1	122.0
2010	117.8	118.1	109.4	118.9	114.4	114.7	106.2	115.4
2011	117.1	119.2	133.4	117.8	111.3	113.3	126.8	112.0
2012	116.3	110.7	125.7	124.1	113.2	107.8	122.4	120.8
2013	109.9	116.0	118.2	105.3	107.2	113.2	115.3	102.7

3-14 城镇非私营单位各种分组的就业人员工资总额（2013年）

Total Wages Bill of Employed Persons by Types of Groups in Urban Non-Private Units (2013)

单位：万元 (10000 yuan)

类 别	Type	工资总额 Total Wages Bill	国有单位 State-owned Units	城镇集体单位 Urban Collective-owned Units	其他单位 Units of Other Types of Ownership
总 计	**Total**	**18779720**	**8537176**	**525712**	**9716833**
按国民经济行业分	**Grouped by Sector**				
农、林、牧、渔业	Farming,Forestry,Animal Husbandry and Fishery	152945	133269	1190	18486
采矿业	Mining	349001	190100	8851	150050
制造业	Manufacturing	4930850	522044	33148	4375658
电力、煤气及水的生产和供应业	Production and Distribution of Electricity,Gas and Water	685056	65450	329	619277
建筑业	Construction	3392457	407327	329359	2655772
批发和零售业	Wholesale and Retail Trades	608179	203631	10787	393761
交通运输、仓储和邮政业	Traffic, Transport, Storage and Post	1148737	783711	12139	352887
住宿和餐饮业	Hotels and Catering Services	124218	27685	448	96086
信息传输、软件和信息技术服务业	Information Transmission,Software and Information Technical Services	371785	73668	1068	297048
金融业	Financial Intermediation	805884	392553	88071	325260
房地产业	Real Estate	200221	28246	3076	168899
租赁和商务服务业	Leasing and Business Services	210346	122209	8782	79356
科学研究和技术服务业	Scientific Research and Technical Service	276378	215646	536	60195
水利、环境和公共设施管理业	Service and Geologic Management Prospecting of Water Conservancy,Environment and Public Facilities	304475	275392	5397	23685
居民服务、修理和其他服务业	Services to Households,Repair and Other Services	17951	13355	858	3738
教育	Education	2094103	2050652	1320	42131
卫生和社会工作	Health and Social Work	985266	925652	20021	39594
文化、体育和娱乐业	Culture, Sports and Entertainment	145660	131305	172	14183
公共管理、社会保障和社会组织	Public Management,Social Security and Social Organization	1976209	1975282	161	767

3-15 城镇非私营单位各种分组的在岗职工工资总额（2013年）

Total Wages Bill of Employed Staff and Workers by Types of Groups in Urban Non-Private Units (2013)

单位：万元 (10000 yuan)

类别	Type	工资总额 Total Wages Bill	国有单位 State-owned Units	城镇集体单位 Urban Collective-owned Units	其他单位 Units of Other Types of Ownership
总计	**Total**	**17789724**	**8248934**	**435385**	**9105405**
按国民经济行业分	**Grouped by Sector**				
农、林、牧、渔业	Farming,Forestry,Animal Husbandry and Fishery	143096	124107	1189	17800
采矿业	Mining	342583	186666	8763	147154
制造业	Manufacturing	4877030	512240	27816	4336974
电力、煤气及水的生产和供应业	Production and Distribution of Electricity,Gas and Water	612620	63107	329	549184
建筑业	Construction	2818330	336482	251105	2230743
批发和零售业	Wholesale and Retail Trades	589575	197026	10687	381862
交通运输、仓储和邮政业	Traffic, Transport, Storage and Post	1122966	778359	11829	332778
住宿和餐饮业	Hotels and Catering Services	121398	25761	435	95202
信息传输、软件和信息技术服务业	Information Transmission,Software and Information Technical Services	361743	71324	1036	289383
金融业	Financial Intermediation	768951	379485	84262	305203
房地产业	Real Estate	195582	27432	3021	165129
租赁和商务服务业	Leasing and Business Services	197098	114392	8454	74252
科学研究和技术服务业	Scientific Research and Technical Service	267048	208318	521	58209
水利、环境和公共设施管理业	Service and Geologic Management Prospecting of Water Conservancy,Environment and Public Facilities	278767	251117	4470	23180
居民服务、修理和其他服务业	Services to Households,Repair and Other Services	17109	12896	814	3398
教育	Education	2063470	2020480	1320	41669
卫生和社会工作	Health and Social Work	942704	884709	19055	38939
文化、体育和娱乐业	Culture, Sports and Entertainment	141536	127838	119	13579
公共管理、社会保障和社会组织	Public Management,Social Security and Social Organization	1928122	1927194	161	767

3-16 城镇非私营单位各种分组的就业人员平均工资（2013年）
Average Wage of Employed Persons by Types of Groups in Urban Non-Private Units (2013)

单位：元 (yuan)

类 别	Type	平均工资 Average Wage	国有单位 State-owned Units	城镇集体单位 Urban Collective-owned Units	其他单位 Units of Other Types of Ownership
总 计	**Total**	**42473**	**45315**	**36004**	**40629**
按国民经济行业分	**Grouped by Sector**				
农、林、牧、渔业	Farming,Forestry,Animal Husbandry and Fishery	26459	25050	27937	44256
采矿业	Mining	41762	40455	32045	44370
制造业	Manufacturing	39351	49822	30080	38476
电力、煤气及水的生产和供应业	Production and Distribution of Electricity,Gas and Water	51676	42267	31596	52939
建筑业	Construction	38753	38407	35383	39271
批发和零售业	Wholesale and Retail Trades	39111	54262	26908	34552
交通运输、仓储和邮政业	Traffic, Transport, Storage and Post	54417	60042	29145	46186
住宿和餐饮业	Hotels and Catering Services	26772	27208	15169	26744
信息传输、软件和信息技术服务业	Information Transmission,Software and Information Technical Services	57867	42746	27325	63713
金融业	Financial Intermediation	70497	76033	54509	69906
房地产业	Real Estate	37376	31694	27225	38803
租赁和商务服务业	Leasing and Business Services	37835	35440	27459	44298
科学研究和技术服务业	Scientific Research and Technical Service	47738	44563	80045	63786
水利、环境和公共设施管理业	Management of Water Conservancy, Environment and Public Facilities	40756	42479	19946	33034
居民服务、修理和其他服务业	Services to Households,Repair and Other Services	31840	34501	22872	26856
教育	Education	45499	45697	40628	37701
卫生和社会工作	Health and Social Work	48823	49627	35075	41355
文化、体育和娱乐业	Culture, Sports and Entertainment	44087	44153	82048	43253
公共管理、社会保障和社会组织	Public Management,Social Security and Social Organization	40732	40739	22606	33069

3-17 城镇非私营单位各种分组的在岗职工平均工资（2013年）
Average Wage of Employed Staff and Workers by Types of Groups in Urban Non-Private Units (2013)

单位：元 (yuan)

类别	Type	平均工资 Average Wage	国有单位 State-owned Units	城镇集体单位 Urban Collective-owned Units	其他单位 Units of Other Types of Ownership
总计	**Total**	**43582**	**47238**	**36185**	**41101**
按国民经济行业分	**Grouped by Sector**				
农、林、牧、渔业	Farming,Forestry,Animal Husbandry and Fishery	28569	27080	27974	46428
采矿业	Mining	42164	40927	31993	44725
制造业	Manufacturing	39662	52991	30648	38589
电力、煤气及水的生产和供应业	Production and Distribution of Electricity,Gas and Water	54753	43230	31596	56509
建筑业	Construction	39268	41453	34742	39533
批发和零售业	Wholesale and Retail Trades	40237	56916	27837	35335
交通运输、仓储和邮政业	Traffic, Transport, Storage and Post	55318	60483	29397	47346
住宿和餐饮业	Hotels and Catering Services	27066	28278	19141	26805
信息传输、软件和信息技术服务业	Information Transmission,Software and Information Technical Services	61086	46681	33954	66319
金融业	Financial Intermediation	77389	81668	55799	80754
房地产业	Real Estate	37843	32257	28964	39190
租赁和商务服务业	Leasing and Business Services	39602	36558	27592	48166
科学研究和技术服务业	Scientific Research and Technical Service	49194	45970	98340	65286
水利、环境和公共设施管理业	Service and Geologic Management Prospecting of Water Conservancy,Environment and Public Facilities	46192	48775	22281	33800
居民服务、修理和其他服务业	Services to Households,Repair and Other Services	32051	35035	23068	26061
教育	Education	46627	46851	40628	38009
卫生和社会工作	Health and Social Work	51037	52033	36116	41398
文化、体育和娱乐业	Culture, Sports and Entertainment	46684	46399	91615	49323
公共管理、社会保障和社会组织	Public Management,Social Security and Social Organization	41972	41979	22606	33069

3-18 城镇私营单位就业人员年末人数、工资（2013年）
Number and Wage of Employed Persons in Urban Private Units at Year-end (2013)

类　　别	Type	就业人员人数（人）Number of Employed Persons (person)	就业人员工资总额（万元）Total Wage Bill of Employed Persons (10000 yuan)	就业人员平均工资（元）Average Wage of Employed Persons (yuan)
总　计	**Total**	**2854094**	**7757170**	**27819**
按国民经济行业分	**Classified by Sector**			
农、林、牧、渔业	Farming,Forestry,Animal Husbandry and Fishery	49646	131815	25854
采矿业	Mining	124041	373501	30184
制造业	Manufacturing	1563439	4092456	26924
电力、热力、燃气及水生产和供应业	Production and Distribution of Electricity,Gas and Water	18258	56357	31275
建筑业	Construction	365085	1135290	32085
批发和零售业	Wholesale and Retail Trades	286500	716703	25652
交通运输、仓储和邮政业	Traffic, Transport, Storage and Post	89562	258309	29388
住宿和餐饮业	Hotels and Catering Services	74336	166089	22678
信息传输、软件和信息技术服务业	Information Transmission,Software and Information Technical Services	25582	77647	30168
金融业	Financial Intermediation	3123	9336	32712
房地产业	Real Estate	75403	259394	34705
租赁和商务服务业	Leasing and Business Services	55471	155144	28202
科学研究和技术服务业	Scientific Research and Technical Service	10224	30891	30383
水利、环境和公共设施管理业	Service and Geologic Management Prospecting of Water Conservancy,Environment and Public Facilities	4143	10961	25767
居民服务、修理和其他服务业	Services to Households,Repair and Other Services	38612	91460	23432
教育	Education	41285	110167	27144
卫生和社会工作	Health and Social Work	10831	32845	31086
文化、体育和娱乐业	Culture, Sports and Entertainment	18553	48806	26600
公共管理、社会保障和社会组织	Public Management,Social Security and Social Organization			

3-19 公共就业服务工作情况（2013年）

Operating Conditions of Public Employment Service (2013)

单位：人 (person)

指　标	Item	本期办理就业登记人数 Registered Employed this Year	本期单位登记招聘人数 Registered Job Vacancies this year	本期登记求职人数 Registered Job-seekers this year	本期职业指导人数 Person Times Vocational Guidance this year	本期创业服务人数 Providing Imbark Service this year	本期介绍成功人数 Placed Job-seekers this year
合　计	**Total**	**635280**	**1486993**	**1135371**	**465642**	**76990**	**602680**
市及以上公共就业(人才)服务机构	Public Employment Service Organization at City and Above	36145	488593	286306	88456	18651	89210
区(县)公共就业(人才)服务机构	Public Employment Service Organization at District(County)	459072	787988	633220	274799	48835	378756
街道公共就业服务机构	Public Employment Service Organization at Street Communities	36334	81700	68602	33961	1376	41926
乡镇公共就业服务机构	Public Employment Service Organization at Township	91796	115492	131922	60384	7440	85708
社区公共就业服务窗口	Public Employment Service Organization at Community	6626	9077	10316	4637	262	4466
行政村公共就业服务窗口	Public Employment Service Organization at Administrative Village	5307	4143	5005	3405	426	2614

3-20 城镇新增净增就业情况（2013年末）

Situations of Newly Increased and Net Increased Employment in Urban Areas (end of 2013)

地　区	Region	新增就业人员（万人） Newly Increased Employed Persons (10000 persons)	净增就业人员（万人） Net Increased Employed Persons (10000 persons)
全　省	**Provincial Total**	**54.10**	**49.09**
南昌市	Nanchang	10.63	10.43
景德镇市	Jingdezhen	2.40	1.08
萍乡市	Pingxiang	2.71	1.57
九江市	Jiujiang	5.72	5.69
新余市	Xinyu	2.20	1.71
鹰潭市	Yingtan	2.03	1.09
赣州市	Ganzhou	10.05	10.03
吉安市	Ji'an	4.71	4.50
宜春市	Yichun	5.00	4.98
抚州市	Fuzhou	3.84	3.91
上饶市	Shangrao	4.81	4.10

主要统计指标解释

就业人员 指从事一定社会劳动并取得劳动报酬或经营收入的人员。包括(1)在岗职工；(2)再就业的离退休人员;(3)私营业主;(4)个体户主;(5)私营企业和个体就业人员；(6)乡镇企业就业人员;(7)农村就业人员;(8)其他就业人员。

单位就业人员 各单位的就业人员是指在各级国家机关、政党机关、社会团体及企业、事业单位中工作，取得工资或其他形式的劳动报酬的全部人员。包括在岗职工、再就业的离退休人员、民办教师以及在各单位中工作的外方人员和港澳台方人员、兼职人员、借用的外单位人员和第二职业者。不包括离开本单位仍保留劳动关系的职工。

在岗职工 指在本单位工作并由单位支付工资的人员，以及有工作岗位，但由于学习、病伤产假等原因暂未工作，仍由单位支付工资的人员。

私营企业就业人员 指在工商管理部门注册登记的私营企业就业人员，包括私营企业投资者和雇工。

个体就业人员 指在工商管理部门注册登记，经批准从事个体工商经营的就业人员，包括个体户主和在个体工商户劳动的家庭帮工和雇工。

单位就业人员劳动报酬 指各单位在一定时期内直接支付给本单位全部就业人员的劳动报酬总额。包括在岗职工工资总额和本单位其他从业人员劳动报酬两部分。

在岗职工工资总额 指各单位在一定时期内直接支付给本单位全部在岗职工的劳动报酬总额。包括：计时工资(含计时标准工资)、计件工资、计件超额工资、奖金、津贴和补贴、加班加点工资、特殊情况下支付的工资等。

津贴和补贴 包括:(1)补偿职工特殊额外劳动消耗的津贴及岗位性津贴；(2)保健性津贴；(3)技术性津贴；(4)年功性津贴；(5)地区津贴;(6)其他津贴包括伙食补贴、上下班交通补贴、洗理卫生费、书报费等。以及为保证职工工资不受物价上涨或变动影响而支付的各种补贴，如副食价格补贴(含肉类等价格补贴)、粮、油、蔬菜等价格补贴，煤价补贴、房贴、水电贴、房改补贴等。

在岗职工平均工资 指在企业、事业、机关单位的在岗职工在一定时期内平均每人所得的货币工资额。

$$\text{在岗职工平均工资}=\frac{\text{报告期实际支付的全部在岗职工工资总额}}{\text{报告期全部在岗职工平均人数}}$$

货币工资指数 指报告期在岗职工平均工资与基期在岗职工平均工资的比率。

$$\text{货币工资指数}=\frac{\text{报告期在岗职工平均工资}}{\text{基期在岗职工平均工资}}\times 100\%$$

实际工资指数 指扣除物价变动因素后的在岗职工平均工资。

$$\text{实际工资指数}=\frac{\text{报告期在岗职工货币工资指数}}{\text{报告期居民消费价格指数}}\times 100\%$$

城镇新增就业人员 指报告期内城镇累计新就业人员数减去自然减员人数。

城镇净增就业人员 指报告期城镇净增加的就业人员总数，等于报告期末城镇就业人数减去期初城镇就业人数。

Explanatory Notes on Main Statistical Indicators

Employed Persons refer to persons who are engaged in gainful employment and thus receive remuneration payment or earn business income. They include 1)employed staff and workers, 2) re-employed retirees, 3) owners of private enterprises,4)owners of self-employed individuals, 5)persons employed in private enterprises and self-employed individuals, 6) persons employed in township enterprises,7)employed persons in rural areas, 8)other employed persons.

Persons Employed in Various Units refer to all the persons working in government agencies of various levels, political and party organizations, social organizations, enterprises and institutions, and receiving wages or other forms of payment. They include fully-employed staff and workers, re-employed retirees, teachers in the schools run by the local people, foreigners and Chinese compatriots from Hong Kong, Macao, and Taiwan working in various units, part-time employees,

employees of other units working temporarily at current posts, and employees holding the second job, but do not include persons who have left their working units while keeping their labour contract (employment relation) unchanged.

Employed Staff and Workers refer to persons who work in, and receive wages from their working units, including persons who have their work posts but are temporarily absent from work for reasons of study or on sick, injury or maternal leave and still receive wages from their working units.

Persons Employed in Private Enterprises refer to the persons employed in the private enterprises which have been registered at the departments of industrial and commercial administration, including investors of private enterprises and hired labourers.

Persons Employed in Self-Employed Individuals refer to persons employed in the self-employed individuals which have been registered at the departments of industrial and commercial administration and approved to be engaged in individual industrial or commercial business, including self-employed persons as well as helpers and hired labourers who work in individual households.

Earning of Persons Employed in Various Units refers to the total remuneration payment to all employees in various units during a certain period of time, including employed staff and workers and other employees.

Total Wage Bill of Employed Staff and workers refers to the total remuneration payment to all employed staff and workers in various units during a certain period of time. Including wage paid on a time basis (including standard wage paid on a time basis),wage paid on a piece basis, extra wage on a piece basis, bonus, allowance and subsidy, wage paid for working extra hours, wage paid in particular circumstance.

Allowance and Subsidy

Including1）allowance compensated for particular extra labour consume and position allowance to staff and workers,2)health care allowance,3)technical allowance,4)seniority allowance, 5)region allowance,6) other allowance including meals subsidy, traffic subsidy, hygiene subsidy, book and newspaper allowance, as well as all sorts of allowance which ensure the price rises or changes not affect the wage of staff and workers, i.e. non-staple food price subsidy(including meat and other foodstuffs price subsidy),grain, edible oil, vegetables and other food price subsidy, gas price subsidy, housing subsidy, water and electricity subsidy, housing reform subsidy.

Average Wage of Employed Staff and workers refer to average earning level in money terms per employee in the enterprise, institution and government organ during a certain period of time. Total Wage Bill of Employed Staff and Workers

$$\text{Staff and Workers} = \frac{\text{Total Wage Bill of Employed Staff and Workers at Reference Time}}{\text{Average Number of Employed Staff and Workers at Reference Time}}$$

Currency Wage Indices refers to the ratio of average wage of employed staff and workers at the reference period to that at the base period.

$$\text{Average Wage Indices} = \frac{\text{Average Wage of Employed Staff and Workers at Reference Time}}{\text{Average Wage of Employed Staff and Workers at Base Time}}$$

Average Real Wage Indices refers to the average wage of employed staff and workers after removing the effects of the price changes.

$$\text{Average Real Wage Indices} = \frac{\text{Average Wage Indices of Employed Staff and Workers at Reference Time}}{\text{Consumer Price Indices at Reference Time}}$$

Newly Increased Employed Persons in Urban Areas refer to the number of accumulated newly employed persons in urban areas minus natural wastages during the reporting period.

Net Increased Employed Persons in Urban Areas refer to the total number of net increased employed persons in urban areas during the reporting period, equal the number of employed persons in urban areas at the beginning of the period minus the number of employed persons in urban areas at the end of the period.

4

固定资产投资

INVESTMENT IN FIXED ASSETS

◆61/92

资料整理及英文翻译：熊谦

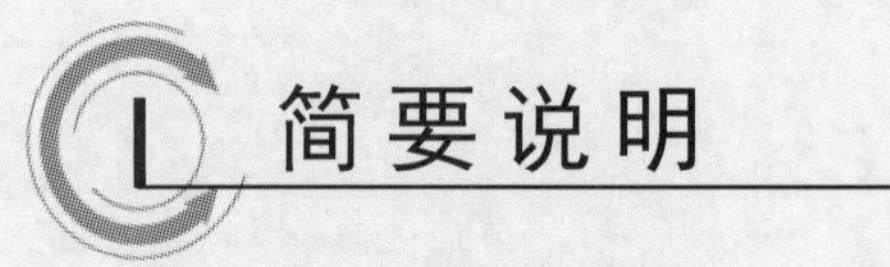

Ⅰ 简要说明

一、本篇资料的主要内容

本篇资料通过对一定时期全社会建造和购置固定资产活动的数量描述，反映报告期内固定资产投资的规模和速度、固定资产投资的结构和比例关系、固定资产投资的资金来源及固定资产投资的效果等。

二、本篇资料的统计范围

全社会固定资产投资统计的范围包括：建设项目固定资产投资、房地产开发投资、农村农户固定资产投资。

三、本篇的资料来源

农户固定资产投资资料来自国家统计局江西调查总队；除此以外的固定资产投资统计资料均来自省统计局固定资产投资统计处统计调查。

四、本篇的统计调查方法

除农户固定资产投资统计采用抽样调查方法外，其他均为全面统计报表。

Ⅰ Brief Introduction

I. Main Contents

Statistics in this chapter describe activities on the construction and purchase of fixed assets of the whole country during a given period of time, and reflect the size, growth, structure, financing and results of the investment in fixed assets during the reference period.

II. Scope of Statistics

Statistics on the total investment in fixed assets in the whole country covers construction project investments in fixed assets , investments in real estate development and investments in fixed assets by rural households.

III. Sources of Data

Data on investments in fixed assets by individuals in rural areas are provided by Survey Office of the National Bureau of Statistics of Jiangxi, other data on investments in fixed assets are from surveys conducted by the Department of Investment & Construction Statistics of Jiangxi Provincial Bureau of Statistics.

IV. Methodology of Data Collection

All data on investments in fixed assets are collected by the system of reporting form with complete enumeration, except data on individual investments in fixed assets in rural areas, which are collected through sample surveys.

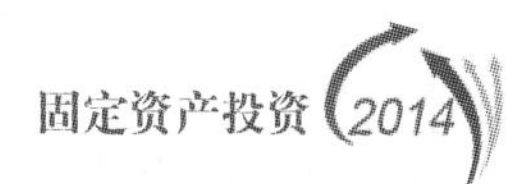

4-1 全社会固定资产投资
Total Investment in Fixed Assets in the Whole Country

年 份 Year	全社会固定资产投资 Total Investment in Fixed Assets in the Whole Country				发展速度(上年=100) Development Speed(preceding year=100)			
	合 计 (万元) Total (10000 yuan)	固定资产投资 Investment in Fixed Assets	#房地产开发投资 Investment in Real Estate Development	农村农户投资 Farm Households Investment in Fixed Assets	合 计 (%) Absolute Figures (%)	固定资产投资 Investment in Fixed Assets	#房地产开发投资 Investment in Real Estate Development	农村农户投资 Farm Households Investment in Fixed Assets
1978	81316	81316			157.7	157.7		
1979	83995	83995			103.3	103.3		
1980	188219	163219		25000	224.1	194.3		
1981	170858	134858		36000	90.8	82.6		144.0
1982	244972	199695		45277	143.4	148.1		125.8
1983	280948	205037		75911	114.7	102.7		167.7
1984	352080	261500		90580	125.3	127.5		119.3
1985	440279	318179		122100	125.1	121.7		134.8
1986	533527	368962	9600	164565	121.2	116.0		134.8
1987	587729	407083	9300	180646	110.2	110.3	96.9	109.8
1988	781751	520755	20000	260996	133.0	127.9	215.1	144.5
1989	732849	501940	23000	230909	93.7	96.4	115.0	88.5
1990	706532	561167	28782	145365	96.4	111.8	125.1	63.0
1991	910773	711283	47957	199490	128.9	126.8	166.6	137.2
1992	1253607	995379	76487	258228	137.6	139.9	159.5	129.4
1993	1855038	1511952	137036	343086	148.0	151.9	179.2	132.9
1994	2374548	2018725	187480	355823	128.0	133.5	136.8	103.7
1995	2841825	2224678	258631	617147	119.7	110.2	138.0	173.4
1996	3558519	2673333	263962	885186	125.2	120.2	102.1	143.4
1997	3843045	2957798	251323	885247	108.0	110.6	95.2	100.0
1998	4547650	3557650	271234	990000	118.3	120.3	107.9	111.8
1999	4914811	3806414	335876	1108397	108.1	107.0	123.8	112.0
2000	5482004	4581858	423705	900146	111.5	120.4	126.1	81.2
2001	6604942	5648215	635195	956727	120.5	123.3	149.9	106.3
2002	9246027	8263879	1036441	982148	140.0	146.3	163.2	102.7
2003	13799696	12797615	1774707	1002081	149.3	154.9	171.2	102.0
2004	18196590	17100349	2660196	1096241	131.9	133.6	149.9	109.4
2005	21689712	20468652	3010982	1221060	119.2	119.7	113.2	111.4
2006	26835744	25425744	3459564	1410000	123.7	124.2	114.9	115.5
2007	33019427	31464114	4354573	1555313	123.0	123.7	125.9	110.3
2008	43454333	41532409	5476570	1921924	131.6	132.0	125.8	123.6
2009	56931422	54421272	6345238	2510150	131.0	131.0	115.9	130.6
2010	71646250	68593453	7068222	3052797	125.8	126.0	111.4	121.6
2011	87375985	84039281	8670285	3336704	122.0	122.5	122.7	109.3
2012	107741579	103783697	9696176	3957882	123.3	123.5	111.8	118.6
2013	128502527	124349494	11745768	4153033	119.3	119.8	121.1	104.9

注：1.本篇章各表均不含跨省中央项目投资。
2.全社会固定资产投资=固定资产投资+农村农户投资。固定资产投资包括建设项目投资和房地产开发投资，后同。
3.2008-2012年为对投资项目复查后的核定数。

a) Central project transprovincially project don't add up to the total.

b)Total Investment in Fixed Assets in the Whole Country= Investment in Fixed Assets+Farm Households Investment in Fixed Assets. Investment in fixed assets including construction project investments in fixed assets、investments in real estate development.

c)Form 2008 to 2012 years,the data is approved investment projects to review the number.

4-2 全社会固定资产投资

Total Investment in Fixed Assets in the Whole Country

指　标	Item	2012	2013
全社会固定资产投资（万元）	**Total Investment in Fixed Assets in the Whole Country(10000 yuan)**	**107741579**	**128502527**
#工　业	Industry	59229025	71394730
固定资产投资	Total Investment	103783697	124349494
农户投资	Farm Households	3957882	4153033
按登记注册类型分	Grouped by Status of Registration		
内　资	Domestic Funds	98404581	118997514
国　有	State-owned	22147685	23973530
集　体	Collective-owned	1244665	1162347
股份合作	Share Holding Cooperative	673963	762543
联　营	Joint-owned	594253	678057
有限责任公司	Limited Liability Corporations	28503320	33259826
股份有限公司	Share Holding Enterprises	5511049	5777891
私　营	Private	36569388	48167579
其他内资	Others	3160258	5215741
港、澳、台投资	Funds from Hong Kong，Macao and Taiwan	2146934	2414176
外商投资	Foreign Funded	2025855	1518122
个体经营	Individuals	5164209	5572715
按构成分	Grouped by Use of Funds		
建筑工程	Construction	58749838	75204401
安装工程	Installation	11996429	12748478
设备、工器具购置	Purchase of Equipment and Instruments	23883031	27280960
其他费用	Others	13112281	13268688
按建设性质分	Grouped by Type of Construction		
#新　建	New Construction	72377534	88789350
扩　建	Expansion	13298343	13502446
改建和技术改造	Reconstruction and Technical Rennovation	18535689	21493574
按产业分	Grouped by Industry		
第一产业	Primary Industry	3134815	3121086
第二产业	Secondary Industry	60029458	72014333
第三产业	Tertiary Industry	44577306	53367108

注：全社会固定资产投=固定资产投资+农户投资。固定资产投资=计划投资500万元及以上项目固定资产投资+房地产开发投资，后同。

a)Investment in fixed assets added investment in farm households equals total investment.Investment in fixed assets in 5million yuan project investmen added investment in real estate development equals investment in fixed assets. The same applies to the tables following.

4-2 续表 continued

指　　标	Item	2012	2013
按行业分	Grouped by Sector		
农、林、牧、渔业	Farming, Forestry, Animal Husbandy and Fishery	3465250	3378436
采矿业	Mining	2655138	2521719
制造业	Manufacturing	53630798	65613275
电力、热力、燃气及水生产和供应业	Production and Supply of Electricity, Heat Power, Gas and Water	2943089	3259736
建筑业	Construction	1032927	772674
批发和零售业	Wholesale and Retail Trade	4123668	5022726
交通运输、仓储和邮政业	Transport, Storage and Post Services	4730799	4888721
住宿和餐饮业	Hotel and Catering Services	2541235	2718146
信息传输、软件和信息技术服务业	Information Transmission,Software and Information Technology Services	505798	483827
金融业	Financial Intermediation	247074	314255
房地产业	Real Estate	16796242	20867126
租赁和商务服务业	Leasing and Business Services	1219029	1601906
科学研究和技术服务业	Scientific Reseach and Ploytechnic Services	385101	512654
水利、环境和公共设施管理业	Management of Water Conservancy, Public Facilities and Environment	8272376	10289026
居民服务、修理和其他服务业	Services to Households, Repair and Other Services	698417	703584
教　育	Education	1378214	1764151
卫生和社会工作	Health Care and Social Services	745876	869280
文化、体育和娱乐业	Culture, Sports and Entertainment	977763	1433201
公共管理、社会保障和社会组织	Public Management,Social Security and Social Organizations	1392784	1488085
资金来源合计(万元)	**Total Source of Funds(10000 yuan)**	**126975961**	**153556237**
上年末结余资金	Balance at last Year-end	5945511	9215299
本年资金来源小计	Subtotal Sources of Funds This Year	121030450	144340938
国家预算内资金	State Budget	5176253	5130450
国内贷款	Domestic Loans	8435374	9422040
债券	Bonds	50864	93623
利用外资	Foreign Investment	923755	859522
自筹资金	Self-raising Funds	92669448	111661568
其他资金	Others	13774756	17173735
新增固定资产(万元)	**Newly Increased Fixed Assets(10000 yuan)**	**76935129**	**83284639**
施工房屋建筑面积(万平方米)	**Floor Space of Buildings under Construction(10000 sq.m)**	**30351.62**	**36074.61**
#住宅	Residential Buildings	16300.58	18707.93
竣工房屋建筑面积(万平方米)	**Floor Space of Buildings Completed(10000 sq.m)**	**11057.01**	**11943.12**
#住宅	Residential Buildings	7025.21	7586.84

4-3 全社会固定资产投资构成

Composition of Total Investments in Fixed Assets

单位：% (%)

指　　标	Item	2012	2013
全社会固定资产投资	**Total Investment in Fixed Assets in the Whole Country**	**100.0**	**100.0**
#工　业	Industry	55.0	55.6
固定资产投资	Total Investment	96.3	96.8
农户投资	Farm Households	3.7	3.2
按登记注册类型分	Grouped by Status of Registration		
内　资	Domestic Funds	91.3	92.6
国　有	State-owned	20.6	18.7
集　体	Collective-owned	1.2	0.9
股份合作	Share Holding Cooperative	0.6	0.6
联　营	Joint-owned	0.6	0.5
有限责任公司	Limited Liability Corporations	26.5	25.9
股份有限公司	Share Holding Enterprises	5.1	4.5
私　营	Private	33.9	37.5
其他内资	Others	2.9	4.1
港、澳、台投资	Funds from Hong Kong，Macao and Taiwan	2.0	1.9
外商投资	Foreign Funded	1.9	1.2
个体经营	Individuals	4.8	4.3
按构成分	Grouped by Use of Funds		
建筑工程	Construction	54.5	58.5
安装工程	Installation	11.1	9.9
设备、工器具购置	Purchase of Equipment and Instruments	22.2	21.3
其他费用	Others	12.2	10.3
按建设性质分	Grouped by Type of Construction		
#新　建	New Construction	67.2	69.1
扩　建	Expansion	12.3	10.5
改建和技术改造	Reconstruction and Technical Rennovation	17.2	16.7
按产业分	Grouped by Industry		
第一产业	Primary Industry	2.9	2.4
第二产业	Secondary Industry	55.7	56.1
第三产业	Tertiary Industry	41.4	41.5
按行业分	Grouped by Sector		
农、林、牧、渔业	Farming, Forestry, Animal Husbandry and Fishery	3.2	2.6
采矿业	Mining	2.5	2.0
制造业	Manufacturing	49.8	51.1
电力、热力、燃气及水生产和供应业	Production and Supply of Electricity,Heat Power, Gas and Water	2.7	2.5
建筑业	Construction	1.0	0.6
批发和零售业	Wholesale and Retail Trade	3.8	3.9
交通运输、仓储和邮政业	Transport, Storage and Post Services	4.4	3.8
住宿和餐饮业	Hotel and Catering Services	2.4	2.1
信息传输、软件和信息技术服务业	Information Transmission, Software and Information Technology Services	0.5	0.4
金融业	Financial Intermediation	0.2	0.2
房地产业	Real Estate	15.6	16.2
租赁和商务服务业	Leasing and Business Services	1.1	1.2
科学研究和技术服务	Scientific Reseach and Ploytechnic Services	0.3	0.4
水利、环境和公共设施管理业	Management of Water Conservancy, Environment and Public Facilities	7.7	8.0
居民服务、修理和其他服务业	Services to Households,Repair and Other Services	0.6	0.6
教　育	Education	1.3	1.4
卫生和社会工作	Health Care and Social Services	0.7	0.7
文化、体育和娱乐业	Culture, Sports and Entertainment	0.9	1.1
公共管理、社会保障和社会组织	Public Management, Social Security and Social Organizations	1.3	1.2

4-4 固定资产投资
Investment in Fixed Assets

指　　标	Item	2012	2013
固定资产投资(万元)	**Total Investment(10000 yuan)**	**103783697**	**124349494**
#工　业	Industry	59210238	71368974
按登记注册类型分	Grouped by Status of Registration		
内　资	Domestic Funds	98404581	118997514
国　有	State-owned	22147685	23973530
集　体	Collective-owned	1244665	1162347
股份合作	Share Holding Cooperative	673963	762543
联　营	Joint-owned	594253	678057
有限责任公司	Limited Liability Corporations	28503320	33259826
股份有限公司	Share Holding Enterprises	5511049	5777891
私　营	Private	36569388	48167579
其他内资	Others	3160258	5215741
港、澳、台投资	Funds from Hong Kong，Macao and Taiwan	2146934	2414176
外商投资	Foreign Funded	2025855	1518122
个体经营	Individuals	1206327	1419682
按构成分	Grouped by Use of Funds		
建筑工程	Construction	55635991	71485631
安装工程	Installation	11996429	12748478
设备、工器具购置	Purchase of Equipment and Instruments	23537328	26996391
其他费用	Others	12613949	13118994
按建设性质分	Grouped by Type of Construction		
#新　建	New Construction	68419652	84636317
扩　建	Expansion	13298343	13502446
改建和技术改造	Reconstruction and Technical Rennovation	18535689	21493574
按产业分	Grouped by Industry		
第一产业	Primary Industry	2554134	2714361
第二产业	Secondary Industry	59975102	71977070
第三产业	Tertiary Industry	41254461	49658063
资金来源合计(万元)	**Total Source of Funds(10000 yuan)**	**123018079**	**149403204**
上年末结余资金	Balance at last Year-end	5945511	9215299
本年资金来源小计	Subtotal Sources of Funds This Year	117072568	140187905
国家预算内资金	State Budget	5176253	5130450
国内贷款	Domestic Loans	8250190	9227138
债券	Bonds	50864	93623
利用外资	Foreign Investment	923755	859522
自筹资金	Self-raising Funds	89036125	107710348
其他资金	Others	13635381	17166824
新增固定资产(万元)	**Newly Increased Fixed Assets(10000 yuan)**	**72977247**	**79131606**
施工房屋建筑面积(万平方米)	**Floor Space of Buildings under Construction(10000 sq.m)**	**24763.01**	**30267.82**
#住宅	Residential Buildings	10865.11	13079.26
竣工房屋建筑面积(万平方米)	**Floor Space of Buildings Completed(10000 sq.m)**	**6353.46**	**7133.81**
#住宅	Residential Buildings	2475.07	2920.03

注：固定资产投资统计范围为计划投资500万元及以上建设项目固定资产投资和房地产开发投资。后同。
Note: Statistics on the investment in fixed assets covers construction project investments in fixed assets plans to invest 5 miliion yuan and above and investments in real estate development. The same applies to the tables following.

4-5 固定资产投资构成

Composition of Investment in Fixed Assets

单位：%　　　　(%)

指　　标	Item	2012	2013
固定资产投资	**Total Investment**	**100.0**	**100.0**
#工　业	Industry	57.1	57.4
按登记注册类型分	Grouped by Status of Registration		
内　资	Domestic Funds	94.8	95.7
国　有	State-owned	21.3	19.3
集　体	Collective-owned	1.2	0.9
股份合作	Share Holding Cooperative	0.6	0.6
联　营	Joint-owned	0.6	0.5
有限责任公司	Limited Liability Corporations	27.5	26.7
股份有限公司	Share Holding Enterprises	5.3	4.6
私　营	Private	35.2	38.7
其他内资	Others	3.0	4.2
港、澳、台投资	Funds from Hong Kong，Macao and Taiwan	2.1	1.9
外商投资	Foreign Funded	1.9	1.2
个体经营	Individuals	1.2	1.2
按构成分	Grouped by Use of Funds		
建筑工程	Construction	53.6	57.5
安装工程	Installation	11.6	10.2
设备、工器具购置	Purchase of Equipment and Instruments	22.7	21.7
其他费用	Others	12.1	10.6
按建设性质分	Grouped by Type of Construction		
#新　建	New Construction	65.9	68.1
扩　建	Expansion	12.8	10.9
改建和技术改造	Reconstruction and Technical Rennovation	17.9	17.3
按产业分	Grouped by Industry		
第一产业	Primary Industry	2.5	2.2
第二产业	Secondary Industry	57.8	57.9
第三产业	Tertiary Industry	39.7	39.9

4-6 分行业固定资产投资和构成
Investment and Expenditure in Fixed Assets by Sector

行　　业	Sector	投资额(万元) Investment (10000 yuan)		构成(%) Percentage (%)	
		2012	2013	2012	2013
总　计	**Total**	**103783697**	**124349494**	**100.0**	**100.0**
农、林、牧、渔业	**Agriculture, Forestry, Animal Husbandry and Fishery**	**2884569**	**2971711**	**2.8**	**2.4**
采矿业	**Mining**	**2653513**	**2521719**	**2.6**	**2.0**
#煤炭开采和洗选业	Mining and Washing of Coal	647566	495539	0.6	0.4
黑色金属矿采选业	Mining and Processing of Ferrous Metal Ores	546133	277443	0.5	0.2
有色金属矿采选业	Mining and Processing of Non-Ferrous Metal Ores	453976	482199	0.4	0.4
非金属矿采选业	Mining and Processing of Nonmetal Ores	951626	1153877	0.9	0.9
制造业	**Manufacturing**	**53614601**	**65589193**	**51.7**	**52.7**
#石油加工、炼焦加工业	Processing of Petroleum, Coking	260539	624122	0.3	0.5
非金属矿物制品业	Manufacture of Non-metallic Mineral Products	6084097	7111664	5.9	5.7
黑色金属冶炼及压延加工业	Smelting and Pressing of Ferrous Metals	1043830	1069112	1.0	0.9
有色金属冶炼及压延加工业	Smelting and Pressing of Non-ferrous Metals	3034346	4082849	2.9	3.3
计算机、通信和其他电子设备制造业	Manufacture of Communication Equipment, Computers and Other Electronic Equipment	2620726	4100743	2.5	3.3
电力、热力、燃气及水生产和供应业	**Production and Supply of Electricity, Heat Power, Gas and Water**	**2942124**	**3258062**	**2.8**	**2.6**
#电力、热力的生产和供应业	Production and Supply of Electric Power and Heat Power	1641876	1639439	1.6	1.3
水的生产和供应业	Production and Supply of Water	867468	880239	0.8	0.7
建筑业	**Construction**	**997358**	**761167**	**1.0**	**0.6**
批发和零售业	**Wholesale and Retail Trades**	**4112529**	**5005519**	**4.0**	**4.0**
交通运输、仓储和邮政业	**Transport, Storage and Post**	**4621466**	**4841091**	**4.5**	**3.9**
#铁路运输业	Railway Transport	28600	74643		0.1
道路运输业	Road Transport	3971288	3476627	3.8	2.8
邮政业	Post	13198	46695		0.0
住宿和餐饮业	**Hotels and Catering Services**	**2532647**	**2716650**	**2.4**	**2.2**
信息传输、软件和信息技术服务业	**Information Transmission, Software and Information Technology Services**	**505798**	**483827**	**0.5**	**0.4**
#电信、广播电视和卫星传输服务	Telecommunications, Broadcasting Television and Satellite Transmission Services	148183	112093	0.1	0.1
金融业	**Financial Intermediation**	**247074**	**314255**	**0.2**	**0.3**
房地产业	**Real Estate**	**13730650**	**17243188**	**13.2**	**13.9**
租赁和商务服务业	**Leasing and Business Services**	**1219029**	**1601407**	**1.2**	**1.3**
科学研究和技术服务业	**Scientific Reseach and Ploytechnic Services**	**385101**	**512654**	**0.4**	**0.4**
水利、环境和公共设施管理业	**Management of Water Conservancy, Public Facilities and Environment**	**8272376**	**10289026**	**8.0**	**8.3**
水利管理业	Management of Water Conservancy	677738	771372	0.7	0.6
生态保护和环境治理业	Ecological Protection and Environmental Management	147443	138072	0.1	0.1
公共设施管理业	Management of Public Facilities	7447195	9379582	7.2	7.5
居民服务、修理和其他服务业	**Services to Households Repair and Other Services**	**570594**	**685840**	**0.5**	**0.5**
教育	**Education**	**1378214**	**1764151**	**1.3**	**1.4**
卫生和社会工作	**Health Care and Social Services**	**745876**	**869280**	**0.7**	**0.7**
#卫生	Health	589928	746875	0.6	0.6
文化、体育和娱乐业	**Culture, Sports and Entertainment**	**977394**	**1432669**	**0.9**	**1.2**
公共管理、社会保障和社会组织	**Public Management Social Security and Social Organizations**	**1392784**	**1488085**	**1.3**	**1.2**

4-7 按行业和登记注册类型分固定资产投资（2013年）

单位：万元

行业	Sector	合计 Total	内资 Domestic Funds	国有 State-owned
总　计	**Total**	**124349494**	**118997514**	**23973530**
农、林、牧、渔业	**Agriculture, Forestry, Animal Husbandry and Fishery**	**2971711**	**2829100**	**368577**
农业	Farming	1042168	1001984	78849
林业	Forestry	680962	625212	119507
畜牧业	Animal Husbandry	846768	804411	12783
渔业	Fishery	144463	142243	5549
农、林、牧、渔服务业	Services in Support of Agriculture	257350	255250	151889
采矿业	**Mining**	**2521719**	**2404627**	**217440**
#煤炭开采和洗选业	Mining and Washing of Coal	495539	481081	4057
黑色金属矿采选业	Mining and Processing of Ferrous Metal Ores	277443	277443	9000
有色金属矿采选业	Mining and Processing of Non-Ferrous Metal Ores	482199	475055	143616
非金属矿采选业	Mining and Processing of Nonmetal Ores	1153877	1063987	51068
制造业	**Manufacturing**	**65589193**	**62816378**	**2301077**
农副食品加工业	Processing of Food from Agricultural Products	3292519	3113777	69924
食品制造业	Manufacture of Foods	1285988	1237627	33322
酒、饮料和精制茶制造业	Manufacture of Wine,Beverages and Refined Tea	1216333	1179506	17930
烟草制品业	Manufacture of Tobacco	241301	214301	9200
纺织业	Manufacture of Textile	2184981	2008953	773
纺织服装、服饰业	Manufacture of Textile Wearing Apparel	3884235	3739908	64096
皮革、毛皮、羽毛及其制品和制鞋业	Manufacture of Leather, Fur, Feather and Related Products Footwear	1736500	1639658	2760
木材加工及木、竹、藤、棕、草制品业	Processing of Timber, Manufacture of Wood, Bamboo, Rattan,Palm and Straw Products	1241385	1159835	24702
家具制造业	Manufacture of Furniture	1130730	1125230	32114
造纸及纸制品业	Manufacture of Paper and Paper Products	1224565	1051533	2976
印刷和记录媒介复制业	Printing, Reproduction of Recording Media	869327	839163	35618
文教、美工、体育和娱乐用品制造业	Manufacture of Articles For Culture, Art,Education Sport Activities and Entertainmetn Products	1202147	1084775	17350
石油加工、炼焦加工业	Processing of Petroleum, Coking	624122	624122	73283
化学原料及化学制品制造业	Manufacture of Raw Chemical Materials and Chemical Products	5981911	5513641	234870
医药制造业	Manufacture of Medicines	2175582	2106043	74848
化学纤维制造业	Manufacture of Chemical Fibers	452876	431126	
橡胶和塑料制品业	Manufacture of Rubber and Plastics	1738173	1705768	8867
非金属矿物制品业	Manufacture of Non-metallic Mineral Products	7111664	6769468	77904
黑色金属冶炼及压延加工业	Smelting and Pressing of Ferrous Metals	1069112	1057141	25148
有色金属冶炼及压延加工业	Smelting and Pressing of Non-ferrous Metals	4082849	4054396	206111
金属制品业	Manufacture of Metal Products	2937263	2888800	93445
通用设备制造业	Manufacture of General Purpose Machinery	2583983	2518500	46147
专用设备制造业	Manufacture of Special Purpose Machinery	2587849	2533756	55997
汽车制造业	Manufacture of Transport Carmaking.	2212863	2153796	354380
铁路、船舶、航空航天和其他运输设备制造业	Manufacture of Railroads,Ships,Aerospace and Other Transportation Equipment	720114	720114	229746
电气机械和器材制造业	Manufacture of Electrical Machinery and Equipment	5076443	4930628	103039
计算机、通信和其他电子设备制造业	Manufacture of Computers, Communication Equipment and Other Electronic Equipment	4100743	3805116	84801
仪器仪表及制造业	Manufacture of Measuring Instruments	909904	906906	300
其他制造业	Manufacture of Others	866891	863491	304282
废弃资源综合利用业	Comperhensive Utilization of Waste	735310	735310	17144
金属制品、机械和设备修理业	Repair of Metal Products, Machinery and Equipment	111530	103990	
电力、热力、燃气及水生产和供应业	**Production and Supply of Electricity Heating Gas and Water**	**3258062**	**3246062**	**1911877**
电力、热力的生产和供应业	Production and Supply of Electric Power and Heat Power	1639439	1637839	1068727
燃气生产和供应业	Production and Supply of Gas	738384	734384	268445
水的生产和供应业	Production and Supply of Water	880239	873839	574705
建筑业	**Construction**	**761167**	**755207**	**29796**
房屋建筑业	Construction of Buildings	381686	381686	2963
土木工程建筑业	Construction of Civil Engineering	113388	110408	23951
建筑安装业	Building Installation	86854	86854	2882
建筑装饰业和其他建筑业	Building Decoration and Other	179239	176259	
批发和零售业	**Wholesale and Retail Trades**	**5005519**	**4644822**	**214499**

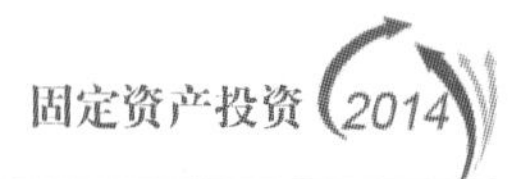

Investment in Fixed Assets by Sector and Registration Status (2013)

(10000 yuan)

集 体 Collective-owned	股份合作 Share Holding Cooperative	联 营 Joint-owned	有限责任公司 Limited Liability Corporations	股份有限公司 Share Holding Enterprises	私 营 Private	其 他 Others	港澳台商投资 Funds from Hong Kong, Macao and Taiwan	外商投资 Foreign Funded	个体经营 Individuals
1162347	**762543**	**678057**	**33259826**	**5777891**	**48167579**	**5215741**	**2414176**	**1518122**	**1419682**
76437	**50752**	**2000**	**295171**	**87233**	**1667715**	**281215**	**14151**	**33461**	**94999**
22526			114240	13650	703620	69099	11201	5680	23303
29062	26332		48838	29517	286538	85418			55750
2900	19490		90996	19175	554039	105028	2950	25761	13646
7510			16709	23191	81794	7490		2020	200
14439	4930	2000	24388	1700	41724	14180			2100
29131	**7031**	**8000**	**324791**	**116612**	**1525691**	**175931**	**74220**	**2244**	**40628**
8933	7031	8000	11700	26580	302940	111840			14458
			37748	6238	224457				
4820			30570	39432	254617	2000		2244	4900
15378			219051	35442	695455	47593	69720		20170
	282561	**70957**	**21019819**	**3449774**	**33569324**	**1963182**	**1415942**	**1104920**	**251953**
7532	5394		1179336	202281	1565779	83531	90162	61127	27453
2740	3500		425475	30288	708624	33678	9260	33471	5630
5750	110		301062	164215	659707	30732	5908	30919	
			75091		130010				27000
9852	14572		829173	46550	1083406	24627	18816	157212	
5509	11654	1000	1207585	45766	2299230	105068	48046	87051	9230
4182	9500		478473	48403	1029245	67095	52431	35211	9200
	18026		304089	41131	686922	84965	6319	60246	14985
6460			488724	11717	577015	9200	5500		
		2250	418849	17627	588731	21100	159071	11961	2000
8537	11519		359439	23275	388896	11879	10785	10878	8501
			538532	46834	458978	23081	69225	33857	14290
			58059	417301	70679	4800			
3180	5422		1271642	229850	3635813	132864	253816	203747	10707
2823	33000		589069	123729	1221721	60853	46415	23124	
			33300	29900	365088	2838	14050	7700	
26273	2775	2926	594672	123913	896548	49794	8931	15459	8015
45700	44428	14690	1843071	326319	4166589	250767	212534	76417	53245
2900			440858	44644	512508	31083	6100	3011	2860
	2970		1074029	367585	2155424	248277	6417	22036	
			1096071	112606	1497062	89616	8788	25359	14316
10330	25961		1225896	131836	920343	157987	56737	5814	2932
5267	5699	2891	958539	171937	1278572	54854	25923	20456	7714
			759145	168975	851480	19816	2575	31157	25335
2986			249509	62257	148918	26698			
	68771	200	1832868	260483	2469169	196098	61517	84298	
5798	4262		1476852	94352	2028253	110798	230218	64409	1000
3865	14998		438825	88450	348868	11600	2998		
			263522	14650	276839	4198	3400		
		47000	118567	2900	541249	8450			
			89497		7658	6835			7540
99056	**34650**	**19570**	**518804**	**177960**	**401005**	**83140**	**6992**	**3152**	**1856**
50601	29000	10020	309710	41749	120676	7356			1600
	4500		137679	84418	191289	48053	4000		
48455	1150	9550	71415	51793	89040	27731	2992	3152	256
13837			**456589**	**1890**	**170322**	**82773**		**2980**	**2980**
7582			274060		82671	14410			
2880			44516		13106	25955			2980
1790			57201		19051	5930			
1585			80812	1890	55494	36478		2980	
25251	**10569**	**12800**	**1617239**	**233780**	**2073125**	**457559**	**27879**	**25185**	**307633**

4-7 续表

单位：万元

行　业	Sector	合　计 Total	内　资 Domestic Funds	国　有 State-owned
批发业	Wholesale Trade	2591443	2495097	71608
零售业	Retail Trade	2414076	2149725	142891
交通运输、仓储和邮政业	**Transport, Storage and Post**	**4841091**	**4711570**	**2909722**
铁路运输业	Railway Transport	74643	74643	68223
道路运输业	Road Transport	3476627	3463812	2665351
水上运输业	Water Transport	100561	100561	49346
航空运输业	Air Transport	12054	12054	4800
管道运输业	Transport Via Pipelines	16555	16555	12130
装卸搬运和其他运输服务业	Loading, Unloading and Other Transport Services	263096	163480	10308
仓储业	Storage	850860	836611	92824
邮政业	Post	46695	43854	6740
住宿和餐饮业	**Hotels and Catering Services**	**2716650**	**2427824**	**251728**
住宿业	Hotels	1698811	1542264	225870
餐饮业	Catering Services	1017839	885560	25858
信息传输、软件和信息技术服务业	**Information Transmission,Software and Information Technology Services**	**483827**	**456894**	**51015**
电信、广播电视和卫星传输服务	Telecommunications, Broadcasting Television and Satellite Transmission Services	112093	93220	44551
互联网和相关服务	Internet and Related Services	84040	78440	3996
软件和信息技术服务业	Software and Information Technology Services	287694	285234	2468
金融业	**Financial Intermediation**	**314255**	**309077**	**116866**
货币金融服务	Monetary and Financial Services	242795	242795	114066
资本市场服务	Capital Market Services	50797	47847	2800
保险业	Insurance	5028	2800	
其他金融活动	Other Financial Activities	15635	15635	
房地产业	**Real Estate**	**17243188**	**16176446**	**3816265**
租赁和商务服务业	**Leasing and Business Services**	**1601407**	**1412874**	**210328**
租赁业	Leasing	101456	99467	2560
商务服务业	Business Services	1499951	1313407	207768
科学研究和技术服务业	**Scientific Reseach and Ploytechnic Services**	**512654**	**498999**	**100479**
研究与试验发展	Research and Experimental Development	37783	37783	9953
专业技术服务业	Professional Technical Services	270465	258679	52830
科技推广和应用服务业	Services of Science and Technology Promotion and Application	204406	202537	37696
水利、环境和公共设施管理业	**Management of Water Conservancy, Environment and Public Facilities**	**10289026**	**10206715**	**7901087**
水利管理业	Management of Water Conservancy	771372	771372	650670
生态保护和环境治理业	Ecological Protection and Environmental Management	138072	138072	81422
公共设施管理业	Management of Public Facilities	9379582	9297271	7168995
居民服务、修理和其他服务业	**Services to Households Repair and Other Services**	**685840**	**621384**	**22052**
居民服务业	Services to Households	311627	294878	15027
机动车、电子产品和日用产品修理业	Repair to Motor,Electronic Products and Househole Products	318004	270297	2955
其他服务业	Other Services	56209	56209	4070
教　育	**Education**	**1764151**	**1753811**	**1160814**
卫生和社会工作	**Health Care and Social Services**	**869280**	**859475**	**690838**
卫　生	Health	746875	737070	587263
社会工作	Social Services	122405	122405	103575
文化、体育和娱乐业	**Culture, Sports and Entertainment**	**1432669**	**1386364**	**485904**
新闻和出版业	Journalism and Publishing Activities	35349	35349	24750
广播、电视、电影和影视录音制作业	Broadcasting, Movies, Television and Video Reccording	66752	66752	10360
文化艺术业	Cultural and Art Activities	532388	517478	205134
体　育	Sports Activities	220272	212978	132106
娱乐业	Entertainment	577908	553807	113554
公共管理、社会保障和社会组织	**Public Management,Social Security and Social Organizations**	**1488085**	**1479885**	**1213166**
#中国共产党机关	Organs of Communist Party of China			
国家机构	Government Agencies	1292428	1292428	1122715
社会保障	Social Security	20495	20495	19619
群众团体、社会团体和其他成员组织	Non-Governmental Organizations, Social Organizations and Other Organizations	110729	102529	46542
基层群众自治组织	Grass Roots Self-governing Organizations	61933	61933	24290

continued

(10000 yuan)

集 体 Collective-owned	股份合作 Share Holding Cooperative	联 营 Joint-owned	有限责任公司 Limited Liability Corporations	股份有限公司 Share Holding Enterprises	私 营 Private	其 他 Others	港澳台商投资 Funds from Hong Kong, Macao and Taiwan	外商投资 Foreign Funded	个体经营 Individuals
15393	3961		1038867	99290	1045211	220767	7710	5581	83055
9858	6608	12800	578372	134490	1027914	236792	20169	19604	224578
40120	**6400**	**38152**	**676363**	**212956**	**715002**	**112855**	**118716**	**7964**	**2841**
					6420				
37240		1000	497660	27677	177869	57015	8367	4448	
			2970		48245				
			1958		5296				
	1500		2925						
			79055	9203	53570	11344	96100	3516	
2880	4900	37152	86144	176076	396959	39676	14249		
			5651		26643	4820			2841
13734	**24950**		**466320**	**86964**	**1343039**	**241089**	**19359**	**62579**	**206888**
	24950		400799	56552	679588	152655	19359	56910	80278
11884			65521	30412	663451	88434		5669	126610
	5305	**3040**	**259467**	**30330**	**92047**	**15690**	**2460**	**16921**	**7552**
		3040	16120	5816	20773	2920		16921	1952
			45997	16972	8915	2560			5600
	5305		197350	7542	62359	10210	2460		
8385	**6640**	**5660**	**67910**	**21332**	**64155**	**18129**		**2228**	**2950**
8385	6640	2860	30079	15712	56466	8587			
			32731	2750	1989	7577			2950
		2800						2228	
			5100	2870	5700	1965			
179673	**99743**	**350754**	**5665271**	**851814**	**4460957**	**751969**	**525332**	**190275**	**351135**
61809		**3800**	**454942**	**117284**	**438636**	**126075**	**168500**	**4199**	**15834**
			36257	23300	33323	4027		1989	
61809		3800	418685	93984	405313	122048	168500	2210	15834
3602	**2520**	**4000**	**208780**	**810**	**147718**	**31090**			**13655**
	2520		11425		13885				
3602			110802	810	64745	25890			11786
		4000	86553		69088	5200			1869
267739	**176732**	**97747**	**594650**	**284374**	**518174**	**366212**	**14330**	**61454**	**6527**
32955			9357		10710	67680			
11596		3000	17454	9068	7579	7953			
223188	176732	94747	567839	275306	499885	290579	14330	61454	6527
	51800		**143824**	**21755**	**284710**	**97243**			**64456**
	51800		42153	11890	119566	54442			16749
			71821	9865	145085	40571			47707
			29850		20059	2230			
68782		**45836**	**90514**	**18690**	**224697**	**144478**			**10340**
16005	**2890**		**24747**	**10568**	**52444**	**61983**			**9805**
15825	2890		17747	10568	44444	58333			9805
180			7000		8000	3650			
34984			**341552**	**38294**	**390961**	**94669**	**18095**	**560**	**27650**
			8576			2023			
			12982	1200	39430	2780			
32011			110588	16754	130851	22140	14350	560	
2973			10010		67369	520	2845		4449
			199396	20340	153311	67206	900		23201
64118		**15741**	**33073**	**15471**	**27857**	**110459**	**8200**		
30939			33073	15471	25357	64873			
		876							
11376		14865				29746	8200		
21803						15840			

4-8 固定资产投资资金来源（2013年）

单位：万元

行业	Sector	资金来源合计 Total Source of Funds	上年末结余资金 Balance of Funds Forward Brought from the Previous Year	本年资金来源小计 Subtotal Sources of Funds This Year
总计	**Total**	**149403204**	**9215299**	**140187905**
按行业分	**By sector**			
农、林、牧、渔业	Farming, Forestry, Animal Husbandy and Fishery	3181166	73362	3107804
采矿业	Mining	2685459	74942	2610517
制造业	Manufacturing	72118372	2290752	69827620
电力、热力、燃气及水生产和供应业	Production and Supply of Electricity Heating Gas and Water	3709375	252671	3456704
建筑业	Construction	767008		767008
批发和零售业	Wholesale and Retail Trade	5798740	7377	5791363
交通运输、仓储和邮政业	Transport, Storage and Post Services	5546944	239752	5307192
住宿和餐饮业	Hotel and Catering Services	2915081	57242	2857839
信息传输、软件和信息技术服务业	Information Transmission,Software and Information Technology Services	517188	2541	514647
金融业	Financial Intermediation	367751	38795	328956
房地产业	Real Estate	30549572	5640777	24908795
租赁和商务服务业	Leasing and Business Services	1858616	60515	1798101
科学研究和技术服务业	Scientific Reseach and Ploytechnic Services	583930	11158	572772
水利、环境和公共设施管理业	Management of Water Conservancy, Public Facilities and Environment	11826661	335904	11490757
居民服务、修理和其他服务业	Services to Households Repair and Other Services	712300	8750	703550
教育	Education	1913723	17705	1896018
卫生和社会工作	Health Care and Social Services	954943	21995	932948
文化、体育和娱乐业	Culture,Sports and Entertainment	1785084	24717	1760367
公共管理、社会保障和社会组织	Public Management Social Security and Social Organizations	1611291	56344	1554947
按地区分	**By Region**			
南昌市	Nanchang	36960736	2627857	34332879
景德镇市	Jingdezhen	6496193	484252	6011941
萍乡市	Pingxiang	8908765	110311	8798454
九江市	Jiujiang	17613784	799696	16814088
新余市	Xinyu	7544171	184568	7359603
鹰潭市	Yingtan	4846390	60256	4786134
赣州市	Ganzhou	17924162	1731992	16192170
吉安市	Ji'an	12029433	569303	11460130
宜春市	Yichun	13656690	1076451	12580239
抚州市	Fuzhou	9222490	351480	8871010
上饶市	Shangrao	13340837	1219133	12121704
不分地区	Not Classified by Region	859553		859553

Investment in Fixed Assets by Sources of Funds (2013)

(10000 yuan)

国家预算内资金 State Budget	国内贷款 Domestic Loans	债 券 Bonds	利用外资 Foreign Investment	#外商直接投资 Foreign Direct Investment	自筹资金 Self-raising Funds	#企事业单位自有资金 Fund of Enterprises	其他资金 Others
5130450	**9227138**	**93623**	**859522**	**494550**	**107710348**	**21903957**	**17166824**
135057	95829		24631	3740	2573577	512529	278710
14120	47475		9000		2457233	482029	82689
293373	3553748	2990	652921	411035	62902813	12129641	2421775
272346	307689	89086	5882		2520316	378032	261385
	9723		3730	1000	749803	126660	3752
16719	109887		75461	33618	5459174	1423681	130122
551661	1223760		280		3056216	607546	475275
25220	44125		29346	6915	2577288	830592	181860
19540	11647		2000	2000	478329	130183	3131
2786					326170	171917	
922183	2722499	1447	9236	8236	9534345	2361059	11719085
44361	256181		16102	11234	1304587	380990	176870
10871	32816		2000	2000	497243	193081	29842
1831520	583264		21166	13377	8093037	883509	961770
3910	8960		2000		684538	309997	4142
407404	52248				1305187	265110	131179
195486	59148	100	4372	1000	636631	148467	37211
116231	81158		1000		1457946	449985	104032
267662	26981		395	395	1095915	118949	163994
612809	3280071	2990	310501	153983	24830980	5646305	5295528
107843	64250		25035	25035	4892624	580589	922189
1000	540149				7908266	2608917	349039
965163	394149		175072	139900	14795149	3861200	484555
287949	335443		16261		5890728	1368601	829222
80825	22700	290			4299974	66822	382345
1380514	1505238		171546	68987	10547508	1509317	2587364
650401	797085	700	30797	20666	8873493	1726175	1107654
320515	1001410	89643	58608	58608	9847420	2919627	1262643
383641	402565		41147	2916	5953103	848679	2090554
333570	684078		30555	24455	9217770	767725	1855731
6220	200000				653333		

4-9 固定资产投资建设项目和新增固定资产（2013年）

Projects Investment Construction and Newly Increased Fixed Assets (2013)

行业	Sector	施工项目(个) Number of Projects under Construction (unit)	全部建成投产(个) Number of Projects Completed and Put into Use (unit)	新增固定资产(万元) Newly Increased Fixed Assets (10000 yuan)
总计	**Total**	**19317**	**13258**	**79131606**
农、林、牧、渔业	**Agriculture, Forestry, Animal Husbandry and Fishery**	**684**	**435**	**2131388**
农业	Farming	246	146	645539
林业	Forestry	110	75	633977
畜牧业	Animal Husbandry	188	118	552029
渔业	Fishery	41	27	101933
农、林、牧、渔服务业	Services in Support of Agriculture	99	69	197910
采矿业	**Mining**	**430**	**277**	**1621774**
#煤炭开采和洗选业	Mining and Washing of Coal	93	78	423845
黑色金属矿采选业	Mining and Processing of Ferrous Metal Ores	42	28	167002
有色金属矿采选业	Mining and Processing of Non-Ferrous Metal Ores	71	41	342319
非金属矿采选业	Mining and Processing of Nonmetal Ores	187	111	633859
制造业	**Manufacturing**	**9346**	**6380**	**43631426**
农副食品加工业	Processing of Food from Agricultural Products	637	466	2131984
食品制造业	Manufacture of Foods	260	189	808295
酒、饮料和精制茶制造业	Manufacture of Wine,Beverages and Refined Tea	164	112	809918
烟草制品业	Manufacture of Tobacco	8	6	235810
纺织业	Manufacture of Textile	289	217	1463963
纺织服装、服饰业	Manufacture of Textile Wearing Apparel	837	595	2787683
皮革、毛皮、羽毛及其制品和制鞋业	Manufacture of Leather, Fur, Feather and Related Products Footwear	276	185	1141980
木材加工及木、竹、藤、棕、草制品业	Processing of Timber, Manufacture of Wood, Bamboo, Rattan, Palm and Straw Products	248	158	796641
家具制造业	Manufacture of Furniture	181	133	986994
造纸及纸制品业	Manufacture of Paper and Paper Products	165	124	809480
印刷和记录媒介复制业	Printing, Reproduction of Recording Media	156	133	677418
文教、美工、体育和娱乐用品制造业	Manufacture of Articles For Culture, Art,Education Sport Activities and Entertainmetn Products	169	136	1028961
石油加工、炼焦加工业	Processing of Petroleum, Coking	28	17	251296
化学原料及化学制品制造业	Manufacture of Raw Chemical Materials and Chemical Products	797	499	3802967
医药制造业	Manufacture of Medicines	294	197	1407932
化学纤维制造业	Manufacture of Chemical Fibers	23	14	140171
橡胶和塑料制品业	Manufacture of Rubber and Plastics	315	228	1337541
非金属矿物制品业	Manufacture of Non-metallic Mineral Products	1026	700	5676356
黑色金属冶炼及压延加工业	Smelting and Pressing of Ferrous Metals	147	83	416876
有色金属冶炼及压延加工业	Smelting and Pressing of Non-ferrous Metals	359	221	2455364
金属制品业	Manufacture of Metal Products	462	325	2117277
通用设备制造业	Manufacture of General Purpose Machinery	415	296	1524334

4-9 续表1 continued

行 业	Sector	施工项目（个） Number of Projects under Construction (unit)	全部建成投产（个） Number of Projects Completed and Put into Use (unit)	新增固定资产（万元） Newly Increased Fixed Assets (10000 yuan)
专用设备制造业	Manufacture of Special Purpose Machinery	466	334	1708143
汽车制造业	Manufacture of Transport Carmaking.	284	202	1605204
铁路、船舶、航空航天和其他运输设备制造业	Manufacture of Railroads,Ships,Aerospace and Other Transportation Equipment	61	36	314704
电气机械和器材制造业	Manufacture of Electrical Machinery and Equipment	615	378	3366243
计算机、通信和其他电子设备制造业	Manufacture of Computers, Communication Equipment and Other Electronic Equipment	371	220	2413583
仪器仪表及制造业	Manufacture of Measuring Instruments	120	76	464743
其他制造业	Manufacture of Others	92	48	487045
废弃资源综合利用业	Comperhensive Utilization of Waste	70	45	447489
金属制品、机械和设备修理业	Repair of Metal Products, Machinery and Equipment	11	7	15031
电力、热力、燃气及水生产和供应业	**Production and Supply of Electricity Heating Gas and Water**	**525**	**365**	**2327841**
电力、热力的生产和供应业	Production and Supply of Electric Power and Heat Power	230	166	1166472
燃气生产和供应业	Production and Supply of Gas	63	38	364544
水的生产和供应业	Production and Supply of Water	232	161	796825
建筑业	**Construction**	**175**	**141**	**350670**
房屋建筑业	Construction of Buildings	80	54	89273
土木工程建筑业	Construction of Civil Engineering	23	23	86519
建筑安装业	Building Installation	16	14	64555
建筑装饰业和其他建筑业	Building Decoration and Other	56	54	110323
批发和零售业	**Wholesale and Retail Trades**	**1473**	**1245**	**3748184**
批发业	Wholesale Trade	792	672	2023218
零售业	Retail Trade	681	573	1724966
交通运输、仓储和邮政业	**Transport, Storage and Post**	**651**	**388**	**1942262**
铁路运输业	Railway Transport	6	2	17863
道路运输业	Road Transport	498	294	1249048
水上运输业	Water Transport	8	4	53999
航空运输业	Air Transport	4	3	51234
管道运输业	Transport Via Pipelines	4	3	6893
装卸搬运和其他运输服务业	Loading, Unloading and Other Transport Services	33	25	110701
仓储业	Storage	85	47	432879
邮政业	Post	13	10	19645
住宿和餐饮业	**Hotels and Catering Services**	**640**	**533**	**1785457**
住宿业	Hotels	309	233	1064656
餐饮业	Catering Services	331	300	720801
信息传输、软件和信息技术服务业	**Information Transmission,Software and Computer Services**	**118**	**82**	**368589**
电信、广播电视和卫星传输服务	Telecommunications, Broadcasting Television and Satellite Transmission	33	24	86483
互联网和相关服务	Internet and Related Services	25	21	79497
软件和信息技术服务业	Software and Information Technology Services	60	37	202609

4-9 续表2 continued

行 业	Sector	施工项目(个) Number of Projects under Construction (unit)	全部建成投产(个) Number of Projects Completed and Put into Use (unit)	新增固定资产(万元) Newly Increased Fixed Assets (10000 yuan)
金融业	**Financial Intermediation**	**92**	**74**	**175495**
货币金融服务	Monetary and Financial Services	66	54	119127
资本市场服务	Capital Market Services	19	16	44666
保险业	Insurance	2	2	3268
其他金融活动	Other Financial Activities	5	2	8434
房地产业	**Real Estate**	**943**	**557**	**3496923**
租赁和商务服务业	**Leasing and Business Services**	**350**	**269**	**1000434**
租赁业	Leasing	26	22	76505
商务服务业	Business Services	324	247	923929
科学研究和技术服务业	**Scientific Reseach and Ploytechnic Services**	**145**	**120**	**370047**
研究与试验发展	Research and Experimental Development	11	9	29014
专业技术服务业	Professional Technical Services	87	76	226879
科技推广和应用服务业	Services of Science and Technology Promotion and Application	47	35	114154
水利、环境和公共设施管理业	**Management of Water Conservancy, Environment and Public Facilities**	**2157**	**1310**	**6409822**
水利管理业	Management of Water Conservancy	281	194	546558
生态保护和环境治理业	Ecological Protection and Environmental Management	35	23	98301
公共设施管理业	Management of Public Facilities	1841	1093	5764963
居民服务、修理和其他服务业	**Services to Households Repair and Other Services**	**202**	**181**	**437534**
居民服务业	Services to Households	87	81	180660
机动车、电子产品和日用产品修理业	Repair to Motor,Electronic Products and Househole Products	100	88	211149
其他服务业	Other Services	15	12	45725
教 育	**Education**	**458**	**315**	**1297280**
卫生和社会工作	**Health Care and Social Services**	**241**	**151**	**575187**
卫 生	Health	190	123	502552
社会工作	Social Services	51	28	72635
文化、体育和娱乐业	**Culture, Sports and Entertainment**	**296**	**198**	**759587**
新闻和出版业	Journalism and Publishing Activities	6	4	17086
广播、电视、电影和影视录音制作业	Broadcasting, Movies, Television and Video Reccording	19	10	39535
文化艺术业	Cultural and Art Activities	107	62	333243
体 育	Sports Activities	54	37	106498
娱乐业	Entertainment	110	85	263225
公共管理、社会保障和社会组织	**Public Management,Social Security and Social Organizations**	**391**	**237**	**929470**
#中国共产党机关	Organs of Communist Party of China			
国家机构	Government Agencies	334	203	837212
社会保障	Social Security	10	5	3077
群众团体、社会团体和其他成员组织	Non-Governmental Organizations, Social Organizations and Other Organizations	29	14	50204
基层群众自治组织	Grass Roots Self-governing Organizations	17	14	36477

4-10 农村农户固定资产投资
Farm Households Investment in Fixed Assets in Rural Area

指 标	Item	2012	2013
农户固定资产投资(万元)	**Total Investment(10000 yuan)**	**3957882**	**4153033**
按资金来源分	Grouped by Sources of Funds		
#国内贷款	Domestic Loans	185184	194902
自筹资金	Self-raising Funds	3633323	3951220
按构成分	Grouped by Use of Funds		
建筑工程	Construction	3113847	3718770
#水 利	Water Conservancy	2855	3598
房 屋	Building	3107268	3684143
#住 宅	Residential Buildings	2996977	3623582
安装工程	Installation		
设备、工器具购置	Purchase of Equipment and Instruments	345703	284569
#生产设备	Product Equipment	226369	284569
其 它	Others	498332	149694
按行业分	Grouped by Sector		
农业	Farming	580681	406725
采矿业	Mining	1625	
制造业	Manufacturing	16197	24082
电力、燃气及水的生产和供应业	Production and Supply of Electricity Gas and Water	965	1674
建筑业	Construction	35569	11507
交通运输、仓储和邮政业	Transport, Storage and Post Services	109333	47630
信息传输、计算机服务和软件业	Information Transmission, Computer Software and Services		
批发和零售业	Wholesale and Retail Trade	11139	17207
住宿和餐饮业	Hotel and Catering Services	8588	1496
金融业	Financial Intermediation		
房地产业	Real Estate	3065592	3623938
租赁和商务服务业	Leasing and Business Services		499
科学研究、技术服务和地质勘查业	Scientific Reseach, Ploytechnic Services and Geological Prospecting		
水利、环境和公共设施管理业	Management of Water Conservancy, Environment and Public Facilities		
居民服务和其他服务业	Services to Households and Other Services	127823	17744
教 育	Education		
卫生、社会保障和社会福利业	Health Care, Social Security and Social Welfare		
文化、体育和娱乐业	Culture, Sports and Entertainment	369	532
公共管理和社会组织	Public Management and Social Organizations		
按具体投资项目分	Grouped by Project		
房 屋	Building	3107268	3684143
#住 宅	Residential Buildings	2996977	3623938
道 路	Road	4725	
桥 梁	Bridge		
设 备	Equipment	226369	284569
水 利	Water Conservancy	2855	3598
其 他	Others	617665	180723
新增固定资产(万元)	**Newly Increased Fixed Assets(10000 yuan)**	**3957882**	**4153033**
施工房屋建筑面积(万平方米)	**Floor Space of Buildings under Construction(10000 sq.m)**	**5588.61**	**5806.79**
#住宅	Residential Buildings	5435.47	5628.67
竣工房屋建筑面积(万平方米)	**Floor Space of Buildings Completed(10000 sq.m)**	**4703.55**	**4809.31**
#住宅	Residential Buildings	4550.14	4666.81

注：本表资料来自国家统计局江西调查总队，为抽样调查数据。
a) Data in the table are provided by Survey Office of the National Bureau of Statistics in Jiangxi , Source in the sample census.

4-11 各地区固定资产投资（2013年）
Investment in Fixed Assets by Region (2013)

单位：万元 (10000 yuan)

地　区	Region	合　计 Total	#工　业 Industry	第一产业 Primary Industry	第二产业 Secondary Industry	第三产业 Tertiary Industry
全　省	**Provincial Total**	**124349494**	**71368974**	**2714361**	**71977070**	**49658063**
南 昌 市	Nanchang	28968649	12423369	253125	12816489	15899035
景德镇市	Jingdezhen	5387175	4104819	32858	4102019	1252298
萍 乡 市	Pingxiang	8271074	6417180	126352	6425209	1719513
九 江 市	Jiujiang	15077751	10501363	90751	10501363	4485637
新 余 市	Xinyu	7040381	4002584	496564	3950584	2593233
鹰 潭 市	Yingtan	3939686	2438977	110746	2438977	1389963
赣 州 市	Ganzhou	13308676	5430573	260643	5420133	7627900
吉 安 市	Ji'an	10646288	6768124	338185	6768124	3539979
宜 春 市	Yichun	11245778	7256411	336997	7258454	3650327
抚 州 市	Fuzhou	7940981	4969949	306736	4964679	2669566
上 饶 市	Shangrao	11646829	6808766	361404	7084180	4201245
不分地区	Not Classified by Region	876226	246859		246859	629367

注：4-11至4-18表统计范围为计划总投资500万元及以上项目投资和房地产开发投资。

a)The statistical scope of 4-11 to 4-18 table is more than 5000000 yuan project investment,including investment for real estate development, no-including farm households investment in fixed assets in rural area.

4-12 各地区固定资产投资增长速度（2013年）
Growth Rates of Investment in Fixed Assets by Region (2013)

地　区	Region	合　计 Total	#工　业 Industry	第一产业 Primary Industry	第二产业 Secondary Industry	第三产业 Tertiary Industry
全　省	**Provincial Total**	**19.8**	**20.5**	**6.3**	**20.0**	**20.4**
南 昌 市	Nanchang	21.1	24.1	-2.3	24.8	18.6
景德镇市	Jingdezhen	18.0	23.7	-16.3	21.0	10.2
萍 乡 市	Pingxiang	19.8	16.3	-2.1	16.5	36.5
九 江 市	Jiujiang	25.0	24.6	-11.5	24.8	26.5
新 余 市	Xinyu	5.0	7.7	-15.2	9.2	3.8
鹰 潭 市	Yingtan	20.1	17.1	3.2	14.7	32.8
赣 州 市	Ganzhou	28.5	24.9	28.8	24.9	31.2
吉 安 市	Ji'an	20.2	11.1	85.6	10.8	37.8
宜 春 市	Yichun	21.3	11.6	20.2	11.1	48.7
抚 州 市	Fuzhou	20.1	29.4	-14.4	29.6	10.1
上 饶 市	Shangrao	17.9	30.7	17.2	24.8	8.1
不分地区	Not Classified by Region	-35.5	73.4		73.4	-48.2

4-13 各地区按登记注册类型分的固定资产投资（2013年）

Investment in Fixed Assets by Region and Status of Registration (2013)

单位：万元 (10000 yuan)

地区	Region	合计 Total	内资 Domestic Funds	国有 State-owned	集体 Collective-owned	股份合作 Share Holding Cooperative	联营 Joint-owned
全省	**Provincial Total**	**124349494**	**118997514**	**23973530**	**1162347**	**762543**	**678057**
南昌市	Nanchang	28968649	26848066	4523151	538929	186133	74530
景德镇市	Jingdezhen	5387175	5294378	775081	3636	1200	18690
萍乡市	Pingxiang	8271074	8097720	595241	11966	10420	66000
九江市	Jiujiang	15077751	14007206	3189180	20576	140038	5200
新余市	Xinyu	7040381	6894452	1366754	105145	163328	49362
鹰潭市	Yingtan	3939686	3935106	1050094		6350	
赣州市	Ganzhou	13308676	12359780	4364617	73010	469	335762
吉安市	Ji'an	10646288	10455708	2331202	51960	50540	74660
宜春市	Yichun	11245778	10924603	1216763	183417	122154	30998
抚州市	Fuzhou	7940981	7764034	1474672	16926	20950	2072
上饶市	Shangrao	11646829	11540235	2210549	156782	60961	20783
不分地区	Not Classified by Region	876226	876226	876226			

4-13 续表 continued

单位：万元 (10000 yuan)

地区	Region	有限责任公司 Limited Liability Corporations	股份有限公司 Share Holding Enterprises	私营 Private	其他 Others	港澳台商投资 Funds from Hong Kong, Macao and Taiwan	外商投资 Foreign Funded	个体经营 Individuals
全省	**Provincial Total**	**33259826**	**5777891**	**48167579**	**5215741**	**2414176**	**1518122**	**1419682**
南昌市	Nanchang	11900145	1042329	7178299	1404550	806573	631851	682159
景德镇市	Jingdezhen	1338337	115090	2663320	379024	21830	70967	
萍乡市	Pingxiang	1312916	240736	5301445	558996	63699	49004	60651
九江市	Jiujiang	4707939	728968	5151602	63703	783958	256752	29835
新余市	Xinyu	2498407	561423	1911458	238575	9259	35000	101670
鹰潭市	Yingtan	750052	61237	1689209	378164	4200	380	
赣州市	Ganzhou	2312506	145826	4743656	383934	403739	159031	386126
吉安市	Ji'an	765867	683857	6254817	242805	129206	53150	8224
宜春市	Yichun	2513697	490950	5803488	563136	102606	183949	34620
抚州市	Fuzhou	2274348	731197	2931112	312757	55590	41438	79919
上饶市	Shangrao	2885612	976278	4539173	690097	33516	36600	36478
不分地区	Not Classified by Region							

4-14 各地区按行业分固定资产投资（2013年）

单位：万元

行业	Sector	全省 Total	南昌市 Nanchang	景德镇市 Jingdezhen
总计	**Total**	**124349494**	**28968649**	**5387175**
农、林、牧、渔业	**Agriculture, Forestry, Animal Husbandry and Fishery**	**2971711**	**308220**	**32858**
农业	Farming	1042168	97767	17960
林业	Forestry	680962	31824	5000
畜牧业	Animal Husbandry	846768	74499	6198
渔业	Fishery	144463	49035	3700
农、林、牧、渔服务业	Services in Support of Agriculture	257350	55095	
采矿业	**Mining**	**2521719**	**57733**	**107207**
#煤炭开采和洗选业	Mining and Washing of Coal	495539	2457	5069
黑色金属矿采选业	Mining and Processing of Ferrous Metal Ores	277443		3700
有色金属矿采选业	Mining and Processing of Non-Ferrous Metal Ores	482199		
非金属矿采选业	Mining and Processing of Nonmetal Ores	1153877	37428	95638
制造业	**Manufacturing**	**65589193**	**11809322**	**3872920**
农副食品加工业	Processing of Food from Agricultural Products	3292519	1002936	103610
食品制造业	Manufacture of Foods	1285988	430177	29100
酒，饮料和精制茶制造业	Manufacture of Wine, Beverages and Refined Tea	1216333	168062	56450
烟草制品业	Manufacture of Tobacco	241301		
纺织业	Manufacture of Textile	2184981	375625	28800
纺织服装、服饰业	Manufacture of Textile Wearing Apparel	3884235	1238358	197570
皮革、毛皮、羽毛及其制品和制鞋业	Manufacture of Leather, Fur, Feather and Related Products Footrware	1736500	146609	78020
木材加工及木、竹、藤、棕、草制品业	Processing of Timber, Manufacture of Wood, Bamboo, Rattan, Palm and Straw Products	1241385	208166	63260
家具制造业	Manufacture of Furniture	1130730	160628	103270
造纸及纸制品业	Manufacture of Paper and Paper Products	1224565	211247	54790
印刷和记录媒介复制业	Printing, Reproduction of Recording Media	869327	406650	26850
文教、美工、体育和娱乐用品制造业	Manufacture of Articles For Culture, Art,Education Sport Activities and Entertainmetn Products	1202147	131461	30200
石油加工、炼焦加工业	Processing of Petroleum, Coking	624122	20073	69707
化学原料及化学制品制造业	Manufacture of Raw Chemical Materials and Chemical Products	5981911	458422	715870
医药制造业	Manufacture of Medicines	2175582	460062	45383
化学纤维制造业	Manufacture of Chemical Fibers	452876	5588	2900
橡胶和塑料制品业	Manufacture of Rubber and Plastics	1738173	349919	73470
非金属矿物制品业	Manufacture of Non-metallic Mineral Products	7111664	591678	794980
黑色金属冶炼及压延加工业	Smelting and Pressing of Ferrous Metals	1069112	287773	16630
有色金属冶炼及压延加工业	Smelting and Pressing of Non-ferrous Metals	4082849	153466	
金属制品业	Manufacture of Metal Products	2937263	731391	206530
通用设备制造业	Manufacture of General Purpose Machinery	2583983	504902	252648
专用设备制造业	Manufacture of Special Purpose Machinery	2587849	912685	141090
汽车制造业	Manufacture of Transport Carmaking.	2212863	776397	169788
铁路、船舶、航空航天和其他运输设备制造业	Manufacture of Railroads,Ships,Aerospace and Other Transportation Equipment	720114	367818	137088
电气机械及器材制造业	Manufacture of Electrical Machinery and Equipment	5076443	730922	308647
计算机、通信和其他电子设备制造业	Manufacture of Computers, Communication Equipment and Other Electronic Equipment	4100743	600411	93430
仪器仪表及制造业	Manufacture of Measuring Instruments	909904	244192	41919
其他制造业	Manufacture of Others	866891	83625	4900
废弃资源综合利用业	Comperhensive Utilization of Waste	735310	31733	26020
金属制品、机械和设备修理业	Repair of Metal Products, Machinery and Equipment	111530	18346	
电力、热力、燃气及水生产和供应业	**Production and Supply of Electricity Heating Gas and Water**	**3258062**	**556314**	**124692**
电力、热力的生产和供应业	Production and Supply of Electric Power and Heat Power	1639439	270512	22830
燃气生产和供应业	Production and Supply of Gas	738384	50029	93142
水的生产和供应业	Production and Supply of Water	880239	235773	8720
建筑业	**Construction**	**761167**	**417447**	
房屋建筑业	Construction of Buildings	381686	82287	
土木工程建筑业	Construction of Civil Engineering	113388	100409	
建筑安装业	Building Installation	86854	73692	
建筑装饰业和其他建筑业	Building Decoration and Other	179239	161059	
批发和零售业	**Wholesale and Retail Trades**	**5005519**	**2970490**	**137760**

注：本表全省数据含跨地区项目数。

Investment in Fixed Assets by Regin and Asector (2013)

(10000 yuan)

萍乡市 Pingxiang	九江市 Jiujiang	新余市 Xinyu	鹰潭市 Yingtan	赣州市 Ganzhou	吉安市 Ji'an	宜春市 Yichun	抚州市 Fuzhou	上饶市 Shangrao
8271074	**15077751**	**7040381**	**3939686**	**13308676**	**10646288**	**11245778**	**7940981**	**11646829**
126352	**95909**	**511487**	**110746**	**285276**	**361532**	**428569**	**334076**	**376686**
63220	53585	173026	55994	91967	119609	43936	104576	220528
11120	2000	212345	21385	19987	39150	216408	45661	76082
52012	25982	88992	33367	141289	164276	64014	131545	64594
	9184	22201		7400	15150	12639	24954	200
	5158	14923		24633	23347	91572	27340	15282
376588	**276829**	**531243**	**80379**	**107325**	**231030**	**221526**	**160257**	**371602**
239572		104990			10430	59123		73898
40400	4000	180967		2628	11683		19415	14650
	107551	5300	35543	77510	21760	82512	36082	115941
92116	165278	239986	44836	16747	187157	71991	88887	113813
5797649	**9657175**	**3238874**	**2213788**	**5064958**	**6308864**	**6767130**	**4572924**	**6285589**
102843	187316	209544	51500	230457	334062	691634	180681	197936
41012	73000	23469	32790	75340	148220	249278	114642	68960
12200	351027	44726	15000	51565	160784	195513	105153	55853
				205101	5400		30800	
42600	539982	116768	15700	28956	159163	250294	329897	297196
217626	495273	37962	20405	277885	320855	227795	417051	433455
198672	532094		50400	96627	268664	148007	61930	155477
84704	81197	98277	46279	175908	74656	198994	113318	96626
90390	185744	14610	16405	174533	68303	99221	39586	178040
243520	233938	16100		79757	100624	58437	133321	92831
115055	24555	56549		42583	37414	114803	8817	36051
17280	341185	73150	21275	109224	125946	57558	113926	180942
22573	378635				9606	8600	35000	79928
1205020	1263163	194012	80102	180785	501234	526856	413586	442861
48686	207934	56400	25300	96233	439754	328495	272457	194878
5500	251832	15000	3870			118322	18184	31680
109294	238999	39100	24596	89417	126000	200783	332009	154586
1449928	1167441	273854	105851	394850	406943	1187530	367463	371146
81230	42355	305018		26500	12858	34800	15288	246660
49500	235305	129820	1046160	769407	335300	192249	281902	889740
272574	285916	327003	28868	121184	184106	261318	184468	333905
185781	101532	505665	17632	101809	148558	269101	128445	367910
463786	100050	158923	17856	142787	160419	220878	101422	167953
235614	277610	32921	100416	79025	69296	59037	264928	147831
	85640		7000	22170		59940	11060	29398
202046	732391	53584	269083	658611	608671	575423	358705	578360
222259	718441	245015	57622	527710	1172160	152479	97792	213424
3980	13774	76760	118600	19717	174900	82260	25900	107902
2996	471546		41078	136689	12100	53000	10293	50664
66000	39300	82644		150128	142868	139305	2900	54412
4980		52000				5220	2000	28984
242943	**567359**	**232467**	**144810**	**258290**	**228230**	**267755**	**236768**	**151575**
183266	274291	81542	119610	110021	169028	156172	147650	76817
42548	140780	53600		13133	14100	70048	18849	22996
17129	152288	97325	25200	135136	45102	41535	70269	51762
13009						**15163**		**315548**
8500						7100		283799
4509						3063		5407
								13162
						5000		13180
276713	**330488**	**174289**	**165985**	**149832**	**207922**	**220546**	**132806**	**238688**

a) The data of this table containing trans regional project data.

4-14 续表

单位：万元

行业	Sector	全省 Total	南昌市 Nanchang	景德镇市 Jingdezhen
批发业	Wholesale Trade	2591443	1673318	28500
零售业	Retail Trade	2414076	1297172	109260
交通运输、仓储和邮政业	**Transport, Storage and Post**	**4841091**	**656607**	**39380**
铁路运输业	Railway Transport	74643		
道路运输业	Road Transport	3476627	471898	30780
水上运输业	Water Transport	100561	42759	
航空运输业	Air Transport	12054	4754	
管道运输业	Transport Via Pipelines	16555	2925	
装卸搬运和其他运输服务业	Loading, Unloading and Other Transport Services	263096	32557	8600
仓储业	Storage	850860	74147	
邮政业	Post	46695	27567	
住宿和餐饮业	**Hotels and Catering Services**	**2716650**	**1049541**	**43436**
住宿业	Hotels	1698811	417819	39000
餐饮业	Catering Services	1017839	631722	4436
信息传输、软件和信息技术服务业	**Information Transmission,Software and Information Technology Services**	**483827**	**389794**	**19770**
电信、广播电视和卫星传输服务	Telecommunications, Broadcasting Television and Satellite Transmission Services	112093	87595	16600
互联网和相关服务	Internet and Related Services	84040	55567	
软件和信息技术服务业	Software and Information Technology Services	287694	246632	3170
金融业	**Financial Intermediation**	**314255**	**225579**	**2800**
货币金融服务	Monetary and Financial Services	242795	156919	
资本市场服务	Capital Market Services	50797	50797	
保险业	Insurance	5028	5028	
其他金融活动	Other Financial Activities	15635	12835	2800
房地产业	**Real Estate**	**17243188**	**4963449**	**589399**
租赁和商务服务业	**Leasing and Business Services**	**1601407**	**938350**	**68310**
租赁业	Leasing	101456	74846	18510
商务服务业	Business Services	1499951	863504	49800
科学研究和技术服务业	**Scientific Reseach and Ploytechnic Services**	**512654**	**353202**	**10000**
研究与试验发展	Research and Experimental Development	37783	16826	
专业技术服务业	Professional Technical Services	270465	210129	6000
科学推广和应用服务业	Services of Science and Technology Promotion and Applicaion	204406	126247	4000
水利、环境和公共设施管理业	**Management of Water Conservancy, Environment and Public Facilities**	**10289026**	**2133471**	**202258**
水利管理业	Management of Water Conservancy	771372	160797	31960
生态保护和环境治理业	Ecological Protection and Environmental Management	138072	14957	2303
公共设施管理业	Management of Public Facilities	9379582	1957717	167995
居民服务、修理和其他服务业	**Services to Households Repair and Other Services**	**685840**	**531026**	**800**
居民服务业	Services to Households	311627	225854	
机动车、电子产品和日用产品修理业	Repair to Motor,Electronic Products and Househole Products	318004	279178	
其他服务业	Other Services	56209	25994	800
教　育	**Education**	**1764151**	**558511**	**3200**
卫生和社会工作	**Health Care and Social Services**	**869280**	**250009**	**11495**
卫　生	Health	746875	223169	9495
社会工作	Social Services	122405	26840	2000
文化、体育和娱乐业	**Culture, Sports and Entertainment**	**1432669**	**493974**	**51500**
新闻和出版业	Journalism and Publishing Activities	35349	21499	
广播、电视、电影和影视录音制作业	Broadcasting, Movies, Television and Video Reccording	66752	22662	
文化艺术业	Cultural and Art Activities	532388	222830	28500
体　育	Sports Activities	220272	37831	
娱乐业	Entertainment	577908	189152	23000
公共管理、社会保障和社会组织	**Public Management,Social Security and Social Organizations**	**1488085**	**305610**	**69390**
#中国共产党机关	Organs of Communist Party of China			
国家机构	Government Agencies	1292428	218200	69390
社会保障	Social Security	20495	14400	
群众团体、社会团体和其他成员组织	Non-Governmental Organizations, Social Organizations and Other Organizations	110729	16420	
基层群众自治组织	Grass Roots Self-governing Organizations	61933	54090	

continued

(10000 yuan)

萍乡市 Pingxiang	九江市 Jiujiang	新余市 Xinyu	鹰潭市 Yingtan	赣州市 Ganzhou	吉安市 Ji'an	宜春市 Yichun	抚州市 Fuzhou	上饶市 Shangrao
170236	133605	61101	85200	36845	157605	114985	63686	66362
106477	196883	113188	80785	112987	50317	105561	69120	172326
221445	**565218**	**248197**	**93642**	**691203**	**382629**	**530625**	**356683**	**426095**
12500		9800		7063		38700	6420	160
106384	323717	43513	68902	553932	287886	247631	327252	385365
	47038					10764		
2500						4800		
				5630			6500	1500
6500		11211		100254	8000	82013	6011	7950
93561	194463	183673	24740	24324	68415	146717	9700	31120
					18328		800	
337003	**227179**	**136545**	**23300**	**75495**	**241573**	**208576**	**118831**	**255171**
137730	210587	99305	23300	71310	229911	179596	90705	199548
199273	16592	37240		4185	11662	28980	28126	55623
14070	**7672**		**4900**	**5204**	**4700**	**1000**	**3244**	**33473**
			1000	3654			3244	
7600			1100			1000		18773
6470	7672		2800	1550	4700			14700
		1500		**25256**	**15060**	**39200**		**4860**
		1500		25256	15060	39200		4860
251783	**1607287**	**533501**	**459675**	**4587905**	**732512**	**1299867**	**919230**	**1298580**
49550	**87267**	**27066**	**29470**	**63226**	**154704**	**22370**	**70854**	**90240**
5100						3000		
44450	87267	27066	29470	63226	154704	19370	70854	90240
19060	**44330**	**25200**	**500**	**13329**	**1400**	**41184**	**3639**	**810**
	11457				1000	8500		
14060		25200	500	8375		2264	3127	810
5000	32873			4954	400	30420	512	
295245	**976155**	**1083637**	**421604**	**1390633**	**1318647**	**628903**	**527344**	**1311129**
3401	16455	31176	4163	123461	139537	50288	146817	63317
		14145	30050	19116		12650	23560	21291
291844	959700	1038316	387391	1248056	1179110	565965	356967	1226521
9160	**62831**	**32133**	**2800**	**13432**	**8948**	**3698**	**2672**	**18340**
7500	48582		2800	7885	1554		2112	15340
1660	14249	12865			3194	3298	560	3000
		19268		5547	4200	400		
62758	**142831**	**144446**	**82530**	**210784**	**118384**	**135746**	**182966**	**121995**
55286	**27565**	**45650**	**49845**	**176983**	**35931**	**40324**	**51440**	**124752**
55286	27065	19250	49845	144229	35224	38999	43521	100792
	500	26400		32754	707	1325	7919	23960
75390	**164037**	**59864**	**40855**	**119219**	**88498**	**136027**	**109079**	**94226**
					3000		10850	
27560	1000		3400		9530	2600		
6380	39843	52864	5700	52645	31500	11156	40094	40876
31150	37749	7000	3755	40284	42868	10234	6000	3401
10300	85445		28000	26290	1600	112037	52135	49949
47070	**237619**	**14282**	**14857**	**70326**	**205724**	**237569**	**158168**	**127470**
35565	225343	8682	14857	54896	205383	189596	158008	112508
	1500			2376	141			2078
11372	10776	5600		12744	200	45973	160	7484
133				310		2000		5400

4-15 各地区按构成分固定资产投资（2013年）
Investment in Fixed Assets by Region and Use of Funds (2013)

单位：万元 (10000 yuan)

地 区	Region	合 计 Total	建筑、安装工程 Construction and Installation	设备、工器具购置 Purchase of Equipment and Instruments	其他费用 Others
全 省	**Provincial Total**	**124349494**	**84234109**	**26996391**	**13118994**
南昌市	Nanchang	28968649	21259028	5799896	1909725
景德镇市	Jingdezhen	5387175	3951190	986739	449246
萍乡市	Pingxiang	8271074	5135427	2195785	939862
九江市	Jiujiang	15077751	9777960	4015232	1284559
新余市	Xinyu	7040381	3764238	2579742	696401
鹰潭市	Yingtan	3939686	2501983	788152	649551
赣州市	Ganzhou	13308676	10064026	1253286	1991364
吉安市	Ji'an	10646288	7458596	1865516	1322176
宜春市	Yichun	11245778	6804181	3169533	1272064
抚州市	Fuzhou	7940981	5596814	1363589	980578
上饶市	Shangrao	11646829	7053290	2974971	1618568
不分地区	Not Classified by Region	876226	867376	3950	4900

4-16 各地区按建设性质分固定资产投资（2013年）
Investment in Fixed Assets by Region and Type of Construction (2013)

单位：万元 (10000 yuan)

地 区	Region	合 计 Total	#新 建 New Construction	#扩 建 Expansion	#改建和技术改造 Reconstruction Technical Rennovation
全 省	**Provincial Total**	**124349494**	**84636317**	**13502446**	**21493574**
南昌市	Nanchang	28968649	11038674	2164771	13343525
景德镇市	Jingdezhen	5387175	4447315	332618	566839
萍乡市	Pingxiang	8271074	6020421	1238040	1009956
九江市	Jiujiang	15077751	12730564	758194	1386095
新余市	Xinyu	7040381	4120002	2074666	702825
鹰潭市	Yingtan	3939686	3933009		2213
赣州市	Ganzhou	13308676	9410458	958278	1365520
吉安市	Ji'an	10646288	9346362	919702	291261
宜春市	Yichun	11245778	8042911	2600363	573547
抚州市	Fuzhou	7940981	6190265	1145441	422978
上饶市	Shangrao	11646829	8480110	1310373	1828815
不分地区	Not Classified by Region	876226	876226		

4-17 各地区工业投资（2013年）
Investment in Industry by Region (2013)

单位：万元 (10000 yuan)

地区	Region	合计 Total	采矿业 Mining	制造业 Manufacturing	电力、燃气及水的生产和供应业 Production and Supply of Electricity, Gas and Water
全省	**Provincial Total**	**71368974**	**2521719**	**65589193**	**3258062**
南昌市	Nanchang	12423369	57733	11809322	556314
景德镇市	Jingdezhen	4104819	107207	3872920	124692
萍乡市	Pingxiang	6417180	376588	5797649	242943
九江市	Jiujiang	10501363	276829	9657175	567359
新余市	Xinyu	4002584	531243	3238874	232467
鹰潭市	Yingtan	2438977	80379	2213788	144810
赣州市	Ganzhou	5430573	107325	5064958	258290
吉安市	Ji'an	6768124	231030	6308864	228230
宜春市	Yichun	7256411	221526	6767130	267755
抚州市	Fuzhou	4969949	160257	4572924	236768
上饶市	Shangrao	6808766	371602	6285589	151575
不分地区	Not Classified by Region	246859			246859

4-18 各地区固定资产投资建设项目和新增固定资产（2013年）
Projects Investment Construction and Newly Increased Fixed Assets by Region (2013)

地区	Region	施工项目（个） Number of Projects under Construction (unit)	#新开工 Started this Year	全部建成投产（个） Number of Projects Completed and Put into Use (unit)	新增固定资产（万元） Newly Increased Fixed Assets (10000 yuan)
全省	**Provincial Total**	**19317**	**14327**	**13258**	**79131606**
南昌市	Nanchang	7001	6152	6029	17976952
景德镇市	Jingdezhen	776	432	339	3355065
萍乡市	Pingxiang	1185	790	862	6102080
九江市	Jiujiang	1091	705	613	10395070
新余市	Xinyu	680	581	453	5473561
鹰潭市	Yingtan	547	400	270	2293388
赣州市	Ganzhou	1951	1221	1084	7977811
吉安市	Ji'an	1246	855	601	6863174
宜春市	Yichun	1521	965	830	7859867
抚州市	Fuzhou	1654	1050	1015	4604155
上饶市	Shangrao	1658	1174	1162	6230483
不分地区	Not Classified by Region	7	2		

主要统计指标解释

全社会固定资产投资 是以货币形式表现的在一定时期内全社会建造和购置固定资产的工作量以及与此有关的费用的总称。该指标是反映固定资产投资规模、结构和发展速度的综合性指标,又是观察工程进度和考核投资效果的重要依据。全社会固定资产投资按登记注册类型可分为国有、集体、个体、联营、股份制、外商、港澳台商、其他等。按统计方式可分为建设项目固定资产投资和房地产开发投资(全面统计)、农村农户固定资产投资(抽样调查)。建设项目投资不同的时期有不同的统计起点。1995-1996年,项目投资统计的起点为计划总投资5万元及以上;自1997年起,项目投资统计的起点由5万元提高到50万元及以上;自2011年起,项目投资的统计起点由50万元提高至500万元及以上。为便于比较,2010年调整为500万元以上起点数。

固定资产投资 指各种登记注册类型的企业、事业、行政单位及个体户进行的建设项目投资、房地产开发投资。

房地产开发投资 指各种登记注册类型的房地产开发公司、商品房建设公司及其他房地产开发法人单位和附属于其他法人单位实际从事房地产开发或经营活动的单位统一开发的包括统代建、拆迁还建的住宅、厂房、仓库、饭店、宾馆、度假村、写字楼、办公楼等房屋建筑物和配套的服务设施,土地开发工程(如道路、给水、排水、供电、供热、通讯、平整场地等基础设施工程)的投资;不包括单纯的土地交易活动。

固定资产投资的资金来源 根据固定资产投资的资金来源不同,分为国家预算内资金、国内贷款、利用外资、自筹资金和其他资金。

(1)国家预算内资金:分为财政拨款和财政安排的贷款两部分。包括中央财政的基本建设基金(分经营性基金和非经营性基金两部分)、专项支出(如煤代油专项等)、收回再贷、贴息资金,财政安排的挖潜改造和新产品试制支出、城建支出、商业部门简易建筑支出、不发达地区发展基金等资金中用于固定资产投资的资金;地方财政中由国家统筹安排的资金等。

(2)国内贷款:指报告期固定资产投资单位向银行及非银行金融机构借入的用于固定资产投资的各种国内借款,包括银行利用自有资金及吸收的存款发放的贷款、上级主管部门拨入的国内贷款、国家专项贷款、地方财政专项资金安排的贷款、国内储备贷款、周转贷款等。

(3)利用外资:指报告期收到的用于固定资产建造和购置的国外资金(包括设备、材料、技术在内)。包括对外借款(外国政府、国际金融组织贷款、出口信贷、外国银行商业贷款、对外发行债券和股票)、外商直接投资及外商其他投资。不包括我国自有外汇资金(国家外汇、地方外汇、留成外汇、调剂外汇和中国银行自有资金发行的外汇贷款等)。计算利用外资时,需要折算成人民币,折算中所使用的外汇汇率按现汇计算,即按使用外汇时的汇率计算。

(4)自筹资金:指固定资产投资单位报告期收到的,由各地区、各部门及企、事业单位筹集用于固定资产投资的预算外资金,包括中央各部门、各级地方和企、事业单位的自筹资金。

(5)其他资金:指在报告期收到的除以上各种资金之外其他用于固定资产投资的资金,包括企业或金融机构通过发行各种债券筹集到的资金、群众集资、个人资金、无偿捐赠的资金及其他单位拨入的资金等。

固定资产投资按国民经济行业分 根据建设项目建成投产后的主要产品或主要用途及社会经济活动性质来确定国民经济行业。一般情况下,一个建设项目或一个企业、事业单位只能属于一种国民经济行业。

固定资产投资按建设性质分 根据整个建设项目情况来确定。建设项目的性质一般分为新建、扩建、改建和技术改造、迁建、恢复。

(1)新建:一般指从无到有开始建设的企业、事业和行政单位或建设项目。现有企业、事业、行政单位一般不属于新建。但如有的单位原有基础很小,经过建设后新增的固定资产价值超过该企、事业、行政单位原有固定资产价值(原值)三倍以上的也应作为新建。

(2)扩建:指在厂内或其他地点,为扩大原有产品的生产能力(或效益)或增加新的产品生产能力,而增建主要的生产车间(或主要工程)、分厂、独立的生产线。行政、事业单位在原单位增建业务用房(如学校增建教学用房、医院增建门诊部、病房等)也作为扩建。

现有企、事业单位为扩大原有主要产品生产能力或增加新的产品生产能力,增建一个或几个主要生产车间(或主要工程)、分厂,同时进行一些更新改造工程的,也应作为扩建。

(3)改建和技术改造:指现有企业、事业单位,对原有设施进行技术改造或更新(包括相应配套的辅助性生产、生活福利设施)的建设项目。现有企业、事业单位为适应市场变化的需要,而改变企业的主要产品种类(如军工企业转产民用品等)的建设项目,应作为改建。原有产品生产作业线由于各工序(车间)之间能力不平衡,为填平补齐充分发挥原有生产能力而增建不增加本企业主要产品设计能力的车间,也应作为改建。技术改造是指企业、事业单位在现有基础上，用先进的技术代替落后的技术，用先进的工艺和装备代替落后的工艺和装备，以改变企业落后的技术经济面貌，实现以内涵为主的扩大再生产，达到提高产品质量、促进产品更新换代、节约能源、降低消耗、扩大生产规模、全面提高社会经济效益的目的。技术改造具体包括以下内容：机器设备和工具的更新改造；生产工艺改革、节约能源和原材料的改造；厂房建筑和公共设施的改造；劳动条件和生产环境的改造等。

固定资产投资按构成分　固定资产投资活动按其工作内容和实现方式分为建筑安装工程，设备、工具、器具购置，其他费用三个部分。

(1)建筑安装工程(建筑安装工作量)：指各种房屋、建筑物的建造工程和各种设备、装置的安装工程。包括各种房屋建造工程；各种用途设备基础和各种工业窑炉的砌筑工程及金属结构工程；为施工而进行的各种准备工作和临时工程以及完工后的清理工作等；铁路、道路的铺设，矿井的开凿及石油管道的架设等；水利工程；防空地下建筑等特殊工程；列入房屋工程预算内的暖气、卫生、通风、照明、煤气等设备的价值及装设油饰工程；列入建筑工程预算内的各种管道(蒸汽、压缩空气、石油、给排水等管道)、电力、电讯电缆导线等的敷设工程；以及各种机械设备的安装工程；为测定安装工程质量，对设备进行的试运工作；房地产开发单位进行的商品房屋开发建设工程、土地开发工程。

在安装工程中，不包括被安装设备本身的价值。

(2)设备、工具、器具购置：指建设单位或企、事业单位购置或自制的，达到固定资产标准的设备、工具、器具的价值。新建单位及扩建单位的新建车间，按照设计或计划要求购置或自制的全部设备、工具、器具，不论是否达到固定资产标准均计入“设备、工具、器具购置”中。

(3)其他费用：指在固定资产建造和购置过程中发生的，除上述几项内容以外的各种应分摊计入固定资产的费用。

施工项目　指报告期内进行过建筑或安装施工活动的项目。凡是报告期内施过工的建设项目，不论施工时间长短，均作为施工项目统计。施工项目个数可以反映一定时期固定资产投资的实际规模，与同期全部建成投产项目个数相比，可以从建设速度的角度反映固定资产投资的效果。根据建设项目施工活动的不同性质，施工项目又分为：本年正式施工项目、本年收尾项目和以前年度全部停缓建项目。

全部建成投产项目　工业项目指设计文件规定形成生产能力的主体工程及其相应配套的辅助设施全部建成，经负荷试运转，证明具备生产设计规定合格产品的条件，并经过验收鉴定合格或达到竣工验收标准，与生产性工程配套的生活福利设施可以满足近期正常生产的需要，正式移交生产的建设项目。非工业项目指设计文件规定的主体工程和相应的配套工程全部建成，能够发挥设计规定的全部效益，经验收鉴定合格或达到竣工验收标准，正式移交使用的建设项目。

房屋建筑面积　指房屋建筑物勒脚以上外墙外围的水平截面面积，包括房屋建筑物的有效面积和结构面积。该指标是从实物形态上反映建设规模和建设成果的重要指标之一，也是检查工程形象进度、计算工程造价、分析投资效果、研究施工任务和建筑材料之间平衡情况的重要依据。

住宅建筑面积　指施工和竣工房屋建筑面积中供居住用的房屋建筑面积。

施工面积　指报告期内施工的全部房屋建筑面积。包括本期新开工的面积和上期开工跨入本期继续施工的房屋面积，以及上期已停建在本期恢复施工的房屋面积。本期竣工和本期施工后又停缓建的房屋，其建筑面积仍计入本期房屋施工面积中。

竣工面积　指在报告期内房屋建筑按照设计要求已经全部完工，达到住人和使用条件，经验收鉴定合格(或达到竣工验收标准)，正式移交使用单位的各栋房屋建筑面积的总和。

新增固定资产　指报告期内已经完成建造和购置过程，并已交付生产或使用单位的固定资产价值。该指标是表示固定资产投资成果的价值指标，也是反映建设进度，计算固定资产投资效果的重要指标。

I Explanatory Notes on Main Statistical Indicators

Total Investment in Fixed Assets in the Whole Country refers to the volume of activities in construction and purchases of fixed assets of the whole country and related fees, expressed in monetary terms during the reference period. It is a comprehensive indicator which shows the size, structure and growth of the investment in fixed assets, providing a basis for observing the progress of construction projects and evaluating results of investment. Total investment in fixed assets in the whole country includes, by type of ownership, the investment by State-owned units, collective-owned units, individuals, joint ownership units, share-holding units, as well as investments by entrepreneurs from foreign countries and from Hong Kong, Macao and Taiwan, and by other units. According to statistical methods can be divided into construction project investments in fixed assets and investments in real estate development(Comprehensive Statistics), investments in fixed assets by rural households(sampling survey).Construction project investment of different periods have different starting point of statistics. From 1995 to 1996 the cut-off point of project investment was 50000 yuan and above; Since 1997 the cut-off point of project investment had changed from 50000 yuan to 500000 yuan and above; Since 2011,the cut-off point of project investment had changed from 500000 yuan to 5 million yuan and above. For the convenience of comparison, relevant data of 2010 were adjusted to 5 million yuan and above.

Investment in Fixed Assets refers to enterprises of various types of ownership, institutions, administrative units and individuals in the construction project investment, investments in real estate development.

Investment in Real Estate Development refers to investment by real estate development companies, commercialized buildings construction companies and other real estate development units of various types of ownership in the construction of buildings, such as residential buildings, factory buildings, warehouses, hotels, guesthouses, holiday villages, office buildings, and the complementary service facilities and land development projects, such as roads, water supply, water drainage, power supply, heating supply, telecommunications, land leveling and other infrastructural projects. It does not include activities in pure land transactions.

Sources of Funds for Investment in Fixed Assets are categorized as funds from the State budget, domestic loans, foreign investment, self-raised funds, and others, depending on the sources of investment.

(1) Fund from the State budget consists of budgetary appropriation and loans from the State budget. More specifically, it includes, from the budget of the central government, capital construction fund (operation fund and non-operational fund), special expenses (e.g. expenses on substituting petroleum with coal), loans from repayment, discount fund, expenses on innovation and trial production of new products, expenses on urban construction, expenses on temporary construction from business departments, development fund for less developed areas, as well as local budgetary fund transferred from the central budget.

(2) Domestic loans refer to loans of various forms borrowed by investing units from banks and non-bank financial institutions during the reference period for the purpose of investment in fixed assets, including loans issued by banks from their self-owned funds and deposit, loans appropriated by higher authorities, special loans by government, loans arranged by local government from special funds, domestic reserve loan, and working loan.

(3) Foreign investment refers to foreign funds received during the reference period for the construction and purchase of investment in fixed assets (covering equipment, materials and technology), including foreign borrowings (loans from foreign governments and international financial institutions, export credit, commercial loans from foreign banks, issue of bonds and stocks overseas), foreign direct investment and other foreign investments. Excluded from this category is capital in foreign exchanges owned by China (foreign exchanges owned by the central and local governments, foreign exchanges retained by enterprises, foreign exchanges by enterprises through the regulating mechanism, loans in foreign exchanges issued by the Bank of China with its own fund, etc.). In calculating the utilization of foreign capital, foreign currencies are converted into Chinese Renminbi applying the current exchange rate when the foreign capitals are actually used.

(4) Self-raised funds refer to extra-budgetary funds for investment in fixed assets received during the reference period by investing units from central government ministries, local governments, enterprises and institutions, including their self-raised funds.

(5) Others refer to funds for investment in fixed assets received from sources other than those listed above, including capital raised through issuing bonds by enterprises or financial institutions, funds raised from individuals and through donations, and funds transferred from other units.

Investment in Fixed Assets by Sector The classification of construction projects by sector is determined by the major products or the purpose of the projects when they are put into production or use, and by the nature of their social economic activities. In general, one project or one enterprise or institution can only be classified into one sector.

Investment in Fixed Assets by Type of Construction Construction projects in general can be classified, by the type of construction, into new construction, expansion, reconstruction and technical transformation, moving and restoration.

(1) New construction in general refers to construction projects, which start from scratch, of enterprises, institutions, administrative agencies. Construction in existing enterprises, institutions or agencies is generally not considered as new construction. In case the size of the existing unit is quite small, and the value of newly added fixed assets is more than three times of the the original value, the expansion will be considered as new construction.

(2) Expansion refers to construction of new major production workshop, branch factory or independent production line within a factory or in other locations, for the purpose of increasing the production capacity (or improving efficiency) or adding new production capacity. Newly constructed

accommodation for the operation of institutions and administrative organizations (such as newly constructed buildings for teaching in schools, buildings for clinics or wards in hospitals, etc.) are also classified as expansion.

Also included in expansion are investments by existing enterprises or institutions in building major production line(s) or branch factory(ies) along with some work on innovation, for the purpose of expanding the production capacity of original products or producing new products.

(3) Reconstruction and technical transformation refers to construction projects by existing enterprises or institutions in innovation or technical transformation of the old facilities (including auxiliary production equipment and welfare facilities). Also considered as reconstruction is the construction of new workshops by the existing enterprises or institutions to change the variety of products to meet the market demand (such as the production of civil products by defence industries), or to bring the designed production capacity into full play through a more balanced production process on production lines. Technical transformation refers to replacement of old technology or equipment by new technology or equipment, in order to expand the reproduction through improvement of technology contents in production, to improve product quality, to promote new products, to save energy, to reduce consumption, to expand the production scale and to improve overall social-economic efficiency. Contents of technical transformation include: updating of machinery, equipment and tools; reforming production process by using energy or materials saving technology; construction of factory workshops and transformation of public facilities; improvement of working conditions and environment, etc.

Investment in Fixed Assets by Structure By their contents and the mode of implementation, investment activities are classified into 3 categories, i.e. construction and installation, purchase of equipment and instrument, and other expenses.

(1) Construction and installation (work volume of construction and installation) refers to the construction of houses and buildings and the installation of various kinds of equipment and instruments. They include construction of houses; equipment foundations, industrial kilns and stoves, and metal structure work; preparation works and temporary works for project construction, and clearing up works post project construction; pavement of railways and roads, drilling of mines and putting up of oil pipes; construction of water conservancy; construction of underground air-raid shelters and construction of other special projects; value of equipment for heating, sanitation, ventilation, lighting, gas, painting, etc. that are covered by the budget of housing projects; laying out of various pipelines (for steam, compressed air, petroleum, tap water and sewage) and wiring and cabling for electric power and for communications; installation of various machinery and equipment; testing operation for pre-testing the quality of installation projects, and land and other development work conducted by real estate developers for commercialized housing. The value of equipment installed is itself not included in the value of installation projects.

(2) Purchase of equipment and instruments refers to the total value of equipment, tools, and instruments purchased or self-produced which come up to the cut-off point for fixed assets by the construction units or investing enterprises or institutions. Equipment, tools and instruments purchased or self-produced for new workshops by newly established or expanded units are categorized as "purchase of equipment and instruments" no matter whether they come up to the cut-off point for fixed assets.

(3) Other expenses refer to expenses arising during the construction or purchase of fixed assets other than those mentioned above.

Projects under Construction refer to projects with construction and installation activities undertaken in the reference period. All projects that have construction activities undertaken during the reference period are reported as projects under construction irrespective of the length of construction work. The number of projects under construction can reflect the actual size of investment in fixed assets during a given period, and when compared with the number of projects completed and put into use during the same period, it demonstrates the results of investment in fixed assets from the angle of the speed of the construction. Depending on the nature of construction activities, projects under construction can also be classified into projects beginning construction in current year, winding-up projects in current year and stopped or suspended projects in previous years (with resumption of work in current year).

Projects Completed and Put into Use Industrial projects refer to the major projects and anxilliary facilities having been completed in accordance with the design documents, resulting in forming production capacity and having checked and accepted after relevant tests, while the living and welfare facilities having been completed and being capable of ensuring normal production. Non-industrial projects refer to the major projects and anxilliary facilities which have been completed in accordance with the design documents ; have been checked, accepted after relevant examination; and have been formally delivered for use..

Floor Space of Buildings under Construction refers to the total floor space of the horizontal section of outer walls above the plinth of the building, including the effective area and the area occupied by the structure. This indicator is one of the important indicators in physical terms to reflect the scale and accomplishment of the construction industry and also an important basis for monitoring the progress, calculating the cost, analyzing the efficiency and studying the supply of building materials in relation to the construction projects.

Floor Space of Residential Buildings refers to the floor space of the residential buildings among the total space of buildings under construction or completed.

Floor Space under Construction refers to total floor space of all buildings under construction during the reference period, including floor space of newly started buildings during the reference period, floor space of construction extended from the previous period to the current period, and floor space of construction suspended during the previous period and resumed in the current period. Floor space of construction completed in the current period, and floor space of construction started and then suspended in the current period are also included in the floor space under construction of the current year.

Floor Space Completed refers to the floor space of all buildings completed in the reference period, which have been appraised and accepted (or come up to the designed standards) and have been transferred to owner units.

Newly Increased Fixed Assets refer to the newly increased value of fixed assets, constructed or purchased, that have been transferred to the investors. This is an indicator that demonstrates the results of investment in fixed assets in monetary terms, and an important indicator to reflect the speed of construction and to calculate the efficiency of investment.

5

对外经济贸易

FOREIAN ECONOMIC RELATIONS AND TRADE

◆93/114

资料整理及英文翻译：　林　红

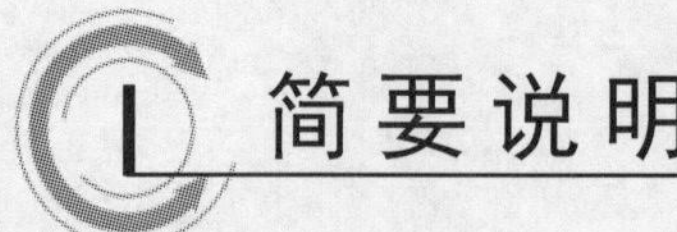

简要说明

本篇资料综合反映全省对外贸易、利用外资、对外经济合作、与国外结成友好城市，重点反映对外经济贸易的近期发展状况。

一、对外贸易部分

对外贸易统计的主要内容包括：进出口货物的金额、品种、国别(地区)、经营单位、贸易方式、类别等项目。

对外贸易统计的范围是按照联合国的国际贸易统计原则制定的，即凡能引起中华人民共和国关境内物质资源存量增加或减少的进出口货物，除制度另有规定者外，均列入该项统计。

对外贸易统计的资料来源于南昌海关，调查方法是全面调查。

历年出口商品分类金额和历年进口商品分类金额按照联合国《国际贸易标准分类》(SITC)进行统计。进出口商品目录是在海关合作理事会制定的《商品名称和编码协调制度》(HS)的基础上，结合我国进出口实际情况制定的。

全省对各国(地区)进出口总额表中，出口货物按中华人民共和国关境外最终目的国(地区)，进口货物按中华人民共和国关境外原产国(地区)统计。各地区进出口商品总值按境内经营单位所在地列示。经营单位所在地是指中华人民共和国关境内进出口企业报关注册的登记地。

二、利用外资统计部分

利用外资统计的主要内容包括：外商直接投资、外商投资企业登记注册情况。

统计范围是凡经工商行政管理机关核准登记，在江西所有利用外资的单位和部门，经批准设立的中外合资经营企业、合作经营企业、外资企业、外商投资股份制企业、合作开发项目等具有法人资格的独立核算企业(包括港澳台地区投资企业)，在江西从事经营活动的外国及港澳台地区企业及外国公司在江西境内设立的分支机构。

利用外资统计的资料来源于省商务厅，其中，外商投资企业的登记注册情况资料来源于省工商行政管理局外资局，调查方法是全面调查。

三、对外经济合作部分

对外经济合作统计的主要内容包括：对外承包工程的合同数、合同金额、完成营业额及对外劳务合作的合同工资总额、实际收入总额和对外直接投资额等。

统计调查对象是经各级商务主管部门批准的从事对外承包和劳务合作业务并具有法人地位的对外承包劳务企业、境内投资主体通过直接投资在境外设立的各类公司型企业和非公司型企业。

资料来源是省商务厅，调查方法是全面调查。

四、其他

与国外结成友好城市部分的统计资料来源是省外侨办。

Brief Introduction

Data in this chapter show the summary data of the whole province foreign trade, utilization of foreign capital, foreign sister city with foreign cities, focusing on the recent situation of foreign trade and economic cooperation.

I. Foreign Trade

Data on foreign trade include: varieties of imports and exports, value, imports and exports corporations, means of trade, types of taxes and so on.

The coverage of foreign trade statistics is designed according to principle on international trade by United Nations, that is: all imports or exports that will lead to stock changes of material resources with the territory of People's Republic of China; excluding goods by escape clause.

Sources of data on foreign trade are from Customs of Nanchang through comprehensive reporting system.

Customs statistics on value term imports and exports by categories are using the UN Standard International Trade Classification (SITC). The catalogue of the import and export commodities is set based on the Harmonized Commodity Description and Coding System (HS) stipulated by the Customs Cooperation Council, Combining with practical domestic situations.

In the table on provincial total imports and exports with related countries and regions, the export commodities are calculated at the customs of the countries (regions) of destination and the import commodities are calculated at the customs of the countries (regions) of origin. The total values of the import and export commodities by region are calculated respectively at the place where the import or export corporations are situated within the boundary of the People's Republic of China. The province where the import or export corporations are situated refers to the province where the import or export corporations have applied to and have been registered at the customs. The province of origin within the boundary of the People's Republic of China refers to the province where the export commodities are produced or originally delivered.

II. Statistics on Utilization of Foreign Capitals

Utilization of foreign capitals includes: foreign loans, foreign direct investments and other foreign investments, and the basic condition of registration of foreign funded enterprises.

The statistics cover all the units and departments which have utilized foreign capital and all the Sino-foreign joint ventures, Sino-foreign cooperative enterprises, ventures exclusively with foreign investment, foreign-funded stock companies, Sino-foreign cooperative development projects and other corporate enterprises (including the enterprises funded by the entrepreneurs from Hong Kong, Macao and Taiwan) with independent accounting system which have been approved by the Jiangxi provincial government to set up in the boundary of Jiangxi.

Data on utilization of foreign capitals are from Department of Commerce of Jiangxi Province, of which, data on basic condition of registration of foreign funded enterprises are from Jiangxi Administration for Industry and Commerce through comprehensive reporting system.

III. Foreign Economic Cooperation

Data on foreign economic cooperation include: number, volume and turnover of foreign project-contracting. Total wages of contract, complete business turnover, foreign direct investment of foreign labor service cooperation and so on.

The statistical unit in the scheme is the corporate enterprise engaged in contracted projects and labors services cooperation with foreign countries and has been approved by the department of commerce at various levels, company type and non-company type enterprises established overseas by domestic subjects of investment.

Data on foreign economic cooperation are from Department of Commerce of Jiangxi Province through comprehensive reporting system.

IV. Others

Statistical of data on Foreign sister city with foreign countries are from Overseas Chinese Affairs of Jiangxi Province.

5-1 海关货物进出口总额

Total Value of Imports and Exports

年 份 地 区 Year Region	人民币（万元） 10000 yuan				美 元（万美元） USD 10000			
	进出口总额 Total Imports & Exports	出口总额 Total Exports	进口总额 Total Imports	差 额 Balance	进出口总额 Total Imports & Exports	出口总额 Total Exports	进口总额 Total Imports	差 额 Balance
1989	232715	174932	57783	117149	62487	46948	15539	31409
1990	322283	257970	64313	193657	71934	58023	13911	44112
1991	408347	270925	137422	133503	76568	50814	25754	25060
1992	531711	355773	175938	179835	96533	64707	31826	32881
1993	665418	350031	315387	34644	116740	61409	55331	6078
1994	1126963	690113	436850	253263	130457	80014	50443	29571
1995	1080209	845224	234985	610239	129044	101035	28009	73026
1996	928914	709206	219708	489498	111672	85243	26429	58814
1997	1105121	924093	181028	743065	133284	111438	21846	89592
1998	1033368	844234	189134	655100	124720	101870	22850	79020
1999	1087884	750259	337625	412634	131387	90611	40776	49835
2000	1344664	991414	353250	638164	162399	119736	42663	77073
2001	1267519	860333	407186	453147	153119	103930	49189	54741
2002	1402687	871005	531682	339323	169468	105232	64236	40996
2003	2092670	1246410	846260	400150	252799	150569	102230	48339
2004	2923218	1651484	1271734	379750	353195	199539	153656	45883
2005	3338761	2005931	1332830	673101	405938	244004	161934	82070
2006	4948598	3000716	1947882	1052834	619356	375307	244049	131258
2007	7230425	4168726	3061698	1107028	944886	544473	400413	144060
2008	9545118	5412965	4132153	1280812	1361793	772666	589127	183539
2009	8727529	5033213	3694316	1338897	1277878	736849	541029	195820
2010	14629821	9079759	5550062	3529697	2160529	1341606	818923	522683
2011	20387440	14160957	6226483	7934474	3146881	2187606	959275	1228331
2012	21086322	15846515	5239807	10606708	3341383	2511279	830104	1681175
2013	22844979	17525434	5319545	12205889	3674663	2816665	857998	1958667
南 昌 市 Nanchang	6041304	4551348	1489956	3061392	971139	730759	240380	490379
景德镇市 Jingdezhen	697420	681579	15841	665738	112151	109600	2550	107050
萍 乡 市 Pingxiang	854583	839287	15296	823991	137300	134833	2467	132366
九 江 市 Jiujiang	2947563	2508829	438734	2070095	474049	403331	70719	332612
新 余 市 Xinyu	1290760	667270	623490	43780	207816	107255	100561	6694
鹰 潭 市 Yingtan	2751091	586737	2164354	-1577617	443381	94301	349081	-254780
赣 州 市 Ganzhou	2047794	1809230	238564	1570666	330010	291573	38437	253136
吉 安 市 Ji'an	2217227	2069374	147853	1921521	356142	332292	23849	308443
宜 春 市 Yichun	1231772	1137942	93829	1044113	198321	183193	15128	168065
抚 州 市 Fuzhou	782777	774169	8608	765561	126052	124668	1385	123283
上 饶 市 Shangrao	1982689	1899670	83019	1816651	318303	304861	13442	291419

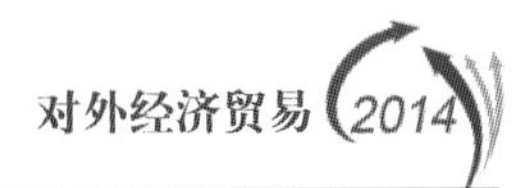

5-2 海关进出口货物分类金额（2013年）
Value of Imports and Exports by HS Section and Division (2013)

单位：万美元 (USD 10000)

商品类别	Section & Division	进出口总额 Total Imports & Exports	出口总额 Total Exports	进口总额 Total Imports
总计	**Total**	**3674663**	**2816665**	**857998**
活动物;动物产品	**Live Animals & Animal Products**	**5718**	**4909**	**809**
活动物	Live Animals	2948	2948	
肉及食用杂碎	Meat and Edible Haslets	86	86	
鱼、甲壳动物、软体动物及其他水生无脊动物	Fish;Shellfish;Molluscs and Other Aquatic Invertebrates	198	188	10
乳品；蛋品；天然蜂蜜;其他食用动物产品	Dairy Products;Eggs;Natural Honey;Other Edible Animal Products	613	87	526
其他动物产品	Other Animal Products	1873	1601	272
植物产品	**Vegetables; Fruits and Cereals**	**18133**	**14506**	**3627**
活树及其他活植物;鳞茎、根及类似品;插花及装饰用簇叶	Live Trees and other Live Plants;Bulbs;Roots and Similar Goods;Floral and Decorative Leaf Clusters	95	95	
食用蔬菜、根及块茎	Edible Vegetables; Roots and Stem Tubers	1480	1401	79
食用水果及坚果;甜瓜或柑桔属水果的果皮	Edible Fruits and Nuts; Muskmelon and Peels of Citrus Fruits	5743	5736	7
咖啡、茶、马黛茶及调味香料	Coffee; Tea and Spices	3721	3554	167
谷物	Cereals	3324	9	3316
制粉工业产品;麦芽;淀粉;菊粉;面筋	Milling Products; Malt; Starch; Inulin and Gluten	7	6	1
含油子仁及果实;杂项子仁及果实;工业用或药用植物;稻草、秸秆及饲料	Oil Seeds and Kernels and Oleaginous Fruits;Other Seeds and Kernels and Fruits; Plants for Industrial and Medicinal Use; Straws and Forage	3298	3241	57
虫胶;树胶、树脂及其他植物液、汁	Lac; Rubber; Resin and Other Plant Juices	294	294	
编结用植物材料;其他植物产品	Plaiting Plant Materials; Other Plant Products	170	170	
动植物油、脂及其分解产品;精制的食用油脂;动、植物蜡	**Animal and Vegetable Oils; Fats and Wax; Refined Edible Oils and Fats**	**49**	**21**	**28**
食品；饮料、酒及醋;烟草、烟草及烟草代用品的制品	**Food; Beverages; Liquor and Vinegar;Tobacco and Tobacco Substitutes**	**35848**	**26342**	**9506**
肉、鱼、甲壳动物、软体动物及其他水生无脊椎动物的制品	Meat; Fish and Shellfish Products Mollusks and Other Aquatic Products	17017	17017	
糖及糖食	Sugar and Sugar Products	90	56	35
可可及可可制品	Cocoa and Cocoa Products	66	66	
谷物、粮食粉、淀粉或乳的制品;糕饼点心	Cereals; Grain; Starches or Milk and Pastry Products	2860	2644	215
蔬菜、水果、坚果或植物其他部分的制品	Products of Vegetables; Fruits and Nuts	3129	3123	6
杂项食品	Miscellaneous Food	153	140	13
饮料、酒及醋	Beverages; Liquor and Vinegar	182	59	123
食品工业的残渣及废料;配制的动物饲料	Waste Residues of Food Industry and Configuration of Animal Feed	12352	3238	9114
矿产品	**Minerals**	**350827**	**5554**	**345273**
盐;硫酸;泥土及石料;石膏料、石灰及水泥	Salt; Sulphur; Clay and Rock; Plaster Stone; Lime and Cement	8252	5068	3184
矿砂、矿渣及矿灰	Ore; Slag and Mortar	335694	176	335518
矿物燃料、矿物油及其 蒸馏产品;沥青物质;矿物蜡	Mineral Fuels; Lubricants; Asphalt;Mineral Wax	6881	311	6570

5-2 续表1 continued

单位: 万美元 (USD 10000)

商品类别	Section & Division	进出口总额 Total Imports & Exports	出口总额 Total Exports	进口总额 Total Imports
化学工业及其相关工业的产品	**Chemicals and Related Products**	**243670**	**216023**	**27648**
无机化学品;贵金属、稀土金属、放射性元素及其同位素的有机及无机化合物	Inorganic Chemicals;Precious Metals;Rare Earth; Radioactive Elements and Isotopes of Organic and Inorganic Compounds	82066	77148	4918
有机化学品	Organic Chemicals	52560	51299	1261
药品	Medicinal and Pharmaceutical Products	5559	4856	703
肥料	Fertilizers	106	106	
鞣料浸膏及染料浸膏;鞣酸及其他衍生物;染料、颜料及其他着色料;油漆及清漆;油灰及其他类似胶粘剂;墨水、油墨	Tanning and Dyeing Extracts;Tannic Acid;Coloring and Dyeing Materials; Paint and Lacquer; Putty and other similar Adhesive; Ink and Printing Ink	9284	8799	485
精油及香膏;芳香料制品及化妆盥洗品	Essential Oils and Perfumed Materials; Cosmetics Washing Goods	5775	4124	1651
肥皂、有机表面活性剂、洗涤剂、润滑剂、人造蜡、调制蜡、光洁剂、蜡烛及类似品、塑型用膏、"牙科用蜡"及牙科用熟石膏制剂	Soap;Organic Surfactant;Detergent;Lubricant;Man-made Wax; Modulated Wax,Lacquer;Candles and Similar Goods;Remodeling Paste;"Dental Wax"and Plaster Preparation of Dental Use	6680	5814	866
蛋白类物质; 改性淀粉;胶; 酶	Protein like Substances; Modified Starch;Gel and Enzymes	4862	2384	2478
烟火制品; 火柴;引火合金; 易燃材料制品	Explosives and Matches Products;Inflammable Material Products	20978	20978	
照相及电影用品	Photographic and Film Supplies	641	117	524
杂项化学产品	Miscellaneous Chemical Products	55160	40398	14762
塑料及其制品; 橡胶及其制品	**Plastics and Related Products;Rubber and Related Products**	**189432**	**159014**	**30418**
塑料及其制品	Plastics and Related Products	162100	139603	22497
橡胶及其制品	Rubber and Related Products	27332	19411	7920
生皮、皮革、毛皮及其制品;鞍具及挽具;旅行用品、手提包及类似品; 动物肠线(蚕胶丝除外)制品	**Raw Hides; Leather; Furs and Related Products; Saddle;Travel Articles; Handbags and Similar Containers**	**119598**	**113232**	**6366**
生皮及皮革	Raw Hides and Leather	3893	273	3619
皮革制品;鞍具及挽具;旅行用 品、手提包及类似容器;动物肠线制品	Leather Products;Saddle;Travel Articles;Handbags and Similar Containers	110137	110051	86
毛皮、人造毛皮及其制品	Furs; Artificial Furs and Related Products	5568	2907	2661
木及木制品;木炭;软木及软木制品;稻草、秸秆、针茅或其他编结材料制品;蓝筐及柳条编结品	**Wood and Wooden Products; Charcoal; Cork and Related Products; Straws;Plaited Products; Baskets and Wickerwork**	**18994**	**16454**	**2540**
木及木制品;木炭	Wood and Wooden Products, Charcoal	18290	15754	2536
软木及软木制品	Cork and Related Products	3	2	1
稻草、秸秆、针茅或其他编结材料制品;篮筐及柳条编结品	Straws;Plaited Products; Baskets and Wickerwork	701	698	3
木浆及其他纤维状纤维素浆;纸及纸板的废碎品;纸、纸板及其制品	**Paper Pulp and Cellulose Pulp; Paper and Waste Paper; Paperboard and Related Products**	**72380**	**48908**	**23472**
木浆及其他纤维状纤维;纸及纸板的废碎品	Paper Pulp and Cellulose Pulp; Paper and Paper Board Waste	22496	8	22488

5-2 续表2 continued

单位: 万美元 (USD 10000)

商品类别	Section & Division	进出口总额 Total Imports & Exports	出口总额 Total Exports	进口总额 Total Imports
纸及纸板;纸浆、纸或纸板制品	Paper and Paperboard; Articles of Paper Pulp or Paper and Paperboard Products	44017	43162	855
书籍、报纸、印刷图画及其他印刷品;手稿、打字稿及设计图纸	Books,Newspaper and Other Prints; Manuscript,Design Drawings	5867	5737	129
纺织原料及纺织制品	**Textile Materials and Products**	**484473**	**467411**	**17062**
蚕丝	Natural Silk	163	157	6
羊毛、动物细毛或粗毛;马毛纱线及其机织物	Wool; Wool Yarn and Woolen Woven Fabrics	865	91	774
棉花	Cotton	16123	11441	4682
其他植物纺织纤维;纸纱线及其机织物	Other Textile Fibres Yarn and Related Woven Fabrics	8276	8091	185
化学纤维长丝	Man-Made Filament	7602	5434	2168
化学纤维短纤	Man-Made Short Fibres	12730	12061	669
絮胎、毡呢及无纺织物;特种纱线;线、绳、索、缆及其制品	Wadding; Felt and Adhesive-Bond Fabrics;Special Yarn; Thread; Rope; Cable and Related Products	5136	4597	539
地毯及纺织材料的其他铺地制品	Carpets and Related Products	3831	3830	1
特种机织物;簇绒织物;花边;装饰毯;装饰带;刺绣品	Special Woven Fabrics; Lace; Embroidery	5885	4915	969
浸渍、涂布、包覆或层压的纺织物;工业用纺织制品	Coated Textiles; Textile Products for Industrial Use	3325	1660	1665
针织物及钩编织物	Knitwear and Crocheted Fabrics	11489	9012	2478
针织或钩编的服装及衣着附件	Knitted or Crocheted Garments&Clothing Accessories	300992	300629	363
非针织或非钩编的服装及衣着附件	Garments Not Knitted or Crocheted	75815	74200	1615
其他纺织制成品;旧衣着及旧纺织品;碎织物	Other Textile Products; Secondhand Garments	32241	31292	948
鞋、帽、伞、杖、鞭及其零件;已加工的羽毛及其制品;人造花;人发制品	**Footwear; Headgear; Umbrellas; Canes; Whips;Processed Feather; Artificial Flowers; Wigs**	**174323**	**173942**	**381**
鞋靴、护腿和类似品及其零件	Parts of Footwear; Gaiters	133203	132888	315
帽类及其零件	Headgear And Accessories	6119	6119	
雨伞、阳伞、手仗、鞭子、马鞭及其零件	Umbrellas; Canes; Whips and Accessories	9758	9758	
已加工羽毛、羽绒及其制品;人造花;人发制品	Processed Feathers and Related Products;Artificial Flowers; Wigs	25242	25176	67
石料、石膏、水泥、石棉、云母及类似材料的制品;陶瓷产品;玻璃及其制品	**Gypsum; Cement; Asbestos; Mica; Ceramic Glass**	**174591**	**170228**	**4363**
石料、石膏、水泥、石棉、云母及类似材料的制品	Gypsum; Cement; Asbestos; Mica and Related Products	34999	34655	343
陶瓷产品	Ceramics	84942	84653	289
玻璃及其制品	Glass and Glassware	54650	50919	3731
天然或养殖珍珠、宝石或半宝石、贵金属、包贵金属及其制品;仿首饰;硬币	**Natural or Cultivated Pearls;Precious or Semi-Precious Stones; Jewelry of Precious Metal or Rolled Precious Metal; Artificial Jewelry; Coins**	**19453**	**12975**	**6478**

5-2 续表3 continued

单位: 万美元 (USD 10000)

商品类别	Section & Division	进出口总额 Total Imports & Exports	出口总额 Total Exports	进口总额 Total Imports
贱金属及其制品	**Base Metals and Related Products**	**452382**	**300636**	**151746**
钢铁	Iron and Steel	68482	66517	1965
钢铁制品	Iron and Steel Products	92555	91463	1092
铜及其制品	Copper and Related Products	172081	34827	137254
镍及其制品	Nickel and Related Products	561	50	511
铝及其制品	Aluminum and Related Products	14965	13287	1678
铅及其制品	Lead and Related Products	18	17	1
锌及其制品	Zinc and Related Products	982	773	209
锡及其制品	Tin and Related Products	133	35	97
其他贱金属、金属陶瓷及其制品	Other Base Metals and Related Products	22629	14614	8015
贱金属工具、器具、利口器、餐匙、餐叉及其零件	Tools and Apparatus of Base Metals;Spoon and Accessories	29873	29611	262
贱金属杂项制品	Miscellaneous Products of Base Metals and Accessories	50105	49442	663
机器、机械器具、电气设备及其零件;录音机及放声机、电视图像、声音的录制和重放设备及其零件、附件	**Machinery; Electric Equipment and Accessories; Recorders; Video Recorder and Accessories**	**748139**	**553811**	**194328**
锅炉、机器机械器具及其零件等	Boilers;Machinery and Accessories	246342	188177	58165
电机、电气设备及其零件;录音机及放声机、电视图像、声音的录制和重放设备及其零件、附件	Electric Equipment and Accessories;Recorders;Video Recorder and Accessories	501796	365633	136163
车辆、船舶及有关运输设备	**Locomotives; Vehicles; Ship and Related Transportation Equipment**	**94833**	**86291**	**8543**
光学、照相、电影、计量、检验、医疗或外科用仪器及设备、精密仪器及设备;上述物品的零件、附件	**Optical; Photographic; Film; Measuring and Checking and Medical Instruments and Equipment; Precision Instruments and Equipment; (Clocks; Musical Instruments;) Related Parts and Accessories**	**83221**	**58753**	**24467**
光学、照相、电影、计量、检验、医疗或外科用仪器及设备、精密仪器及设备;零件、附件	Optical; Photographic; Film; Measuring and Checking and Medical Instruments and Equipment; Precision Instruments and Equipment; Clocks; Musical Instruments; Related Parts and Accessories	70825	46520	24305
钟表及其零件	Clocks and Accessories	9472	9467	5
乐器及其零件、附件	Musical Instruments; Related Parts and Accessories	2919	2762	157
其它及其零件、附件	Other parts and Accessories	5	5	
杂项制品	**Miscellaneous Products**	**386259**	**385452**	**807**
家具、寝具、褥垫、弹簧床垫、软座垫及类似的填充制品;未列名灯具及照明装置;发光标志、发光名牌及类似品;活动房屋	Furniture and Lighting Fixtures;Luminous Signs&similar Goods; Prefabricated Houses	284212	283970	242
玩具、游戏品、运动用品及其零件、附件	Toys, Games, Sporting Goods and Accessories	73207	73143	64
杂项制品	Miscellaneous Products	28840	28338	501
艺术品、收藏品及古物	**Works of Art, Collectibles and Antiques**	**2205**	**2205**	
其它	**Others**	**135**		**135**

5-3 按国别(地区)分海关货物进出口总额（2013年）

Volume of Imports and Exports by Country or Region (2013)

单位：万美元 (USD 10000)

国别（地区）	Country (Region)	进出口总额 Total	出口总额 Exports	进口总额 Imports
合　计	**Total**	**3674663**	**2816665**	**857998**
亚　洲	Asia	1843648	1547417	296231
#孟加拉国	Bangladesh	19881	19593	288
中国香港	Hong Kong, China	365003	360946	4057
中国澳门	Macao, China	10904	10904	
中国台湾	Taiwan, China	167552	59077	108475
印　度	India	122971	117774	5196
印度尼西亚	Indonesia	133403	111168	22235
伊　朗	Iran	25722	21707	4015
以色列	Israel	17000	16616	385
日　本	Japan	113176	77741	35435
马来西亚	Malaysia	185493	179640	5853
蒙　古	Mongolia	1495	1457	38
巴基斯坦	Pakistan	15661	13564	2097
菲律宾	Philippines	46518	40165	6353
沙特阿拉伯	Saudi Arabia	47365	46660	704
新加坡	Singapore	108672	104066	4606
韩　国	Korea Rep.	106750	75554	31197
斯里兰卡	Sri Lanka	5070	5021	50
叙利亚	Syria	2134	2134	
泰　国	Thailand	66955	56416	10539
土耳其	Turkey	16261	15397	864
阿拉伯联合酋长国	United Arab Emirates	65375	65115	260
也　门	Republic of Yemen	6740	6726	14
越　南	Vietnam	67404	65626	1778
非　洲	Africa	253034	208837	44197
#阿尔及利亚	Algeria	9658	9658	
埃　及	Egypt	16014	16009	6
科特迪瓦	Cote d'lvoire	963	811	152
尼日利亚	Nigeria	26380	24961	1419
南　非	South Africa	72775	56936	15839
多　哥	Togo	13490	13490	
民主刚果	Congo DR	15432	827	14605

5-3 续表 continued

单位: 万美元 (USD 10000)

国别（地区）	Country (Region)	进出口总额 Total	出口总额 Exports	进口总额 Imports
欧洲	Europe	517490	441930	75560
#比利时	Belgium	38968	30858	8110
丹麦	Denmark	5044	3290	1753
英国	United Kingdom	69119	64745	4374
德国	Germany	107816	78156	29660
法国	France	32976	28840	4136
意大利	Italy	29850	25259	4591
荷兰	Netherlands	71292	68594	2698
希腊	Greece	4309	4218	91
西班牙	Spain	34924	32152	2772
奥地利	Austria	1547	764	784
芬兰	Finland	9143	4051	5092
波兰	Poland	17175	16459	717
瑞典	Sweden	7641	6812	829
瑞士	Switzerland	3911	1708	2202
爱沙尼亚共和国	Estonia	285	277	8
俄罗斯联邦	Russia	33195	29139	4056
乌克兰	Ukraine	7930	7877	54
捷克共和国	Czech	5313	4769	544
拉丁美洲	Latin America	473331	161805	311526
#阿根廷	Argentina	13839	13559	281
巴西	Brazil	80450	31111	49339
智利	Chile	224231	20864	203367
古巴	Cuba	2145	2145	
危地马拉	Guatemala	1253	1248	6
牙买加	Jamaica	3213	3213	
墨西哥	Mexico	21718	17013	4705
巴拿马	Panama	27533	27533	
秘鲁	Peru	59318	8840	50478
委内瑞拉	Venezuela	4561	4561	
北美洲	North America	460635	412062	48572
#加拿大	Canada	53420	38265	15155
美国	United States	407214	373797	33417
大洋洲及太平洋群岛	Oceanic and Pacific Islands	126525	44614	81911
#澳大利亚	Australia	118837	38880	79956
新西兰	New Zealand	5736	4267	1468
巴布亚新几内亚	Papua New Guinea	1197	711	486
其他	Others			

5-4 海关主要商品出口总额
Main Export Commodities in Value

单位：万美元 (USD 10000)

品　　名	Item	2012	2013
机电产品	Mechanical and Electrical Products	935900	1056355
高新技术产品	High and New-tech Products	328437	342906
服装及衣着附件	Clothing and Accessories	282282	389029
二极管及类似半导体器件	Diode and Semi Conductors	54955	88304
旅行用品及箱包	Articles, Chests and Bags for Travel	112590	105583
纺织纱线、织物及制品	Spinning Yarn,Fabric and the Products	77727	94771
塑料制品	Plastic Articles	107377	115651
家具及其零件	Furniture and Parts	151442	173016
钢材	Rolled Steel	65172	66104
铁合金	Ferroalloy	30134	7793
鞋类	Shoes	110235	132888
陶瓷产品	Ceramic Products	70578	84653
玻璃制品	Glass ware	43700	33362
农产品	Agriculture Products	38226	48064
#茶叶	Tea	2803	3434
鲜、干水果及坚果	Fresh and Dry Fruits,Nuts	3954	5725
蔬菜	Vegetables	1720	1658
活猪	Live Hogs	1740	2926
灯具、照明装置及类似品	Lamps and lighting fittings	67941	97656
钨及其化合物	Tungsten & its Compounds	17998	11955
体育用具及设备	Articles and Equipment of Sports	22415	21820
医药品	Medical and Pharmaceutical Products	21840	27689
烟花、爆竹	Fireworks and Firecrackers	20233	20797
纸及纸板	Paper and Paperboard in Rolls	10326	15664
伞	Umbrellas	9962	7607
玩具	Toys	18604	20859
烤鳗	River Eels Processed or Preserved	14433	16326
轮胎	Tyres	5683	3820
未锻造的铜及铜材	Unwrought Copper and its Alloys	19784	33511
床垫、寝具及类似品	Mattess, Bedclothing and Analogs	8949	9834
家用或装饰用木制品	Wood Products for household Use or Decoration	4745	4849
未锻造的铝及铝材	Unwrought aluminium and aluminium products	3670	4993
打火机	Porket lighters,gas-filled	3629	4313
氟石	Fluorite	1339	50

5-5 海关主要商品进口总额
Main Import Commodities in Value

单位：万美元 (USD 10000)

品名	Item	2012	2013
机电产品	Mechanical and Electrical Products	234930	230398
铜矿砂	Copper Ores	216377	211901
高新技术产品	High and New-tech Products	146522	156237
未锻造铜及铜材	Unwrought Copper and its Alloys	113502	114379
铁矿砂	Iron Ore	101677	100484
集成电路	Integrated Circuit	95481	98641
纸浆	Paper Pulp	17254	19320
废铜	Scrap Copper	25099	22432
二极管及类似半导体器件	Diode and Semi Conductors	6212	10928
纺织纱线、织物及制品	Spinning Yarn,Fabric and the Products	8485	11867
初级形状的塑料	Plastics of Primary Pattern	7201	7648
废塑料	Waste,parings and scrap,of plastics	3322	2912
天然橡胶	Natural Rubber	2694	2490
塑料制品	Plastic Articles	2714	2768
合成橡胶	Synthetic Rubber	1848	1219
牛皮革及马皮革	Bovine or equine leather	1994	2238
棉花	Cotton, not Carded or Combed	724	2659
废纸	Waste Paper	700	3168
钢材	Rolled Steel	581	1025
医药品	Medical and Pharmaceutical Products	285	808
成品油	Petroleum Products Refined	148	130
服装及衣着附件	Clothing and Accessories	639	2340

5-6 按贸易方式分海关货物进出口总额（2013年）

Total Value of Imports and Exports by Customs Regime (2013)

单位：万美元 (USD 10000)

贸易方式	Customs Regime	进出口总额 Total Imports & Exports	出口总额 Total Exports	进口总额 Total Imports
总　计	**Total**	**3674663**	**2816665**	**857998**
一般贸易	Ordinary Trade	2726978	2338356	388622
国家间、国际组织无偿援助和赠送的物资	Aid and Donation between Countries and from International Associations	653	653	
其他境外捐赠物资	Other Donation Abroad			
来料加工装配贸易	Trade for Processing and Assembling with Customer's Materials	60822	47650	13172
进料加工贸易	Trade for Processing with Imported Materials	788143	359949	428194
边境小额贸易	Border Trade			
加工贸易进口设备	Processing Equipments	1		1
对外承包工程出口货物	Goods for Contracted Foreign Projects	10996	10996	
租赁贸易	Rental Trade			
外商投资企业作为投资进口的设备、物品	Foreign Funded Equipments and Goods	2688		2688
出料加工贸易	Give Makings Treatment	44	16	28
保税监管场所进出境货物	Inbound and Outbound Goods in Bonded Supervision Area	19904	10960	8944
海关特殊监管区域物流货物	Logistic Good Customs in Particular Supervision Areas	46843	35591	11252
海关特殊监管区域进口设备	Imported Equipment in Particular Supervision Areas	4814		4814
其　他	Others	12776	12493	283

5-7 对外经济合作

Economic Cooperation with Foreign Countries or Regions

指标	Item	2000	2005	2010	2012	2013
对外承包工程	**Contracted Projects**					
合同数（份）	Number of Contracts (unit)	27	32	102	127	144
合同额（万美元）	Contracted Value (USD 10000)	5149	19963	135697	168284	203444
营业额（万美元）	Value of Turnover Fulfilled (USD 10000)	6382	14817	104334	184082	227296
对外劳务合作	**Labor Services**					
合同工资总额(万美元)	Contracted Wage in Total (USD 10000)	4354	8555	3531	5317	6413
实际收入总额(万美元)	Real Income in Total (USD 10000)	4567	6350	6582	8046	7333
对外直接投资(非金融类)	**Overseas Direct Investment(Non-Finance)**					
新设境外投资企业(家)	Enterprise Newly Established Investing Overseas (unit)		3	46	42	13
中方协议投资额(万美元)	Contractual Foreign Investment (USD 10000)		35	21747	54208	5388
对外直接投资额(万美元)	Overseas Direct Investment(USD 10000)		630	21280	36542	16142

注：从2002年始，商务部和国家统计局制订了《对外直接投资统计制度》。

a)State department of commerce and state statistical bureau drafted statistical system of foreign direct investment in 2002.

5-8 外商直接投资情况

Utilization of Direct Foreign Investments

年份 地区 Year Region	项目数 (个) Number of Projects (unit)	合同外资金额 (万美元) Total Amount of Contracted Foreign Investment (USD10000)	实际使用外资 (万美元) Total Amount of Foreign Investment Actually Utilized (USD 10000)
1984	18	708	80
1985	29	2781	517
1986	8	2093	458
1987	15	1990	394
1988	35	1760	563
1989	24	513	587
1990	54	2855	621
1991	162	5562	1949
1992	906	58990	9653
1993	1293	90983	20817
1994	536	39158	26168
1995	522	53966	28818
1996	369	39485	30068
1997	395	64444	47768
1998	334	41919	46493
1999	245	35136	32080
2000	272	26478	22724
2001	308	52660	39575
2002	591	153387	108725
2003	759	233094	161234
2004	964	311289	205238
2005	940	387645	242258
2006	982	403068	280657
2007	867	544615	310358
2008	689	492550	360368
2009	821	490484	402354
2010	1092	749447	510084
2011	812	844545	605881
2012	789	816170	682431
2013	847	913261	755096
南昌市 Nanchang	176	247945	211657
景德镇市 Jingdezhen	23	16354	14042
萍乡市 Pingxiang	32	29059	25486
九江市 Jiujiang	140	173098	123107
新余市 Xinyu	42	31510	31414
鹰潭市 Yingtan	39	20293	19219
赣州市 Ganzhou	119	120415	110714
吉安市 Ji'an	125	93279	68427
宜春市 Yichun	25	56510	53208
抚州市 Fuzhou	46	29040	22089
上饶市 Shangrao	80	95758	75733

5-9 外商在赣直接投资情况（2013年）
Utilization of Direct Foreign Investments in Jiangxi (2013)

类　　别	Type	项 目 数（个）Number of Projects (unit)	合同外资金额（万美元）Total Amount of Contracted Foreign Investment (USD10000)	实际使用外资（万美元）Total Amount of Foreign Investment Actually Utilized (USD 10000)
总　　计	**Total**	**847**	**913261**	**755096**
按投资方式分	**By Form**			
合资经营企业	Joint venture Enterprises	65	76025	60017
合作经营企业	Cooperative Operation Enterprises	1	191	850
外资企业	Foreign Investment Enterprise	781	836195	691879
外商投资股份制企业	Foreign Investment Share		850	2350
按国民经济行业分	**By Sector**			
农、林、牧、渔业	Agriculture, Forestry, Animal Husbandry and Fishery	78	73843	57084
采矿业	Mining	1	1129	2529
制造业	Manufacturing	568	587166	504645
#食品制造业	Manufacture of Foods	7	11230	1970
饮料制造业	Manufacture of Beverages	1	4406	1513
纺织业	Manufacture of Textile	18	17579	12057
纺织服装、鞋、帽制造业	Manufacture of Textile Wearing Apparel, Footware and Caps	84	69973	73813
家具制造业	Manufacture of Furniture	6	8458	6934
文教体育用品制造业	Manufacture of Articles for Culture, Education and Sport Activties	12	10334	8639
化学原料及化学制品制造业	Manufacture of Raw Chemical Materials and Chemical Products	18	16066	17164
医药制造业	Manufacture of Medicines	3	2054	9636
塑料制品业	Manufacture of Plastics	13	10012	9500
非金属矿物制品业	Manufacture of Non-metallic Mineral Products	34	41397	35637
有色金属冶练及压延加工业	Smelting and Pressing of Non-ferrous Metals	28	18567	18524
通用设备制造业	Manufacture of General Purpose Machinery	40	51061	34483
交通运输设备制造业	Manufacture of Transport Equipment	21	26651	15636
电气机械及器材制造业	Manufacture of Electrical Machinery and Equipment	78	88142	62187
通信设备、计算机及其他电子设备制造业	Manufacture of Communication Equipment,Computers and Other Electronic Equipment	105	93849	100284
电力、燃气及水的生产和供应业	Production and Supply of Electricity, Gas and Water	6	4465	4438
建筑业	Construction	13	21353	14568
交通运输、仓储和邮政业	Transport, Storage and Post	1	4386	1962
#仓储业	Storage	1	1270	1962
信息传输、计算机服务和软件业	Information Transmission, Computer Services and Software	68	82560	51873
#计算机服务业	Computer Services	32	32058	14467
软件业	Software Industry	36	50502	37406
批发和零售业	Wholesale and Retail Trades	28	18857	21198
批发业	Wholesale Trade	18	13199	10157
零售业	Retail Trade	10	5658	11041
住宿和餐饮业	Hotels and Catering Services	7	8876	4953
住宿业	Hotels		-12	10
餐饮业	Catering Services	7	8888	4943
金融业	Financial Intermediation	2	702	50
房地产业	Real Estate	6	20826	17094

5-9 续表 continued

类别	Type	项目数（个） Number of Projects (unit)	合同外资金额（万美元） Total Amount of Contracted Foreign Investment (USD 10000)	实际使用外资（万美元） Total Amount of Foreign Investment Actually Utilized (USD 10000)
租赁和商务服务业	Leasing and Business Services	37	40416	38870
#商务服务业	Business Services	35	39166	38832
科学研究、技术服务和地质勘查业	Scientific Research, Technical Service and Geologic Prospecting	17	25770	19299
水利、环境和公共设施管理业	Management of Water Conservancy, Environment and Public Facilities	5	9003	14537
居民服务和其他服务业	Services to Households and Other Services	4	482	1063
教育	Education	1	580	93
卫生、社会保障和社会福利业	Health, Social Security and Social Welfare	1	645	
文化、体育和娱乐业	Culture, Sports and Entertainment	4	12202	840
其他	Others			
按投资国别（地区）分	**By Country (Region)**			
亚　洲	Asia	811	874605	715599
中国香港	Hong Kong, China	650	723081	603590
中国澳门	Macao, China	10	11771	7107
中国台湾	Taiwan, China	89	71404	56979
孟加拉国	Bangladesh	17	16320	7650
日　本	Japan	2	14413	9727
马来西亚	Malaysia			490
菲律宾	Philippines	2	2525	2824
新加坡	Singapore	5	14380	8348
韩　国	Korea Rep.	2	514	200
泰　国	Thailand			87
非　洲	Africa	3	859	1312
欧　洲	Europe	9	6421	9673
#英　国	United Kingdom	1	870	845
德　国	Germany	3	4530	3894
法　国	France	1	13	1001
意大利	Italy	1	-3	2525
荷　兰	Netherlands	1	2	122
西班牙	Spain			11
拉丁美洲	Latin America	8	10406	14013
北美洲	North America	3	2735	2357
#加拿大	Canada	1	941	838
美　国	United States	2	1794	1519
大洋洲及太平洋群岛	Oceanic and Pacific Islands	16	10805	8872
#澳大利亚	Australia	4	666	271
新西兰	New Zealand			500
其他	Others	7	7430	3270

注：利用外资项目中，存在多个国家投资同一项目，故按投资国别、地区分的项目个数之和不等于合计数。

a) Among the projects of utilization of foreign investments,there exists the same project with investments from different countries,so the number of projects by country or region is not equal to the total.

5-10 外商投资企业年底注册登记情况（2013年）

Registration Status of Foreign Funded Enterprises at Year-end (2013)

类别	Type	外商投资企业数(户) Number of Enterprises Corporate (unit)	投资总额(万美元) Total Investment (USD 10000)	注册资本(万美元) Registered Capital (USD 10000)	#外方 Foreign Investor
总计	**Total**	**6667**	**5877046**	**3843581**	**3325266**
按投资方式分	**By Form**				
合资经营企业	Joint venture Enterprises	992	1631968	939183	517554
合作经营企业	Cooperative Operation Enterprises	73	89880	49702	36668
外资企业	Foreign Investment Enterprises	4143	4012163	2731251	2731251
外商投资股份制企业	Foreign Investment Shares	18	140533	122141	38705
其他外商投资企业	Other Enerprises	5	2502	1304	1088
外商投资企业分支机构	Branches of Foreign Investment Enterprise	1436			
按国民经济行业分	**By Sector**				
农、林、牧、渔业	Agriculture, Forestry, Animal Husbandry and Fishery	527	374705	283936	265409
采矿业	Mining	29	88491	63993	29791
制造业	Manufacturing	3271	3368944	2154045	1878705
金属制品、机械和设备修理业	Repairing Maintenance of Metalwork, Machines and Equipments	1	759	455	410
电力、燃气及水的生产和供应业	Production and Supply of Electricity, Gas and Water	86	104312	57588	41231
建筑业	Construction	138	265651	114812	98760
交通运输、仓储和邮政业	Transport, Storage and Post	64	32298	16718	12560
信息传输、计算机服务和软件业	Information Transmission, Computer Services and Software	369	106833	101622	97851
批发和零售业	Wholesale and Retail Trades	919	444386	307049	291719
住宿和餐饮业	Hotels and Catering Services	221	47081	34773	30604
金融业	Financial Intermediation	115	44910	42910	13910
房地产业	Real Estate	374	397099	260897	212867

5-10 续表 continued

类别	Type	外商投资企业数(户) Number of Enterprises Corporate (unit)	投资总额(万美元) Total Investment (USD 10000)	注册资本(万美元) Registered Capital (USD 10000)	#外方 Foreign Investor
租赁和商务服务业	Leasing and Business Services	277	194529	129783	115699
科学研究、技术服务和地质勘查业	Scientific Research, Technical Service and Geologic Prospecting	120	206746	174553	168599
水利、环境和公共设施管理业	Management of Water Conservancy,Environment and Public Facilities	48	72237	47771	43246
居民服务和其他服务业	Services to Households and Other Services	65	35828	27301	9056
教育	Education	7	5165	3107	2806
卫生、社会保障和社会福利业	Health, Social Security and Social Welfare	4	1105	879	869
文化、体育和娱乐业	Culture, Sports and Entertainment	31	84969	21141	11092
其他	Others	2	1757	703	492
按投资国别(地区)分	**By Country (Region)**				
亚　洲	Asia	4480	4903886	3273885	2851107
中国香港	Hong Kong, China	3283	3726084	2483104	2221061
中国澳门	Macao, China	97	71970	60223	58765
中国台湾	Taiwan, China	618	295562	226120	210771
日　本	Japan	86	313175	173755	95372
韩　国	Korea Rep.	34	10616	7363	5551
亚洲其他国家(地区)	Other Asia Countries (Regions)	362	486479	323320	259587
非　洲	Africa	57	54313	27687	22464
埃　及	Egypt	3	135	115	115
南　非	South Africa	3	1215	1060	1035
毛里求斯	Mauritius	15	28084	12900	8514
塞舌尔	Seychelles	17	17798	9382	8867
非洲其他国家(地区)	Other Africa Countries (Regions)	19	7081	4230	3933
欧　洲	Europe	154	87932	46686	35386
英　国	United Kingdom	26	6355	4581	3600
德　国	Germany	24	34171	14342	10368
法　国	France	15	8174	3972	3368
俄罗斯联邦	Russian Federation	5	225	201	157
欧洲其他国家(地区)	Other Europe Countries (Regions)	84	39007	23590	17893
拉丁美洲	Latin America	204	522266	306581	272388
巴　西	Brazil	2	9712	3347	3347
开曼群岛	Cayman Islands	16	231416	123844	115733
英属维尔京群岛	British Virgin Islands	175	274702	175863	149841
拉丁美洲其他国家(地区)	Other Latin America Countries (Regions)	11	6436	3527	3467
北美洲	North America	201	188647	123939	86598
加拿大	Canada	43	19554	15472	11790
美　国	United States	154	167423	107059	73512
百慕大群岛	Bermuda	4	1670	1408	1296
大洋洲及太平洋群岛	Oceanic and Pacific Islands	111	96242	52878	48878
澳大利亚	Australia	40	19792	12037	10582
新西兰	New Zealand	11	7940	4875	3825
萨摩亚	Samoa	58	68145	35691	34235
大洋洲其他国家(地区)	Other Oceanic Countries (Regions)	2	365	275	236
其他	Others	19	21258	10621	7357

注：按投资国别(地区)分的外商投资企业数、投资总额、注册资本、其中外方注册资本等指标不包括其他外商投资企业和外商投资企业分支机构数。

a) Number of Foreign-invested enterprises, total investment, registered captial, foreign investor by country (region) do not include other foreign-invested enterprises or branchs of foreign-invested enterprises.

5-11 江西与国外结成友好城市一览
List of Foreign Sister Cities with Jiangxi

国别	Country Region	城市(州、县)	Sister City (State, Prefecture)	缔结日期 Date of Conclusion
马其顿	Macedonia	斯科普里市	Skopje	1984.03.20
德国	Germany	黑森州	Hesse	1985.04.03
美国	United States	肯塔基州	Kentucky	1985.10.06
美国	United States	犹他州	Utah	1986.07.10
日本	Japan	岐阜县	Gifu	1988.06.21
墨西哥	Mexico	托卢卡市	Toluca	1988.08.16
日本	Japan	高松市	Takamatsu-shi	1990.09.28
日本	Japan	冈山县	Okayama	1992.06.01
摩洛哥	Morocco	萨非市	Safi	1993.10.15
美国	United States	罗马市	Rome	1993.11.07
澳大利亚	Australia	沃拉格尔市	Wollongong	1993.12.09
美国	United States	麦卡伦市	McAllen	1994.10.27
斯洛文尼亚	Slovenia	科佩尔市	Koper	1995.04.05
日本	Japan	佐贺县有田町	Arita-cho, Saga	1996.08.28
日本	Japan	玉野市	Tamano-shi	1996.10.05
芬兰	Finland	瓦尔济考斯基市	Valkeakoski	1997.11.20
芬兰	Finland	托亚拉市	Toijala	1997.11.20
日本	Japan	冈山县真庭市	Yubara-cho, Gifu	2001.01.16
美国	United States	路易维尔市	Louisville	2003.12.19
日本	Japan	冈山县浅口市	Kamogata-cho, Okayama	2004.10.29
俄罗斯	Russia	雅罗斯拉夫尔州	Jarraud Slavic	2005.02.28
美国	United States	索拉洛郡	Solano	2005.10.13
日本	Japan	和歌山县清水町	Shimizu-cho, Wakayama	2006.04.03
韩国	Korea Rep.	南海郡市	Namhae	2006.04.13
菲律宾	Philippines	保和省	Bohol	2006.05.08
芬兰	Finland	卡亚尼市	Kajaani	2006.06.26
日本	Japan	岐阜县安八町	Anpachi-cho, Gifu	2006.08.25
法国	France	第戎市	Dijon	2006.10.17
日本	Japan	濑户市	Seto-shi	2006.11.23
韩国	Korea Rep.	庆尚北道尚州市	Sangju-si,Gyeongsangbuk-do	2007.04.03
智利	Chile	科皮亚波市	Copiapo	2007.06.11
阿根廷	Argentina	拉普拉塔市	Laplata	2007.06.11
韩国	Korea Rep.	利川市	Lcheon	2007.08.07
韩国	Korea Rep.	罗州市	Naju-si	2007.08.13
南非	South Africa	艾古莱尼市	Ekurhuleni	2007.08.23
美国	United States	埃荣顿市	Overton	2007.09.25
巴西	Brazil	索罗卡巴市	Sorocaba	2007.09.29
韩国	Korea Rep.	堤川市	Jye Chun	2008.02.13
希腊	Greece	希俄斯市	Chios	2008.04.02
波兰	Poland	莱基奥诺沃市	Legionowo	2008.06.11

5-11 续表 continued

国别	Country Region	城市(州、县)	Sister City (State, Prefecture)	缔结日期 Date of Conclusion
法国	France	中央大区	Centre	2008.07.08
法国	France	奥赛市	Auxerre	2008.09.10
德国	Germany	威斯巴登市	Wiesbaden	2008.09.18
美国	United States	萨凡纳市	Savannah	2008.10.15
阿根廷	Argentina	基尔梅斯市	Quilmes	2008.12.05
埃塞俄比亚	Ethiopia	阿姆哈拉区	Amhara	2009.03.25
塞拉利昂	Sierra Leone	弗里敦市	Freetown	2009.04.08
韩国	Korea Rep.	太白市	Taebaek	2009.09.15
澳大利亚	Australia	奥本市	Auburn	2009.09.24
德国	Germany	派尼区	Piney	2009.10.13
英国	United Kingdom	巴斯—东北萨莫塞特郡	Bath and North East Somerset	2009.10.20
巴西	Brazil	南马托格罗索州	Mato Grosso do Sul	2009.10.23
匈牙利	Hugary	蒂萨新城	Tiszaujvaros	2009.12.02
美国	United States	罕斯维尔市	Hansiweier	2009.12.07
法国	France	图尔市	Tours	2010.01.06
南非	South Africa	新堡市	Newcastle	2010.01.26
美国	United States	不伦瑞克市	Brunswick	2010.01.28
美国	United States	威斯康星州门县市	Men of Wisconsin	2010.02.24
津巴布韦	Zimbabwe	穆塔雷市	Mutare	2010.04.28
荷兰	Holland	代尔夫特市	Delfe	2010.05.12
希腊	Greece	维欧提亚省	Vea tia	2010.07.06
美国	United States	奥林匹亚市	Olympia	2010.08.18
巴西	Brazil	基玛多斯市	Jimaduosi City	2011.02.24
德国	Germany	沃尔泽伦市	Wall Zelen City	2011.03.17
法国	France	香槟-阿登大区	Champagne-Ardenne	2011.03.21
英国	United Kingdom	红桥市	Redbridge	2011.03.29
南非	South Africa	自由省	Free State	2011.11.15
埃及	Egypt	卢克索省	Luxor	2011.11.18
俄罗斯	Russia	苏兹达里市	Suzy Dario	2012.01.16
匈牙利	Hugary	包尔绍德—奥包乌伊—曾普伦州	Borsod-Abauj-Zemplén	2012.02.09
墨西哥	Mexico	科阿韦拉州蒙克罗瓦市	Monk Luova, Coahuila	2012.02.29
韩国	Korea Rep.	全罗南道	Jeollanam-do	2012.04.13
意大利	Italy	卡乃利市	Kanaili	2012.06.20
博茨瓦纳	Botswana	塞罗韦市	Serowe	2012.09.04
西班牙	Spain	阿尔巴塞特市	Albacete	2012.11.16
南非	South Africa	德拉肯斯汀市	De Lakin Steen	2013.01.23
柬埔寨	Cambodia	暹粒省	Siem Reap	2013.01.25
乌克兰	Ukraine	伊久姆市	Izyum	2013.02.16
意大利	Italy	法恩扎市	Faenza	2013.05.02

主要统计指标解释

进出口总额 指实际进出我国国境的货物总金额。包括对外贸易实际进出口货物，来料加工装配进出口货物，国家间、联合国及国际组织无偿援助物资和赠送品，华侨、港澳台同胞和外籍华人捐赠品，租赁期满归承租人所有的租赁货物，进料加工进出口货物，边境地方贸易及边境地区小额贸易进出口货物(边民互市贸易除外)，中外合资企业、中外合作经营企业、外商独资经营企业进出口货物和公用物品，到、离岸价格在规定限额以上的进出口货样和广告品(无商业价值、无使用价值和免费提供出口的除外)，从保税仓库提取在中国境内销售的进口货物，以及其他进出口货物。该指标可以观察一个国家在对外贸易方面的总规模。我国规定出口货物按离岸价格统计，进口货物按到岸价格统计。

商品经营单位所在地进、出口额 指在所在地海关注册登记的有进出口经营权的企业实际进、出口额。

外商直接投资 是指外国投资者在我国境内通过设立外商投资企业、合伙企业、与中方投资者共同进行石油资源的合作勘探开发以及设立外国公司分支机构等方式进行投资。

外国投资者可以用现金、实物、无形资产、股权等投资，还可以用从外商投资企业获得的利润进行再投资。

对外承包工程 指我国境内企业法人或者其他经济组织按照国际通行做法，在国外及港澳台地区承揽、实施工程建设项目的勘察、设计、施工、监理、设备材料采购、安装调试、工程咨询、工程管理等经营活动。

对外劳务合作 指我国境内企业法人与国（境）外允许招收或雇用外籍劳务人员的公司、中介机构或私人雇主签订合同，并按合同约定的条件有组织地招聘、选拔、派遣我国公民到国（境）外为外方雇主提供劳务服务并进行管理的经济活动。

对外直接投资 指我国企业、团体等(简称境内投资主体）在国外及港澳台地区以现金、实物、无形资产等方式投资，并以控制国(境)外企业的经营管理权为核心的经济活动。对外直接投资的内涵主要体现在一经济体通过投资于另一经济体而实现其持久利益的目标。

Explanatory Notes on Main Statistical Indicators

Total Value of Imports and Exports refer to the real value of commodities imported into and exported from the boundary of China. They include the actual imports and exports through foreign trade, imported and exported goods under the processing and assembling trades and materials, supplies and gifts as aid given gratis between governments and by the United Nations and other international organizations, and contributions donated by overseas Chinese, compatriots in Hong Kong and Macao and Chinese with foreign citizenship, leasing commodities owned by tenant at the expiration of leasing period, the imported and exported commodities processed with imported materials, commodities trading in border areas (excluding mutual exchange goods), the imported and exported commodities and articles for public use of the Sino-foreign joint ventures, cooperative enterprises and ventures exclusively with foreign own investment. Also included are import or export of samples and advertising goods for whose CIF or FOB value are beyond the permitted ceiling (excluding goods of no trading or use value and free commodities for export), imported goods sold in China from bonded warehouses and other imported or exported goods. The indicator of the total imports and exports at customs can be used to observe the total size of external trade in a country. In accordance with the stipulation of the Chinese government, imports are calculated at CIF, while exports are calculated at FOB.

Foreign Direct Investment refers to foreign investment in China through the establishment of foreign invested enterprises, cooperative exploration and development of petroleum resources with domestic investors and the establishment of branch organizations of foreign enterprises.

Foreign investment can be made in forms of cash, physical investment, technical know-how and reinvestment of the foreign enterprises with the profits gained from the investment.

Overseas Contracted Project refers to in accordance with the international common practice, domestic corporates or other economic organizations contract and implement construction projects in foreign countries, Hong Kong SAR, Macao SAR and Taiwan province including reconnaissance, design, construction, supervision, purchasing of equipment and materials, installation and testing, engineering consulting and project management.

Overseas Labour Services refer to domestic corporate which signed contracts with overseas corporations, intermediary agencies and private employers which are allowed to recruit or hire foreign labour forces, they will send Chinese citizens to go abroad to provide labour services to foreign employers through organized recruitment and selection according to the signed contracts and relevant management activities.

Overseas Direct Investment refers to investment made by domestic enterprises and organizations (referred to as domestic investors) in foreign countries and Hong Kong SAR, Macao SAR and Taiwan province in forms of cash, physical investment and intangible assets, and the economic activities centering on operation and management of those enterprises are under the control of domestic investors. The content of overseas direct investment mainly reflects one economic entity by investing in another economic entity to achieve its goal of lasting interest.

6

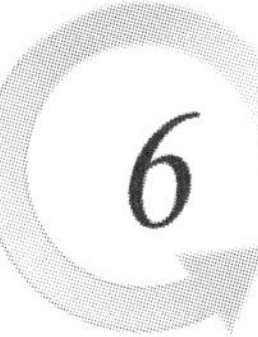

能 源

ENERGY

◆115/134

资料整理及英文翻译：方颖　李曦

简要说明

一、本篇资料的主要内容

本篇包括的主要内容有能源生产、消费及品种构成，能源生产和消费弹性系数，综合能源平衡表和主要能源品种的单项平衡表，分行业、分主要能源品种的消费量，生活用能源消费量等。

二、本篇资料的来源

本篇资料来源于全省能源平衡表和规模以上工业企业能源报表。能源平衡表的编制范围为辖区内除军队系统以外的全部能源生产和消费活动的单位。

三、关于数据口径与计算的说明

1.一次能源生产量与工业统计数字一致。

2.能源生产与消费弹性系数分别以能源生产、消费增长速度与国内生产总值增长速度相比求得。

3.能源平衡表中的库存量、进口量、出口量和消费量，根据有关部门和企业提供的数据综合评估得出。电力折算标准煤系数按平均发电煤耗计算。

Brief Introduction

I. Main Contents

Data in this chapter cover mainly the energy production and consumption and their composition, the elasticity ratio of energy production and consumption, the overall balance of energy and the balance by different types of energy, the consumption of energy by sector and by types of energy, efficiency of energy conversion and the consumption of energy for non-production uses.

II. Source of Data

Data in this chapter comes from the province energy balance and energy-scale industrial enterprises above Designated Size. Energy balance for the establishment of the area in addition to the military system other than the total energy production and consumption activities of the units.

III. Notes on Coverage and Calculation of Data:

(1) The data on the production of primary energy are the same as the concerned data of the industrial statistics.

(2) The elasticity ratio of energy production is calculated as the quotient of the growth rate of energy production divided by the growth rate of GDP; and the elasticity ratio of energy consumption is calculated as the quotient of the growth rate of energy consumption divided by the growth rate of GDP.

(3)The storage,import and export in the energy balance tables are comprehensively evaluated based on data from related departments and enterprises. The coefficient for conversion of electric power into the standard coal equivalent is calculated according to the average consumption of coal for generating electricity.

6-1 能源生产总量及构成
Total Production of Energy and Its Composition

年 份 Year	能源生产总量 (万吨标准煤) Total Energy Production (10000 tons of SCE)	占能源生产总量的比重 (%) As Percentage of Total Energy Production(%)			
		原 煤 Raw Coal	原 油 Crude Oil	天然气 Natural Gas	水 电 Hydro Power
1995	1868.8	88.0			12.0
1996	1573.2	88.5			11.5
1997	1410.0	83.7			16.3
1998	1394.7	78.6			21.4
1999	1154.5	85.7			14.3
2000	1293.2	81.5			18.5
2001	1242.7	80.5			19.5
2002	1252.2	77.0			23.0
2003	1505.4	83.5			16.5
2004	1902.5	81.9			18.1
2005	2010.5	86.0			14.0
2006	2241.0	84.6		0.1	15.3
2007	2253.3	87.9		0.3	11.8
2008	2395.0	87.0		0.2	12.8
2009	2528.8	89.1		0.2	10.7
2010	2299.1	82.6		0.2	13.1
2011	2581.4	88.3		0.7	11.0
2012	2595.9	81.1		0.5	18.5
2013	2569.4	83.0		0.8	16.3

注：电力折算标准煤的系数根据当年平均发电煤耗计算。下表同。

a) The coefficient for conversion of electric power into SCE (standard coal equivalent) is calculated on the basis of the data on average coal consumption in generating electric power in the same year. The same applies to the tables following.

6-2 能源消费总量及构成
Total Consumption of Energy and Its Composition

年 份 Year	能源消费总量 (万吨标准煤) Total Energy Composition (10000 tons of SCE)	占能源消费总量的比重 (%) As Percentage of Total Energy Composition(%)			
		煤 炭 Raw Coal	石 油 Crude Oil	天然气 Natural Gas	水 电 Hydro Power
1995	2391.7	79.8	10.0		10.2
1996	2154.7	78.4	12.0		9.6
1997	2132.4	75.2	12.9		11.9
1998	2028.4	73.3	16.3		10.4
1999	2123.3	73.6	17.8		8.7
2000	2505.0	70.5	17.3		12.2
2001	2628.0	71.5	17.0		11.5
2002	2933.0	68.7	21.8		9.5
2003	3426.0	74.5	22.2		3.2
2004	3814.0	72.6	16.9		10.5
2005	4286.0	74.0	17.0		6.6
2006	4660.1	73.8	16.9	0.2	7.4
2007	5052.5	74.9	16.9	0.3	5.3
2008	5383.0	71.7	16.7	0.6	5.7
2009	5812.5	72.0	16.0	0.5	4.7
2010	6354.9	70.7	16.4	1.0	4.8
2011	6928.2	74.3	15.4	1.2	4.1
2012	7232.9	70.0	15.7	1.8	6.6
2013	7672.7	70.7	16.5	2.3	5.4

注：2010年开始，能源消费总量不包括回收能，下表同。

a) From2010,the total energy consumption does not include the total amaunt of the recycled energy.The same applies to the tables following.

6-3 综合能源平衡表
Overall Energy Balance Sheet

单位：万吨标准煤 (10000 tons of SCE)

指　　标	Item	1990	2000	2005	2010	2012	2013
可供消费的能源总量	**Total Energy Available for Consumption**	**1704.54**	**2371.75**	**4275.49**	**6349.20**	**7232.92**	**7672.72**
一次能源生产量	Primary Energy Output	1282.42	1293.23	2010.45	2299.08	2595.89	2569.40
外省(区、市)调入量	Transferred in from Other Provinces	808.97	1157.24	2407.12	4587.73	4646.47	5316.42
进口量	Imports	0.09	229.73	197.63	328.98	1069.00	1117.44
本省(区、市)调出量(–)	Sent Out to Other Provinces(-)	-303.53	-225.80	-309.00	-887.59	-1159.00	-1343.22
出口量(–)	Exports (-)	-8.15					
年初年末库存差额	Stock Changes in the Year	-75.26	-82.65	-57.98	21.00	80.10	12.68
能源消费总量	**Total Energy Consumption**	**1732.29**	**2505.00**	**4286.01**	**6354.90**	**7232.97**	**7672.72**
在总量中	Consumption by Sector						
农、林、牧、渔、水利业	Agriculture, Forestry, Animal Husbandry, Fishery and Water Conservancy	132.87	151.00	206.89	139.87	121.16	126.75
工　业	Industry	1264.22	1751.76	3076.99	4709.25	5343.12	5562.44
建筑业	Construction	8.88	7.72	28.39	57.33	74.79	91.59
交通运输、仓储和邮政业	Transport, Storage and Post	65.93	177.97	327.94	469.32	540.76	604.80
批发、零售业和住宿、餐饮业	Wholesale and Retail Trades,Hotels and Catering Services	10.81	30.59	75.20	140.97	180.26	192.67
其他	Others	25.60	44.46	101.72	183.28	222.19	247.44
生活消费	Household Consumption	223.98	341.50	468.88	654.88	750.68	847.02
在总量中	Consumption by Usage						
终端消费	End-use Consumption	1617.12	2320.40	3982.09	5926.37	6907.42	7285.92
#工　业	Industry	1149.05	1567.16	2777.56	4389.31	5018.40	5176.34
加工转换损失量	Losses During the Process of Energy Conversion	74.40	130.64	151.15	139.98	144.98	190.03
#炼　焦	Coking	9.71	24.88	1.40	62.63	63.83	72.15
炼　油	Petroleum Refining	2.46	24.91	22.57	4.13	1.82	4.14
损失量	Energy Losses	40.77	53.96	152.77	182.09	180.53	196.77
#输变电损失量	Losses in Transmission	40.68	53.96	148.28	179.96	179.70	196.08
平衡差额	**Balance**	**-27.75**	**-133.25**	**-10.52**	**6.06**		

注：电力、热力按等价热值计算，因此加工转换损失量中不包括发电、供热损失量。下表同。

a) Electric power and heat are converted on the basis of equal caloric value. Therefore, losses during the process of energy conversion do not include losses in power generation and heating. The same applies to the tables following.

6-4 煤炭平衡表
Coal Balance Sheet

单位：万吨 (10000 tons)

指标	Item	1990	2000	2005	2010	2012	2013
可供量	**Total Energy Available for Consumption**	**2218.37**	**2245.84**	**4348.30**	**6246.24**	**6801.85**	**7370.32**
生产量	Output	2027.11	1813.76	2565.05	2912.22	2950.00	2985.72
外省(市、区)调入量	Transferred in from Other Provinces	491.22	649.08	1957.85	3829.37	3310.23	3901.19
进口量	Imports					852.00	830.74
本省(市、区)调出量(−)	Sent Out to Other Provinces(-)	-178.29	-111.96	-97.90	-389.23	-397.00	-370.21
出口量(−)	Exports (-)	-4.78					
年初年末库存差额	Stock Changes in the Year	-116.89	-105.04	-76.70	-106.12	86.62	22.88
消费量	**Total Energy Consumption**	**2265.87**	**2468.63**	**4348.30**	**6246.24**	**6801.85**	**7370.31**
在消费量中	Consumption by Sector						
农、林、牧、渔、水利业	Agriculture, Forestry, Animal Husbandry, Fishery and Water Conservancy	54.20	12.10	4.00	23	16.00	16.00
工　业	Industry	1852.93	2263.78	4073.46	5989.18	6608.15	7154.81
建筑业	Construction	2.29			3.00	2.00	1.00
交通运输、仓储和邮政业	Transport, Storage and Post	38.66	11.42	7.56	3.06	2.70	3.50
批发、零售业和住宿、餐饮业	Wholesale and Retail Trades,Hotels and Catering Services	11.41	5.20	15.00	16.00	16.00	17.00
其他	Others	2.51		6.00	24.00	22.00	23.00
生活消费	Household Consumption	303.87	176.13	242.28	188.00	135.00	155.00
在消费量中	Consumption by Usage						
中间消费(用于加工转换)	Intermediate Consumption (Consumed in Conversion)	882.27	1261.89	2733.96	3973.62	4092.76	4563.55
#发　电	Power Generation	720.53	906.11	1869.31	2648.31	2649.47	3032.32
炼　焦	Coking	161.74	247.94	323.06	920.48	1101.08	1126.27
终端消费	End-use Consumption	1254.79	1076.66	1614.34	2272.62	2709.09	2806.77
#工　业	Industry	841.85	871.81	1339.50	2015.56	2515.39	2591.27
洗选损耗	Losses in Coal Washing and Dressing	128.81	130.08	205.46	291.59	263.57	294.60
平衡差额	**Balance**	**-47.50**	**-222.79**				

注：生产量为原煤产量。

a) Data on output refer to the output of raw coal.

6-5 石油平衡表

Petroleum Balance Sheet

单位：万吨 (10000 tons)

指标	Item	1990	2000	2005	2010	2012	2013
可供量	**Total Energy Available for Consumption**	**132.89**	**297.33**	**507.29**	**713.89**	**779.82**	**875.56**
外省(市、区)调入量	Moving In from Other Provinces	244.24	249.59	478.91	837.82	900.70	973.57
进口量	Imports	0.06	160.81	138.34	230.28	322.82	365.67
本省(市、区)调出量(-)	Sending Out to Other Provinces(-)	-109.04	-103.36	-106.58	-354.02	-447.46	-466.20
出口量(-)	Exports (-)	-3.06					
年初年末库存差额	Stock Changes in the Year	0.69	-9.71	-3.38	-0.19	3.76	2.52
消费量	**Total Energy Consumption**	**133.09**	**304.46**	**507.29**	**713.89**	**779.83**	**875.56**
在消费量中:	Consumption by Sector						
农、林、牧、渔、水利业	Agriculture, Forestry, Animal Husbandry, Fishery and Water Conservancy	25.82	61.25	73.00	55.00	53.00	56.00
工业	Industry	62.96	105.96	146.93	232.68	222.02	246.98
建筑业	Construction	2.27	1.48	12.48	23.43	27.03	34.46
交通运输、仓储和邮政业	Transport, Storage and Post	26.27	105.17	208.63	288.73	327.81	366.70
批发、零售业和住宿、餐饮业	Wholesale and Retail Trades,Hotels and Catering Services	0.18	2.12	11.98	17.06	28.25	30.59
其他	Others	8.01	4.08	16.79	20.57	29.62	32.53
生活消费	Non-Production Consumption	7.58	24.40	37.48	76.42	92.10	108.30
在消费量中:	Consumption by Usage						
中间消费(用于加工转换)	Intermediate Consumption (Consumed in Conversion)	8.63	28.56	33.19	4.74	6.29	8.13
#发电	Power Generation	8.63	11.56	2.65	0.86	0.33	1.46
供热	Heating		17.00	6.26	7.00	4.82	3.00
终端消费	End-use Consumption	119.34	253.08	470.96	707.66	772.95	866.95
#工业	Industry	49.21	54.58	113.74	227.94	215.72	238.85
炼油损失量	Losses in Petroleum Refining	5.06	19.26	24.28	-3.12	1.14	3.67
损失量	Other Losses	0.06	3.56	3.14	1.49	0.58	0.48
平衡差额	**Balance**	**-0.20**	**-7.13**				

6-6 电力平衡表
Electricity Balance Sheet

单位：亿千瓦小时 (100 millon kwh)

指　　标	Item	1990	2000	2005	2010	2012	2013
可供量	**Total Energy Available for Consumption**	**127.65**	**233.85**	**391.98**	**700.51**	**867.67**	**947.11**
发电量	Output	121.41	226.77	373.49	637.59	759.58	856.50
水电、风电	Hydropower，Windpower	27.77	77.96	67.88	87.84	149.62	133.39
火电	Thermal Power	93.64	148.81	305.61	549.75	609.96	723.11
外省(市、区)调入量	Transferred in from Other Provinces	6.51	7.12	19.75	62.92	108.09	90.61
本省(市、区)调出量(-)	Sent Out to Other Provinces(-)	-0.27	-0.04	-1.26			
消费量	**Total Energy Consumption**	**127.65**	**233.85**	**391.98**	**700.51**	**867.67**	**947.11**
在消费量中	Consumption by Sector						
农、林、牧、渔、水利业	Agriculture,Forestry,Animal Husbandry, Fishery and Water Conservancy	14.34	21.92	23.59	13.00	10.13	10.75
工　业	Industry	99.05	173.98	268.60	496.72	595.62	641.91
建筑业	Construction	0.93	0.80	2.74	6.69	11.24	13.56
交通运输、仓储和邮政业	Transport, Storage and Post	1.19	3.42	4.35	13.28	18.71	20.65
批发、零售业和住宿、餐饮业	Wholesale and Retail Trades,Hotels and Catering Services	0.90	2.98	9.56	21.73	34.49	38.41
其他	Others	2.77	7.52	17.61	38.27	51.00	57.04
生活消费	Household Consumption	8.47	23.23	65.53	110.82	146.48	164.79
在消费量中	Consumption by Usage						
终端消费	End-use Consumption	118.55	221.67	356.14	648.14	811.57	884.45
#工　业	Industry	89.95	161.80	232.76	444.35	539.52	579.25
输配损失量	Losses in Transmission	9.10	12.18	35.84	52.37	56.10	62.66

6-7 能源消费量

Consumption of Energy by Sector

单位：万吨标准煤 (10000 tons of SCE)

行业	Sector	1990	2000	2005	2010	2012	2013
消费总量	**Total Consumption**	**1732.29**	**2505.00**	**4286.01**	**6354.90**	**7232.97**	**7672.72**
农、林、牧、渔、水利业	**Agriculture, Forestry, Animal Husbandry, Fishery and Water Conservancy**	**132.87**	**151.00**	**206.89**	**139.87**	**121.16**	**126.75**
工业	**Industry**	**1264.22**	**1751.76**	**3076.99**	**4709.25**	**5343.12**	**5562.44**
#煤炭开采和洗选业	Mining and Washing of Coal	115.91	165.95	225.15	215.02	154.32	152.98
黑色金属矿采选业	Mining and Processing of Ferrous Metal Ores	2.74	5.41	13.56	32.49	33.91	34.64
有色金属矿采选业	Mining and Processing of Non-Ferrous Metal Ores	48.27	46.01	61.64	38.79	41.52	38.69
非金属矿采选业	Mining and Processing of Non-metal Ores	6.21	20.86	20.14	44.59	55.35	49.37
其他采矿业	Mining of Other Ores	0.06	0.08	4.26			
农副食品加工业	Processing of Food from Agricultural Products	20.12	27.87	17.58	46.77	56.81	60.11
食品制造业	Manufacture of Foods	3.06	17.70	41.35	55.62	64.29	45.06
酒、饮料和精制茶制造业	Manufacture of Wine, Beverage and Refined Tea	16.32	10.34	14.85	19.61	21.36	25.38
烟草制品业	Manufacture of Tobacco	2.42	2.49	4.66	3.61	3.72	4.12
纺织业	Manufacture of Textile	48.08	37.07	46.22	78.48	79.85	81.84
纺织服装、服饰业	Manufacture of Textile and Clothing Apparels	1.64	0.68	5.71	15.53	34.62	35.99
皮革、毛皮、羽毛及其制品和制鞋业	Manufacture of Leather, Fur, Feathers and Related Products, Footware	1.78	1.04	2.31	14.01	17.81	19.265
木材加工及木、竹、藤、棕、草制品业	Processing of Timber, Manufacture of Wood, Bamboo, Rattan, Palm, and Straw Products	11.90	14.83	29.37	42.13	37.88	37.60
家具制造业	Manufacture of Furniture	0.88	0.93	0.74	4.54	6.59	6.79
造纸及纸制品业	Manufacture of Paper and Paper Products	38.67	35.57	55.70	73.40	84.15	90.80
印刷业和记录媒介的复制	Printing, Reproduction of Recording Media	1.20	1.77	3.41	5.67	13.02	18.60
文教、工美、体育和娱乐用品制造业	Manufacture of Articles for Culture, Education, Art, Sports and Entertainment Product	0.63	0.38	2.23	5.66	9.86	20.28
石油加工、炼焦及核燃料加工业	Processing of Petroleum, Coking, Processing of Nuclear Fuel	53.45	145.55	172.68	221.47	193.75	198.71
化学原料及化学制品制造业	Manufacture of Raw Chemical Materials and Chemical Products	154.02	171.93	244.53	298.94	307.03	290.02
医药制造业	Manufacture of Medicines	23.02	20.31	34.39	51.62	60.02	65.16
化学纤维制造业	Manufacture of Chemical Fibres	14.83	32.57	80.30	24.65	51.14	52.16
橡胶和塑料制品业	Manufacture of Rubber and Plastics	11.20	4.45	19.09	39.43	47.59	49.27
非金属矿物制品业	Manufacture of Non-metallic Mineral Products	248.61	313.35	452.81	964.53	1398.51	1468.56
黑色金属冶炼及压延加工业	Smelting and Pressing of Ferrous Metals	232.43	323.10	979.77	1355.85	1531.77	1487.29
有色金属冶炼及压延加工业	Smelting and Pressing of Non-ferrous Metals	31.80	102.17	137.49	283.05	316.36	389.75
金属制品业	Manufacture of Metal Products	9.80	5.20	23.31	26.62	34.44	32.01
通用设备制造业	Manufacture of General Purpose Machinery	16.52	10.95	18.94	24.94	25.74	35.09
专用设备制造业	Manufacture of Special Purpose Machinery	7.95	10.38	13.94	14.02	19.41	20.51
汽车制造业	Manufacture of Automobiles	11.09	14.39	26.07	54.94	62.94	90.90
铁路、船舶、航空航天和其他运输设备制造业	Manufacture of Railroads, Ships, Aerospace and Other Transport Equipment	2.27	2.95	5.34	11.25	13.03	11.99
电气机械及器材制造业	Manufacture of Electrical Machinery and Equipment	8.23	7.69	16.02	64.46	97.86	115.97
通信设备、计算机及其他电子设备制造业	Manufacture of Communication Equipment, Computers and Other Electronic Equipment	5.65	6.68	4.57	22.36	38.88	43.28
仪器仪表制造业	Manufacture of Measuring Instruments	1.64	3.61	1.98	2.94	3.57	4.49
其他制造业	Other Manufacturing	14.25	6.83	13.50	9.68	9.80	2.40
废弃资源综合利用业	Comprehensive Utilization of Dsiposal of Waste					3.66	4.83
电力、热力的生产和供应业	Production and Supply of Electric Power and Heat Power	84.97	164.68	253.03	411.64	392.97	458.68
燃气生产和供应业	Production and Supply of Gas	2.30	1.37	5.40	5.35	3.96	3.56
水的生产和供应业	Production and Supply of Water	6.90	13.70	21.10	16.11	15.57	16.10
建筑业	**Construction**	**8.88**	**7.72**	**28.39**	**57.33**	**74.79**	**91.59**
交通运输、仓储和邮政业	**Transport, Storage and Post**	**65.93**	**177.97**	**327.94**	**469.32**	**540.76**	**604.80**
批发、零售业和住宿、餐饮业	**Wholesale and Retail Trades, Hotels and Catering Services**	**10.81**	**30.59**	**75.20**	**140.97**	**180.26**	**192.67**
其他	**Others**	**25.60**	**44.46**	**101.72**	**183.28**	**222.19**	**247.44**
生活消费	**Non-Production Household Consumption**	**223.98**	**341.50**	**468.88**	**654.88**	**750.68**	**847.02**
城镇	Urban	120.75	231.33	257.89	365.16	418.89	480.11
乡村	Rural	103.23	110.17	211.00	289.73	331.79	366.90

6-8 煤炭消费量
Coal Consumption

单位：万吨 (10000 tons)

行　　　业	Sector	1990	2000	2005	2010	2012	2013
消费总量	**Total Consumption**	**2265.87**	**2468.63**	**4348.30**	**6246.24**	**6801.85**	**7370.31**
农、林、牧、渔、水利业	**Agriculture, Forestry, Animal Husbandry, Fishery and Water Conservancy**	**54.20**	**12.10**	**4.00**	**23.00**	**16.00**	**16.00**
工　业	**Industry**	**1852.93**	**2263.78**	**4073.46**	**5989.18**	**6608.15**	**7154.81**
#煤炭开采和洗选业	Mining and Washing of Coal	182.33	200.13	310.24	367.29	287.22	309.81
黑色金属矿采选业	Mining and Processing of Ferrous Metal Ores	0.42	0.86	2.00	5.81	4.34	5.59
有色金属矿采选业	Mining and Processing of Non-Ferrous Metal Ores	13.90	4.76	5.22	3.91	3.33	1.95
非金属矿采选业	Mining and Processing of Non-metal Ores	3.87	22.40	6.88	15.18	8.05	64.96
其他采矿业	Mining of Other Ores						
农副食品加工业	Processing of Food from Agricultural Products	26.03	18.59	6.98	11.40	20.27	21.22
食品制造业	Manufacture of Foods	6.58	7.72	49.56	61.64	93.21	44.38
酒、饮料和精制茶制造业	Manufacture of Wine, Beverage and Refined Tea	17.53	14.48	13.16	12.04	9.95	11.53
烟草制品业	Manufacture of Tobacco	1.98	2.23	2.98	1.31	1.19	1.38
纺织业	Manufacture of Textile	47.21	32.80	24.48	12.30	8.36	7.13
纺织服装、服饰业	Manufacture of Textile and Clothing Apparels	1.14	0.03	2.57	3.68	2.33	2.04
皮革、毛皮、羽毛及其制品和制鞋业	Manufacture of Leather, Fur, Feathers and Related Products, Footware	1.09	0.64	0.52	1.01	1.39	1.77
木材加工及木、竹、藤、棕、草制品业	Processing of Timber, Manufacture of Wood,Bamboo Rattan, Palm, and Straw Products	12.82	18.09	13.66	3.41	1.02	0.78
家具制造业	Manufacture of Furniture	0.38	0.07	0.32	0.42	0.54	0.24
造纸及纸制品业	Manufacture of Paper and Paper Products	43.20	60.49	26.41	60.18	60.72	61.52
印刷业和记录媒介的复制	Printing, Reproduction of Recording Media	0.24	0.25	0.98	0.34	0.08	1.26
文教、工美、体育和娱乐用品制造业	Manufacture of Articles for Culture, Education, Art, Sports and Entertainment Product	0.13	0.12	0.43	0.67	1.64	2.53
石油加工、炼焦及核燃料加工业	Processing of Petroleum, Coking, Processing of Nucle Fuel	90.60	125.50	422.53	387.56	573.92	599.52
化学原料及化学制品制造业	Manufacture of Raw Chemical Materials and Chemic: Products	146.91	179.20	133.94	152.40	169.87	183.20
医药制造业	Manufacture of Medicines	24.08	19.20	28.78	20.71	23.04	21.29
化学纤维制造业	Manufacture of Chemical Fibres	17.98	20.32	63.35	28.50	57.40	62.70
橡胶和塑料制品业	Manufacture of Rubberf and Manufacture of Plastics	11.95	5.76	7.83	8.14	5.41	5.78
非金属矿物制品业	Manufacture of Non-metallic Mineral Products	316.22	360.31	437.98	1031.44	1433.53	1513.90
黑色金属冶炼及压延加工业	Smelting and Pressing of Ferrous Metals	152.40	290.36	628.36	1083.66	1176.09	1207.91
有色金属冶炼及压延加工业	Smelting and Pressing of Non-ferrous Metals	12.09	24.17	29.31	63.89	51.21	45.65
金属制品业	Manufacture of Metal Products	3.69	2.39	4.19	3.39	4.02	2.91
通用设备制造业	Manufacture of General Purpose Machinery	4.46	4.99	6.72	4.07	3.37	3.30
专用设备制造业	Manufacture of Special Purpose Machinery	3.16	2.32	1.19	1.73	1.74	1.61
汽车制造业	Manufacture of Automobiles	4.18	5.68	7.53	7.43	6.77	7.51
铁路、船舶、航空航天和其他运输设备制造业	Manufacture of Railroads, Ships, Aerospace and Oth Transport Equipment	0.86	1.18	1.56	1.54	1.78	1.04
电气机械及器材制造业	Manufacture of Electrical Machinery and Equipment	11.93	12.90	3.91	7.90	8.48	7.57
通信设备、计算机及其他电子设备制造业	Manufacture of Communication Equipment, Compute and Other Electronic Equipment	2.45	2.03	0.59	1.13	1.72	0.82
仪器仪表制造业	Manufacture of Measuring Instruments	0.81	0.66	0.23	0.16	0.02	0.02
其他制造业	Other Manufacturing	1.12	8.04	1.31	1.57	0.56	0.41
废弃资源综合利用业	Comprehensive Utilization of Dsiposal of Waste					0.69	1.81
电力、热力的生产和供应业	Production and Supply of Electric Power and Heat Po	685.20	857.12	1825.03	2613.88	2584.87	2949.71
燃气生产和供应业	Production and Supply of Gas	1.92	1.83	2.60	9.11		
水的生产和供应业	Production and Supply of Water		0.04		0.03		
建筑业	**Construction**	**2.29**			**3.00**	**2.00**	**1.00**
交通运输、仓储和邮政业	**Transport, Storage and Post**	**38.66**	**11.42**	**7.56**	**3.06**	**2.70**	**3.50**
批发、零售业和住宿、餐饮业	**Wholesale and Retail Trades, Hotels and Catering Services**	**11.41**	**5.20**	**15.00**	**16.00**	**16.00**	**17.00**
其他	**Others**	**2.51**		**6.00**	**24.00**	**22.00**	**23.00**
生活消费	**Non-Production Household Consumption**	**303.87**	**176.13**	**242.28**	**188.00**	**135.00**	**155.00**
城　镇	Urban	165.12	95.64	74.00	35.00	22.00	30.00
乡　村	Rural	138.75	80.49	168.28	153.00	113.00	125.00

6-9 电力消费量
Electricity Consumption

单位：亿千瓦小时 (100 million kwh)

行业	Sector	1990	2000	2005	2010	2012	2013
消费总量	**Total Consumption**	**127.65**	**233.85**	**391.98**	**700.51**	**867.67**	**947.11**
农、林、牧、渔、水利业	**Agriculture, Forestry, Animal Husbandry, Fishery and Water Conservancy**	**14.34**	**21.92**	**23.59**	**13.00**	**10.13**	**10.75**
工业	**Industry**	**99.05**	**173.98**	**268.60**	**496.72**	**595.62**	**641.91**
#煤炭开采和洗选业	Mining and Washing of Coal	8.28	7.54	8.67	11.70	12.18	10.65
黑色金属矿采选业	Mining and Processing of Ferrous Metal Ores	0.51	0.07	2.07	6.12	7.90	8.16
有色金属矿采选业	Mining and Processing of Non-Ferrous Metal Ores	8.63	2.88	13.39	8.79	11.42	11.48
非金属矿采选业	Mining and Processing of Non-metal Ores	0.57	0.90	2.14	3.35	3.68	5.52
其他采矿业	Mining of Other Ores	0.05	0.01	1.03			
农副食品加工业	Processing of Food from Agricultural Products	1.58	4.26	2.22	8.05	12.00	12.99
食品制造业	Manufacture of Foods	0.42	1.01	1.40	5.91	7.48	6.74
酒、饮料和精制茶制造业	Manufacture of Wine, Beverage and Refined Tea	0.85	0.89	1.17	2.75	3.77	4.52
烟草制品业	Manufacture of Tobacco	0.23	0.32	0.45	0.53	0.60	0.64
纺织业	Manufacture of Textile	4.42	5.00	6.36	17.41	21.56	23.07
纺织服装、服饰业	Manufacture of Textile and Clothing Apparels	0.16	0.15	0.86	3.18	7.81	8.37
皮革、毛皮、羽毛及其制品和制鞋业	Manufacture of Leather, Fur, Feathers and Related Products, Footware	0.23	0.17	0.41	3.21	4.97	5.46
木材加工及木、竹、藤、棕、草制品业	Processing of Timber, Manufacture of Wood,Bamboo, Rattan, Palm, and Straw Products	0.61	1.52	3.67	8.19	9.00	9.38
家具制造业	Manufacture of Furniture	0.09	0.19	0.12	1.04	1.80	1.93
造纸及纸制品业	Manufacture of Paper and Paper Products	2.91	3.00	7.63	14.08	16.48	17.59
印刷业和记录媒介的复制	Printing, Reproduction of Recording Media	0.27	0.33	0.50	1.24	1.65	2.87
文教、工美、体育和娱乐用品制造业	Manufacture of Articles for Culture, Education, Art, Sports and Entertainment Product	0.11	0.07	0.46	1.43	2.61	5.78
石油加工、炼焦及核燃料加工业	Processing of Petroleum, Coking, Processing of Nuclear Fuel	1.31	4.05	4.62	5.93	6.95	6.76
化学原料及化学制品制造业	Manufacture of Raw Chemical Materials and Chemical Products	13.37	16.76	23.60	49.75	42.08	40.94
医药制造业	Manufacture of Medicines	1.95	1.52	3.01	6.44	9.80	11.01
化学纤维制造业	Manufacture of Chemical Fibres	0.69	1.95	3.97	2.59	4.74	4.98
橡胶和塑料制品业	Manufacture of Rubberf and Manufacture of Plastics	0.82	0.70	2.67	7.96	11.66	12.85
非金属矿物制品业	Manufacture of Non-metallic Mineral Products	7.81	16.34	30.53	57.69	77.25	60.45
黑色金属冶炼及压延加工业	Smelting and Pressing of Ferrous Metals	11.69	26.37	38.57	58.61	56.94	51.72
有色金属冶炼及压延加工业	Smelting and Pressing of Non-ferrous Metals	3.64	18.25	23.61	46.04	60.51	80.84
金属制品业	Manufacture of Metal Products	0.91	1.78	4.47	5.80	8.89	9.22
通用设备制造业	Manufacture of General Purpose Machinery	1.78	1.78	2.77	5.50	6.60	6.89
专用设备制造业	Manufacture of Special Purpose Machinery	1.05	1.94	2.92	3.20	5.33	5.64
汽车制造业	Manufacture of Automobiles	1.44	2.07	3.77	8.67	10.55	13.24
铁路、船舶、航空航天和其他运输设备制造业	Manufacture of Railroads, Ships, Aerospace and Other Transport Equipment	0.45	0.66	1.19	2.74	3.33	3.24
电气机械及器材制造业	Manufacture of Electrical Machinery and Equipment	0.93	1.10	2.82	15.34	25.51	34.14
通信设备、计算机及其他电子设备制造业	Manufacture of Communication Equipment, Computers and Other Electronic Equipment	0.45	0.62	0.93	5.85	11.59	13.49
仪器仪表制造业	Manufacture of Measuring Instruments	0.19	0.29	0.38	0.73	1.10	1.42
其他制造业	Other Manufacturing	0.12	0.15	2.17	2.21	2.77	0.59
废弃资源综合利用业	Comprehensive Utilization of Dsiposal of Waste					0.80	0.89
电力、热力的生产和供应业	Production and Supply of Electric Power and Heat Power	18.84	45.68	58.04	56.77	118.51	142.52
燃气生产和供应业	Production and Supply of Gas	0.03	0.03	0.25	0.76	0.95	0.82
水的生产和供应业	Production and Supply of Water	1.51	3.04	4.86	4.39	4.83	5.10
建筑业	**Construction**	**0.93**	**0.80**	**2.74**	**6.69**	**11.24**	**13.56**
交通运输、仓储和邮政业	**Transport, Storage and Post**	**1.19**	**3.42**	**4.35**	**13.28**	**18.71**	**20.65**
批发、零售业和住宿、餐饮业	**Wholesale and Retail Trades, Hotels and Catering Services**	**0.90**	**3.08**	**9.56**	**21.73**	**34.49**	**38.41**
其他	**Others**	**2.77**	**7.52**	**17.61**	**38.27**	**51.00**	**57.04**
生活消费	**Non-Production Household Consumption**	**8.47**	**23.23**	**65.53**	**110.82**	**146.48**	**164.79**
城镇	Urban	4.51	15.68	40.81	61.48	80.72	92.10
乡村	Rural	3.96	7.55	24.72	49.34	65.76	72.69

6-10 能 源 生 产 量

Energy Production

能源品种	Type of Energy	1990	2000	2005	2010	2012	2013
一次能源生产量(万吨标准煤)	**Primary Energy Output(10000 tons of SCE)**	**1282.42**	**1293.23**	**2010.45**	**2299.09**	**2595.89**	**2569.40**
原煤(万吨)	Raw Coal(10000 tons)	2027.11	1813.76	2565.05	2912.22	2950.00	2985.72
洗精煤(万吨)	Cleaned Coal(10000 tons)	144.84	125.84	192.72	126.10	437.71	508.40
其他洗煤(万吨)	Other Washed Coal(10000 tons)	189.72	52.10	91.97	429.78	85.82	96.23
焦炭(万吨)	Coke(10000 tons)	119.96	177.5	396.7	678.44	802.12	826.04
燃料油(万吨)	Fuel Oil(10000 tons)	42.36	54.27	39.53	20.89	4.29	5.38
汽油(万吨)	Gasoline(10000 tons)	47.82	81.75	86.10	108.07	130.61	159.33
煤油(万吨)	Kerosene(10000 tons)	1.10	2.41	4.67		3.24	21.93
柴油(万吨)	Diesel Oil(10000 tons)	46.12	125.82	132.53	190.85	229.01	204.73
液化石油气(万吨)	Liquefied Petroleum Gas(10000 tons)	4.53	16.92	26.90	24.27	26.18	31.45
炼厂干气(万吨)	Refinery Gas(10000 tons)	3.98	9.43	12.21	14.84	17.58	18.25
焦炉煤气(亿立方米)	Coke Oven Gas(100 million cu.m)	3.72	7.03	11.89	15.71	22.50	20.86
电力(亿千瓦小时)	Electricity(100 million kwh)	121.41	226.77	373.49	637.59	759.58	856.50

6-11 平均每天能源消费量

Average Daily Energy Consumption by Type of Energy

能源品种	Type of Energy	1990	2000	2005	2010	2012	2013
合计(吨标准煤)	**Total(ton of SCE)**	**47460**	**68630**	**117425**	**174107**	**198162**	**210212**
煤炭(吨)	Coal(ton)	62079	67634	119132	171130	186352	201927
焦炭(吨)	Coke(ton)	4308	5642	12407	21167	24073	23423
原油(吨)	Crude Oil (ton)	4249	9073	10083	12875	13924	14237
燃料油(吨)	Fuel Oil(ton)	641	937	852	648	818	862
汽油(吨)	Gasoline(ton)	1159	1602	2233	4253	5436	5974
煤油(吨)	Kerosene(ton)	145	62	196	233	261	274
柴油(吨)	Diesel Oil(ton)	1245	2871	7454	10103	11415	13219
电力(万千瓦小时)	Electricity(10000 kwh)	3497	6407	10739	19192	23772	25948

6-12 人均生活能源消费量

Annual per Capita Energy Consumption of Households

能源品种	Type of Energy	1990	2000	2005	2010	2012	2013
生活消费能源(千克标准煤)	**Consumption for Households(kg of SCE)**	**59.68**	**82.71**	**109.11**	**147.26**	**166.97**	**187.68**
煤 炭(千克)	Coal(kg)	80.97	42.66	56.38	42.27	30.03	34.30
汽 油(千克)	Petrol(kg)		0.97	2.79	6.39	8.90	11.52
天然气(立方米)	Natural Gas(cu.m)			0.12	3.46	5.83	6.67
液化石油气(千克)	Liquefied Petroleum Gas(kg)	0.89	4.94	5.64	8.95	6.90	8.20
煤气(立方米)	Coal Gas(cu.m)	0.24	1.52	2.54	4.61	2.22	4.43
电力(千瓦小时)	Electricity(kwh)	22.57	56.26	152.49	249.19	325.80	365.15

6-13 能源生产弹性系数

Elasticity Ratio of Energy Production

年 份 Year	能源生产比上年增长(%) Growth Rate of Energy Production over Preceding Year (%)	电力生产比上年增长(%) Growth Rate of Electricity Production over Preceding Year (%)	地区生产总值比上年增长(%) Growth Rate of Gross Domestic Product (GDP) over Preceding Year (%)	能源生产弹性系数 Elasticity Ratio of Energy Production	电力生产弹性系数 Elasticity Ratio of Electricity Production
1985	2.52	15.43	14.8	0.17	1.04
1986	-3.94	13.74	6.7		2.05
1987	5.63	8.98	8.3	0.68	1.08
1988	6.75	12.54	11.4	0.59	1.10
1989	-0.09	3.50	6.1		0.57
1990	-2.86	1.42	4.5		0.32
1991	5.51	7.04	8.2	0.67	0.86
1992	-0.60	10.52	14.8		0.71
1993	1.57	5.08	13.7	0.11	0.37
1994	10.79	13.01	17.0	0.63	0.77
1995	22.50	3.45	14.5	1.55	0.24
1996	-15.82	3.94	13.4		0.29
1997	-10.37	-1.89	11.5		
1998	-1.09	0.69	8.2		0.08
1999	-17.22	8.90	7.8		1.14
2000	12.02	7.73	8.0	1.50	0.97
2001	-3.91	6.85	8.8		0.78
2002	0.76	14.73	10.5	0.07	1.40
2003	20.22	22.64	13.0	1.55	1.74
2004	26.37	13.85	13.2	2.00	1.05
2005	5.68	1.89	12.8	0.44	0.15
2006	11.47	16.68	12.3	0.93	1.36
2007	0.55	13.42	13.2	0.04	1.02
2008	6.29	-0.21	13.2	0.48	
2009	5.59	6.33	13.1	0.43	0.48
2010	-9.08	21.58	14.0		1.54
2011	12.28	16.41	12.5	0.98	1.31
2012	0.56	2.34	11.0	0.05	0.21
2013	-1.02	12.76	10.1		1.27

6-14 能源消费弹性系数

Elasticity Ratio of Energy Consumption

年份 Year	能源消费比上年增长(%) Growth Rate of Energy Consumption over Preceding Year (%)	电力消费比上年增长(%) Growth Rate of Electricity Consumption over Preceding Year (%)	地区生产总值比上年增长(%) Growth Rate of Gross Domestic Product (GDP) over Preceding Year (%)	能源消费弹性系数 Elasticity Ratio of Energy Consumption	电力消费弹性系数 Elasticity Ratio of Electricity Consumption
1985	4.75	14.11	14.8	0.32	0.95
1986	11.19	11.10	6.7	1.67	1.66
1987	8.07	11.53	8.3	0.97	1.39
1988	8.75	11.76	11.4	0.77	1.03
1989	0.76	4.61	6.1	0.12	0.76
1990	-2.08	4.10	4.5		0.91
1991	3.53	6.22	8.2	0.43	0.76
1992	4.35	9.37	14.8	0.29	0.63
1993	3.99	6.20	13.7	0.29	0.45
1994	6.45	10.37	17.0	0.38	0.61
1995	15.50	4.30	14.5	1.07	0.30
1996	-9.90	4.97	13.4		0.37
1997	-1.03	-2.18	11.5		
1998	-4.88	0.83	8.2		0.10
1999	5.23	3.35	7.8	0.67	0.42
2000	4.01	7.98	8.0	0.50	1.00
2001	4.91	6.23	8.8	0.56	0.71
2002	11.61	11.32	10.5	1.11	1.08
2003	16.81	15.54	13.0	1.29	1.20
2004	11.33	21.80	13.2	0.86	1.65
2005	12.38	6.37	12.8	0.97	0.50
2006	8.73	13.83	12.3	0.71	1.12
2007	8.42	14.54	13.2	0.64	1.10
2008	6.54	6.98	13.2	0.50	0.53
2009	7.98	11.42	13.1	0.61	0.87
2010	9.33	14.98	14.0	0.67	1.07
2011	9.02	19.21	12.5	0.72	1.54
2012	4.40	3.90	11.0	0.40	0.36
2013	6.08	9.16	10.1	0.61	0.91

6-15 规模以上工业主要能源分行业消费量（2013年）

单位：吨

行业	sector	原煤 Raw Coal	洗精煤 Cleaned Coal
总计	**Total**	**58065774**	**11380082**
煤炭开采和洗选业	Mining and Washing of Coal	9144456	
黑色金属矿采选业	Mining and Processing of Ferrous Metal Ores	55850	
有色金属矿采选业	Mining and Processing of Non-Ferrous Metal Ores	19019	435
非金属矿采选业	Mining and Processing of Non-metal Ores	659432	203
农副食品加工业	Processing of Food from Agricultural Products	211509	
食品制造业	Manufacture of Foods	429423	
酒、饮料和精制茶制造业	Manufacture of Wine, Beverage and Refined Tea	115303	
烟草制品业	Manufacture of Tobacco	2452	11366
纺织业	Manufacture of Textile	71310	
纺织服装、服饰业	Manufacture of Textile and Clothing Apparels	20040	313
皮革、毛皮、羽毛及其制品和制鞋业	Manufacture of Leather, Fur, Feathers and Related Products, Footware	17223	
木材加工及木、竹、藤、棕、草制品业	Processing of Timber, Manufacture of Wood, Bamboo, Rattan, Palm, and Straw Products	7653	
家具制造业	Manufacture of Furniture	2398	
造纸及纸制品业	Manufacture of Paper and Paper Products	615194	
印刷和记录媒介复制业	Printing, Reproduction of Recording Media	12597	
文教、工美、体育和娱乐用品制造业	Manufacture of Articles for Culture, Education, Art, Sports and Entertainment Product	24036	
石油加工、炼焦及核燃料加工业	Processing of Petroleum, Coking, Processing of Nuclear Fuel	191913	5893291
化学原料及化学制品制造业	Manufacture of Raw Chemical Materials and Chemical Products	1815621	15503

Main Energy Consumption of Industial Enterprises above Designated Size by Sector (2013)

(ton)

其他洗煤 Other Washed Coal	焦　炭 Coke	原　油 Crude Oil	汽　油 Gasoline	煤　油 Kerosene	柴　油 Diesel Oil	燃料油 Fuel Oil
387603	**8549246**	**5196628**	**37611**	**3025**	**245058**	**284693**
			867		3007	
			168	10	16201	
	61		710	42	8651	
	420		235	1	54785	
82	156		1286	4	2324	
4025			2691		1367	
			265		122	
			272		2032	
			680	0	483	12
			2361		1272	25
			235		831	1278
164			826	2	2859	156
			395		739	
			155		1391	
			883	4	606	
1259			528		1096	
		5196628	150		3508	168195
896	1361		1303	81	5380	212

6-15 续表

单位：吨

行　　业	sector	原　煤 Raw Coal	洗精煤 Cleaned Coal
医药制造业	Manufacture of Medicines	212789	95
化学纤维制造业	Manufacture of Chemical Fibres	626998	
橡胶和塑料制品业	Manufacture of Rubber and Plastics	57838	
非金属矿物制品业	Manufacture of Non-metallic Mineral Products	10632818	26472
黑色金属冶炼及压延加工业	Smelting and Pressing of Ferrous Metals	2928660	5414202
有色金属冶炼及压延加工业	Smelting and Pressing of Non-ferrous Metals	447438	5607
金属制品业	Manufacture of Metal Products	29119	
通用设备制造业	Manufacture of General Purpose Machinery	32854	167
专用设备制造业	Manufacture of Special Purpose Machinery	16030	
汽车制造业	Manufacture of Automobiles	64278	965
铁路、船舶、航空航天和其他运输设备制造业	Manufacture of Railroads, Ships, Aerospace and Other Transport Equipment	10374	
电气机械及器材制造业	Manufacture of Electrical Machinery and Equipment	63567	11430
计算机、通信和其他电子设备制造业	Manufacture of Computers, Communication Equipment, and Other Electronic Equipment	8169	
仪器仪表制造业	Manufacture of Measuring Instruments	221	
其他制造业	Other Manufacturing	3928	
废弃资源综合利用业	Comprehensive Utilization of Dsiposal of Waste	18050	
电力、热力的生产和供应业	Production and Supply of Electric Power and Heat Power	29497212	
燃气生产和供应业	Production and Supply of Gas		
水的生产和供应业	Production and Supply of Water		

continued

(ton)

其他洗煤 Other Washed Coal	焦　炭 Coke	原　油 Crude Oil	汽　油 Gasoline	煤　油 Kerosene	柴　油 Diesel Oil	燃料油 Fuel Oil
			1088		1611	
	156		10		161	
			901		1249	5756
1840			2258	52	42349	4188
369505	8389133		328		6198	593
	138756		2046	186	52650	103168
	4325		716	75	1044	120
	3084		1516	53	2332	58
	7405		872	5	3505	
9832	1095		2048	69	9098	932
			676	2422	2678	
	3294		3352	6	4835	
			952		766	
			166	1	16	
			59		22	
			202	5	1287	
			5438	7	7683	
			429		578	
			534		318	

6-16 各地区能源消费总量及用电量（2013年）

The Energy Consumption and Electrical by Region(2013)

地　区	Region	能源消费总量（万吨标准煤） Total Energy Composition (10000 tons of SCE)	规模以上工业能源消费量（当量值）（万吨标准煤） Energy Consumption of Industrial Enterprises above Designated Size by Region (equivalent value) (10000 tons of SCE)	全社会用电量（亿千瓦时） Society Electrical (100million kwh)	工业用电量（亿千瓦时） Industrical Electricity (100million kwh)	居民生活用电量（亿千瓦时） Residential Electricity Consumption (100million kwh)
全　省	**Provincial Total**	**7672.7**	**4906.7**	**947.1**	**641.9**	**164.8**
南昌市	Nanchang	1257.1	519.6	149.4	78.6	31.4
景德镇市	Jingdezhen	348.9	274.8	43.0	30.8	7.2
萍乡市	Pingxiang	854.9	594.4	57.3	44.1	8.3
九江市	Jiujiang	1052.9	791.2	120.5	87.4	19.7
新余市	Xinyu	926.8	702.8	69.6	59.5	5.1
鹰潭市	Yingtan	239.2	254.8	38.1	29.3	4.1
赣州市	Ganzhou	698.3	291.2	124.1	76.4	27.3
吉安市	Ji'an	393.8	299.7	67.3	45.0	12.2
宜春市	Yichun	824.7	726.4	128.2	96.1	17.3
抚州市	Fuzhou	391.7	103.1	45.9	26.8	11.2
上饶市	Shangrao	608.6	348.8	103.7	68.1	20.9

6-17 各地区规模以上工业主要能源消费量（2013年）

Main Energy Consumption of Industrial Enterprises above Designated Size by Region (2013)

单位：吨　　　　(ton)

地　区	Region	原　煤 Raw Coal	洗精煤 Cleaned Coal	其他洗煤 Other Washed Coal	焦　炭 Coke	原　油 Crude Oil	汽　油 Gasoline	煤　油 Kerosene	柴　油 Diesel Oil	燃料油 Fuel Oil
全　省	**Provincial Total**	**58065774**	**11380082**	**387603**	**8549246**	**5196628**	**37611**	**3025**	**245058**	**284693**
南昌市	Nanchang	3808488	1206356	369505	1429439		13697	477	31376	13407
景德镇市	Jingdezhen	3979917	4096720				1080	2019	1931	164050
萍乡市	Pingxiang	7467292	2050984		1970233		1838	27	12489	3903
九江市	Jiujiang	7104494	233		1766080	5196628	3920	1	66059	955
新余市	Xinyu	5238344	3816729		3236240		1204	168	22435	
鹰潭市	Yingtan	4004851			8068		950	0	47211	51922
赣州市	Ganzhou	3180443	2495		6431		2964	128	13386	501
吉安市	Ji'an	4668923	6178	6132	7058		1114	26	5998	1671
宜春市	Yichun	13150751	130329	1887	1571		5764	88	15410	13446
抚州市	Fuzhou	427545	54040	10078	18922		2380	39	6528	9238
上饶市	Shangrao	5034726	16018		105204		2700	52	22234	25600

主要统计指标解释

能源生产总量　指一定时期内，全国或地区一次能源生产量的总和。该指标是观察全国或地区能源生产水平、规模、构成和发展速度的总量指标。一次能源生产量包括原煤、原油、天然气、水电、核能及其他动力能(如风能、地热能等)发电量，不包括低热值燃料生产量、生物质能、太阳能等的利用和由一次能源加工转换而成的二次能源产量。

能源消费总量　指一定时期内，全国或地区各行业和居民生活消费的各种能源的总和。该指标是观察能源消费水平、构成和增长速度的总量指标。能源消费总量包括原煤和原油及其制品、天然气、电力，不包括低热值燃料、生物质能和太阳能等的利用。能源消费总量分为终端能源消费量、能源加工转换损失量和能源损失量三部分。

(1)终端能源消费量：指一定时期内，全国或地区生产和生活消费的各种能源在扣除了用于加工转换二次能源消费量和损失量以后的数量。

(2)能源加工转换损失量：指一定时期内，全国或地区投入加工转换的各种能源数量之和与产出各种能源产品之和的差额。该指标是观察能源在加工转换过程中损失量变化的指标。

(3)能源损失量：指一定时期内，能源在输送、分配、储存过程中发生的损失和由客观原因造成的各种损失量，不包括各种气体能源放空、放散量。

能源生产弹性系数　是研究能源生产增长速度与国民经济增长速度之间关系的指标。计算公式：

$$能源生产弹性系数=\frac{能源生产总量年平均增长速度}{国民经济年平均增长速度}$$

国民经济年平均增长速度，可根据不同的目的或需要，用国民生产总值、国内生产总值等指标来计算，本年鉴是采用国内生产总值指标计算的。

电力生产弹性系数　是研究电力生产增长速度与国民经济增长速度之间关系的指标。一般来说，电力的发展应当快于国民经济的发展，也就是说电力应超前发展。计算公式为：

$$电力生产弹性系数=\frac{电力生产量年平均增长速度}{国民经济年平均增长速度}$$

能源消费弹性系数　反映能源消费增长速度与国民经济增长速度之间比例关系的指标。计算公式为：

$$能源消费弹性系数=\frac{能源消费量年平均增长速度}{国民经济年平均增长速度}$$

电力消费弹性系数　反映电力消费增长速度与国民经济增长速度之间比例关系的指标。计算公式为：

$$电力消费弹性系数=\frac{电力消费量年平均增长速度}{国民经济年平均增长速度}$$

Explanatory Notes on Main Statistical Indicators

Total Energy Production refers to the total production of primary energy by all energy producing enterprises in the country or region in a given period of time. It is a comprehensive indicator to show the level, scale, composition and pace of development of energy production of the country or region. The production of primary energy includes that of coal, crude oil, natural gas, hydro-power and electricity generated by nuclear energy and other means such as wind power and geothermal power. However, it does not include the production of fuels of low calorific value, bio-energy, solar energy and secondary energy converted from primary energy.

Total Energy Consumption refers to the total consumption of energy of various kinds by the production sectors and the households in the country or region in a given period of time. It is a comprehensive indicator to show the scale, composition and pace of increase of energy consumption. Total energy consumption includes that of coal, crude oil and their products, natural gas and electricity. However, it does not include the consumption of fuel of low calorific value, bio-energy and solar energy. Total energy consumption can be divided into three parts: end-use energy consumption; loss during the process of energy conversion; and energy loss.

(1)End-use Energy Consumption: It refers to the total energy consumption by the production sectors and the households in the country or region in a given period of time. It does not include the consumption during the conversion of primary energy into secondary energy and the loss in the process of energy conversion.

(2)Loss During the Process of Energy Conversion: It refers to the total input of various kinds of energy for conversion, minus the total output of various kinds of energy in the country or region in a given period of time. It is an indicator to show the loss that occurs during the process of energy conversion.

(3)Energy Loss: It refers to the total of the loss of energy during the course of energy transport, distribution and storage and the loss caused by any objective reason in a given period of time. The loss of various kinds of gas due to gas discharges and stocktaking is not included.

Elasticity Ratio of Energy Production is an indicator to show the relationship between the growth rate of energy production and the growth rate of the national economy. The formula is:

$$\text{Elasticity Ratio of Energy Production} = \frac{\text{Average Annual Growth Rate of Energy Production}}{\text{Average Annual Growth Rate of National Economy}}$$

The average annual growth rate of the national economy can be measured by indicators such as the Gross National Product and the Gross Domestic Product, depending on the purposes or needs. The Gross Domestic Product has been used in the calculation of the ratio in this Yearbook.

Elasticity Ratio of Electricity Production is an indicator to show the relationship between the growth rate of electricity production and the growth rate of the national economy. Generally speaking, the growth rate of electricity production should be higher than that of the national economy.

Its formula is:

$$\text{Elasticity Ratio of Electricity Production} = \frac{\text{Average Annual Growth Rate of Electricity Production}}{\text{Average Annual Growth Rate of National Economy}}$$

Elasticity Ratio of Energy Consumption is an indicator to show the relationship between the growth rate of energy consumption and the growth rate of the national economy. The formula is:

$$\text{Elasticity Ratio of Energy Consumption} = \frac{\text{Average Annual Growth Rate of Energy Consumption}}{\text{Average Annual Growth Rate of National Economy}}$$

Elasticity Ratio of Electricity Consumption is an indicator to show the relationship between the growth rate of electricity consumption and the growth rate of the national economy. The formula is:

$$\text{Elasticity Ratio of Electricity Consumption} = \frac{\text{Average Annual Growth Rate of Electricity Consumption}}{\text{Average Annual Growth Rate of National Economy}}$$

7

财 政

GOVERNMENT FINANCE

资料整理及英文翻译：　吴　洁

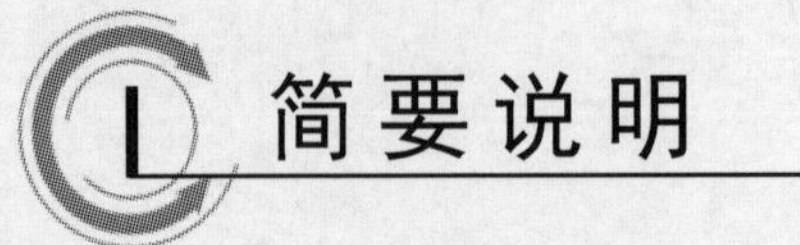

简要说明

一、主要内容

本篇包括全省财政收支和预算外资金收支资料。

二、统计口径

2007 年起，财政收支科目实施了较大改革，特别是财政支出项目口径变化很大，与往年数据不可比。

三、资料来源

资料来源于省财政厅的财政总决算报表，由省统计局国民经济核算处编辑整理。

Brief Introduction

I. Main Contents

The data in this chapter present provincial government revenue and expenditure situation, the extra-budgetary revenue and expenditure.

II. Scope of Statistics

Due to the adjustment on classifications of revenue and expenditure accounts since 2007, the relative data are not compared with data in preceding years.

III. Sources of Data

The data are based on final provincial financial accounts, which are provided by the Department of National Accounts of the provincial Bureau of Statistics.

7-1 财 政 收 入

Government Revenue

单位：万元 (10000 yuan)

年份 Year	财政总收入 Total Government Revenue	公共财政预算收入 Public Financial Revenue of the Local Government	税收收入 Taxes	#增值税 Value-added Tax	#营业税 Business Tax	#企业所得税 Company Income Tax	非税收入 Other Revenue	上交中央收入 Revenue Handed in the Central Government	财政总收入占GDP比重(%) Ratio to Gross Domestic Product (%)
1994	886126	492907	421932	106344	111482	38491	70975	393219	9.4
1995	1052156	641328	524945	110526	151464	56004	116383	410828	9.0
1996	1235752	770936	635070	126810	194011	63139	135866	464816	8.8
1997	1349161	905924	712721	119902	216962	81443	193203	443237	8.4
1998	1456586	971561	769453	123145	250849	73469	202108	485025	8.5
1999	1549806	1051371	812280	125302	249255	86842	239091	498435	8.4
2000	1716931	1115536	856481	150826	263986	95048	259055	601395	8.6
2001	2001639	1319790	1021023	172324	266187	226086	298767	681849	9.2
2002	2345064	1405457	1040551	187248	334960	105994	364906	939607	9.6
2003	2858087	1681670	1230510	230683	431628	97428	451160	1176417	10.2
2004	3508081	2057667	1450860	254350	553126	135045	606807	1450414	10.1
2005	4259007	2529236	1707228	338739	628395	173966	822008	1729771	10.5
2006	5186139	3055214	2087123	411759	755107	246651	968091	2130925	10.8
2007	6652189	3898510	2818573	530534	973988	379803	1079937	2753679	11.5
2008	8169872	4886476	3579635	642916	1181937	474319	1306841	3283396	11.7
2009	9288753	5813012	4300204	667374	1534987	462744	1512808	3475741	12.1
2010	12262376	7780922	5851073	847892	2043822	637192	1929849	4481454	13.0
2011	16450001	10534342	7770948	1058993	2727856	979220	2763394	5915659	14.1
2012	20461475	13719940	9780836	1074123	3634642	1241189	3939104	6741535	15.8
2013	23584319	16212358	11787426	1464306	4235034	1367065	4424932	7371961	16.4

注：1.1994-2009年企业所得税含退税。
2.1994-1997年国有资产经营收益体现为国有企业上缴利润。
3.1997年地方财政收入和非税收入包含当年纳入基金预算收入的城市教育附加费、矿产资源补偿费、排污费和城市水资源费收入。
4.从2002年开始，上交中央收入包含上划所得税。
5.农业税收包含农业税、农业特产税(2006年含烟叶税部分)、耕地占用税、契税。
6.以上数据根据江西省历年财政总决算整理得出。

a) From 1994 to 2006,Company income tax indudes tax rebate for it.
b) From 1994 to 1997,the operating income of State-owned enterprises reflects the profits the state-owned enterprises handed in.
c) In 1997,the local government revenue and non-tax income indude extra-charges for urban education,compensation for mineral resources,fee on sewage treatment and on urban water resource,which has brought into the income of funds budget at current year.
d) Since 2002,revenue handed in the central government has induded income tax divided above.
e) Agricultural tax includes Agricultural tax,tax on special Agricultural,products(inducle tobacco tax in 1996),tax on the occupancy of cultivated land, and contract tax.
f) Data above are collected according to Jiangxi annual general final budget of public finance.

7–2 公共财政预算收入

Public Financial Revenue of the Local Government

单位：万元 (10000 yuan)

项　　目	Item	2010	2011	2012	2013
总　　计	**Total**	**7780922**	**10534342**	**13719940**	**16212358**
税收收入	**Total Tax revence**	**5851073**	**7770948**	**9780836**	**11787426**
#增值税	Value Added Tax	847892	1058993	1074123	1464306
营业税	Business Tax	2043822	2727856	3634642	4235034
企业所得税	Corporate Income Tax	637192	979220	1241189	1367065
企业所得税退税	Tax Rebate for Corporate Income Tax		-502		
个人所得税	Individual Income Tax	202683	323167	265246	287730
资源税	Resource Tax	129069	186589	297208	347039
固定资产投资方向调节税	Tax on the Adjustment of the Investment in the Fixed Assets		102	8	
城市维护建设税	City Maintenance and Construction Tax	307547	417979	479944	576022
房产税	House Property Tax	91334	113455	158630	214942
印花税	Stamp Tax	62339	83785	99177	121794
城镇土地使用税	Urban Land Use Tax	156654	182787	251690	319490
土地增值税	Land Appreciation Tax	257207	373328	522790	802508
车船税	Tax on Vehicles and Boat Operation	41498	56060	68976	84759
烟叶税	Tobacco Leaf Tax	10480	15762	18891	22868
耕地占用税	Farm Land Occupation Tax	357445	471965	717578	698190
契　税	Deed Tax	705911	780402	950744	1245624
非税收入	**Non Tax Revenue**	**1929849**	**2763394**	**3939104**	**4424932**
#国有资本经营收入	Profit from State-owned Assets	240752	203415	356719	17189
行政性收费收入	Charge of Administrative and Institutional Units	709133	1166206	1507833	1662924
罚没收入	Penalty Receipts	304785	393730	547590	633792
专项收入	Special Program Receipts	354497	490545	520261	629570
国有资源(资产)有偿使用收入	Revenue of Compensable Use of State-owned Resources	200901	307627	658977	1139467
其他收入	Other Revences	119781	201871	347724	341990

7-3　公共财政预算支出
Public Financial Expenditures of the Local Government

单位：万元　(10000 yuan)

项　　目	Item	2010	2011	2012	2013
总　　计	**Total**	**19232633**	**25345989**	**30192244**	**34703013**
一般公共服务	General Public Services	2187548	2579961	3081631	3370070
国防	National Defence	40877	50259	54023	59455
公共安全	Public Security	1074864	1238986	1417128	1629192
教育	Education	2974961	4744279	6220594	6645302
科学技术	Science and Technology	182628	213209	274969	463220
文化体育与传媒	Culture,Sports and Media	283833	396558	447728	526243
社会保障和就业	Social Seaurity and Employment	2330159	2727451	3230628	3788398
医疗卫生	Health Care and Medical Services	1500167	1963204	2191516	2621374
节能环保	Energy saving and Environment Protection	491411	437613	669129	741652
城乡社区事务	Community Affairs in Urban and Rural Areas	1024679	1253419	1766999	2012053
农林水事务	Agriculture,Forestry and Water Conservancy	2323354	2879919	3847674	4385353
交通运输	Transportation	1073072	2180462	1927848	2069270
资源勘探电力信息等事务	Affairs of Exploration,Power and Information	1175299	1573585	1960281	2115185
商业服务业等事务	Affairs of Financial Supervision		381595	382196	344648
金融监管等事务支出	Expenditure for Affairs of Financial Supervision	10633	20640	69217	67087
地震灾后恢复重建支出	Expenditure for Post-earthquake Recovery and Reconstruction	1825			
国土资源气象等事务	Affairs of Land and Weather		285089	303591	295464
住房保障支出	Expenditure for Affairs of Housing Security		1082808	1344319	2000215
粮油物资储备事务	Expenditure for Affairs of Grain & Oil Reserves			189497	209684
国债还本付息支出	Expenditure for National Debt Repay Capital with Interest	66273	125105	118517	215950
其他支出	Other Expenditure		740722	694759	1143198

7-4 财政收支总额及增长速度

Government Revenue and Expenditure and Growth Rates

年 份 Year	财政总收入(万元) Government Revenue (10000 yuan)	公共财政预算支出(万元) Public Financial Revenue of the Local Government (10000 yuan)	收支差额(万元) Balance (10000 yuan)	比上年增长(%) Growth Rate over preceding year(%) 财政总收入 Government Revenue	比上年增长(%) Growth Rate over preceding year(%) 公共财政预算支出 Public Financial Revenue of the Local Government
1978	122246	162701	-40455	60.4	35.5
1979	117771	176302	-58531	-3.7	8.4
1980	124667	159884	-35217	5.9	-9.3
1981	131822	140292	-8470	5.7	-12.3
1982	123283	155407	-32124	-6.5	10.8
1983	135281	174677	-39396	9.7	12.4
1984	150126	219439	-69313	11.0	25.6
1985	211843	297263	-85420	41.1	35.5
1986	240552	366258	-125706	13.6	23.2
1987	282110	377878	-95768	17.3	3.2
1988	322931	423518	-100587	14.5	12.1
1989	374886	487126	-112240	16.1	15.0
1990	406155	507559	-101404	8.3	4.2
1991	448050	603651	-155601	10.3	18.9
1992	493882	683826	-189944	10.2	13.3
1993	656721	818983	-162262	33.0	19.8
1994	886707	920290	-33583	35.0	12.4
1995	1052172	1103381	-51209	18.7	19.9
1996	1235782	1318475	-82693	17.5	19.5
1997	1349160	1526026	-176866	9.2	15.7
1998	1456584	1752605	-296021	8.0	14.8
1999	1549809	2078293	-528484	6.4	18.6
2000	1716943	2234722	-517779	10.8	7.5
2001	2001638	2837144	-835506	16.6	27.0
2002	2344259	3413843	-1069584	17.1	20.3
2003	2858122	3820981	-962859	21.9	11.9
2004	3508096	4540598	-1032502	22.7	18.8
2005	4259007	5639525	-1380518	21.4	24.2
2006	5186139	6964361	-1778222	21.8	23.5
2007	6652189	9050582	-2398393	28.3	30.0
2008	8169872	12100730	-3930858	22.8	33.7
2009	9288753	15623742	-6334989	13.7	29.1
2010	12262376	19232633	-6970257	32.0	23.1
2011	16450001	25345989	-8895988	34.2	31.8
2012	20461475	30192244	-9730769	24.4	19.1
2013	23584319	34703013	-11118694	15.3	14.9

7-5 各地区公共财政预算收入（2013年）
Public Financial Revenue of the Local Government by Region (2013)

单位：万元 (10000 yuan)

地区	Region	公共财政预算收入 Public Financial Revenue of the Local Government	增值税 Value-added Tax	营业税 Business Tax	企业所得税 Company Income Tax	个人所得税 Personal Income Tax	其他收入 Other Revenue
全省	**Provincial Total**	**16212358**	**1464306**	**4235034**	**1367065**	**287730**	**8858223**
南昌市	Nanchang	2919097	211938	1020353	301333	103234	1282239
景德镇市	Jingdezhen	737699	41570	167551	42129	10222	476227
萍乡市	Pingxiang	855196	62437	301690	24204	7016	459849
九江市	Jiujiang	1761521	148463	422851	133719	23514	1032974
新余市	Xinyu	844829	65562	220789	63633	14407	480438
鹰潭市	Yingtan	661347	89660	160429	32752	11923	366583
赣州市	Ganzhou	1843666	176840	466533	172867	46026	981400
吉安市	Ji'an	1214410	117899	349779	79624	20952	646156
宜春市	Yichun	1593943	200354	373260	110669	19897	889763
抚州市	Fuzhou	1004770	102905	291226	59590	12200	538849
上饶市	Shangrao	1644320	173606	359546	99563	18235	993370

注：本表财政收入不含中央两税收入。
The local Government Revenue in the table do not include the Value-added tax and consumption tax of the central Government.

7-6 各地区公共财政预算支出（2013年）
Public Financial Expenditures of the Local Government by Region (2013)

单位：万元 (10000 yuan)

地区	Region	公共财政预算支出 Public Financial Expenditures of the Local Government	一般公共服务 General Public Services	教育 Education	社会保障和就业 Social Security and Employment	医疗卫生 Health Care and Medical	农林水事务 Agriculture, Forestry and Water	其他支出 Other Expenditure
全省	**Provincial Total**	**34703013**	**3370070**	**6645302**	**3788398**	**2621374**	**4385353**	**13892516**
南昌市	Nanchang	4193652	372832	734317	446254	374524	309934	1955791
景德镇市	Jingdezhen	1358864	216406	210605	188882	77331	151524	514116
萍乡市	Pingxiang	1496007	164916	239231	201767	96743	144068	649282
九江市	Jiujiang	3382022	343920	650635	391997	277288	456637	1261545
新余市	Xinyu	1270558	108809	191020	108531	66812	90469	704917
鹰潭市	Yingtan	1004526	70070	143146	111672	72606	86166	520866
赣州市	Ganzhou	4808080	472664	1014989	683620	415918	605971	1614918
吉安市	Ji'an	2852905	279346	618634	340643	265735	493214	855333
宜春市	Yichun	3048682	319006	609636	456993	274382	480029	908636
抚州市	Fuzhou	2276705	204352	474946	282692	223078	369865	721772
上饶市	Shangrao	3562046	318708	828764	402007	371600	514337	1126630

7-7 县(市、区)公共财政预算收入（2013年）

Public Financial Revenue of the Local Government by County(County-level City) (2013)

单位：万元 (10000 yuan)

地区	Region	公共财政预算收入 Local Government Budgetary Expenditure	地区	Region	公共财政预算收入 Local Government Budgetary Expenditure	地区	Region	公共财政预算收入 Local Government Budgetary Expenditure
东湖区	Donghu	101004	余江县	Yujiang	112305	袁州区	Yuanzhou	117156
西湖区	Xihu	112375	贵溪市	Guixi	261738	奉新县	Fengxin	114504
青云谱区	Qingyunpu	81462	章贡区	Zhanggong	153563	万载县	Wanzai	103153
湾里区	Wanli	49523	赣县	Ganxian	99300	上高县	Shanggao	118219
青山湖区	Qingshanhu	124380	信丰县	Xinfeng	85869	宜丰县	Yifeng	73351
南昌县	Nanchang	455737	大余县	Dayu	54985	靖安县	Jing'an	48683
新建县	Xinjian	198219	上犹县	Shangyou	41065	铜鼓县	Tonggu	47931
安义县	Anyi	63544	崇义县	Chongyi	48894	丰城市	Fengcheng	365177
进贤县	Jinxian	113884	安远县	Anyuan	37564	樟树市	Zhangshu	236297
昌江区	Changjiang	86434	龙南县	Longnan	80440	高安市	Gaoan	180007
珠山区	Zhujiang	57712	定南县	Dingnan	55704	临川区	Linchuan	125819
浮梁县	Fuliang	80232	全南县	Quannan	34948	南城县	Nancheng	90500
乐平市	Leping	230313	宁都县	Ningdu	59729	黎川县	Lichuan	69835
安源区	Anyuan	270235	于都县	Yudu	87024	南丰县	Nanfeng	73728
湘东区	Xiangdong	117051	兴国县	Xingguo	63133	崇仁县	Chongren	71934
莲花县	Lianhua	50586	会昌县	Huichang	63090	乐安县	Le'an	42241
上栗县	Shangli	127207	寻乌县	Xunwu	36956	宜黄县	Yihuang	53757
芦溪县	Luxi	84231	石城县	Shicheng	37772	金溪县	Jinxi	63088
庐山区	Lushan	134200	瑞金市	Ruijin	92490	资溪县	Zixi	50995
浔阳区	Xunyang	105658	南康市	Nankang	135126	东乡县	Dongxiang	129946
九江县	Jiujiang	98431	吉州区	Jizhou	77081	广昌县	Guangchang	49985
武宁县	Wuning	93537	青原区	Qingyuan	49348	信州区	Xinzhou	122987
修水县	Xiushui	128173	吉安县	Ji'an	151578	上饶县	Shangrao	110551
永修县	Yongxiu	112313	吉水县	Jishui	80875	广丰县	Guangfeng	209548
德安县	De'an	83696	峡江县	Xiajiang	62844	玉山县	Yushan	113180
星子县	Xingzi	76089	新干县	Xingan	93017	铅山县	Qianshan	87325
都昌县	Duchang	80021	永丰县	Yongfeng	86536	横峰县	Hengfeng	94279
湖口县	Hukou	131324	泰和县	Taihe	100063	弋阳县	Yiyang	78427
彭泽县	Pengze	83865	遂川县	Suichuan	76147	余干县	Yugan	83789
瑞昌市	Ruichang	150967	万安县	Wan an	58848	鄱阳县	Poyang	95923
共青城市	Gongqingcheng	87725	安福县	Anfu	106196	万年县	Wannian	101121
渝水区	Yushui	190027	永新县	Yongxin	55489	婺源县	Wuyaun	77507
分宜县	Fenyi	199035	井冈山市	Jinggangshan	52521	德兴市	Dexing	202267
月湖区	Yuehu	100812						

主要统计指标解释

财政收入 国家财政参与社会产品分配所取得的收入，是实现国家职能的财力保证。财政收入所包括的内容几经变化，目前主要包括：

1. 各项税收：包括增值税、营业税、消费税、土地增值税、城市维护建设税、资源税、城市土地使用税、印花税、固定资产投资方向调节税、个人所得税、企业所得税、关税和耕地占用税等。

2. 专项收入：包括征收排污费、征收城市水资源费收入、教育费附加收入等。

3. 其他收入：包括基本建设贷款归还收入、国家能源交通重点建设基金收入、国家预算调节基金等。

4. 国有企业计划亏损补贴：这项为负收入，冲减财政收入。

财政支出 国家财政将筹集起来的资金进行分配使用，以满足经济建设和各项事业的需要，主要包括一般公共服务、外交、国防、教育、公共安全、科学技术、文化体育与传媒、社会保障和就业、医疗卫生、环境保护、城乡社区事务、农林水事务、交通运输、工业商业金融等事务和其他支出等科目。

Explanatory Notes on Main Statistical Indicators

Government Revenue refers to income for the government finance through participating in the distribution of social products. It is the financial guarantee to ensure government functioning. The contents of government revenue have changed several times. Now it includes the following main items:

(1) Various tax revenues, including value added tax, business tax, consumption tax, land value added tax, tax on city maintenance and construction, resources tax, tax on use of urban land, enterprise income tax, personal income tax, tariff, stamp tax on security transactions, tax on purchase of motor vehicles, tax on agriculture and animal husbandry and tax on occupancy of cultivated land, etc.

(2) Special revenues, including revenues from the fee on sewage treatment, fee on urban water resources and extra-charges for education, etc.

(3) Other revenues, including revenue from the repayment of capital construction loan, funds for national key construction projects in energy industry and transportation, and national budget adjustment funds.

(4) Subsidies for the losses of State-owned enterprises. This is an item of negative revenue, counteracting revenues.

Government Expenditure refers to the distribution and use of the funds the government finance has raised, so as to meet the needs of economic construction and various causes. It includes expenditure for capital construction, innovation funds of the enterprises, geological prospecting expenses, expenditures for science and technology promotion, expenditure for supporting rural production, operating expenses of the departments of farming, forestry, water conservancy and meteorology etc., operating expenses of the departments of industry, transport and commerce, operating expenses of the departments of culture, education, science and public health, pension for the disabled or for the families of the bereaved and relief funds for social welfare, expenditures for national defence, administrative expenses, expenditure for price subsidies.

价格指数

PRICE INDICES

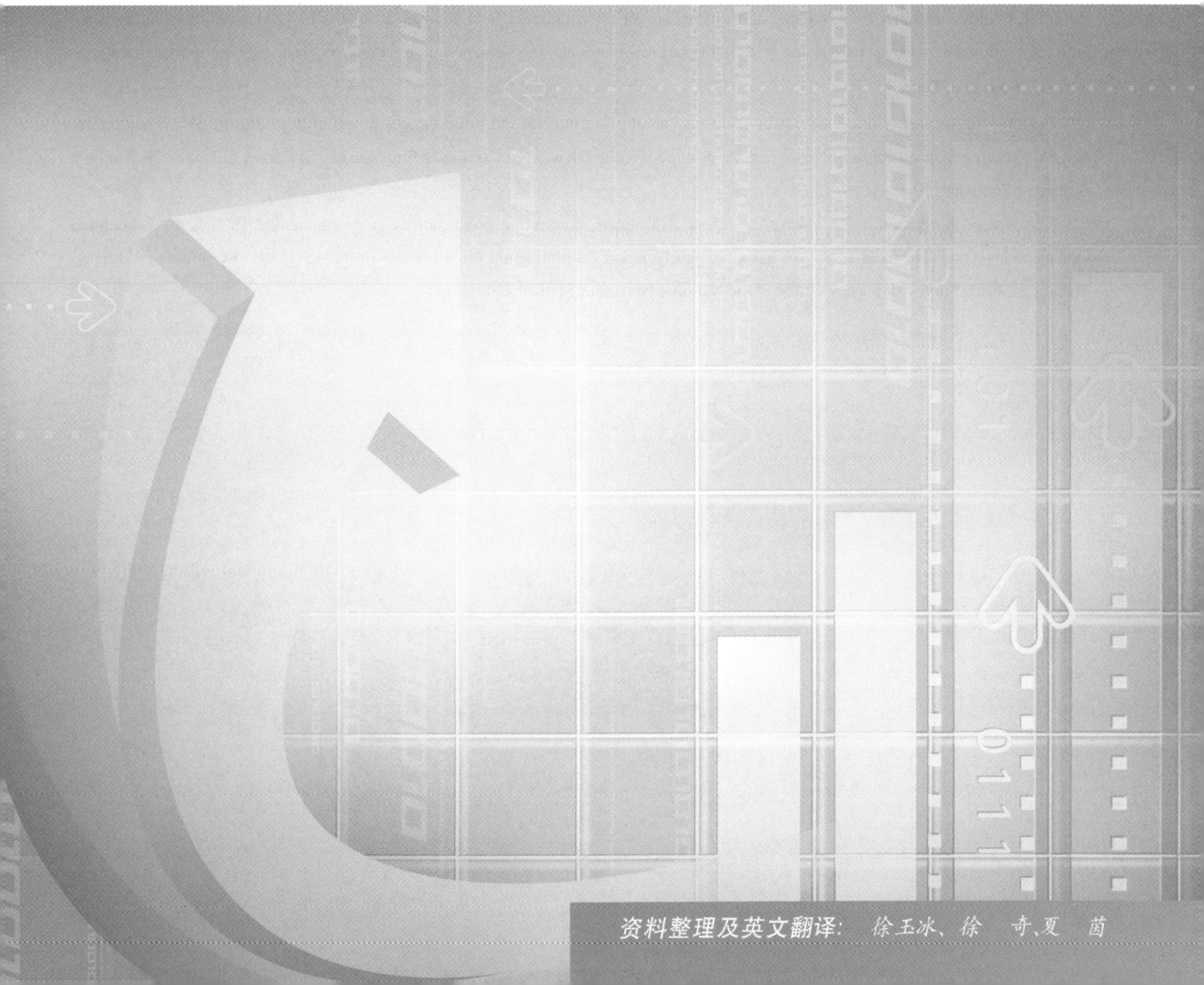

资料整理及英文翻译：徐玉冰、徐　奇、夏　茵

简要说明

一、本篇资料的主要内容

本篇资料反映了全省生产、投资、流通、消费等环节价格变动状况，主要包括居民消费、商品零售、生产资料、工业品出厂、原材料燃料动力购进、固定资产投资等价格指数。

二、本篇资料的来源

1.居民消费、商品零售和农业生产资料价格指数来源于消费价格统计调查年报，由国家统计局江西调查总队消费价格调查处整理提供。

2.工业品出厂、原材料燃料动力购进、固定资产投资等价格指数来源于生产价格统计调查年报，由国家统计局江西调查总队生产投资价格调查处整理提供。

Brief Introduction

I. Main Content

Data on the price indices in this chapter show the changing trend in production, investment, circulation and consumption, including mainly consumer price indices of residents, retail price indices, price indices of means of production, production price indices of industrial products, purchasing price indices of raw materials, fuels and power, price indices of investment in fixed assets.

II. Source of Data

(1) Data on consumer price indices of residents, retail price indices and price indices of agricultural means of production are based on yearly report on consumer price and are provided by the Division of Consumer Price Survey of Survey Office of the National Bureau of Statistics in Jiangxi.

(2) Data on production price indices of industrial products, purchasing price indices of raw materials, fuels and power, price indices of investment in fixed assets are based on yearly report on production price and are provided by the Division of Production Investment Price Survey of Survey Office of the National Bureau of Statistics in Jiangxi.

8-1 各 种 价 格 指 数
Price Indices

(上年=100) (preceding year=100)

年 份 Year	商品零售价格指数 Retail Price Index	城 市 Urban Areas	农 村 Rural Areas	居民消费价格指数 Consumer Price Index	城 市 Urban Areas	农 村 Rural Areas
1978	100.1	100.2	100.1		100.2	
1980	104.3	106.6	102.9		106.0	
1985	108.3	109.0	107.8	109.0	108.8	109.1
1990	101.3	100.3	102.2	102.1	101.5	102.8
1991	102.4	104.0	101.2	102.8	104.4	101.3
1992	105.6	107.2	103.9	105.7	107.5	103.5
1993	111.1	112.6	110.1	114.6	115.8	112.5
1994	123.9	122.9	125.4	126.9	126.9	126.7
1995	115.9	115.0	116.9	116.9	116.9	117.0
1996	106.6	106.4	106.7	108.4	108.1	108.6
1997	99.6	100.1	99.3	102.0	103.0	102.1
1998	98.8	98.5	98.9	101.0	101.0	101.0
1999	96.8	97.3	96.3	98.6	99.1	98.1
2000	98.5	98.6	98.5	100.3	102.1	99.1
2001	98.4	98.3	98.4	99.5	99.8	99.2
2002	100.2	100.1	100.3	100.1	100.2	99.9
2003	100.1	99.4	100.7	100.8	100.9	100.6
2004	103.0	101.9	104.0	103.5	103.3	103.5
2005	100.9	100.3	101.4	101.7	101.5	102.2
2006	101.2	101.0	101.4	101.2	100.9	101.6
2007	104.0	103.5	105.1	104.8	104.4	105.8
2008	106.1	106.0	106.4	106.0	105.9	106.3
2009	99.1	99.1	99.0	99.3	99.4	99.2
2010	102.7	102.6	102.9	103.0	102.9	103.3
2011	104.8	104.8	105.0	105.2	105.1	105.6
2012	102.1	101.9	102.5	102.7	102.6	103.0
2013	101.5	101.2	101.9	102.5	102.4	102.9

8-2 各 种 价 格 指 数 (2013年)
Price Indices (2013)

类 别	Type	以1978年价格为100 year of 1978=100	以1980年价格为100 year of 1980=100	以1985年价格为100 year of 1985=100	以1990年价格为100 year of 1990=100	以1995年价格为100 year of 1995=100	以2005年价格为100 year of 2005=100	以2010年价格为100 year of 2010=100
商品零售价格指数	Retail Price Index	460.5	437.7	361.8	218.4	126.8	123.4	108.6
城 市	Urban Areas	479.9	443.6	364.0	217.2	122.6	121.7	108.1
农 村	Rural Areas	441.4	427.8	366.6	224.1	132.1	126.8	109.6
居民消费价格指数	Consumer Price Index			459.6	274.5	148.5	127.5	110.7
城 市	Urban Areas	646.0	598.3	492.1	292.4	151.8	125.8	110.4
农 村	Rural Areas			433.6	261.0	149.1	131.1	112.0

注：1990-1993年零售、消费价格指数中城市、农村口径为城镇、农村。

a) Statistic standards of retail and consumer price index from 1990-1993 are urban and rural areas.

8-3 商品零售价格分类指数（2013年）

Retail Price Indices by Category (2013)

（上年=100） (preceding year=100)

类别	Type	全省 Province Indices	城市 Urban Areas	农村 Rural Areas
商品零售价格总指数	**Retail Price Index**	**101.5**	**101.2**	**101.9**
食品类	**Food**	**104.6**	**104.5**	**104.8**
粮食	Grain	102.4	101.9	103.2
淀粉及制品	Starches and Tubers	99.7	101.8	96.1
干豆类及豆制品	Beans and Bean Products	105.7	105.2	106.7
油脂	Oil or Fat	100.0	99.9	100.1
肉禽及其制品	Meat, Poultry and Their Products	104.3	103.6	105.7
蛋	Eggs	105.7	105.8	105.5
水产品	Aquatic Products	107.4	107.6	107.2
菜	Vegetables	107.6	107.2	108.5
调味品	Flavoring	102.5	101.9	103.2
糖	Carbohydrate	99.6	98.6	100.9
干鲜瓜果	Dried and Fresh Melons and Fruits	105.6	106.7	103.1
糕点饼干面包	Cake, Biscuit and Bread	101.7	102.2	100.6
液体乳及乳制品	Milk and Its Products	107.8	109.6	102.5
在外用膳食品	Outward Dinner Food	105.0	104.6	105.7
其它食品	Other Foods	101.7	102.3	100.5
饮料、烟酒	**Beverages, Tobacco and Liquor**	**100.8**	**100.8**	**100.9**
茶及饮料	Tea and Beverages	102.0	102.1	102.0
烟草	Tobacco	100.6	100.4	101.0
酒	Liquor	100.4	100.4	100.3
服装、鞋帽类	**Garments, Shoes and Hats**	**102.7**	**102.5**	**103.0**
服装	Garments	103.4	103.7	102.7
鞋袜帽	Footgear and Hats	101.2	99.5	104.2
其它	Others	100.7	101.6	99.9
纺织品类	**Textiles**	**101.2**	**101.1**	**101.5**
衣着材料	Cotton Cloth	102.4	103.1	100.9
床上用品	Blend Cloth	100.1	99.0	101.9
家用电器及音像器材	**Household Appliances, Music and Video Equipment**	**97.8**	**97.8**	**97.8**
家庭设备	Household Appliances	98.1	97.6	99.4
文娱用耐用消费品	Culture and Recreat Durable Consumable	97.0	97.6	96.0
专业音像器材	Household Appliances and Hifi	100.1	100.2	99.1
文化办公用品	**Cultural and Office Appliances**	**98.0**	**97.5**	**99.5**
日用品	**Articles for Daily Use**	**100.9**	**100.6**	**101.6**
日用百货	General Merchandise for Daily Use	100.7	100.5	101.2
日用杂品	Miscellaneous for Daily Use	100.1	98.9	102.4
洗涤用品	Washing	102.2	102.3	101.8
其它日用品	Other Daily Use Articles	100.2	99.9	101.1
体育娱乐用品	**Sports and Recreation Articles**	**100.2**	**100.4**	**99.6**

8-3 续表 continued

(上年=100) (preceding year=100)

类别	Type	全省 Province Indices	城市 Urban Areas	农村 Rural Areas
体育用品	Sports Articles	100.9	101.0	100.7
娱乐用品	Recreation Articles	99.7	100.0	98.9
交通、通信用品	**Transportation and Communication Appliances**	**97.0**	**96.5**	**98.0**
交通运输机械	Transportation Equipments	99.0	98.7	100.0
通信器材类	Communication Equipments	94.0	93.2	95.7
家具	**Furniture**	**100.1**	**98.6**	**103.7**
化妆品类	**Cosmetics**	**101.4**	**101.2**	**101.9**
金银珠宝类	**Gold, Silver and Jewelry**	**92.2**	**92.7**	**91.2**
中西药品及医疗保健用品类	**Traditional Chinese and Western Medicines and Health Care Articles**	**101.6**	**101.3**	**102.2**
医疗器具及用品	Medical Apparatus and Article	100.8	101.3	99.5
中药材及中成药	Traditional Chinese Medicinal Materials and Medicines	102.7	102.1	103.9
西药	Western Medicines	101.1	101.0	101.3
保健器具及用品	Medical Apparatus and Articles	100.5	100.2	101.7
书报杂志及电子出版物类	**Books, Newspapers, Magazines and Electronic Publications**	**100.5**	**100.5**	**100.7**
教材及参考书	Teaching Material and Reference Book	100.9	100.7	101.4
书报杂志	Books and Magazines	100.4	100.4	100.2
电子音像制品	Electronic Publications	99.9	99.8	100.1
燃料类	**Fuels**	**100.1**	**99.9**	**100.7**
煤炭及制品类	Coal and Coal Products	103.4	104.2	102.6
石油及制品类	Petroleum and Related Products	99.0	98.8	99.5
建筑材料及五金电料类	**Building Materials and Hardware**	**101.3**	**101.8**	**100.5**
建筑装璜材料	Building Decoration Materials	101.3	101.9	100.3
五金电料类	Hardware	101.4	101.2	101.9
农业生产资料价格指数	**Price Indices of Agricultural Means of Production**	**102.4**		**102.4**
农用手工工具	Farm Handtools	106.3		106.3
饲料	Forage	103.4		103.4
产品畜	Production Livestock	99.7		99.7
半机械化农具	Semi-mechanized Farm Tools	100.9		100.9
机械化农具	Mechanized Farm Machinery	102.7		102.7
化学肥料	Chemical Fertilizer	99.6		99.6
农药及农药器械	Pesticide and Its Appliances	100.9		100.9
化学农药	Chemical Pesticides	101.1		101.1
农药器械	Pesticides Appliances	100.2		100.2
农用机油	Oil for Farm Machinery	99.8		99.8
其他农业生产资料	Other Means of Agricultural Production	103.6		103.6
农用种子	Farm Seed	105.1		105.1
其他	Others	100.8		100.8
农业生产服务	Service of Agricultural Production	112.3		112.3

8-4 居民消费价格分类指数（2013年）

Consumer Price Indices by Category (2013)

（上年=100） (preceding year=100)

类别	Type	全省 Province Indices	城市 Urban Areas	农村 Rural Areas
居民消费价格总指数	**Consumer Price Index**	**102.5**	**102.4**	**102.9**
服务项目价格指数	**Price Index of Services**	**102.6**	**102.4**	**103.0**
食品	**Food**	**104.5**	**104.5**	**104.5**
粮食	Grain	102.3	101.8	103.6
淀粉及制品	Starches and Tubers	100.2	101.9	96.3
干豆类及豆制品	Beans and Bean Products	105.5	105.0	106.5
油脂	Oil or Fat	100.0	99.9	100.0
肉禽及其制品	Meal, Poultry and Processed Products	103.9	103.5	104.7
食用畜肉及副产品	Meat and Sideline Product	103.2	102.9	103.7
禽	Pourtry	107.6	106.1	110.4
加工肉禽	Meat and Pourty Products	103.3	103.6	102.8
蛋	Eggs	105.7	105.9	105.3
水产品	Aquatic Products	107.3	107.2	107.6
鱼	Fish	107.0	106.6	107.6
其它水产品	Other Aquatic Products	108.4	108.6	107.5
菜	Vegetables	107.5	107.0	108.6
调味品	Flavoring	102.4	101.8	103.5
糖	Carbohydrate	99.8	98.7	101.4
茶及饮料	Tea and Beverages	102.0	101.8	102.3
茶叶	Tea	101.6	101.1	102.9
饮料	Beverages	102.1	102.1	102.2
干鲜瓜果	Dried and Fresh Melons and Fruits	105.9	106.8	103.1
糕点饼干面包	Cake, Biscuit and Bread	101.9	102.5	100.8
液体乳及乳制品	Milk and Its Products	107.2	109.0	102.4
在外用膳食品	Outward Dinner Food	104.9	104.6	105.6
其它食品	Other Foods	102.1	102.8	100.6
烟酒	**Tobacco and Liquor**	**100.6**	**100.4**	**100.9**
烟草	Tobacco	100.7	100.4	101.1
酒	Liquor	100.5	100.4	100.6
衣着	**Clothing**	**102.8**	**102.6**	**103.1**
服装	Garments	103.4	103.7	102.7
男式服装	Clothing for Men	103.9	105.0	100.9
女式服装	Clothing for Women	103.0	102.9	103.5
儿童服装	Clothing for Children	103.7	102.5	105.4
衣着材料	Clothing Material	102.4	103.5	100.9
鞋袜帽	Footgear and Hats	100.8	99.5	104.3
鞋	Shoes	100.8	99.4	105.9
袜子	Hose	100.5	100.8	100.0
帽子	Hats	100.4	98.0	101.3
衣着加工服务费	Clothing Manufacturing Services	105.0	103.4	107.6
家庭设备用品及维修服务	**Household Facilities, Articles and Services**	**101.0**	**100.4**	**102.6**
耐用消费品	Durable Consumer Goods	99.1	98.0	101.1

8-4 续表 continued

(上年=100) (preceding year=100)

类　　别	Type	全　省 Province Indices	城　市 Urban Areas	农　村 Rural Areas
家具	Furniture	101.1	99.1	103.8
家庭设备	Household Facilities	98.3	97.7	99.6
室内装饰品	Interior Decorations	102.4	103.4	99.9
床上用品	Bed Articles	100.4	100.1	101.2
家庭日用杂品	Daily Use Household Articles	101.4	100.0	105.5
家庭服务及加工维修服务	Household Services and Maintenance and Renovation	109.3	110.2	105.7
医疗保健和个人用品	**Health Care and Personal Articles**	**101.3**	**100.9**	**102.1**
医疗保健	Health Care	101.2	101.0	101.6
医疗器具及用品	Medical Instrument and Articles	100.6	101.0	99.6
中药材及中成药	Traditional Chinese Medicine	102.7	102.0	104.1
西药	Western Medicine	101.0	100.9	101.2
保健器具及用品	Health Care Appliances and Articles	99.8	99.7	101.5
医疗保健服务	Health Care Services	100.7	100.8	100.6
个人用品及服务	Personal Articles and Services	101.4	100.6	103.2
化妆美容用品	Cosmetics	100.9	100.8	101.5
清洁化妆用品	Sanitation Articles	103.1	101.8	104.8
个人饰品	Personal Ornaments	96.0	95.0	97.7
个人服务	Personal Services	106.2	104.9	110.4
交通和通讯	**Transportation and Communication**	**99.7**	**99.3**	**100.5**
交通	Transportation	100.7	100.4	101.0
交通工具	Transportation Facility	99.8	99.6	100.1
车用燃料及零配件	Fuels and Parts	99.0	99.1	98.8
车辆使用及维修费	Fees for Vehicles Use and Maintenance	105.4	104.7	106.1
市区公共交通费	Incity Traffic Fare	100.7	100.3	102.2
城市间交通费	Intercity Traffic Fare	101.0	100.5	101.7
通信	Communication	98.7	98.5	99.5
通信工具	Communication Facility	90.7	89.5	93.7
通信服务	Communication Service	100.0	99.8	100.6
娱乐教育文化用品及服务	**Recreation, Education and Culture Articles**	**101.8**	**101.2**	**103.1**
文娱用耐用消费品及服务	Durable Consumer Goods for Cultural and Recreational Use and Services	96.0	95.0	98.2
教育	Education	102.9	102.4	103.8
教材及参考书	Teaching Materials and Reference Books	101.0	100.8	101.6
教育服务	Education Service	103.1	102.6	103.9
文化娱乐	Cultural and Recreational Articles	100.4	100.2	101.3
文化娱乐用品	Cultural Articles	99.2	98.8	100.4
书报杂志	Newspapers and Magazines	100.4	100.5	100.3
文娱费	Expenditure on Culture and Recreation	101.4	100.9	104.0
旅游	Touring	104.3	103.7	107.8
居住	**Residence**	**101.9**	**102.1**	**101.7**
建房及装修材料	Building and Building Decoration Materials	101.9	103.0	100.8
住房租金	Renting	104.8	104.8	104.5
自有住房	Private Housing	103.2	103.8	102.0
水、电、燃料	Water, Electricity and Fuels	100.6	100.1	101.9

8-5 各市、县商品零售价格分类指数（2013年）

(上年=100)

类别	Type	南昌市 Nan chang	景德镇市 Jing dezhen	萍乡市 Ping xiang	九江市 Jiu jiang	新余市 Xin yu
商品零售价格总指数	**Retail Price Index**	**101.3**	**102.0**	**101.7**	**100.9**	**100.8**
食品类	Food	104.6	105.1	104.2	104.8	103.7
饮料、烟酒	Beverages, Tobacco and Liquor	100.4	100.3	100.6	101.7	100.7
服装、鞋帽类	Garments, Shoes and Hats	103.5	99.4	101.5	104.2	103.1
纺织品类	Textiles	105.8	87.1	99.1	105.4	98.1
家用电器及音像器材	Household Appliances, Music and Video Equipment	98.7	98.9	98.0	89.8	99.0
文化办公用品	Cultural and Office Appliances	93.5	100.2	98.1	94.8	100.6
日用品	Articles for Daily Use	99.7	100.5	102.7	101.2	101.2
体育娱乐用品	Sports and Recreation Articles	101.1	100.0	101.4	97.2	99.8
交通、通信用品	Transportation and Communication Appliances	98.1	98.8	98.3	93.9	94.5
家具	Furniture	96.3	99.9	104.5	99.9	100.0
化妆品类	Cosmetics	101.0	107.0	102.2	99.9	100.0
金银珠宝类	Gold, Silver and Jewelry	92.8	94.7	92.8	92.7	93.0
中西药品及医疗保健用品类	Traditional Chinese and Western Medicines and Health Care Articles	100.0	109.4	100.5	99.0	100.1
书报杂志及电子出版物类	Books, Newspapers, Magazines and Electronic Publications	100.3	99.9	99.8	100.1	101.2
燃料类	Fuels	98.8	102.1	104.2	100.6	99.3
建筑材料及五金电料类	Building Materials and Hardware	102.0	101.0	99.8	102.5	99.4
农业生产资料价格指数	**Price Indices of Agricultural Means of Production**					

8-6 各市、县居民消费价格分类指数（2013年）

(上年=100)

类别	Type	南昌市 Nan chang	景德镇市 Jing dezhen	萍乡市 Ping xiang	九江市 Jiu jiang	新余市 Xin yu
居民消费价格总指数	**Consumer Price Index**	**102.3**	**102.5**	**102.4**	**102.5**	**102.6**
服务项目价格指数	Price Index of Services	102.6	101.2	103.1	103.3	104.6
食品	Food	104.6	105.1	104.0	105.0	103.6
烟酒	Tobacco and Liquor	100.3	100.1	100.6	100.6	100.3
衣着	Clothing	103.9	99.5	101.4	104.0	103.2
家庭设备用品及维修服务	Household Facilities, Articles and Services	100.6	97.9	100.9	99.4	101.2
医疗保健和个人用品	Health Care and Personal Articles	100.3	105.3	102.4	99.1	101.2
交通和通讯	Transportation and Communication	99.8	99.8	100.0	98.7	98.4
娱乐教育文化用品及服务	Recreation, Education and Culture Articles	101.7	100.3	101.2	99.1	103.9
居住	Residence	101.0	102.7	102.8	104.4	103.5

Retail Price Indices by Category and Region (2013)

(preceding year=100)

鹰潭市 Ying tan	赣州市 Gan zhou	宜春市 Yi chun	上饶市 Shang rao	吉安市 Ji'an	抚州市 Fuzhou	井冈山市 Jing gangshan	瑞昌市 Rui chang	信丰县 Xin feng	宁都县 Ning du	上高县 Shang gao	铅山县 Yan shan	泰和县 Taihe	南城县 Nan cheng
101.5	**101.2**	**100.6**	**101.9**	**100.6**	**101.4**	**101.0**	**102.2**	**102.1**	**102.9**	**101.1**	**101.3**	**102.0**	**101.8**
104.1	103.6	103.8	106.4	103.6	103.4	103.0	106.4	105.1	106.0	103.8	105.1	102.8	105.9
101.6	101.0	100.9	99.7	101.0	100.3	100.3	101.8	99.2	99.7	101.7	101.1	102.9	102.2
102.6	100.5	102.4	97.5	101.2	101.1	101.2	103.9	101.8	106.1	102.5	100.7	106.4	99.8
101.2	100.7	100.2	99.3	99.2	100.3	101.2	100.6	109.3	100.0	95.9	100.5	99.6	102.9
98.3	97.4	95.9	99.1	97.0	98.7	97.6	100.2	99.2	98.8	97.0	99.9	90.2	98.9
99.8	102.4	93.9	101.3	99.5	101.2	99.3	99.5	97.0	100.0	100.7	97.7	102.7	100.1
100.3	101.2	100.4	103.7	101.3	100.4	102.0	100.1	102.4	100.2	101.0	100.2	106.0	101.6
101.7	100.2	102.0	96.8	101.9	100.2	100.2	100.0	98.7	99.7	99.9	100.3	100.6	99.6
96.2	98.6	93.1	94.7	91.8	98.2	98.0	97.8	96.2	98.9	99.7	99.3	98.9	94.4
100.7	100.3	97.4	100.2	101.3	101.3	98.5	97.2	113.5	109.1	100.7	100.0	104.7	97.3
101.1	102.6	100.8	101.4	101.9	100.0	106.7	101.2	106.7	101.1	101.4	101.6	104.8	95.6
96.7	91.0	91.1	102.7	85.7	93.4	94.0	92.7	92.5	94.8	94.9	87.0	89.8	93.5
101.8	100.7	107.2	99.0	103.5	102.5	101.0	100.1	100.5	106.7	101.3	102.2	103.7	100.3
101.2	101.4	100.4	100.0	101.0	100.4	99.8	100.2	101.6	103.5	99.8	99.9	100.2	99.9
100.1	99.5	96.7	102.8	97.3	101.2	102.0	100.2	103.8	99.5	98.6	98.3	102.6	101.0
103.0	102.1	100.5	101.9	101.1	102.1	97.8	99.6	99.0	98.9	98.2	99.9	102.3	104.2
							103.7	**105.3**	**102.3**	**101.3**	**99.3**	**100.4**	**100.3**

Consumer Price Indices by Category and Region (2013)

(preceding year=100)

鹰潭市 Ying tan	赣州市 Gan zhou	宜春市 Yi chun	上饶市 Shang rao	吉安市 Ji'an	抚州市 Fuzhou	井冈山市 Jing gangshan	瑞昌市 Rui chang	信丰县 Xin feng	宁都县 Ning du	上高县 Shang gao	铅山县 Yan shan	泰和县 Taihe	南城县 Nan cheng
102.7	**102.4**	**102.6**	**102.7**	**102.3**	**101.8**	**102.7**	**103.2**	**103.2**	**104.0**	**101.7**	**102.7**	**103.5**	**103.6**
102.8	104.3	105.7	102.5	104.3	100.5	106.1	102.4	103.0	103.0	101.9	102.4	105.6	105.2
104.3	103.6	103.9	106.0	103.3	103.5	103.4	106.1	105.1	105.9	103.3	105.0	102.9	105.6
101.4	101.3	99.3	97.9	101.0	100.0	100.3	102.1	99.0	99.6	102.3	101.2	101.4	102.8
102.5	100.5	102.8	98.8	101.5	101.0	101.0	103.8	102.7	106.5	101.6	100.8	105.9	100.5
100.7	100.7	100.4	100.1	100.9	100.0	101.7	100.7	104.6	103.0	100.5	100.7	105.7	101.2
101.2	100.3	103.4	99.5	102.8	101.3	104.5	100.0	101.8	104.9	101.0	100.9	102.8	106.0
99.0	100.3	98.7	96.8	98.4	99.8	101.1	100.3	100.5	101.8	99.8	100.2	101.0	100.1
102.9	104.0	104.7	102.8	103.0	100.3	101.4	102.2	102.4	103.7	102.4	103.0	104.8	104.7
103.2	102.8	101.0	104.4	102.4	102.3	103.6	101.6	102.7	100.8	99.4	102.4	103.9	102.0

8-7 工业生产者出厂价格指数

Producer Price Index for Industrial Products

(上年=100) (preceding year=100)

类　　别	Type	2000	2005	2010	2012	2013
总指数	**General Index**	**101.0**	**108.8**	**115.3**	**96.5**	**98.5**
按轻重工业分	**Grouped by Light & Heavy Industries**					
轻工业	Light Industry	98.2	99.2	104.3	98.3	99.7
以农产品为原料	Agricultural Products as Raw Materials	98.5	100.6	105.4	102.5	101.3
以非农产品为原料	Non-agricultural Products as Raw Materials	97.0	98.0	103.2	90.2	96.7
重工业	Heavy Industry	102.4	113.3	121.3	95.8	98.0
采　　掘	Mining	102.0	145.5	123.0	98.2	96.4
原　　料	Raw Materials	105.7	115.6	123.7	95.2	97.5
加　　工	Processing	97.2	104.2	118.8	95.8	98.5
按部类分	**Grouped by Category of Industry**					
生产资料	Means of Production	102.2	110.8	117.9	95.1	98.0
采　　掘	Mining	101.4	142.2	121.5	98.2	96.4
原　　料	Raw Materials	106.1	115.1	124.3	95.2	97.4
加　　工	Processing	97.1	101.7	113.8	94.7	98.4
生活资料	Consumer Goods	97.7	100.5	103.1	101.4	100.3
食　　品	Food	95.4	100.3	103.5	102.7	100.0
衣　　着	Clothing	104.2	100.7	103.3	104.2	101.9
一般日用品	Articles for Daily Use	95.8	101.6	102.4	98.1	99.4
耐用消费品	Durable Consumer Goods	95.4	99.7	102.1	99.7	100.0
按工业部门分	**Grouped by Industrial Department**					
冶金工业	Metallurgical Industry	105.6	120.7	131.8	91.0	95.9
电力工业	Power Industry	103.0	104.6	102.2	105.6	100.4
煤炭及炼焦工业	Coal Industry and Coking Industry	102.2	125.0	115.4	98.3	93.8
石油工业	Petroleum Industry	118.9	122.8	115.4	103.8	99.2
化学工业	Chemical Industry	97.9	106.1	108.4	98.1	99.2
机械工业	Machine Building Industry	96.2	100.3	103.4	93.6	98.0
建筑材料工业	Building Materials Industry	96.1	93.0	104.9	97.5	100.2
森林工业	Timber Industry	99.8	102.9	104.1	102.2	102.2
食品工业	Food Industry	94.5	100.9	103.9	103.8	101.2
纺织工业	Textile Industry	108.2	98.7	117.4	97.7	100.1
缝纫工业	Tailoring Industry	94.3	101.0	103.4	103.8	102.6
皮革工业	Leather Industry	105.3	100.4	102.7	105.1	101.0
造纸工业	Paper Industry	97.8	102.8	103.5	96.1	97.9
文教艺术用品工业	Industry of Cultural, Educational & Handicrafts Articles	103.8	99.8	103.8	100.7	100.5
其他工业	Others Industry	99.5	105.7	105.3	99.9	100.8

8-8 按工业行业分工业生产者出厂价格指数

Producer Price Index for Industrial Products by Sectors

(上年＝100) (preceding year=100)

行　　业	Sector	2012	2013
煤炭开采和洗选业	**Mining and Washing of Coal**	**99.1**	**92.8**
烟煤和无烟煤的开采洗选	Mining and Washing of Bituminous Coal and Anthracite	99.1	92.8
黑色金属矿采选业	**Mining and Processing of Ferrous Metal Ores**	**95.8**	**98.9**
铁矿采选	Mining and Processing of Iron Ores	95.8	98.9
有色金属矿采选业	**Mining and Processing of Non-Ferrous Metal Ores**	**96.1**	**96.3**
常用有色金属矿采选	Mining and Processing of Frequently Used Non-Ferrous Metal Ores	92.5	96.1
贵金属矿采选	Mining and Processing of Precious Metal Ores	102.3	84.5
稀有稀土金属矿采选	Mining and Processing of Rare Earth and Rare Metals Ores	96.4	99.5
非金属矿采选业	**Mining and Processing of Nonmetal Ores**	**103.1**	**99.6**
土砂石开采	Mining of Soil,Sand and Stone	103.0	99.1
化学矿采选	Mining of Chemical Ores	100.0	100.0
采盐	Mining and Processing of Salt Ores	90.1	86.6
石棉及其它非金属矿采选产品	Mining and Processing of Asbestos and Other Nonmetal Ores	105.6	103.3
农副食品加工业	**Processing of Food from Agricultural Products**	**106.4**	**102.1**
谷物磨制	Polishing of Grain	106.7	98.4
饲料加工	Processing of Feed	106.1	106.6
植物油加工	Processing of Vegetable Oil	99.4	98.5
制糖业	Processing of Sugar	92.4	96.6
屠宰及肉类加工	Slaughtering and Processing if Meat	110.7	99.5
水产品加工	Processing of Aquatic Products	113.6	104.4
蔬菜、水果和坚果加工	Processing of Vegetables, Fruits and Nuts	103.2	101.7
其他农副食品加工	Processing of Other Food from Agricultural Products	102.0	99.9
食品制造业	**Manufacture of Foodstuff**	**102.4**	**101.1**
焙烤食品制造	Manufacture of Baking Foodstuff	100.6	99.9
糖果、巧克力及蜜饯制造	Manufacture of Sweet,Chocolate and Candied Fruit	113.2	99.3
方便食品制造	Manufacture of Convenience Food	103.7	101.8
乳制品制造	Manufacture of Dairy Products	101.9	100.8
罐头食品制造	Manufacture of Cans Food	97.7	100.5
调味品、发酵制品制造	Manufacture of Condiments and Fermentation Products	101.2	100.7
其他食品制造	Manufacture of Other Foodstuff	101.5	101.8
酒、饮料和精制茶制造业	**Manufacture of Wine, Beverages and Refined Tea**	**95.8**	**98.6**
酒的制造	Manufacture of Liquor	89.3	97.1
饮料制造	Manufacture of Beverages	103.5	100.2
精制茶加工	Processing of Refined Tea	101.8	100.5
烟草制品业	**Manufacture of Tobacco**	**100.4**	**100.1**
卷烟制造	Manufacture of Cigarettes	100.4	100.1
纺织业	**Manufacture of Textile**	**99.2**	**100.9**
棉纺织及印染精加工	Processing and Dyeing of Cotton and Textile	95.5	99.1
毛纺织及染整精加工	Processing and Dyeing of Wool Textile	109.5	104.5
麻纺织及染整精加工	Processing and Dyeing of Flax Textile	118.7	106.6
丝绢纺织及印染精加工	Processing and Dyeing of Silk Textile	97.1	105.5
针织或钩针纺织物及其制品制造	Mznufacture of Knitted or Crocheted Fabrics and Products	101.7	102.1
家用纺织制成品制造	Manufacture of Household Textile Products	101.2	100.5
非家用纺织制成品制造	Manufacture of Non-Household Textile Products	94.9	99.0
纺织服装、服饰业	**Manufacture of Textile Wearing Apparel, Dress**	**105.6**	**102.8**
机织服装制造	Manufacture of Woven Garments	105.6	102.8
皮革、毛皮、羽毛及其制品和制鞋业	**Manufacture of Leather, Fur, Feather and Related Products and Footwear**	**105.0**	**101.6**

8-8 续表1 continued

(上年＝100) (preceding year=100)

行　　业	Sector	2012	2013
皮革鞣制加工	Processing of Leather	107.0	109.2
皮革制品制造	Manufacture of Leather Products	112.5	101.4
毛皮鞣制及制品加工	Manufacture and Processing of Fur Products	112.7	108.1
羽毛(绒)加工及制品制造	Manufacture and Processing of Feather Products	103.1	112.5
制鞋业	Manufacture of Shoes	102.9	99.7
木材加工及木、竹、藤、棕、草制品业	**Processing of Timber,Manufacture of Wood,Bamboo,Rattan,Palm, and Straw Products**	**102.5**	**102.3**
木材加工	Processing of Wood	96.7	108.0
人造板制造	Manufacture of Plywood	102.8	101.9
木制品制造	Manufacture of Wood Products	101.8	101.8
竹、藤、棕、草等制品制造	Manufacture of Penny,Vines Coir and Grass Products	103.4	102.4
家具制造业	**Manufacture of Furniture**	**100.2**	**101.6**
木质家具制造	Manufacture of Wood Furniture	100.6	101.8
金属家俱制造	Manufacture of Metal Furniture	96.9	101.3
其他家具制造	Manufacture of Other Furniture	100.0	100.0
造纸及纸制品业	**Manufacture of Paper and Paper Products**	**96.1**	**97.9**
造纸	Manufacture of Paper	95.1	97.3
纸制品制造	Manufacture of Paper Products	98.1	99.2
印刷和记录媒介复制业	**Printing, Reproduction of Recording Media**	**100.0**	**100.2**
印刷	Printing	100.0	100.2
装订及印刷相关服务	Binding and Printing Service	99.8	100.0
记录媒介复制	Copy of Record Media	100.0	100.0
文教、工美、体育和娱乐用品制造业	**Manufacture of Articles For Culture,Education, Artwork, Sport Activity and Amusement**	**101.2**	**101.2**
文教办公用品制造	Manufacture of Office Supplies For Culture,Education	101.2	100.1
乐器制造	Manufacture of Music Instruments	100.0	100.0
工艺美术品制造	Manufacture of Artwork	101.3	101.7
体育用品制造	Manufacture of Sport Articles	100.0	101.9
玩具制造	Manufacture of Toys	102.0	100.0
石油加工、炼焦和核燃料加工业	**Processing of Petroleum, Coking, Processing of Nuclear Fuel**	**101.7**	**98.0**
精炼石油产品制造	Manufacture of Refined Petroleum Products	104.0	99.2
炼焦	Coking	95.7	94.7
化学原料和化学制品制造业	**Manufacture of Raw Chemical Materials and Chemical Products**	**96.1**	**98.7**
基础化学原料制造	Manufacture of Basic Chemical Material	100.0	96.8
肥料制造	Manufacture of Fertilizers	101.5	92.7
农药制造	Manufacture of Pesticides	103.7	100.4
涂料、油墨、颜料及类似产品制造	Manufacture of Coating,Ink and Paint Products	98.6	97.8
合成材料制造	Manufacture of Synthetic Materials	89.8	101.5
专用化学产品制造	Manufacture of Specialized Chemical Products	83.9	99.4
炸药、火工及焰火产品制造	Manufacture of Explosives, pyrotechnics and fireworks	100.9	101.0
日用化学产品制造	Manufacture of Daily Used Chemical Products	104.4	100.7
医药制造业	**Manufacture of Medicines**	**100.9**	**100.3**
化学药品原料药制造	Manufacture of Chemical Original Drug	98.5	102.6
化学药品制剂制造	Manufacture of Chemical Agents	101.5	99.3
中药饮片加工	Manufacture of Herbal Medicine	99.4	100.0
中成药生产	Manufacture of Proprietary Chinese Medicine	101.6	101.0
兽用药品制造	Manufacture of Veterinary Drugs	99.9	98.2
生物药品制造	Manufacture of Biopharmaceutical Products	100.9	100.7
卫生材料及医药用品制造	Manufacture of Sanitation Materials and Medical Supplies	98.8	97.3
化学纤维制造业	**Manufacture of Chemical Fibers**	**93.3**	**93.8**
纤维素纤维原料及纤维制造	Manufacture of Cellulose Fibers and Fibers	94.1	92.5
合成纤维制造	Manufacture of Synthetic Fibers	90.8	97.1
橡胶和塑料制品业	**Manufacture of Rubber and Plastics**	**102.7**	**100.3**
橡胶制品业	Manufacture of Rubber	100.1	100.4
塑料制品业	Manufacture of Plastics	103.8	100.2

8-8 续表2 continued

(上年＝100) (preceding year=100)

行业	Sector	2012	2013
非金属矿物制品业	**Manufacture of Non-metallic Mineral Products**	**96.9**	**100.1**
水泥、石灰和石膏制造	Manufacture of Cement, Lime and Gypsum	85.9	98.6
石膏、水泥制品及类似制品制造	Manufacture of Cement and Gypsum	104.6	102.8
砖瓦、石材等建筑材料制造	Manufacture of Brick, Stone	100.2	100.9
玻璃制造	Manufacture of Glass	100.1	101.3
玻璃制品制造	Manufacture of Glass Products	93.3	94.8
玻璃纤维和玻璃纤维增强塑料制品制造	Manufacture of Glass Fiber and Glass Fiber Reinforced Plastic Products	101.3	97.9
陶瓷制品制造	Manufacture of Ceramic Products	102.0	100.1
耐火材料制品制造	Manufacture of Refractory Products	107.8	116.1
石墨及其他非金属矿物制品制造	Manufacture of Graphite and Other Non-metallic Mineral Products	100.0	100.0
黑色金属冶炼和压延加工业	**Smelting and Pressing of Ferrous Metals**	**90.5**	**96.4**
炼铁	Ironmaking	87.5	106.3
炼钢	Steelmaking	97.6	91.4
黑色金属铸造	Casting of Ferrous Metals	101.1	98.7
钢压延加工	Smelting and Pressing of Steel	89.0	96.2
铁合金冶炼	Smelting of Alloy Iron	98.2	104.0
有色金属冶炼和压延加工业	**Smelting and Pressing of Non-ferrous Metals**	**90.0**	**95.6**
常用有色金属冶炼	Smelting of Frequently Used Non-Ferrous Metal	87.3	95.1
贵金属冶炼	Smelting of Precious Metal	93.4	97.1
稀有稀土金属冶炼	Smelting of Rare Earth and Rare Metals	79.4	92.1
有色金属合金制造	Manufacture of Non-Ferrous Metaling Alloy	92.0	95.7
有色金属铸造	Casting of Non-Ferrous Metals	82.4	94.6
有色金属压延加工	Pressing of Non-Ferrous Metal	93.6	96.6
金属制品业	**Manufacture of Metal Products**	**97.7**	**95.7**
结构性金属制品制造	Manufacture of Structural Metal Products	96.9	93.6
金属工具制造	Manufacture of Metal Tools	100.7	101.5
集装箱及金属包装容器制造	Manufacture of Containers and Metal Packaging	97.5	97.3
金属丝绳及其制品制造	Manufacture of Metal Wire, Ropes and Its Products	94.0	94.6
建筑、安全用金属制品制造	Manufacture of Metal Products for Construction and Safety	100.7	99.9
搪瓷制品制造	Manufacture of Enamel Products	104.4	105.7
其他金属制品制造	Manufature of Other Metal Products	97.1	94.3
通用设备制造业	**Manufacture of General Purpose Machinery**	**100.2**	**99.4**
锅炉及原动设备制造	Manufacture of Boilers and Original Motivation	99.7	100.0
金属加工机械制造	Manufacture of Metal Processing Machinery	107.5	101.9
物料搬运设备制造	Manufacture of Material Handling Equipment	97.3	97.4
泵、阀门、压缩机及类似机械制造	Manufacture of Pumps, Valves, Compressors	98.5	98.3
轴承、齿轮和传动部件制造	Manufacture of Bearings, Gears and Transmission Components	99.5	98.5
烘炉、风机、衡器、包装等设备制造	Manufacture of Ovens,Fans, Weighing,Packaging Equipment	99.5	99.8
文化、办公用机械制造	Manufacture of Machinery for Cultural Activity and Office Work	114.2	110.1
通用零部件制造	Manufacture of General Components	100.6	99.7
专用设备制造业	**Manufacture of Special Purpose Machinery**	**100.7**	**101.6**
采矿、冶金、建筑专用设备制造	Manufacture of Special Equipment for Mining,Metallurgy, Construction	97.5	101.6
化工、木材、非金属加工专用设备制造	Manufacture of Special Equipment for Chemicals, Wood, Non-metallic Processing	103.5	101.8
食品、饮料、烟草及饲料生产专用设备制造	Manufacture of Special Equipment for Food, Beverage,Tobacco and Feed Production	100.6	100.0
印刷、制药、日化及日用品生产专用设备制造	Manufacture of Special Equipment for Printing, Pharmaceuticals, Cosmetics and Daily Production	100.4	100.0
纺织、服装和皮革加工专用设备制造	Manufacture of Special Equipment for Textiles, Clothing and Leather Industry	103.8	103.9
农、林、牧、渔专用机械制造	Manufacture of Special Equipment for Agriculture,Forestry, Animal Husbandry, Fishery	96.5	95.8
医疗仪器设备及器械制造	Manufacture of Medical Equipment and Instrument	101.9	102.8
环保、社会公共服务及其他专用设备制造	Manufacture of Special Equipment for Environmental,Social Public Service and Others	104.2	98.9

8-8 续表3 continued

(上年＝100) (preceding year=100)

行　　业	Sector	2012	2013
汽车制造业	**Manufacture of Automobiles**	98.7	99.7
汽车整车制造	Manufacture of Automobiles	98.1	100.0
改装汽车制造	Manufacture of Refit Automobiles	103.1	98.1
汽车车身、挂车制造	Manufacture of Automobiles and Trailers	96.2	96.6
汽车零部件及配件制造	Manufacture of Auto parts and accessories	98.7	99.7
铁路、船舶、航空航天和其他运输设备制造业	**Manufacture of Railway,Shipping,Aerospace and Other Transport Equipment**	**100.2**	**100.0**
铁路运输设备制造	Manufacture of Equipment for Railway Transport	**99.9**	**100.5**
船舶及相关装置制造	Manufacture of Shipping and Related Devices	100.0	100.0
摩托车制造	Manufacture of Motorcycles	102.2	99.7
自行车制造	Manufacture of Bicycles	100.6	100.0
电气机械及器材制造业	**Manufacture of Electrical Machinery and Equipment**	**84.3**	**94.6**
电机制造	Manufacture of Electrical Motors	**101.0**	**99.1**
输配电及控制设备制造	Manufacture of Power Distribution and Control Equipment	99.0	100.8
电线、电缆、光缆及电工器材制造	Manufacture of Wires, Cables,Fiber-optic Cables and Electrical Equipment	93.4	96.9
电池制造	Manufacture of Electric Cells	59.2	87.3
家用电力器具制造	Manufacture of Household Electrical Apparatus	99.6	99.4
非电力家用器具制造	Manufacture of Household Nonelectrical Apparatus	100.1	100.1
照明器具制造	Manufacture of Lighting Devices	104.6	96.0
计算机、通信和其他电子设备制造业	**Manufacture of Computers,Communications and Other Electronic Equipment**	**100.3**	**100.5**
计算机制造	Manufacture of Computers	103.6	100.7
通信设备制造	Manufacture of Communication Equipment	101.0	100.1
广播电视设备制造	Manufacture of Communication Broadcasting and TV Equipment	101.7	101.0
视听设备制造	Manufacture of Audio-visual Equipment	97.6	98.9
电子器件制造	Manufacture of Electronic Devices	103.6	103.9
电子元件制造	Manufacture of Electronic Components	96.9	99.0
仪器仪表制造业	**Manufacture of Measuring Instruments**	**98.4**	**100.1**
通用仪器仪表制造	Manufacture of General Measuring Instruments and Machinery	98.7	99.9
专用仪器仪表制造	Manufacture of Special Measuring Instruments and Machinery	102.9	99.8
钟表与计时仪器制造	Manufacture of Clocks and Timing Equipment	101.5	100.0
光学仪器及眼镜制造	Manufacture of Optical Equipment and Glasses	95.8	100.4
其他制造业	**Manufacture of Other**	**101.1**	**102.7**
日用杂品制造	Manufacture of Groceries for Daily Use	101.1	102.7
废弃资源综合利用业	**Comprehensive Utilization of Waste Resources**	**95.8**	**97.6**
金属废料和碎屑加工处理	Metal Waste and Fragment Treatment and Processing	95.8	97.6
金属制品、机械和设备修理业	**Repair of Metal Products, Machinery and Equipment**	98.7	99.3
金属制品修理	Repair of Metal Products	97.6	99.2
专用设备修理	Repair of Special Equipment	101.4	99.4
电力、热力生产和供应业	**Production and Supply of Electric Power and Heat Power**	**105.6**	**100.4**
电力生产	Production of Electric Power	108.6	99.9
电力供应	Supply of Electric Power	104.2	100.6
热力生产和供应	Production and Supply of Heat Power	100.0	100.0
燃气生产和供应业	**Production and Supply of Gas**	**100.9**	**100.4**
水的生产和供应业	**Production and Supply of Water**	**101.6**	**101.1**
自来水生产和供应	Production and Supply of Water	100.3	101.0
污水处理及其再生利用	Sewage Treatment and Recycling	131.3	102.3

8-9 工业生产者购进价格指数

Producer Price Indices for Purchasing Goods

(上年=100) (preceding year=100)

类　　别	Type	2005	2010	2012	2013
总指数	**General Index**	**110.0**	**111.8**	**98.3**	**98.4**
燃料、动力类	Fuel and Power	112.8	106.6	102.8	97.6
黑色金属材料类	Ferrous Metals	105.3	108.0	92.2	96.3
钢　材	Steel	106.9	105.3	94.0	96.3
其　他	Others	103.7	111.4	88.0	96.0
有色金属材料及电线类	Nonferrous Metals and Wire	125.7	135.0	92.4	95.5
化工原料类	Raw Chemical Materials	109.0	111.9	93.8	95.7
木材及纸浆类	Timber and Paper Pulp	107.7	106.6	98.4	99.1
建筑材料及非金属类	Building Materials and Nonmetal Ores	113.1	104.5	94.4	98.0
其它工业原材料及半成品类	Other Industrial Raw Materials and Semifinished Products	103.6	108.3	102.6	101.7
农副产品类	Agricultural Products	100.6	119.8	103.1	101.2
纺织原料类	Textile Materials	102.4	112.7	98.4	101.0

8-10 固定资产投资价格指数

Price Indices of Investment in Fixed Assets

(上年=100) (preceding year=100)

类　　别	Type	2005	2010	2012	2013
固定资产投资	**Investment in Fixed Assets**	**100.5**	**104.8**	**101.0**	**100.4**
建筑安装工程	**Construction and Installation**	**99.2**	**105.6**	**101.2**	**100.4**
人工费	Labor Costs	107.6	106.7	110.8	109.4
材料费	Material Costs	97.1	105.6	98.2	97.6
钢　材	Steel	96.5	105.1	90.7	94.7
木　材	Wood	98.2	104.3	102.4	106.9
水　泥	Cement	92.1	106.5	93.1	99.1
地方建筑材料	Local Building Materials	102.2	106.0	107.2	104.0
化工材料	Chemical Materials	105.9	113.7	102.0	100.0
电　料	Electric Materials	102.4	107.7	99.8	98.2
其他材料	Other Materials	102.2	102.3	102.7	102.5
机械使用费	Machinery Costs	100.7	103.2	105.4	103.6
设备、工器具购置	**Purchase of Equipment,Tools and Instruments**	**100.3**	**102.0**	**98.8**	**99.0**
其他费用	**Others**	**107.2**	**105.4**	**104.4**	**103.2**

主要统计指标解释

居民消费价格指数 是反映一定时期内城乡居民所购买的生活消费品价格和服务项目价格变动趋势和程度的相对数，是对城市居民消费价格指数和农村居民消费价格指数进行综合汇总计算的结果。该指数可以观察和分析消费品的零售价格和服务项目价格变动对城乡居民实际生活费支出的影响程度。

商品零售价格指数 是反映一定时期内城乡商品零售价格变动趋势和程度的相对数。商品零售价格的变动直接影响到城乡居民的生活支出和国家的财政收入，影响居民购买力和市场供需的平衡，影响到消费与积累的比例关系。因此，该指数可以从一个侧面对上述经济活动进行观察和分析。

工业生产者价格指数 是反映工业产品价格变化趋势和变动幅度的统计指标，是工业企业的产品价格在不同时间和空间条件下平均变动的相对数，包括工业品第一次出售时的出厂价格和企业作为中间投入的原材料、燃料、动力购进价格。该指数是进行国民经济核算和经济管理的重要依据。

固定资产投资价格指数 是反映一定时期内固定资产投资品及项目的价格变动趋势和程度的相对数。固定资产投资额是由建筑安装工程投资完成额、设备工器具购置投资完成额和其他费用投资完成额三部分组成的。编制固定资产投资价格指数应首先分别编制上述三部分投资的价格指数，然后采用加权算术平均法求出固定资产投资价格总指数。

该指数可以准确地反映固定资产投资中涉及的各类投资品和取费项目价格变动趋势和变动幅度，消除按现价计算的固定资产投资指标中的价格变动因素，真实地反映固定资产投资的规模、速度、结构和效益，为国家科学地制定、检查固定资产投资计划并提高宏观调控水平，为完善国民经济核算体系提供科学的、可靠的依据。

Explanatory Notes on Main Statistical Indicators

Consumer Price Indices reflect the trend and degree of changes in prices of consumer goods and services purchased by urban and rural households during a given period. They are obtained by combining the Urban Consumer Price Indices and the Rural Consumer Price Indices. The Indices enable the observation and analysis of the degree of impact of the changes in the prices of retailed goods and services on the actual living expenses of urban and rural residents.

Retail Price Indices reflect the trend and degree of change in retail prices of commodities during a given period. The change in retail prices of commodities directly affect the living expenses of urban and rural residents, government revenue, purchasing power of residents and the equilibrium of market supply and demand, and the ratio of consumption to accumulation. Therefore, the retail price indices are useful from an oblique perspective for observing and analyzing the changes of the above economic activities.

Industry producer price index measures the trend and degree of variance of industry producer price. It is a relative figure of average variance in different time and space, which includes factory price of first sale and intermediate inputs of raw materials, fuel and power. It is a important base of national economic accounting and economic governance.

Price Indices of Investment in Fixed Assets reflect the trend and degree of changes in prices of investment goods and projects in fixed assets during a given period. The investment in fixed assets consists of three components, namely the investment in construction and installation, the investment in purchases of equipment and instrument, and the investment in other items. Price indices of investment in fixed assets are calculated as the weighted arithmetic mean of the price indices of the three components of investment in fixed assets.

Removing the factor of price change in the aggregates of investment at current prices, this indicator shows the changes in the prices of commodities and fees involved in the investment of fixed assets, and can be used to observe the actual size, growth, structure, and efficiency of investment in fixed assets and provides reliable and scientific data for government planning, management, decision-making, and further improving the current national accounting system.

9

人民生活

PEOPLE'S LIVELIHOOD

◆161/192

资料整理及英文翻译：张万才、吴 洁、王 敏、刘 巍

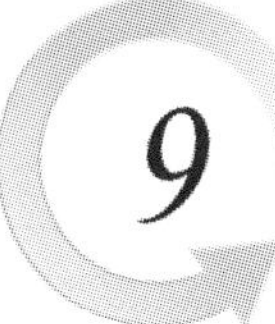

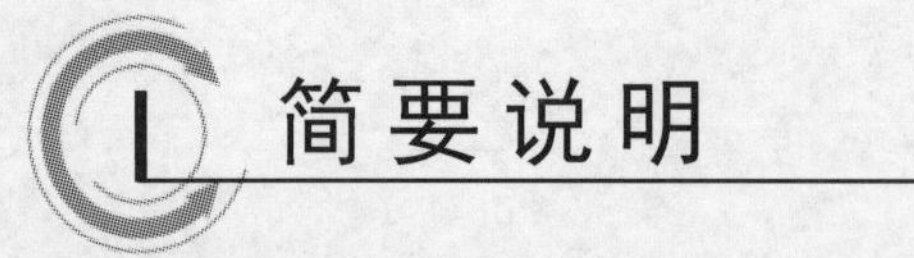

简要说明

一、本篇资料的主要内容

本篇资料反映了全省城镇、农村居民的家庭收支、人口就业、居住、耐用消费品拥有、生产和生活等方面的情况。

二、本篇资料的来源

1. 本篇资料中城镇、农村居民家庭相关资料来源于居民收支调查年报，由国家统计局江西调查总队居民收支调查处整理提供。

Brief Introduction

I. Content

Data in this chapter show the basic conditions of the people's livelihood for the whole province, including income and expenditure of the households, employment, housing condition, consumption and possession of the major consumer goods, etc.

II. Source of Data

Data in this chapter are based on the data collected by the sample survey on household income and expenditure and are prepared and provided by the Division of Household Income and Expenditure Survey of Survey Office of the National Bureau of Statistics in Jiangxi.

9-1 人民物质文化生活情况
People's Material and Cultural Life

指标	Item	1978	2000	2010	2012	2013
就　业(人)	**Employment (person)**					
城镇住户每一就业者赡养人数	Number of Dependents per Employee of Urban Household		1.79	1.87	1.85	1.80
农村住户每一劳动力负担人口	Number of Dependents per Laborer of Rural Household	2.50	1.46	1.35	1.40	1.46
收　入(元)	**Income(yuan)**					
城镇非私营单位在岗职工平均工资	Average Wage of Employed Staff and Workers in Urban NonPrivate Units	552	7014	29092	39651	43582
城镇住户人均年可支配收入	Per Capita Annual Disposable Income of Urban Households	305.36	5103.60	15481.12	19860.36	21872.68
农村住户人均年纯收入	Per Capita Net Income of Rural Residents	140.70	2135.30	5788.56	7827.82	8781.47
储　蓄(元)	**Saving(yuan)**					
平均每人储蓄存款年末余额	Per Capita Balance of Saving Deposit at Year-end	13	2997	13746	18842	21549
居　住(平方米)	**Residence(sq.m)**					
城镇住户人均建筑面积	Per Capita Building Space of Urban Households			38.88	40.10	40.06
农村住户人均居住面积	Per Capita Living Space of Rural Households		27.79	40.26	47.61	49.11
交通、通讯	**Traffic and Communication**					
城镇住户每百户摩托车拥有量(辆)	Number of Motor Cycles per 100 Urban Households(unit)		12.96	20.77	25.08	25.54
城镇住户每百户汽车拥有量(辆)	Number of Automobiles per 100 Urban Households(unit)		0.39	5.31	14.94	18.05
城镇居民每百户拥有移动电话(台)	Number of Mobile Telephones per 100 Urban Households(set)		14.37	181.18	208.15	213.97
农村住户每百户自行车拥有量(辆)	Number of Bicycles per 100 Rural Households (unit)		116.12	84.86	62.65	63.32
农村住户每百户摩托车拥有量(辆)	Number of Motor Cycles per 100 Rural Households(unit)		17.47	60.49	69.27	75.78
农村住户每百户拥有移动电话(台)	Number of Mobile Telephones per 100 Rural Households(set)		1.43	140.98	200.16	220.92
教　育	**Education**					
每万人中有普通高等学校在校学生(人)	Students Enrollment of Regular Higher Education Institutions per 10000 Population(person)	6.86	35.29	187.75	194.57	196.80
每万人中有中等学校在校学生(人)	Students Enrollment of Secondary Schools per 10000 Population(person)	540.69	702.41	787.684	769.18	640.68
每万人中有小学在校学生(人)	Students Enrollment of Primary Schools per 10000 Population(person)	1614.20	1018.85	954.72	963.92	904.29
学龄儿童入学率(%)	Enrollment Rate of School-Age Children(%)	94.15	99.58	99.93	99.85	99.99
卫　生	**Health**					
每万人中有卫生技术人员(人)	Number of Medical Technical Personnels per 10000 Population(person)	22.1	29.7	34.7	39.9	42.2
#医生	Doctors	9.6	13.1	13.3	14.9	15.6
每万人中有病床数(张)	Number of Hospital Beds per 10000 Population (bed)	22.7	21.9	28.7	35.0	38.6
#医院卫生院	Hospital Beds	20.5	20.1	23.1	31.6	35.0
文　化(台/套)	**Culture(set)**					
城镇住户每百户拥有彩色电视机	Number of Color TV per 100 Urban Households		106.01	148.00	139.57	140.17
城镇住户每百户拥有照相机	Number of Cameras per 100 Urban Households		25.48	33.82	31.73	31.47
城镇住户每百户拥有组合音响	Number of Hi-Fi Stereo Component Players per 100 Urban Households		16.00	27.82	12.80	12.32
城镇住户每百户拥有家用电脑	Number of Computers per 100 Urban Households		4.56	59.91	72.44	76.42
农村住户每百户拥有彩色电视机	Number of Color TV per 100 Rural Households		30.16	106.86	120.49	127.36
农村住户每百户拥有照相机	Number of Cameras per 100 Rural Households		2.08	2.69	2.61	4.55

9-2 各地区本外币储蓄存款年末余额（2013年）

Balance of Savings Deposit at Year-end by Region (2013)

单位：亿元 (Billion yuan)

地　区	Region	年末余额 Balance	比年初 Over Beginning of Year	比年初增长(%) Growth Rate (%)
全　省	**Provincial Total**	**9758.57**	**1255.44**	**14.8**
南昌市	Nanchang	2066.86	198.22	**10.6**
景德镇市	Jingdezhen	395.86	49.56	**14.3**
萍乡市	Pingxiang	367.79	48.40	**15.2**
九江市	Jiujiang	965.80	141.57	**17.2**
新余市	Xinyu	340.41	33.29	**10.8**
鹰潭市	Yingtan	259.84	30.02	**13.1**
赣州市	Ganzhou	1530.69	199.60	**15.0**
吉安市	Ji'an	978.73	151.47	**18.3**
宜春市	Yichun	1047.60	146.06	**16.2**
抚州市	Fuzhou	731.75	93.90	**14.7**
上饶市	Shangrao	1072.19	163.44	**18.0**

9-3 各地区人民币储蓄存款年末余额（2013年）

Balance of Savings Depositat at Year-end by Region (2013)

单位：亿元 (Billion yuan)

地　区	Region	年末余额 Balance	比年初 Over Beginning of Year	比年初增长(%) Growth Rate (%)
全　省	**Provincial Total**	**9725.17**	**1253.16**	**14.8**
南昌市	Nanchang	2051.16	197.44	**10.7**
景德镇市	Jingdezhen	394.53	49.37	**14.3**
萍乡市	Pingxiang	366.73	48.34	**15.2**
九江市	Jiujiang	963.44	141.32	**17.2**
新余市	Xinyu	339.63	33.23	**10.9**
鹰潭市	Yingtan	258.87	29.92	**13.1**
赣州市	Ganzhou	1527.33	199.57	**15.0**
吉安市	Ji'an	977.22	151.27	**18.3**
宜春市	Yichun	1045.28	145.75	**16.2**
抚州市	Fuzhou	730.06	93.73	**14.7**
上饶市	Shangrao	1069.88	163.29	**18.0**

9-4 城镇住户基本情况
Basic Condition of Urban Households

年 份 地 区 Year Region	调查户数 (户) Number of Households Surveyed (houshold)	家庭人口数 (人) Household Size (person)	就业人口 (人) Employed Population (person)	平均每户人口数 (人) Average Household Size (person)	平均每户就业人口数(人) Average Number of Employed Persons per Household (person)	平均每户就业面 (%) Proportion of Employment per Household (%)
1986	1000	4024.36	2154.74	4.02	2.15	53.48
1987	1000	3982.45	2143.89	3.98	2.14	53.83
1988	1280	4755.00	2554.70	3.72	2.00	53.72
1989	1280	4668.66	2556.73	3.65	2.00	54.72
1990	1280	4612.26	2525.10	3.60	1.97	54.75
1991	1280	4533.51	2507.11	3.54	1.96	55.30
1992	1280	4419.19	2479.57	3.45	1.94	56.11
1993	1280	4317.27	2457.96	3.37	1.92	56.93
1994	1180	3870.41	2245.89	3.28	1.90	58.03
1995	1180	3777.63	2224.19	3.20	1.88	58.88
1996	1180	3757.83	2221.32	3.18	1.88	59.12
1997	1180	3693.40	2242.00	3.13	1.90	60.70
1998	1180	3631.62	2210.20	3.08	1.87	60.86
1999	1314	4023.70	2385.53	3.06	1.82	59.29
2000	1280	3943.31	2205.98	3.08	1.72	55.94
2001	1280	3892.75	2151.10	3.04	1.68	55.26
2002	1280	3801.60	2048.00	2.97	1.60	53.87
2003	1280	3801.60	2035.20	2.97	1.59	53.54
2004	1280	3724.80	1996.80	2.91	1.56	53.61
2005	1280	3699.20	1945.60	2.89	1.52	52.60
2006	1280	3660.80	1958.40	2.86	1.53	53.50
2007	1280	3648.00	2022.40	2.85	1.58	55.44
2008	1280	3712.00	2060.80	2.90	1.61	55.52
2009	1280	3686.40	2009.60	2.88	1.57	54.51
2010	1230	3493.20	1869.60	2.84	1.52	53.52
2011	1230	3530.10	1869.60	2.87	1.52	52.96
2012	1230	3517.80	1906.50	2.86	1.55	54.20
2013	1700	5202.00	2890.00	3.06	1.70	55.56

9-4 续表 continued

年 份 地 区 Year Region	平均每一就业者赡养人数(人) Number of Dependents per Employee (person)	平均每人每年总收入(元) Per Capita Total Annual Income (yuan)	平均每人每年可支配收入(元) Per Capita Annual Disposable Income (yuan)	可支配收入指数 Index of Disposable Income 以上年为100 (preceding year=100)	以1978年为100 (year of 1978=100)	平均每人每年消费性支出(元) Per Capita Annual Consumption Expenditure (yuan)
1986	1.87	744.12	729.84	118.0	171.9	630.96
1987	1.86	808.20	791.88	100.6	172.9	703.20
1988	1.83	965.16	937.80	95.7	165.5	876.48
1989	1.83	1116.84	1081.92	98.4	161.2	977.88
1990	1.83	1224.48	1187.88	107.5	173.3	983.76
1991	1.81	1327.32	1295.40	104.5	181.0	1110.24
1992	1.78	1589.28	1584.96	113.8	206.0	1275.96
1993	1.76	1986.72	1984.80	108.1	222.8	1585.68
1994	1.72	2778.96	2776.80	110.2	245.6	2201.04
1995	1.70	3380.88	3376.56	104.0	255.5	2712.48
1996	1.69	3782.28	3780.24	103.6	264.6	2942.16
1997	1.65	4090.68	4071.36	104.6	276.7	3199.56
1998	1.64	4274.28	4251.48	103.4	286.0	3266.76
1999	1.69	4746.24	4720.56	112.0	320.3	3482.28
2000	1.79	5129.52	5103.60	105.9	339.2	3623.52
2001	1.81	5545.68	5506.08	108.1	366.7	3894.48
2002	1.86	6521.28	6335.64	114.8	421.0	4549.32
2003	1.87	7153.68	6901.44	108.00	454.7	4914.60
2004	1.87	7876.68	7559.64	106.00	482.0	5337.84
2005	1.90	9042.48	8619.72	112.30	541.3	6109.44
2006	1.87	10014.61	9551.12	110.00	595.4	6645.54
2007	1.80	11754.16	11221.87	112.50	669.8	7810.73
2008	1.80	13463.58	12866.44	108.3	725.4	8717.37
2009	1.83	15047.19	14021.54	109.6	795.0	9739.99
2010	1.87	16558.01	15481.12	107.3	853.0	10618.69
2011	1.89	18656.52	17494.87	107.5	917.0	11747.21
2012	1.85	21150.24	19860.36	110.6	1014.2	12775.65
2013	1.80	22949.38	21872.68	107.6	1091.3	13850.51

注：可支配收入指数均按可比价计算，2002年之后人均每年实际收入指标为人均每年家庭总收入。后同。

a) Disposable Income indices are calculated by constant price.Per Capita Total Annual Income after 2002 refers to total Income of household. The same applies to the tables following.

9 5 城镇住户按收入高低五等分分组基本情况（2013年）
Basic Indicators of Urban Households of Five Groups Divided Equally by Income Level (2013)

指　标	Item	低收入组 Low Income Households	中低收入组 Lower Middle Income Households
占调查总户数比重(%)	Percentage of Households (%)	20.00	20.00
平均每户家庭人口数(人)	Average Household Size (person)	3.67	3.32
平均每户有收入人口数(人)	Average Number of Persons with Income per Household (person)	2.02	2.27
平均每户就业人口数(人)	Average Number of Employed Persons per Household (person)	1.61	1.82
平均每户就业面(%)	Proportion of Employment per Household (%)	43.73	54.80
平均每一就业者赡养人数(含就业者本人)(人)	Number of Dependents per Employee (including the employee himself or herself)(person)	2.29	1.82
平均每人每年家庭总收入(元)	Per Capita Annual Total Income (yuan)	11756.46	18393.09
平均每人每年可支配收入(元)	Per Capita Annual Disposable Income (yuan)	11172.97	17410.43
平均每人每年消费性支出(元)	Per Capita Annual Consumption Expenditure (yuan)	7841.15	11201.41

9-5 续表 continued

指　标	Item	中等收入组 Middle Income Households	中高收入组 Upper Middle Income Households	高收入组 High Income Households
占调查总户数比重(%)	Percentage of Households (%)	20.00	20.00	20.00
平均每户家庭人口数(人)	Average Household Size (person)	2.90	2.83	2.48
平均每户有收入人口数(人)	Average Number of Persons with Income per Household (person)	2.10	2.14	2.03
平均每户就业人口数(人)	Average Number of Employed Persons per Household (person)	1.60	1.70	1.71
平均每户就业面(%)	Proportion of Employment per Household (%)	55.02	59.96	68.72
平均每一就业者赡养人数(含就业者本人)(人)	Number of Dependents per Employee (including the employee himself or herself)(person)	1.82	1.67	1.46
平均每人每年家庭总收入(元)	Per Capita Annual Total Income (yuan)	22971.43	28811.73	43661.20
平均每人每年可支配收入(元)	Per Capita Annual Disposable Income (yuan)	21977.32	27544.46	41638.73
平均每人每年消费性支出(元)	Per Capita Annual Consumption Expenditure (yuan)	15104.90	17313.92	25085.42

9-6 城镇住户平均每人每年现金收支

Per Capital Annual Cash Income and Expenditure of Urban Households

单位：元 (yuan)

指　标	Item	2011	2012	2013
家庭总收入	**Total Income of Households**	**18656.52**	**21150.24**	**22949.38**
#可支配收入	Disposable Income	17494.87	19860.36	21872.68
工资性收入	Income of Wages and Salaries	11654.36	13424.90	14767.52
#工资及补贴收入	Wages and Subsidies	11552.87	13005.18	14305.83
其它劳动收入	Other Income	101.49	419.72	461.70
经营净收入	Net Business Income	1721.84	2206.54	2455.91
财产性收入	Income from Property	471.73	950.38	1068.24
转移性收入	Income from Transfers	4808.59	4277.01	4657.71
#养老金或离退休金	Pension or Retirement Annuities	3658.53	2983.12	3248.65
赡养收入	Alimony Income	312.41	462.51	598.08
捐赠收入	Donated Income	488.34	323.06	268.60
出售财物收入	**Income from Properties Sale**	**77.74**	**4.28**	**72.08**
借贷收入	**Loan Income**	**4916.00**	**5079.44**	**5771.77**
#提取储蓄存款	Withdrawal of Savings Deposits	4788.47	4839.12	5383.52
借入款	Borrowed Money	35.81	7.82	111.65
住房贷款	Loans for Housing	36.51	95.15	108.12
家庭总支出	**Total Expenditure of Households**	**15153.33**	**16043.68**	**17189.03**
#消费性支出	Consumption Expenditure	11747.21	12775.65	13850.51
购房建房支出	Expenditure for Housing Purchase and Building	457.69	634.97	637.01
个人所得税	Individual Income Tax	28.95	15.99	24.59
捐赠支出	Contribution Expenditure	1215.32	1114.87	1193.27
赡养支出	Alimony Expenditure	485.28	181.49	210.32
借贷支出	**Expenditure for Lending**	**7876.25**	**9838.44**	**12290.18**
#存入储蓄款	Money Deposited in Bank	7526.69	9335.57	10544.53
借出款	Lending Money	21.99	2.56	13.81
归还借款	Money Returned to the Borrower	21.15	92.65	50.61
归还住房贷款	Housing Loan Returned	164.83	284.06	371.12

9-7 城镇住户平均每人每年现金收支（2013年）

Per Capital Annual Cash Income and Expenditure of Urban Households (2013)

单位：元

指标	Item	合计 Total	低收入户 Low Income Households	中等偏下户 Lower Middle Income Households	中等收入户 Middle Income Households	中等偏上户 Upper Middle Income Households	高收入户 High Income Households
家庭总收入	**Total Income of Households**	**22949.38**	**11756.46**	**18393.09**	**22971.43**	**28811.73**	**43661.20**
#可支配收入	Disposable Income	21872.68	11172.97	17410.43	21977.32	27544.46	41638.73
工资性收入	Income of Wages and Salaries	14767.52	7481.47	11650.44	15611.22	19121.53	26059.05
#工资及补贴收入	Wages and Subsidies	14305.83	6887.09	11307.26	15395.52	18817.43	25599.72
其它劳动收入	Other Income	461.70	594.38	343.18	215.70	304.10	459.33
经营净收入	Net Business Income	2455.91	1053.19	2105.35	1279.83	2350.44	6339.12
财产性收入	Income from Property	1068.24	237.89	563.12	880.28	1302.27	3078.01
转移性收入	Income from Transfers	4657.71	2983.91	4074.18	5200.09	6037.48	8185.02
#养老金或离退休金	Pension or Retirement Annuities	3248.65	2086.74	2809.21	4080.61	4594.07	5249.77
赡养收入	Alimony Income	598.08	441.31	651.16	547.51	515.86	1198.55
捐赠收入	Donated Income	268.60	50.28	211.56	177.82	364.74	660.72
出售财物收入	**Income from Properties Sale**	**72.08**	**1.27**	**0.11**	**0.97**	**25.47**	**404.76**
借贷收入	**Loan Income**	**5771.77**	**694.39**	**934.19**	**1466.30**	**2831.54**	**4163.96**
#提取储蓄存款	Withdrawal of Savings Deposits	5383.52	463.35	713.55	1429.36	2655.65	3764.42
借入款	Borrowed Money	111.65	202.25	75.64	6.80	62.56	231.01
住房贷款	Loans for Housing	108.12	3.33	4.98		2.84	8.99
家庭总支出	**Total Expenditure of Households**	**17189.03**	**9302.15**	**13632.56**	**18068.85**	**21337.12**	**32317.62**
#消费性支出	Consumption Expenditure	13850.51	7841.15	11201.41	15104.90	17313.92	25085.42
购房建房支出	Expenditure for Housing Purchase and Building	637.01	87.18	353.28	523.90	993.37	1671.91
个人所得税	Individual Income Tax	24.59	6.83	12.89	3.65	25.74	101.04
捐赠支出	Contribution Expenditure	1193.27	646.53	864.33	1102.26	1303.57	2429.17
赡养支出	Alimony Expenditure	210.32	97.82	136.96	213.64	248.29	379.24
借贷支出	**Expenditure for Lending**	**12290.18**	**1595.37**	**2290.73**	**2932.66**	**4687.90**	**9619.75**
#存入储蓄款	Money Deposited in Bank	10544.53	1319.89	1925.68	2662.98	4062.08	7747.46
借出款	Lending Money	13.81			11.53	1.42	56.73
归还借款	Money Returned to the Borrower	50.61	24.73	49.02	37.77	30.36	207.42
归还住房贷款	Housing Loan Returned	371.12	166.03	257.93	188.49	493.37	887.72

9-8 城镇住户平均每人每年消费性支出（2013年）

Per Capitia Consumption Expenditure of Urban Households (2013)

单位：元

指　标	Item	合计 Total	低收入户 Low Income Households	中等偏下户 Lower Middle Income Households	中等收入户 Middle Income Households	中等偏上户 Upper Middle Income Households	高收入户 High Income Households
消费性支出	**Consumption Expenditure**	**13850.51**	**7841.15**	**11201.41**	**15104.90**	**17313.92**	**25085.42**
食品	Food	5221.10	3564.06	4564.48	5741.80	6569.16	7450.41
#粮食	Grain	778.35	689.58	757.10	821.36	875.52	906.56
油脂类	Oil or Fat	218.83	200.87	211.30	219.92	245.59	259.49
肉禽及其制品类	Meat,Poultry and Related Products	1113.06	857.70	1019.15	1234.82	1261.46	1414.04
蛋类	Eggs	101.04	79.94	91.59	109.66	115.21	140.33
水产品类	Aquatic Products	298.34	209.64	261.43	334.53	378.40	430.81
蔬菜类	Vegetables	732.87	615.76	665.10	795.95	837.45	926.36
干鲜瓜果类	Dried and Fresh Melons and Fruits	382.88	223.90	315.75	455.41	458.31	619.06
奶及奶制品	Milk and Dairy Products	208.16	130.41	204.31	240.61	269.15	312.84
在外饮食	Outward Dinner	749.06	286.81	563.78	760.62	1118.32	1437.22
衣着	Clothing	1566.49	714.60	1169.59	1775.42	2104.51	3063.51
居住	Residence	1414.89	954.12	1042.77	1178.96	1886.62	2728.19
家庭设备用品及服务	Household Appliances and Services	1004.15	520.16	765.11	1141.56	1311.19	2068.13
#耐用消费品	Durable Consumer Goods	428.66	219.49	359.30	451.00	497.16	994.32
医疗保健	Health Care and Medical Services	672.50	472.84	652.89	729.95	642.27	894.36
交通和通信	Transport and Communications	1812.78	587.45	1183.35	2156.98	2026.82	4651.73
#交通	Transport	1087.65	226.17	575.46	1393.12	1039.21	3402.22
通信	Communications	725.13	361.28	607.89	763.86	987.61	1249.50
教育文化娱乐服务	Education, Cultural and Recreation Services	1687.01	896.78	1500.26	1857.94	2167.96	3056.72
#文化娱乐用品	Cultural and Recreational Articles	288.81	101.66	208.14	306.73	429.40	592.59
文化娱乐服务	Education, Cultural and Recreation Services	544.88	211.77	398.02	667.85	735.78	1207.50
教育	Education	853.32	579.40	893.48	864.09	969.56	1234.06
其他商品和服务	Other Goods and Services	471.58	131.15	322.97	522.30	605.39	1172.37

9-9 城镇住户平均每人每年消费性支出和构成
Per Capitia Consumption Expenditure and Expenditure Percentage of Urban Households

类别	Type	消费性支出（元） Consumption Expenditure(yuan)		构成（%） Percentage (%)	
		2012	2013	2012	2013
消费性支出	**Consumption Expenditure**	**12775.65**	**13850.51**	**100.00**	**100.00**
食品	Food	5071.61	5221.10	39.70	37.70
#粮食	Grain	438.11	480.04	3.43	3.47
油脂类	Oil or Fat	200.77	218.83	1.57	1.58
肉禽及其制品类	Meat,Poultry and Related Products	1161.86	1113.06	9.09	8.04
蛋类	Eggs	104.01	101.04	0.81	0.73
水产品类	Aquatic Products	291.21	298.34	2.28	2.15
蔬菜类	Vegetables	671.27	732.87	5.25	5.29
干鲜瓜果类	Dried and Fresh Melons and Fruits	422.99	382.88	3.31	2.76
奶及奶制品	Milk and Dairy Products	218.08	208.16	1.71	1.50
在外饮食	Outward Dinner	674.62	749.06	5.28	5.41
衣着	Clothing	1476.63	1566.49	11.56	11.31
居住	Residence	1173.91	1414.89	9.19	10.22
家庭设备用品及服务	Household Appliances and Services	966.23	1004.15	7.56	7.25
#耐用消费品	Durable Consumer Goods	336.87	428.66	2.64	3.09
医疗保健	Health Care and Medical Services	670.71	672.50	5.25	4.86
交通和通信	Transport and Communications	1501.34	1812.78	11.75	13.09
#交通	Transport	915.30	1087.65	7.16	7.85
通信	Communications	586.04	725.13	4.59	5.24
教育文化娱乐服务	Education, Cultural and Recreation Services	1487.30	1687.01	11.64	12.18
#文化娱乐用品	Cultural and Recreational Articles	321.57	288.81	2.52	2.09
文化娱乐服务	Education, Cultural and Recreation Services	617.08	544.88	4.83	3.93
教育	Education	548.65	853.32	4.29	6.16
其他商品和服务	Other Goods and Services	427.93	471.58	3.35	3.40

9-10 城镇住户平均每百户主要消费品年末拥有量
Ownership of Major Consumer Good Per 100 Urban Households at Year-end

品　　名	Item	2005	2010	2012	2013
摩托车(辆)	Motorcycle(set)	24.38	20.77	25.08	25.54
家用汽车(辆)	Family Car(unit)	0.73	5.31	14.94	18.05
洗衣机(台)	Washing Machine(unit)	95.29	93.84	91.22	92.27
电冰箱(台)	Refrigerator(unit)	90.66	96.57	94.89	95.20
彩色电视机(台)	Color Television Set(unit)	139.31	148.00	139.57	140.17
计算机(台)	Computer(unit)	32.03	59.91	72.44	76.42
组合音响(套)	Hi-Fi Stereo Component System(set)	24.64	27.82	12.80	12.32
摄像机(架)	Pickup Camera(unit)	2.35	4.45	5.38	5.09
照相机(架)	Camera(unit)	37.35	33.82	31.73	31.47
中高档乐器(件)	Medium and High Grade Musical Instruments(piece)	8.67	6.70	3.34	3.31
微波炉(台)	Microwave Oven(unit)	38.93	55.86	52.03	52.57
空调器(台)	Air Conditioner(unit)	72.41	107.67	118.98	122.46
淋浴热水器(台)	Shower Heater(unit)	81.77	92.28	92.56	92.19
健身器材(套)	Body Building Equipment(piece)	1.77	3.17	2.07	2.27
移动电话(部)	Mobile Telephone(unit)	136.26	181.18	208.15	213.97

9-11 农村居民家庭基本情况

Basic Statistics on Rural Households

年 份 Year	平均每户 常住人口 (人) Average Permanent Population Per Household (person)	平均每户 整半劳动力 (人) Average Number of Full Semi Labour Force Per Household (person)	平均每个劳动力 负担人口 (人) Average Number of Dependents Per Laborer Force (person)	平均每人 纯收入 (元) Per Capita Average Net Income (yuan)	平均每人 住房面积 (平方米) Per Capita Floor Space of Residential Buildings (sq.m)
1978	5.68	2.77	2.50	140.7	
1979	5.67	2.26	2.50	156.5	
1980	5.91	2.5	2.36	181.24	9.09
1981	6.06	2.78	2.18	226.87	10.05
1982	5.97	2.63	2.27	269.71	11.57
1983	5.92	2.9	2.04	301.76	13.92
1984	5.94	3.02	1.97	334.11	15.55
1985	5.79	3.09	1.87	377.31	16.20
1986	5.72	3.04	1.88	395.63	17.50
1987	5.61	3.02	1.85	429.29	18.47
1988	5.48	3.01	1.82	488.16	19.35
1989	5.38	3.02	1.78	558.64	19.94
1990	5.28	3.00	1.76	669.90	20.58
1991	5.09	2.92	1.74	702.53	20.08
1992	5.01	2.94	1.70	768.41	20.70
1993	4.92	3.02	1.63	869.81	22.91
1994	4.86	3.10	1.57	1218.19	21.61
1995	4.79	3.12	1.54	1537.36	22.70
1996	4.71	3.02	1.56	1869.63	24.00
1997	4.61	3.00	1.54	2107.28	24.33
1998	4.56	2.99	1.52	2048.00	25.31
1999	4.50	2.99	1.50	2129.45	26.90
2000	4.44	3.03	1.46	2135.30	27.79
2001	4.43	3.01	1.47	2231.60	28.25
2002	4.39	3.01	1.46	2334.20	29.24
2003	4.36	3.05	1.43	2457.53	30.55
2004	4.33	3.08	1.41	2952.56	31.35
2005	4.34	3.14	1.38	3265.53	34.10
2006	4.30	3.15	1.37	3584.72	35.91
2007	4.29	3.17	1.35	4097.82	36.78
2008	4.29	3.16	1.36	4697.19	37.56
2009	4.29	3.17	1.35	5075.01	39.53
2010	4.29	3.18	1.35	5788.56	40.26
2011	4.25	3.06	1.39	6891.63	46.82
2012	4.24	3.04	1.40	7827.82	47.61
2013	4.22	2.89	1.46	8781.47	49.11

9-12 平均每百户农民家庭主要生产用固定资产拥有量

Ownership of Major Fixed Assets for Production Per 100 Rural Households

指　　标	Item	2011	2012	2013
生产性固定资产原值（元）	**Productive Original Value of Fixed Assets (yuan)**	**941280**	**999931**	**1046943**
农　业	Farming	438403	468904	466675
林　业	Forestry	1235	1933	3078
牧　业	Animal Husbandry	171820	192077	204060
渔　业	Fishing	3641	3836	3804
采矿业	Mining	1937	1743	2255
制造业	Manufacturing	31423	33911	45131
电力煤气与水的生产及供应	Production and Supply of Electric Power and Heat Power	1222	1241	1511
建筑业	Construction	32513	36060	39791
交通运输业、仓储和邮政业	Traffic, Transport, Storage and Post	175309	168653	180076
批发和零售贸易业	Wholesale and Retail Trade	38554	41144	50046
住宿和餐饮业	Hotels and Catering Services	8011	12101	16504
居民服务与其他服务业	Services to Households and Other Services	19771	20348	22572
其　他	Others	5311	5181	11441
主要生产性固定资产数量	**Amount of Major Productive Fixed Assets**			
房屋及建筑物（平方米）	Housing and Building (aq.m)	2805.39	2740.92	2253.26
大中型拖拉机（台）	Large and Medium Tractor (unit)	0.90	1.39	1.67
小型和手扶拖拉机（台）	Small and Walking Tractor (unit)	9.22	10.12	12.17
机动脱粒机（台）	Motorized Thresher (unit)	24.12	25.31	25.95
收割机（台）	Harvester (unit)	1.53	1.67	2.30
农用动力机械（台）	Farm Power Plant (unit)	24.58	25.98	22.78
役　畜（头）	Draught Animal (head)	24.33	21.98	22.49
产品畜（头）	Commodity Animal (head)	23.63	16.37	19.48

9–13 农村住户人口与就业情况

Population and Employment of Rural Households

单位：人 (person)

指　　标	Item	2011	2012	2013
农村住户人口状况	**Population of Rural Households**			
家庭常住人口	Number of Permanent Residents	10420	10400	13920
6岁及以下	6 and Under	981	1052	1207
7–15岁	Aged 7 - 15	1144	1145	1705
16–18岁	Aged 16 - 18	329	326	486
19–22岁	Aged 19 - 22	768	738	694
23–25岁	Aged 23 - 25	605	587	858
26–30岁	Aged 26 - 30	777	767	1115
31–40岁	Aged 31 - 40	1437	1437	2049
41–50岁	Aged 41 - 50	1735	1741	2280
51–60岁	Aged 51 - 60	1658	1652	1742
61岁及以上	61 and Over	985	967	1823
在校学生人数	Students Enrollment	1544	1608	2460
#6–15岁以下在校学生人数	Enrollment Aged 6 - 15	1189	1210	1791
农村住户劳动力素质状况	**Labor Force Quality of Rural Households**			
整半劳动力数	Number of Full/Semi Labour Force	7489	7448	9535
#男劳动力人数	Number of Male Labour Force	3949	3963	5090
整劳动力	Number of Full Labour Force	4776	4752	6115
劳动力文化程度	Education of Labor Force			
不识字或识字很少	Can Not Read or Read Very Little	315	316	291
小学程度	Primary School	2192	2165	2640
初中程度	Junior High School	3735	3680	4800
高中程度	Senior High School	1076	849	1018
大专及以上	Junior College and over	171	188	386

9-13 续表 continued

单位：人 (person)

指 标	Item	2011	2012	2013
农村住户劳动力就业情况	**Employment of Rural Labor Force**			
就业劳动力人数	Number of Employed Labor Force	7273	7198	9135
#男劳动力人数	Male Labor Force	3892	3911	5021
整劳动力人数	Full Labor Force	4643	4575	5835
就业地点	Place of Employment			
乡 内	the Village	4912	4889	6601
县内乡外	the County but Outside the Village	366	373	500
省内县外	the Province but Outside the County	243	221	363
国内省外	China but outside the Province	1746	1709	1974
国 外	Abroad	6	6	5
行业分布	Sector of Employment			
第一产业就业劳动力	Primary Industry	3586	3554	4093
第二产业就业劳动力	Secondary Industry	2409	2386	3073
采矿业	Mining and Quarrying	88	71	89
制造业	Manufacturing	1766	1735	1869
电力煤气及水的生产供应业灌	Production and Supply of Electricity, Gas & Water	26	27	62
建筑业	Construction	529	553	1053
第三产业就业劳动力	Tertiary Industry	1278	1258	1969
交通运输仓储及邮电通讯业	Transport,Storage and Post	166	165	283
批发和零售贸易	Wholesale and Retail Trades	245	252	433
住宿和餐饮业	Hotels and Catering Services	163	153	213
居民服务和其他服务业	Services to Households and Other Services	267	263	510
教 育	Education	63	65	72
卫生、社会保障和社会福利业	Health,Social Security and Social Welfare	35	39	68
文化、体育和娱乐业	Culture,Sports and Entertainment	27	33	26
其 他	Others	312	288	364

9-14 平均每百户农民家庭主要耐用消费品拥有量
Ownership of Major Durable Consumer Goods Per 100 Rural Households

品　名	Item	2011	2012	2013
自行车(辆)	Bicycle(unit)	60.78	62.65	63.32
#电动自行车(辆)	Electric Bicycle(unit)	25.71	27.10	29.75
洗衣机(台)	Washing Machine(unit)	21.96	27.84	31.85
电冰箱(台)	Refrigerator(unit)	68.08	73.63	78.08
摩托车(辆)	Motorcycle(unit)	67.88	69.27	75.78
彩色电视(台)	Color TV Set(unit)	116.98	120.49	127.36
抽油烟机(台)	Smoke Absorber(unit)	6.45	8.69	14.20
空调机(台)	Air Conditioner(unit)	17.35	21.22	29.96
热水器(台)	Water Heater(unit)	28.98	33.88	46.55
微波炉(台)	Oven(unit)	3.80	5.31	9.08
电话机(部)	Telephone(unit)	25.14	22.90	19.26
移动电话(部)	Mobile Telephone(unit)	189.43	200.16	220.92
摄像机(台)	Pickup Camera(unit)	0.41	0.33	0.46
影碟机(台)	Video Disc Player(unit)	19.84	19.31	18.68
照相机(架)	Camera(unit)	2.49	2.61	4.55
家用计算机(台)	Computer(unit)	10.61	13.31	18.49
中高档乐器(件)	Medium and High Grade Musical Instrument(unit)	0.20	0.16	0.80

9-15 农民人均食品消费量

Peasants' Per Capita Consumption on Living Consumer Goods

单位：公斤 (kg)

类　　别	Type	2011	2012	2013
粮食	Grain	203.91	190.77	182.62
稻谷	Rice	200.16	187.36	177.80
薯类	Tubers	1.36	1.44	1.09
豆类及豆制品	Soybeans and Related Products	4.84	4.23	6.66
蔬菜及菜制品	Presh Vegetable and Related Products	115.47	115.57	118.80
油脂类	Oil	9.13	9.01	9.14
植物油	Vegetable Oil	8.22	8.27	8.40
肉禽及其制品	Meats,Poultry and Related Products	19.82	20.25	22.52
#猪肉	Pork	13.08	13.38	14.75
牛肉	Beef	0.55	0.49	0.48
羊肉	Mutton	0.07	0.03	0.04
家禽	Poultry	3.95	3.66	4.51
肉禽制品	Related Products	2.18	2.69	2.73
蛋类及蛋制品	Eggs and Related Products	4.56	4.71	4.77
奶和奶制品	Milk and Dairy Products	3.83	3.85	4.30
水产品	Aquatic Products	5.77	5.84	6.57
食糖	Sugar	1.29	0.79	0.82
酒和饮料	Liquor and Beverages	13.50	11.86	12.45
水果及水果制品	Fruits and Related Products	11.95	12.75	12.87
坚果及果制品	Nuts and Related Products	1.36	1.26	1.29

9-16 农民家庭平均每人总收入

Per Capita Total Income in Rural Households

单位：元 (yuan)

指　　标	Item	2011	2012	2013
全年总收入	**Annual Total Income**	**8994.48**	**10039.13**	**10864.47**
工资性收入	Income From Wages and Salaries	2994.49	3801.28	4422.08
在非企业组织中劳动得到的收入	Income for Working in Non-enterprise Organization	196.03	236.89	267.67
在本地劳动得到的收入	Income From Township Enterprises	1155.65	1480.89	1751.17
常住人口外出从业得到的收入	Income of Permanent Person for Working in Other Place	1642.82	2083.50	2403.23
家庭经营收入	Income from Household Operations	5414.03	5378.26	5428.08
第一产业	Primary Industry	4385.13	3967.23	3977.56
第二产业	Secondary Industry	364.05	383.66	382.36
第三产业	Tertiary Industry	664.85	1023.13	1068.16
财产性收入	Property Income	111.52	156.14	190.96
转移性收入	Transfer Income	474.43	703.45	823.35

9-17 农民家庭平均每人现金收入
Per Capita Cash Income in Rural Households

单位：元 (yuan)

指 标	Item	2011	2012	2013
全年现金收入	**Annual Total Cash Income**	**7863.24**	**8795.02**	**9761.90**
工资性收入	Income from Wages and Salaries	2993.89	3800.72	4420.47
在非企业组织中劳动得到收入	Incomes from Working in the Non-business Organizations	196.03	236.77	267.57
在本乡地域内劳动得到收入	Incomes from Working Inside the Village	1155.06	1480.82	1750.54
外出从业得到收入	Income from Working Somewhere Away from Home	1642.79	2083.13	2402.36
家庭经营现金收入	Cash Income from Household Operations	4307.49	4245.42	4328.18
第一产业现金收入	Cash Income from Primary Industry	3278.61	2933.01	2877.66
#出售农产品收入	Farming Products	1963.39	1812.71	1886.78
出售林业产品收入	Forestry Products	130.80	132.27	139.04
出售牧业产品收入	Animal Husbandry Products	992.35	803.80	666.38
出售渔业产品收入	Fishery Products	77.27	67.73	121.61
第二产业现金收入	Cash Income from Secondary Industry	364.05	383.66	382.36
出售工业产品收入	Industrial Products	43.47	35.89	38.25
出售建筑业产品收入	Construction Products	4.67	3.07	3.19
第三产业现金收入	Cash Income from Tertiary Industry	664.83	1023.13	1068.16
交通、运输、邮电业收入	Transport,Storage and Post	216.04	349.87	427.18
批零贸易业、饮食业收入	Wholesale , Retail and Catering Trades	294.51	438.49	456.81
社会服务业收入	Social Services	83.57	127.66	138.14
其他行业收入	Other Sectors	28.37	107.10	46.02
财产性收入	Income from Properties	90.77	141.15	191.61
转移性收入	Income from Transfers	471.09	607.74	821.65

9-18 农民家庭平均每人总支出

Per Capita Total Expenditures in Rural Households

单位：元 (yuan)

指 标	Item	2011	2012	2013
全年总支出	**Annual Total Expenditure**	**7280.80**	**7352.51**	**7762.93**
家庭经营费用支出	Expenditure for Household Business	1837.69	1534.21	1578.81
第一产业	Primary Industry	1532.61	1270.94	1222.87
第二产业	Secondary Industry	106.72	90.47	82.49
第三产业	Tertiary Industry	198.36	172.80	273.45
购置生产性固定资产支出	Expenditure on Purchasing Productive Fixed Assets	164.39	111.75	121.02
生活消费支出	Living Expenditure	4660.09	5129.78	5653.62
食品	Food	2106.44	2233.05	2389.06
衣着	Clothing	233.58	264.96	308.56
居住	Residence	888.85	1030.24	1163.09
家庭设备、用品及服务	Household Facilities,Articles and Services	277.51	278.31	323.89
交通和通讯	Transportation and Communications	393.34	494.49	587.56
文化、教育、娱乐用品及服务	Cultural,Education and Recreational Article and Services	319.39	342.70	356.42
医疗保健	Medical Articles	346.68	380.45	401.26
其他商品和服务	Other Commodities and Services	94.30	105.59	123.79
财产性支出	Property Expenditure	19.23	0.74	0.85
转移性支出	Transfer Expenditure	587.62	571.49	403.82

9-19 农民家庭平均每人生活消费支出
Per Capita Living Expenditure of Rural Households

单位：元 (yuan)

指 标	Item	2011	2012	2013
全年生活消费支出	**Annual Living Expenditure for Consumption**	**4660.09**	**5129.78**	**5653.62**
#货币性消费	Consumption Paid in Money	4029.71	4456.12	4910.07
食品	Food	2106.44	2233.05	2389.06
#货币性消费	Consumption Paid in Money	1486.91	1580.03	1767.80
衣着	Clothing	233.58	264.96	308.56
#货币性消费	Consumption Paid in Money	233.58	264.88	308.44
居住	Residence	888.85	1030.24	1163.09
#货币性消费	Consumption Paid in Money	878.36	1009.68	1041.71
家庭设备、用品及服务	Household Facilities, Articles and Services	277.51	278.31	323.89
#货币性消费	Consumption Paid in Money	277.15	278.31	323.44
医疗保健	Medical Articles	346.68	380.45	401.26
#货币性消费	Consumption Paid in Money	346.68	380.45	401.24
交通和通讯	Transportation and Communications	393.34	494.49	587.56
#货币性消费	Consumption Paid in Money	393.34	494.49	587.46
文化、教育、娱乐用品及服务	Cultural,Educational and Recreational Article and Services	319.39	342.70	356.42
#货币性消费	Consumption Paid in Money	319.39	342.70	356.42
其他商品和服务	Other Commodities and Services	94.30	105.59	123.79
#货币性消费	Consumption Paid in Money	94.30	105.59	123.56

9-20 农民家庭平均每人纯收入

Per Capita Annual Net Income in Rural Households

单位：元 (yuan)

指　　标	Item	2011	2012	2013
全年纯收入	**Annual Net Income**	**6891.63**	**7827.82**	**8781.47**
工资性收入	Income of Wage	2934.49	3801.28	4422.08
在非企业组织中	Income for Working in Non-enterprise	196.03	236.89	267.67
在本地劳动得到的收入	Income from Township Enterprises	1095.65	1480.89	1751.17
常住人口外出从业得到的收入	Income of Permanent Person for Working in Other Place	1642.82	2083.50	2403.23
家庭经营收入	Income from Household Business Operation	3421.42	3448.26	3683.81
第一产业	Primary Industry	2752.90	2526.67	2668.16
种植业收入	Planting	2184.65	2058.28	2176.29
林业收入	Forestry	137.99	131.73	115.54
牧业收入	Animal Husbandry	382.46	295.89	298.73
渔业收入	Fishery	47.80	40.78	77.59
第二产业	Secondary Industry	244.64	265.08	283.64
第三产业	Tertiary Industry	423.88	656.51	732.01
财产性收入	Property Income	111.52	156.14	190.96
转移性收入	Transfer Income	424.19	422.14	484.62

9-21 农民家庭平均每人按纯收入水平分组的户数构成
Composition of Rural Households by Per Capita Annual Net Income

单位：% (%)

分组	Group	2011	2012	2013
600元以下的户	600 yuan and below	0.08	0.20	0.26
600-1000元的户	600-1000 yuan	0.12	0.04	0.26
1000-1500元的户	1000-1500 yuan	0.65	0.37	0.53
1500-2000元的户	1500-2000 yuan	1.88	1.18	0.85
2000-2500元的户	2000-2500 yuan	5.51	7.51	4.03
2500-3000元的户	2500-3000 yuan	2.53	0.94	1.68
3000-3500元的户	3000-3500 yuan	5.43	2.16	1.62
3500-4000元的户	3500-4000 yuan	5.55	4.08	2.74
4000-5000元的户	4000-5000 yuan	6.16	9.35	7.38
5000-6000元的户	5000-6000yuan	11.82	11.39	7.41
6000-7000元的户	6000-7000yuan	12.81	10.04	8.24
7000-8000元的户	7000-8000yuan	10.73	9.88	7.97
8000元以上的户	8000yuan and over	36.72	42.86	57.03

9-22　按收入高低五等分分组农民家庭基本情况（2013年）

Basic Indicators of Rural Households of Five Groups Divided Equally by Income Level (2013)

指　　标	Item	低收入组 Low Income Households	中低收入组 Lower Middle Income Households	中等收入组 Middle Income Households	中高收入组 Upper Middle Income Households	高收入组 High Income Households
占调查总户数比重(%)	Percentage of Households (%)	20.00	20.00	20.00	20.00	20.00
平均每户常住人口(人)	Average Number of Permanent Residents Per Household(Person)	5.13	4.52	4.11	3.97	3.36
平均每户整半劳动力(人)	Average Number of Able-bodied and Semi-able-bodied Laborers Per Household(Person)	3.24	3.03	2.83	2.80	2.58
平均每一劳动力负担人口(人)	Average Number of Persons Supported by A Laborer(Person)	1.59	1.49	1.45	1.42	1.30
平均每户生产性固定资产原值(元)	Average Original Value of Productive Fixed Assets Per Household(yuan)	9323.24	7821.77	8203.75	9461.49	17158.95
平均每人家庭纯收入(元)	Per Capita Net Income(yuan)	3063.82	5702.36	8145.04	11275.06	18992.58
工资性收入	Income of Wage	1558.22	3192.56	4545.58	6270.52	7923.15
家庭经营收入	Income from Household Business Operation	1196.99	2145.94	3141.68	4198.94	9344.83
第一产业	Primary Industry	1042.51	1675.26	2407.47	3209.07	6008.67
第二产业	Secondary Industry	68.91	136.90	231.44	252.47	882.60
第三产业	Tertiary Industry	85.57	333.78	502.77	737.40	2453.57
财产性收入	Property Income	37.33	55.83	62.39	191.26	742.41
转移性收入	Transfer Income	271.28	308.02	395.38	614.33	982.19
平均每人生活消费支出(元)	Per Capita Living Expenditure(yuan)	3227.39	4544.74	5607.64	6392.76	9824.40
食品消费支出	Food Expenditure	1639.23	2156.96	2394.92	2750.82	3360.75
衣着消费	Clothing Expenditure	134.85	218.96	300.57	395.05	587.90
居住消费	Residence Expenditure	593.78	684.16	1224.03	1105.42	2598.15
家庭设备、用品及服务	Household,Facilities,Articles and Services	151.12	253.32	321.11	385.79	598.99
交通和通讯	Transport and Communication	242.48	412.07	460.23	779.06	1251.14
文教娱乐用品及服务	Cultural,Educational and Recreational Articles and Services	162.79	274.47	360.22	446.23	636.94
医疗保健	Medicines and Health Care	234.88	451.76	426.77	387.75	563.00
其他商品和服务消费	Other Commodities and Services	68.25	93.04	119.78	142.63	227.53

9-23 各地区城乡居民人均收入和消费支出（2013年）

Per Capita Annual Income and Consumption Expenditure of Urban and Rural Residents by Region (2013)

单位：元 (yuan)

地区	Region	城镇居民可支配收入 Per Capita Annual Disposable Income of Urban Residents	农村居民纯收入 Per Capita Net Income of Rural Residents	城镇居民消费支出 Per Capita Consumption Expenditure of Urban Residents	农村居民生活消费支出 Per Capita Consumption Expenditure of Rural Residents
全省	**Total**	**21873**	**8781**	**13851**	**5654**
南昌市	Nanchang	26151	10806	17944	5682
景德镇市	Jingdezhen	23991	10013	15407	5924
萍乡市	Pingxiang	23496	11099	15765	6580
九江市	Jiujiang	22504	8805	14356	5738
新余市	Xinyu	24751	11173	15643	6695
鹰潭市	Yingtan	22090	9832	13768	6032
赣州市	Ganzhou	20566	6014	13754	4398
吉安市	Ji'an	22278	8030	13799	5031
宜春市	Yichun	20871	9115	12965	5860
抚州市	Fuzhou	20835	9059	12361	4798
上饶市	Shangrao	22195	7919	12722	4569

9-24 居民人均收入和生活消费支出(2013年新口径)

Per Capita Annual Disposable Income and Consumption Expenditure (New Scope of Statistics of 2013)

单位：元 (yuan)

指标	Item	2013
全省居民人均可支配收入	**Per Capita Annual Disposable Income of Total Residents**	**15099.68**
工资性收入	Income of Wages and Salaries	8293.63
经营净收入	Net Business Income	2920.80
财产净收入	Net Income from Property	1118.33
转移净收入	Net Income from Transfers	2766.92
全省居民人均生活消费支出	**Per Capita Consumption Expenditure of Total Residents**	**10045.55**
食品烟酒	Foods,Tobacco and Beverages	3450.44
衣着	Clothing	772.66
居住	Residence	2411.16
生活用品及服务	Household Supplies and Services	599.92
交通通信	Transport and Communications	1045.77
教育文化娱乐	Education, Culture and Recreation	990.67
医疗保健	Medical Care	547.22
其他用品和服务	Other Goods and Services	227.70

9-25 城镇居民人均收入和生活消费支出(2013年新口径)

Per Capita Annual Income and Consumption Expenditure of Rural Residents of Urban Residents (New Scope of Statistics of 2013)

单位：元 (yuan)

指　　标	Item	2013
城镇居民人均可支配收入	**Per Capita Annual Disposable Income of Urban Residents**	**22119.66**
工资性收入	Income of Wages and Salaries	14009.08
经营净收入	Net Business Income	1940.51
财产净收入	Net Income from Property	2276.47
转移净收入	Net Income from Transfers	3893.60
城镇居民人均生活消费支出	**Per Capita Consumption Expenditure of Urban Residents**	**13842.95**
食品烟酒	Foods,Tobacco and Beverages	4524.59
衣着	Clothing	1278.53
居住	Residence	3246.57
生活用品及服务	Household Supplies and Services	867.62
交通通信	Transport and Communications	1476.82
教育文化娱乐	Education, Culture and Recreation	1457.44
医疗保健	Medical Care	641.98
其他用品和服务	Other Goods and Services	349.39

9-26 农村居民人均收入和生活消费支出(2013年新口径)

Per Capita Annual Income and Consumption Expenditure of Rural Residents (New Scope of Statistics of 2013)

单位：元 (yuan)

指　　标	Item	2013
农村居民人均可支配收入	**Per Capita Annual Income of Rural Residents**	**9088.78**
工资性收入	Income of Wages and Salaries	3399.73
经营净收入	Net Business Income	3760.18
财产净收入	Net Income from Property	126.66
转移净收入	Net Income from Transfers	1802.20
农村居民人均生活消费支出	**Per Capita Consumption Expenditure of Rural Residents**	**6793.99**
食品烟酒	Foods,Tobacco and Beverages	2530.69
衣着	Clothing	339.50
居住	Residence	1695.83
生活用品及服务	Household Supplies and Services	370.70
交通通信	Transport and Communications	676.67
教育文化娱乐	Education, Culture and Recreation	590.99
医疗保健	Medical Care	466.09
其他用品和服务	Other Goods and Services	123.51

9–27 各市县农村居民人均纯收入(2013年)

Per Capita Net Income of Rural Residents by Region and County(2013)

单位：元 (yuan)

地 区	Region	农村居民纯收入(老口径) Per Capita Net Income of Rural Residents (Old Scope of Statistics)	农村居民纯收入(新口径) Per Capita Net Income of Rural Residents (New Scope of Statistics)
全 省	**Provinvial Total**	**8781**	**9089**
南昌市	**Nanchang**	**10806**	**11184**
湾里区	Wanli	8107	8390
青山湖	Qingshanhu	12384	12818
南昌县	Nanchang	11323	11719
新建县	Xinjian	10190	10547
安义县	Anyi	9776	10118
进贤县	Jinxian	11244	11637
景德镇市	**Jingdezhen**	**10013**	**10363**
昌江区	Changjiang	10342	10704
浮梁县	Fuliang	10060	10412
乐平市	Leping	10000	10350
萍乡市	**Pingxiang**	**11099**	**11487**
安源区	Anyuan	12930	13382
湘东区	Xiangdong	11427	11827
莲花县	Lianhua	5194	5376
上栗县	Shangli	10888	11269
芦溪县	Luxi	11301	11696
九江市	**Jiujiang**	**8805**	**9113**
浔阳区	Xunyang	13022	13477
庐山区	Lushan	12316	12747
九江县	Jiujiang	9527	9861
共青城市	Gongqingcheng	11515	11918
武宁县	Wuning	9328	9655
修水县	Xiushui	4953	5126
永修县	Yongxiu	10011	10361
德安县	De'an	10006	10356
星子县	Xingzi	8499	8797
都昌县	Duchang	4775	4942
湖口县	Hukou	9667	10005
彭泽县	Pengze	9361	9689
瑞昌市	Ruichang	9592	9928

9-27 续表1 continued

单位：元 (yuan)

地 区	Region	农村居民纯收入(老口径) Per Capita Net Income of Rural Residents (Old Scope of Statistics)	农村居民纯收入(新口径) Per Capita Net Income of Rural Residents (New Scope of Statistics)
新余市	**Xinyu**	**11173**	**11564**
渝水区	Yushui	11300	11695
分宜县	Fenyi	10926	11308
鹰潭市	**Yingtan**	**9832**	**10176**
月湖区	Yuehu	10682	11055
余江县	Yujiang	9750	10091
贵溪市	Guixi	9826	10170
赣州市	**Ganzhou**	**6014**	**6224**
章贡区	Zhanggong	8699	9003
赣 县	Ganxian	5177	5359
信丰县	Xinfeng	7415	7675
大余县	Dayu	6776	7013
上犹县	Shangyou	5132	5311
崇义县	Chongyi	5917	6124
安远县	Anyuan	5127	5306
龙南县	Longnan	6590	6820
定南县	Dingnan	5241	5425
全南县	Quannan	4656	4819
宁都县	Ningdu	4940	5112
于都县	Yudu	5134	5313
兴国县	Xingguo	5196	5378
会昌县	Huichang	4902	5074
寻乌县	Xunwu	5110	5288
石城县	Shicheng	4223	4371
瑞金市	Ruijin	5984	6194
南康市	Nankang	6077	6290
吉安市	**Ji'an**	**8030**	**8311**
吉州区	Jizhou	9751	10092
青原区	Qingyuan	8107	8390
吉安县	Ji'an	5867	6072
吉水县	Jishui	9741	10082
峡江县	Xiajiang	7404	7663
新干县	Xingan	9216	9539
永丰县	Yongfeng	9371	9699
泰和县	Taihe	8782	9089
遂川县	Suichuan	5125	5305
万安县	Wan'an	5005	5180
安福县	Anfu	8636	8939
永新县	Yongxin	4952	5125
井冈山市	Jinggangshan	4999	5174

9-27 续表2 continued

单位：元 (yuan)

地 区	Region	农村居民纯收入(老口径) Per Capita Net Income of Rural Residents (Old Scope of Statistics)	农村居民纯收入(新口径) Per Capita Net Income of Rural Residents (New Scope of Statistics)
宜春市	**Yichun**	**9115**	**9434**
袁州区	Yuanzhou	8893	9204
奉新县	Fengxin	10202	10559
万载县	Wanzai	7251	7505
上高县	Shanggao	10749	11125
宜丰县	Yifeng	9417	9747
靖安县	Jing'an	8569	8869
铜鼓县	Tonggu	5913	6120
丰城市	Fengcheng	10378	10741
樟树市	Zhangshu	10277	10637
高安市	Gaoan	10119	10473
抚州市	**Fuzhou**	**9059**	**9376**
临川区	Linchuan	10923	11306
南城县	Nancheng	10217	10575
黎川县	Lichuan	8643	8945
南丰县	Nanfeng	13776	14259
崇仁县	Chongren	10924	11307
乐安县	Le'an	4649	4812
宜黄县	Yihuang	8686	8990
金溪县	Jinxi	9081	9399
资溪县	Zixi	8579	8879
东乡县	Dongxiang	10663	11036
广昌县	Guangchang	4876	5047
上饶市	**Shangrao**	**7919**	**8196**
信州区	Xinzhou	10554	10923
上饶县	Shangrao	5021	5196
广丰县	Guangfeng	9821	10165
玉山县	Yushan	8945	9258
铅山县	Qianshan	7705	7975
横峰县	Hengfeng	5045	5222
弋阳县	Yiyang	8172	8458
余干县	Yugan	4981	5155
鄱阳县	Poyang	5203	5385
万年县	Wannian	8020	8301
婺源县	Wuyaun	7693	7962
德兴市	Dexing	9271	9595

主要统计指标解释

一、城镇住户

城镇家庭人口 指居住在一起，经济上合在一起共同生活的家庭成员。凡计算为家庭人口的成员其全部收支都包括在本家庭中。

城镇就业面 指就业人口占家庭人口的百分比。

城镇就业者负担人数 指家庭人口与就业人口之比。

城镇家庭总收入 指家庭成员在调查期得到的工资性收入、经营净收入、财产性收入、转移性收入之和，不包括出售财物收入和借贷收入。

城镇家庭可支配收入 指家庭成员可用于最终消费支出和其它非义务性支出以及储蓄的总和，即居民家庭可以用来自由支配的收入。它是家庭总收入扣除交纳的所得税、个人交纳的社会保障支出以及记账补贴后的收入。计算公式为：

可支配收入=家庭总收入-交纳所得税-个人交纳的社会保障支出-记账补贴

城镇家庭总支出 指除借贷支出以外的全部家庭支出。包括消费性支出、购房建房支出、转移性支出、财产性支出、社会保障支出。

城镇家庭消费性支出 指家庭用于日常生活的支出，包括食品、衣着、家庭设备用品及服务、医疗保健、交通和通信、娱乐教育文化服务、居住、其他商品和服务等八大类支出。

城镇家庭服务性消费支出 指家庭用于支付社会提供的各种文化和生活方面的非商品性服务费用。

二、农村住户

农村住户 指农村常住户。农村常住户指长期(一年以上)居住在乡镇(不包括城关镇)行政管理区域内的住户，以及长期居住在城关镇所辖行政村范围内的农村住户。户口不在本地而在本地居住一年及以上的住户也包括在本地农村常住户范围内；有本地户口，但举家外出谋生一年以上的住户，无论是否保留承包耕地都不包括在本地农村住户范围内。

常住人口 指全年经常在家或在家居住6个月以上，而且经济和生活与本户连成一体的人口。外出从业人员在外居住时间虽然在6个月以上，但收入主要带回家中，经济与本户连为一体，仍视为家庭常住人口；在家居住，生活和本户连成一体的国家职工、退休人员也为家庭常住人口。但是现役军人、中专及以上(走读生除外)的在校学生、以及常年在外(不包括探亲、看病等)且已有稳定的职业与居住场所的外出从业人员，不算家庭常住人口。家庭常住人口主要作为计算农村住户平均每人收入、消费和积累水平及分析家庭人口状况的依据。

整、半劳动力 整劳动力指男子18周岁到50周岁，女子18周岁到45周岁；半劳动力指男子16周岁到17周岁，51周岁到60周岁；女子16周岁到17周岁，46周岁到55周岁，同时具有劳动能力的人。虽然在劳动年龄之内，但已丧失劳动能力的人，不应算为劳动力；超过劳动年龄，但能经常参加劳动，计入半劳动力数内。常住人口中的职工，若这些职工为劳动力，就包括在本户的整半劳动力中。

总收入 指调查期内农村住户和住户成员从各种来源渠道得到的收入总和。按收入的性质划分为工资性收入、家庭经营收入、财产性收入和转移性收入。

工资性收入 指农村住户成员受雇于单位或个人，靠出卖劳动而获得的收入。

家庭经营收入 指农村住户以家庭为生产经营单位进行生产筹划和管理而获得的收入。农村住户家庭经营活动按行业划分为农业、林业、牧业、渔业、工业、建筑业、交通运输业邮电业、批发和零售贸易餐饮业、社会服务业、文教卫生业和其他家庭经营。

财产性收入 指金融资产或有形非生产性资产的所有者向其他机构单位提供资金或将有形非生产性资产供其支配，作为回报而从中获得的收入。

转移性收入 指农村住户和住户成员无须付出任何对应物而获得的货物、服务、资金或资产所有权等，不包括无偿提供的用于固定资本形成的资金。一般情况下，是指农村住户在二次分配中的所有收入。

现金收入 指农村住户和住户成员在调查期内得到以现金形态表现的收入。按来源分成工资性收入、家庭经营现金收入、财产性收入、转移性收入。

纯收入 指农村住户当年从各个来源得到的总收入相应地扣除所发生的费用后的收入总和。计算方法：

纯收入=总收入-税费支出-家庭经营费用支出-生产性固定资产折旧-赠送农村亲友支出

纯收入主要用于再生产投入和当年生活消费支出，也可

用于储蓄和各种非义务性支出。“农民人均纯收入”按人口平均的纯收入水平，反映的是一个地区或一个农户农村居民的平均收入水平。

总支出　指农村住户用于生产、生活和再分配的全部支出。家庭经营费用支出、购置生产性固定资产支出、生产性固定资产折旧、税费支出、生活消费支出、财产性支出和转移性支出。

可支配收入(新口径)　指调查户在调查期内获得的、可用于最终消费支出和储蓄的总和，即调查户可以用来自由支配的收入。可支配收入既包括现金，也包括实物收入。按照收入的来源，可支配收入包含五项，分别为：工资性收入、经营净收入、财产净收入、转移净收入和自有住房折算净租金。计算公式为：可支配收入=工资性收入+经营净收入+财产净收入+转移净收入+自有住房折算净租金。

Explanatory Notes on Main Statistical Indicators

I. Urban Households

Population of Urban Households　refer to members of households living and sharing economically together in the urban areas. All the income and expenditure of all the members of such households are included in the income and expenditure of the household.

Proportion of Urban Employment　refers to the proportion of employed population to the population of urban households.

Number of Dependents per Urban Employee　refers to the ratio between number of persons in an urban household and the number of employed persons.

Total Income of Urban Households　refers to the sum of wage and salary; net business income; income from properties; and income from transfers of members of the households. Income from selling of properties and income from borrowing are not included..

Disposable Income of Urban Households　refers to the actual income at the disposal of members of the households which can be used for final consumption, other non-compulsory expenditure and savings. This equals to total income minus income tax, personal contribution to social security and subsidy for keeping diaries in being a sample household. The following formula is used:

Disposable income = total household income - income tax - personal contribution to social security - subsidy for keeping diaries for a sampled household

Total Expenditure of Urban Households　refers to all expenditure of households except expenditure on lending. It includes expenditure on consumption; on purchasing or building houses; on transfers; on properties; and on social security.

Consumption Expenditure of Urban Households　refers to total expenditure of households for consumption in daily life, including expenditure on the eight categories of food; clothing; household appliances and services; health care and medical services; transport and communications; recreation, education and cultural services; housing; and miscellaneous goods and services.

Expenditure of Urban Households on Consumption of Services　refers to expenditure of households on various kinds of non-commercial services provided in life and culture by society.

II. Rural Household

Rural Households　refer to usual resident households in rural areas. Usual resident households in rural areas are households residing on a long term basis(for more than one year) in the areas under the administration of township governments (not including county towns), and in the areas under the administration of villages in county towns. Households residing in the current addresses for over one year with their household registration in other places are still considered as resident households of the locality. For households with their household registration in one place but all members of the households having moved away to make a living in another place for over one year, they will not be included in the rural households of the area where they are registered, irrespective of whether they still keep their contracted land.

Usual Resident Population　refers to persons staying at home regularly or for over 6 months during a year and integrated with the household economically and in terms of living.. Members of the household staying away from the household for over 6 months but keeping a close economic relation with the household by sending the majority of income to the household are regarded as usual resident of the household. Government staff and workers or retirees living as close members of the household are also considered as usual resident. However, servicemen, students of secondary technical schools or schools of higher education and persons with stable jobs and residence outside the household (excluding those visiting relatives or seeking medical service) are not included as resident population of the household. Resident population is used in calculating income, consumption, accumulation on per capita basis of rural households and in analyzing composition of rural households.

Full/Semi Labour Force Full labour force refers to persons capable of work, aged 18-50 for males and 18-45 for females. Semi labour force refers to persons capable of work, aged 16-17 and 51-60 for males and 16-17 and 46-55 for females. Persons at their working ages but not capable of work are not to be included as labour force. Persons not at working ages but participating regularly in work are included in semi labour force. For staff and workers who are usual residents, are included as full or semi labour force of the household if they are in the labour force.

Total Income refers to the sum of income earned from various sources by the rural households and their members during the reference period, and is classified as income from wages and salaries, income from household operations, income from properties and income from transfers.

Income from Wages and Salaries refers to income from labour earned by the members of rural households employed by other units or individuals.

Income from Household Operations refers to income by the rural households as units of production and operation. Operations by rural households are classified according to their economic activities namely agriculture, forestry, animal husbandry, fishery, manufacturing, construction, transportation, post and telecommunications, wholesale, retail and catering, social service, culture, education, health, and other household operations.

Income from Properties refers to the income received as returns by owners of financial assets or tangible non-productive assets by providing capitals or tangible non-productive assets to other institutional units.

Income from Transfers refers to the receipt by rural households and their members of goods, services, capital or rights of assets without giving or repaying accordingly, excluding capital provided to them for the formation of fixed assets. In general, it refers to all income received by rural households through redistribution.

Cash Income refers to income received by rural households and their members in the form of cash during the reference period. It is classified, by source of income, into income from wages and salaries, cash income from household operations, income from properties and income from transfers.

Net Income refers to the total income of rural households from all sources minus all corresponding expenses. The formula for calculation is as follows:

Net income = total income - taxes and fees paid - household operation expenses - taxes and fees depreciation of fixed assets for production - gifts to non-rural relatives

Net income is mainly used as input for reinvestment in production and as consumption expenditure of the year, and also used for savings and non-compulsory expenses of various forms. "Per capita net income of farmers" is the level of net income averaged by population, reflecting the average income level of rural households in a given area.

Total Expenditure refers to total expenses of rural households on production, consumption and redistribution, including expenditure on household operations,; purchase of productive fixed assets; depreciation of productive fixed assets; taxes and fees; expenses on household consumption; expenses on properties; and expenses on transfers.

Disposable Income（New Statistic Scope) refers to actual income at the disposal of member of the households which can be used for final consumption and savings. It includes both cash and income-in-kind. It includes five items: wage and salary; net business income; net income from properties; net income from transfers and net rent of private housing equivalent.

Disposable Income= wage and salary + net business income + net income from properties + net income from transfers + net rent of private housing equivalent.

10

城市建设

MUNICIPAL CONSTRUCTION

◆193/208

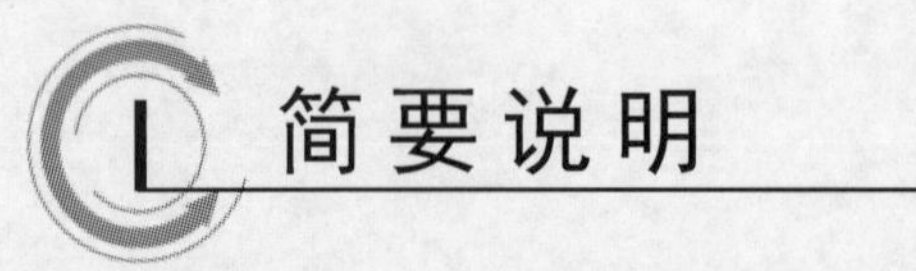

简要说明

一、主要内容

本篇反映江西省城市公用事业概况，主要包括：城市建设、供水、供气、供热、市政设施、公共交通、城市绿化、环境卫生等资料。

二、统计范围

包括全省所有设市城市在建成区范围内所有的城市规划管理、投资、建设或经营管理相关设施的单位。

三、资料来源

设区市和县级市城市公用事业基本情况资料由省建设厅和省交通厅提供，由省统计局固定资产投资处编辑整理。

Brief Introduction

I. Main Contents

Data in this chapter present the basic conditions of public facilities of urban construction of Jiangxi provincial cities, mainly include supply of water, gas and heating; municipal infrastructure; public transportation; urban greenery; and environmental, sanitation.

II. Scope of Statistics

Data in this chapter cover all units under the jurisdiction of cities which are engaged in urban planning and management, investment, construction and operation of relevant facilities.

III. Sources of Data

Data on basic conditions and overall level of urban public facilities are collected by the Jiangxi Provincial Bureau of Housing and Urban-Rural Development and Provincial Bureau of Communications , provided by the Department of Investment & Construction Statistics of Jiangxi Provincial Bureau of Statistics.

10-1 城市公用事业和建设基本情况

Basic Statistics on City Public Utilities and Construction

指标	Item	2000	2005	2010	2012	2013
用水普及率(%)	Rate of Population with Access to Tap Water (%)	93.3	92.6	97.4	97.7	97.7
供水管道长度(公里)	Length of Gas Supply Pipelines (km)	3968.00	6079.00	9526.55	11830.56	13524.35
公共车辆(汽、电车)运营数(辆)	Operating Public Buses (Buses and Trolley Buses) (unit)	4031	5818	7048	7837	7733
平均每万人拥有(标台)	Number of Public Transportation Vehicles per 10000 Population (standardized)	3.0	8.0	9.3	10.9	10.1
排水管道长度(公里)	Length of Drainpipes (km)	2074	3564	7340	9484	10573
道路长度(公里)	Length of Roads (km)	3033	3916	5742	6477	6865
道路面积(万平方米)	Area of Roads (10000 sq.m)	3293	6667	11330	13630	14652
人工煤气供应量(万立方米)	Coal Gas Supply (10000 cu.m)	39463	31707	58208	48497	36049
#家庭用量	Used by Residential Households	12299	10906	18321	8516	4086
天然气供应量(万立方米)	Natural Gas Supply(10000 cu.m)			11263	41910	56127
#家庭用量	Used by Residential Households			3384	10822	16208
液化石油气供应量(吨)	Total Liquefied Petroleum Gas Supply (ton)	164698	174521	188847	204258	223399
#家庭用量	Used by Residential Households	162783	154998	151656	163772	178590
燃气普及率(%)	Rate of Population with Access to Gas (%)	69.2	80.6	92.4	94.4	95.1
绿化覆盖面积(公顷)	Coverage Area of Afforestation (hectare)	20044	27381	48924	50752	53185
公园数(个)	Number of Parks (unit)	109	125	238	285	297
公园面积(公顷)	Area of Parks and Zoos (hectare)	1820	2259	6442	8104	8378
污水处理率(%)	Rate of Sewage Disposal (%)		34.92	80.83	84.25	83.10
生活垃圾清运量(万吨)	Volume of Garbage Disposal (10000 tons)	197.00	264.00	284.00	327.15	339.03
生活垃圾无害化处理率(%)	Rate of Garbages innocuously Treated (%)		48.87	85.89	89.05	93.28
市政公用设施建设固定资产投资(万元)	Investment in Public Utilities and Municipal Construction (10000 yuan)	152077	794496	4233310	7849023	4967011
#供水	Water Supply	15535	41276	95408	77017	123409
燃气	Gas Supply	4972	25530	66967	745094	148136
公共交通	Public Traffic	9781	22289	23165	35498	38296
轨道交通	Rail Transit			112894	725600	591232
道路桥梁	Roads & Bridges	60596	354638	2539040	3494090	2982250
排水	Drainage	11905	83160	177934	144547	144519
园林绿化	Parks, Gardens and Green Areas	11427	85816	948889	930401	604607
市容环境卫生	Environmental Sanitation	4921	13419	61536	59225	47565
其他	Others	17185	154707	33942	1481895	286997

10-2 城市人口和面积（2013年）
Basic Statistics on City Population and Area (2013)

单位：平方公里、万人 (sq.km,10000 persons)

城市	City	市区面积 City Area	城区面积 Urban Area	城区人口 Population of Urban Area	建成区面积 Developed Area	城市建设用地面积 Area of Land for Urban Construction	#居住用地 Land for Residence
合计	**Total**	**32363.17**	**2113.46**	**866.38**	**1151.42**	**1086.22**	**336.21**
南昌市	Nanchang	820.36	330.00	223.74	249.50	217.80	71.01
景德镇市	Jingdezhen	580.00	198.50	48.65	78.68	73.52	19.91
乐平市	Leping	1974.00	49.21	16.75	19.48	23.62	6.25
萍乡市	Pingxiang	1065.00	85.70	41.48	50.50	50.18	15.60
九江市	Jiujiang	699.00	104.85	62.82	100.23	100.17	32.80
瑞昌市	Ruichang	1423.11	23.36	17.20	18.60	17.54	7.98
共青城市	Gongqing	181.28	14.00	4.48	14.00	8.40	3.10
新余市	Xinyu	1789.00	230.00	44.77	72.00	66.38	24.20
鹰潭市	Yingtan	137.50	63.00	20.29	33.00	27.21	6.39
贵溪市	Guixi	2480.00	90.00	12.01	28.75	28.74	7.76
赣州市	Ganzhou	528.28	112.12	64.60	95.00	93.12	27.67
瑞金市	Ruijin	2449.00	108.00	31.80	24.84	24.84	7.32
南康市	Nankang	1844.96	50.00	20.50	29.60	28.30	7.61
吉安市	Ji'an	1381.53	228.70	35.70	50.03	46.22	9.78
井冈山市	Jinggangshan	1297.50	8.90	2.70	8.90	6.02	2.49
宜春市	Yichun	2532.36	88.00	42.49	65.00	65.00	14.65
丰城市	Fengcheng	2845.00	62.60	34.62	46.20	45.30	9.08
樟树市	Zhangshu	1290.99	46.34	23.90	26.00	25.73	7.77
高安市	Gaoan	2439.00	52.00	21.80	26.23	23.99	6.28
抚州市	Fuzhou	2153.30	85.30	50.69	56.48	56.48	18.00
上饶市	Shangrao	370.00	61.88	38.98	47.68	47.20	26.68
德兴市	Dexing	2082.00	21.00	6.41	10.72	10.46	3.88

10-2 续表 continued

单位：平方公里、万人 (sq.km,10000 persons)

城市	City	#公共管理与公共服务用地 Land for Public Management and Service	#商业服务业设施用地 Land for Commercial Management and Service	#工业用地 Land for Industry	#物流仓储用地 Land for logistics and warehousing	#交通设施用地 Land for External Transportation	#公用设施用地 Land for Public Facilities	#绿地 Land for Afforestation
合计	**Total**	**96.52**	**92.58**	**201.70**	**30.79**	**142.30**	**54.98**	**131.14**
南昌市	Nanchang	12.42	28.76	37.83	3.81	34.40	4.87	24.70
景德镇市	Jingdezhen	4.23	5.73	19.85	5.71	5.19	6.79	6.11
乐平市	Leping	2.99	3.23	5.39	0.89	1.31	0.85	2.71
萍乡市	Pingxiang	4.52	0.57	8.68	1.18	7.25	5.32	7.06
九江市	Jiujiang	6.76	5.91	23.66	1.92	14.16	2.85	12.11
瑞昌市	Ruichang	1.92	0.73	2.85	0.31	1.54	0.89	1.32
共青城市	Gongqing	1.08	0.80	0.35	0.21	1.25	0.08	1.53
新余市	Xinyu	8.46	1.20	12.93	2.12	1.80	9.30	6.37
鹰潭市	Yingtan	0.63	1.19	2.99	1.13	5.38	2.65	6.85
贵溪市	Guixi	2.11	1.68	9.30	0.41	4.27	0.73	2.48
赣州市	Ganzhou	10.96	4.44	22.03	1.11	14.68	2.13	10.10
瑞金市	Ruijin	3.45	2.11	3.24	1.21	1.01	4.70	1.80
南康市	Nankang	5.46	3.56	0.92	1.32	3.33	1.53	4.57
吉安市	Ji'an	7.04	10.40	4.05	1.52	6.04	2.62	4.77
井冈山市	Jinggangshan	0.93	0.97	0.25	0.15	0.16	0.49	0.58
宜春市	Yichun	4.80	6.76	8.40	3.85	11.60	3.44	11.50
丰城市	Fengcheng	2.47	3.30	16.61	1.12	6.70	1.79	4.23
樟树市	Zhangshu	3.58	4.37	1.19	0.74	4.51	0.68	2.89
高安市	Gaoan	3.25	0.95	6.87	0.42	3.51	0.87	1.84
抚州市	Fuzhou	5.29	3.37	11.08	1.21	9.10	0.94	7.49
上饶市	Shangrao	2.96	1.89	2.18	0.19	3.98	1.16	8.16
德兴市	Dexing	1.21	0.66	1.05	0.26	1.13	0.30	1.97

10-3 市政公用设施建设固定资产投资（2013年）

Basic Statistics on Investment in Public Utilities and Municipal Construction (2013)

单位：万元 (10000 yuan)

城市	City	本年完成投资合计 Total Investment this year	供水 Water Supply	燃气 Gas Supply	公共交通 Public Traffic	轨道交通 Rail Transit	道路桥梁 Roads & Bridges	排水 Drain	#污水处理 Sewage Disposal
合计	**Total**	**4967011**	**123409**	**148136**	**38296**	**591232**	**2982250**	**144519**	**79060**
南昌市	Nanchang	1724889	59317		17873	591232	826117	50100	
景德镇市	Jingdezhen	126747	1000	98142	1350		19655		
乐平市	Leping	46046			506		20850		
萍乡市	Pingxiang	161130	1643	5100	1810		134127	3650	2850
九江市	Jiujiang	477522	3065	3621	4687		423124	3200	
瑞昌市	Ruichang	109741	10520	1900	96		42381	259	
共青城市	Gongqing	18900					18900		
新余市	Xinyu	316446	1615	2104	2398		184893	4324	871
鹰潭市	Yingtan	74783			171		57732	11800	11800
贵溪市	Guixi	30129	500	4000	25		12670	1100	1100
赣州市	Ganzhou	136602			4506		105977	9740	9305
瑞金市	Ruijin	4862			220		4240	402	
南康市	Nankang	153241	21808	18003	129		79787	23064	19064
吉安市	Ji'an	211726	2439	226			131566	200	200
井冈山市	Jinggangshan	9059	606		233		6220		
宜春市	Yichun	544417	544	4666	1084		396491	24670	24670
丰城市	Fengcheng	59475	2400	630			43813	2110	
樟树市	Zhangshu	23758	4260				18998		
高安市	Gaoan	89171	1163	1103			77845		
抚州市	Fuzhou	485559	10700	2700	1427		248914	9900	9200
上饶市	Shangrao	154567	1369	3141	1400		125150		
德兴市	Dexing	8242	460	2800	382		2800		

10-3 续表 continued

单位：万元 (10000 yuan)

城市	City	园林绿化 Parks, Gardens and Green Areas	市容环境卫生 Environmental Sanitation	#垃圾处理 Garbage Disposal	其他 Others	本年新增固定资产 Newly Increased Fixed Assets
合计	**Total**	**604607**	**47565**	**3601**	**286997**	**2357957**
南昌市	Nanchang	142932	37318			95144
景德镇市	Jingdezhen				6600	18505
乐平市	Leping	23000			1690	1500
萍乡市	Pingxiang	14300	500	500		70905
九江市	Jiujiang	30147	3521		6157	421030
瑞昌市	Ruichang	2874	211	211	51500	99125
共青城	Gongqing					18900
新余市	Xinyu	31349	397		89366	192466
鹰潭市	Yingtan	2300			2780	
贵溪市	Guixi	6858	716		4260	26104
赣州市	Ganzhou	7368	315	45	8696	132096
瑞金市	Ruijin					
南康市	Nankang	9956	494	494		153112
吉安市	Ji'an	64097	128	51	13070	209784
井冈山市	Jinggangshan	2000				9103
宜春市	Yichun	107921	241		8800	166458
丰城市	Fengcheng	8308	485		1729	55155
樟树市	Zhangshu				500	15638
高安市	Gaoan	7416	223		1421	86560
抚州市	Fuzhou	120290	3000	2300	88628	478132
上饶市	Shangrao	23491	16			95893
德兴市	Dexing				1800	12347

10-4 市政设施水平（2013年）
Basic Statistics on Municipal Infrastructure in Cities (2013)

城　　市	City	人口密度（人/平方公里）Population Density (person/sq.km)	人均日生活用水量(升) Per Capita Daily Consumption of Tap Water for Residential Use (liter)	用水普及率(%) Rate of Population with Access to Tap Water (%)	燃气普及率(%) Rate of Population with Access to Gas (%)	人均城市道路面积(平方米) Per Capita Area of Roads (sq.m)	排水管道密度(公里/平方公里) Density of drainpipe (km/sq.km)
合　　计	**Total**	**4542**	**173.98**	**97.73**	**95.10**	**15.26**	**9.18**
南 昌 市	Nanchang	7449	266.80	98.85	94.78	10.37	7.93
景德镇市	Jingdezhen	2492	166.73	99.80	98.34	16.33	9.01
乐 平 市	Leping	3442	95.53	98.58	92.74	12.47	9.60
萍 乡 市	Pingxiang	5155	116.98	100.00	100.00	15.41	9.66
九 江 市	Jiujiang	6237	138.28	100.00	99.39	22.92	10.98
瑞 昌 市	Ruichang	7688	151.33	100.00	94.49	23.61	10.39
共 青 城	Gongqing	3914	138.67	76.09	71.17	17.26	6.01
新 余 市	Xinyu	1997	180.10	100.00	99.41	23.58	10.87
鹰 潭 市	Yingtan	3449	132.03	96.73	94.20	13.81	5.24
贵 溪 市	Guixi	1462	138.70	97.26	91.95	15.74	6.40
赣 州 市	Ganzhou	8045	143.71	99.78	97.67	10.97	7.43
瑞 金 市	Ruijin	3026	68.49	91.80	65.82	9.02	5.54
南 康 市	Nankang	4998	136.21	99.40	96.96	15.07	10.61
吉 安 市	Ji'an	1763	143.30	93.15	97.22	17.76	10.11
井冈山市	Jinggangshan	4719	193.02	83.33	46.43	25.40	8.07
宜 春 市	Yichun	6290	151.95	95.18	95.07	13.98	8.53
丰 城 市	Fengcheng	5565	160.15	91.04	96.53	19.22	7.13
樟 树 市	Zhangshu	5494	85.37	87.23	93.56	16.19	9.51
高 安 市	Gaoan	4404	137.39	99.83	95.20	15.32	10.58
抚 州 市	Fuzhou	6247	160.96	99.08	99.62	19.89	12.90
上 饶 市	Shangrao	6967	144.58	99.72	95.41	21.78	15.08
德 兴 市	Dexing	3076	148.03	99.07	95.20	16.35	9.35

10-4 续表 continued

城　　市	City	污水处理率(%) Treatment Rate of Polluted Water (%)	#污水处理厂集中处理率 Intensive Treatment Rate of Polluted Water by Sewage Factories	人均公园绿地面积(平方米) Per Capita Park Green Land (sq.m)	建成区绿化覆盖率(%) Rate of Afforestation Covered Area to Developed Area (%)	建成区绿地率(%) Rate of Green Area to Developed Area (%)	生活垃圾处理率(%) Treatment Rate of Garbage Disposal (%)	#生活垃圾无害化处理率 Treatment Rate of Consumption Wastes
合　　计	**Total**	**83.10**	**81.85**	**14.12**	**45.09**	**42.06**	**100.00**	**93.28**
南 昌 市	Nanchang	90.97	90.97	12.04	42.41	40.09	100.00	100.00
景德镇市	Jingdezhen	71.34	71.34	14.92	51.54	49.39	100.00	100.00
乐 平 市	Leping	78.42	78.42	17.71	48.31	45.89	100.00	100.00
萍 乡 市	Pingxiang	82.99	82.99	10.73	40.75	38.99	100.00	100.00
九 江 市	Jiujiang	99.43	97.63	17.23	51.88	49.53	100.00	100.00
瑞 昌 市	Ruichang	95.63	95.63	12.47	42.37	38.06	100.00	16.09
共 青 城	Gongqing	94.38	94.38	25.18	43.71	43.64	100.00	27.78
新 余 市	Xinyu	100.00	96.80	18.18	52.06	50.65	100.00	100.00
鹰 潭 市	Yingtan	93.78	93.78	14.27	40.45	36.30	100.00	100.00
贵 溪 市	Guixi	41.86	41.86	11.93	39.55	35.58	100.00	100.00
赣 州 市	Ganzhou	46.37	33.08	12.23	38.65	35.21	100.00	100.00
瑞 金 市	Ruijin	58.39	58.39	13.95	38.73	29.95	100.00	100.00
南 康 市	Nankang	55.85	55.85	13.21	41.86	39.63	100.00	100.00
吉 安 市	Ji'an	90.87	90.87	16.97	45.75	41.16	100.00	100.00
井冈山市	Jinggangshan	90.05	90.05	48.81	49.78	47.08	100.00	100.00
宜 春 市	Yichun	93.15	93.15	14.99	43.09	40.80	100.00	100.00
丰 城 市	Fengcheng	72.54	72.54	12.31	47.92	43.59	100.00	100.00
樟 树 市	Zhangshu	69.64	69.64	12.37	44.46	39.88	100.00	
高 安 市	Gaoan	10.63	10.63	13.89	43.52	40.51	100.00	
抚 州 市	Fuzhou	91.12	91.12	16.64	48.35	44.39	100.00	100.00
上 饶 市	Shangrao	90.32	90.32	14.31	47.94	42.55	100.00	100.00
德 兴 市	Dexing	75.10	75.10	18.11	49.53	45.62	100.00	100.00

10-5 城市人工煤气生产、供应和使用情况（2013年）

Basic Statistics on Produce,Supply and Use of Gaswork Gas in Cities (2013)

城　市	City	生产能力（万立方米/日） Productive Capacity (10000 cu.m/day)	储气能力（万立方米） Capacity of Gas Storage (10000 cu.m)	供气管道长度(公里) Length of Gas Supply Pipelines (km)	自制气量（万立方米） Volume of Home-made Gas(10000 cu.m)	供气总量（万立方米） Volume of Gas Supply (10000 cu.m)
合　计	**Total**	**117.30**	**38.00**	**1179.60**	**14393.00**	**36048.68**
景德镇市	Jingdezhen	50.30	20.00	474.41		14895.07
萍 乡 市	Pingxiang	55.00	7.00	448.00	12178.00	19983.00
新 余 市	Xinyu	12.00	11.00	257.19	2215.00	1170.61

10-5 续表 continued

城　市	City	销售气量 Volume of Gas Sale	#居民家庭 for Households	燃气损失量 Volume of Gas Loss	用气户数（户） Households with Access to Gas (household)	#家庭用户 Residential Households	用气人口（万人） Population with Access to Gas(10000 persons)
合　计	**Total**	**35329.07**	**4086.37**	**719.61**	**103664**	**102959**	**32.16**
景德镇市	Jingdezhen	14895.07	942.37		44179	43705	12.30
萍 乡 市	Pingxiang	19778.00	2488.00	205.00	38548	38317	13.16
新 余 市	Xinyu	656.00	656.00	514.61	20937	20937	6.70

10-6 城市天然气供应和使用情况（2013年）

Basic Statistics on Supply and Use of Natural Gas in Cities (2013)

城市	City	储气能力（万立方米）Capacity of Gas Storage (10000 cu.m)	供气管道长度(公里) Length of Gas Supply Pipelines (km)	供气总量（万立方米）Volume of Gas Supply (10000 cu.m)	
					销售气量 Volume of Gas Sale
合计	**Total**	**407.38**	**7114.50**	**56126.59**	**53844.98**
南昌市	Nanchang	71.80	2206.17	16004.39	15044.43
景德镇市	Jingdezhen	30.00	347.29	12841.54	12698.91
萍乡市	Pingxiang	40.00	172.70	4800.00	4800.00
九江市	Jiujiang	24.00	809.93	6627.60	6627.60
瑞昌市	Ruichang	3.00	83.70	73.00	72.00
新余市	Xinyu	11.00	522.91	3029.06	2387.78
鹰潭市	Yingtan	8.00	86.66	168.51	165.32
贵溪市	Guixi	5.20	72.51	282.42	279.22
赣州市	Ganzhou	52.50	670.82	3318.84	3218.84
瑞金市	Ruijin	7.00	61.21	179.41	179.30
南康市	Nankang	12.06	62.90	54.74	54.71
吉安市	Ji'an	37.00	542.67	1282.00	1250.00
宜春市	Yichun	28.00	531.45	3746.00	3444.00
丰城市	Fengcheng	9.87	214.09	540.60	536.80
樟树市	Zhangshu	16.75	95.63	246.01	243.56
抚州市	Fuzhou	48.00	281.70	2167.37	2149.74
上饶市	Shangrao	2.70	337.16	765.10	692.77
德兴市	Dexing	0.50	15.00		

10-6 续表 continued

城市	City		燃气损失量 Volume of Gas Loss	用气户数（户）Households with Access to Gas (household)		用气人口（万人）Population with Access to Gas(10000 persons)
		#居民家庭 for Households			#家庭用户 Residential Households	
合计	**Total**	**16208.42**	**2281.61**	**1406475**	**1098735**	**429.84**
南昌市	Nanchang	4768.91	959.96	468256	466405	159.21
景德镇市	Jingdezhen	115.71	142.63	9994	9563	15.54
萍乡市	Pingxiang	2920.00		322377	32293	19.12
九江市	Jiujiang	1161.00		84937	84562	25.00
瑞昌市	Ruichang	18.00	1.00	1010	989	0.50
新余市	Xinyu	1406.87	641.28	125496	122993	37.47
鹰潭市	Yingtan	31.59	3.19	5694	5138	1.97
贵溪市	Guixi	36.85	3.20	4730	4725	1.40
赣州市	Ganzhou	2501.84	100.00	109383	108877	54.60
瑞金市	Ruijin	95.10	0.11	6486	6439	2.71
南康市	Nankang	42.75	0.03	2145	2109	0.95
吉安市	Ji'an	905.98	32.00	69400	69046	24.89
宜春市	Yichun	762.00	302.00	63313	62995	23.61
丰城市	Fengcheng	530.00	3.80	38236	38225	20.28
樟树市	Zhangshu	169.60	2.45	18685	18643	7.62
抚州市	Fuzhou	302.36	17.63	28267	28113	21.80
上饶市	Shangrao	439.86	72.33	48066	37620	13.17
德兴市	Dexing					

10–7 城市液化石油气供应和使用情况（2013年）

Basic Statistics on Supply and Use of Liquefied Petroleum Gas in Cities (2013)

城市	City	储气能力(吨) Capacity of Gas Storage (ton)	供气管道长度(公里) Length of Gas Supply Pipelines (km)	供气总量(吨) Volume of Gas Supply (ton)	销售气量 Volume of Gas Sale
合　计	**Total**	**19511.10**	**159.98**	**223399.45**	**219506.70**
南昌市	Nanchang	1101.00	68.62	43215.00	43215.00
景德镇市	Jingdezhen	920.00		23305.00	23300.00
乐平市	Leping	334.00		1757.10	1755.00
萍乡市	Pingxiang	1200.00		13817.00	13777.00
九江市	Jiujiang	4530.00		15150.50	15100.00
瑞昌市	Ruichang	560.00		5796.00	5787.00
共青城市	Gongqing	35.00		984.85	980.00
新余市	Xinyu	1430.00		1614.00	1596.00
鹰潭市	Yingtan	382.00	48.63	7005.00	6997.70
贵溪市	Guixi	100.00		4000.00	3938.00
赣州市	Ganzhou	1500.00		8580.00	8480.00
瑞金市	Ruijin	230.00	1.80	5926.00	5886.00
南康市	Nankang	787.00		8472.00	8472.00
吉安市	Ji'an	2460.00		4605.00	4605.00
井冈山市	Jinggangshan	87.00		367.00	367.00
宜春市	Yichun	338.00		20403.00	18890.00
丰城市	Fengcheng	850.00		6000.00	6000.00
樟树市	Zhangshu	100.10		2455.00	2455.00
高安市	Gaoan	1200.00	40.93	4604.00	4600.00
抚州市	Fuzhou	637.00		23356.00	23356.00
上饶市	Shangrao	370.00		18367.00	16330.00
德兴市	Dexing	360.00		3620.00	3620.00

10–7 续表 continued

城市	City	#居民家庭 for Households	燃气损失量 Volume of Gas Loss	用气户数(户) Households with Access to Gas (household)	#家庭用户 Residential Households	用气人口(万人) Population with Access to Gas(10000 persons)
合　计	**Total**	**178590.00**	**3892.75**	**1205572**	**1111791**	**450.86**
南昌市	Nanchang	41616.00		210823	209120	73.79
景德镇市	Jingdezhen	10300.00	5.00	76500	73900	20.80
乐平市	Leping	1749.00	2.10	15900	15350	15.71
萍乡市	Pingxiang	9233.00	40.00	33667	33595	11.90
九江市	Jiujiang	10700.00	50.50	129500	106720	40.00
瑞昌市	Ruichang	5662.00	9.00	41467	37703	16.47
共青城	Gongqing	950.00	4.85	10876	10001	3.90
新余市	Xinyu	1110.00	18.00	4643	4326	1.50
鹰潭市	Yingtan	4000.00	7.30	42738	34120	18.50
贵溪市	Guixi	3876.00	62.00	28133	26133	10.70
赣州市	Ganzhou	8280.00	100.00	93750	91000	33.50
瑞金市	Ruijin	3701.00	40.00	40100	38100	18.80
南康市	Nankang	8263.00		45618	45483	23.28
吉安市	Ji'an	3610.00		34850	34045	14.30
井冈山市	Jinggangshan	293.00		2687	2153	1.95
宜春市	Yichun	12084.00	1513.00	73342	71285	29.01
丰城市	Fengcheng	6000.00		44500	44500	13.35
樟树市	Zhangshu	1867.00		39542	20512	16.20
高安市	Gaoan	4600.00	4.00	52599	52599	21.80
抚州市	Fuzhou	23356.00		65500	65500	31.29
上饶市	Shangrao	13880.00	2037.00	99857	79886	27.96
德兴市	Dexing	3460.00		18980	15760	6.15

10-8 城市公共交通和出租车情况（2013年）
Basic Statistics on Public Transportation and Taxi in Cities (2013)

城市	City	公共交通 Public Transportation 运营车数（辆）Number of Public Vehicles Under Operation (unit)	标准运营车数（标台）Number of Standard Vehicles Under Operation (standardized)	营运里程（万公里）Operation Mileage (10000 kms)
合计	**Total**	**7733**	**8783**	**60702.1**
南昌市	Nanchang	3484	4260	31564.4
景德镇市	Jingdezhen	395	294	3243.0
乐平市	Leping	118	74	705.0
萍乡市	Pingxiang	392	444	3185.0
九江市	Jiujiang	426	521	2955.7
瑞昌市	Ruichang	65	60	344.5
共青城	Gongqing	10	15	64.6
新余市	Xinyu	430	453	3146.0
鹰潭市	Yingtan	158	161	878.9
贵溪市	Guixi	69	76	468.0
赣州市	Ganzhou	502	607	3192.6
瑞金市	Ruijin	50	41	292.7
南康市	Nankang	100	96	713.0
吉安市	Ji'an	285	305	2588.5
井冈山市	Jinggangshan	23	29	52.8
宜春市	Yichun	354	388	2549.6
丰城市	Fengcheng	117	128	437.2
樟树市	Zhangshu	95	119	537.8
高安市	Gaoan	47	47	313.5
抚州市	Fuzhou	310	351	2137.2
上饶市	Shangrao	260	271	1064.8
德兴市	Dexing	43	43	267.1

10-8 续表 continued

城市	City	运营线路总长度（公里）Network Length (km)	客运总量（万人次）Number of Passengers Carried by Bus (10000 person-times)	出租车 Taxi 运营车数（辆）Number of Taxi under Operation (unit)	客运总量（万人次）Number of Passengers Carried by Taxi (10000 person-times)
合计	**Total**	**11293**	**130511.3**	**12824**	**49773.5**
南昌市	Nanchang	3790	60369.4	5210	18935.1
景德镇市	Jingdezhen	511	8900.0	595	2285.0
乐平市	Leping	140	907.0	110	436.0
萍乡市	Pingxiang	509	7721.0	700	3681.0
九江市	Jiujiang	751	9660.0	1487	6051.4
瑞昌市	Ruichang	210	549.0	210	875.0
共青城	Gongqing	84	86.0	60	237.0
新余市	Xinyu	1098	6167.5	531	3344.0
鹰潭市	Yingtan	362	2660.2	271	1076.0
贵溪市	Guixi	108	639.0	138	967.1
赣州市	Ganzhou	1165	6181.8	874	3473.8
瑞金市	Ruijin	79	338.1	100	216.0
南康市	Nankang	190	950.0	24	51.8
吉安市	Ji'an	590	4739.0	393	1799.8
井冈山市	Jinggangshan	64	90.0	27	32.2
宜春市	Yichun	423	5460.0	504	1765.6
丰城市	Fengcheng	259	1380.0	210	748.0
樟树市	Zhangshu	301	637.0	180	258.5
高安市	Gaoan	45	982.0	180	377.4
抚州市	Fuzhou	285	6674.4	409	1708.8
上饶市	Shangrao	239	4490.0	511	1235.0
德兴市	Dexing	90	930.0	100	219.0

10-9 城市道路和桥梁情况（2013年）

Basic Statistics on Urban Roads and Bridges (2013)

城市	City	道路长度（公里）Length of Roads(km)	道路面积（万平方米）Area of Roads (10000 sq.m)	#人行道 Sidewalk
合计	**Total**	**6864.9**	**14651.7**	**3207**
南昌市	Nanchang	1107.4	2548.7	594
景德镇市	Jingdezhen	401.9	807.6	107
乐平市	Leping	181.8	211.3	56
萍乡市	Pingxiang	250.0	680.7	172
九江市	Jiujiang	844.1	1499.2	278
瑞昌市	Ruichang	302.6	424.1	82
共青城市	Gongqing	62.3	94.6	29
新余市	Xinyu	441.1	1083.3	350
鹰潭市	Yingtan	127.0	300.0	80
贵溪市	Guixi	111.9	207.2	46
赣州市	Ganzhou	339.1	989.7	130
瑞金市	Ruijin	163.2	294.8	52
南康市	Nankang	208.7	376.6	141
吉安市	Ji'an	333.0	716.0	177
井冈山市	Jinggangshan	41.9	106.7	40
宜春市	Yichun	356.2	773.8	125
丰城市	Fengcheng	289.5	669.7	129
樟树市	Zhangshu	187.7	412.3	123
高安市	Gaoan	211.0	350.9	102
抚州市	Fuzhou	435.7	1060.2	266
上饶市	Shangrao	404.1	938.9	115
德兴市	Dexing	64.8	105.6	14

10-9 续表 continued

城市	City	道路照明灯盏数（盏）Number of Street Lights (units)	安装路灯的道路长度（公里）Length of Roads with Lights (km)	桥梁数（座）Number of Bridges(unit)	立交桥 Crossroads
合计	**Total**	**574140**	**4375.2**	**607**	**51**
南昌市	Nanchang	97248	493.3	152	16
景德镇市	Jingdezhen	56760	338.0	28	
乐平市	Leping	6988	103.0	3	1
萍乡市	Pingxiang	38000	146.0	29	
九江市	Jiujiang	32634	401.0	78	14
瑞昌市	Ruichang	9058	92.0	42	
共青城	Gongqing	3697	32.0	2	1
新余市	Xinyu	66256	234.0	30	7
鹰潭市	Yingtan	11884	115.0	24	
贵溪市	Guixi	9452	111.0	10	5
赣州市	Ganzhou	20129	203.0	27	1
瑞金市	Ruijin	4520	67.0	11	
南康市	Nankang	7802	204.0	21	
吉安市	Ji'an	28578	330.0	14	
井冈山市	Jinggangshan	12050	35.0	18	
宜春市	Yichun	26639	230.9	19	1
丰城市	Fengcheng	23500	210.1	10	2
樟树市	Zhangshu	6234	103.0	25	
高安市	Gaoan	10909	150.0	14	
抚州市	Fuzhou	55840	427.0	25	3
上饶市	Shangrao	35731	298.0	15	
德兴市	Dexing	10231	52.0	10	

10-10 城市排水和污水处理情况（2013年）
Basic Statistics on Urban Drainage and Sewage Disposal (2013)

城市	City	污水排放量（万立方米）Discharged Volume of Sewage (10000 cu.m)	排水管道长度（公里）Length of Drainpipes (km)	#污水管道 Sewage Pipes	污水处理厂 Sewage Treatment Plant 座数（座）Units (unit)	#二、三级 Second or Third Grade	日处理能力（万立方米）Daily Disposal Capacity (10000 cu.m)	#二、三级 Second or Third Grade
合 计	**Total**	**78247**	**10573**	**4528**	**33**	**33**	**212.4**	**212.4**
南昌市	Nanchang	29803	1980	1308	5	5	95.0	95.0
景德镇市	Jingdezhen	3891	709	424	1	1	8.0	8.0
乐平市	Leping	950	187	76	1	1	2.0	2.0
萍乡市	Pingxiang	3516	488	157	2	2	9.0	9.0
九江市	Jiujiang	5998	1101	387	2	2	16.0	16.0
瑞昌市	Ruichang	915	193	19	1	1	2.5	2.5
共青城市	Gongqing	320	84	16	1	1	1.0	1.0
新余市	Xinyu	4622	782	252	2	2	16.0	16.0
鹰潭市	Yingtan	1752	173	59	1	1	5.0	5.0
贵溪市	Guixi	872	184	63	1	1	2.0	2.0
赣州市	Ganzhou	5420	706	277	1	1	6.0	6.0
瑞金市	Ruijin	983	138	47	1	1	2.0	2.0
南康市	Nankang	1393	314	29	1	1	2.0	2.0
吉安市	Ji'an	2738	506	336	2	2	9.0	9.0
井冈山市	Jinggangshan	221	72	56	2	2	1.1	1.1
宜春市	Yichun	2934	555	247	1	1	8.0	8.0
丰城市	Fengcheng	1657	329	163	2	2	5.0	5.0
樟树市	Zhangshu	896	247	51	1	1	2.0	2.0
高安市	Gaoan	2286	278	76	1	1	2.0	2.0
抚州市	Fuzhou	3515	729	171	2	2	9.8	9.8
上饶市	Shangrao	3079	719	278	1	1	8.0	8.0
德兴市	Dexing	486	100	37	1	1	1.0	1.0

10-10 续表 continued

城市	City	处理量（万立方米）Treated Volume (10000 cu.m)	#二、三级 Second or Third Grade	其他污水处理装置 Other Disposal Equipment 日处理能力（万立方米）Daily Disposal Capacity (10000 cu.m)	处理量（万立方米）Treated Volume (10000 cu.m)	污水处理总量（万立方米）Treated Volume of Sewage (10000 cu.m)	污水处理厂干污泥产生量（吨）Output of Dewatered Sludge (ton)	污水处理厂干污泥处置量（吨）Treated Volume of Dewatered Sludge (ton)
合 计	**Total**	**64048**	**64048**	**18.0**	**976**	**65024**	**78708**	**78708**
南昌市	Nanchang	27111	27111			27111	36952	36952
景德镇市	Jingdezhen	2776	2776			2776	2776	2776
乐平市	Leping	745	745			745	750	750
萍乡市	Pingxiang	2918	2918			2918	3133	3133
九江市	Jiujiang	5856	5856	12.0	108	5964	5900	5900
瑞昌市	Ruichang	875	875			875	1060	1060
共青城	Gongqing	302	302			302	338	338
新余市	Xinyu	4474	4474	4.0	148	4622	5250	5250
鹰潭市	Yingtan	1643	1643			1643	20	20
贵溪市	Guixi	365	365			365	550	550
赣州市	Ganzhou	1793	1793	2.0	720	2513	2395	2395
瑞金市	Ruijin	574	574			574	1002	1002
南康市	Nankang	778	778			778	1020	1020
吉安市	Ji'an	2488	2488			2488	3850	3850
井冈山市	Jinggangshan	199	199			199	356	356
宜春市	Yichun	2733	2733			2733	2795	2795
丰城市	Fengcheng	1202	1202			1202	2224	2224
樟树市	Zhangshu	624	624			624	1087	1087
高安市	Gaoan	243	243			243	438	438
抚州市	Fuzhou	3203	3203			3203	3210	3210
上饶市	Shangrao	2781	2781			2781	3226	3226
德兴市	Dexing	365	365			365	376	376

10-11 城市园林绿化情况（2013年）

Basic Statistics on Urban Parks, Gardens and Green Areas (2013)

单位：公顷 (hectare)

城市	City	绿化覆盖面积 Coverage Area of Afforestation	#建成区 Developed Area	园林绿地面积 Area of Green Areas	#建成区 Developed Area
合计	**Total**	**53185**	**51921**	**49239**	**48433**
南昌市	Nanchang	10584	10582	10010	10003
景德镇市	Jingdezhen	4055	4055	3886	3886
乐平市	Leping	998	941	985	894
萍乡市	Pingxiang	2059	2058	1970	1969
九江市	Jiujiang	5200	5200	4964	4964
瑞昌市	Ruichang	832	788	729	708
共青城市	Gongqing	635	612	630	611
新余市	Xinyu	3779	3748	3678	3647
鹰潭市	Yingtan	1335	1335	1198	1198
贵溪市	Guixi	1220	1137	1184	1023
赣州市	Ganzhou	4001	3672	3545	3345
瑞金市	Ruijin	962	962	744	744
南康市	Nankang	1241	1239	1183	1173
吉安市	Ji'an	2843	2289	2234	2059
井冈山市	Jinggangshan	448	443	420	419
宜春市	Yichun	2801	2801	2652	2652
丰城市	Fengcheng	2214	2214	2014	2014
樟树市	Zhangshu	1265	1156	1090	1037
高安市	Gaoan	1163	1142	1098	1063
抚州市	Fuzhou	2733	2731	2508	2507
上饶市	Shangrao	2286	2286	2029	2029
德兴市	Dexing	531	531	489	489

10-11 续表 continued

单位：公顷 (hectare)

城市	City	公园绿地面积 Area of Park Green Areas	公园个数（个） Number of Parks(unit)	公园面积 Area of Parks
合计	**Total**	**13553**	**297**	**8378**
南昌市	Nanchang	2959	26	752
景德镇市	Jingdezhen	738	12	481
乐平市	Leping	300	9	178
萍乡市	Pingxiang	474	15	351
九江市	Jiujiang	1127	16	632
瑞昌市	Ruichang	224	5	82
共青城	Gongqing	138	3	96
新余市	Xinyu	835	28	822
鹰潭市	Yingtan	310	14	250
贵溪市	Guixi	157	11	129
赣州市	Ganzhou	1103	23	823
瑞金市	Ruijin	456	6	455
南康市	Nankang	330	5	183
吉安市	Ji'an	684	9	532
井冈山市	Jinggangshan	205	5	187
宜春市	Yichun	830	13	418
丰城市	Fengcheng	429	20	317
樟树市	Zhangshu	315	14	131
高安市	Gaoan	318	2	60
抚州市	Fuzhou	887	26	852
上饶市	Shangrao	617	24	585
德兴市	Dexing	117	11	62

10-12 城市市容环境卫生情况（2013年）
Basic Statistics on Urban Sanitation in Cities (2013)

城市	City	道路清扫保洁面积（万平方米）Area under Cleaning Program (10000 sq.m)	#机械化 Mechanisation	生活垃圾 Residential Garbage			
				清运量（万吨）Collection & Transport Volume (10 000 tons)	#密闭车（箱）Hermetic Vehicles (Compartment)	处理量（万吨）Disposal Volume (10 000 tons)	无害化处理厂(场)数（座）Number of Innocent Treatment Plants (unit)
合　计	**Total**	**11721**	**3234**	**339.03**	**300.34**	**339.03**	**17**
南昌市	Nanchang	2051	803	65.35	65.35	65.35	1
景德镇市	Jingdezhen	330	76	14.59		14.59	1
乐平市	Leping	210		6.85		6.85	1
萍乡市	Pingxiang	550	148	15.41	15.41	15.41	1
九江市	Jiujiang	1191	257	21.24	21.24	21.24	1
瑞昌市	Ruichang	250	78	5.47	5.47	5.47	
共青城市	Gongqing	100	35	5.40	4.72	5.40	
新余市	Xinyu	993	265	16.00	16.00	16.00	1
鹰潭市	Yingtan	167	67	6.58	4.93	6.58	1
贵溪市	Guixi	188	80	5.80	5.68	5.80	
赣州市	Ganzhou	864	274	39.18	39.18	39.18	1
瑞金市	Ruijin	457	100	10.30	9.87	10.30	1
南康市	Nankang	310	26	7.73	7.73	7.73	1
吉安市	Ji'an	348	294	16.24	16.24	16.24	1
井冈山市	Jinggangshan	108	28	1.26	1.26	1.26	1
宜春市	Yichun	774	310	16.16	16.16	16.16	1
丰城市	Fengcheng	486	3	12.05		12.05	1
樟树市	Zhangshu	168	23	7.60	7.60	7.60	
高安市	Gaoan	185	39	6.69	6.21	6.69	
抚州市	Fuzhou	1010	125	19.16	19.16	19.16	1
上饶市	Shangrao	849	178	34.49	34.49	34.49	1
德兴市	Dexing	132	25	5.48	3.64	5.48	1

10-12 续表 continued

城市	City	日无害化处理能力（吨）Daily Innocent Treatment Capacity (ton)	无害化处理量（万吨）Volume of Wastes Disposed (10000 tons)	粪便 Excrement and Urine		公共厕所（座）Number of Public Lavatories (unit)	市容环卫专用车辆设备总数（辆）Number of Special Vehicles for Environmental Sanitation (unit)
				清运量（万吨）Collection & Transport Volume (10000 tons)	处理量（万吨）Disposal Volume (10000 tons)		
合　计	**Total**	**9085**	**316.25**	**12.86**	**6.26**	**1905**	**1157**
南昌市	Nanchang	2099	65.35	0.45	0.45	221	204
景德镇市	Jingdezhen	360	14.59			199	30
乐平市	Leping	255	6.85			83	14
萍乡市	Pingxiang	503	15.41	1.59	1.59	146	80
九江市	Jiujiang	800	21.24	0.56		244	139
瑞昌市	Ruichang		0.88	5.00		36	15
共青城	Gongqing		1.50			5	17
新余市	Xinyu	635	16.00			91	89
鹰潭市	Yingtan	400	6.58			22	25
贵溪市	Guixi		5.80	0.07		20	24
赣州市	Ganzhou	983	39.18	3.58	3.58	91	127
瑞金市	Ruijin	150	10.30	0.61		20	25
南康市	Nankang	210	7.73			49	28
吉安市	Ji'an	445	16.24			121	33
井冈山市	Jinggangshan	35	1.26			4	20
宜春市	Yichun	350	16.16	0.56	0.56	104	70
丰城市	Fengcheng	260	12.05	0.08	0.08	45	32
樟树市	Zhangshu			0.10		58	32
高安市	Gaoan			0.26		20	39
抚州市	Fuzhou	650	19.16			192	57
上饶市	Shangrao	800	34.49			105	40
德兴市	Dexing	150	5.48			29	17

主要统计指标解释

供水综合生产能力 指按供水设施取水、净化、送水、出厂输水干管等环节设计能力计算的综合生产能力。包括在原设计能力的基础上，经挖、革、改增加的生产能力。计算时，以四个环节中最薄弱的环节为主确定能力。

年末供水管道长度 指从送水泵至用户水表之间所有管道的长度。不包括新安装尚未使用、水厂内以及用户建筑物内的管道。

全年供水总量 指报告期供水企业(单位)供出的全部水量。包括有效供水量和漏损水量。

生活用水量 包括公共服务用水和居民家庭用水。公共服务用水指为城市社会公共生活服务的用水。包括行政事业单位、部队营区和公共设施服务、社会服务业、批发零售贸易业、旅馆饮食业以及其他公共服务业等单位的用水。居民家庭用水指城市范围内所有居民家庭的日常生活用水。包括城市居民、农民家庭、公共供水站用水。

用水普及率 指城市用水人口数与城市人口总数的比率。计算公式:

$$用水普及率=\frac{城市用水人口数}{城市人口总数}\times100\%$$

人工煤气生产能力 指报告期末人工煤气生产厂制气、净化、输送等环节的综合生产能力，不包括备用设备能力。一般按设计能力计算，如果实际生产能力大于设计能力时，应按实际测定的生产能力计算。测定时应以制气、净化、输送三个环节中最薄弱的环节为主。

供气管道长度 指报告期末从气源厂压缩机的出口或门站出口至各类用户引入管之间的全部已经通气投入使用的管道长度。不包括煤气生产厂、输配站、液化气储存站、灌瓶站、储配站、气化站、混气站、供应站等厂(站)内的管道。

全年供气总量 指全年燃气企业(单位)向用户供应的燃气数量。包括销售量和损失量。

燃气普及率 指报告期末使用燃气的城市人口数与城市人口总数的比率。计算公式为:

$$燃气普及率=\frac{城市用气人口数}{城市人口总数}\times100\%$$

年末道路长度 指年末道路长度和与道路相通的桥梁、隧道的长度，按车行道中心线计算。在统计时只统计路面宽度在3.5米(含3.5米)以上的各种铺装道路，包括开放型工业区和住宅区道路在内。

城市桥梁 指为跨越天然或人工障碍物而修建的构筑物。包括跨河桥、立交桥、人行天桥以及人行地下通道等。按使用年限分为永久性桥和半永久性桥。

城市排水管道长度 指所有排水总管、干管、支管、检查井及连接井进出口等长度之和。

城市污水日处理能力 指污水处理厂(或污水处理装置)每昼夜处理污水量的设计能力。

年末运营车数 指年末城市用于公共交通运营业务的全部车辆数。新购、新制和调入的运营车辆，自投入之日起开始计算；调出、报废和调作他用的运营车辆，自上级主管机关批准之日起不再计入。

城市绿地面积 指报告期末用作园林和绿化的各种绿地面积。包括公园绿地、生产绿地、防护绿地、附属绿地和其他绿地的面积。

公园绿地 城市中向公众开放的以游憩为主要功能，有一定的游憩设施和服务设施，同时兼有健全生态、美化景观，防灾减灾等综合作用的绿化用地。包括综合公园，社区公园、专类公园、带状公园和街旁绿地。其中综合公园、专类公园和带状公园面积之和为公园面积。

清扫保洁面积 指报告期末对城市道路和公共场所（主要包括城市行车道、人行道、车行隧道、人行过街地下通道、道路附属绿地、地铁站、高架路、人行过街天桥、立交桥、广场、停车场及其他设施等）进行清扫保洁的面积。一天清扫多次的，按清扫保洁面积最大的一次计算。

市容环卫专用车辆 指用于环境卫生作业、监察的专用车辆和设备，包括用于道路清扫、冲洗、洒水、除雪、垃圾粪便清运、市容监察以及与其配套使用的车辆和设备。

每万人拥有公共交通车辆 指报告期末城区内每万人平均拥有的公共交通车辆标台数。计算公式:

$$每万人拥有公共交通车辆=\frac{公共交通运营车标台数}{城市人口总数}$$

生活垃圾清运量 指报告期内收集和运送到垃圾处理厂(场)的生活垃圾数量。生活垃圾指城市日常生活或为城市日常生活提供服务的活动中产生的固体废物以及法律行政规定的视为城市生活垃圾的固体废物。包括：居民生活垃圾、商业垃圾、集市贸易市场垃圾、街道清扫垃圾、公共场所垃圾和机关、学校、厂矿等单位的生活垃圾。

Explanatory Notes on Main Statistical Indicators

Production Capacity of Water Supply refers to the designed overall production capacity of water facilities, covering the four segments of water collection, purification, conveyance, and outflow through trunk pipelines. Increased capacity through transformation and innovation projects is included as well. The capacity is determined mainly on the weakest of the

above-mentioned four segments.

Length of Water Supply Pipelines at the Year-end refers to the total length of all the pipelines between the water pumps and the user water meters, excluding pipelines newly installed but not used yet, pipeline in the water factory,and pipeline in the user's buildings.

Annual Volume of Water Supply refers to the total volume of water supplied by water-works (units) during the reference period, including both the effective water supply and loss during the water supply.

Consumption of Water for Residential Use refers to water consumption of households for daily life and water consumption of public service facilities. The latter refers to water consumption for urban public services, including the consumption of government agencies and public institutions, military barracks, public facilities, wholesale and retail outlets, restaurants, hotels, and other units providing public services. Household water consumption refers to consumption of water for daily life of all households within the boundary of cities, including households of urban residents and farmers, and public water supply stations.

Coverage Rate of Urban Population with Access to Tap Water refers to the ratio of the urban population with access to tap water to the total urban population. The formula is:

$$\text{Coverage of urban population with access to tap water} = \frac{\text{Urban population with access to tap water}}{\text{Urban population}} \times 100\%$$

Production Capacity of Gaswork Gas refers to the overall production capacity of the urban gasworks in gas generation, purification and delivery at the end of the reference period, excluding capacity of the reserved facilities. In general, it is determined by the designed capacity, and when actual production capacity is larger than the designed capacity, the capacity is determined by the actual measurement on the weakest segment in the production, purification and delivery.

Length of Gas Pipelines refers to the total length of pipelines in use between the outlet of the compressor of gas-work or outlet of gas stations and the leading pipe of users, excluding pipelines within gasworks, delivery stations, LPG storage stations, refilling stations, gas-mixing stations and supply stations.

Volume of Gas Supply refers to the total volume of gas provided to users by gas-producing enterprises (units) in a year, including the volume sold and the volume lost.

Coverage Rate of Urban Population with Access to Gas refers to the ratio of the urban population with access to gas to the total urban population at the end of the reference period. The formula is:

$$\text{Coverage rate of urban population with access to gas} = \frac{\text{Urban population with access to gas}}{\text{Urban population}} \times 100\%$$

Length of Paved Roads at Year-end refers to the length of roads with paved surface including bridges and tunnels connected with roads by the end of the year. Length of the roads is measured by the central lines for vehicles for paved roads with a width of 3.5 meters and over, including roads in open-ended factory compounds and residential quarters.

Urban Bridges refer to bridges built to cross over natural or man-made barriers, including bridges over rivers, overpasses for traffic and for pedestrians, underpasses for pedestrians, etc. Both permanent and semi-permanent bridges are included.

Length of Urban Sewage Pipes refers to the total length of general drainage, trunks, branch and inspection wells, connection wells, inlets and outlets, etc.

Daily Disposal Capacity of Urban Sewage refers to the designed 24-hour capacity of sewage disposal by the sewage treatment works or facilities.

Number of Vehicles under Operation at Year-end refers to the total number of vehicles under operation by public transport enterprises (units) at the end of the year, based on the records of operational vehicles by the enterprises (units).

Area of Urban Green Areas refers to the total area occupied for green projects at the end of the reference period, including park green land, production green land, protection green land, green land attached to institutions, and other green areas.

Park Green Area refers to green areas open to the public for amusement and rest with the facilities of amusement, rest and services. Its function includes perfecting ecology, beautifying landscape, and preventing and reducing disaster. Park green areas include comprehensive park, community park, topic park, belt-shaped park and green area nearby street. Total areas of comprehensive park, topic park and belt-shaped is the area of park.

Area Cleaned refers to the area which are regularly cleaned, as at the end of the reference period, at urban roads and public places (mainly including urban roadways, pedestrian walkways, vehicular tunnels, pedestrian underpasses, underground railway stations, lifted roads, pedestrians walk bridges, overpasses, plazas, carparks and other facilities). If there are several times of cleaning in a day at a location, the area of that time of cleaning with the largest area cleaned will be taken.

Vehicles Dedicated to Urban Cleanliness and Environmental Sanitation refer to vehicles and facilities dedicated for use in the operation, management and monitoring of environmental hygiene work. They include vehicles for road cleaning, washing, showering, ice removal, disposal of garbage and human wastes, cleanliness monitoring and related activities.

Public Transportation Vehicles per 10000 Population refers to the number of public transportation vehicles, at the end of the reference period, per 10000 population in the city district. The formula for calculation is:

$$\text{Public Transportation Vehicles per 10000 Population} = \frac{\text{Number of Public Transportation Vehicles}}{\text{City District Population}}$$

Consumption Wastes Transported refers to volume of consumption wastes collected and transported to disposal factories or sites. Consumption wastes are solid wastes produced from urban households or from service activities for urban households, and solid wastes regarded by laws and regulations as urban consumption wastes, including those from households, commercial activities, markets, cleaning of streets, public sites, offices, schools, factories, mining units and other sources.

11

林业建设和生态环境

PORESTRY CONSTRUCTION AND ECOLOGY

◆209/242

资料整理及英文翻译：张辉、方建洲、陈梦捷

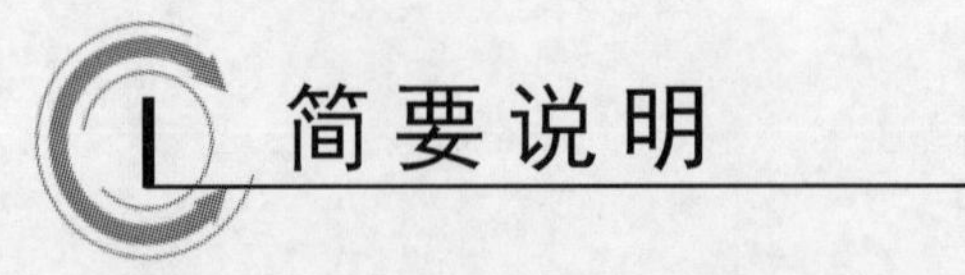

Ⅰ 简要说明

本篇资料由林业建设、环境保护、水资源和气象三个部分组成。

林业建设部分反映全省森林生态建设和林业发展的情况。主要包括森林资源、生态建设、产业发展、固定资产投资、国有林场以及森林主要灾害的情况。资料来源于省林业厅年报数据。由省统计局农业处整理提供。

环境保护统计资料包括工业废水、生活污水排放及治理情况；工业废气排放及处理情况；一般工业固体废物的产生、处理及利用情况；城镇生活污染情况；烟（粉）尘排放情况。资料来源于省环保厅，由省统计局能源处整理提供。

水资源资料主要包括水资源总量、供水量及用水量，资料来源于省水文局；气象资料主要包括各设区市平均气温、降水量、日照等方面的资料，资料来源于省气象局。由省统计局综合处整理提供。

Ⅰ Brief Introduction

This chapter includes three parts: urban construction; environment protection; water resources and meteorological.

Data in this chapter show the basic condition of the construction of forest ecology and forestry development. They include the condition of the forest resources, ecology construction, industrial development, investments in fixed assets, state-owned farms, and forest disaster. Data source from the Forestry department of Jiangxi Province. Data are provided by ….

Data on environment protection include discharge and treatment of industrial and consumption waste water; emission treatment and utilization of general industrial waste gas;urban household pollution; industrial waste air and dust emitted. Data source from Bureau of Environmental Proctection. Data are provided by the Division of Science and Environmental Protection of Jiangxi Statistics Bureau.

Data on water resources include total amount of water resources,supply and ues.Data source from Jiangxi Hydrological Bureau. Data on meteorological include annual average temperature,precipitation and sunshine hours by region.Data source from Jiangxi Meteorological Bureau. Data are provided by the Division of Integrated Statistics of Jiangxii Statistics Bureau.

11-1 森林资源情况

Condition of Forest Resourses

指 标	Item	1949	1964	1977	1983	1988
全省林业用地总面积(千公顷)	**Total Forest Land Area (1000 hectares)**			**10578.31**	**10456.00**	**10496.20**
有林地面积	Soil Surface of Forest	6736.00	6226.00	5462.25	5532.00	5992.40
用材林	Timber Forest		4715.55	3748.89	3413.00	3555.70
防护林	Protection Forest		346.68	51.07	120.00	191.90
薪炭林	Fire Forest			223.34	385.00	577.20
特种用材林	Forest for Special Purpose				19.00	32.00
经济林	Economic Forest		767.98	982.70	1085.00	1101.60
#油茶林	Camellia Oleifera			906.12	945.00	972.00
竹 林	Bamboo Forest		395.79	456.25	510.00	534.00
稀疏林	Sparse Forest		1474.00	676.39	1566.00	1421.30
灌木林	Shrubbery		327.00	690.75	272.00	107.20
未成林造林地	Immature Forest Land			350.97	232.00	426.90
荒山宜林地	Barren			3109.20	2854.00	2342.20
其他	Others			288.75		206.20
活立木总蓄积量(万立方米)	**Total Standing Forest Stock (10000 cu.m)**	**51926.80**	**40010.80**	**30084.90**	**25375.70**	**24219.19**
杉木林	Fir Forest			5176.96	5662.30	6376.39
马尾松	Redpine			7907.72	5639.60	3997.69
阔叶树及其它	Broadleafe Tree and Others			17000.23	14073.80	13845.11
毛竹林蓄积量(万株)	**Mao Bamboo Reserves (10000 units)**		**55225.02**	**69189.27**	**88025.40**	**95737.00**
森林覆盖率(%)	**Forest Coverage Rate (%)**	**40.30**	**37.30**	**37.22**	**34.73**	**36.88**

注：本表数据为林业普查年份数据。
a)The data in the table were the figures of general survey of forest.

11-1 续表 continued

指 标	Item	1991	1996	1999	2004	2010
全省林业用地总面积(千公顷)	**Total Forest Land Area (1000 hectares)**	**10483.40**	**10453.20**	**10628.75**	**10626.47**	**10720.22**
有林地面积	Soil Surface of Forest	6727.70	8897.80	9506.55	9413.00	9278.57
用材林	Timber Forest	4148.80	5902.10	3813.91	3800.88	5858.17
防护林	Protection Forest	255.80	352.00	3439.84	3521.63	3193.41
薪炭林	Fuel Forest	610.70	608.00	186.20	67.35	75.78
特种用材林	Forest for Special Purpose	30.40	44.80	362.22	449.96	547.81
经济林	Economic Forest	1130.40	1363.50	961.55	749.29	814.88
#油茶林	Camellia Oleifera	986.40	1011.50	742.50	696.76	699.19
竹 林	Bamboo Forest	551.60	627.30	742.82	823.88	986.45
稀疏林	Sparse Forest	1165.50	441.70	168.39	138.70	111.59
灌木林	Shrubbery	105.60	217.60	397.05	490.47	122.57
未成林造林地	Immature Forest Land	562.20	211.20	143.77	317.01	230.11
荒山宜林地	Barren	1811.40	531.30	121.64	127.75	60.64
其他	Others	111.00	153.60	291.35	139.54	90.53
活立木总蓄积量(万立方米)	**Total Standing Forest Stock (10000 cu.m)**	**24590.10**	**27695.69**	**28992.72**	**35357.23**	**44530.55**
杉木林	Fir Forest	7013.65	8168.95	10262.04	12464.90	14528.74
马尾松	Redpine	3933.33	5131.51	8895.39	11115.11	11653.61
阔叶树及其它	Broadleafe Tree and Others	13643.12	14395.23	9835.29	11777.23	18348.20
毛竹林蓄积量(万株)	**Mao Bamboo Reserves (10000 units)**	**105065.00**	**108556.00**	**136984.00**	**150209.02**	**190860.33**
森林覆盖率(%)	**Forest Coverage Rate (%)**	**40.93**	**55.24**	**59.70**	**60.05**	**63.10**

11-2 造林面积和营林情况

单位：千公顷

年 份 地 区 Year Region	造林总面积 Total Afforested Area	#公有经济造林 Public Ownership	#人工造林 Manual Planting	按林种用途分 用材林 Timber Forests	经济林 By-Product Forest	防护林 Protection Forest
1978	241.73	195.95	241.73	115.76	95.24	0.45
1980	225.85	177.09	225.85	136.51	80.56	2.95
1985	409.05	314.53	409.05	247.87	32.87	14.42
1990	276.19	259.07	276.19	185.70	12.57	11.07
1991	506.00	358.47	389.10	331.00	20.60	68.60
1992	435.00	367.20	372.30	277.07	50.73	81.40
1993	243.27	190.60	215.40	159.13	44.07	27.80
1994	251.93	232.82	229.90	145.03	55.16	37.89
1995	250.09	221.57	227.10	143.98	54.76	37.30
1996	191.43	172.02	171.00	89.98	58.43	29.73
1997	81.00	73.78	68.60	46.92	25.11	7.18
1998	53.07	46.58	47.10	23.70	21.81	7.05
1999	36.72	33.07	30.80	12.57	12.09	11.48
2000	35.23	30.58	28.20	13.45	10.32	11.29
2001	37.15	25.17	28.30	10.32	6.40	20.11
2002	162.28	77.95	162.28	20.50	19.63	121.64
2003	219.75	84.53	219.75	21.30	24.46	172.98
2004	58.10	15.49	58.10	19.58	3.62	33.85
2005	47.59	16.60	47.59	20.74	3.91	22.14
2006	63.60	20.77	63.60	36.35	4.39	22.38
2007	157.42	31.52	147.58	95.25	20.30	41.16
2008	267.03	71.24	234.60	147.43	32.91	84.85
2009	228.63	63.47	209.02	120.39	23.28	82.53
2010	200.78	47.86	170.86	103.88	32.51	59.73
2011	164.52	38.70	141.69	71.03	33.42	56.94
2012	138.65	40.46	127.03	66.68	32.38	37.85
2013	153.39	29.95	141.04	86.67	37.87	28.21
南 昌 市 Nanchang	2.92	1.76	2.92	1.60	0.46	0.75
景德镇市 Jingdezhen	2.11	0.73	1.65	1.10	0.22	0.80
萍 乡 市 Pingxiang	7.59	1.06	6.44	3.46	2.47	1.67
九 江 市 Jiujiang	18.04	3.24	17.01	9.56	4.35	4.00
新 余 市 Xinyu	5.51	2.80	4.84	3.42	1.12	0.79
鹰 潭 市 Yingtan	3.67	1.01	3.33	1.94	0.78	0.95
赣 州 市 Ganzhou	35.78	2.79	33.04	19.20	11.17	5.22
吉 安 市 Ji'an	27.51	8.78	24.57	19.19	3.88	4.43
宜 春 市 Yichun	18.57	3.84	17.77	8.91	6.03	3.61
抚 州 市 Fuzhou	13.58	2.47	11.95	10.06	1.92	1.60
上 饶 市 Shangrao	18.03	1.41	17.46	8.24	5.47	4.32

注：1.2002以前年末实有封山育林面积含封山护林面积。
2.全省数据含省直单位数据。

Condition of Afforested Area and Silviculture

(1000 hectares)

By Function of Forest		年末实有封山育林面积 Area Fenced off for Afforestation	更新造林面积 Area of Slash Reforestation	低产低效林改造面积 Reconstructed Area of Forest of Poor Output	零星(四旁)植树(万株) Scattered Tree-planting (10000 units)
薪炭林 Firewood	特种用途林 Special Using				
	30.28		18.08		3595.88
	5.83	552.20	17.94	41.28	3564.75
106.06	7.83	2224.00	30.47	38.60	5164.97
64.61	2.24	2412.47	31.85	28.13	5724.62
85.47	0.33	2923.00	33.40	48.73	7248.00
23.67	2.13	3363.87	34.53	60.27	6594.90
12.20	0.10	3052.53	31.87	117.33	6986.90
13.27	0.58	2888.47	35.24	183.00	7356.00
13.17	0.88	2649.81	29.82	187.03	6662.00
12.41	0.88	2394.93	33.42	168.41	7088.00
1.56	0.23	2492.51	39.80	246.03	9929.00
0.46	0.05	2309.50	32.85	257.93	7770.00
0.57	0.01	2739.50	25.00	220.11	8201.00
0.10	0.08	1463.06	22.60	247.06	7739.00
0.24	0.08	1881.40	17.10	180.16	6738.00
0.17	0.34	1402.12	11.70	62.77	6255.00
0.55	0.45	430.07	1.11	5.90	6746.00
0.99	0.06	627.21	1.40	43.13	7422.00
0.33	0.47	610.10	7.20	26.50	5226.00
0.25	0.23	605.56	8.50	11.43	9020.60
0.55	0.17	718.20	17.82	6.90	18172.60
0.31	1.55	409.83	28.25	55.91	1383.00
1.72	0.72	459.60	24.35	44.53	15378.67
2.12	2.54	621.19	39.01	37.48	12032.94
1.62	1.52	919.26	26.75	66.20	14820.16
0.55	1.19	1045.28	18.14	30.76	18414.31
0.14	0.49	1130.73	9.66	46.93	66181.99
	0.11	18.74	0.02	0.05	798.56
		2.75	0.67		47.60
		15.13		2.99	395.00
	0.13	443.97	1.32	2.02	1301.15
	0.18	5.23	0.62	0.65	105.80
		3.66		2.87	168.00
0.14	0.05	42.97	2.23	2.43	1045.87
		88.60	3.46	22.00	501.80
	0.02	232.94	0.70	1.45	1211.50
		259.63	0.53	3.19	348.30
		15.11	0.11	9.29	694.62

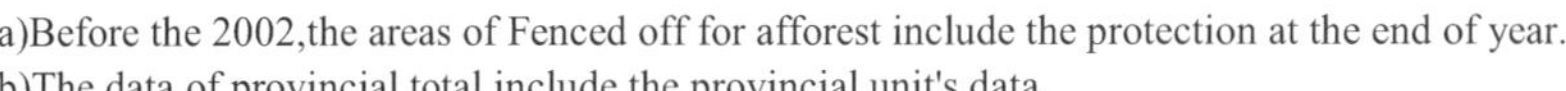
a)Before the 2002,the areas of Fenced off for afforest include the protection at the end of year.
b)The data of provincial total include the provincial unit's data.

11-3 林业重点工程建设情况

Condition of Forestry Engineering Construction of Key

单位：千公顷 (1000 hectares)

指　　标	Item	2005	2010	2012	2013
本年完成造林面积	**Total Afforested Area in Current Year**	**42.57**	**65.11**	**32.19**	**32.57**
退耕还林工程	Grain for Green Program	34.78	37.85	18.77	20.67
人工造林	Manual Planting Afforestation	33.33	19.39	10.11	10.67
无林地和疏林地新封	Non-forest and Scattered Land	1.45	18.46	8.66	10.00
长江流域防护林工程	Shelterbelt Forestry Project of the Yangtze Basin	7.34	13.88	11.42	9.34
人工造林	Grain for Green Program	5.34	7.96	10.89	9.34
无林地和疏林地新封	Non-forest and Scattered Land	2.00	5.92	0.53	
珠江流域防护林工程	Shelterbelt Forestry Project of the Pearl River Basin	0.45	3.38	2.00	2.56
人工造林	Grain for Green Program	0.45	2.48	2.00	2.56
无林地和疏林地新封	Non-forest and Scattered Land		0.90		

11-4 各地区林业重点工程建设情况(2013年)

Condition of Forestry Engineering Construction of Key by Region(2013)

单位：千公顷 (1000 hectares)

地　区	Region	本年完成造林面积 Total Afforested Area in Current Year	退耕还林工　程 Grain for Green Program	长江流域防护林工程 Shelterbelt Forestry Project of the Yangtze Basin	珠江流域防护林工程 Shelterbelt Forestry Project of the Pearl River Basin
全　省	**Provincial Total**	**32.56**	**20.67**	**9.34**	**2.56**
南 昌 市	Nanchang				
景德镇市	Jingdezhen	0.80	0.60	0.20	
萍 乡 市	Pingxiang	2.60	1.93	0.67	
九 江 市	Jiujiang	2.60	1.53	1.07	
新 余 市	Xinyu	1.30	0.97	0.33	
鹰 潭 市	Yingtan	1.07	1.00	0.07	
赣 州 市	Ganzhou	7.69	4.00	1.13	2.56
吉 安 市	Ji'an	6.90	5.17	1.73	
宜 春 市	Yichun	2.67	1.33	1.33	
抚 州 市	Fuzhou	4.63	3.03	1.60	
上 饶 市	Shangrao	2.23	1.10	1.13	

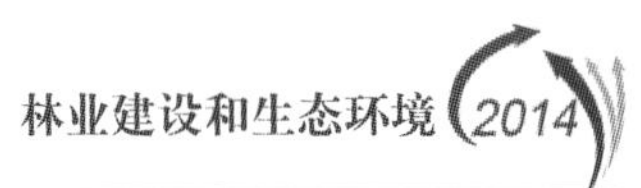

11-5 自然保护区和森林公园基本情况
Basic Condition of Natural Reserve and Forest Park

指　　标	Item	2005	2010	2012	2013
自然保护区	**Natural Reserve**				
数　量(个)	Quantity (unit)	142	195	220	240
国家级	National	5	8	11	13
省　级	Provincial	21	28	30	28
县　级	County-level	116	159	179	199
面　积(公顷)	Area(hectare)	992539	1151641	1194282	1218074
国家级	National	85019	144434	184027	220247
省　级	Provincial	297327	337192	325530	278971
县　级	County-level	610193	670015	684725	718856
湿地公园	**Wetland Park**				
数　量(个)	Quantity(unit)		33	54	65
面　积(公顷)	Area(hectare)		105300	124852	139014
森林公园	**Forest Park**				
数　量(个)	Quantity (unit)	79	155	161	170
国家级	National	33	43	44	45
省　级	Provincial	42	100	103	111
县　级	County-level	4	12	14	14
面　积(公顷)	Area (hectare)	394652	496573	500756	505949
国家级	National	305253	357220	363731	366667
省　级	Provincial	85578	111699	109169	111425
县　级	County-level	3820	27654	27856	27857

11-6 各地区森林资源情况(2013年)

Condition of Forest Resources by Region(2013)

地区	Region	林业用地面积(千公顷) Area of Afforested Land (1000 hectare)	活立木总蓄积(万立方米) Total Standing Forest Stock (10000 cu.m)	毛竹林蓄积量(万株) Mao Bamboo Reserves (10000 units)	森林覆盖率(%) Forest Coverage Rate (%)
全省	**Provincial Total**	**10720.22**	**44530.55**	**190860.33**	**63.10**
南昌市	Nanchang	138.85	522.06	1065.33	21.96
景德镇市	Jingdezhen	352.39	1788.92	2324.18	65.05
萍乡市	Pingxiang	249.35	840.97	7132.71	66.02
九江市	Jiujiang	1061.94	4454.62	9317.65	54.92
新余市	Xinyu	183.67	670.44	3756.50	56.49
鹰潭市	Yingtan	201.92	785.54	5800.99	57.38
赣州市	Ganzhou	3039.12	11921.65	34720.72	76.24
吉安市	Ji'an	1756.01	8238.44	27982.58	67.61
宜春市	Yichun	1067.80	5132.36	41542.45	56.97
抚州市	Fuzhou	1297.26	4972.93	35691.01	64.54
上饶市	Shangrao	1371.91	5202.62	21526.21	61.67

11-7 各地区自然保护基本情况(2013年)

Basic Condition of Natural Reserve by Region(2013)

地区	Region	自然保护区个数(个) Quantity of Natural Reserve (unit)	#国家级 National	自然保护区面积(千公顷) Area of Natural Reserve (1000 hectares)	#国家级 National	自然保护区占辖区面积比重(%) Percentage to Natural Reserve Area (%)
全省	**Provincial Total**	**240**	**13**	**1218.07**	**220.25**	**7.3**
南昌市	Nanchang	11	1	124.49	33.30	16.82
景德镇市	Jingdezhen	7		49.47		9.43
萍乡市	Pingxiang	4		16.42		4.29
九江市	Jiujiang	43	3	215.34	55.02	11.44
新余市	Xinyu	3		2.73		0.86
鹰潭市	Yingtan	4	1	15.24	10.95	4.29
赣州市	Ganzhou	54	3	276.04	46.62	7.01
吉安市	Ji'an	35	1	108.65	21.45	4.3
宜春市	Yichun	27	2	74.47	23.03	3.99
抚州市	Fuzhou	26	1	149.80	13.87	7.96
上饶市	Shangrao	26	1	185.42	16.01	8.14

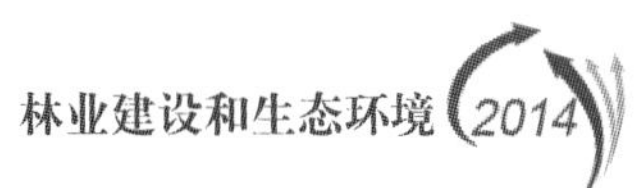

11-8 国家级森林公园(2013年)

National Forest Park (2013)

公园名称	Name	所在地	Location	面积(公顷) Area (hectare)	建立时间	Foundation Time
三爪仑国家示范森林公园	Sanzhualun National Forest Park	靖安县	Jing'an	12133	1993.03	Mar.1993
庐山山南国家森林公园	South Lushan Moutain National Forest Park	星子县	Xingzi	3347	1993.05	May.1993
梅岭国家森林公园	Meiling National Forest Park	湾里区	Wanli	11173	1993.05	May.1993
三百山国家森林公园	Sanbaishan National Forest Park	安远县	Anyuan	3330	1993.05	May.1993
马祖山国家森林公园	Muzhushan National Forest Park	庐山区	Lushan	667	1993.05	May.1993
鄱阳湖口国家森林公园	Poyanghukou National Forest Park	湖口县	Hukou	1280	1993.05	May.1993
灵岩洞国家森林公园	Lingyan cave National Forest Park	婺源县	Wuyuan	3000	1993.05	May.1993
明月山国家森林公园	Mingyue Moutain National Forest Park	宜春市	Yichun	7842	1994.12	Dec.1994
翠微峰国家森林公园	Cuiwei Moutain National Forest Park	宁都县	Ningdu	7867	1999.01	Jan.1999
天柱峰国家森林公园	Tianzhu Moutain National Forest Park	铜鼓县	Tonggu	20757	2000.02	Feb.2000
泰和国家森林公园	Taihe National Forest Park	泰和县	Taihe	3000	2000.12	Dec.2000
鹅湖山国家森林公园	Erhu Moutain National Forest Park	铅山县	Yanshan	7950	2000.12	Dec.2000
龟峰国家森林公园	Guifeng National Forest Park	弋阳县	Yiyang	7400	2000.12	Dec.2000
上清国家森林公园	Shangqing National Forest Park	鹰潭市	Yingtan	11800	2000.12	Dec.2000
梅关国家森林公园	Meiguan National Forest Park	大余县	Dayu	5300	2001.11	Nov.2001
永丰国家森林公园	Yongfeng National Forest Park	永丰县	Yongfeng	7600	2001.11	Nov.2001
阁皂山国家森林公园	Gezao Moutain National Forest Park	樟树市	Zhangshu	6860	2001.11	Nov.2001
三叠泉国家森林公园	Sandiequan National Forest Park	庐山区	Lushan	1651	2001.11	Nov.2001
武功山国家森林公园	Wugong Moutain National Forest Park	安福县	Anfu	24190	2002.12	Dec.2002
铜钹山国家森林公园	Tongbo Moutain National Forest Park	广丰县	Guangfeng	19500	2002.12	Dec.2002
阳岭国家森林公园	Yangling National Forest Park	崇义县	Congyi	6890	2003.12	Dec.2003
天花井国家森林公园	Tianhuajing National Forest Park	九江市	Jiujiang	685	2003.12	Dec.2003
五指峰国家森林公园	Wuzhi Moutain National Forest Park	上犹县	Shangyou	24533	2003.12	Dec.2003
柘林湖国家森林公园	Talin Lake National Forest Park	永修县	Yongxiu	16450	2004.12	Dec.2004
陡水湖国家森林公园	Doushui Lake National Forest Park	上犹县	Shangyou	22667	2004.12	Dec.2004
万安国家森林公园	Wan'an National Forest Park	万安县	Wan'an	16333	2004.12	Dec.2004
三湾国家森林公园	Sanwan National Forest Park	永新县	Yongxin	15513	2004.12	Dec.2004
安源国家森林公园	Anyuan National Forest Park	安源区	Anyuan	7866	2004.12	Dec.2004
九连山国家森林公园	Jiulianshan National Forest Park	龙南县	Longnan	20063	2005.12	Dec.2005
岩泉国家森林公园	Yanquan National Forest Park	黎川县	Lichuan	4885	2005.12	Dec.2005
云碧峰国家森林公园	Yunbi Moutain National Forest Park	上饶市	Shangrao	873	2005.12	Dec.2005
景德镇国家森林公园	Jingdezhen National Forest Park	景德镇市	Jingdezhen	3796	2005.12	Dec.2005
瑶里国家森林公园	Yaoli National Forest Park	浮梁县	Fuliang	4471	2005.12	Dec.2005
清凉山国家森林公园	Qingliang Moutain National Forest Park	资溪县	Zixi	3398	2006.12	Dec.2006
峰山国家级森林公园	Fengshan National Forest Park	赣州市	Ganzhou	20735	2006.12	Dec.2006
九岭山国家级森林公园	Jiulingshan National Forest Park	武宁县	Wu'ning	1266	2006.12	Dec.2006
岑山国家级森林公园	Censhan National Forest Park	横峰县	Hengfeng	955	2008.01	Jan.2008
五府山国家级森林公园	Wufu Moutain National Forest Park	上饶县	Shangrao	1715	2008.01	Jan.2008
军峰山国家级森林公园	Junfeng Moutain National Forest Park	南丰县	Nanfeng	1217	2008.01	Jan.2008
碧湖潭国家森林公园	Bihutan National Forest Park	湘东区	Xiangdong	6839	2008.12	Dec.2008
怀玉山国家森林公园	Huaiyu Moutain National Forest Park	玉山县	Yushan	3354	2008.12	Dec.2008
仰天岗国家森林公园	Yangtiangang National Forest Park	新余市	Xinyu	2010	2009.08	Aug.2009
圣水堂国家森林公园	Shengshuitang National Forest Park	安义县	Anyi	4060	2009.12	Dec.2009
鄱阳莲花山国家森林公园	Boyang Lotus Mountain National Forest Park	鄱阳县	Boyang	6510	2012.01	Jan.2012
彭泽国家森林公园	Pengze National Forest Park	彭泽县	Pengze	2505	2013.01	Jan.2013

11-9 国家级、省级自然保护区(2013年)

名称	Name	级别	Level	类型	Type
鄱阳湖自然保护区	Poyang Lake Natural Reserve	国家级	National	湿地生态	Wetland Ecology
井冈山自然保护区	Jinggangshan Natural Reserve	国家级	National	森林生态	Forest Ecology
桃红岭梅花鹿自然保护区	Taohong Range Sike Natural Reserve	国家级	National	野生动物	Wild Animal
武夷山自然保护区	Wuyi Mountain Natural Reserve	国家级	National	森林生态	Forest Ecology
九连山自然保护区	Jiulian Mountain Nature Reserve	国家级	National	森林生态	Forest Ecology
官山自然保护区	Guanshan Nature Reserve	国家级	National	野生动物	Wild Animal
鄱阳湖南矶湿地自然保护区	Poyang Lake Southern Rockies Wetland Nature Reserve	国家级	National	湿地生态	Wetland Ecology
马头山自然保护区	Matou Tiger Nature Reserve	国家级	National	野生植物	Wild Plant
九岭山自然保护区	Jiuling Mountain Nature Reserve	国家级	National	森林生态	Forest Ecology
齐云山自然保护区	Qishan Mountain Nature Reserve	国家级	Provincial	森林生态	Forest Ecology
阳际峰自然保护区	Yangji Mountain Nature Reserve	国家级	Provincial	森林生态	Forest Ecology
庐山自然保护区	Lushan Mountain Nature Reserve	国家级	Provincial	森林生态	Forest Ecology
赣江源自然保护区	Ganjiang River Source Nature Reserve	省 级	Provincial	森林生态	Forest Ecology
云居山自然保护区	Yunju Mountain Nature Reserve	省 级	Provincial	森林生态	Forest Ecology
青岚湖自然保护区	Qinglan Lake Nature Reserve	省 级	Provincial	湿地生态	Wetland Ecology
阳岭自然保护区	Yang Range Nature Reserve	省 级	Provincial	森林生态	Forest Ecology
水浆自然保护区	Water Slurry Nature Reserve	省 级	Provincial	森林生态	Forest Ecology
鸳鸯湖自然保护区	Yuanyang Lake Nature Reserve	省 级	Provincial	野生动物	Wild Animal
瑶里自然保护区	Yaoli Nature Reserve	省 级	Provincial	森林生态	Forest Ecology
三十把自然保护区	Sanshiba Nature Reserve	省 级	Provincial	森林生态	Forest Ecology
华南虎自然保护区	South China Tiger Nature Reserve	省 级	Provincial	野生动物	Wild Animal
岩泉自然保护区	Yanquan Nature Reserve	省 级	Provincial	野生植物	Wild Plant
都昌候鸟自然保护区	Duchang Migratory Birds Nature Reserve	省 级	Provincial	湿地生态	Wetland Ecology

National and Provincial Natural Reserves (2013)

主要保护对象	Main Protection	地点	Location	面积 Area (公顷) (hectare)	建立时间 Foundation Time
越冬候鸟及湿地生态	Rare birds Wintering and Wetland Ecology	新建、永修、星子	Xinjian, Yongxiu, Xingzi	22400	1988
中亚热带常绿阔叶林及珍稀动植物	Subtropical Evergreen Broad-leaved Forest, Rare Plants and Animals	井冈山	Jinggang-shan	21449	2000
野生梅花鹿南方亚种	Sika South Asian Species	彭泽	Pengze	12500	2001
中亚热带常绿阔叶林及珍稀动植物	Subtropical Evergreen Broad-leaved Forest, Rare Plants and Animals	铅山	Yanshan	16007	2002
中亚热带常绿阔叶林及珍稀动植物	Subtropical Evergreen Broad-leaved Forest, Rare Plants and Animals	龙南	Longnan	13412	2003
白颈长尾雉	Syrmaticus ellioti	宜丰、铜鼓	Yifeng, Tonggu	11501	2007
湿地生态及候鸟	Wetland Ecology and Migrant Birds	新建	Xinjian	33300	2008
珍稀植物	Rare Plants	资溪	Zixi	13867	2008
中亚热带常绿阔叶林及珍稀动植物	Subtropical Evergreen Broad-leaved Forest, Rare Plants	靖安	Jing'an	11541	2010
中亚热带常绿阔叶林及珍稀动植物	Subtropical Evergreen Broad-leaved Forest, Rare Plants and Animals	崇义	Congyi	17105	2012
中亚热带常绿阔叶林及珍稀动植物	Subtropical Evergreen Broad-leaved Forest, Rare Plants and Animals	贵溪	Guixi	10946	2012
森林生态系统、珍稀野生动植物和冰川迹地	Forest Ecosystem, Rare Plants and Animals, Glacial Sites	庐山区	Lushan	30459	2013
赣江源头森林生态	Forest Ecology of Ganjiang River Source	石城、瑞金	Shicheng,	16101	2013
中亚热带常绿阔叶林及珍稀动植物	Subtropical Evergreen Broad-leaved Forest, Rare Plants and Animals	永修	Yongxiu	2480	1997
越冬候鸟及湿地生态	Rare birds Wintering and Wetland Ecology and Animals	进贤	Jinxian	1000	1997
中亚热带常绿阔叶林及珍稀动植物	Subtropical Evergreen Broad-leaved Forest, Rare Plants and Animals	崇义	Congyi	1880	1997
中亚热带常绿阔叶林及珍稀动植物	Subtropical Evergreen Broad-leaved Forest, Rare Plants and Animals	永丰	Yongfeng	2000	1997
鸳鸯及湿地生态	Mandarin Duck and Wetland Ecology	婺源	Wuyuan	917	1997
中亚热带常绿阔叶林及珍稀动植物	Subtropical Evergreen Broad-leaved Forest, Rare Plants and Animals	浮梁	Fuliang	3627	2001
中亚热带常绿阔叶林及珍稀动植物	Subtropical Evergreen Broad-leaved Forest, Rare Plants and Animals	万载	Wanzai	2100	2001
华南虎栖息地	Rare Animals and Their Habitats	宜黄	Yihuang	58300	2001
珍稀植物	Rare Plants	黎川	Lichun	2460	2001
越冬候鸟及湿地生态	Rare birds Wintering and Wetland Ecology	都昌	Duchang	41100	2004

11-9 续表

名　　称	Name	级别	Level	类型	Type
峤岭自然保护区	Qiao Range Nature Reserve	省　级	Provincial	森林生态	Forest Ecology
羊狮幕自然保护区	Yangshimu Nature Reserve	省　级	Provincial	森林生态	Forest Ecology
老虎脑自然保护区	Laohunao Nature Reserve	省　级	Provincial	野生动物	Wild Animal
修河源五梅山自然保护区	Xiu River Wumei Mountain Nature Reserve	省　级	Provincial	森林生态	Forest Ecology
黄字号黑麂自然保护区	Huangzhihao Muntiacus Crinifrons Nature Reserve	省　级	Provincial	野生动物	Wild Animal
桃江源自然保护区	Taojiangyuan Nature Reserve	省　级	Provincial	森林生态	Forest Ecology
铜钹山自然保护区	Tongbo Mountain Nature Reserve	省　级	Provincial	森林生态	Forest Ecology
南风面自然保护区	Nanfengmian Nature Reserve	省　级	Provincial	森林生态	Forest Ecology
七溪岭自然保护区	Qixi Range Nature Reserve	省　级	Provincial	森林生态	Forest Ecology
高天岩自然保护区	Gaotianyan Nature Reserve	省　级	Provincial	森林生态	Forest Ecology
五指峰自然保护区	Wuzhi Mountain Nature Reserve	省　级	Provincial	森林生态	Forest Ecology
章江源自然保护区	Zhang River Nature Reserve	省　级	Provincial	森林生态	Forest Ecology
抚河源自然保护区	Fu River Nature Reserve	省　级	Provincial	森林生态	Forest Ecology
南方红豆杉自然保护区	South Chinese Yew Nature Reserve	省　级	Provincial	植　物	Plant
伊山自然保护区	Yi Mountain Nature Reserve	省　级	Provincial	森林生态	Forest Ecology
凌云山自然保护区	Lingyun Mountain Nature Reserve	省　级	Provincial	森林生态	Forest Ecology
玉京山自然保护区	Yujing Mountain Nature Reserve	省　级	Provincial	森林生态	Forest Ecology
信江源自然保护区	Headwaters of Xin River Nature Reserve	省　级	Provincial	森林生态	Forest Ecology

continued

主要保护对象	Main Protection	地点	Location	面积 Area (公顷) (hectare)	建立时间 Foundation Time
中亚热带常绿阔叶林及珍稀动植物	Subtropical Evergreen Broad-leaved Forest, Rare Plants and Animals	安义	Anyi	4490	2004
中亚热带常绿阔叶林及珍稀动植物	Subtropical Evergreen Broad-leaved Forest, Rare Plants and Animals	芦溪	Luxi	7006	2004
华南虎栖息地	Rare Animals and Their Habitats	乐安	Le'an	22000	2004
中亚热带常绿阔叶林及珍稀动植物	Subtropical Evergreen Broad-leaved Forest, Rare Plants and Animals	修水	Xiushui	14485	2010
黑麂等野生动物及其栖息地	Muntiacus Crinifrons and Their Habitats	浮梁	Fuliang	17356	2010
中亚热带常绿阔叶林及珍稀动植物	Subtropical Evergreen Broad-leaved Forest, Rare Plants and Animals	全南	Quannan	15427	2010
中亚热带常绿阔叶林及珍稀动植物	Subtropical Evergreen Broad-leaved Forest, Rare Plants and Animals	广丰	Guangfeng	10800	2010
中亚热带常绿阔叶林及珍稀动植物	Subtropical Evergreen Broad-leaved Forest, Rare Plants and Animals	遂川	Suichun	4205	2010
中亚热带常绿阔叶林及珍稀动植物	Subtropical Evergreen Broad-leaved Forest, Rare Plants and Animals	永新	Yongxin	10500	2010
中亚热带常绿阔叶林及珍稀动植物	Subtropical Evergreen Broad-leaved Forest, Rare Plants and Animals	莲花	Lianhua	7267	2010
中亚热带常绿阔叶林及珍稀动植物	Subtropical Evergreen Broad-leaved Forest, Rare Plants and Animals	上犹	Shangyou	3000	2010
中亚热带常绿阔叶林及珍稀动植物	Subtropical Evergreen Broad-leaved Forest, Rare Plants and Animals	崇义	Congyi	10452	2010
中亚热带常绿阔叶林及珍稀动植物	Subtropical Evergreen Broad-leaved Forest, Rare Plants	广昌	Guangchang	8188	2010
南方红豆杉	and Animals	瑞昌	Ruichang	2500	2011
亚热带常绿阔叶林及珍稀动植物	Subtropical Evergreen Broad-leaved Forest, Rare Plants and Animals	武宁	Wuning	11340	2011
亚热带常绿阔叶林及珍稀动植物	Subtropical Evergreen Broad-leaved Forest, Rare Plants and Animals	宁都	Ningdu	11045	2011
亚热带常绿阔叶林及珍稀动植物	Subtropical Evergreen Broad-leaved Forest, Rare Plants and Animals	宜春	Yichun	1199	2011
亚热带常绿阔叶林及珍稀动植物	Subtropical Evergreen Broad-leaved Forest, Rare Plants and Animals	玉山	Yushan	4535	2011

11-10 林业产业分行业产值情况

Gross Output Value Composition of Forestry Industry

单位：万元，% (10000 yuan,%)

年份 Year	林业产业总产值 Gross Output Value of Forestry Industy	第一产业 Primary Industry	第二产业 Secondary Industry	第三产业 Tertiary Industry	林业产业产值构成 Composition of Gross Output Value of Forestry Industry 第一产业 Primary Industry	第二产业 Secondary Industry	第三产业 Tertiary Industry
1978	108783	58723	50060				
1980	154705	96038	58667				
1985	228646	141190	87456				
1990	434156	239624	171426	23106	55.2	39.5	5.3
1991	508578	288951	198135	21492	56.8	39.0	4.2
1992	598287	315804	257455	25028	52.8	43.0	4.2
1993	659138	326678	308840	23620	49.6	46.9	3.6
1994	870888	379679	462656	28553	43.6	53.1	3.3
1995	826746	414590	384248	27908	50.1	46.5	3.4
1996	936747	485916	420539	30292	51.9	44.9	3.2
1997	1154003	544138	578773	31092	47.2	50.2	2.7
1998	1171651	695593	436399	39659	59.4	37.2	3.4
1999	1246367	782388	426359	37620	62.8	34.2	3.0
2000	1282913	790813	445288	46812	61.6	34.7	3.6
2001	1532871	824407	665322	43142	53.8	43.4	2.8
2002	1804839	1042920	714677	47242	57.8	39.6	2.6
2003	2195668	1428024	663979	103665	65.0	30.2	4.7
2004	3071029	1617867	1024077	429085	52.7	33.3	14.0
2005	3837166	1833047	1401960	602159	47.8	36.5	15.7
2006	4832087	2207180	1828333	796574	45.7	37.8	16.5
2007	6103350	2796135	2233699	1073516	45.8	36.6	17.6
2008	7602225	3532148	2677858	1392219	46.5	35.2	18.3
2009	9183321	4097649	3210495	1875177	44.6	35.0	20.4
2010	10529719	4533001	3611699	2385019	43.0	34.3	22.7
2011	13177449	5435418	4823215	2918816	41.2	36.6	22.2
2012	16281972	6891044	5600945	3789983	42.3	34.4	23.3
2013	20250245	7533092	8148615	4568538	37.2	40.2	22.6
南昌市 Nanchang	1848872	298730	1263919	286223	16.2	68.4	15.5
景德镇市 Jingdezhen	488000	237546	91765	158689	48.7	18.8	32.5
萍乡市 Pingxiang	638678	339438	208101	91139	53.1	32.6	14.3
九江市 Jiujiang	2247207	591405	290785	1365017	26.3	12.9	60.7
新余市 Xinyu	756193	402082	208080	146031	53.2	27.5	19.3
鹰潭市 Yingtan	523686	233614	202607	87465	44.6	38.7	16.7
赣州市 Ganzhou	4433078	1829884	2369426	233768	41.3	53.4	5.3
吉安市 Ji'an	2739737	1019379	1045315	675043	37.2	38.2	24.6
宜春市 Yichun	2296146	804094	1209774	282278	35.0	52.7	12.3
抚州市 Fuzhou	2218232	1036778	820543	360911	46.7	37.0	16.3
上饶市 Shangrao	1939778	740142	438300	761336	38.2	22.6	39.2

11-11 林业投资资金来源情况

Condition of Forestry Investment Fund Resource

单位：万元 (10000 yuan)

年 份 地 区 Year Region	合 计 Total	国家预算内资金 State Budgetary Appropriations	#中央财政专项资金 Central Funds Earmarked for Environment Protection	国内贷款 Domestic Loans	利用外资 Foreign Capitals	自筹资金 Enterprise Fundraising	其他资金 Other Funds
1978	2010	700	700				1310
1980	3503	540	540			1489	1474
1985	6973	774	774	471		1321	4407
1990	3532	2444	2444	243		384	461
1991	3524	2095	2095	30		564	835
1992	4957	1874	1874	690		1232	1161
1993	4676	1244	1244	638		1661	1133
1994	21897	1377	1377	7217	3077	5615	4611
1995	14460	1505	1505	4780	90	5789	2296
1996	61125	1234	1234	13195	3472	20635	22589
1997	56083	1344	1344	14959	4013	15702	20065
1998	57874	2064	364	15300	2523	17349	20638
1999	68072	4019	2069	21393	2935	22462	17263
2000	83862	13961	7614	15409	3738	24311	26443
2001	41003	11359	4219	7816	3313	6805	11710
2002	62495	38289	19165	3323	3814	6880	10189
2003	75661	36696	14836	12250	7619	4936	14160
2004	137207	79187	67831	15189	15792	6093	20946
2005	103703	64635	52758	10375	8395	6360	13938
2006	164764	104747	87795	10805	20216	8237	20759
2007	132861	93786	67824	6307	7763	10937	14068
2008	269632	153068	116735	38691	8504	7488	61881
2009	339813	161587	130333	18702	4976	18009	155241
2010	472986	203121	147446	3000	2016	56215	208634
2011	570649	373401	219800	14585	7487	66893	108283
2012	763176	499087	244574	32856	12119	141008	78106
2013	792871	504343	260161	50859	6474	135233	
南 昌 市 Nanchang	25193	15791	11221			9402	
景德镇市 Jingdezhen	30995	18606	9523			10046	2343
萍 乡 市 Pingxiang	16670	16670	9545				
九 江 市 Jiujiang	89027	49230	27708		1710	10066	28021
新 余 市 Xinyu	173692	30259	7390	44460	714	68803	29456
鹰 潭 市 Yingtan	13930	13221	7069			42	667
赣 州 市 Ganzhou	80298	67929	42450			425	11944
吉 安 市 Ji'an	66013	61256	39480		610	3767	380
宜 春 市 Yichun	76090	41348	21726	6350		21056	7336
抚 州 市 Fuzhou	68102	50000	30987		2777	7806	7519
上 饶 市 Shangrao	84991	72163	43609	49	663	3820	8296

11-12 森林病虫害防治情况

Condition of Forest Pets Prevention

年份 地区 Year Region	合计 Total			森林病害 Forest Disease			森林虫害 Forest Pet Plague		
	发生面积(千公顷) Occurrence Area (1000 hectares)	防治面积(千公顷) Prevention Area (1000 hectares)	防治率(%) Prevention Rate (%)	发生面积(千公顷) Occurrence Area (1000 hectares)	防治面积(千公顷) Prevention Area (1000 hectares)	防治率(%) Prevention Rate (%)	发生面积(千公顷) Occurrence Area (1000 hectares)	防治面积(千公顷) Prevention Area (1000 hectares)	防治率(%) Prevention Rate (%)
1984	305.63	153.35	50.2	16.79	8.39	50.0	288.84	144.97	50.2
1985	200.39	88.88	44.4	30.13	4.33	14.4	170.25	84.55	49.7
1990	126.87	68.17	53.7	19.71	6.53	33.1	107.15	61.64	57.5
1991	133.70	77.80	58.2	6.08	3.79	62.4	127.62	74.01	58.0
1992	136.01	91.26	67.1	10.77	6.81	63.2	125.23	79.33	63.3
1993	177.20	110.77	62.5	9.60	7.11	74.0	167.60	103.67	61.9
1994	163.16	104.01	63.7	27.57	14.67	53.2	135.59	89.35	65.9
1995	174.35	110.54	63.4	32.79	21.29	64.9	141.57	89.25	63.0
1996	187.35	119.28	63.7	35.84	16.44	45.9	151.51	101.51	67.0
1997	179.27	113.42	63.3	48.58	21.94	45.2	130.69	91.48	70.0
1998	136.89	88.31	64.5	43.31	25.53	58.9	93.59	62.79	67.1
1999	189.83	120.77	63.6	19.77	11.59	58.6	170.06	109.19	64.2
2000	205.58	129.93	63.2	28.73	15.41	53.7	176.85	114.51	64.8
2001	188.85	143.67	76.1	27.29	15.18	55.6	161.56	128.47	79.5
2002	175.27	114.06	65.1	25.27	13.90	55.0	150.00	100.16	66.8
2003	215.85	135.14	62.6	29.23	18.88	64.6	186.63	116.26	62.3
2004	190.49	122.97	64.6	20.65	12.39	60.0	169.85	111.25	65.5
2005	405.59	265.99	65.6	82.86	47.81	57.7	322.73	218.17	67.6
2006	409.86	178.50	43.6	71.33	27.40	38.4	334.53	151.10	45.2
2007	403.23	245.19	60.8	52.82	23.89	45.2	350.41	221.30	63.2
2008	387.35	239.43	61.8	57.45	44.01	76.6	329.89	195.41	59.2
2009	376.56	252.79	67.1	61.47	37.45	60.9	315.09	215.40	68.4
2010	385.40	268.31	69.6	55.39	33.86	61.1	330.05	234.45	71.0
2011	365.80	248.66	68.0	54.26	26.40	48.7	313.37	222.26	70.9
2012	305.31	255.80	83.8	57.92	44.34	76.6	247.39	211.46	85.5
2013	270.80	178.30	65.8	51.60	36.50	70.1	219.20	141.80	64.7
南昌市 Nanchang	3.30	2.60	78.8	0.04	0.04	100.0	3.20	2.60	81.3
景德镇市 Jingdezhen	19.70	20.00	100.0	2.60	2.80	100.0	17.10	17.20	100.0
萍乡市 Pingxiang	15.30	6.60	43.1	3.60	1.80	50.0	11.70	4.80	40.2
九江市 Jiujiang	28.00	17.10	78.9	3.40	2.50	73.5	24.60	14.60	59.4
新余市 Xinyu	6.70	6.50	97.0	4.70	4.50	95.7	2.10	2.00	95.2
鹰潭市 Yingtan	3.11	2.33	74.9	0.40	0.20	48.0	2.68	2.10	79.3
赣州市 Ganzhou	82.20	58.90	71.7	17.90	10.50	58.7	64.30	48.40	61.4
吉安市 Ji'an	42.90	21.58	50.4	3.10	1.30	44.2	39.80	20.30	53.5
宜春市 Yichun	31.60	20.50	64.9	5.30	4.50	84.8	26.32	16.00	60.8
抚州市 Fuzhou	3.96	3.96	100.0	0.50	0.50	100.0	3.50	3.50	100.0
上饶市 Shangrao	33.99	18.24	53.7	10.10	7.90	78.4	23.92	10.30	43.2

11–13 森林火灾发生情况及森林防火专业队建设情况
Forest Fires and Construction of Prevention of Forest Fire Team

指　标	Item	2005	2010	2012	2013
森林火灾次数(次)	Forest Fires(unit)	355	79	46	85
一般火灾	Ordinary Fires	60	24	12	21
较大火灾	Biggish Fires	295	55	34	64
重大火灾	Major Fires				
特大火灾	Severe Fires				
火场总面积(公顷)	Total Area of Fires(hectare)	9321	1338	1154	2061
受害森林面积(公顷)	Destructed Forest Area(hectare)	4626	729	412	765
#天然林	Natural Forest	529	37	6	72
人工林	Man-made Forest	4098	692	406	695
损失林木	Timber Loss				
成林蓄积(立方米)	Mature Forest Stock(cu.m)	84834	4253	5363	8887
幼林株数(万株)	Sapling Forest(10000 units)	403.00	109.50	50.89	35.47
人员伤亡(人)	Casualties(person)				
轻伤	Minor				
重伤	Severe	1			
死亡	Deaths	6	1		1
直接经济损失(万元)	Economic Loss(10000 yuan)	1275	210	248	679
森林防火扑火队伍建设(个)	Construction of Prevention of Forest Fire Team(unit)				
专业队	Professional	96	109	109	109
半专业	Semi-professional	247	1027	1492	1485
村级扑火应急队	Village-level Fires Emergency Team	5224	9015	9664	9669

11-14 各地区森林火灾情况(2013年)

Forest Fires by Region(2013)

地区	Region	森林火灾次数(次) Forest Fires (case)	#一般火灾 Ordinary Fires	#较大火灾 Biggish Fires	火场总面积(公顷) Total Area of Fires(hectare)
全省	**Provincial Total**	**85**	**21**	**64**	**2061**
南昌市	Nanchang	5		5	138
景德镇市	Jingdezhen	4	1	3	36
萍乡市	Pingxiang	4	2	2	64
九江市	Jiujiang	39	8	31	1091
新余市	Xinyu	2		2	44
鹰潭市	Yingtan	17	5	12	564
赣州市	Ganzhou	5		5	56
吉安市	Ji'an	2	1	1	3
宜春市	Yichun	1		1	8
抚州市	Fuzhou	3	3		45
上饶市	Shangrao	3	1	2	12

11-14 续表 continued

地区	Region	受害森林面积(公顷) Destructed Forest Area(hectare)	天然林 National Forest	人工林 Man-made Forest	直接经济损失(万元) Economic Loss (10000 yuan)
全省	**Provincial Total**	**765.40**	**72.27**	**695.23**	**678.52**
南昌市	Nanchang	88.70		88.70	13.03
景德镇市	Jingdezhen	22.30		22.30	0.48
萍乡市	Pingxiang	62.30	0.50	61.80	179.62
九江市	Jiujiang	389.60	1.90	387.70	90.60
新余市	Xinyu	14.94		14.94	47.00
鹰潭市	Yingtan	92.60	63.60	29.00	70.71
赣州市	Ganzhou	49.14	4.87	44.27	166.26
吉安市	Ji'an	2.52		2.52	3.72
宜春市	Yichun	7.60		7.60	60.00
抚州市	Fuzhou	32.00		34.10	18.30
上饶市	Shangrao	3.70	1.40	2.30	28.80

11-15 各地区国有林场情况(2013年)

Condition of State-owned Farms by Region(2013)

地 区	Region	个 数 Units	活立木蓄积量 (万立方米) Total Standing Forest Stock (10000 cu.m)	经营面积 (千公顷) Operation Area (1000 hectares)	#联营面积 Area of Affiliation	有林地面积 (千公顷) Soil Surface of Forest (1000 hectares)
全 省	**Provincial Total**	**421**	**99222660**	**1714893.69**	**573120.23**	**1482245.09**
南 昌 市	Nanchang	15	822566	14451.13	2826.67	11251.27
景德镇市	Jingdezhen	31	5428176	95636.25	28854.67	77907.29
萍 乡 市	Pingxiang	10	3495444	58682.23	20406.67	47559.00
九 江 市	Jiujiang	17	2632926	66361.33	52934.53	56912.53
新 余 市	Xinyu	8	1315317	18359.67	8730.13	15559.33
鹰 潭 市	Yingtan	9	3209566	36322.67	3382.67	33196.80
赣 州 市	Ganzhou	105	27285426	483565.02	98068.00	426115.75
吉 安 市	Ji'an	49	6215950	120552.37	34559.93	104898.46
宜 春 市	Yichun	34	8328440	222074.83	40606.67	180518.71
抚 州 市	Fuzhou	97	33766016	483114.17	257278.03	432422.78
上 饶 市	Shangrao	45	6669277	114857.02	25472.26	95078.97

11-15 续表 continued

地 区	Region	生态公益林补偿面积(千公顷) Ecological Public Welfare Forest Compensation Area (1000 hectares)	中 央 Center Government	省 级 Provincial	商品木竹采伐量 Commercial Timber and Bamboo Cutting Volume: 木材(立方米) Timber (cu.m)	毛竹(万根) Mao Bamboo (10000 units)
全 省	**Provincial Total**	**766036.67**	**531000.73**	**235035.98**	**1392128**	**1442.93**
南 昌 市	Nanchang	6934.13	4236.67	2697.47	7841	0.83
景德镇市	Jingdezhen	64070.00	45381.67	18688.34	25191	42.31
萍 乡 市	Pingxiang	15760.00	4466.67	11293.34	38825	7.02
九 江 市	Jiujiang	34096.27	13790.00	20306.27	43539	29.45
新 余 市	Xinyu	10480.60	2829.27	7651.33	54738	14.57
鹰 潭 市	Yingtan	26814.67	17794.07	9020.60	59366	91.26
赣 州 市	Ganzhou	231525.47	208605.34	22920.13	188714	234.55
吉 安 市	Ji'an	64048.16	41916.46	22131.70	147879	224.64
宜 春 市	Yichun	95260.40	63933.74	31326.67	30425	575.64
抚 州 市	Fuzhou	162546.27	99894.68	62651.59	608953	120.09
上 饶 市	Shangrao	53587.37	28105.50	25481.87	186457	102.56

11-16 重点调查工业企业“三废”排放及处理利用情况（2013年）

行业	Sector	工业用水量（万吨）Industry Water Use (10000 tons)	#重复用水量（万吨）Re-use (10000 tons)
总计	**Total**	**609637.43**	**518349.26**
煤炭开采和洗选业	Mining and Washing of Coal	2939.95	868.99
黑色金属矿采选业	Mining and Processing of Ferrous Metal Ores	5106.76	3402.99
有色金属矿采选业	Mining and Processing of Non-Ferrous Metal Ores	48907.28	36661.03
非金属矿采选业	Mining and Processing of Nonmetal Ores	2284.00	1154.03
农副食品加工业	Mining of Other Ores	1829.77	171.86
食品制造业	Processing of Food from Agricultural Products	1532.04	437.62
酒、饮料和精制茶制造业	Manufacture of Foods	2520.61	653.58
烟草制品业	Manufacture of Beverages	50.26	7.30
纺织业	Manufacture of Tobacco	2774.35	400.24
纺织服装、服饰业	Manufacture of Textile	75.77	3.21
皮革、毛皮、羽毛及其制品和制鞋业	Manufacture of Textile Wearing Apparel, Footware, and Caps	604.08	77.95
木材加工和木、竹、藤、棕、草制品业	Manufacture of Leather, Fur, Feather and Related Products	945.79	504.60
家具制造业	Processing of Timber, Manufacture of Wood,Bamboo, Rattan,Palm,	2.15	1.50
造纸和纸制品业	Manufacture of Paper and Paper Products	23777.55	8984.46
印刷和记录媒介复制业	Manufacture of Furniture	1768.97	1707.06
文教、工美、体育和娱乐用品制造业	Manufacture of Paper and Paper Products	112.72	1.19
石油加工、炼焦和核燃料加工业	Printing, Reproduction of Recording Media	3392.31	1919.23
化学原料和化学制品制造业	Manufacture of Articles For Culture, Education and Sport Activity	50745.17	41615.61
医药制造业	Processing of Petroleum, Coking, Processing of Nuclear Fuel	10807.50	8038.12
化学纤维制造业	Manufacture of Raw Chemical Materials and Chemical Products	7454.34	3906.40
橡胶和塑料制品业	Manufacture of Rubber and Plastics	438.91	71.13
非金属矿物制品业	Manufacture of Non-metallic Mineral Products	14105.00	10113.50
黑色金属冶炼和压延加工业	Smelting and Pressing of Ferrous Metals	313579.74	303963.09
有色金属冶炼和压延加工业	Smelting and Pressing of Non-ferrous Metals	58859.74	52973.09
金属制品业	Manufacture of Metal Products	2191.87	1665.02
通用设备制造业	Manufacture of General Purpose Machinery	285.98	34.15
专用设备制造业	Manufacture of Special Purpose Machinery	97.75	11.13
汽车制造业	Manufacture of Automobiles	781.87	113.07
铁路、船舶、航空航天和其他运输设备制造业	Manufacture of Railway,Ships,Aerospace and Other Delivery Equipment	663.93	334.98
电气机械和器材制造业	Manufacture of Electrical Machinery and Equipment	3220.72	2685.49
计算机、通信和其他电子设备制造业	Manufacture of Computers, Communication Equipment and Other Electronic Equipment	14975.02	13029.11
仪器仪表制造业	Manufacture of Measuring Instruments	85.75	17.90
其他制造业	Other Manufactures	101.27	28.22
废弃资源综合利用业	Recycling and Disposal of Waste	272.39	147.47
金属制品、机械和设备修理业	Repair Services of Metals and Machinery	24.23	1.34
电力、热力生产和供应业	Production and Distribution of Electric Power and Heat Power	32321.89	22643.57

Discharge and Treatment of Industrial Waste Gas, Waste Water & Solid Wastes of Focused Investigated Industrial Enterprises (2013)

工业废水排放量 (万吨) Industry Waste Water Discharge (10000tons)	废水治理设施数 (套) Number of Facilities for Treatment of Waste Water (set)	废水治理设施处理能力 (万吨/日) Waste Water Treatment Facilities Capacity (10000 tons/day)	化学需氧量排放量 (吨) Chemical Oxygen Demand Emission (ton)	氨氮排放量 (吨) Ammonia Nitrogen Emission (ton)	工业废气排放量 (亿立方米) Total Volume of Industrial Waste Gas Emission (100 billion cu.m)	废气治理设施数 (套) Facilities for Treatment of Waste Gas (set)	#脱硫设施数 (套) Desulfu-rization Facilities (set)
63413.27	**2542**	**1071.81**	**85265**	**8364**	**15573.76**	**5673**	**385**
2247.90	114	10.77	1863	34	5.46	31	11
1047.34	75	23.54	480	1	48.10	11	
10692.20	276	166.68	5950	466	8.88	13	4
249.00	41	3.34	726	54	58.35	7	1
1281.51	113	5.29	6753	537	96.76	174	17
833.50	75	4.36	3202	502	39.91	85	12
1440.30	48	9.14	5247	344	26.73	80	19
27.20	2	0.14	32	1	12.03	21	1
1846.12	61	12.13	3841	214	44.56	106	9
60.90	2	0.08	167	14	2.97	5	
429.77	22	1.29	854	67	2.83	18	1
267.70	27	1.25	2735	16	144.55	162	1
0.02					3.38		
12865.98	143	69.32	15905	437	116.12	176	1
49.48	7	0.51	399	5	3.73	7	
86.05	9	0.28	130	33	2.50	19	
1078.70	13	4.35	2107	208	115.59	21	7
6880.86	329	72.70	11023	1869	383.16	611	65
2627.07	151	10.30	5554	355	70.97	236	29
2636.13	11	10.61	2634	342	268.23	20	5
297.44	18	0.78	407	20	12.82	32	3
2282.57	310	39.82	2802	160	6477.32	2384	34
5976.14	120	560.12	4707	157	3898.45	290	17
4052.49	253	39.81	3386	2239	369.84	480	78
389.51	57	3.48	545	31	69.44	109	13
204.33	25	0.97	318	12	18.02	54	1
62.14	7	0.12	100	9	5.20	11	
577.60	28	1.56	926	69	23.12	37	8
272.52	15	1.03	257	36	5.63	33	4
679.44	45	3.50	602	27	75.84	222	4
1479.88	52	8.12	1224	82	56.57	63	1
63.63	4	0.27	51		0.80	6	3
54.12	14	0.20	84	2	10.61	25	2
92.71	9	0.30	183	23	173.42	18	2
18.26	3	0.16	8		0.15	4	2
262.76	63	5.50	64		2921.73	102	30

11-16 续表

行　业	Sector	废气治理设施处理能力（万立方米/时）Emission Control Facilities Treatment Capacity (10000 cu.m/hour)	#脱硫设施处理能力（千克/时）Desulfurization Facilities Treatment Capacity (kg/hour)
总　计	**Total**	**27464.38**	**809683.17**
煤炭开采和洗选业	Mining and Washing of Coal	5.76	14.42
黑色金属矿采选业	Mining and Processing of Ferrous Metal Ores	0.90	
有色金属矿采选业	Mining and Processing of Non-Ferrous Metal Ores	10.67	16360.20
非金属矿采选业	Mining and Processing of Nonmetal Ores	15.45	100.00
农副食品加工业	Mining of Other Ores	213.45	4172.00
食品制造业	Processing of Food from Agricultural Products	113.96	74755.03
酒、饮料和精制茶制造业	Manufacture of Foods	90.97	28722.50
烟草制品业	Manufacture of Beverages	11.74	9500.00
纺织业	Manufacture of Tobacco	173.57	13715.33
纺织服装、服饰业	Manufacture of Textile	3.37	
皮革、毛皮、羽毛及其制品和制鞋业	Manufacture of Textile Wearing Apparel, Footware, and Caps	14.15	5.00
木材加工和木、竹、藤、棕、草制品业	Manufacture of Leather, Fur, Feather and Related Products	566.63	10.00
家具制造业	Processing of Timber, Manufacture of Wood,Bamboo, Rattan,Palm,		
造纸和纸制品业	Manufacture of Paper and Paper Products	261.28	15.22
印刷和记录媒介复制业	Manufacture of Furniture	5.97	
文教、工美、体育和娱乐用品制造业	Manufacture of Paper and Paper Products	4.68	
石油加工、炼焦和核燃料加工业	Printing, Reproduction of Recording Media	101.34	13928.04
化学原料和化学制品制造业	Manufacture of Articles For Culture, Education and Sport Activity	842.33	191716.85
医药制造业	Processing of Petroleum, Coking, Processing of Nuclear Fuel	286.31	12204.06
化学纤维制造业	Manufacture of Raw Chemical Materials and Chemical Products	206.61	479.00
橡胶和塑料制品业	Manufacture of Rubber and Plastics	43.79	1520.00
非金属矿物制品业	Manufacture of Non-metallic Mineral Products	7715.47	61662.33
黑色金属冶炼和压延加工业	Smelting and Pressing of Ferrous Metals	7243.33	3863.79
有色金属冶炼和压延加工业	Smelting and Pressing of Non-ferrous Metals	933.43	231000.53
金属制品业	Manufacture of Metal Products	217.11	423.01
通用设备制造业	Manufacture of General Purpose Machinery	930.21	2500.00
专用设备制造业	Manufacture of Special Purpose Machinery	24.56	
汽车制造业	Manufacture of Automobiles	147.40	146.00
铁路、船舶、航空航天和其他运输设备制造业	Manufacture of Railway,Ships,Aerospace and Other Delivery Equipment	68.91	49.50
电气机械和器材制造业	Manufacture of Electrical Machinery and Equipment	268.44	15.73
计算机、通信和其他电子设备制造业	Manufacture of Computers, Communication Equipment and Other Electronic Equipment	173.10	1.50
仪器仪表制造业	Manufacture of Measuring Instruments	0.80	4000.00
其他制造业	Other Manufactures	10.72	2700.00
废弃资源综合利用业	Recycling and Disposal of Waste	51.65	20.00
金属制品、机械和设备修理业	Repair Services of Metals and Machinery	1.20	7.00
电力、热力生产和供应业	Production and Distribution of Electric Power and Heat Power	6705.11	136076.15

废气治理设施运行费用(万元) Waste Gas Treatment Facilities Operating Cost (10000 yuan)	二氧化硫排放量(吨) Sulphur Dioxide Emission (ton)	氮氧化物排放量(吨) Nitroger Oxide Emission (ton)	烟(粉)尘排放量(吨) Volume of Dust Emission (ton)	一般工业固体废物产生量(万吨) General Industrial Solid Wastes Produced (10000 tons)	一般工业固体废物综合利用量(万吨) General Industrial Solid Wastes Utilized (10000 tons)	一般工业固体废物处置量(万吨) General Industrial Solid Wastes Treated (10000 tons)	一般工业固体废物贮存量(万吨) General Industrial Solid Wastes in Stocks (10000 tons)	一般工业固体废物倾倒丢弃量(万吨) General Industrial Solid Wastes Discharged (10000 tons)
377429.60	**496165**	**328696**	**303356**	**11115.60**	**6077.08**	**390.75**	**4695.82**	**1.77**
219.50	749	283	208	270.73	246.60	19.99	4.14	
33.50		28	2177	1197.42	1132.16	9.62	60.34	0.70
426.70	485	37	67	6142.37	1366.85	299.29	4480.24	0.01
93.30	257	61	462	342.14	334.47	3.00	4.66	
1017.20	1945	557	11278	16.07	15.50	0.16		0.42
865.40	5953	1061	2894	14.44	14.18	2.13		
857.20	2581	597	1362	10.51	10.49	0.01		
74.00	927	109	819	1.39	1.10			0.28
947.30	1272	412	1523	4.23	3.90	0.34		
18.20	104	12	30	0.08	0.06	0.02		
48.90	422	66	234	0.73	0.68	0.05		
1302.90	2342	684	36288	18.82	18.64	0.14		0.04
	26	3	21	0.01	0.01			
3210.00	21549	3121	4956	64.52	59.48	5.11		0.04
10.90	96	17	71	0.06	0.04	0.02		
100.50	114	31	37	0.22	0.10	0.10		0.02
2434.80	12653	4930	2265	7.98	7.92	0.06		
9267.30	26791	7245	20900	207.70	184.85	8.74	14.12	0.03
1525.10	10757	1705	3881	10.73	9.67	1.06	0.01	0.01
1334.70	10775	2417	3328	16.90	14.34	2.45	0.17	
185.70	1909	340	818	2.55	2.41	0.13		
36763.40	152307	123027	143735	256.36	253.35	2.27	1.55	0.19
104878.50	113033	25951	30865	1357.82	1287.77	3.46	66.60	
86207.90	27207	1597	6977	268.64	204.17	27.38	61.52	0.02
1324.70	1734	859	1667	11.64	10.66	0.98		
196.20	225	27	267	0.62	0.58	0.03	0.01	
32.60	114	28	562	0.43	0.40	0.04		
575.30	750	344	215	9.44	9.31	0.14		
158.70	229	115	140	1.01	0.76	0.29		
1729.50	676	132	369	1.57	1.24	0.33	0.01	
893.00	437	377	117	4.40	2.97	1.43		
42.00	17	6	90	0.15	0.15			
89.30	193	69	588	0.23	0.13	0.10		
579.00	1049	119	788	7.46	6.76	0.70	0.35	
15.10	20	3	2	0.04	0.04			
119971.30	96466	152324	23361	866.20	875.33	1.19	2.11	

11-17 各地区工业“三废”排放及处理情况(2013年)

指标	Item	全 省 Total	南昌市 Nanchang
工业废水	**Industrial Waste Water**		
工业用水总量(万吨)	Industrial Water Use (10000 tons)	636735.32	66868.31
工业用水重复利用率(%)	Re-use Rate of Industrial WasteWater (%)	84.55	79.87
工业废水排放量(万吨)	Industrial Waste Water Discharge (10000 tons)	68230	10602.3
废水治理设施数(套)	Facilities for Treatment of Waste Water (set)	2543	247
废水治理设施处理能力(万吨/日)	Waste Water Treatment Facilities Capacity (10000 tons/day)	1071.81	66.78
工业废气	**Industrial Waste Gas**		
工业废气排放总量(万立方米)	Industrial Waste Air Emission (10 thousand cu.m)	155737609	13743429
废气治理设施数(套)	Facilities for Treatment of Waste Gas (set)	5673	646
#脱硫设施数(套)	Desulfurization Facilities (set)	385	67
废气治理设施处理能力(万立方米/时)	Emission Control Facilities Treatment Capacity(10000 cu.m/hour)	27464.38	2804.69
#脱硫设施处理能力(千克/时)	Desulfurization Facilities Treatment Capacity(kg/hour)	809683.17	6855.58
工业二氧化硫排放量(吨)	Industrial Sulphur Dioxide Emission (ton)	543497	40756
工业氮氧化物排放量(吨)	Industrial Nitrogen Oxides Emission (ton)	345992	18597
工业烟(粉)尘排放量(吨)	Volume of Industrial Dust Emission (ton)	324694	11413
工业固体废物	**Industrial Solid Wastes**		
一般工业固体废物产生量(万吨)	Generation of general industrial solid waste (10000 tons)	11518.19	224.23
#危险废物(吨)	Hazardous Wastes	441671.25	124198.99
一般工业固体废物综合利用量(万吨)	General Industrial Solid Wastes Utilized (10000 tons)	6430.98	219.08
#危险废物(吨)	Hazardous Wastes (ton)	364324.89	119208.61
一般工业固体废物综合利用率(%)	Ratio of General Industrial Solid Wastes Utilized (%)	55.72	97.70
一般工业固体废物贮存量(万吨)	General Industrial Solid Wastes in Stocks (10000 tons)	4738.01	
一般工业固体废物处置量(万吨)	General Industrial Solid Wastes Treated (10000 tons)	397.18	4.40
一般工业固体废物倾倒丢弃量(万吨)	General Industrial Solid Wastes Discharged (10000 tons)	1.84	0.76

Discharge and Treatment of Industrial Waste Gas, Waste Water & Solid Wastes(2013)

景德镇市 Jingdezhen	萍乡市 Pingxiang	九江市 Jiujiang	新余市 Xinyu	鹰潭市 Yingtan	赣州市 Ganzhou	吉安市 Ji'an	宜春市 Yichun	抚州市 Fuzhou	上饶市 Shangrao
22982.00	71397.84	91882.57	209151.17	55154.98	24357.44	15549.66	23359.86	8469.72	47561.75
65.62	94.26	85.03	95.25	88.07	44.74	59.11	58.72	46.81	81.75
6430.88	2352.87	11049.82	5394.86	2803.25	10737.75	3934.67	6584.48	3539.41	4799.91
132	178	200	179	77	408	228	455	145	294
30.15	343.05	74.05	205.86	29.19	64.06	46.24	59.75	22.86	129.81
5495799	19346729	27396470	15879856	5126835	20729498	8984655	23207620	5250046	10576672
257	292	689	372	148	918	574	823	406	548
15	11	62	19	19	62	15	41	22	52
1050.24	2513.09	4390.76	4173.82	1257.13	1568.52	1590.98	3406.08	1632.39	3076.68
92818.30	7223.72	49470.70	11148.31	159697.50	143855.51	33888.59	25756.42	50894.54	228074.00
27954	90051	93820	58335	18937	52420	35374	71715	19748	34386
17441	26678	58560	22851	14894	27355	22000	92689	4829	40096
14930	43586	34946	29895	3732	49427	16769	45293	34659	40047
131.22	531.53	989.06	2088.08	366.18	976.25	371.48	649.95	86.10	5104.11
1447.44	2671.62	117228.86	78125.58	35757.27	10679.93	13426.78	12210.32	6326.09	39598.33
127.96	507.33	474.33	1929.40	338.11	810.98	361.32	647.61	76.24	938.62
851.51	722.11	111277.60	54109.64	34695.51	4204.45	6064.34	2680.40	1801.46	28709.25
97.51	95.45	47.28	92.40	92.33	83.03	97.27	99.64	88.55	18.36
0.01	2.00	441.78	155.95	27.93	38.49	8.50		2.79	4060.57
3.27	22.05	89.82	2.83	0.14	127.09	0.88	2.33	7.05	137.32
	0.15				0.12	0.78		0.03	

11-18 工业"三废"排放及处理利用情况

Discharge and Treatment of Industrial Waste Gas, Waste Water & Solid Wastes

指　　标	Item	2000	2005	2010	2012	2013
工业废水	**Industrial Waste Water**					
工业用水总量(万吨)	Industrial Water Use (10000 tons)	329408	557544	666813	654087	636735
#重复用水量(万吨)	Re-use (10000 tons)				512476	538354
工业用水重复利用率(%)	Re-use Rate of Industrial Waste Water (%)	55.05	61.25	76.83	78.35	84.55
工业废水排放总量(万吨)	Industrial Waste Water Discharge (10000 tons)	42083	53972	72526	67871	68230
工业废气	**Industrial Waste Gas**					
工业废气排放总量(亿立方米)	Industrial Waste Air Emission (100 billion cu.m)	2220	4378	9812	14814	15574
工业二氧化硫排放量(万吨)	Industry Sulphur Dioxide Emission (10000 tons)	29	55	47	55.15	54.35
工业氮氧化物排放量(万吨)	Industry Sulphur Dioxide Emission (10000 tons)				35.25	34.60
工业烟(粉)尘排放量(万吨)	Volume of Industrial Dust Emission (10000 tons)				32.18	32.47
工业固体废物	**Industrial Solid Wastes**					
一般工业固体废物产生量(万吨)	General Industrial Solid Wastes Produced (10000 tons)	4814.97	7006.71	9407.30	11133.60	11518.19
#危险废物	Hazardous Wastes	1.71	3.28	8.98	30.56	44.17
一般工业固体废物综合利用量(万吨)	General Industrial Solid Wastes Utilized (10000 tons)	702.24	1898.51	4379.14	6071.25	6430.98
#危险废物	Hazardous Wastes	1.60	3.25	7.87	25.22	36.43
一般工业固体废物综合利用率(%)	Ratio of General Industrial Solid Wastes Utilized (%)	14.64	27.10	46.54	54.46	55.72
一般工业固体废物贮存量(万吨)	General Industrial Solid Wastes in Stocks (10000 tons)	3861.40	572.84	557.14	4692.33	4738.01
#危险废物贮存量	Hazardous Wastes in Stocks	0.86	0.01	0.04	0.33	1.20
一般工业固体废物处置量(万吨)	General Industrial Solid Wastes Treated (10000 tons)	98.71	4590.95	4486.55	387.80	397.18
#危险废物处置量	Hazardous Wastes Treated	0.01	0.06	1.25	5.10	7.40
一般工业固体废物倾倒丢弃量(万吨)	General Industrial Solid Wastes Discharged (10000 tons)	28.70	10.28	13.23	2.46	1.84

注：1.工业废气排放总量的计量单位2011年改为：亿立方米，历年数据是万标立方米；

2.工业固体废物产生量、工业固体废物综合利用量、工业固体废物综合利用率、工业固体废物贮存量、工业固体废物处置量、工业固体废物丢弃量2011年统一改为一般工业固体废物产生量、一般工业固体废物综合利用量、一般工业固体废物综合利用率、一般工业固体废物贮存量、一般工业固体废物处置量和一般工业固体废物倾倒丢弃量,且口径发生变化，后同。

a) The measuring unit of industrial waste air emission changed from 10 thousand cu.m into 100 billion cu.m.

b) Industrial solid wastes in stocks, industrial solid wastes treated, industrial solid wastes discharged changed into general industrial solid wastes produced,general industrial solid wastes utilized, ratio of general industrial solid wastes utilized, general industrial solid wastes in stocks, general industrial solid wastes treated, general industrial solid wastes discharged. Statistical range changed accordingly, the same as following tables.

11-19 各地区城镇生活污染情况（2013年）

Basic Statistics on Urban Consumption Waste by Region (2013)

地 区	Region	城镇生活污水排放量(万吨) Urban Consumption Waste Water Discharge (10000 tons)	城镇生活污水中COD产生量(吨) COD Produced from Urban Consumption Waste Water(ton)	城镇生活污水中COD排放量(吨) COD Discharged from Urban Consumption Waste Water(ton)	城镇生活污水中氨氮产生量(吨) Ammonia Nitrogen Produced from Urban Consumption Waste Water(ton)	城镇生活污水中氨氮排放量(吨) Ammonia Nitrogen Discharged from Urban Consumption Waste Water(ton)
全 省	**Provincial Total**	**138617**	**566288**	**399003**	**62599**	**50358**
南昌市	Nanchang	33466	88366	37879	9759	6060
景德镇市	Jingdezhen	6335	24475	18718	2879	2288
萍乡市	Pingxiang	7233	28505	23877	3398	2949
九江市	Jiujiang	13864	77986	42555	6066	5508
新余市	Xinyu	4903	19145	12490	2257	1580
鹰潭市	Yingtan	3894	15583	12323	1833	1444
赣州市	Ganzhou	21518	89220	75099	10497	8762
吉安市	Ji'an	12514	51235	43684	6050	5289
宜春市	Yichun	15344	59797	44722	7050	5800
抚州市	Fuzhou	10392	43820	34099	5155	3885
上饶市	Shangrao	9155	68156	53557	7655	6792

11-19 续表 continued

地 区	Region	煤炭消费 总量(万吨) Coal Consumption (10000 tons)	#生活煤炭消费量 Living Consumption of Coal	生活煤炭含硫率(%) Sulphur Rate of Living Coal Consumption (%)	生活煤炭含灰率(%) Ash Rate of Living Coal Consumption (%)	SO2排放量(吨) Volume of Sulphur Dioxide Emission (ton)	氮氧化物排放量(吨) Nitroger Oxide Emission (ton)	烟尘排放量(吨) Volume of Soot Emission (ton)
全 省	**Provincial Total**	**6675.70**	**65.69**	**1.42**	**22.90**	**14203**	**3106**	**6213**
南昌市	Nanchang	558.07	2.90	1.30	18.90	641	58	254
景德镇市	Jingdezhen	741.27	2.40	1.20	30.00	480	240	240
萍乡市	Pingxiang	592.21	2.10	1.20	27.60	403	40	136
九江市	Jiujiang	784.40	24.42	1.95	20.00	6705	1919	2191
新余市	Xinyu	891.63	2.00	0.50	8.00	180	41	31
鹰潭市	Yingtan	420.01	0.15	1.00	25.00	14	14	15
赣州市	Ganzhou	388.86	9.13	1.13	24.06	1651	208	1402
吉安市	Ji'an	513.70	5.18	1.40	27.40	1233	113	337
宜春市	Yichun	1123.29	6.03	1.00	23.60	965	190	606
抚州市	Fuzhou	125.05	4.55	1.00	30.00	728	91	455
上饶市	Shangrao	537.22	6.83	1.10	25.00	1203	191	546

11-20 水 资 源 总 量（2013年）

Water Resources (2013)

地 区	Region	水资源总量（亿立方米）Total Amount of Water Resources (100 million cu.m)	年降水量 Annual Precipitation		地表水资源量 Surface Water Resources		地下水资源量（亿立方米）Groundwater Resources (100 million cu.m)
			年降水深（毫米）(mm)	年降水量（亿立方米）(100 million cu.m)	年径流深（毫米）Annual Flow Depth(mm)	年径流量（亿立方米）Annual Flow (100 million cu.m)	
全 省	**Province Total**	**1423.99**	**1464.20**	**2444.49**	**841.80**	**1405.29**	**378.37**
南昌市	Nanchang	64.82	1340.80	99.26	826.80	61.21	14.67
景德镇市	Jingdezhen	50.22	1528.40	80.21	956.90	50.22	10.43
萍乡市	Pingxiang	31.35	1299.50	49.73	819.20	31.35	6.42
九江市	Jiujiang	133.93	1334.70	251.23	684.20	128.78	33.12
新余市	Xinyu	23.64	1361.30	43.07	747.20	23.64	8.53
鹰潭市	Yingtan	45.55	1839.60	65.38	1278.80	45.45	10.06
赣州市	Ganzhou	299.55	1462.30	575.85	760.70	299.55	84.56
吉安市	Ji'an	193.13	1410.10	356.35	764.20	193.13	50.66
宜春市	Yichun	174.47	1455.30	271.71	916.00	171.02	53.20
抚州市	Fuzhou	171.76	1510.00	284.14	912.70	171.74	51.00
上饶市	Shangrao	235.57	1612.70	367.56	1005.70	229.20	55.72

11-21 供 水 量（2013年）

Water Supply (2013)

单位：亿立方米 (100 million cu.m)

地 区	Region	总供水量 Total Water Supply	地表水源供水量 Surface Water				地下水源供水量 Groundwater
				蓄水 Storage	引水 Diversion	提水 Carry	
全 省	**Province Total**	**264.81**	**255.28**	**118.93**	**44.91**	**91.44**	**9.53**
南昌市	Nanchang	32.62	31.49	5.39	6.55	19.55	1.13
景德镇市	Jingdezhen	8.27	7.69	3.62	0.74	3.33	0.58
萍乡市	Pingxiang	8.37	7.79	2.68	2.74	2.37	0.58
九江市	Jiujiang	26.24	25.57	8.12	1.14	16.31	0.67
新余市	Xinyu	8.43	8.23	4.82	2.87	0.54	0.20
鹰潭市	Yingtan	7.88	7.60	2.36	2.26	2.98	0.28
赣州市	Ganzhou	35.98	33.93	18.67	10.51	4.75	2.05
吉安市	Ji'an	34.36	33.54	22.57	4.18	6.79	0.82
宜春市	Yichun	45.10	43.76	23.55	2.05	18.16	1.34
抚州市	Fuzhou	25.39	24.69	10.35	8.94	5.40	0.70
上饶市	Shangrao	32.17	30.99	16.80	2.93	11.26	1.18

11-22 用 水 量 (2013年)

Water Use (2013)

单位：亿立方米 (100 million cu.m)

地区	Region	总用水量 Total	农田灌溉 Irrigated	林牧渔畜 Agricultural	规模以上工业 Industrial above Designated Size	规模以下工业 Industrial below Designated Size	城镇公共 Urban Publical	城镇居民生活 Urban Residential	农村居民生活 Rural Residential	生态环境 Ecological Protection
全　省	**Province Total**	**264.81**	**165.70**	**9.98**	**52.96**	**7.17**	**5.63**	**13.28**	**7.97**	**2.12**
南昌市	Nanchang	32.62	17.43	0.80	7.32	2.03	1.65	2.26	0.54	0.59
景德镇市	Jingdezhen	8.27	4.39	0.14	1.73	0.82	0.21	0.62	0.23	0.13
萍乡市	Pingxiang	8.37	3.64	0.38	2.66	0.41	0.30	0.66	0.24	0.08
九江市	Jiujiang	26.24	14.29	0.44	8.43	0.27	0.44	1.32	0.86	0.19
新余市	Xinyu	8.43	3.80	0.26	2.40	1.07	0.20	0.46	0.14	0.10
鹰潭市	Yingtan	7.88	4.80	0.22	2.04	0.01	0.19	0.37	0.18	0.07
赣州市	Ganzhou	35.98	23.36	3.09	4.21	0.15	0.96	2.18	1.76	0.27
吉安市	Ji'an	34.36	25.02	0.97	5.55	0.19	0.31	1.23	0.92	0.17
宜春市	Yichun	45.10	25.94	1.21	14.33	0.44	0.52	1.39	1.09	0.18
抚州市	Fuzhou	25.39	19.01	1.60	1.39	1.07	0.37	1.02	0.78	0.15
上饶市	Shangrao	32.17	24.02	0.87	2.90	0.71	0.48	1.77	1.23	0.19

注：1.规模以上工业指独立核算国有工业和年产品销售收入2000万元以上非国有工业。
2.城镇公共用水指建筑业用水和服务业用水。
3.生态环境用水指城镇环境用水和农村环境用水。

a) Industrial enterprises above designated size refer to state-owned industrial enterprises with independent accounting system and non-state-owned industrial enterprises with annual revenue from products sale over 5 million yuan..
b) Urban publical water use refer to water use of construction and services.
c) Ecological water use refer to water use of urban and rural areas.

11-23 耗 水 量 (2013年)

Total Water Consumption(2013)

单位：亿立方米 (100 million cu.m)

地区	Region	总耗水量 Water Consumption	农田灌溉 Irrigated	林牧渔畜 Agricultural	工业 Industry: 火(核)电 Thermal (Nuclear) Power Generation	工业 Industry: 非火(核)电 Non-Thermal (Nuclear) Power Generation	城镇公共 Urban Publical	城镇居民生活 Urban Residential	农村居民生活 Rural Residential	生态环境 Ecological Protection
全　省	**Province Total**	**118.73**	**80.55**	**9.19**	**1.86**	**13.94**	**2.34**	**3.3**	**5.82**	**1.70**
南昌市	Nanchang	14.87	8.66	0.74	0.11	3.22	0.70	0.6	0.40	0.47
景德镇市	Jingdezhen	3.67	2.12	0.14	0.11	0.83	0.07	0.2	0.15	0.10
萍乡市	Pingxiang	3.76	1.82	0.36	0.01	1.02	0.14	0.2	0.17	0.07
九江市	Jiujiang	10.91	7.50	0.41	0.20	1.49	0.13	0.3	0.70	0.15
新余市	Xinyu	3.72	1.79	0.24	0.33	0.96	0.10	0.1	0.10	0.08
鹰潭市	Yingtan	3.57	2.19	0.20	0.14	0.66	0.08	0.1	0.15	0.06
赣州市	Ganzhou	18.02	11.36	2.83	0.08	1.47	0.37	0.6	1.14	0.22
吉安市	Ji'an	15.39	12.01	0.90	0.23	1.02	0.14	0.3	0.64	0.14
宜春市	Yichun	17.62	13.12	1.12	0.53	1.37	0.23	0.3	0.77	0.14
抚州市	Fuzhou	12.09	8.69	1.45		0.79	0.16	0.3	0.62	0.12
上饶市	Shangrao	15.11	11.29	0.80	0.12	1.11	0.22	0.4	0.98	0.15

11-24 废污水排放量（2013年）

Discharge of Waste Water (2013)

单位：万吨/年　　　　(10000 tons/year)

地　区	Region	合　计 Total	第二产业 Secondary Industry	工　业 Industry	建筑业 Construction	第三产业 Tertiary Industry	城镇居民生活 Urban Household Consumption
全　省	**Province Total**	**389773**	**267620**	**264855**	**2765**	**26643**	**95510**
南昌市	Nanchang	82937	59072	58195	877	7644	16221
景德镇市	Jingdezhen	20573	14869	14834	35	1254	4450
萍乡市	Pingxiang	25763	19846	19640	206	1141	4776
九江市	Jiujiang	42455	30138	30054	84	2689	9628
新余市	Xinyu	22130	17946	17810	136	882	3302
鹰潭市	Yingtan	15567	12014	11918	96	897	2656
赣州市	Ganzhou	47714	27044	26688	356	5023	15647
吉安市	Ji'an	30819	20641	20454	187	1350	8828
宜春市	Yichun	39877	27598	27294	304	2302	9977
抚州市	Fuzhou	24898	15900	15724	176	1677	7321
上饶市	Shangrao	37040	22552	22244	308	1784	12704

11-25 各地区气象台站及主要技术装备情况（2013年）

Weather Stations and Machinery in Cities by Region (2013)

地　区	Region	国家基准气侯站(个) National Reference Climatological Station (unit)	国家基本气象站站(个) Basic Synoptic Station (unit)	国家一般气象站(个) General Synoptic (unit)	区域气象观测站(个) Number of Regional Observatory (unit)	农业气象观测站(个) Agrometeorological Observatory (unit)	生态气象观测站(个) Ecometeorological Observatory (unit)	紫外线观测站(个) Ultraviolet Radiation Observatory (unit)	天气雷达(部) Weather Radar (unit)	闪电定位仪(个) Lightning Orientation (unit)
全　省	**Province Total**	**5**	**21**	**65**	**2452**	**18**	**6**	**12**	**7**	**12**
南昌市	Nanchang		1	4	109	1	1	1	1	1
景德镇市	Jingdezhen		1	2	57	1		1		1
萍乡市	Pingxiang		1	3	92	1	1	1		
九江市	Jiujiang	1	2	9	289	2	1	2	1	2
新余市	Xinyu			2	52	1		1		
鹰潭市	Yingtan		1	2	49	1		1		1
赣州市	Ganzhou		4	13	559	3	1	1	1	2
吉安市	Ji'an	1	3	8	369	2	1	1	1	1
宜春市	Yichun	1	3	6	259	2		1	2	1
抚州市	Fuzhou	1	2	8	235	1		1		2
上饶市	Shangrao	1	3	8	382	3	1	1	1	1

11-26 各地区气候基本情况（2013年）
Climate by Region (2013)

地区	Region	年平均气温 Annual Average Temperature (0.1℃)/△T	年降水量 Annual Precipitation (0.1mm)/△R	年日照时数 Annual Sunshine Hours (0.1h)/△S	年平均相对湿度 Annual Average Relative Humidity (%)/△U
全省平均	**Province Average**	**192/10**	**14072/-2523**	**18703/2121**	**73/-6**
南昌市	Nanchang	190/10	14318/-1819	20341/1988	73/-3
景德镇市	Jingdezhen	188/10	15055/-2993	19087/1647	69/-7
萍乡市	Pingxiang	192/16	11472/-4775	18593/4080	75/-6
九江市	Jiujiang	188/12	10781/-3681	20057/3381	71/-4
新余市	Xinyu	193/10	12520/-3513	16448/120	72/-5
鹰潭市	Yingtan	192/6	18585/-186	19647/2797	68/-8
赣州市	Ganzhou	205/9	12204/-2259	19063/1545	73/-2
吉安市	Ji'an	197/10	14230/-1432	16683/790	76/-3
宜春市	Yichun	186/11	13007/-3307	17254/2228	79/-1
抚州市	Fuzhou	193/11	15436/-2521	18342/2240	70/-9
上饶市	Shangrao	188/9	17184/-1297	20217/2516	76/-2

注：△T、△R、△S、△U分别表示本年度平均气温、降水量、日照时数、平均相对湿度与1981-2010年三十年平均值比较的偏差值。

a) △T,△R,△S and △U indicate differences of annual average temperature, precipitation and sunshine hours at current year compared with nearly 30 years.Data of Yingtan are not available because it is newly established.

11-26 续表 continued

地区	Region	重大灾害性天气(站次) Great calamity weather(time)					
		暴雨 Storm	大风 Gale	冰雹 Hail	大雾 Fog	大雪 Heavy snow	雷暴 Thunder-storm
合计	**Total**	**486**	**101**	**23**	**1557**	**7**	**4322**
全省平均	**Province Average**	**44.2**	**9.2**	**2.1**	**141.5**	**0.6**	**392.9**
南昌市	Nanchang	28	6		62		218
景德镇市	Jingdezhen	11	1		60		108
萍乡市	Pingxiang	5	2	1	105		159
九江市	Jiujiang	59	39	1	213	1	497
新余市	Xinyu	11			20		71
鹰潭市	Yingtan	22	8		78		127
赣州市	Ganzhou	102	12	5	169	1	971
吉安市	Ji'an	55	3	7	215		476
宜春市	Yichun	73	4	6	225	5	610
抚州市	Fuzhou	52	16	2	166		573
上饶市	Shangrao	68	10	1	244		512

主要统计指标解释

林业用地面积 指用来发展林业的土地，包括郁闭度 0.2 以上的乔木林地以及竹林地、灌木林地、疏林地、采伐迹地、火烧迹地、未成林造林地、苗圃地和县级以上人民政府规划的宜林地面积。

造林总面积 指报告期内在荒山、荒地、沙丘、退耕地等一切可以造林的土地上，采用人工播种、飞机播种、植苗造林、分植造林等方法新植成片乔木林和灌木林，经过检查验收符合《造林技术规程》要求的单位面积株数，并按《中华人民共和国森林法实施条例》规定，成活率达 85%以上(含 85%，年降雨量在 400 毫米以下且无浇灌条件的地区造林成活率达 70%以上)的总面积。四旁植树如一侧在四行以上，连片面积 0.066 公顷(一亩)以上，应统计在造林面积内。造林面积，通常按所有制(国有、国有集体合作、集体和个人)、造林方式(人工、飞机播种)、主要林种用途(用材林、经济林、防护林、薪炭林、特种用途林)分组进行统计。

活立木总蓄积量 指一定范围土地上全部树木蓄积的总量，包括森林蓄积、疏林蓄积、散生木蓄积和四旁树蓄积。

森林覆盖率 指一个国家或地区森林面积占土地面积的百分比。在计算森林覆盖率时，森林面积包括郁闭度 0.20 以上的乔木林地面积和竹林地面积、国家特别规定的灌木林地面积、农田林网以及林旁、路旁、水旁、宅旁林木的覆盖面积。森林覆盖率表明一个国家或地区森林资源的丰富程度和生态平衡状况，是反映林业生产发展水平的主要指标。

自然保护区 指对有代表性的自然生态系统、珍稀濒危野生动植物物种的天然分布、水源涵养区、有特殊意义的自然历史遗迹等保护对象所在的陆地、陆地水体或海域，依法划出一定面积进行特殊保护和管理的区域。以县及县以上各级政府正式批准建立的自然保护区为准。风景名胜区、文物保护区不计在内。

林业产业总产值 指一定时期内（通常为 1 年）以货币表现的林业物质生产部门和非物质生产部门的生产总值，包括林业第一、第二、第三产业的生产总值。林业产业总产值的现行统计范围为：第一产业（农林牧渔业）中全社会的林业产值，种植业中全社会的花卉产值和茶、桑、果产值，畜牧业中全社会的狩猎业产值，林业系统的其他种植业产值、牧业产值和渔业产值；第二产业中采掘业之中全社会的木竹采运业产值，制造业之中全社会的木材加工及竹、藤、棕、草制品业产值和林产化学产品制造业产值，林业系统其他采掘业产值和制造业产值、电力煤气及水的生产供应业产值、建筑业产值；第三产业中全社会的森林旅游产值，林业系统的批发及零售贸易及餐饮业产值、交通运输仓储及邮电通讯业产值、房地产业产值、除森林旅游业外的其他社会服务业产值及其他第三产业产值。

工业废水排放量 指经过企业厂区所有排放口排到企业外部的工业废水量。包括生产废水、外排的直接冷却水、超标排放的矿井地下水和与工业废水混排的厂区生活污水，不包括外排的间接冷却水(清污不分流的间接冷却水应计算在内)。

工业废气排放量 指报告期内企业厂区内燃料燃烧和生产工艺过程中产生的各种排入大气的含有污染物的气体的总量，以标准状态(273K，101325Pa)计算。

工业烟（粉）尘排放量 指报告期内企业在燃料燃烧和生产工艺过程中排入大气的烟尘及工业粉尘的总质量之和。烟尘或工业粉尘排放量可以通过除尘系统的排风量和除尘设备出口烟尘浓度相乘求得。

一般工业固体废物综合利用量 指报告期内企业通过回收、加工、循环、交换等方式，从固体废物中提取或者使其转化为可以利用的资源、能源和其他原材料的固体废物量(包括当年利用往年的工业固体废物贮存量)，如用作农业肥料、生产建筑材料、筑路等。综合利用量由原产生固体废物的单位统计。

供水总量 指各种水源工程为用户提供的包括输水损失在内的毛供水量之和，不包括海水直接利用量。

地表水源供水量 指地表水体工程的取水量，按蓄、引、提、调四种形式统计。从水库、塘坝中引水或提水，均属蓄水工程供水量；从河道或湖泊中自流引水的，无论有闸或无闸，均属引水工程供水量；利用扬水站从河道或湖泊中直接取水的，属提水工程供水量；跨流域调水指水资源一级区或独立流域之间的跨流域调配水量，不包括在蓄、引、提水量中。

地下水源供水量 指水井工程的开采量，按浅层淡水、深层承压水和微咸水分别统计。城市地下水源供水量包括自来水厂的开采量和工矿企业自备井的开采量。

用水量 指各类用水户取用的包括输水损失在内的毛用水量，按农田灌溉、林牧渔畜、工业、城镇公共、居民生活、生态环境六大类统计。工业用水为取用的新水量，不包括企业内部的重复利用水。

耗水量 指在输、用水过程中，通过蒸腾、蒸发、土壤吸收、产品吸附、居民和牲畜饮用等多种途径与形式消耗，不能回归到地表水体或地下含水层的水量。

Explanatory Notes on Main Statistical Indicators

Forest Land Area Refer to areas of forestry development, including arbor forest that over 0.2 canopy density, bamboo forest land, bush forest land, sparse forest land, cutting blanks, the burns, immature forest land, seedling nursery site, and suitable for planting of the planning of governments at and above county level.

Total area of afforestation Refers to the total area of land suitable for afforestation, including barren hills, idle land, sand dunes, "grain for green" land, on which acres of arbores or bushes are planted through manual planting, airplane planting, plant seedlings, etc. in accordance with the required density standards of the Technical Procedures of Afforestation, and with a survival rate of over 85% in line with the Implementing Rules of the Forest Law of the People' s Republic of China (or a survival rate of 75% in areas with less that 400 mm of annual rainfall and without irrigation facilities). Included in the this category are trees planted alone the roadsides, riversides, or next to houses that occupy an area over 0.066 hectares, or where more than 4 lines of trees are planted. Total area of afforestation is further classified by ownership (state-owned, state-collective, collective or private), by approach of planting (manual, airplane), and by type of forests (timber, by-products, protection, fuel, special use, etc.).

Total standing forest stock Refer to total stock of all trees on certain range land, including forest stock, sparse forest stock, sporadic trees stock, and scattered trees stock.

Forest coverage rate Refer to the percentage of the area of land in the area of forest of a country or region. While counting the forest coverage rate, the areas of forest include the arbor forest areas that over 0.2 canopy density, areas of bamboo forest land, areas of bush forest land of nation special provision, areas of farmland shelterbelt network, beside forests, road, water, house. Forest coverage rate indication that the degree of abundance of forest resource and ecological balance of a country or region. Forest coverage rate is the main item to mirror the development of forestry.

Nature Reserves Refer to certain areas of land, waters or sea that are representative in natural ecological systems, or are natural habitats for rare or endangered wild animals or plants, or water conservation zones, or the location of important natural or historic relics, which are demarked by law and put under special protection and management. Nature reserves are designated by the formal approval of governments at and above county level (including those approved by relevant departments or "revolutionary committees" before 1980). Scenic spots and cultural preservation zones are not included.

Gross output value of forestry Refer to the total value of products of productive departments and nonproductive departments during a given period of time (usually a year), including the primary Industry, the secondary Industry, and the tertiary Industry. The current Statistics of gross output value of Forestry include the output value of forestry in the whole country, the output value of flower, tea, mulberry and fruit in planting, the output value of hunting in animal husbandry, the output value of the other planting, animal husbandry and fishery of the forestry system; the output value of the bamboo and timber' s cutting and transport in extractive industry, the processing of timber, the products of bamboo, rattan, palm, grass and forestry chemical, the output value of the other extractive industry, manufacturing, the production and supply of electric power and heat power, the construction; the output value of the forestry tourist, wholesale and retail trades and catering, transport, storage and post, real estate, and the other social services except the forestry tourist.

Waste Water Discharged by Industry refers to the volume of waste water discharged by industrial enterprises through all their outlets, including waste water from production process, directly cooled water, groundwater from mining wells which does not meet discharge standards and sewage from households mixed with waste water produced by industrial activities, but excluding indirectly cooled water discharged (It should be included if the discharge is not separated from waste water).

Industrial Waste Air Emission refers to the discharge into atmosphere of waste air containing pollutants generated from fuel burning and production processes in enterprises within a given period of time. It is calculated at standard status (273K, 101325Pa)

Volume of Dust Emission refers to volume of smoke and industrial dust emitted by burning and production process of enterprises and suspended in the air.Volume of smoke and industrial dust is calculated by volume of air flow timing thickness of dust from dedusting equipment exits.

General Industrial Solid Wastes Utilized refers to volume of solid wastes from which useful materials can be extracted or which can be converted into usable resources, energy or other materials by means of reclamation, processing, recycling and exchange (including utilizing in the year the stocks of industrial solid wastes of the previous year). Examples of such utilizations include fertilizers, building materials and road materials. The information shall be collected by the producing units of the wastes.

Water Supply refers to gross water supply by supply systems from sources to consumers, including losses during distribution.

Surface Water Supply refers to withdrawals by surface water supply system, broken down with storage, flow, pumping and transfer. Supply from storage projects includes withdrawals from reservoirs; supply from flow includes withdrawals from rivers and lakes with natural flows no matter if there are locks or not; supply from pumping projects includes withdrawals from rivers or lakes with pumping stations; and supply from transfer refers to water supplies transferred from first-level regions of water resources or independent river drainage areas to others, and should not be covered under supplies of storage, flow and pumping.

Groundwater Supply refers to withdrawals from supplying wells, broken down with shallow layer freshwater, deep layer freshwater and slightly brackish water. Groundwater supply for urban areas includes water mining by both waterworks and own wells of enterprises.

Water Consumption refers to water used including lose during transportation. Water consumption is divided into farmland irrigation, forestry husbandry fishing and farming, industry, public affair, livelihoods, ecological environment. Industry water consumption refers to newly using, do not include reusing.

Water consumption is the amount of water consumed through evaporation, interception, adsorption, inhabitant and livestock drinking during water use and cannot recycled into surface waters and aquifers.

农 业

AGRICULTURE

◆243/286

资料整理及英文翻译：方建洲、廖有伦

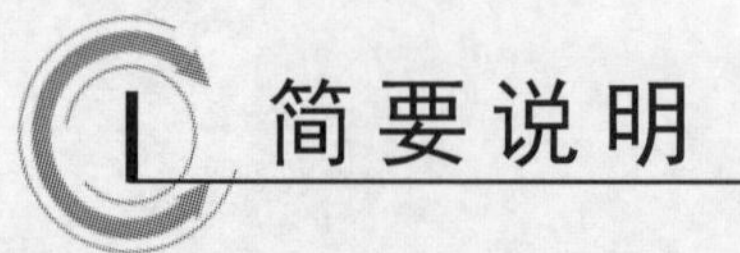

I 简要说明

一、本篇资料反映全省农业生产和农村经济的基本情况。主要包括农村基层组织、乡村劳动力、耕地、主要农产品面积和产量、农村基础设施以及农林牧渔综合计算等方面的统计资料。

二、本篇资料主要来源于江西省《农林牧渔业、农业产值综合、乡村社会经济统计报表制度》，其统计范围包括各市、县(区)各种经济类型的全部农林牧渔业以及各非农行业附属的农林牧渔业生产单位。

三、本篇资料中的农村基层组织、乡村劳动力、主要农产品面积和产量以及农林牧渔业总产值和增加值等由省统计局农业处提供；林业、渔业、农机和水利情况则分别根据省林业厅、省农业厅、省水利厅和省国土资源厅等部门资料整理提供。

四、部分指标依据2006年全国第二次农业普查资料进行了修正。

I Brief Introduction

Ⅰ. The data in this chapter show the basic conditions of agricultural production and rural economy for the whole province, including mainly rural grassroots units, rural employed labors force, cultivated land, areas and output of major products, rural infrastructure, and Comprehensive Statistical of farming, forestry, animal husbandry and fishery.

Ⅱ. Data in this chapter mainly come from the Comprehensive Statistical Reporting on Farming, Forestry, Animal Husbandry and Fishery, the Comprehensive Statistical Reporting on Agricultural Output, and the Rural Social and Economic Survey of Jiangxi Province. Statistics on agriculture includes all productive units of farming, forestry, animal husbandry and fishery and units engaged in farming, forestry, animal husbandry and fishery in non-agricultural sectors with various types of ownership in cities, counties and districts of Jiangxi Province.

Ⅲ. Data on rural grassroots units, employed labor force, agricultural production and area, gross output value and value-added of farming, forestry, animal husbandry, and fishery are provided by Statistical Bureau. Data on forestry, fishery, agricultural machinery, and water conservancy are provided by Forestry, Agriculture, Water Conservancy department of Jiangxi province, and department of land and resources of jiangxi province.

Ⅳ. Some Indicators have been adjusted according to the Second National Agricultural Census in 2006.

12-1 农村乡(镇)基本情况

Basic Conditions of Township and Town of Country

指标	Iterm	2012	2013
乡镇政府(个)	Number of Township and Town Governments(unit)	1403	1402
镇政府	Number of Town Governments(unit)	802	805
乡政府	Number of Township Governments(unit)	601	597
村民委员会(个)	Number of Villagers' Committees(unit)	17196	17211
村民小组(个)	Number of Villagers' Group(unit)	200360	200194
通汽车的村委会个数(个)	Number of Villages Which is Accessible by Automobile(unit)	17167	17193
占村委会总个数比重(%)	Rate to Total Number of Villages(%)	99.8	99.9
自来水受益村委会个数(个)	Number of Villages Benifited by Tap Water(unit)	9051	9606
占村委会总个数比重(%)	Rate to Total Number of Villages(%)	52.6	55.8
通电话的村委会个数(个)	Number of Villages with Telephones(unit)	17182	17192
占村委会总个数比重(%)	Rate to Total Number of Villages(%)	99.9	99.9

12-2 各地区乡(镇)组织情况（2013年）

Organizing Conditions of Township and Town by Region (2013)

地区	Region	乡(镇)政府个数(个) Number of Township and Town Governments (unit)	#镇政府 Number of Town Governments	村民委员会(个) Number of Villagers' Committees (unit)	村民小组(个) Number of Villagers' Group (unit)
全 省	**Provincial Total**	**1402**	**805**	**17211**	**200194**
南 昌 市	Nanchang	80	51	1179	9695
景德镇市	Jingdezhen	39	26	505	4229
萍 乡 市	Pingxiang	47	28	639	9581
九 江 市	Jiujiang	181	101	1747	23397
新 余 市	Xinyu	26	16	407	3793
鹰 潭 市	Yingtan	33	22	357	4033
赣 州 市	Ganzhou	283	140	3460	48945
吉 安 市	Ji'an	215	117	2525	26471
宜 春 市	Yichun	157	112	2255	26397
抚 州 市	Fuzhou	151	91	1797	17269
上 饶 市	Shangrao	190	101	2340	26384

12-3 农、林、牧、渔业总产值和商品产值
Gross Output Value，and Commodity Output Value of Farming, Forestry, Animal Husbandry and Fishery

本表按当年价格计算

Data in this table are calculated at current prices.

单位：万元 (10000 yuan)

年份 Year	农林牧渔业总产值 Gross Output Value of Farming,Forestry, Animal Husbandry and Fishery	农业产值 Output Value of Farming	林业产值 Output Value of Forestry	牧业产值 Output Value of Animal Husbandry	渔业产值 Output Value of Fishery	服务业产值 Output Value of Services	农林牧渔业商品产值 Commodity Output Value of Farming, Forestry, Animal Husbandry and Fishery	农林牧渔业商品率(%) Commodity Rate of Farming, Forestry, Animal Husbandry and Fishery(%)
1978	492900	364752	58723	63025	6400		175842	35.7
1980	681508	482402	96038	95168	7900		279874	41.1
1985	1145040	740353	141190	228397	35100		566795	49.5
1990	2119055	1202955	195286	620351	100463		1372256	64.8
1990	2552437	1534586	239624	674764	103463		1372256	53.8
1991	2715836	1612274	288951	688523	126088		1483574	54.6
1992	2983528	1683513	315804	830611	153600		1735728	58.2
1993	3601064	1961358	314875	1095139	229692		2165316	60.1
1994	5278602	2762704	375230	1776561	364107		3368228	63.8
1995	6317137	3316376	414590	2095348	490823		4053816	64.2
1996	7334888	3863193	463328	2311829	696538		4751920	66.9
1997	7855119	3946088	468592	2558551	881888		5180617	66.0
1998	7348844	3615365	476187	2383146	874146		4824857	65.7
1999	7502895	3881699	495903	2239960	885333		4824974	64.3
2000	7602670	3872737	511086	2217976	1000871		4923589	64.8
2000	7413543	3446961	579735	2217976	1000871	168000	4497813	60.7
2001	7674396	3583299	605300	2261129	1042668	182000	4812927	62.7
2002	7918643	3664496	649332	2339367	1099548	165900	5093507	64.3
2003	8416300	3837127	704801	2540056	1185493	148823	5598337	66.5
2004	10549211	4910558	790778	3249823	1431346	166706	6836789	64.8
2005	11429925	5104715	873713	3650964	1625621	174912	7797125	68.2
2006	12252714	5571936	1046051	3440455	1643115	551157	8364442	68.3
2007	14269333	6212597	1264574	4355792	1822009	614361	9673395	67.8
2008	16804990	6943243	1507654	5560144	2115976	677973	11427251	68.0
2009	17338215	7297223	1617850	5414950	2311804	696388	12638262	72.9
2010	19005843	8013643	1867952	5840500	2555809	727939	13893271	73.1
2011	22072655	9178214	2061050	7343392	2722023	767976	15937301	72.2
2012	23992583	10032063	2289114	7526773	3330579	814054	17491174	72.9
2013	25783521	10728030	2526709	7964378	3701506	862897	18770946	72.8
南昌市 Nanchang	2661248	983203	31880	983556	609314	53294	2072139	77.9
景德镇市 Jingdezhen	782371	416829	54213	217155	57633	36541	588503	75.2
萍乡市 Pingxiang	872409	322998	65415	417634	60079	6283	581742	66.7
九江市 Jiujiang	2205357	988637	128386	459744	569888	58702	1557878	70.6
新余市 Xinyu	843683	389212	119692	224532	86947	23300	584025	69.2
鹰潭市 Yingtan	701596	265217	40500	299714	85738	10427	523012	74.5
赣州市 Ganzhou	4359037	2053886	280872	1466797	477885	79597	3059606	70.2
吉安市 Ji'an	3315435	1588409	388480	930426	346591	61529	2536532	76.5
宜春市 Yichun	3774176	1666166	352203	1301287	424371	30149	2701401	71.6
抚州市 Fuzhou	2947784	1728510	136614	755537	274327	52796	2261194	76.7
上饶市 Shangrao	3280286	1326966	265174	899227	711825	77094	2304914	70.3

注：1990年数为按老口径计算的数据，自2000年后按新的国民经济行业分类计算,后同。

a)The data of 1990 was calculated on old basis.The data since 2000 is calculated on the new classification standards for national economic.

12-4 农、林、牧、渔业总产值构成
Gross Output Value Composition of Farming, Forestry, Animal Husbandry and Fishery

本表按当年价格计算

Data in this table are calculated at current prices.

单位：% (%)

年 份 Year	农林牧渔业总产值 Gross Output Value of Farming,Forestry, Animal Husbandry and Fishery	农业产值 Output Value of Farming	林业产值 Output Value of Forestry	牧业产值 Output Value of Animal Husbandry	渔业产值 Output Value of Fishery	服务业产值 Output Value of Services
1978	100.0	74.0	11.9	12.8	1.3	
1980	100.0	70.7	14.1	14.0	1.2	
1985	100.0	64.7	12.3	19.9	3.1	
1990	100.0	56.8	9.2	29.3	4.7	
1990	100.0	60.1	9.4	26.4	4.1	
1991	100.0	59.4	10.6	25.4	4.6	
1992	100.0	56.5	10.6	27.8	5.1	
1993	100.0	54.5	8.7	30.4	6.4	
1994	100.0	52.3	7.1	33.7	6.9	
1995	100.0	52.4	6.6	33.2	7.8	
1996	100.0	52.7	6.3	31.5	9.5	
1997	100.0	50.2	6.0	32.6	11.2	
1998	100.0	49.2	6.5	32.4	11.9	
1999	100.0	51.7	6.6	29.9	11.8	
2000	100.0	50.9	6.7	29.2	13.2	
2000	100.0	46.5	7.8	29.9	13.5	2.3
2001	100.0	46.7	7.9	29.5	13.6	2.3
2002	100.0	46.3	8.2	29.5	13.9	2.1
2003	100.0	45.6	8.4	30.2	14.1	1.7
2004	100.0	46.5	7.5	30.8	13.6	1.6
2005	100.0	44.7	7.7	31.9	14.2	1.5
2006	100.0	45.5	8.5	28.1	13.4	4.5
2007	100.0	43.5	8.9	30.5	12.8	4.3
2008	100.0	41.3	9.0	33.1	12.6	4.0
2009	100.0	42.1	9.3	31.2	13.3	4.0
2010	100.0	42.2	9.8	30.7	13.5	3.8
2011	100.0	41.6	9.3	33.3	12.3	3.5
2012	100.0	41.8	9.5	31.4	13.9	3.4
2013	100.0	41.6	9.8	30.9	14.4	3.3
南昌市 Nanchang	100.0	36.9	1.2	37.0	22.9	2.0
景德镇市 Jingdezhen	100.0	53.3	6.9	27.8	7.4	4.6
萍乡市 Pingxiang	100.0	37.0	7.5	47.9	6.9	0.7
九江市 Jiujiang	100.0	44.8	5.8	20.8	25.8	2.8
新余市 Xinyu	100.0	46.1	14.2	26.6	10.3	2.8
鹰潭市 Yingtan	100.0	37.8	5.8	42.7	12.2	1.5
赣州市 Ganzhou	100.0	47.1	6.4	33.6	11.0	1.9
吉安市 Ji'an	100.0	47.9	11.7	28.1	10.5	1.8
宜春市 Yichun	100.0	44.1	9.3	34.5	11.2	0.9
抚州市 Fuzhou	100.0	58.6	4.6	25.6	9.3	1.9
上饶市 Shangrao	100.0	40.5	8.1	27.4	21.7	2.3

12-5 农、林、牧、渔业总产值指数

Indices of Gross Output Value of Farming,Forestry,Animal Husbandry and Fishery

本表按可比价格计算。
Data in this table are calculated at constant pieces.

年份 Year	以1978年为100 (year of 1978=100)						以上年为100 (preceding year=100)					
	农林牧渔业总产值 Gross Output Value of Farming, Forestry, Animal Husbandry and Fishery	农业产值 Output Value of Farming	林业产值 Output Value of Forestry	牧业产值 Output Value of Animal Husbandry	渔业产值 Output Value of Fishery	服务业产值 Output Value of Services	农林牧渔业总产值 Gross Output Value of Farming, Forestry, Animal Husbandry and Fishery	农业产值 Output Value of Farming	林业产值 Output Value of Forestry	牧业产值 Output Value of Animal Husbandry	渔业产值 Output Value of Fishery	服务业产值 Output Value of Services
1978	100	100	100	100	100	100	102.8	101.6	105.7	107.2	98.9	
1979	114.8	115.0	112.4	116.5	113.6		114.8	115.0	112.4	116.5	113.6	
1980	111.2	109.3	108.7	120.6	127.4		96.9	95.1	96.8	103.6	112.2	
1981	115.6	111.2	127.3	122.6	150.7		103.9	101.7	117.1	101.8	118.3	
1982	127.4	122.4	124.8	148.7	170.0		110.2	110.1	98.0	121.1	112.8	
1983	129.4	122.7	128.2	152.7	213.2		101.5	100.2	102.7	102.7	125.4	
1984	143.3	135.4	144.5	169.0	240.9		110.8	110.3	112.7	110.7	112.9	
1985	153.6	140.4	153.7	200.8	291.5		107.2	103.7	106.4	118.8	121.0	
1986	157.7	138.0	154.9	232.9	337.4		102.6	98.3	100.8	116.0	115.7	
1987	171.6	150.8	169.3	247.9	387.9		108.8	109.3	109.3	106.4	115.0	
1988	176.3	147.5	176.9	282.1	445.1		102.7	97.8	104.5	113.8	114.8	
1989	185.8	156.8	177.6	296.5	485.3		105.4	106.3	100.4	105.1	109.0	
1990	198.0	167.7	184.0	315.5	532.0		106.5	106.9	103.6	106.4	109.6	
1991	210.0	176.0	199.4	337.6	584.6		106.1	105.0	108.3	107.0	109.9	
1992	223.8	181.4	212.9	378.7	712.1		106.6	103.0	106.8	112.2	121.8	
1993	240.1	185.2	194.2	456.3	972.1		107.3	102.1	91.2	120.5	136.5	
1994	264.7	193.4	209.7	537.7	1243.1		110.2	104.5	108.0	117.8	127.9	
1995	278.4	193.9	210.3	590.9	1562.5		105.2	100.2	100.3	109.9	125.7	
1996	301.8	208.4	221.5	609.2	2087.5		108.4	107.5	105.3	103.1	133.6	
1997	322.9	221.3	218.1	644.1	2510.9		107.0	106.2	98.5	105.7	120.3	
1998	310.2	203.8	220.4	623.6	2656.1		96.1	92.1	101.1	96.8	105.8	
1999	325.4	226.2	216.8	600.3	2847.3		104.9	111.0	98.4	96.3	107.2	
2000	334.5	230.3	234.4	599.1	3103.6	335.0	102.8	101.8	108.1	99.8	109.0	100.6
2001	344.5	238.1	237.2	608.7	3261.9	364.8	103.0	103.4	101.2	101.6	105.1	108.9
2002	358.3	244.5	251.2	628.8	3539.2	332.3	104.0	102.7	105.9	103.3	108.5	91.1
2003	368.1	243.3	268.7	651.4	3819.9	296.1	102.7	99.5	107.0	103.6	107.9	89.1
2004	397.6	269.3	280.8	685.9	4125.4	307.9	108.0	110.7	104.5	105.3	108.0	104.0
2005	424.6	278.5	293.2	770.3	4451.3	316.8	106.8	103.4	104.4	112.3	107.9	102.9
2006	450.5	293.5	346.8	794.2	4780.5	356.4	106.1	105.4	118.3	103.1	107.4	112.5
2007	469.4	303.5	377.0	818.0	5067.3	383.8	104.2	103.4	108.7	103.0	106.0	107.7
2008	491.9	315.3	406.8	859.7	5340.9	399.5	104.8	103.9	107.9	105.1	105.4	104.1
2009	514.5	323.5	430.8	909.6	5725.4	413.1	104.6	102.6	105.9	105.8	107.2	103.4
2010	535.1	327.1	458.8	962.4	6137.6	434.2	104.0	101.1	106.5	105.8	107.2	105.1
2011	557.6	346.7	484.0	985.5	6211.3	458.0	104.2	106.0	105.5	102.4	101.2	105.5
2012	583.2	356.0	515.0	1034.7	6726.8	485.5	104.6	102.7	106.4	105.0	108.3	106.0
2013	609.3	374.6	548.0	1070.0	6928.6	514.7	104.5	105.2	106.4	103.4	103.0	106.0

12-6 农、林、牧、渔业总产值

Gross Output Value of Farming,Forestry,Animal Husbandry and Fishery

单位：万元 (10000 yuan)

行　　业	Sector	2012	2013	2013年比2012年增长（%）Increase Rate in 2013 over 2012(%)
农林牧渔业总产值	**Gross Output Value of Farming,Foretry, Animal Husbands and Fishery**	**23992583**	**25783521**	**4.5**
农业产值	**Output Value of Farming**	**10032063**	**10728030**	**5.2**
谷物及其他作物	Cereal and Other Cereal	6276500	6518524	4.7
谷物	Cereal	4958818	4984551	1.4
薯类	Tubers	89154	118855	4.3
油料	Oil-bearing Crops	581231	593737	1.7
豆类	Soybeans	162872	176410	2.8
棉花	Cotton	121154	103510	-14.0
麻类	Fiber Crops	10205	8442	-10.2
糖料	Sugar Crops	57882	120914	5.0
烟草	Tobacco	104996	118966	-3.7
其他农作物	Other Cereal	190188	293138	10.5
蔬菜、食用菌及花卉、盆景园艺产品	Vegetable, Edible Fungi and Gardening Cereal	2778761	3042980	4.3
水果、坚果、茶、饮料和香料作物	Fruit, Nut, Tea, Drink and Spicery Cereal	932252	1108436	10.9
中药材	Chinese Traditional Medicinal Materials	44550	58090	-13.1
林业产值	**Output Value of Forestry**	**2289114**	**2526709**	**6.4**
林木的培育和种植	Forest Cultivated and Planted	761238	852851	5.0
竹木采运	Bamboo and timber's Cutting and Transport	436172	596017	31.2
林产品	Forestry Products	1091704	1077841	-2.5
牧业产值	**Output Value of Animal Husbandry**	**7526773**	**7964378**	**3.4**
牲畜饲养	Livestock Raised	607541	695392	4.8
猪的饲养	Hogs Raised	4849974	5034613	3.3
家禽饲养	Poultry Raised	1844346	1998425	3.5
狩猎和捕捉动物	Animal Hutted and Caught	28530	28615	0.3
其他畜牧业	Other Animal Husbandry	196382	207333	2.1
渔业产值	**Output Value of Fishery**	**3330579**	**3701506**	**3.0**
鱼类	Fish	2171364	2688996	2.3
甲壳类	Carapace	334863	483733	0.7
贝类	Shell-fish	29528	77733	153.8
其他渔业	Other Fishery	794824	451043	-39.0
农林牧渔服务业产值	**Services Output Value of Farming, Forestry, Animal Husbandry and Fishery**	**814054**	**862897**	**6.0**

注：增长速度由当年可比价格产值除以上年现行价格产值所得。

a) The growth is equal to the output value that caculated at current year's constant prices divided by the output value that caculated at last year's current prices.

12-7 各地区粮食作物和多种经营产值（2013年）

Output Value of Grain Crops and Multi Deal by Region (2013)

本表按当年价格计算

Data in this table are calculated at current prices.

地区	Region	农林牧渔业总产值（万元） Gross Output Value of Farming, Forestry, Animal Husbandry and Fishery(10000yuan)	粮食作物 Grain Crops	多种经营 Multi-dealing	构成(%) Composition (%) 粮食作物 Grain Crops	多种经营 Multi-dealing
全　省	**Provincial Total**	**25783521**	**5279816**	**20503705**	**20.5**	**79.5**
南昌市	Nanchang	2072139	363923	1708216	17.6	82.4
景德镇市	Jingdezhen	588503	86074	502429	14.6	85.4
萍乡市	Pingxiang	581742	53870	527872	9.3	90.7
九江市	Jiujiang	1557878	247840	1310038	15.9	84.1
新余市	Xinyu	584025	116088	467937	19.9	80.1
鹰潭市	Yingtan	523012	119834	403178	22.9	77.1
赣州市	Ganzhou	3059606	242560	2817046	7.9	92.1
吉安市	Ji'an	2536532	688130	1848402	27.1	72.9
宜春市	Yichun	2701401	614973	2086428	22.8	77.2
抚州市	Fuzhou	2261194	519721	1741473	23.0	77.0
上饶市	Shangrao	2304914	535998	1768916	23.3	76.7

12-8 农林牧渔业商品产值和商品率

Commodity Output Value and Commdity Rate of Farming, Forestry, Animal Husbandry and Fishery

本表按当年价格计算

Data in this table are calculated at current prices.

行业	sector	农林牧渔业商品产值(万元) Commodity Output Value of Farming, Forestry, Animal Husbandry and Fishery (10000 yuan) 2012	2013	农林牧渔业商品率(%) Commdity Rate of Farming, Forestry, Animal Husbandry and Fishery (%) 2012	2013
合　计	**Total**	**17491174**	**18770946**	**72.9**	**72.8**
#粮食作物产值	Output Value of Grain Crops	3544433	3589011	68.0	68.0
多种经营产值	Output Value of Multi-dealing	13946741	15181935	74.3	74.0
农　业	Farming	6924269	7670073	69.0	71.5
林　业	Forestry	1088037	1143523	47.5	45.3
牧　业	Animal Husbandry	6377999	6644150	84.7	83.4
渔　业	Fishery	2797808	2966527	84.0	80.1
服务业	Services	303061	346673	37.2	40.2

12-9 农、林、牧、渔业中间消耗

Intermediate Consumption of Farming,Forestry,Animal Husbandry and Fishery

单位：万元 (10000 yuan)

行　　业	Sector	2012	2013
农林牧渔业中间消耗总计	**Total Intermediate Consumption of Farming,Forestry, Animal Husbandry and Fishery**	**8790249**	**9418584**
农业中间消耗	**Intermediate Consumption of Farming**	**3362128**	**3579768**
物质消耗	Material Consumption	2968359	3155249
用种量	Quantity of Seeds Used	621675	676940
役畜用饲料、饲草	Feedstuff for Service-lovestock	149098	159451
肥料	Fertilizer	1197376	1260213
燃料	Fuel	172935	185183
农药	Pesticide	248139	254733
农用塑料薄膜	Plastic Film for Farming	112607	119181
用电量	Consumption of Electricity	162400	172771
小农具购置	Small Dead Stock	124195	131223
办公用品购置	Office Stationary Purchased	10906	11547
其他	Others	169028	184007
生产服务支出	Production and Services Expenditure	393769	424519
林业中间消耗	**Intermediate Consumption of Forestry**	**514126**	**567994**
物质消耗	Material Consumption	398994	448124
用种量	Quantity of Seeds Used	136118	155513
肥料	Fertilizer	92453	101129
燃料	Fuel	30820	34685
农药	Pesticide	24334	27648
用电量	Consumption of Electricity	16078	18057
小农具购置	Small Dead Stock	27082	30237
办公用品购置	Office Stationary Purchased	12061	12631

12-9 续表 continued

单位：万元 (10000 yuan)

行 业	Sector	2012	2013
其他物质消耗	Other Material Consumption	60048	68224
生产服务支出	Production and Services Expenditure	115132	119870
牧业中间消耗	**Intermediate Consumption of Animal Husbandry**	**3553646**	**3776706**
物质消耗	Material Consumption	3341065	3546855
用种量	Quantity of Seeds Used	546500	609183
饲料、饲草	Feedstuff,Forage Grass	2482284	2595624
燃料	Fuel	101301	112578
用电量	Consumption of Electricity	26217	29029
畜牧用药品	Leechdom for Livestock	99801	109311
其他	Others	84962	91130
生产服务支出	Production and Services Expenditure	212581	229851
渔业中间消耗	**Intermediate Consumption of Fishery**	**999007**	**1111007**
物质消耗	Material Consumption	835267	929269
饲料	Feedstuff	568429	637303
燃料	Fuel	49857	55203
用电量	Consumption of Electricity	23253	25692
办公用品购置	Office Stationary Purchased	10198	10382
其他	Others	183530	200689
生产服务支出	Production and Services Expenditure	163740	181738
农林牧渔服务业中间消耗	**Intermediate Consumption of Services of Farming,Forestry, Animal Husbandry and Fishery**	**361342**	**383109**
物质消耗	Material Consumption	219038	230544
生产服务支出	Production and Services Expenditure	142304	152565

12–10 主要农业机械年末拥有量和机耕情况

Major Agricultural Machinery at the Year-end and Condition of Tractor-ploughing

指　　标	Item	1990	2000	2010	2012	2013
农业机械总动力(万瓦特)	**Total Power of Agricultural Machinery(10000 watts)**	**667717**	**902307**	**3805000**	**4599685**	**2014132**
柴油发动机动力	Power of Diesel Motor	410637	620228	2978000	3548674	1571832
汽油发动机动力	Power of Pectol Motor	80651	63401	161000	239694	80875
电动机动力	Power of Electromotor	176429	211399	666000	811300	360437
其他机械动力	Power of Other Engine		7279			988
农业机械与设备	**Agricultural Machinery and Equiment**					
大中型拖拉机(台)	Large and Medium Agricultural Tractors(unit)	19324	22725	16700	20528	10188
(万瓦特)	(10000 watts)	49449	54001	38490	66941	42265
小型拖拉机(台)	Mini-Tractors(unit)	91682	78634	390300	533229	289752
(万瓦特)	(10000 watts)	76492	65329	469800	574744	329809
大中型配套农具(部)	Number of Large and Medium Agricultural Tractor Towing Farm Machinery(unit)	10190	3037	20500	28960	17378
小型配套农具(部)	Number of Mini-Tractor Towing Farm Machinery(unit)	67319	105813	286100	376890	312850
农用排灌动力机械(台)	Agricultural Irrigation and Drainage Engines(unit)	130713	253881	1164000	1301638	614225
(万瓦特)	(10000 watts)	150864	213168	880000	952832	403545
#柴油机(台)	Diesel Engines(unit)	67476	144926	742000	821050	349683
(万瓦特)	(10000 watts)	68615	111667	510650	574416	241126
电动机(台)	Electromotors(unit)	60446	90423	401000	439237	221500
(万瓦特)	(10000 watts)	80923	103744	329480	362051	134941
农用水泵(台)	Agricultural Water Pumps(unit)	118122	223295	731000	816057	448287
节水灌溉机械(套)	Water-saving Irrigation Machine(set)	4816	7033	50900	138510	124177
机动脱粒机(台)	Motorized Thrashing Machine(unit)	42047	253864	931400	863366	302769
机动喷雾(粉)机(部)	Motorized Spraying Machine(unit)	6942	24589	158800	201249	136942
(万瓦特)	(10000 watts)	1155	3676	39520	50646	27662
农用运输车(辆)	Agricultural Transport Cars(unit)	22811	57489	203800	259495	101871
(万瓦特)	(10000 watts)	27037	92667	517000	664334	239674
农业机耕情况	**Condition of Agricultural Tractor-ploughing**					
当年实际机耕面积(千公顷)	Real Tractor-ploughing Areas in Current Year(1000 hectares)	640.6	1029.4	2898.8	2950.0	3038

12-11 农村小水电和农业电气化、化学化、水利化情况
Rual Small Hydropower and Agricultural Electrization, Chemization, Adequate Irrigation

指标	Item	1990	2000	2010	2012	2013
农村小水电情况	**Rual Small Hydropower Condition**					
乡镇(场)及以下办水电站个数(个)	Number of Hydropower Stations under Town (Township)(unit)	4623	2069	2570	2643	2834
发电能力(千瓦)	Gegerating Capacity(kw)	219709	344232	1104406	1134446	1179980
农业电气化情况	**Agricultural Electrization**					
农村用电量(万千瓦小时)	Electricity Consumed in Rural Areas(10000 kwh)	159927	339255	715738	846160	909014
通电的村民委员会个数(个)	Number of Villagers' Committees with Electricity(unit)	18957	20242	17245	17196	17211
通电的村委会占村委会总数比重(%)	Percentage of Villagers' Committees with Electricity in Total Villagers'Committees(%)	91.1	97.6	99.9	100.0	100.0
农业化学化情况	**Agricultural Chamization**					
农用化肥施用量(实物量)(万吨)	Quantity of Chemical Fertilizers Used for Farming (Material) (10000 tons)	285.6	343.4	415.1	426.9	429.4
氮肥	Nitrogenous Fertilizer	150.5	150.2	135	136.3	135.1
磷肥	Phosphorus Fertilizer	90.0	88.2	81.2	81.6	80.7
钾肥	Kalium Fertilizer	26.7	40.0	53.3	53.6	53.1
复合肥	Compound Fertilizer	18.4	65.0	145.6	155.4	160.5
农用化肥施用量(折纯量)(万吨)	Quantity of Chemical Fertilizers Used for Farming (net)(10000 tons)	83.6	106.9	137.6	141.3	141.6
氮肥	Nitrogenous Fertilizer	46.1	47.5	43.4	42.9	42.7
磷肥	Phosphorus Fertilizer	17.8	19.6	22.1	22.7	22.1
钾肥	Kalium Fertilizer	13.3	17.2	21.1	21.1	20.9
复合肥	Compound Fertilizer	6.4	22.7	50.9	54.6	55.8
农用塑料薄膜使用量(吨)	Quantity of Plastic Film for Farming Consumed(ton)	16428	28599	45491	50275	51401
农药使用量(吨)	Quantity of Pesticide Consumed(ton)	36482	51406	106530	100413	99922
农业水利化情况	**Agricultural Adequate Irrigation**					
有效灌溉面积(千公顷)	Irrigated Areas(1000 hectares)	1836.7	1903.4	1852.4	1907.1	1995.6

12-12 水利灌溉设施年末建成达到情况

Construction Condition of Water Conservancy for Irrigation at the End of Year

指 标	Item	2011	2012	2013
工程座数	**Number of Projects**			
蓄水工程(座)	Water Storage Project(unit)	240511	240715	239758
大型水库	Large-scale Reservoir	27	28	28
中型水库	Medium-scale Reservoir	257	257	257
小(一)型水库	Small(1)-scale Reservoir	1491	1491	1499
小(二)型水库	Small(2)-scale Reservoir	9010	9010	9012
塘 坝	Embankment	229726	229929	228962
泵站(处)	Pump Station(set)	19562	19562	19566
大型	Large	3	3	3
中型	Medium	111	111	111
小型及规模以下	Small and below	19448	19448	19452
机电井(眼)	Mechanical and Electrical Well(unit)	1550394	1550395	1550127
规模以上机电井	above Designated Size	7617	7618	7350
规模以下机电井	below Designated Size	1542777	1542777	1542777
有效灌溉面积(千公顷)	Irrigated Areas(1000 hectares)	1915	2009	1996
灌区数量(处)	Irrigated Place(unit)			
50万亩以上	500000 mu and over	5	5	5
30-50万亩	300000-500000 mu	13	13	13
5-30万亩	50000-300000 mu	90	90	92
1-5万亩	10000-50000 mu	206	206	206
0.2-1万亩	2000-10000 mu	825	830	831

注:2011年数据为全省水利普查数据(水利工程完工数),2012年和2013年的数据是以2011年水利普查数为基数进行增减变动的数据.

a) The data on 2011 source from Water Conservancy Census. The data on 2012 and 2013 are estimated in accordance with the data on Water Conservancy Census.

12-13 各地区农村小水电和农业电气化、化学化、水利化情况（2013年）

指 标	Item	全 省 Provincial Total	南昌市 Nanchang
农村小水电情况	**Rual Small Hydropower Condition**		
乡镇(场)及以下办水电站个数(个)	Number of Hydropower Stations under Town(Township)(unit)	2834	11
发电能力(千瓦)	Generating Capacity(kw)	1179980	900
农业电气化情况	**Agricultural Electrization**		
农村用电量(万千瓦小时)	Electricity Consumed in Rural Areas(10000 kw per hour)	909014	142710
通电的村民委员会个数(个)	Number of Villagers' Committees with Electricity(unit)	17211	1179
通电的村委会占村委会总数比重(%)	Percentage of Villagers' Committees with Electricity in Total Villagers'Committees(%)	100.0	100.0
农业化学化情况	**Agricultural Chamization**		
农用化肥施用量(实物量)(吨)	Quantity of Chemical Fertilizers Used for Farming (material) (ton)	4294264	384941
氮 肥	Nitrogenous Fertilizer	1350985	112675
磷 肥	Phosphorus Fertilizer	806937	84031
钾 肥	Kalium Fertilizer	531122	52760
复 合 肥	Compound Fertilizer	1605220	135475
农用化肥施用量(折纯量)(吨)	Quantity of Chemical Fertilizers Used for Farming (net)(ton)	1415770	148862
氮 肥	Nitrogenous Fertilizer	427126	36722
磷 肥	Phosphorus Fertilizer	221303	25282
钾 肥	Kalium Fertilizer	209217	25275
复 合 肥	Compound Fertilizer	558124	61583
农用塑料薄膜使用量(吨)	Quantity of Plastic Film for Farming Consumed(ton)	51401	2228
农药使用量(吨)	Quantity of Pesticide Consumed(ton)	99922	8173
农业水利化情况	**Agricultural Adequate Irrigation**		
有效灌溉面积(千公顷)	Irrigated Areas(1000 hectares)	1996	187

Rual Small Hydropower and Agricultural Electrization,Chemization, Adequate Irrigation by Region (2013)

景德镇市 Jingdezheng	萍乡市 Pingxiang	九江市 Jiujiang	新余市 Xinyu	鹰潭市 Yingtan	赣州市 Ganzhou	吉安市 Ji'an	宜春市 Yichun	抚州市 Fuzhou	上饶市 Shangrao
20	106	261	9	30	633	323	522	405	514
6336	55205	112943	1269	10362	243736	220410	169790	186121	172908
26583	53190	108533	33769	30863	107109	85932	120016	49724	150585
505	639	1747	407	357	3460	2525	2255	1797	2340
100.0	100.0	100.0	100.0	100.0	100.0	100.0	100.0	100.0	100.0
90181	99005	425024	124945	115592	769138	540433	653712	530288	561005
24949	42943	160045	37470	29478	275058	146680	199547	155423	166717
12616	21896	75481	34163	25396	137417	88081	131553	110070	86233
8398	12345	58176	19643	12059	86132	57448	95626	65450	63085
44218	21821	131322	33669	48659	270531	248224	226986	199345	244970
34103	39862	158753	30130	29951	238905	181175	218426	191028	144575
9231	15775	59049	9998	7317	64476	48974	69523	61928	44133
3154	9645	26250	7301	6464	30957	25038	32162	33202	21848
4031	5828	23465	5160	3075	37360	23114	37592	26665	17652
17687	8614	49989	7671	13095	106112	84049	79149	69233	60942
1452	931	4121	971	2265	11782	5860	9514	6590	5687
1518	2123	11772	1902	1554	14457	14273	12131	14713	17306
50	41	198	51	58	279	293	305	223	310

12-14 堤防、水闸、除涝、水土保持及解决饮水困难情况

Condition of Dike,Sluice,Waterlogging Control,Water and Soil Conversation and Easing the Shortage of Drinking Water

指 标	Item	2011	2012	2013
堤防长度(公里)	Dike Projects(km)	12605.97	12887.80	12979.79
1级堤防	First-grade Dike	67.05	67.05	67.05
2级堤防	Second-grade Dike	282.32	286.22	292.51
3级堤防	Third-grade Dike	159.51	230.01	230.01
4、5级堤防	Fourth-grade and Fifth-grade Dike	6669.07	6876.50	6508.23
5级以下堤防	Dike below Fifth-grade	5428.02	5428.02	5881.99
达标堤防长度(公里)	Dike up to Standard(km)	3016.17	3348.12	3488.63
水闸工程设施(座)	Sluice Projects(set)			
大型水闸	Large-scale Sluice	25.00	25.00	25.00
中型水闸	Medium-scale Sluice	227.00	229.00	230.00
小型水闸及规模以下	Small-scale Sluice and below	11053.00	11055.00	11056.00
除涝面积(千公顷)	Area of Waterlogging Control(1000 hectares)	378.24	382.80	385.44
除涝标准3-5年一遇的	Once 3-5 Years	182.12	184.61	185.38
除涝标准5年以上的	Once over 5 Years	196.12	198.19	200.06
水土流失综合治理面积(千公顷)	Area of Soil Erosion under Control(1000 hectares)	4710.90	4906.50	5128.80
农村集中式供水工程(处)	Centralized Water Supply Project in Rural Areas(unit)			
千吨万人以上	above Kiloton 1000 persons	283.00	471.00	570.00

12-15 农作物播种面积和产量（2013年）

Total Sown Areas and Output of Farm Crops (2013)

类别	Type	播种面积(千公顷) Sown Area (1000 hectares)	单产(千克/公顷) Yield per Unit (kg/hectare)	总产量(粮食:万吨；其他:吨) Total Output (Grain:10000 tons; Others:ton)	总产量比上年增长(%) Total Growth Over Last Year (%)
总计	**Total**	**5553.03**			
粮食作物	Grain Crops	3690.85	5733	2116.1	1.5
谷物	Cereal	3387.63	5963	2019.9	1.4
稻谷	Rice	3337.95	6004	2004.0	1.4
早稻	Early Rice	1397.67	5924	828.0	3.5
中稻及一季晚稻	Middle-season and Late Rice	392.93	6726	264.3	-0.5
二季晚稻	Second season Late Rice	1547.35	5892	911.7	0.2
小麦	Wheat	11.78	2114	2.5	2.2
玉米	Corn	29.53	4054	12.0	8.8
大(米)麦	Barley	0.30	2000	0.1	13.4
豆类合计	Total Legume	160.30	1914	30.7	4.4
大豆	Soybean	99.47	2254	22.4	5.3
杂豆	Mixed bean	60.83	1358	8.3	2.5
薯类(按折粮计算)	Tubers (converted into grain)	142.92	4582	65.5	3.6
油料合计	Total Oil-bearing	743.12	1604	1192243	1.8
#花生	Peanuts	163.69	2761	452003	0.9
油菜籽	Rape Seeds	547.98	1284	703654	2.3
芝麻	Sesame	31.45	1162	36547	6.0
棉花	Cotton	84.67	1546	130860	-14.0
麻类合计	Total Fiber Crops	5.31	1533	8149	-10.2
黄红麻	Jute and Ambary Hemp	0.15	4865	720	-10.5
苎麻	Ramee	5.17	1438	7429	-10.1
甘蔗	Sugarcane	14.47	44685	646598	5.0
烟叶合计	Tabacco Total	23.67	2135	50538	-3.7
烤烟	Flue-cured Tobacco	22.37	2126	47563	-5.5
晒烟	Sun-cured Tobacco	1.31	2278	2975	39.4
中药材	Traditional Chinese Medicinal Materials	20.08			
蔬菜类及食用菌	Vegetables and Edible Mushrooms	563.72	22308	12575676	3.7
瓜果类	Melons and Fruits	75.282	26092	1964248	-2.3
其他作物	Other Crops	331.85			
#莲子	Lotus Seeds	13.37	1591	21270	15.3
青饲料	Succulence	80.16	13505	1082611	10.6

注：本表粮食作物均为农产量抽样调查数，后同。

a) Data of Grain Crops in this table are estimated from sample surveys, The same applies to the tables following.

12-16 农作物播种面积

单位：千公顷

年份 Year	合计 Total	粮食作物 Grain Crops	#稻谷 Cereal	#小麦 Wheat	棉花 Cotton	油料 Oil-bearing	#花生 Peanut
1978	5701.1	3820.8	3380.3	121.2	114.3	270.8	46.2
1979	5699.5	3844.0	3386.8	136.1	98.9	329.7	46.4
1980	5553.7	3775.3	3383.7	121.3	108.5	324.0	47.7
1981	5542.8	3758.3	3362.7	116.3	104.7	360.5	48.7
1982	5578.3	3743.9	3339.5	104.0	100.9	370.3	49.6
1983	5465.3	3714.1	3323.7	98.4	82.6	351.7	48.6
1984	5456.7	3714.1	3326.9	98.7	81.1	348.0	52.3
1985	5419.1	3650.9	3264.9	94.2	66.3	372.0	64.2
1986	5438.7	3629.8	3250.7	86.8	61.5	414.5	80.3
1987	5482.7	3647.9	3268.7	83.7	62.2	449.8	89.7
1988	5396.3	3588.7	3210.5	80.1	65.2	440.9	93.3
1989	5555.3	3693.9	3297.7	78.2	66.1	507.1	91.9
1990	5759.7	3700.9	3286.6	74.9	70.3	686.5	91.7
1991	5829.7	3589.7	3146.1	71.9	114.6	800.7	92.0
1992	5844.9	3446.2	2981.5	72.5	135.1	913.9	117.9
1993	5721.0	3360.1	2865.1	74.0	151.3	840.9	131.1
1994	5753.4	3434.4	2939.5	73.1	163.3	853.8	138.5
1995	5949.5	3510.0	3019.4	59.1	131.8	1057.0	130.3
1996	6105.3	3570.6	3055.4	72.3	107.4	1055.3	140.0
1997	6037.6	3586.5	3087.4	72.5	102.2	1003.3	142.6
1998	5804.0	3421.1	3034.6	63.3	108.4	947.7	151.8
1999	5871.0	3548.2	3050.0	61.5	69.2	900.4	163.5
2000	5650.8	3322.0	2832.0	51.4	69.0	858.1	179.9
2001	5534.7	3265.2	2808.3	38.3	70.5	778.7	183.4
2002	5355.1	3188.0	2786.7	28.5	55.0	704.2	176.7
2003	4997.4	3051.1	2685.3	20.6	65.5	632.7	166.8
2004	5258.1	3425.4	3095.9	19.1	62.5	566.2	134.5
2005	5328.9	3519.0	3187.7	15.9	63.9	577.0	135.1
2006	5255.6	3547.1	3271.1	12.4	65.7	585.8	132.6
2007	5215.0	3525.3	3196.3	11.2	68.3	583.5	132.1
2008	5330.9	3578.1	3255.5	10.2	66.6	658.8	142.0
2009	5376.4	3604.6	3282.1	9.9	75.5	716.4	146.4
2010	5457.7	3639.1	3318.4	10.4	79.7	731.7	152.4
2011	5486.8	3650.1	3359.6	10.9	82.0	732.4	157.9
2012	5525.9	3676.0	3328.3	11.9	85.0	744.2	160.7
2013	5553.0	3690.9	3338.0	11.8	84.7	743.1	163.7

Total Sown Areas of Farm Crops

(1000 hectares)

#油菜籽 Rape Seeds	#芝麻 Sesame	黄红麻 Jute and Ambary Hemp	苎麻 Ramee	甘蔗 Sugarcane	烤烟 Flue-cured Tobacco	晒烟 Sun-cured Tobacco	蔬菜 Vegetables
174.3	50.3	5.2	1.3	19.5	3.8	4.1	69.9
214.1	69.3	5.1	1.4	18.8	2.1	3.8	65.1
217.7	58.7	6.4	2.1	19.1	1.1	3.1	70.2
252.2	59.6	10.1	2.7	24.1	2.3	3.3	71.1
255.9	64.7	7.9	2.5	23.7	2.8	3.7	128.7
246.1	57.1	4.7	2.3	21.1	1.8	3.0	159.5
238.3	57.4	5.4	2.6	30.1	2.1	3.8	185.9
245.9	61.9	16.3	9.5	37.7	2.3	4.8	207.1
273.0	61.1	9.7	28.9	38.9	1.7	4.3	211.3
302.9	57.2	7.7	37.3	36.7	3.2	4.9	222.3
300.1	47.5	6.9	21.1	36.1	11.7	6.5	238.3
358.9	56.3	7.7	12.0	31.8	10.5	6.7	243.5
540.9	54.0	8.3	6.6	35.6	14.8	5.9	269.2
657.2	51.3	8.3	5.3	41.8	28.1	6.5	272.3
741.5	54.5	6.9	6.4	50.4	31.1	6.9	317.9
648.8	61.1	6.9	5.0	43.4	37.4	6.5	371.6
653.8	61.4	5.9	7.0	38.5	16.0	5.5	399.1
864.1	62.4	4.4	8.6	40.2	9.8	5.1	436.1
853.6	61.8	3.9	9.1	37.0	11.8	4.9	484.7
801.1	59.7	3.0	8.5	41.8	23.7	4.9	508.1
745.3	50.6	2.8	7.5	38.6	13.9	3.2	491.6
685.4	51.4	1.8	7.3	33.6	11.8	3.1	525.9
629.2	49.0	1.7	9.0	28.4	11.5	2.7	560.1
547.7	47.0	1.3	9.9	25.9	12.1	2.6	605.0
482.9	42.4	1.0	8.9	26.0	11.3	2.1	625.0
428.1	36.1	0.6	8.3	24.4	9.7	1.8	548.3
400.5	29.1	1.1	7.3	18.6	7.8	1.0	552.9
409.7	30.6	0.5	7.3	17.7	10.6	1.0	543.6
418.7	31.7	0.5	7.3	15.1	14.7	0.9	505.5
414.3	35.8	0.3	7.4	14.1	14.7	0.8	500.5
482.3	29.8	0.4	7.8	14.0	19.8	0.7	512.9
538.5	30.8	0.2	7.2	13.6	17.5	0.7	509.7
547.0	31.6	0.2	6.2	13.6	17.0	0.7	521.2
542.6	31.8	0.2	6.0	14.0	19.4	0.6	535.5
551.9	31.2	0.2	5.5	13.8	22.9	0.9	548.4
548.0	31.5	0.1	5.2	14.5	22.4	1.3	563.7

12-17 主要农产品产量

年份 Year	粮食 (万吨) Grain (10000ton)	棉花 (吨) Cotton (ton)	油料折油 (吨) Oil-bearing (ton)	油料合计 (吨) Total Oil-bearing (ton)	#花生 Peanuts	#油菜籽 Rape Seeds	#芝麻 Sesame	黄红麻 (吨) Jute and Ambary Hemp (ton)
1978	1125.74	34796	66271	134940	51686	68399	14855	4793
1979	1296.50	43542	103540	199216	60588	100639	37989	7529
1980	1240.04	43039	67804	137605	50502	71999	15104	10775
1981	1268.71	46909	104690	198344	56713	116275	25356	14993
1982	1408.74	65621	105360	259958	62974	159804	37180	11567
1983	1460.45	47932	93031	228752	62424	141353	24975	6427
1984	1549.18	69141	104260	245317	74155	144974	26188	8257
1985	1533.54	62199	122268	288842	103050	156691	29101	29875
1986	1453.77	54558	115323	315869	135578	156664	23627	18301
1987	1562.77	59187	135282	356974	157779	171632	27563	14080
1988	1535.43	32495	122547	328348	138059	174773	15516	10456
1989	1589.62	50050	148379	376519	150739	198755	27025	13423
1990	1658.20	56995	196114	548851	151909	371383	25559	18846
1991	1625.70	108998	226176	621726	149377	444558	27791	20472
1992	1566.00	148368	257389	741627	215142	490178	36307	17984
1993	1517.10	156222	260851	778140	257203	480746	40191	18327
1994	1603.50	174714	282747	836078	309554	483500	42966	17547
1995	1607.40	118547	346693	1035823	302510	690239	42971	13597
1996	1766.30	123071	339313	1010393	331169	634898	44277	9017
1997	1767.70	132390	365379	1056276	332669	681332	42244	7984
1998	1555.50	76092	282503	843455	334317	477853	31165	6555
1999	1732.70	63417	318638	943803	365179	546651	31907	4254
2000	1614.60	68025	325212	967297	403832	529998	33407	4437
2001	1600.00	80510	300390	905295	408616	463306	32333	4142
2002	1549.50	66891	277100	824182	407900	383506	30824	2882
2003	1450.30	76148	252998	759765	368282	364761	24603	1552
2004	1803.40	84812	257237	745278	317971	400887	23035	1793
2005	1853.86	87196	262238	761229	316617	416814	25318	909
2006	1896.52	95015	276246	779766	321554	428286	27094	898
2007	1904.21	107641	285360	841699	332692	429588	26885	1108
2008	1958.10	111915	317434	911919	367891	516281	26398	1404
2009	2002.56	125104	370794	1020240	381959	609619	27626	901
2010	1954.70	130773	364717	1075715	407959	638423	28434	1123
2011	2052.79	142853	444396	1149896	437498	666568	31723	988
2012	2084.84	152203	460395	1170753	448133	687541	34476	804
2013	2116.10	130860	437183	1192243	452003	703654	36547	720

注：本表1990年以后粮食产量为农产量抽样调查数。

Output of Major Farm Products

苎麻 (吨) Ramee (ton)	甘蔗 (吨) Sugarcane (ton)	烤烟 (吨) Flue-cured Tobacco (ton)	晒烟 (吨) Sun-cured Tobacco (ton)	水果 (吨) Fruits (ton)	肉类总产量 (吨) Output of Meat (ton)	生猪年末存栏 (万头) Hogs on Hand at the End of the Year (10000 heads)	水产品总产量 (万吨) Gross Output of Aquatic Products (10000 tons)
773	682908	2601	3540	29229	262704	944.3	5.93
1212	790784	1726	3266	60190	313749	1004.7	6.73
1252	857362	950	2758	56126	380490	1018.0	7.55
1627	1167281	2542	3265	70870	411140	1006.6	8.58
2050	1204245	3439	4184	73356	441368	1023.3	9.40
1732	1021939	2033	2777	89348	458122	1079.4	11.55
2495	1499874	2758	4046	89485	547967	1138.8	13.01
5106	1971006	2914	5880	107543	642514	1232.5	16.02
13211	1720310	1664	4287	161274	777126	1344.1	19.28
33475	1907887	3525	5928	172879	838692	1387.6	22.59
19212	1735822	7699	5890	146135	978268	1454.5	25.59
10581	1494895	9155	6173	229708	1040340	1486.5	28.12
6039	1942913	17175	5942	232983	1117438	1547.3	30.68
5166	2299461	31454	6686	334161	1239667	1589.6	33.93
6592	2561426	38246	7867	140914	1410488	1656.6	41.32
5727	2311395	46106	7980	208141	1676110	1781.0	55.49
8644	2041521	15186	6433	303658	1976564	1867.1	69.48
11141	2000272	10179	5730	427637	2193984	1951.0	84.04
12224	1857833	14870	6422	503928	2219302	1978.7	100.10
11288	2205930	31444	7527	676384	2275735	1979.8	115.08
9921	1863799	15906	3660	454628	2147125	1799.6	118.35
9692	1720059	14156	3304	703877	1982708	1554.3	122.12
11397	1368109	15092	3065	423403	1923111	1473.5	127.12
13034	1237046	16635	3095	577314	1931396	1406.5	132.26
12729	1308464	17232	2555	652276	1967198	1309.4	138.20
10165	1182490	15470	2434	777691	2013931	1362.7	146.06
10774	857182	15442	1387	1023742	2200265	1421.3	156.34
10944	783147	19761	1469	1302821	2448110	1485.4	168.66
10992	701340	29955	1321	1609336	2402215	1344.1	179.95
11149	660864	32751	1111	2181603	2473363	1420.1	196.06
11416	642066	46724	1070	2753566	2616319	1530.6	190.39
9837	622022	41411	1922	3270764	3009138	1680.1	205.30
9071	590981	36198	1393	2971285	3082029	1756.3	215.34
8938	628475	44497	1008	3876539	3167526	1827.5	222.81
8267	615764	50338	2134	3702788	3339124	1911.6	237.00
7429	646598	47563	2975	4413431	3445152	1967.6	242.65

a) Data of Grain Crops since 1990 in this table are estimated from sample surveys.

12-18 各地区经济作物播种面积（2013年）

单位：公顷

类别	Type	全省 Provincial Total	南昌市 Nanchang	景德镇市 Jingdezheng
油料合计	Total Oil-bearing	743123	87666	24084
#花生	Peanuts	163685	17265	2670
油菜籽	Rape Seeds	547977	64165	19022
芝麻	Sesame	31452	6236	2392
棉花	Cotton	84670	1922	1023
麻类合计	Total Fiber Crops	5314		1
黄红麻	Jute and Ambary Hemp	148		
苎麻	Ramee	5166		1
甘蔗	Sugarcane	14470	1043	1013
烟叶合计	Tabacco Total	23673		
烤烟	Flue-cured Tobacco	22367		
晒烟	Sun-cured Tobacco	1306		
中药材	Traditional Chinese Medicinal Materials	20082	66	266
蔬菜类及食用菌	Vegetables and Edible Mushrooms	563720	41302	28869
#叶菜类	Leaf Vegetable	101699	5968	3764
白菜类	Chinese Cabbage Vegetable	109089	8949	5938
甘蓝类	Cole Vegetable	17087	875	820
根茎类	Root Vegetable	96470	7165	5221
瓜菜类	Melons Vegetable	51663	3685	2582
豆类(菜用)	Legumes	39422	2216	2881
茄果菜类	Solanaceous Fruit Vegetable	66646	2788	3340
葱蒜类	Bulb Vegetable	32444	2589	1778
水生菜类	Aquatic Vegetable	13280	1069	330
其他蔬菜类	Others	35453	5998	2215
瓜果类	Melons and Fruits	75282	3742	2088
其他作物	Other Crops	331848	42070	7639
#莲子	Lotus Seeds	13367		590
青饲料	Succulence	80163	1238	1615

Total Sown Areas of Farm Crops by Region (2013)

(hectare)

萍乡市 Pingxiang	九江市 Jiujiang	新余市 Xinyu	鹰潭市 Yingtan	赣州市 Ganzhou	吉安市 Ji'an	宜春市 Yichun	抚州市 Fuzhou	上饶市 Shangrao
25853	133102	12382	11119	38975	138194	131394	25906	114448
1449	7918	4248	4853	32772	24466	38916	13718	15411
24395	121366	7908	5723	5988	112016	84871	11310	91212
9	3818	226	543	215	1712	7607	878	7816
17	62760	3188		20	176	9866	2146	3553
	1030	2220	8	19	14	1809	93	120
			1	18	10		81	38
	1030	2220	7	1	4	1809	12	82
26	648	41	697	249	1003	2531	3851	3368
108				9947	5371	335	7766	146
				9907	5324	13	7027	96
108				40	47	322	740	50
1449	3097	109	31	1159	4372	3587	5112	834
25111	45102	10756	12439	109381	98469	73878	63466	54948
5313	6925	2515	1597	19312	24578	13643	9725	8359
4818	9283	1342	2503	18291	16321	13138	15356	13150
725	1052	82	313	4262	2217	2697	2014	2031
3428	8433	1705	1946	16824	15907	12699	11958	11183
2622	3896	939	749	12880	9128	5406	5355	4421
2289	3435	672	882	8775	6217	4488	4072	3495
2007	5193	1613	1762	16039	12397	9389	6685	5433
1436	2236	1105	439	6759	5574	4393	3420	2715
481	1391	307	1080	2194	1770	1482	1836	1341
1992	3259	476	1168	4045	4033	6542	3046	2679
3219	5776	2956	2167	9364	8700	11563	19882	5826
11699	13945	5575	11119	83822	14831	65324	56464	19361
1287	145	7	52	6009	211	634	4273	159
3373	4890	4821	649	16439	8005	19581	12280	7272

12-19 各地区主要经济作物单位播种面积产量（2013年）

单位：千克/公顷

类　　别	Type	全　省 Provincial Total	南昌市 Nanchang	景德镇市 Jingdezheng
油料合计	Total Oil-bearing	1604	1483	1452
#花　生	Peanuts	2761	3256	3403
油菜籽	Rape Seeds	1284	1064	1197
芝　麻	Sesame	1162	881	1309
棉　花	Cotton	1546	1506	1713
麻类合计	Total Fiber Crops	1533		1000
黄红麻	Jute and Ambary Hemp	4868		
苎　麻	Ramee	1438		1000
甘　蔗	Sugarcane	44685	40864	44216
烟叶合计	Tabacco Total	2135		
烤　烟	Flue-cured Tobacco	2126		
晒　烟	Sun-cured Tobacco	2278		
蔬菜类及食用菌	Vegetables and Edible Mushrooms	22308	29963	31611
#叶菜类	Leaf Vegetable	18933	22152	27996
白菜类	Chinese Cabbage Vegetable	24679	37646	30400
甘蓝类	Cole Vegetable	23517	25152	34190
根茎类	Root Vegetable	25463	42451	40396
瓜菜类	Melons Vegetable	23898	33549	33022
豆类(菜用)	Legumes	18859	18169	30679
茄果菜类	Solanaceous Fruit Vegetable	19880	21681	27134
葱蒜类	Bulb Vegetable	18568	19871	26340
水生菜类	Aquatic Vegetable	20749	29154	30615
其他蔬菜类	Others	22265	22463	27422
其他作物	Other Crops			
#莲　子	Lotus Seeds	1591		1464

Output of Unit of Major Farm Crops Sown Area by Region (2013)

(kg/hectare)

萍乡市 Pingxiang	九江市 Jiujiang	新余市 Xinyu	鹰潭市 Yingtan	赣州市 Ganzhou	吉安市 Ji'an	宜春市 Yichun	抚州市 Fuzhou	上饶市 Shangrao
1412	1630	1757	2084	2444	1287	1600	2113	1666
2028	2166	2801	3005	2694	2330	2805	2668	3182
1375	1607	1184	1385	1125	1065	1088	1506	1440
1333	1260	2221	1219	1107	912	1157	1256	1309
765	1457	2099		1200	1460	1796	1718	1795
	1774	1222	1750	5684	3500	1396	5935	2983
			5000	5944	3800		5871	2500
	1774	1222	1286	1000	2750	1396	6364	3207
20154	28716	26780	33297	46096	47761	51501	52309	36986
1139				2046	2224	1246	2204	3973
				2047	2229	692	2157	2604
1139				1725	1745	1269	2654	6600
23899	19675	19004	17632	23836	17721	19865	21504	24200
24518	16442	13863	13271	21859	15637	17393	19587	18364
26570	24791	22146	15819	25133	17367	24104	22522	25984
18903	21603	19390	13454	25623	17554	20705	22804	29389
27185	21633	23683	22943	24757	21590	19126	23389	26666
24948	20608	32023	20387	25381	19038	22940	20415	22780
17909	16255	13271	12638	20025	16551	19016	18064	17279
20704	16610	14002	19232	23358	18187	16680	19911	18362
24000	14466	15940	12460	22687	15360	15247	17451	17911
24952	19535	32769	19149	12156	18693	23601	21320	22744
18757	17031	14856	16480	18615	15316	21439	20450	50425
2165	2529	47286	5692	1603	4199	899	1218	2113

12-20 各地区主要经济作物总产量（2013年）

单位：吨

类　　别	Type	全　省 Provincial Total	南昌市 Nanchang	景德镇市 Jingdezheng
油料合计	Total Oil-bearing	1192243	129996	34979
#花　生	Peanuts	452003	56220	9086
油菜籽	Rape Seeds	703654	68283	22761
芝　麻	Sesame	36547	5493	3132
棉　花	Cotton	130860	2895	1752
麻类合计	Total Fiber Crops	8149		1
黄红麻	Jute and Ambary Hemp	720		
苎　麻	Ramee	7429		1
甘　蔗	Sugarcane	646598	42621	44791
烟叶合计	Tabacco Total	50538		
烤　烟	Flue-cured Tobacco	47563		
晒　烟	Sun-cured Tobacco	2975		
蔬菜类及食用菌	Vegetables and Edible Mushrooms	12575676	1237521	912570
#叶菜类	Leaf Vegetable	1925512	132208	105376
白菜类	Chinese Cabbage Vegetable	2692262	336888	180517
甘蓝类	Cole Vegetable	401837	22010	28036
根茎类	Root Vegetable	2456447	304141	210906
瓜菜类	Melons Vegetable	1234647	123610	85264
豆类(菜用)	Legumes	743452	40256	88386
茄果菜类	Solanaceous Fruit Vegetable	1324932	60455	90626
葱蒜类	Bulb Vegetable	602413	51442	46833
水生菜类	Aquatic Vegetable	275548	31171	10103
其他蔬菜类	Others	789356	134740	60739
其他作物	Other Crops			
#莲　子	Lotus Seeds	21270		864

Total Output of Major Farm Crops by Region (2013)

(ton)

萍乡市 Pingxiang	九江市 Jiujiang	新余市 Xinyu	鹰潭市 Yingtan	赣州市 Ganzhou	吉安市 Ji'an	宜春市 Yichun	抚州市 Fuzhou	上饶市 Shangrao
36501	217008	21761	23171	95273	177896	210288	54739	190632
2938	17147	11899	14585	88296	57017	109170	36602	49043
33551	195049	9360	7924	6739	119317	92320	17034	131317
12	4812	502	662	238	1562	8798	1103	10233
13	91442	6692		24	257	17721	3685	6379
	1828	2713	14	108	49	2526	552	358
			5	107	38		475	95
	1828	2713	9	1	11	2526	77	263
524	18616	1098	23208	11478	47904	130360	201428	124570
123				20352	11947	417	17119	580
				20283	11865	9	15156	250
123				69	82	408	1963	330
600117	887406	204406	219320	2607247	1744954	1467618	1364763	1329754
130264	113859	34865	21193	422145	384331	237286	190481	153504
128015	230141	29720	39596	459712	283452	316687	345840	341694
13705	22722	1590	4211	109204	38918	55844	45920	59676
93189	182443	40379	44648	416517	343438	242882	279689	298215
65413	80291	30070	15270	326904	173781	124013	109320	100712
40994	55833	8918	11147	175721	102895	85351	73562	60389
41553	86253	22585	33886	374638	225460	156613	133097	99766
34464	32341	17614	5470	153341	85616	66981	59680	48631
12002	27167	10060	20681	26670	33087	34968	39148	30491
37364	55498	7072	19249	75297	61768	140259	62282	135089
2786	366	331	296	9632	886	570	5203	336

12-21 茶叶、水果生产情况

Production Conditions of Tea,Fruits

指 标	Item	2012	2013	2013年比2012年增长（%） Increase Rate in 2013 over 2012(%)
产 量(吨)	**Output(ton)**			
茶 叶	Tea	38662	42999	11.2
#红茶	Black Tea	5123	4981	-2.8
绿茶	Green Tea	29317	33927	15.7
水 果	Fruits	3702788	4414571	19.2
柑桔类	Citrus	3364641	4073127	21.1
#柑	Hesperidium	339114	348620	2.8
桔	Orange	1673959	2097809	25.3
橙	Orange	1290484	1555395	20.5
柚	Grapefruit	61084	71303	16.7
梨	Pear	140594	141771	0.8
桃	Peach	52674	53750	2.0
其他水果	Other Fruits	144879	145523	0.4
面 积(公顷)	**Area(hectare)**			
年末茶园面积	Area of Tea Plantations at the End of Year	65492	72591	10.8
#当年采摘	Picked in Current Year	49927	55015	10.2
当年新增	Newly Added in Current Year	5810	7747	33.3
年末果园面积	Area of Orchard at the End of Year	392835	405154	3.1
柑桔园	Orange Plantation	317251	329412	3.8
梨园	Pear Plantation	27140	27212	0.3
桃园	Peach Plantation	9684	10040	3.7
其他果园	Other Plantation	38760	39281	1.3
当年新增	Newly Added in Current Year	14893	15177	1.9

12-22 各地区茶叶、水果产量（2013年）

Output of Tea,Fruits by Region (2013)

单位：吨 (ton)

地 区	Region	茶 叶 Tea	#红 茶 Black Tea	#绿 茶 Green Tea	水 果 Fruits	#柑 桔 Orange	#梨 Pear
全 省	**Provincial Total**	**42999**	**4981**	**33927**	**4414571**	**4073127**	**141771**
南 昌 市	Nanchang	1729	14	1706	31348	23618	2458
景德镇市	Jingdezhen	6273	2548	2664	13414	3254	2554
萍 乡 市	Pingxiang	313		287	13334	9402	874
九 江 市	Jiujiang	5780	1140	3434	129829	69884	27818
新 余 市	Xinyu	240		239	71934	55598	3183
鹰 潭 市	Yingtan	107		39	45724	28727	10589
赣 州 市	Ganzhou	4060	95	3789	1952762	1873641	15652
吉 安 市	Ji'an	3843	456	3202	384209	353301	9238
宜 春 市	Yichun	5026	342	4160	105961	80094	7835
抚 州 市	Fuzhou	2656	65	1933	1609091	1546956	44833
上 饶 市	Shangrao	12972	321	12474	56965	28652	16737

12-23 各地区茶园、果园面积（2013年）
Area of Tea Plantations,Orchard by Region (2013)

单位：公顷 (hectare)

地 区	Region	年末茶园面积 Area of Tea Plantations at the End of Year	年末果园面积 Area of Orchard at the End of Year	#柑桔 Orange	#当年新增面积 Areas Newly Added in Current Year
全 省	**Provincial Total**	**72591**	**405154**	**329412**	**15177**
南昌市	Nanchang	1548	6206	4132	154
景德镇市	Jingdezhen	8137	4667	1332	70
萍乡市	Pingxiang	435	3605	2762	32
九江市	Jiujiang	8257	19792	8314	335
新余市	Xinyu	470	5494	4308	479
鹰潭市	Yingtan	350	5947	2920	25
赣州市	Ganzhou	11177	189350	165802	4172
吉安市	Ji'an	12827	45046	37902	6884
宜春市	Yichun	8246	14853	8201	459
抚州市	Fuzhou	4245	94373	86535	2055
上饶市	Shangrao	16899	15821	7204	512

12-24 各地区主要林产品产量(2013年)
Output of Major Forest Products by Region(2013)

地 区	Region	木材（万立方米） Output of Timber (10000 cu.m)	原木 Logs	竹材产品（万根） Output of Bamboo (10000 units)	毛竹 Mao Bamboo	竹笋干（吨） Dried Bamboo Shoots(ton)	油茶籽（吨） Tea-oil Seeds (ton)	油桐籽（吨） Tung-oil Seeds (ton)	松脂（吨） Rosin (ton)
全 省	**Provincial Total**	**266.91**	**248.26**	**16169.80**	**13478.34**	**18569**	**412339**	**8012**	**101314**
南昌市	Nanchang	1.42	1.42	133.37	133.37	1745	13740	10	70
景德镇市	Jingdezhen	9.49	9.47	641.36	450.99	288	3030		3549
萍乡市	Pingxiang	0.66	0.66	564.00	564.00	1230	32107	400	670
九江市	Jiujiang	16.14	16.05	1939.92	1024.38	761	6357	206	3271
新余市	Xinyu	4.98	4.98	262.13	257.48	675	13949	1300	350
鹰潭市	Yingtan	2.29	2.06	812.13	810.13	120	1282		
赣州市	Ganzhou	56.69	55.42	2475.56	2376.24	3637	71272	3702	16560
吉安市	Ji'an	102.99	87.53	3838.64	2610.71	1275	129245	703	63238
宜春市	Yichun	36.87	36.47	2018.84	1767.20	3075	55013	1430	2859
抚州市	Fuzhou	19.38	18.53	2024.40	2024.40	4212	11049	10	10330
上饶市	Shangrao	15.99	15.68	1459.44	1459.44	1551	75295	251	417

注：全省数据含省直单位数据。
a)The data of provincial total include the provincial unit's data.

12-25 主要林产品产量

Output of Major Forest Products

年份 Year	木材(万立方米) Output of Timber (10000 cu.m)	原木 Logs	竹材产品(万根) Output of Bamboo (10000 units)	毛竹 Mao Bamboo	竹笋干(吨) Dried Bamboo Shoots (ton)	油茶籽(吨) Tea-oil Seeds (ton)	油桐籽(吨) Tung-oil Seeds (ton)	松脂(吨) Rosin (ton)
1978	192.21		1532.76		440	122398	4940	38600
1979	243.88		1482.43		1035	191660	5620	46900
1980	280.29		1826.30		725	125205	3800	37850
1981	257.12		1739.24		1305	206955	6100	45700
1982	262.95		1821.23		1544	105021	6500	44450
1983	256.43		1822.21		10770	102272	7400	53450
1984	312.74		1728.02		2000	135115	8800	50650
1985	276.34		1583.38		3290	163441	7682	30257
1986	285.05		2051.70		3458	100958	7600	36671
1987	245.41		2147.10		6173	139804	5507	41357
1988	236.82		2519.37		3917	124063	6562	37208
1989	253.22		2622.09		5077	172038	5916	38821
1990	296.91		2014.50		5451	136402	6295	43370
1991	247.34	243.50	2911.20	2686.11	7474	167556	7151	39347
1992	278.33	275.88	3582.41	3180.79	4585	148410	9210	28771
1993	263.42	253.67	2179.05	1982.94	6190	119108	9206	37788
1994	268.73	254.70	3199.84	2856.53	7025	152144	10328	28461
1995	269.11	265.14	2706.20	961.65	6834	149655	13048	31819
1996	276.48	265.78	3613.84	3469.55	8355	162715	11339	29945
1997	268.65	263.27	4103.37	3817.88	13256	221622	13046	40475
1998	249.68	236.60	3062.41	2849.34	13842	156819	13829	35254
1999	254.99	250.66	3302.52	3008.67	19317	187094	15344	40718
2000	237.93	232.42	3698.72	3096.87	11041	194763	13973	41638
2001	319.76	309.46	4024.18	3722.37	10492	171726	15448	46387
2002	279.87	263.72	4086.50	3287.80	10019	189586	14252	48801
2003	354.24	301.51	4472.37	3646.23	8600	163191	12681	54758
2004	459.07	363.60	4953.37	4379.40	6815	193170	10252	75892
2005	503.17	396.48	6043.19	5299.23	6921	189020	16160	93164
2006	483.03	424.51	6750.90	6021.59	7624	230365	12526	97098
2007	491.56	434.22	11406.81	10771.52	18013	208332	18778	80722
2008	610.23	578.02	10755.45	9835.83	7536	191377	7848	48214
2009	339.79	314.81	7423.01	6732.78	9979	268966	12433	57306
2010	340.74	321.95	6198.69	5691.07	8659	179697	12663	71982
2011	290.28	270.60	7077.40	6121.49	10909	427212	12562	79864
2012	286.63	269.50	7813.43	7285.92	12196	448189	8189	90607
2013	266.91	248.26	16169.80	13478.34	18569	412339	8012	101314

12-26 牧业生产情况

Production Condition of Animal Husbandry

指　　标	Item	2012	2013	2013年比2012年增长（%） Increase Rate in 2013 over 2012(%)
当年出栏肉猪头数(头)	Number of Slaughtered Fattened Hogs in Current Year(head)	31306426	32303459	3.2
当年出售和自宰肉用牛(头)	Cattles for Sale and Butchering in Current Year(head)	1438420	1462747	1.7
当年出售和自宰肉用羊(只)	Sheep for Sale and Butchering in Current Year(head)	887215	903037	1.8
当年出售和自宰肉用兔(只)	Rabbits for Sale and Butchering in Current Year(head)	3451451	3666174	6.2
当年出售和自宰肉用禽(万羽)	Poultry for Sale and Butchering in Current Year(10000 heads)	43277.48	44531.51	2.9
肉类总产量(吨)	Total Output of Meat(ton)	3339124	3445152	3.2
#猪　肉	Pock	2543506	2627620	3.3
牛　肉	Beef	165457	168913	2.1
羊　肉	Mutton	14159	14459	2.1
兔　肉	Rabbit Meat	5749	5972	3.9
禽　肉	Meat of Poultry	598960	616405	2.9
牛奶产量(吨)	Output of Milk(ton)	127610	127081	-0.4
家禽产蛋量(吨)	Output of Eggs(ton)	564337	569147	0.9
蜂蜜产量(吨)	Output of Honey(ton)	12899	14399	11.6
牛年末存栏头数(头)	Number of Cattle at the End of Year(head)	3236636	3311165	2.3
#奶牛	Number of Cow	35692	35394	-0.8
#能繁殖母牛	Number of Cow with Fertility	1683802	1670692	-0.8
生猪年末存栏头数(头)	Number of Hogs at the End of Year(head)	19116208	19676078	2.9
#能繁殖母猪	Number of Female Hogs with Fertility	1991882	2051893	3.0
羊年末存栏只数(只)	Number of Sheep and goats at the End of Year(head)	624295	643009	3.0
兔年末存栏只数(只)	Number of Rabbits at the End of Year(head)	1658148	1716162	3.5
家禽年末只数(万羽)	Number of Poultry at the End of Year(10000 heads)	20002.49	20242.03	1.2
养蜂年末箱数(箱)	Number of Boxes for Beekeeping at the End of Year(box)	416646	460889	10.6
年末桑园面积(公顷)	Area of Mulberry Plantation at the End of Year(hectare)	12166	10296	-15.4
蚕　茧(吨)	Pods(ton)	7484	6880	-8.1

12-27 各地区牧业生产情况（2013年）

指标	Item	全省 Provincial Total	南昌市 Nanchang	景德镇市 Jingdezheng
当年出栏肉猪头数(头)	Number of Slaughtered Fattened Hogs in Current Year(head)	32303459	3497967	569770
当年出售和自宰肉用牛(头)	Cattles for Sale and Butchering in Current Year(head)	1462747	60566	21533
当年出售和自宰肉用羊(只)	Sheep for Sale and Butchering in Current Year(head)	903037	21658	11476
当年出售和自宰肉用兔(只)	Rabbits for Sale and Butchering in Current Year(head)	3666174	16670	119274
当年出售和自宰肉用禽(万羽)	Poultry for Sale and Butchering in Current Year(10000 heads)	44531.51	4859.06	552.52
肉类总产量(吨)	Total Output of Meat(ton)	3445152	366626	60046
#猪　肉	Pock	2627620	288719	46749
牛　肉	Beef	168913	7115	2499
羊　肉	Mutton	14459	366	212
兔　肉	Rabbit Meat	5972	32	232
禽　肉	Meat of Poultry	616405	67625	9859
牛奶产量(吨)	Output of Milk(ton)	127081	52156	108
家禽产蛋量(吨)	Output of Eggs(ton)	569147	166628	9682
蜂蜜产量(吨)	Output of Honey(ton)	14399	227	390
牛年末头数(头)	Number of Cattle at the End of Year(head)	3311165	222841	49647
#能繁殖母牛	Number of Cow with Fertility	1670692	105956	22905
生猪年末头数(头)	Number of Hogs at the End of Year(head)	19676078	2144189	383537
#能繁殖母猪	Number of Female Hogs with Fertility	2051893	230621	32998
羊年末只数(只)	Number of Sheep and goats at the End of Year(head)	643009	20617	12561
兔年末只数(只)	Number of Rabbits at the End of Year(head)	1716162	9247	18279
家禽年末只数(万羽)	Number of Poultry at the End of Year(10000 heads)	20242.03	3373.36	385.26
养蜂年末箱数(箱)	Number of Boxes for Beekeeping at the End of Year(box)	460889	3034	19766
年末桑园面积(公顷)	Area of Mulberry Plantation at the End of Year(hectare)	10296	5	4
蚕　茧(吨)	Pods(ton)	6880	13	2

Production Condition of Animal Husbandry by Region (2013)

萍乡市 Pingxiang	九江市 Jiujiang	新余市 Xinyu	鹰潭市 Yingtan	赣州市 Ganzhou	吉安市 Ji'an	宜春市 Yichun	抚州市 Fuzhou	上饶市 Shangrao
1482110	2157157	885907	1316596	6171602	3949592	6551984	2823269	2897505
15376	26199	54575	32709	315951	497653	276583	48835	112767
223344	169247	11103	17516	78350	36486	204707	14075	115075
17470	103340	6109	313560	1655950	83668	1284867	16457	48809
1020.13	1890.5	456.53	1040.72	10430.63	8139.62	4213.85	8318.52	3609.43
145690	211989	86750	126564	678538	497857	638107	325841	307144
122759	177218	72722	105492	498632	319205	536346	223645	236133
1777	3105	6003	3647	34061	58049	33407	5999	13251
3549	2494	200	300	1234	655	3382	251	1816
55	196	12	658	2565	170	1919	30	103
16803	28595	7666	15560	141532	117560	60078	95647	55480
7606	549	113	338	41305	4092	4151	16479	184
8848	66160	10740	20911	61396	48252	75453	40969	60108
208	774	234	1065	1934	1767	3573	1023	3204
99013	85068	81633	71169	656749	882939	629751	254734	277621
36619	25715	53922	40041	359346	509785	305114	82114	129175
790057	1294543	503507	713183	3662168	2411820	3839738	1814199	2119137
75541	113247	66027	78558	358877	247323	500812	174352	173537
164679	146497	9907	9145	61309	36790	106195	15538	59771
22477	77622	4235	119068	546804	76938	754431	9320	77741
573.52	1112.32	289.44	514.8	4262.01	2849.21	2322.87	2485.38	2073.86
10337	26340	10121	19728	85661	49602	113440	25471	97389
	6134			817	1449	154	1456	277
	4352			268	1181	309	632	123

12-28 渔业生产情况

Production Condition of Fishery

指　　标	Item	2012	2013	2013年比2012年增长（%）Increase Rate in 2013 over 2012(%)
渔业乡(个)	Number of Fishery Townships(unit)	28	28	
渔业村(个)	Number of Fishery Villages(unit)	365	362	-0.8
渔业户(户)	Number of Fishery Households(household)	338198	336282	-0.6
渔业人口(万人)	Population of Fishery(10000 persons)	155.07	155.2448	0.1
渔业从业人员(万人)	Laborers of Fishery(10000 persons)	96.07	95.89	-0.2
专业从业人员	Professional Laborers	43.56	43.27	-0.7
捕捞专业从业人员	Laborers of Catch	6.07	6.05	-0.3
养殖专业从业人员	Laborers of Culture	31.79	31.53	-0.8
其他专业从业人员	Other Laborers	5.7	5.69	-0.2
兼业从业人员	Sideline Laborers	42.04	41.77	-0.6
已养殖面积(千公顷)	Cultured Area(1000 hectares)	432.10	433.23	0.3
#池　塘	Pond	153.95	155.13	0.8
水　库	Reservoir	156.36	156.66	0.2
湖　泊	Lake	103.69	103.38	-0.3
养殖亩产(千克/公顷)	Per Unit Area Yield of Culture(kg/hectare)	4872	4999	2.6
#池　塘	Pond	7298	7664	5.0
水　库	Reservoir	3383	3303	-2.4
湖　泊	Lake	2893	2917	0.8
水产品总产量(吨)	Total Output of Aquatic Products(ton)	2370007	2426460	2.4
#养殖产量	Cultured Output	2105141	2165840	2.9
#池　塘	Pond	1123501	1188898	5.8
水　库	Reseroir	529037	517521	-2.2
湖　泊	Lake	300004	301581	0.5
水产品总产量中：鱼　类	Fish	2087708	2136498	2.3
甲壳类	Carapace	153418	154424	0.7
贝　类	Shell-fish	72818	74938	2.9
珍珠产量(千克)	Output of Pearls(kg)	997000	954000	-4.3
鱼苗产量(亿尾)	Output of Frys(100 millon fries)	310.61	326.08	5.0
鱼种产量(吨)	Output of Advanced Frys(ton)	266188	280596	5.4

12-29 各地区渔业生产情况（2013年）

Production Condition of Fishery by Region (2013)

地 区	Region	渔业从业人员（万人）Laborers of Products (ton)	专业从业人员 Professional Laborers	捕捞从业人员 Laborers of Catch	养殖从业人员 Laborers of Culture	其他从业人员 Other Laborers	兼业从业人员 Sideline Laborers	养殖面积（公顷）Cultured Area (hectare)	养殖单产（千克/公顷）Per Unit Area Yield of Culture (kg/hectare)
全 省	**Provincial Total**	**95.89**	**43.27**	**6.05**	**31.53**	**5.69**	**41.77**	**433226**	**4999**
南昌市	Nanchang	8.1	4.54	0.76	3.29	0.49	2.41	56890	5595
景德镇市	Jingdezhen	0.35	0.24	0.04	0.16	0.05	0.09	6947	3956
萍乡市	Pingxiang	2.29	0.9	0.05	0.77	0.08	1.37	6000	5917
九江市	Jiujiang	7.58	4.44	1.55	2.45	0.44	2.56	80801	4283
新余市	Xinyu	1.59	0.68	0.12	0.45	0.11	0.77	12200	3713
鹰潭市	Yingtan	1.13	0.47	0.16	0.17	0.14	0.1	8249	5358
赣州市	Ganzhou	28.54	12.17	0.53	10.26	1.39	15.17	45337	5964
吉安市	Ji'an	9.78	3.1	0.24	2.47	0.39	5.65	45426	4358
宜春市	Yichun	11.73	4.87	0.6	3.76	0.51	3.56	48274	6130
抚州市	Fuzhou	6.19	1.91	0.1	1.51	0.29	3.79	39413	4009
上饶市	Shangrao	18.61	9.95	1.9	6.24	1.8	6.3	83689	5099

12-29 续表 continued

地 区	Region	水产品总产量(吨) Total Output of Aquatic Products (ton)	#养殖产量 Cultured Output	水产品产量中 Among Output of Aquatic Procducts: 鱼类 Fish	甲壳类 Carapace	贝类 Shell-fish	珍珠产量（千克）Output of Pearl(kg)	鱼苗产量（亿尾）Output of Fry (One hundred million)	鱼种产量（吨）Output of Advanced Fry (ton)
全 省	**Provincial Total**	**2426460**	**2165840**	**1962445**	**101915**	**45037**	**954000**	**326.08**	**280596**
南昌市	Nanchang	376814	318308	287039	17467	9231	77000	31.01	35156
景德镇市	Jingdezhen	31306	27484	24942	1844	477	13000	16.19	812
萍乡市	Pingxiang	37500	35500	32376	471	1567		9.56	4970
九江市	Jiujiang	405679	346034	302600	36160	4706	603000	45.80	20084
新余市	Xinyu	49100	45300	42262	1084	1239	11000	3.06	3811
鹰潭市	Yingtan	47707	44201	40476	1948	1220	8000	17.60	5543
赣州市	Ganzhou	284629	270402	250450	4822	5664		63.91	30985
吉安市	Ji'an	206500	197958	188119	15010	1989	50000	29.73	18111
宜春市	Yichun	336267	295913	262333	18267	7708	39000	40.96	71812
抚州市	Fuzhou	168000	158013	139325	2607	3094	42000	27.61	31708
上饶市	Shangrao	482958	426727	392523	2235	8142	111000	40.65	57604

12-30 各地区农村经济效益（2013年）

指　　标	Item	全　省 Provincial Total	南昌市 Nanchang
每一农业劳动力创造农林牧渔业总产值（元）	Gross Output of Farming,Forestry,Animal Husbandry and Fishery Created by Per Rural Laborer(yuan)	31031	40447
每一农业劳动力创造农林牧渔业增加值（元）	Value-added of Farming,Forestry,Animal Husbandry and Fishery Created by Per Rural Laborer(yuan)	19696	23898
每一农业劳动力创造农林牧渔业商品产值(元)	Commodity Output of Farming,Forestry,Animal Husbandry and Fishery Created by Per Rural Laborer(yuan)	22592	31494
每一农业劳动力生产的主要农产品(千克)	Major Farm Products Producted by Per Rural Laborer(kg)		
粮　　食	Grain	2546.81	
棉　　花	Cotton	15.75	4.40
油　　料	Oil-bearing	143.49	197.58
糖　　料	Sugar	77.82	64.78
肉类总产量	Total Output of Meat	414.64	557.22
水产品产量	Output of Aquatic Products	292.03	572.70
农林牧渔业中间消耗占农林牧渔业总产值(%)	Percentage of Intermediate Consumption of Farming,Forestry,Animal Husbandry and Fishery in Gross Output of Farming,Forestry,Animal Husbandry and Fishery(%)	36.53	40.92
农林牧渔业商品率(%)	Commdity Rate of Farming, Forestry, Animal Husbandry and Fishery(%)	72.8	77.9

12-31 各地区按人口平均的主要农产品产量（2013年）

指　　标	Item	全　省 Provincial Total	南昌市 Nanchang	景德镇市 Jingdezheng	萍乡市 Pingxiang
粮　食(千克/人)	Grain(kg/person)	468.89			
棉　花(千克/人)	Cotton(kg/person)	2.90	0.56	1.09	0.01
花　生(千克/人)	Peanut(kg/person)	10.02	10.90	5.63	1.56
油菜籽(千克/人)	Rape Seeds(kg/person)	15.59	13.24	14.10	17.87
芝　麻(千克/人)	Sesame(kg/person)	0.81	1.06	1.94	0.01
生猪出栏(头/人)	Slaughtered Fattened Hogs(kg/person)	0.72	0.68	0.35	0.79
生猪存栏(头/人)	Hogs on Hand(kg/person)	0.44	0.42	0.24	0.42
肉类总产量(千克/人)	Total Output of Meat(kg/person)	76.34	71.08	37.19	77.59
水产品产量(千克/人)	Output of Aquatic Products(kg/person)	53.77	73.06	19.39	19.97
水果产量(千克/人)	Output of Fruits(kg/person)	97.82	6.08	8.31	7.10
#柑　桔	Oranges	90.25	4.58	2.02	5.01

Rural Economic Efficiency by Region (2013)

景德镇市 Jingdezheng	萍乡市 Pingxiang	九江市 Jiujiang	新余市 Xinyu	鹰潭市 Yingtan	赣州市 Ganzhou	吉安市 Ji'an	宜春市 Yichun	抚州市 Fuzhou	上饶市 Shangrao
41701	35094	25031	41506	35514	23802	34825	37086	34142	25864
27873	22655	14750	25065	22552	14841	20704	20997	18934	16333
31368	23402	17682	28731	26475	16706	26643	26545	26189	18174
9.34	0.05	103.79	32.92		0.01	0.27	17.41	4.27	5.03
186.44	146.83	246.31	107.05	117.29	52.02	186.86	206.64	63.40	150.31
238.74	2.11	21.13	5.40	117.48	6.27	50.32	128.10	233.30	98.22
320.05	586.07	240.61	426.77	640.66	370.50	522.94	627.02	377.39	242.17
166.86	150.85	460.46	241.55	241.49	155.42	216.90	330.43	194.58	380.80
33.16	35.44	41.07	39.61	36.50	37.65	40.55	43.38	44.54	36.85
75.2	66.7	70.6	69.2	74.5	70.2	76.5	71.6	76.7	70.3

Output of Major Rural Products per Person by Region (2013)

九江市 Jiujiang	新余市 Xinyu	鹰潭市 Yingtan	赣州市 Ganzhou	吉安市 Ji'an	宜春市 Yichun	抚州市 Fuzhou	上饶市 Shangrao
19.13	5.80			0.05	3.24	0.93	0.96
3.59	10.32	12.79	10.43	11.73	19.95	9.25	7.37
40.79	8.12	6.95	0.80	24.55	16.87	4.31	19.74
1.01	0.44	0.58	0.03	0.32	1.61	0.28	1.54
0.45	0.77	1.15	0.73	0.81	1.20	0.71	0.44
0.27	0.44	0.63	0.43	0.50	0.70	0.46	0.32
44.34	75.22	111.00	80.16	102.44	116.63	82.37	46.16
84.85	42.57	41.84	33.62	42.49	61.46	42.47	72.59
27.15	62.37	40.10	230.69	79.06	19.37	406.79	8.56
14.62	48.21	25.19	221.34	72.70	14.64	391.08	4.31

12-32 生猪调出奖励大县农村经济情况（2013年）

Conditions of Rural Economy of County Which are Rewarded for Lare Hog-contributed (2013)

地　区	Region	农作物总播种面积（公顷）Total Sown Areas of Farm Crops (hectare)	#粮　食 Grain	粮食总产量（吨）Total Output of Grain (ton)	棉花总产量（吨）Total Output of Cotton (ton)	油料总产量（吨）Total Output of Oil-bearing (ton)
15个生猪大县（市、区）	**Large Hog-raising County (County-level City、District)**	**1590987**	**1082752**	**7038294**	**14095**	**358165**
南昌县	Nanchang	180874	130099	921358		15544
新建县	Xinjiang	128246	94791	635535	282	30109
进贤县	Jinxian	137144	86198	535676	229	48807
余江县	Yujiang	63892	45297	296394		14509
信丰县	Xinfeng	73742	48733	270515		12993
定南县	Dingnan	17457	11971	60414		215
南康市	Nankang	66998	40909	238358		17552
新干县	Xingan	85971	56873	361488	189	21863
袁州区	Yuanzhou	104662	72963	453034	102	15477
上高县	Shanggao	76617	48230	335227	884	15229
丰城市	Fengcheng	227817	164403	1058338	412	40914
樟树市	Zhangshu	135700	84143	579851	318	53928
高安市	Gao'an	174800	108014	734788	11604	55513
东乡县	Dongxiang	64759	46824	295847	6	7021
万年县	Wannian	52308	43304	261471	69	8491

12-32　续表　continued

地　区	Region	肉类总产量（吨）Total Output of Meat (ton)	农业机械总动力(万千瓦) Total Power of Agricultural Machinery (10000 kw)	有效灌溉面积（公顷）Irrigated Area (hectare)	化肥施用量(折纯量,吨) Consumption of Chemical Firtilizer (net,ton)	农村用电量(万千瓦小时) Electricity Consumed in Rural Area (10000 kwh)	农林牧渔总产值(当年价格)(万元) Gross Output Value of Farming, Forestry, Animal Husbandry and Fishery(at current prices)(10000 yuan)
15个生猪大县（市、区）	**Large Hog-raising County (County-level City、District)**	**1393280**	**541**	**529221**	**411430**	**241605**	**7159164**
南昌县	Nanchang	137961	77	69760	58598	58080	787394
新建县	Xinjiang	78352	66	37040	32834	16176	722682
进贤县	Jinxian	97703	57	52590	29864	24824	762050
余江县	Yujiang	101146	25	21456	11402	23980	390210
信丰县	Xinfeng	68563	28	20890	18888	7402	384698
定南县	Dingnan	65692	9	8770	4799	1133	149147
南康市	Nankang	72441	28	26950	18756	12154	342034
新干县	Xingan	76877	27	28740	18652	4820	267477
袁州区	Yuanzhou	98137	26	30200	16752	14265	446546
上高县	Shanggao	81026	33	21551	23169	13196	416636
丰城市	Fengcheng	99103	55	71302	57792	27440	803683
樟树市	Zhangshu	93461	32	39890	34338	13282	479287
高安市	Gao'an	163883	40	53420	42164	16445	601078
东乡县	Dongxiang	93717	30	24000	22609	4989	334508
万年县	Wannian	65218	8	22662	20813	3419	271734

12-33 乡镇企业主要经济指标（2013年）
Main Economic Indicators of Township Enterprises (2013)

指 标	Item	企业个数（个） Number of Enterprises (unit)	从业人员（人） Number of Employed Persons (person)	总产值（万元） Gross Output Value (10000-yuan)	营业收入（万元） Business Income (10000-yuan)	利润总额（万元） Total Profits (10000-yuan)	上交税金（万元） Taxes Payable (10000-yuan)
总 计	**Total**	**199335**	**3639575**	**111947803**	**101824975**	**6322904**	**4494412**
按登记注册类型分组	**Grouped by Status of Registration**						
内资企业小计	Domestic-funded Enterprises	198269	3474985	10286323	97485190	6788612	4297464
#集体企业	Collective-owned Enterprises	2015	60597	1024845	1818095	54250	47690
股份合作企业	Share-Holding Cooperative Enterprises	10241	112019	3417402	3630586	376620	126156
联营企业	Joint-operation Enterprises	5321	65181	2563447	2824571	112856	88647
有限责任公司	Limited Liability Corporations	18876	603720	23626883	23901436	1564934	919158
股份有限公司	Share-holding Corporation Ltd.	9650	169202	6245870	5503622	382482	255313
私营企业	Private Enterprises	151686	2464266	65984784	59806880	4297470	2860500
港、澳、台商投资企业	Enterprises with Investment from Hong Kong,Macao and Taiwan	634	116025	6818112	3686553	210845	156636
外商投资企业	Enterprises with Foreign Investment	432	48565	2266460	653232	108919	40312
按国民经济行业分组	**Grouped by Sector**						
农林牧渔业	Farming,Forestry,Animal Husbandry and Fishery	13027	153248	3679102	3052942	184988	67448
工业	Industry	80998	2983212	107332730	82845841	5147779	3317947
#采矿业	Mining	12176	255991	8846960	7266635	516785	371311
制造业	Manufacture	68822	2727221	98485770	75579206	4630994	2946636
建筑业	Construction	12041	269300	5545616	6592151	381658	262512
交通运输仓储业	Transport and Storage	13947	192428	3879685	2968273	195465	159680
批发零售业	Wholesale and Retail Trades	33093	428938	5018074	4427406	274648	338255
住宿及餐饮业	Hotels and Catering Services	18908	292930	2819707	2261369	162893	169960
#餐饮业	Catering Services	13628	199554	1066140	856572	63823	99558
社会服务业	Social Services	17508	190416	1306920	1217652	116327	122941
其 他	Others	12634	239653	2294847	1468105	135518	95729

注：本表不含个体工商户数据。

a) The data in this table do not include the industrial and commercial unit.

12-34 农村扶贫对象分布情况
Distribution of Aid-the-poor Object

单位：人 (person)

县(市、区)	County (County level City,District)	2012	2013	县(市、区)	County (County level City,District)	2012	2013
全 省	**Provincial Total**	**3850000**	**3280000**	兴国县	Xingguo	159167	129046
南昌市	**Nanchang City**	**92896**	**78632**	会昌县	Huichang	111768	88665
湾里区	Wanli	2772	2362	寻乌县	Xunwu	71950	57298
青山湖区	Qingshanhu	911	4550	石城县	Shicheng	72901	58108
青云谱区	Qingyunpu	317	475	瑞金市	Ruijin	136603	109823
南昌县	Nanchang	24227	20640	南康市	Nankang	174696	142276
新建县	Xinjian	25657	20355	赣州开发区	Development Zone	864	5990
安义县	Anyi	11753	7013	**吉安市**	**Ji'an City**	**528542**	**451425**
进贤县	Jinxian	26025	22172	吉州区	Jizhou	5359	5700
南昌开发区	Development zone	1234	1065	青原区	Qingyuan	11889	10129
景德镇市	**Jingdezhen City**	**44016**	**39500**	吉安县	Ji'an	66304	56487
昌江区	Changjiang	6852	5837	吉水县	Jishui	22705	19344
浮梁县	Fuliang	17995	15331	峡江县	Xiajiang	12033	10252
乐平市	Leping	19169	18332	新干县	Xingan	18466	15732
萍乡市	**Pingxiang City**	**74833**	**69557**	永丰县	Yongfeng	35665	30385
湘东区	Xiangdong	5263	4484	泰和县	Taihe	26467	22548
莲花县	Lianhua	50099	35629	遂川县	Suichuan	109008	92869
上栗县	Shangli	11752	12264	万安县	Wan'an	63851	54398
芦溪县	Luxi	5608	10420	安福县	Anfu	34487	29381
安源区	Anyauan	1924	5810	永新县	Yongxin	93932	80025
萍乡市开发区	Development Zone	187	950	井冈山市	Jinggangshan	28376	24175
九江市	**Jiujiang City**	**398556**	**347146**	**宜春市**	**Yichun City**	**188843**	**185302**
庐山区	Lushan	4374	4320	袁州区	Yuanzhou	36382	30996
共青区	Gongqing	2897	2468	奉新县	Fengxin	11169	11120
浔阳区	Xunyang	552	470	万载县	Wanzai	45316	38607
九江县	Jiujiang	10039	12830	上高县	Shanggao	10926	11380
武宁县	Wuning	31252	26626	宜丰县	Yifeng	8328	8860
修水县	Xiushui	156269	125880	靖安县	Jing'an	10189	8680
永修县	Yongxiu	8847	11350	铜鼓县	Tonggu	14374	12246
德安县	De'an	15742	13411	丰城市	Fengcheng	20815	27957
星子县	Xingzi	22896	19506	樟树市	Zhangshu	15585	17770
都昌县	Duchang	103826	88454	高安市	Gaoan	15759	17686
湖口县	Hukou	10329	10255	**抚州市**	**Fuzhou City**	**278127**	**238168**
彭泽县	Pengze	19349	17526	临川区	Linchuan	19455	16575
瑞昌市	Ruichang	11692	12530	南城县	Nancheng	7969	8977
九江开发区	Development Zone	492	1520	黎川县	Lichuan	18589	15837
新余市	**Xinyu City**	**24766**	**23609**	南丰县	Nanfeng	13261	11298
渝水区	Yushui	12001	10224	崇仁县	Chongren	12865	10960
分宜县	Fenyi	8487	9740	乐安县	Le'an	81724	67436
新余开发区	Development Zone	4278	3645	宜黄县	Yihuang	19790	16860
鹰潭市	**Yingtan City**	**38041**	**35786**	金溪县	Jinxi	24281	20686
月湖区	Yuehu	2172	1850	资溪县	Zixi	9419	8025
余江县	Yujiang	12625	12680	东乡县	Dongxiang	14224	12118
贵溪市	Guixi	22082	18006	广昌县	Guangchang	56020	47726
鹰潭开发区	Development Zone	1162	3250	抚州开发区	Development Zone	530	1670
赣州市	**Ganzhou City**	**1568994**	**1407156**	**上饶市**	**Shangrao City**	**612386**	**540462**
章贡区	Zhanggong	5064	5530	信州区	Xinzhou	10292	8768
赣县	Gan	130675	104771	上饶县	Shangrao	129060	109952
信丰县	Xinfeng	52550	44770	广丰县	Guangfeng	18747	13971
大余县	Dayu	29412	25057	玉山县	Yushan	13011	31800
上犹县	Shangyou	70027	55659	铅山县	Qianshan	16217	13816
崇义县	Chongyi	22385	19071	横峰县	Hengfeng	31424	26771
安远县	Anyuan	75543	60359	弋阳县	Yiyang	28354	24156
龙南县	Long'nan	29781	25372	余干县	Yugan	139406	111395
定南县	Ding'nan	19618	16714	鄱阳县	Poyang	179839	153213
全南县	Quannan	18502	15763	万年县	Wannian	22556	19217
宁都县	Ningdu	183787	143952	婺源县	Wuyuan	10802	13900
于都县	Yudu	203701	162189	德兴市	Dexing	11882	10123
				上饶开发区	Development Zone	796	3380

12-35 农村重点村扶贫资金使用效益情况
Efficiency of Aid-the-poor Funds Utilization for the Key Poverty-stricken Village

指　　标	Item	2012	2013	2013年比2012年增长（%）Increase Rate in 2013 over 2012(%)
重点村基础设施改善	**Infrastructure improvement of key villages**			
新修乡村道路(公里)	New repair of rural roads (km)	4151	4599	10.8
新修梯田(万亩)	Terracing (10000 mu)	0.17	0.18	5.9
发展集雨节灌(万亩)	Rainfall Harvesting (10000 mu)	1.95	2.01	3.1
新增水地(万亩)	Add water (10000 mu)	1.26	1.31	4.0
解决饮水困难(万人)	To solve drinking water problems (10000)	5.05	6.95	37.6
解决大牲畜引水困难(万头)	To solve difficult large livestock, diversion (10000 head)	9.15	9.71	6.1
其它项目(万元)	Other projects (million yuan)	2723	5823	113.8
重点村生产增收建设	**Production income construction of key villages**			
种植业	Farming			
马铃薯(万亩)	Potato (10000 mu)	0.06	0.07	16.7
药材(万亩)	Herbs (10000 mu)	6.19	6.26	1.1
干果类(万亩)	Dried Fruits (10000 mu)	3.03	3.13	3.3
瓜菜类(万亩)	Vegetables class (10000 mu)	9.15	9.18	0.3
果梨类(万亩)	Pear class (10000 mu)	14.32	14.39	0.5
其它种植业(万亩)	Other crop farming (10000 mu)	1.98	2.03	2.5
养殖业	Aquaculture			
牛(万头)	Cow(10,000 head)	0.90	0.91	1.1
羊(万只)	Sheep (10 000)	0.68	0.71	4.4
猪(万头)	Pigs (10 000)	12.00	12.50	4.2
鸡(万只)	Chicken (10 000)	450.00	510.00	13.3
公益项目	**Public projects**			
修建文化活动室(平方米)	The construction of cultural activities room (square meters)	32759	47769	45.8
修建村卫生室(平方米)	Construction of village clinics (square meters)	23000	27586	19.9
培训农牧民(万人)	Training of farmers and herdsmen (10000)	4.60	6.95	51.1
维修村小学(平方米)	Maintenance of Village Primary School (square meters)	31365	33256	6.0
危房改造(间)	Renovation of dilapidated buildings (Room)	986	2236	126.8

注：重点村指2010年全省确定的“十二五”期间3400个扶贫开发工作重点村。

a) The key poverty-stricken villages are those which confirmed as one of the 3400 key anti-poverty and development strategy villages during the twelfth five-year plan period (2001-2005) in 2010.

主要统计指标解释

农林牧渔总产值 以货币表现的农林牧渔业的全部产品总量和对农林牧渔业生产活动进行的各种支持性服务活动的价值。它反映一定时期内农林牧渔业生产总规模和总成果，是观察农林牧渔业生产水平和发展速度的重要指标，同时也是计算农林牧渔业劳动生产率和农林牧渔业增加值的基础资料。

农林牧渔业总产值的计算，一般采用“产品法”，即凡有产品产量的，都按产品价格乘产量的办法求得每种产品产量的产值，然后相加求得各业的产值，最后各业相加求出农林牧渔业总产值。

农林牧渔业增加值 指农、林、牧、渔及农林牧渔服务业在一定时期内生产货物或提供服务活动而增加的价值。它反映了农业生产经营活动的最终成果和对社会的贡献。

农业增加值的计算方法有两种：（1）生产法，是从生产角度进行计算的一种方法。即用农业总产出减去农业中间消耗求得。(2) 分配法，是从分配角度进行计算的一种方法。即通过农业生产单位在生产经营和劳务活动过程中形成的不含中间消耗的各种收入来计算。具体包括农业劳动者收入、福利基金、利税、固定资产折旧及大修理和其他。一般采用生产法计算。

农作物播种面积 指实际播种或移植有农作物的面积。凡是实际种植有农作物的面积，不论种植在耕地上还是种植在非耕地上，均包括在农作物播种面积中，在播种季节基本结束后，因遭灾而重新改种和补种的农作物面积，也包括在内。播种面积的大小，反映农作物的生产规模和耕地的利用程度。

农作物总产量 指在一定时期内（通常是一年）生产的各种农作物产品总产量。无论是种植在耕地上或非耕地上的农作物产量，都包括在内。有的农作物收割期较长，虽在当年冬季就开始收割，但需跨年延到来年春季才能收完的，仍计算为本年农作物总产量。它是衡量农业生产成果，统筹安排城乡人民生活，研究生产、积累和消费比例关系及编制国民经济计划的基本数据。

粮食产量 指全社会的产量。包括国有经济经营的、集体统一经营的和农民家庭经营的粮食产量，还包括工矿企业办的农场和其他生产单位的产量。粮食除包括稻谷、小麦、玉米、高粱、谷子及其他杂粮外，还包括薯类和豆类。

猪、牛、羊肉产量 指当年出栏并已屠宰、除去头蹄下水后带骨肉（即胴体重）的重量。

期初（末）畜禽存栏头（只）数 指报告期初（末）农村各种合作经济组织和国营农场、农民个人、机关、团体、学校、工矿企业、部队等单位以及城镇居民饲养的大牲畜、猪、羊、家禽等畜禽的存栏数。

农用化肥施用量 指本年内实际用于农业生产的化肥数量，包括氮肥、磷肥、钾肥和复合肥。化肥施用量要求按折纯量计算数量。折纯量是指把氮肥、磷肥、钾肥分别按含氮、含五氧化二磷、含氧化钾的百分之一百成份进行折算后的数量。复合肥按其所含主要成分折算。

有效灌溉面积 指具有一定的水源，地块比较平整，灌溉工程或设备已经配套，在一般年景下当年能够进行正常灌溉的耕地面积。

农业机械总动力 指主要用于农、林、牧、渔业的各种动力机械的动力总和。包括耕作机械、排灌机械。收获机械、农用运输机械、植物保护机械、牧业机械、林业机械、渔业机械和其他农业机械〔内燃机按引擎马力折成瓦（特）计算、电动机按功率折成瓦（特）计算〕。不包括专门用于乡、镇、村、组办工业、基本建设、非农业运输、科学试验和教学等非农业生产方面用的动力机械与作业机械。

Explanatory Notes on Main Statistical Indicators

Gross Out Value of Agriculture refer to the total volume of products of farming, forestry, animal husbandry and fishery and the value of various services supporting the production of farming, forestry, animal husbandry and fishery in monetary terms, which reflects the total scale and total results of farming, forestry, animal husbandry and fishery production during a given period of time. It is an important indicator to observe the production level and development speed of farming, forestry, animal husbandry and fishery. It is also the foundation for calculating the labor productivity and value-added of farming, forestry, animal husbandry and fishery.

Generally, the gross output value of farming, forestry, animal husbandry, and fishery is calculated with the production approach. Where applicable, the gross output value of each single product is obtained by multiplying the output of each product by its price. These values are then summed up to obtain the output value of each sector. The sum of output values of all sectors is the gross output value of farming, forestry, animal husbandry, and fishery.

Value-added of Farming, Forestry, Animal Husbandry and Fishery refers to the value-added of goods produced or services provided by farming, forestry, animal husbandry and fishery in a given period of time. It shows the final results of the activities of production and management of agriculture and its contributions to the society.

The value-added of agriculture is calculated with two approaches:

(1) Production of approach is a method from the production angle, i.e. total output of agriculture minus intermediate consumption of agriculture. The value-added of agriculture is usually calculated with the production approach as no complete accounting records of the rural households are available;

(2) Distribution approach is a method from the distribution angle, i.e. various incomes from the activities of production and management of the productive units of agriculture without intermediate consumption, including incomes of the rural laborers, welfare funds, profit and tax, depreciation of fixed assets and major overhaul and others.

Sown Area of Crops refers to area of land sown or transplanted with crops regardless of being in cultivated area or non cultivated area. Area of land re-sown due to natural disasters is also included. It refers the scale of crops and the use of cultivated area.

Total Output of Crops refers to the total output of farm crops of various kinds during a given period of time (usually a year). It covers the output of crops in both cultivated and uncultivated area. Crops with an extensive reaping period beginning in the winter of the current year are included in the total output of crops of the current year, even if harvest is extended until the spring of the following year. It is the basic figure to examine the production results of agriculture, make overall arrangements in the life of urban and rural households, study the proportionate relationships between production, accumulation and consumption and work out a plan of national economy.

Grain Yield refers to the yield in the whole country including grains produced by state farm, collective units, industrial enterprises and mines. Grain includes rice, wheat, corn, sorghum, millet and other miscellaneous grains as well as tubers and beans.

Output of Pork, Beef, and Mutton refers to the meat of slaughtered hogs, cattle, sheep and goats with head, feet, and offal taken away.

Number of Livestock or Poultry in Stock at Beginning (or End) refers to the total number of large animals, pigs, sheep, fowls, etc. raised by rural cooperative organizations, state farms, rural individuals, government agencies, schools, Industrial and mining enterprises, army, and urban residents at the beginning (or end) of the reference period.

Consumption of Chemical Fertilizers in Agriculture refers to the quantity of chemical fertilizers applied in agriculture in the year, including nitrogenous fertilizer, phosphate fertilizer, potash fertilizer, and compound fertilizer. The consumption of chemical fertilizers is required in calculation to convert the gross weight into weight containing 100% effective component (e.g.100% nitrogen content in nitrogenous fertilizer,100% phosphorous pentoxide contents in phosphate fertilizer,100% potassium oxide contents in potash fertilizer). Compound fertilizer is converted with its major component.

Irrigated Area refers to areas that are effectively irrigated, i.e. level land which has water source and complete sets of irrigation facilities to lift and move adequate water for irrigation purpose under normal conditions.

Total Power of Farm Machinery refers to total mechanical power of machinery used in farming, forestry, animal husbandry, and fishery, including ploughing, irrigation and drainage, harvesting, transport, plant protection, stock breeding, forestry and fishery. The power of internal combustion engines is required to convert horsepower into watts and the power of electric motors is required to be converted into watts. Machinery employed for non agricultural purposes, such as the machines used in township run and village-run Industry, construction, non agricultural transport, scientific experiments and teaching, is exclude.

13

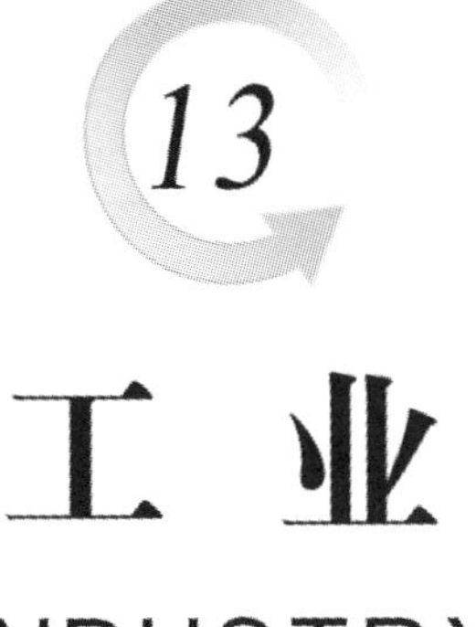

工 业

INDUSTRY

◆287/342

资料整理及英文翻译：丁 亦、齐 晶 、顾惟雨

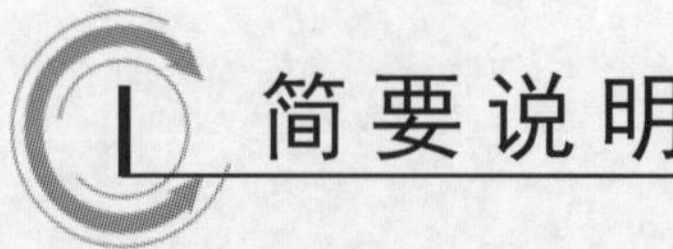

简要说明

一、本篇资料的主要内容

本篇资料反映全省规模以上工业经济方面的基本情况，包括11个设区市的主要工业经济统计数据:

1.规模以上工业企业单位数和总产值，以及按企业登记注册类型、轻重工业、企业规模、工业行业大类和按地区分组的主要经济指标和经济效益指标;

2.规模以上国有及国有控股、外商投资、港澳台商投资和私营工业企业主要经济指标和经济效益指标;

3.规模以上主要工业产品产量。

二、本篇资料的统计范围

工业统计调查范围为全省境内的全部工业企业。1997年以前，工业的统计范围按隶属关系划分，分为乡及乡以上独立核算工业企业和非独立核算生产单位、村办工业、城镇合作工业、农村合作工业、城镇个体工业、农村个体工业六大部分。(1984年以前村办工业不在工业统计范围内）。

1998年及以后年份，工业统计调查范围由按隶属关系划分，改变为按企业规模划分，分为全部国有及年主营业务收入在500万元以上非国有工业企业和年主营业务收入在500万元以下非国有工业企业两部分。2011年，规模以上工业划分标准提高到年主营业务收入2000万元及以上。本篇资料中的统计范围为年主营业务收入在2000万元以上工业企业。

本篇资料中工业行业分类按2011年《国民经济行业分类标准》划分；企业大中小微型划分按2011年《统计上大中小型企业划分办法（暂行）》标准执行。

三、本篇的资料来源和统计调查方法

本篇工业企业统计数据主要是根据工业统计月度报表中有关资料整理汇总的。

Brief Introduction

I. Main Contents

Data in this chapter reflect the basic conditions of the industrial sector, presenting main industrial economic indicators of 11 municipalities city.

(1) The number and the gross industrial output value of all State-owned industrial enterprises and the non-State-owned enterprises that are above designated size; as well as their main economic indicators and efficiency indicators classified by type of registration, by light and heavy industries, by size of the enterprises, by branch of industry and by region.

(2) Main economic indicators and efficiency indicators of State-owned industrial enterprises and enterprises where the State holds the majority of shares; foreign-funded industrial enterprises and enterprises funded by entrepreneurs from Hong Kong, Macao and Taiwan; and private enterprises, classified by branch of industry.

(3) Output of Industrial products.

II. Scopes of Statistics

Industrial statistics cover all industrial enterprises within the province. Before 1997, industrial statistics were based on type of ownership, consisting of following six parts: corporate industrial enterprises above county level with independent accounting system and production units with dependent accounting system, village industrial enterprises; urban joint industrial enterprises, rural joint industrial enterprises, urban individual industrial enterprises, and rural industrial enterprises (village industrial enterprises were not included in the scope of industrial statistics before 1984).

Since 1998, scope of industrial statistics changed from the basis of type of ownership to the size of enterprises, they are: all State-owned industrial enterprises and those non-State industrial enterprises with revenue from principal business over 5 million yuan, and non-state industrial enterprises with revenue from principle business below 5 million yuan. Since 2011,the standard of industrial enterprises above designated size are raised,which the revenue from principle business were 20 million yuan and above.

Data by industries in this chapter are based on the 2011 National Industrial Classification of all Economic Activities, and data by size of enterprises are based on the Preliminary Standards of Enterprises by Size in 2011.

III. Sources of Data and Methods of Survey

The data on enterprises statistics in this Chapter are collated mainly based on the relevant data in the monthly industrial statistics reporting forms.

13-1 规模以上工业企业单位数及工业总产值（2013年）

Number and Gross Industrial Output Value of Industrial Enterprises above Designated Size (2013)

类　　别	Type	企业单位数（个）Number of Enterprises (unit)	#亏损企业 Loss Enterprises	工业总产值（万元）Gross Industrial Output Value (10000yuan)
总　　计	**Total**	**7601**	**429**	**246769053**
按登记注册类型及隶属关系分	**By Registration Status and Jurisdiction of Management**			
国有企业	State-owned Enterprises	215	44	20951644
中央企业	Central enterprises	24	9	2794783
地方企业	Local enterprises	191	35	18156862
集体企业	Collective-owned Enterprises	74	2	1094959
股份合作企业	Cooperative Enterprises	103	5	2284823
联营企业	Joint Ownership Enterprises	9		150586
有限责任公司	Limited Liability Corporations	2154	155	67019855
股份有限公司	Share-holding Corporations Limited	221	14	16761792
私营企业	Private Enterprises	3941	135	99029272
港、澳、台商投资企业	Enterprises with Funds from Hong Kong,Macao and Taiwan	518	34	20164132
外商投资企业	Foreign Funded Enterprises	316	36	17129851
其他经济类型	Other Economic Types	50	4	2182138
#国有控股企业	State-owned Holding Enterprises	475	86	46174756
按轻、重工业分	**Grouped by Light & Heavy Industries**			
轻工业	Light Industry	3258	144	79051320
重工业	Heavy Industry	4343	285	167717733
按企业规模分	**Grouped by Size of Enterprises**			
大型企业	Large Enterprises	159	13	61160942
中型企业	Medium-sized Enterprises	1600	87	75516359
小型企业	Small Enterprises	5686	316	109671917
微型企业	Miniature Enterprises	156	13	419835
按工业行业分	**Grouped by Sector**			
#煤炭开采和洗选业	Mining and Washing of Coal	165	11	1874586
黑色金属矿采选业	Mining and Processing of Ferrous Metal Ores	95	3	1979048
有色金属矿采选业	Mining and Processing of Non-Ferrous Metal Ores	151	14	3748505

13-1 续表1 continued

类别	Type	企业单位数(个) Number of Enterprises (unit)	#亏损企业 Loss Enterprises	工业总产值(万元) Gross Industrial Output Value (10000yuan)
非金属矿采选业	Mining and Processing of Nonmetal Ores	109	6	1657181
农副食品加工业	Processing of Food from Agricultural Products	348	11	14090048
食品制造业	Manufacture of Foods	147	9	4042834
酒、饮料和精制茶制造业	Manufacture of Wine, Beverages & refined tea	103	5	2597692
烟草制品业	Manufacture of Tobacco	3		1609867
纺织业	Manufacture of Textile	368	32	7368329
纺织服装、服饰业	Manufacture of Textile Wearing Apparel,Clothing	585	17	9518029
皮革、毛皮、羽毛及其制品和制鞋业	Manufacture of Leather, Fur, Feather and Related Products, Footware	168	8	4010117
木材加工和木、竹、藤、棕、草制品业	Processing of Timber, Manufacture of Wood, Bamboo, Rattan, Palm and Straw Products	201	7	3475250
家具制造业	Manufacture of Furniture	103	3	1268895
造纸和纸制品业	Manufacture of Paper and Paper Products	131	2	2618277
印刷和记录媒介复制业	Printing, Reproduction of Recording Media	119	3	2319075
文教、工美、体育和娱乐用品制造业	Manufacture of Articles For Culture, Education Art , Sport & Entertainment Activities	176	3	4168427
石油加工、炼焦和核燃料加工业	Processing of Petroleum,Coking,Processing of Nuclear Fuel	21	3	5414567
化学原料和化学制品制造业	Manufacture of Raw Chemical Materials and Chemical Products	750	51	18911450
医药制造业	Manufacture of Medicines	273	15	8383877
化学纤维制造业	Manufacture of Chemical Fibers	10	1	656213
橡胶和塑料制品业	Manufacture of Rubber & Plastics	261	6	4740176
非金属矿物制品业	Manufacture of Non-metallic Mineral Products	872	37	20373879
黑色金属冶炼和压延加工业	Smelting and Pressing of Ferrous Metals	111	9	11827836

13-1 续表2 continued

类别	Type	企业单位数（个） Number of Enterprises (unit)	亏损企业 Loss Enterprises	工业总产值（万元） Gross Industrial Output Value (10000yuan)
有色金属冶炼和压延加工业	Smelting and Pressing of Non-ferrous Metals	517	40	43391877
金属制品业	Manufacture of Metal Products	214	15	5018291
通用设备制造业	Manufacture of General Purpose Machinery	207	13	5268106
专用设备制造业	Manufacture of Special Purpose Machinery	159	6	3777292
汽车制造业	Manufacture of Automotive	176	7	8404141
铁路、船舶、航空航天和其他运输设备制造业	Manufacture of Railway,Shipping, Aerospace & Other Transort Equipment	43	3	3050786
电气机械和器材制造业	Manufacture of Electrical Machinery and Equipment	412	26	19511510
计算机、通信和其他电子设备制造业	Manufacture of Communication Equipment, Computers and Other Electronic Equipment	262	25	8503944
仪器仪表制造业	Manufacture of Measuring Instruments Apparatus	60		909876
其他制造业	Other Manufacturing	33	2	438650
废弃资源综合利用业	Recycling and Disposal of Waste	30	5	796681
金属制品、机械和设备修理业	Repairment of Metal Products, Machinery & Equipment	1		7690
电力、热力生产和供应业	Production and Supply of Electric Power and Heat Power	153	21	10134451
燃气生产和供应业	Production and Supply of Gas	27	3	510469
水的生产和供应业	Production and Supply of Water	37	7	391129
按地区分	**By Region**			
南昌市	Nanchang	1034	77	44674987
景德镇市	Jingdezhen	304	20	10863415
萍乡市	Pingxiang	642	10	14999886
九江市	Jiujiang	1009	56	35156906
新余市	Xinyu	290	21	14232188
鹰潭市	Yingtan	197	17	18948268
赣州市	Ganzhou	1019	68	26129780
吉安市	Ji'an	836	14	21894141
宜春市	Yichun	857	38	25295648
抚州市	Fuzhou	761	29	12508893
上饶市	Shangrao	652	79	22064939

13-2 规模以上工业企业增加值

Value-added of Industrial Enterprises above Designated Size

单位：万元 (10000 yuan)

类　　别	Type	2013	2013年比2012年增长（%） Growth Rate of 2013 to 2012 (%)
总　　计	**Total**	**57555047**	**12.4**
按登记注册类型及隶属关系分	**By Registration Status and Jurisdiction of Management**		
国有企业	State-owned Enterprises	5386717	9.4
中央企业	Central Enterprises	1383984	11.2
地方企业	Local Enterprises	4002733	8.8
集体企业	Collective-owned Enterprises	308063	12.1
股份合作企业	Cooperative Enterprises	572702	12.1
联营企业	Joint Ownership Enterprises	45605	9.1
有限责任公司	Limited Liability Corporations	15301176	13.4
股份有限公司	Share-holding Corporations Limited	3599627	9.1
私营企业	Private Enterprises	22882034	14.2
港、澳、台商投资企业	Enterprises with Funds from Hong Kong, Macao and Taiwan	5038734	9.7
外商投资企业	Foreign Funded Enterprises	4054878	9.2
其他经济类型	Other Economic Types	365510	17.1
#国有控股企业	State-owned Holding Enterprises	11020965	9.3
按轻、重工业分	**Grouped by Light & Heavy Industries**		
轻工业	Light Industry	19946406	13.1
重工业	Heavy Industry	37608641	12.0
按企业规模分	**Grouped by Size of Enterprises**		
大型企业	Large Enterprises	14568473	12.6
中型企业	Medium-sized Enterprises	17784096	15.5
小型企业	Small Enterprises	25083407	16.4
微型企业	Miniature Enterprises	119071	-46.6
按工业行业分	**Grouped by Sector**		
煤炭开采和洗选业	Mining and Washing of Coal	811808	-3.1
黑色金属矿采选业	Mining and Processing of Non-Ferrous Metal Ores	624961	4.6
有色金属矿采选业	Mining and Processing of Nonmetal Ores	1691378	10.9
非金属矿采选业	Mining and Processing of Nonmetal Ores	524026	19.0
农副食品加工业	Processing of Food from Agricultural Products	2770901	13.1
食品制造业	Manufacture of Foods	1084091	13.1
酒、饮料和精制茶制造业	Manufacture of Wine, Beverages & refined tea	779062	11.2
烟草制品业	Manufacture of Tobacco	1238596	12.9
纺织业	Manufacture of Textile	1788725	14.1
纺织服装、服饰业	Manufacture of Textile Wearing Apparel,Clothing	2303589	11.1
皮革、毛皮、羽毛及其制品和制鞋业	Manufacture of Leather, Fur, Feather and Related Products, Footware	1291170	13.0

13-2 续表 continued

单位：万元 (10000 yuan)

类 别	Type	2013	2013年比2012年增长（%）Growth Rate of 2013 to 2012 (%)
木材加工和木、竹、藤、棕、草制品业	Processing of Timber, Manufacture of Wood, Bamboo, Rattan, Palm and Straw Products	794876	4.3
家具制造业	Manufacture of Furniture	349962	11.7
造纸和纸制品业	Manufacture of Paper and Paper Products	792563	14.3
印刷和记录媒介复制业	Printing, Reproduction of Recording Media	525793	16.6
文教、工美、体育和娱乐用品制造业	Manufacture of Articles For Culture, Education Art , Sport & Entertainment Activities	950973	18.6
石油加工、炼焦和核燃料加工业	Processing of Petroleum,Coking,Processing of Nuclear Fuel	712278	3.6
化学原料和化学制品制造业	Manufacture of Raw Chemical Materials and Chemical Products	4836170	9.3
医药制造业	Manufacture of Medicines	2091776	9.7
化学纤维制造业	Manufacture of Chemical Fibers	140190	4.9
橡胶和塑料制品业	Manufacture of Rubber & Plastics	1116835	15.3
非金属矿物制品业	Manufacture of Non-metallic Mineral Products	5432965	14.4
黑色金属冶炼和压延加工业	Smelting and Pressing of Ferrous Metals	1771958	2.3
有色金属冶炼和压延加工业	Smelting and Pressing of Non-ferrous Metals	7934524	14.6
金属制品业	Manufacture of Metal Products	1072733	14.2
通用设备制造业	Manufacture of General Purpose Machinery	1240747	16.2
专用设备制造业	Manufacture of Special Purpose Machinery	898359	10.5
汽车制造业	Manufacture of Automotive	2018431	16.7
铁路、船舶、航空航天和其他运输设备制造业	Manufacture of Railway,Shipping, Aerospace & Other transort Equipment	716349	13.9
电气机械和器材制造业	Manufacture of Electrical Machinery and Equipment	3600035	20.4
计算机、通信和其他电子设备制造业	Manufacture of Communication Equipment, Computers and other Electronic Equipment	2316065	15.0
仪器仪表制造业	Manufacture of Measuring Instruments Apparatus	298202	9.8
其他制造业	Other Manufacturing	128572	29.9
废弃资源综合利用业	Recycling and Disposal of Waste	150228	11.2
金属制品、机械和设备修理业	Repairment of Metal Products, Machinery & Equipment	23058	8.6
电力、热力生产和供应业	Production and Supply of Electric Power and Heat Power	2381183	8.4
燃气生产和供应业	Production and Supply of Gas	162279	14.0
水的生产和供应业	Production and Supply of Water	189636	10.7
按地区分	**By Region**		
南昌市	Nanchang	11594754	12.9
景德镇市	Jingdezhen	2253210	12.1
萍乡市	Pingxiang	3774869	9.8
九江市	Jiujiang	7848293	13.3
新余市	Xinyu	2951186	3.6
鹰潭市	Yingtan	3219608	12.3
赣州市	Ganzhou	6357764	13.2
吉安市	Jian	5306807	13.8
宜春市	Yichun	6318851	13.1
抚州市	Fuzhou	2859877	13.4
上饶市	Shangrao	5070005	12.9

13-3 各地区规模以上工业企业单位数（2013年）

单位：个

分类	Item	全省 Total	南昌市 Nanchang	景德镇市 Jingdezhen
总计	**Total**	**7601**	**1034**	**304**
按登记注册类型及隶属关系分	**By Registration Status and Jurisdiction of Management**			
国有企业	State-owned Enterprises	215	36	14
中央企业	Central Enterprises	24	5	1
地方企业	Local Enterprises	191	31	13
集体企业	Collective-owned Enterprises	74	7	8
股份合作企业	Cooperative Enterprises	103	24	2
联营企业	Joint Ownership Enterprises	9		1
有限责任公司	Limited Liability Corporations	2154	399	129
股份有限公司	Share-holding Corporations Limited	221	40	5
私营企业	Private Enterprises	3941	370	119
港、澳、台商投资企业	Enterprises with Funds from Hong Kong,Macao and Taiwan	518	64	10
外商投资企业	Foreign Funded Enterprises	316	87	15
其他经济类型	Other Economic Types	50	7	1
#国有控股企业	State-owned Holding Enterprises	475	95	31
按轻、重工业分	**Grouped by Light & Heavy Industries**			
轻工业	Light Industry	3258	547	96
重工业	Heavy Industry	4343	487	208
按企业规模分	**Grouped by Size of Enterprises**			
大型企业	Large Enterprises	159	38	6
中型企业	Medium-sized Enterprises	1600	215	51
小型企业	Small Enterprises	5686	762	241
微型企业	Miniature Enterprises	156	19	6

13-4 各地区规模以上工业企业总产值（2013年）

单位：万元

分类	Item	全省 Total	南昌市 Nanchang	景德镇市 Jingdezhen
总计	**Total**	246769053	44674987	10863415
按登记注册类型及隶属关系分	**By Registration Status and Jurisdiction of Management**			
国有企业	State-owned Enterprises	20951644	6429044	1213138
中央企业	Central enterprises	2794783	1910383	1719
地方企业	Local enterprises	18156862	4518661	1211419
集体企业	Collective-owned Enterprises	1094959	61057	193011
股份合作企业	Cooperative Enterprises	2284823	776496	7661
联营企业	Joint Ownership Enterprises	150586		4979
有限责任公司	Limited Liability Corporations	67019855	14454494	5646253
股份有限公司	Share-holding Corporations Limited	16761792	4286477	669547
私营企业	Private Enterprises	99029272	9523051	2479114
港、澳、台商投资企业	Enterprises with Funds from Hong Kong,Macao and Taiwan	20164132	3162165	200600
外商投资企业	Foreign Funded Enterprises	17129851	5788196	320157
其他经济类型	Other Economic Types	2182138	194006	128956
#国有控股企业	State-owned Holding Enterprises	46174756	13805054	4242798
按轻、重工业分	**Grouped by Light & Heavy Industries**			
轻工业	Light Industry	79051320	19323166	2250563
重工业	Heavy Industry	167717733	25351821	8612852
按企业规模分	**Grouped by Size of Enterprises**			
大型企业	Large Enterprises	61160942	18336268	2972841
中型企业	Medium-sized Enterprises	75516359	12185814	3243431
小型企业	Small Enterprises	109671917	14111952	4647143
微型企业	Miniature Enterprises	419835	40953	

Number of Industrial Enterprises above Designated Size by Region (2013)

(unit)

萍乡市 Pingxiang	九江市 Jiujiang	新余市 Xinyu	鹰潭市 Yingtan	赣州市 Ganzhou	吉安市 Ji'an	宜春市 Yichun	抚州市 Fuzhou	上饶市 Shangrao
642	**1009**	**290**	**197**	**1019**	**836**	**857**	**761**	**652**
9	34	4	9	23	25	19	17	25
1	7		3		2	2	1	2
8	27	4	6	23	23	17	16	23
14	8	9	1	7	3	11	2	4
39	12			2	3	5	7	9
1	4		1			1	1	
97	265	85	91	218	145	242	314	169
33	32	1	8	17	12	28	16	29
426	541	171	74	516	542	479	341	362
15	69	8	5	169	67	39	42	30
4	38	12	7	67	32	26	13	15
4	6		1		7	7	8	9
15	64	21	15	80	45	38	27	44
149	514	50	53	432	381	386	392	258
493	495	240	144	587	455	471	369	394
7	23	6	8	14	19	27	1	10
153	257	50	27	221	193	226	73	134
476	702	226	154	755	602	594	675	499
6	27	8	8	29	22	10	12	9

Gross Output Value of Industrial Enterprises above Designated Size by Region (2013)

(10000 yuan)

萍乡市 Pingxiang	九江市 Jiujiang	新余市 Xinyu	鹰潭市 Yingtan	赣州市 Ganzhou	吉安市 Ji'an	宜春市 Yichun	抚州市 Fuzhou	上饶市 Shangrao
14999886	35156906	14232188	18948268	26129780	21894141	25295648	12508893	22064939
313921	946288	62343	7975131	1221490	467363	1047967	192621	1082339
4077	367289		86970		48578	93999	2905	278861
309844	579000	62343	7888160	1221490	418784	953968	189716	803478
197956	112379	167960	2154	84231	35874	89497	13269	137571
923856	271148			7431	17199	33257	42287	205488
14238	81258		15517			10301	24292	
2367900	6935079	7150779	5457058	5796055	3052627	6153765	5736069	4269776
969265	6688396	45494	404070	1196284	589985	956071	282908	673294
8951643	15057719	3904733	4600907	11083091	13642519	13842119	5214689	10729688
283475	3380920	603918	65861	3792618	2030087	1717685	672309	4254494
212900	1627684	2296960	256615	2948580	1977267	1271149	206775	223568
764731	56035		170957		81221	173836	123674	488721
679054	5453389	3832638	8694523	3793078	1128562	1874288	494621	2176749
3329755	13942042	2029589	1083176	7903418	8071923	11024107	5165396	4928185
11670132	21214865	12202599	17865092	18226362	13822219	14271541	7343497	17136754
2292186	9755228	6395277	8858836	2139124	2763919	3473329	141646	4032288
5778223	11882523	3255849	2303954	8731381	7647866	10536360	2146478	7804479
6924120	13454953	4565813	7775490	15065488	11471248	11254412	10191224	10210074
5358	64202	15248	9988	193788	11108	31548	29545	18097

13-5 工 业 产 品 产 量（2013年）

Output of Industrial Products (2013)

品名	Item	2013	2013年比2012年增长（%） Increase Rate in 2013 over 2012(%)
硫铁矿生产量(折含硫 35%)(万吨)	Pyrite Ore (converted into 35% sulphur) (10000 tons)	238.38	11.9
钨精矿折含量（万吨）	Scheelite Presentation of Content (10000 tons)	5.68	17.5
原　盐（万吨）	Salt (10000 tons)	257.29	25.7
配混合饲料（万吨）	Mixed Feed (10000 tons)	1474.94	17.5
乳 制 品（万吨）	Milk Products (10000 tons)	32.09	12.5
罐　头（万吨）	Canned Food (10000 tons)	14.21	11.6
软 饮 料（万吨）	Soft Drinks (10000 tons)	304.98	29.0
白　酒（万千升）	White Spirit (10000 kiloliter)	14.19	-9.7
啤　酒（万千升）	Beer (10000 kiloliter)	124.43	8.3
精 制 茶（吨）	Refined Tea (ton)	59516.10	3.6
卷　烟（亿支）	Cigarettes (100 million pieces)	639	6.7
纱（万吨）	Yarn (10000 tons)	160.79	13.9
布（万米）	Cloth (10000 m)	77615.20	-16.2
纯棉布	Cotton Cloth	21177.20	-51.1
棉混纺交织布	Cotton Blended Cloth	46719.50	27.1
纯化纤布	Chemical Fiber Cloth	9718.50	-22.8
印 染 布（万米）	Printed Fabric (10000 m)	9019.40	14.2
服　装（万件）	Garments (10000 pieces)	130815.00	8.8
皮　鞋（万双）	Shoes (10000 pairs)	19703.60	18.1
人 造 板（万立方米）	Manmade Plates (10000 cu.m)	794.83	-10.4
机制纸及纸板（万吨）	Machine-made Paper and Paperboards (10000 tons)	181.90	10.2
家　具（万件）	Furniture (10000 pieces)	1194.18	-16.9
原油加工量（万吨）	Processed Crude Oil (10000 tons)	519.18	2.3
焦　炭（万吨）	Coke (10000 tons)	826.04	2.2
硫　酸（万吨）	Sulfuric Acid (10000 tons)	323.31	11.6
烧　碱（万吨）	Caustic Soda (10000 tons)	52.57	8.5
电石（折300升/千克)(万吨)	Calcium Carbide (convert to 300 L/kg) (10000 tons)	4.43	-19.1
合 成 氨（万吨）	Synthetic Ammonia (10000 tons)	12.85	-37.8
化学肥料（折有效成份100%)(万吨)	Chemical Fertilizer (10000 tons)	106.29	22.9
氮　肥	Nitrogen Fertilizer	87.26	34.0
磷　肥	Phosphate Fertilizer	19.02	-11.1
化学农药（吨）	Chemical Pesticide (ton)	42056.80	6.3
纯　苯（吨）	Benzene (ton)	50302	27.8
涂　料（吨）	Paint (ton)	51840.70	21.4
塑料树脂及共聚物（万吨）	Primary Plastic (10000 tons)	13.98	19.7
肥　皂（万吨）	Soap (10000 tons)		
合成洗涤剂（吨）	Synthetic Detergents (ton)	5287.00	-7.7
化学药品原药（吨）	Chemical Medicines (ton)	51596.80	14.4
中 成 药（吨）	Traditional Chemical Medicine (ton)	105907.30	-0.5
化学纤维（万吨）	Chemical Fiber (10000 tons)	42.00	10.8
粘胶纤维	Viscose Fiber	33.99	11.6
合成纤维	Synthetic Fiber	8.02	7.8
轮胎外胎（万条）	Tires (10000 tires)	354.42	-8.1
塑料制品（吨）	Plastic Articles (ton)	814422.5	-31.5
水　泥（万吨）	Cement (10000 tons)	9204.20	19.8
平板玻璃（万重量箱）	Plate Glass (10000 weight boxes)	663.04	1.2
日用玻璃制品（万吨）	Glass Products for Daily Use (10000 tons)	0.76	11.2
玻璃保温容品（万个）	Glass Proof Container (10000 units)	2108.70	-20.7

13-5 续表 continued

品名	Item	2013	2013年比2012年增长（%） Increase Rate in 2013 over 2012(%)
耐火材料制品（万吨）	Fire-resistant Products (10000 tons)	20.94	7.20
生铁（万吨）	Pig Iron (10000 tons)	2012.17	-0.70
粗钢（万吨）	Crude Steel (10000 tons)	2156.63	0.80
钢材（万吨）	Rolled Steel (10000 tons)	2463.82	2.70
#中小型型材	Rolled Steel,Medium and Small	13.37	61.10
棒材	Steel Bar	101.14	5.20
钢筋	Corrugated Steel Bar	853.40	17.10
线材	Wire Rod	471.52	-21.60
厚钢板	Thick Steel Plate	139.10	3.10
中板	Medium Steel Plate	183.31	2.10
热轧窄钢带	Hot Roll Narrow Steel Belt	12.87	37.80
冷轧窄钢带	Non Hot Roll Narrow Steel Belt	45.33	11.6
电工钢板	Electrical Steel	102.83	115.1
无缝钢管	Seamless Steel Pipe	14.67	-47.9
焊接钢管	Welded Steel Pipe	11.11	88.5
十种有色金属（万吨）	Ten Kinds of Non-ferrous Metals (10000 tons)	156.22	7.3
#精炼铜	Refined Copper	120.25	3.3
铁合金（万吨）	Ferroalloy (10000 tons)	1.23	-14.5
工业锅炉（蒸发量吨）	Industrial Boilers (evaporation ton)	1515.00	6.8
金属切削机床（台）	Metal Cutting Machine Tools (unit)	5452.00	0.5
#数控机床	CNC Machine Tools (unit)	1391.00	0.1
泵（万台）	Pumps (10000 units)	18.39	71.1
风机（万台）	Fans (10000 units)	12.88	51.9
气体压缩机（台）	Gas Compressor (unit)	38947169	17.3
轴承（万套）	Rolling Bearings (10000 units)	7972.00	11.8
矿山设备（吨）	Mining Equipment (ton)	165839.10	16.0
印刷机（吨）	Printing Presses (ton)	1601.00	49.2
小型拖拉机（万台）	Small Tractors (10000 units)	1.15	-22.0
汽车（万辆）	Motor Vehicles (10000 units)	36.81	7.1
#载货汽车	Trucks	16.25	8.6
民用钢质船舶（万总吨）	Civil Steel Vessels (10000 tons)	12.05	-55.4
发电设备（万千瓦）	Power Generating Equipment (10000 kw)	34.97	-36.0
交流电动机（万千瓦）	AC Motors (10000 kw)	434.16	15.0
变压器（万千伏安）	Transformers (10000 KVA pm)	2608.72	-1.9
通信及电子网络用电缆（对千米）	Cable for Communications and Electronic Network (couples·km)	1296165.00	34.5
冷柜（台）	Freezers (unit)	442198	1.2
家用电冰箱（万台）	Household Refrigerators (10000 units)	101.51	-5.2
房间空气调节调器（万台）	Air Conditioners (10000 units)	329.88	7.3
电风扇（万台）	Fans (10000 units)	118.08	23.6
电光源（万只）	Electric Light (10000 units)	139123.00	16.5
电话单机（万部）	Telephone Sets (10000 units)	91.36	28.5
彩色电视机（万台）	Color Television Sets (10000 units)	46.75	-64.8
照相机（万台）	Cameras (10000 units)	374.38	-75.1

13-6 主要工业产品产量

年份 地区 Year Region	化学纤维 (万吨) Chemical Fiber (10000 tons)	纱 (吨) Yarn (ton)	布 (万米) Cloth (10000 m)	机制纸及纸板 (万吨) Machine-made Paper and Paperboards (10000 tons)	日用瓷 (万件) Ceramics for Daily Use (10000 units)
1978	0.42	42373	20173	9.26	32095
1980	1.33	61791	30011	12.69	33087
1985	1.30	72161	26009	22.17	35041
1990	2.00	80749	30566	25.59	44969
1991	2.37	86729	27897	26.36	53083
1992	2.54	96433	29194	31.03	55837
1993	4.13	90595	29670	36.54	53063
1994	5.33	101349	34041	36.29	54702
1995	5.11	109652	35784	41.07	48652
1996	4.80	105556	33256	38.24	60053
1997	6.33	110362	36086	35.49	57016
1998	6.42	107994	25088	23.39	38213
1999	7.65	109102	26315	27.96	52391
2000	7.08	99512	21710	24.02	57470
2001	7.74	79652	17948	26.04	55737
2002	8.59	112105	20491	28.18	56791
2003	10.02	148731	22095	24.66	44588
2004	14.59	186303	32187	35.51	58966
2005	18.07	204424	28057	67.00	61893
2006	20.76	255128	34137	91.35	54902
2007	27.63	390421	46424	106.21	116774
2008	16.87	445644	47026	113.73	160380
2009	13.50	620191	67651	139.64	259118
2010	17.92	746779	80517	186.59	406806
2011	31.47	968465	80754	219.39	296558
2012	37.89	1372942	92650	161.39	
2013	42.00	1607922	77615	181.90	
南昌市 Nanchang		40845	8808	38.85	
景德镇市 Jingdezhen		135		8.70	
萍乡市 Pingxiang				13.90	
九江市 Jiujiang	33.99	825816	2589	33.67	
新余市 Xinyu		82082	8078		
鹰潭市 Yingtan					
赣州市 Ganzhou		16515	2226	25.03	
吉安市 Ji'an		30823	1772	31.53	
宜春市 Yichun	2.96	492444	35825	5.55	
抚州市 Fuzhou		98877	18095	13.04	
上饶市 Shangrao	5.06	20385	222	11.64	

Output of Major Industrial Products

合成洗涤剂 (吨) Synthetic Detergents (ton)	卷烟 (万箱) Cigarettes (10000 boxes)	粗钢 (万吨) Crude Stell (10000 tons)	生铁 (万吨) Pig Iron (10000 tons)	钢材 (万吨) Rolled Steel (10000 tons)
5098	19.14	25.64	35.84	24.50
6298	22.32	38.76	31.45	46.65
12778	32.11	77.42	57.43	60.98
17083	47.02	112.09	89.03	92.32
21700	49.58	109.68	84.05	95.27
25100	49.49	133.06	97.83	109.76
29984	50.09	148.68	120.72	119.61
34600	46.42	150.94	150.16	129.84
45194	43.76	149.73	136.63	126.36
42063	38.63	173.02	133.86	139.87
38626	35.54	173.80	149.48	154.79
38267	38.31	222.94	192.43	179.23
24696	41.20	267.03	248.24	228.60
34257	50.99	319.86	304.69	282.90
24400	54.57	399.83	338.26	375.63
14563	55.95	548.21	453.04	531.64
17141	60.44	599.53	496.40	655.37
6377	64.46	748.00	638.16	774.90
11210	81.81	963.20	819.84	1017.82
20453	89.80	1162.97	949.60	1235.77
18385	95.80	1306.15	1045.30	1349.50
20130	100.80	1240.94	1036.30	1277.21
24123	105.80	1620.88	1446.96	1647.40
24449	111.80	1834.03	1673.94	1951.55
7372	116.80	2067.41	1917.07	2247.36
5726	119.80	2140.85	2027.05	2368.89
5287	127.80	2156.63	2012.17	2463.82
	127.80	347.54	303.07	385.22
		485.39	441.84	494.37
		452.74	401.01	455.16
		869.93	866.25	896.55
				0.51
				127.38
				77.64
5287		1.03		12.45
				14.56

13-6 续表

年 份 地 区 Year Region	焦 炭 (万吨) Coke (10000 tons)	原油加工量 (万吨) Processed Crude Oil (10000 tons)	硫 酸 (万吨) Sulfuric (10000 tons)	烧 碱 (万吨) Caustic (10000 tons)	化学肥料 (万吨) Chemical Fertilizer (10000 tons)	化学农药 (吨) Chemical Pesticide (ton)
1978	88.75		2.68	2.32	15.97	13539
1980	79.39	10.31	4.00	3.07	25.73	17405
1985	83.40	83.37	3.81	3.74	19.41	2753
1990	119.96	155.10	43.59	5.88	31.07	5146
1991	145.31	180.98	46.93	6.12	32.49	5819
1992	146.26	208.82	47.49	6.59	33.04	5151
1993	160.60	230.52	49.40	7.24	29.44	4100
1994	177.60	202.32	52.00	8.53	31.78	4589
1995	166.53	230.56	57.10	9.97	38.44	5997
1996	167.02	234.37	54.27	9.74	37.86	5793
1997	170.58	246.51	59.72	9.57	44.73	6257
1998	177.87	248.80	61.43	10.51	52.22	7495
1999	182.11	280.70	62.77	12.76	54.55	12810
2000	184.48	327.62	79.92	16.24	43.43	13796
2001	187.91	296.99	87.75	18.65	46.88	14428
2002	223.63	296.87	78.95	18.87	55.96	12710
2003	236.35	311.90	103.29	19.91	47.90	9657
2004	323.73	361.10	110.13	25.60	50.67	15177
2005	397.50	364.88	113.19	24.62	47.61	14425
2006	492.61	415.49	134.53	30.03	55.80	17173
2007	557.11	394.26	139.97	33.36	53.80	16126
2008	524.19	409.16	185.15	34.03	54.20	21212
2009	626.06	450.07	213.56	24.49	48.71	21612
2010	798.85	468.43	227.00	27.28	113.42	21213
2011	875.85	431.84	239.97	27.80	29.46	34210
2012	809.57	507.64	289.81	44.70	93.71	
2013	826.04	519.18	323.31	52.57	106.29	42057
南昌市 Nanchang	82.78				0.24	
景德镇市 Jingdezhen	309.77			19.24	78.19	
萍乡市 Pingxiang	145.49					
九江市 Jiujiang		519.18	36.23	4.50		
新余市 Xinyu	276.25		25.21		3.63	
鹰潭市 Yingtan			200.73	1.43	21.71	9743
赣州市 Ganzhou			14.73	1.33		
吉安市 Ji'an						2851
宜春市 Yichun	7.89			26.08		7298.70
抚州市 Fuzhou	3.86				2.52	10921.20
上饶市 Shangrao			46.41			11243

continued

化学原料药 (吨) Chemical Medicines (ton)	交流电动机 (万千瓦) AC Motors (10000 kw)	金属切削机床 (台) Metal-cutting Machine Tools (unit)	汽车 (辆) Motor Vehicles (unit)	电视机 (万台) Television Sets (10000 units)	照相机 (万台) Cameras (10000 units)	水泥 (万吨) Cement (10000 tons)
847	52.74	2619	991	0.25	1.00	155.56
860	36.02	4012	1463	2.51	1.40	201.00
8472	81.20	5	7060	31.40	10.55	354.19
10140	88.45	4727	9711	43.88	9.00	469.13
12750	97.48	4686	14443	48.90	16.17	566.91
15442	118.09	6055	25301	61.90	14.20	689.25
13910	136.07	7043	38678	59.16	13.15	811.63
14799	127.51	4905	45321	63.64	17.97	905.80
24318	106.33	5646	52479	52.56	21.75	1005.59
7697	78.79	4014	63166	32.16	21.78	1062.16
5487	64.31	3073	90943	17.31	17.32	1105.39
4389	46.35	2163	121987	6.50	29.34	1133.38
1631	48.51	2693	119915	31.27	18.87	1315.02
1842	61.73	3559	133562	19.80	17.84	1382.00
1182	70.52	3047	159407	30.16	28.81	1574.00
2327	93.06	3281	207453	44.86	34.87	1966.00
2457	119.82	4023	185199	64.10	41.47	2172.00
1832	160.72	5087	183962	72.62	15.49	2976.00
5801	157.81	4272	207112	89.11	6.73	3477.01
8009	205.84	5020	233893	64.22	4.38	4206.31
13133	274.75	3774	221832	39.06	1.99	4956.97
16108	301.81	1548	211942	44.62	1.93	5271.59
28306	343.99	959	284659	90.97	2.69	6153.20
42822	447.50	3103	372776	67.66	0.58	6220.54
31238	457.30	3829	343457	102.56	1.02	6782.24
4		4812	343615	132.87	1505.22	7420.94
51596.80	434.16	5452	368086	46.75	374.38	9204.20
17278.30	96.86	1279	262220	18.06		514.85
2578.60			105866			617.44
		654				815.04
701.80	49.61	2058			374.38	1623.60
	58.27					246.09
						153.94
				28.69		1744.72
9702.40		179				752.68
2008.20	229.42					1016.97
15088		1282				231.20
4239.50					0.00	1487.65

13-7 规模以上工业企业经济指标

指 标	Item	2000	2001	2002
企业单位数(个)	Number of Enterprises (unit)	3548	3283	3076
#亏损企业	Loss Enterprises	1250	1135	945
资产总计(万元)	Total Assets (10000 yuan)	18358562	19327549	20186707
流动资产合计(万元)	Total Working Capitals (10000 yuan)	7302030	7482694	8083948
负债总计(万元)	Total Liabilities (10000 yuan)	12538729	12827411	13168071
所有者权益(万元)	Owners' Equity (10000 yuan)	5749725	6419158	6825559
主营业务收入(万元)	Revenue from Principal Business (10000 yuan)	8970030	9736008	11432603
#主营业务税金及附加	Taxes and Other Charges on Principal Business	223525	254856	296939
营业费用(销售)	Operating Expenses	348333	414143	456096
利润总额(万元)	Total Profits (10000 yuan)	125262	134872	231011
利润和税金总额(万元)	Total Profits and Taxes (10000 yuan)	805410	901489	1094632
全部从业人员年平均人数(人)	Annual Average Empolyed Persons (person)	1088214	1006489	957232
工业总产值(万元)	Gross Industrial Output Value (10000 yuan)	9323234	10160151	11887991
工业增加值(万元)	Value Added of Industry (10000 yuan)	2698133	3082230	3626837
总资产贡献率(%)	Ratio of Total Assets to Output Value (%)	6.19	6.24	7
资本保值增值率(%)	Changing Rate of Net Assets (%)	108.93	111.64	106.33
资产负债率(%)	Assets-Liability Ratio (%)	68.30	66.37	65.23
流动资产周转率(次)	Ratio of Turnover Working Capitals (time)	1.27	1.31	1.45
成本费用利润率(%)	Ratio of Profits to Cost (%)	1.44	1.42	2.09
全员劳动生产率(元/人)	Overall Labor Productivity (yuan/person)	24794	30624	37889
产品销售率(%)	Proportion of Products Sold (%)	97.27	97.60	97.95
工业经济效益综合指数(%)	Aggregate Index of Industrial Economic Efficiency (%)	81.77	86.70	96.11

Economic Indicator of Industrial Enterprises above Designated Size

2003	2004	2005	2006	2007	2008	2009	2010	2011	2012	2013
3051	4019	4403	5333	6028	6226	7329	7976	6251	6773	7601
766	1056	859	888	748	667	522	378	294	403	429
22687483	26341487	30583375	36714081	46887884	52936108	67355232	84248635	99640588	114741203	136401179
9424790	10560275	12656554	16213919	20587012	23706799	27942172	35674934	46148463	54079089	62332378
15025558	17155063	19322205	22388278	27793878	30671736	38348158	47004353	55512183	64032206	74021408
7425979	9168985	10961595	14036300	19092849	22264371	29007074	37244282	44128405	50708997	62379770
14942837	21865899	29091272	41737387	62411363	82819433	98141565	141966804	184668214	222676403	267002175
340780	391459	495427	606686	802634	995491	1385549	1672718	1933173	2286178	2723301
548482	638788	860647	1091098	1296073	1520240	1887424	2511101	2738042	3436269	4211075
514116	718782	1124119	1941917	3077476	3155831	4967457	8568128	11138553	12851090	17566628
1561040	2068626	2796022	4237080	6079370	6818608	9426976	14459522	18146936	21297573	28823980
961219	1017715	1121126	1257972	1407253	1481676	1698449	1971755	1922534	2090307	2201132
14723335	22119791	29788802	42454878	61941823	82087339	97004723	138356056	179058700	208094698	246769053
4467808	6270619	8823017	12880910	18222355	23235213	26107510	31018933	39108763	48852077	57555047
8.31	9.07	10.43	12.81	14.18	15.72	16.97	20.36	21.54	21.42	24.38
108.80	123.47	119.55	128.05	136.02	121.44	123.86	125.74	123.17	113.25	119.40
66.23	65.13	63.18	60.98	59.28	57.94	56.93	55.79	55.71	55.81	54.27
1.68	2.16	2.36	2.79	3.36	3.71	3.78	4.51	4.53	4.45	4.60
3.65	3.45	4.14	5.04	5.40	4.12	5.59	6.69	6.65	6.33	7.19
46481	61615	78698	102394	129489	162992	168029	206437	231445	247387	278594
98.01	98.14	98.48	98.46	98.58	98.55	98.82	98.98	98.94	99.25	99.07
111.96	128.84	146.43	174.67	202.00	221.86	233.83	275.13	292.21	298.28	328.28

13-8 规模以上工业企业主要经济指标（2013）

单位：万元

项　　　　目	Item	主营业务收入 Revenue from Principal Business	主营业务税金及附加 Taxes and Other Charges on Principal Business
总　　　计	**Total**	**267002175**	**2723301**
按登记注册类型及隶属关系分	**By Registration Status and Jurisdiction of Management**		
国有企业	State-owned Enterprises	33114050	880315
中央企业	Central Enterprises	2740045	695228
地方企业	Local Enterprises	30374005	185087
集体企业	Collective-owned Enterprises	1116276	10724
股份合作企业	Cooperative Enterprises	2288333	16343
联营企业	Joint Ownership Enterprises	159970	988
有限责任公司	Limited Liability Corporations	69471554	417954
股份有限公司	Share-holding Corporations Limited	17688841	543320
私营企业	Private Enterprises	102070952	659970
港、澳、台商投资企业	Enterprises with Funds from Hong Kong,Macao and Taiwan	21042766	85426
外商投资企业	Foreign Funded Enterprises	17691091	100569
其他经济类型	Other Economic Types	2358344	7693
#国有控股企业	State-owned Holding Enterprises	59896645	1476516
按轻、重工业分	**Grouped by Light & Heavy Industries**		
轻工业	Light Industry	81753188	1258946
重工业	Heavy Industry	185248987	1464355
按企业规模分	**Grouped by Size of Enterprises**		
大型企业	Large Enterprises	76649807	1571005
中型企业	Medium-sized Enterprises	78218440	501331
小型企业	Small Enterprises	111703687	649131
微型企业	Miniature Enterprises	430242	1834
按工业行业分	**Grouped by Sector**		
#煤炭开采和洗选业	Mining and Washing of Coal	1841433	24614
黑色金属矿采选业	Mining and Processing of Ferrous Metal Ores	2008739	39146
有色金属矿采选业	Mining and Processing of Non-Ferrous Metal Ores	3845568	27011
非金属矿采选业	Mining and Processing of Nonmetal Ores	1709147	41156
农副食品加工业	Processing of Food from Agricultural Products	14278078	64663
食品制造业	Manufacture of Foods	4237471	23781
饮料制造业	Manufacture of Wine, Beverages & Refined Tea	2635087	87694
烟草制品业	Manufacture of Tobacco	1556489	689686
纺织业	Manufacture of Textile	7885986	32948
纺织服装、鞋、帽制造业	Manufacture of Textile Wearing Apparel,Clothing	9779217	43558
皮革、毛皮、羽毛(绒)及其制品业	Manufacture of Leather, Fur, Feather and Related Products, Footware	4177168	15806
木材加工及木、竹、藤、棕、草制品业	Processing of Timber, Manufacture of Wood, Bamboo, Rattan, Palm and Straw Products	3605929	21060
家具制造业	Manufacture of Furniture	1303860	7053

Main Economic Indicators of Industrial Enterprises above Designated Size(2013)

(10000 yuan)

主营业务成本 Cost of Principal Business	营业费用 Operating Expenses	资产合计 Total Assets	流动资产 Total Working Capitals	#产成品 Finished Products	负债合计 Total Liabilities	所有者权益合计 Total Owners' Equities	利润总额 Total Profits
232468973	**4211075**	**136401179**	**62332378**	**6351861**	**74021408**	**62379770**	**17566628**
29466482	447696	25126497	13895742	666619	14732984	10393514	1339413
1539819	34327	3271708	1311658	59457	1712782	1558926	339266
27926663	413370	21854789	12584084	607162	13020202	8834587	1000147
907495	20869	403245	151280	11010	171678	231568	94628
1880090	37262	835395	324776	30038	202828	632566	239336
133786	1295	67847	22783	8230	33782	34066	19415
61062374	1090693	40696000	18161781	1896872	24634446	16061554	4092469
15230214	291467	11982672	5516329	729386	7106879	4875792	1017223
88172988	1665166	33999883	14607246	2116942	14660269	19339614	7879904
18072774	347982	10195866	3989052	448207	4829028	5366838	1643820
15430590	287987	12079239	5168631	391972	7042022	5037217	1089173
2112182	20659	1014535	494758	52585	607493	407043	151245
53088268	774010	51624131	25208417	1542027	33301256	18322875	2290144
68665121	2215558	33240577	14808685	1974283	14659479	18581098	6208294
163803852	1995517	103160602	47523693	4377577	59361929	43798672	11358334
67117776	1435060	55957096	28168347	1946348	34780325	21176771	3396782
67124600	1303098	38353076	16113440	2071028	19309211	19043865	6267226
97829958	1470112	41828902	17937886	2318464	19769117	22059784	7894146
396639	2806	262104	112705	16021	162755	99350	8475
1495433	28980	1889054	495602	20803	1332661	556394	134867
1687133	23877	876543	276908	12756	369723	506821	186455
3358071	27343	2242546	972307	231098	972141	1270406	301191
1405308	50717	1109496	435372	41715	417770	691726	155698
12843965	244358	4333373	2092231	322218	2160615	2172758	801931
3459725	146937	1653514	641102	98172	629459	1024056	365103
2013608	155283	2128459	814963	143352	1291009	837450	230379
476030	25203	1372903	1021921	39202	306748	1066155	275004
6920722	75578	2719146	1133366	238109	1339650	1379497	563711
8391750	230202	2631145	1262450	251661	940889	1690256	664506
3584072	62892	1312375	489256	60974	421359	891016	375676
3110818	61885	1603653	608602	132365	712602	891051	281324
1148096	22908	477199	296719	26679	236067	241132	91144

13-8 续表1

单位：万元

项　　目	Item	主营业务收入 Revenue from Principal Business	主营业务税金及附加 Taxes and Other Charges on Principal Business
造纸和纸制品业	Manufacture of Paper and Paper Products	2726409	14413
印刷和记录媒介复制业	Printing, Reproduction of Recording Media	2368707	17617
文教、工美、体育和娱乐用品制造业	Manufacture of Articles For Culture, Education Art , Sport & Entertainment Activities	4305291	30752
石油加工、炼焦和核燃料加工业	Processing of Petroleum,Coking,Processing of Nuclear Fuel	5525575	493174
化学原料和化学制品制造业	Manufacture of Raw Chemical Materials and Chemical Products	19334414	165478
医药制造业	Manufacture of Medicines	8754435	57612
化学纤维制造业	Manufacture of Chemical Fibers	754155	1736
橡胶和塑料制品业	Manufacture of Rubber & Plastics	4830526	24094
非金属矿物制品业	Manufacture of Non-metallic Mineral Products	20718670	117271
黑色金属冶炼和压延加工业	Smelting and Pressing of Ferrous Metals	13919931	42269
有色金属冶炼和压延加工业	Smelting and Pressing of Non-ferrous Metals	55892656	230976
金属制品业	Manufacture of Metal Products	5156774	51022
通用设备制造业	Manufacture of General Purpose Machinery	5673262	31171
专用设备制造业	Manufacture of Special Purpose Machinery	3814761	22669
汽车制造业	Manufacture of Automotive	8911514	119209
铁路、船舶、航空航天和其他运输设备制造业	Manufacture of Railway,Shipping, Aerospace & Other Transport Equipment	2982188	4177
电气机械和器材制造业	Manufacture of Electrical Machinery and Equipment	19952490	71462
计算机、通信和其他电子设备制造业	Manufacture of Communication Equipment, Computers and Other Electronic Equipment	9044366	43335
仪器仪表制造业	Manufacture of Measuring Instruments Apparatus	885665	5682
其他制造业	Other Manufacturing	448693	1311
废弃资源综合利用业	Recycling and Disposal of Waste	803473	3981
金属制品、机械和设备修理业	Repairment of Metal Products, Machinery & Equipment	7764	62
电力、热力生产和供应业	Production and Supply of Electric Power and Heat Power	10379516	44985
燃气生产和供应业	Production and Supply of Gas	566862	6781
水的生产和供应业	Production and Supply of Water	379906	3888
按地区分	**By Region**		
南 昌 市	Nanchang	45068346	965939
景德镇市	Jingdezhen	10527239	77661
萍 乡 市	Pingxiang	15144544	153990
九 江 市	Jiujiang	38597403	574399
新 余 市	Xinyu	15388580	71724
鹰 潭 市	Yingtan	30551859	93175
赣 州 市	Ganzhou	25766311	183321
吉 安 市	Ji'an	23375283	170487
宜 春 市	Yichun	26918716	199220
抚 州 市	Fuzhou	12486455	56850
上 饶 市	Shangrao	23177439	176536

continued

(10000 yuan)

主营业务成本 Cost of Principal Business	营业费用(销售) Operating Expenses	资产合计 Total Assets	流动资产 Total Working Capitals	#产成品 Finished Products	负债合计 Total Liabilities	所有者权益合计 Total Owners' Equities	利润总额 Total Profits
2345339	36722	1668896	577868	79691	835847	833049	207913
1939823	40137	1255265	486629	32949	389811	865455	214632
3653720	73486	1460219	592590	99860	491957	968261	390229
4757105	72798	2986650	1363641	175535	2150625	836025	54085
16632200	285843	12545415	5241044	485522	7217800	5327615	1396743
6781954	790415	4125979	2073972	233049	1880937	2245042	633226
655654	7839	793368	360955	16304	578359	215008	57233
4239974	63381	1374204	612439	90045	492953	881251	373612
17070643	374492	11014144	4262220	514412	5256844	5757301	2116310
12816335	87442	7964370	3423585	321363	5383356	2581014	495134
52048802	212993	23312939	13930800	1187542	12004710	11308228	2566214
4496296	73200	1733190	774029	107719	650913	1082276	330297
4837932	102827	2854152	1653050	226279	1507747	1346405	419958
3251664	66648	1628030	695080	101669	733670	894360	294963
7370922	317446	6180225	3650329	273610	3591006	2589218	587991
2694413	10585	4339858	3085583	81600	3284254	1055604	119781
17359295	274780	8394647	3648511	385109	4267271	4127376	1481670
7781888	89226	4270689	2222228	276520	2083044	2187645	585035
736819	21077	649974	298213	21782	270616	379359	85261
399366	5011	138509	84091	8918	61916	76593	32880
708094	11406	319458	113366	7995	144362	175096	45965
6690		4117	2765	88	2507	1610	14
9266532	3497	11237149	2172447	542	8626320	2610830	539748
440675	19072	506414	138406	4207	277059	229355	63752
282108	14590	1293913	327741	449	706834	587080	46997
38167254	1130507	30147262	13924124	1152330	16690943	13456319	2445684
8931864	199429	8585758	4989833	347108	6104429	2481329	480397
12028158	221344	6324835	1796280	172945	2342765	3982070	1851041
33938157	509060	16288284	5935630	1226816	9115629	7172655	2597957
13892719	193763	12979054	5772671	327277	8393633	4585421	596603
29037372	134784	15892762	9214321	399119	8066843	7825919	990943
22748088	353646	12478748	6416803	1035209	6584712	5894036	1723438
19827523	355157	7428065	2473558	269924	2809361	4618705	1920192
22431430	633905	11891309	5022434	696588	6606921	5284388	2351257
11081409	213252	4744555	2452503	318872	2482052	2262504	756947
20385000	266227	9640547	4334222	405671	4824121	4816426	1852168

13-8 续表2

单位：万元

项　　目	Item	#盈利企业的利润额 Profits of Profit-making Enterprises	#亏损企业的亏损额 Losses of Loss Enterprises
总　　计	**Total**	**18259641**	**693013**
按登记注册类型及隶属关系分	**By Registration Status and Jurisdiction of Management**		
国有企业	State-owned Enterprises	1404908	65494
中央企业	Central Enterprises	347605	8339
地方企业	Local Enterprises	1057302	57155
集体企业	Collective-owned Enterprises	111174	16546
股份合作企业	Cooperative Enterprises	239949	613
联营企业	Joint Ownership Enterprises	19415	
有限责任公司	Limited Liability Corporations	4366476	274007
股份有限公司	Share-holding Corporations Limited	1082262	65039
私营企业	Private Enterprises	8053295	173392
港、澳、台商投资企业	Enterprises with Funds from Hong Kong,Macao and Taiwan	1675563	31743
外商投资企业	Foreign Funded Enterprises	1154941	65768
其他经济类型	Other Economic Types	151658	412
#国有控股企业	State-owned Holding Enterprises	2506734	216590
按轻、重工业分	**Grouped by Light & Heavy Industries**		
轻工业	Light Industry	6332579	124286
重工业	Heavy Industry	11927062	568728
按企业规模分	**Grouped by Size of Enterprises**		
大型企业	Large Enterprises	3520390	123609
中型企业	Medium-sized Enterprises	6467204	199978
小型企业	Small Enterprises	8257142	362997
微型企业	Miniature Enterprises	14904	6430
按工业行业分	**Grouped by Sector**		
煤炭开采和洗选业	Mining and Washing of Coal	171939	37072
黑色金属矿采选业	Mining and Processing of Ferrous Metal Ores	188842	2387
有色金属矿采选业	Mining and Processing of Non-Ferrous Metal Ores	361507	60316
非金属矿采选业	Mining and Processing of Nonmetal Ores	160822	5125
农副食品加工业	Processing of Food from Agricultural Products	805481	3550
食品制造业	Manufacture of Foods	368280	3178
酒、饮料和精制茶制造业	Manufacture of Wine, Beverages & Refined Tea	244821	14442
烟草制品业	Manufacture of Tobacco	275004	
纺织业	Manufacture of Textile	591838	28127
纺织服装、服饰业	Manufacture of Textile Wearing Apparel,Clothing	672544	8037
皮革、毛皮、羽毛及其制品和制鞋业	Manufacture of Leather, Fur, Feather and Related Products, Footware	385347	9671
木材加工和木、竹、藤、棕、草制品业	Processing of Timber, Manufacture of Wood, Bamboo, Rattan, Palm and Straw Products	286374	5050
家具制造业	Manufacture of Furniture	91282	138

continued

(10000 yuan)

利润税金总额 Total Profits and Taxes	企业亏损面(%) Ratio to Loss Enterprises	经济效益综合指数(%) Aggregate Index of Economic Efficiency	总资产贡献率(%) Ratio of Total Assets to Output Value	资本保值增值率(%) Changing Rate of Net Assets	资产负债率(%) Assets-Liability Ratio	流动资产周转率(次) Ratio of Turnover Working Capitals (time)
28823980	**5.64**	**328.28**	**24.38**	**119.40**	**54.27**	**4.60**
3085271	20.47	270.96	14.80	109.16	58.64	2.69
1249845	37.50	473.48	41.73	123.07	52.35	2.15
1835426	18.32	250.79	10.42	107.02	59.58	2.75
152721	2.70	357.07	44.04	132.99	42.57	8.22
338549	4.85	425.87	44.59	121.39	24.28	7.75
27198		390.73	45.82	121.43	49.79	8.22
6772163	7.20	329.26	19.57	121.83	60.53	4.14
2078806	6.33	345.18	20.63	115.09	59.31	3.35
12171837	3.43	412.31	42.09	128.20	43.12	7.84
2343765	6.56	281.25	26.28	116.59	47.36	5.54
1620979	11.39	265.29	13.35	109.12	58.30	2.86
232690	8.00	446.34	47.40	149.45	59.88	9.21
5460975	18.11	291.82	12.51	111.59	64.51	2.48
10168404	4.42	328.93	35.63	122.55	44.10	6.19
18655576	6.56	345.25	20.90	118.12	57.54	4.13
6937484	8.18	266.29	14.65	107.07	62.16	2.82
9634314	5.44	333.41	31.08	119.94	50.35	5.71
12231871	5.56	400.06	31.80	135.32	47.26	6.55
20311	8.33	465.63	10.93	35.07	62.10	3.68
281628	6.67	171.00	17.03	99.25	70.55	3.91
300019	3.16	446.55	41.73	143.08	42.18	8.19
524010	9.27	312.94	25.04	128.93	43.35	3.88
290811	5.50	354.85	33.88	151.26	37.65	4.84
1086325	3.16	485.18	28.99	111.95	49.86	7.38
548440	6.12	375.75	38.86	131.82	38.07	7.49
428177	4.85	293.85	23.85	116.12	60.65	3.57
1140175		858.66	91.29	135.20	22.34	1.66
840386	8.70	335.21	36.44	117.77	49.27	7.82
1008689	2.91	342.01	46.81	123.65	35.76	9.12
544922	4.76	313.38	46.33	127.50	32.11	9.66
425047	3.48	327.30	32.66	118.83	44.44	6.80
133743	2.91	278.65	33.63	132.59	49.47	5.15

13-8　续表3

单位：万元

项　　　目	Item	#盈利企业的利润额 Profits of Profit-making Enterprises	#亏损企业的亏损额 Losses of Loss Enterprises
造纸和纸制品业	Manufacture of Paper and Paper Products	208916	1003
印刷和记录媒介复制业	Printing, Reproduction of Recording Media	214791	158
文教、工美、体育和娱乐用品制造业	Manufacture of Articles For Culture, Education Art , Sport & Entertainment Activities	391294	1065
石油加工、炼焦和核燃料加工业	Processing of Petroleum,Coking,Processing of Nuclear Fuel	57568	3482
化学原料和化学制品制造业	Manufacture of Raw Chemical Materials and Chemical Products	1560269	163526
医药制造业	Manufacture of Medicines	649309	16083
化学纤维制造业	Manufacture of Chemical Fibers	58240	1007
橡胶和塑料制品业	Manufacture of Rubber & Plastics	373743	132
非金属矿物制品业	Manufacture of Non-metallic Mineral Products	2132789	16479
黑色金属冶炼和压延加工业	Smelting and Pressing of Ferrous Metals	499517	4383
有色金属冶炼和压延加工业	Smelting and Pressing of Non-ferrous Metals	2746105	179891
金属制品业	Manufacture of Metal Products	340976	10679
通用设备制造业	Manufacture of General Purpose Machinery	431478	11520
专用设备制造业	Manufacture of Special Purpose Machinery	298554	3591
汽车制造业	Manufacture of Automotive	613355	25364
铁路、船舶、航空航天和其他运输设备制造业	Manufacture of Railway,Shipping, Aerospace & Other Transport Equipment	121535	1754
电气机械和器材制造业	Manufacture of Electrical Machinery and Equipment	1516712	35042
计算机、通信和其他电子设备制造业	Manufacture of Communication Equipment, Computers and Other Electronic Equipment	597640	12605
仪器仪表制造业	Manufacture of Measuring Instruments Apparatus	85261	
其他制造业	Other Manufacturing	34115	1235
废弃资源综合利用业	Recycling and Disposal of Waste	55460	9495
金属制品、机械和设备修理业	Repairment of Metal Products, Machinery & Equipment	14	
电力、热力生产和供应业	Production and Supply of Electric Power and Heat Power	554743	14995
燃气生产和供应业	Production and Supply of Gas	64710	957
水的生产和供应业	Production and Supply of Water	48471	1474
按地区分	**By Region**		
南 昌 市	Nanchang	2547080	101396
景德镇市	Jingdezhen	520151	39754
萍 乡 市	Pingxiang	1882376	31335
九 江 市	Jiujiang	2684877	86921
新 余 市	Xinyu	611954	15351
鹰 潭 市	Yingtan	1001127	10184
赣 州 市	Ganzhou	1749781	26343
吉 安 市	Ji'an	1930360	10168
宜 春 市	Yichun	2368027	16770
抚 州 市	Fuzhou	767687	10740
上 饶 市	Shangrao	2196221	344053

continued

(10000 yuan)

利润税金总额 Total Profits and Taxes	企业亏损面(%) Ratio to Loss Enterprises (%)	经济效益综合指数(%) Aggregate Index of Economic Efficiency (%)	总资产贡献率(%) Ratio of Total Assets to Output Value (%)	资本保值增值率(%) Changing Rate of Net Assets (%)	资产负债率(%) Assets-Liability Ratio (%)	流动资产周转率(次) Ratio of Turnover Working Capitals (time)
308425	1.53	331.45	22.13	147.53	50.08	5.26
306593	2.52	344.01	31.59	119.46	31.05	6.27
591479	1.70	369.91	50.33	147.11	33.69	8.84
706215	14.29	521.93	26.97	112.11	72.01	4.60
2119390	6.80	339.74	19.71	114.68	57.53	3.87
1061959	5.49	322.57	29.08	113.45	45.59	4.44
83719	10.00	329.06	12.57	166.92	72.90	2.13
526840	2.30	402.95	43.38	115.69	35.87	8.79
2964583	4.24	342.78	30.61	115.95	47.73	5.38
890194	8.11	365.06	13.40	104.01	67.59	4.02
4646837	7.74	612.47	22.79	121.45	51.49	4.18
515735	7.01	406.87	34.99	134.71	37.56	7.41
586428	6.28	289.80	23.56	124.23	52.83	3.87
429160	3.77	319.29	29.74	117.81	45.06	5.97
997928	3.98	295.48	18.35	112.12	58.10	2.67
147432	6.98	222.37	4.25	107.29	75.68	1.06
2097829	6.31	350.09	28.99	112.51	50.83	5.78
873017	9.54	257.10	24.84	136.64	48.78	4.90
122001		252.98	21.19	129.68	41.63	3.13
44519	6.06	292.28	37.46	125.36	44.70	6.51
75426	16.67	464.78	24.36	118.27	45.19	6.80
589		143.50	14.51	103.72	60.89	4.36
1023647	13.73	423.55	12.06	126.66	76.77	4.60
88343	11.11	344.37	19.51	115.63	54.71	4.66
63320	18.92	173.74	6.57	106.46	54.63	1.21
4615636	7.45	323.68	17.93	113.08	55.36	3.47
863285	6.58	285.03	12.04	115.23	71.10	2.30
2561626	1.56	399.02	43.65	122.07	37.04	9.29
4115188	5.55	386.10	29.52	125.74	55.96	7.17
988344	7.24	308.85	9.65	112.18	64.67	2.76
1669658	8.63	459.09	12.24	118.53	50.76	3.42
2978946	6.67	305.90	27.25	131.41	52.77	4.11
3021562	1.67	408.52	47.21	121.12	37.82	11.05
3580480	4.43	324.01	34.75	112.20	55.56	5.94
1309734	3.81	345.42	33.96	138.01	52.31	6.04
3119520	12.12	391.63	37.44	124.00	50.04	5.76

13-8 续表4

项　　目	Item	成本费用利润率(%) Ratio of Profits to Cost (%)	全员劳动生产率(元/人) Overall Labor Productivity (yuan/person)
总　　计	**Total**	**7.19**	**278594**
按登记注册类型及隶属关系分	**By Registration Status and Jurisdiction of Management**		
国有企业	State-owned Enterprises	4.31	265096
中央企业	Central Enterprises	19.40	427914
地方企业	Local Enterprises	3.41	250429
集体企业	Collective-owned Enterprises	9.83	186509
股份合作企业	Cooperative Enterprises	12.17	294598
联营企业	Joint Ownership Enterprises	14.03	213344
有限责任公司	Limited Liability Corporations	6.37	307384
股份有限公司	Share-holding Corporations Limited	6.30	345070
私营企业	Private Enterprises	8.54	299495
港、澳、台商投资企业	Enterprises with Funds from Hong Kong,Macao and Taiwan	8.65	171304
外商投资企业	Foreign Funded Enterprises	6.65	242418
其他经济类型	Other Economic Types	6.89	322487
#国有控股企业	State-owned Holding Enterprises	4.09	312980
按轻、重工业分	**Grouped by Light & Heavy Industries**		
轻工业	Light Industry	8.45	210592
重工业	Heavy Industry	6.65	328607
按企业规模分	**Grouped by Size of Enterprises**		
大型企业	Large Enterprises	4.76	254217
中型企业	Medium-sized Enterprises	8.86	237851
小型企业	Small Enterprises	7.75	335385
微型企业	Miniature Enterprises	2.04	613337
按工业行业分	**Grouped by Sector**		
#煤炭开采和洗选业	Mining and Washing of Coal	8.23	56243
黑色金属矿采选业	Mining and Processing of Ferrous Metal Ores	10.60	335123
有色金属矿采选业	Mining and Processing of Non-Ferrous Metal Ores	8.55	252392
非金属矿采选业	Mining and Processing of Nonmetal Ores	10.30	262734
农副食品加工业	Processing of Food from Agricultural Products	5.97	487250
食品制造业	Manufacture of Foods	9.74	246581
饮料制造业	Manufacture of Wine, Beverages & Refined Tea	10.07	223443
烟草制品业	Manufacture of Tobacco	46.41	748040
纺织业	Manufacture of Textile	7.87	196568
纺织服装、鞋、帽制造业	Manufacture of Textile Wearing Apparel,Clothing	7.44	156150
皮革、毛皮、羽毛(绒)及其制品业	Manufacture of Leather, Fur, Feather and Related Products, Footware	10.02	84305
木材加工及木、竹、藤、棕、草制品业	Processing of Timber, Manufacture of Wood, Bamboo, Rattan, Palm and Straw Products	8.59	207004
家具制造业	Manufacture of Furniture	7.56	154003

continued

产品销售率 (%) Proportion of Products Sold (%)	全部从业人员年平均人数 (人) Annual Average Empolyed Persons (person)	产值利税率 (%) Ratio of Profits and Taxes to Output Value (%)	销售利税率 Ratio of Profits and Taxes to Sales (%)	人均实现利税 (元) Profits and Taxes Per Capita (yuan)	人均实现利润 (元) Profits Per Capita (yuan)	人均实现工业增加值 (元) Added Value of Industry Per Capita (yuan)
99.07	**2201132**	**11.68**	**10.80**	**130951**	**79807**	**261479**
98.00	196400	14.73	9.32	157091	68198	274273
98.22	16230	44.72	45.61	770083	209036	852732
97.96	180170	10.11	6.04	101872	55511	222164
101.70	14589	13.95	13.68	104682	64863	211161
98.89	19273	14.82	14.79	175660	124182	297152
99.94	1754	18.06	17.00	155062	110690	260006
99.03	541812	10.10	9.75	124991	75533	282407
98.29	120709	12.40	11.75	172216	84271	298207
99.20	821675	12.29	11.92	148134	95900	278480
99.31	292509	11.62	11.14	80126	56197	172259
100.04	175596	9.46	9.16	92313	62027	230921
99.54	16815	10.66	9.87	138383	89947	217371
98.35	366618	11.83	9.12	148955	62467	300612
98.85	932813	12.86	12.44	109008	66555	213831
99.17	1268319	11.12	10.07	147089	89554	296524
99.08	597856	11.34	9.05	116039	56816	243679
98.87	788973	12.76	12.32	122112	79435	225408
99.21	812602	11.15	10.95	150527	97147	308680
99.14	1701	4.84	4.72	119403	49821	700004
98.68	82826	15.02	15.29	34002	16283	98014
100.00	14675	15.16	14.94	204442	127056	425868
99.13	36907	13.98	13.63	141981	81608	458281
99.62	15674	17.55	17.01	185537	99335	334328
99.01	71860	7.71	7.61	151172	111596	385597
99.17	40743	13.57	12.94	134610	89611	266080
98.44	28890	16.48	16.25	148210	79744	269665
96.96	5348	70.82	73.25	2131965	514217	2315998
98.88	93150	11.41	10.66	90219	60516	192026
98.37	151472	10.60	10.31	66592	43870	152080
100.04	118203	13.59	13.05	46101	31782	109233
99.22	41719	12.23	11.79	101883	67433	190531
99.12	20475	10.54	10.26	65320	44515	170922

13-8 续表5

项目	Item	成本费用利润率(%) Ratio of Profits to Cost (%)	全员劳动生产率(元/人) Overall Labor Productivity (yuan/person)
造纸和纸制品业	Manufacture of Paper and Paper Products	8.41	266296
印刷和记录媒介复制业	Printing, Reproduction of Recording Media	10.34	235567
文教、工美、体育和娱乐用品制造业	Manufacture of Articles For Culture, Education Art , Sport & Entertainment Activities	10.16	173635
石油加工、炼焦和核燃料加工业	Processing of Petroleum,Coking,Processing of Nuclear Fuel	1.08	635579
化学原料和化学制品制造业	Manufacture of Raw Chemical Materials and Chemical Products	7.98	320027
医药制造业	Manufacture of Medicines	7.92	254106
化学纤维制造业	Manufacture of Chemical Fibers	8.27	345998
橡胶和塑料制品业	Manufacture of Rubber & Plastics	8.49	267657
非金属矿物制品业	Manufacture of Non-metallic Mineral Products	11.75	242935
黑色金属冶炼和压延加工业	Smelting and Pressing of Ferrous Metals	3.72	411154
有色金属冶炼和压延加工业	Smelting and Pressing of Non-ferrous Metals	4.83	773587
金属制品业	Manufacture of Metal Products	7.01	327618
通用设备制造业	Manufacture of General Purpose Machinery	8.11	222644
专用设备制造业	Manufacture of Special Purpose Machinery	8.58	216775
汽车制造业	Manufacture of Automotive	7.17	275715
铁路、船舶、航空航天和其他运输设备制造业	Manufacture of Railway,Shipping, Aerospace & Other Transport Equipment	4.23	252783
电气机械和器材制造业	Manufacture of Electrical Machinery and Equipment	8.14	276738
计算机、通信和其他电子设备制造业	Manufacture of Communication Equipment, Computers and Other Electronic Equipment	7.18	151295
仪器仪表制造业	Manufacture of Measuring Instruments Apparatus	10.68	163772
其他制造业	Other Manufacturing	7.94	141638
废弃资源综合利用业	Recycling and Disposal of Waste	6.23	474078
金属制品、机械和设备修理业	Repairment of Metal Products, Machinery & Equipment	0.18	55388
电力、热力生产和供应业	Production and Supply of Electric Power and Heat Power	5.61	490116
燃气生产和供应业	Production and Supply of Gas	13.20	282583
水的生产和供应业	Production and Supply of Water	13.48	97704
按地区分	**By Region**		
南昌市	Nanchang	5.93	318710
景德镇市	Jingdezhen	5.02	302773
萍乡市	Pingxiang	14.66	212285
九江市	Jiujiang	7.34	313903
新余市	Xinyu	4.06	345306
鹰潭市	Yingtan	3.35	575390
赣州市	Ganzhou	7.23	237965
吉安市	Ji'an	9.22	222407
宜春市	Yichun	9.90	202432
抚州市	Fuzhou	6.52	253901
上饶市	Shangrao	8.71	313267

continued

产品销售率 (%) Proportion of Products Sold (%)	全部从业人员年平均人数 (人) Annual Average Empolyed Persons (person)	产值利税率 (%) Ratio of Profits and Taxes to Output Value (%)	销售利税率 (%) Ratio of Profits and Taxes to Sales (%)	人均实现利税 (元) Profits and Taxes Per Capita (yuan)	人均实现利润 (元) Profits Per Capita (yuan)	人均实现工业增加值 (元) Added Value of Industry Per Capita (yuan)
98.79	24433	11.78	11.31	126233	85095	324382
98.74	24464	13.22	12.94	125324	87734	214925
99.01	59657	14.19	13.74	99147	65412	159407
99.67	21170	13.04	12.78	333592	25548	336456
98.56	146847	11.21	10.96	144326	95116	329334
98.84	81989	12.67	12.13	129525	77233	255129
97.92	4713	12.76	11.10	177634	121437	297454
99.25	44009	11.11	10.91	119712	84894	253774
99.28	208406	14.55	14.31	142250	101547	260691
99.95	71487	7.53	6.40	124525	69262	247871
98.70	139388	10.71	8.31	333374	184106	569240
98.77	38064	10.28	10.00	135492	86774	281824
99.45	58799	11.13	10.34	99734	71423	211015
98.37	43301	11.36	11.25	99111	68119	207468
101.35	75746	11.87	11.20	131747	77627	266474
97.48	29991	4.83	4.94	49159	39939	238855
99.13	175206	10.75	10.51	119735	84567	205474
98.30	139676	10.27	9.65	62503	41885	165817
100.71	13806	13.41	13.78	88368	61757	215995
99.71	7696	10.15	9.92	57847	42723	167064
99.99	4176	9.47	9.39	180618	110068	359742
100.00	345	7.66	7.58	17070	394	668334
100.01	51384	10.10	9.86	199215	105042	463409
99.11	4489	17.31	15.58	196798	142019	361503
97.78	9948	16.19	16.67	63651	47243	190627
98.32	348333	10.33	10.24	132506	70211	332864
98.60	89161	7.95	8.20	96823	53880	252713
99.69	175588	17.08	16.91	145888	105420	214984
99.38	278318	11.71	10.66	147859	93345	281990
99.12	102422	6.94	6.42	96497	58250	288140
98.20	81834	8.81	5.47	204030	121092	393432
98.80	272866	11.40	11.56	109173	63161	232999
99.65	244628	13.80	12.93	123517	78494	216934
99.21	310523	14.15	13.30	115305	75719	203491
99.38	122428	10.47	10.49	106980	61828	233597
100.03	175031	14.14	13.46	178227	105819	289663

13-9 规模以上国有控股工业企业经济指标

指　　标	Item	2000	2001	2002
企业单位数(个)	Number of Enterprises (unit)	2506	1981	1519
#亏损企业	Loss Enterprises	1053	826	639
资产总计(万元)	Total Assets (10000 yuan)	16329797	16880605	17046385
流动资产合计(万元)	Total Working Capitals (10000 yuan)	6429562	6386346	6711016
负债总计(万元)	Total Liabilities (10000 yuan)	11278672	11320340	11421660
所有者权益(万元)	Owners' Equity (10000 yuan)	4981017	5479285	5431649
主营业务收入(万元)	Revenue from Principal Business (10000 yuan)	7221113	7463900	8484138
#主营业务税金及附加	Taxes and Other Charges on Principal Business	200331	225670	262013
营业费用	Operating Expenses	221515	243865	282917
利润总额(万元)	Total Profits (10000 yuan)	84322	78683	133192
利润和税金总额(万元)	Total Profits and Taxes (10000 yuan)	672393	726457	854150
全部从业人员年平均人数(人)	Annual Average Empolyed Persons (person)	889644	759204	661102
工业总产值(万元)	Gross Industrial Output Value (10000 yuan)	7373147	7685343	8678614
工业增加值(万元)	Value Added of Industry (10000 yuan)	2148119	2377795	2703277
总资产贡献率(%)	Ratio of Total Assets to Output value (%)	5.94	5.87	6.63
资本保值增值率(%)	Changing Rate of Net Assets (%)	106.21	110.00	99.13
资产负债率(%)	Assets-Liability Ratio (%)	69.07	67.06	67.00
流动资产周转率(次)	Ratio of Turnover Working Capitals (time)	1.15	1.17	1.30
成本费用利润率(%)	Ratio of Profits to Cost (%)	1.20	1.08	1.62
全员劳动生产率(元／人)	Overall Labor Productivity (yuan/person)	24146	31320	40890
产品销售率(%)	Proportion of Products Sold (%)	97.67	98.27	98.34
工业经济效益综合指数(%)	Aggregate Index of Industrial Economic Efficiency (%)	78.28	83.43	92.55

Economic Indicators of State-holding Industrial Enterprises above Designated Size

2003	2004	2005	2006	2007	2008	2009	2010	2011	2012	2013
1071	1228	804	706	563	558	543	533	416	448	475
407	487	275	211	132	167	113	90	74	77	86
17829549	18535069	19449500	22034893	25536051	27779963	30315254	35482546	42925158	46411368	51624131
7383855	7049250	7746481	9484535	10740181	11648204	11717577	16005336	21066012	22800469	25208417
12371281	12892114	13494055	14642855	16628458	17686025	18992890	22320360	27614627	30047050	33301256
5222322	5625517	5655984	7106514	8907593	10093937	11322364	13162186	15310531	16364318	18322875
9980005	12766815	15262090	19498190	24560686	27229935	26985648	37613661	47141803	53286792	59896645
288983	321418	359035	417856	494431	546687	903562	1019678	1123696	1319693	1476516
297947	306376	340005	395913	456021	481064	551091	651394	690800	740713	774010
262938	373966	571611	1066988	1267392	376295	829164	1456208	1898016	1731126	2290144
1072265	1313172	1622508	2421762	2712624	1919325	2737783	3613390	4356644	4418226	5460975
565081	498973	470614	461026	423776	407662	397412	404799	388639	379236	366618
9466047	12788918	15315489	19697841	23304461	25881696	25068428	34063560	41832435	42315683	46174756
2835212	3438354	4167351	5326312	6233268	6803306	6295047	8675555	10191877	10239771	11020965
7.53	8.33	9.74	12.39	12.00	9.07	10.91	12.16	12.39	11.42	12.51
96.15	107.72	100.54	97.20	125.34	114.57	113.81	114.85	108.81	106.93	111.59
69.39	69.56	69.38	66.45	65.12	63.66	62.65	62.91	64.33	64.74	64.51
1.44	1.83	2.01	2.24	2.51	2.32	2.24	2.56	2.48	2.43	2.48
2.76	3.10	4.00	5.98	5.60	1.43	3.29	4.14	4.29	3.44	4.09
50174	68909	88551	115532	147089	186782	185579	247567	267481	277280	312980
98.79	98.82	99.49	99.10	98.69	99.24	98.73	99.05	98.61	99.18	98.35
104.49	123.96	142.87	174.30	198.01	198.06	207.17	253.53	264.48	264.58	291.82

13-10 国有控股工业企业主要经济指标（2013年）

单位：万元

项目	Item	企业单位数（个） Number of Enterprises (unit)	#亏损企业 Loss Enterprises	工业总产值 Gross Industrial Output Value
总计	**Total**	**475**	**86**	**46174756**
按登记注册类型及隶属关系分	**By Registration Status and Jurisdiction of Management**			
国有企业	State-owned Enterprises	215	44	20951644
中央企业	Central Enterprises	24	9	2794783
地方企业	Local Enterprises	191	35	18156862
集体企业	Collective-owned Enterprises			
股份合作企业	Cooperative Enterprises	5		249755
联营企业	Joint Ownership Enterprises	3		47102
有限责任公司	Limited Liability Corporations	206	37	16547651
股份有限公司	Share-holding Corporations Limited	29	3	7112627
私营企业	Private Enterprises			
港、澳、台商投资企业	Enterprises with Funds from Hong Kong, Macao and Taiwan	6	1	351472
外商投资企业	Foreign Funded Enterprises	11	1	914505
按轻、重工业分	**Grouped by Light & Heavy Industries**			
轻工业	Light Industry	96	15	3835494
重工业	Heavy Industry	379	71	42339262
按企业规模分	**Grouped by Size of Enterprises**			
大型企业	Large Enterprises	38	8	30431529
中型企业	Medium-sized Enterprises	197	29	9375259
小型企业	Small Enterprises	236	48	6358020
微型企业	Miniature Enterprises	4	1	9949
按工业行业分	**Grouped by Sector**			
煤炭开采和洗选业	Mining and Washing of Coal	18	9	555380
黑色金属矿采选业	Mining and Processing of Ferrous Metal Ores	2		21729
有色金属矿采选业	Mining and Processing of Non-Ferrous Metal Ores	23	1	914206
非金属矿采选业	Mining and Processing of Nonmetal Ores	10	2	322879
农副食品加工业	Processing of Food from Agricultural Products	12		284210
食品制造业	Manufacture of Foods	6	1	86977
酒、饮料和精制茶制造业	Manufacture of Wine, Beverages & Refined Tea	5	1	65803
烟草制品业	Manufacture of Tobacco	2		1473478
纺织业	Manufacture of Textile	4	2	46789
纺织服装、服饰业	Manufacture of Textile Wearing Apparel,Clothing	9		79858
木材加工和木、竹、藤、棕、草制品业	Processing of Timber, Manufacture of Wood, Bamboo, Rattan, Palm and Straw Products	2	2	27226

Main Indicators of State-holding Industrial Enterprises (2013)

(10000 yuan)

工业增加值 Value Added of Industry	主营业务收入 Revenue from Principal Business	主营业务税金及附加 Taxes and Other Charges on Principal Business	主营业务成本 Cost of Principal Business	营业费用 Operating Expenses	资产合计 Total Assets	流动资产 Total Working Capitals	#产成品 Finished Products
11020965	**59896645**	**1476516**	**53088268**	**774010**	**51624131**	**25208417**	**1542027**
5386717	33114050	880315	29466482	447696	25126497	13895742	666619
1383984	2740045	695228	1539819	34327	3271708	1311658	59457
4002733	30374005	185087	27926663	413370	21854789	12584084	607162
72666	240757	1416	186605	7035	328540	152762	3177
12339	50497	114	42089	188	27265	4505	2757
3870404	17893147	89588	16078102	178300	19070315	8134965	516629
1448048	7283894	499082	6145771	130741	5775087	2534067	330195
65756	347254	992	322146	5380	406583	171872	2229
165036	967047	5010	847073	4671	889844	314504	20421
2931977	4132592	705623	2663368	162469	4251706	2128446	128866
8088988	55764053	770893	50424900	611542	47372425	23079971	1413161
7282989	43960996	1381802	39217561	591058	36395103	19480683	1083347
2319456	9494119	53452	8204691	109785	9859897	3913693	294376
1416432	6432378	41043	5658827	73091	5353116	1811193	164272
2088	9152	220	7189	77	16014	2849	33
235107	516253	7094	431857	8918	1221290	308858	8027
6343	21045	336	14292	610	20817	14545	829
387657	963510	11759	749320	5590	1104609	384439	102475
114094	326033	13950	246583	11457	433108	174695	4553
49886	290127	929	263495	2819	107055	39516	5422
23652	86423	1306	66227	5848	57908	22225	764
17473	63023	3033	50087	5007	96658	32489	1344
1123831	1422426	687558	455709	24473	1178185	835093	38736
8419	42360	183	41738	788	47305	25820	11967
16950	80609	571	59574	1064	65496	53898	846
6408	30319	132	26950	1765	23690	8785	1803

13-10 续表1

单位：万元

项目	Item	企业单位数（个） Number of Enterprises (unit)	#亏损企业 Loss Enterprises	工业总产值 Gross Industrial Output Value
造纸和纸制品业	Manufacture of Paper and Paper Products	2		26533
印刷和记录媒介复制业	Printing, Reproduction of Recording Media	10	2	289823
文教、工美、体育和娱乐用品制造业	Manufacture of Articles For Culture, Education Art , Sport & Entertainment Activities	2		328600
石油加工、炼焦和核燃料加工业	Processing of Petroleum,Coking,Processing of Nuclear Fuel	3		4470536
化学原料和化学制品制造业	Manufacture of Raw Chemical Materials and Chemical Products	30	8	1278024
医药制造业	Manufacture of Medicines	9	2	739020
橡胶和塑料制品业	Manufacture of Rubber & Plastics	7	1	74529
非金属矿物制品业	Manufacture of Non-metallic Mineral Products	59	5	2163864
黑色金属冶炼和压延加工业	Smelting and Pressing of Ferrous Metals	7		3333923
有色金属冶炼和压延加工业	Smelting and Pressing of Non-ferrous Metals	32	8	11214170
金属制品业	Manufacture of Metal Products	5		78065
通用设备制造业	Manufacture of General Purpose Machinery	12	6	1098995
专用设备制造业	Manufacture of Special Purpose Machinery	12	1	220527
汽车制造业	Manufacture of Automotive	8	2	4397985
铁路、船舶、航空航天和其他运输设备制造业	Manufacture of Railway,Shipping, Aerospace & Other Transport Equipment	10	1	1814466
电气机械和器材制造业	Manufacture of Electrical Machinery and Equipment	8	2	532119
计算机、通信和其他电子设备制造业	Manufacture of Communication Equipment, Computers and Other Electronic Equipment	9	5	115198
仪器仪表制造业	Manufacture of Measuring Instruments Apparatus	4		59600
废弃资源综合利用业	Recycling and Disposal of Waste	2		29651
电力、热力生产和供应业	Production and Supply of Electric Power and Heat Power	119	19	9684898
燃气生产和供应业	Production and Supply of Gas	7	1	102153
水的生产和供应业	Production and Supply of Water	25	5	243541
按地区分	**By Region**			
南昌市	Nanchang	95	18	13805054
景德镇市	Jingdezhen	31	9	4242798
萍乡市	Pingxiang	15	3	679054
九江市	Jiujiang	64	10	5453389
新余市	Xinyu	21	2	3832638
鹰潭市	Yingtan	15	5	8694523
赣州市	Ganzhou	80	8	3793078
吉安市	Ji'an	45	8	1128562
宜春市	Yichun	38	9	1874288
抚州市	Fuzhou	27	8	494621
上饶市	Shangrao	44	6	2176749

continued

(10000 yuan)

工业增加值 Value Added of Industry	主营业务收入 Revenue from Principal Business	主营业务税金及附加 Taxes and Other Charges on Principal Business	主营业务成本 Cost of Principal Business	营业费用 Operating Expenses	资产合计 Total Assets	流动资产 Total Working Capitals	#产成品 Finished Products
6849	26632	553	20685	110	30697	15831	347
90822	296542	2160	213434	3557	477239	196884	7621
83358	347973	1705	291766	3393	65747	14414	2338
581970	4532103	486167	3867414	61602	2588207	1143015	125002
388940	1278649	7611	1140516	33318	1519391	538716	60811
182845	849742	4065	661689	98252	816511	449445	37934
29681	69983	336	66300	752	20331	10710	1630
701823	2184928	10958	1764615	65142	2236556	894470	66990
464329	4477555	10329	4213715	40181	3921526	1937288	177494
2133713	22861814	75359	21836886	70912	12759555	8400160	397370
41492	72535	372	64138	1590	63284	41160	11649
219645	1346241	5076	1208880	24683	1286045	834202	143131
85240	217429	1522	178881	7958	203222	96887	8758
1010771	4836988	93816	3904268	248120	4579098	2944626	184318
373160	1680563	1142	1515836	5669	3807301	2824076	54124
129259	477757	1750	415696	15917	704950	399425	66050
25640	115174	311	88172	2108	203355	126493	17183
26097	59717	337	47048	2821	73236	33714	2074
5939	24201	185	18055	79	57152	9482	48
2299322	9927002	41909	8884537	1859	10617689	2085493	
35625	136518	1731	107933	7358	239417	67707	12
114626	234473	2270	171973	10290	997501	243858	379
4215696	14509529	805562	11585803	392878	15759573	7308584	436931
829378	4081415	24156	3616136	112424	5870774	3927074	248034
199924	675366	6684	563050	14856	1010112	298624	24980
1073808	5599882	486861	4846798	31441	3795627	1088079	114858
626349	4971173	14046	4621417	49419	4534770	2096995	169194
1671303	20260531	63523	19436836	67323	11733316	7567042	241360
962880	3836642	26919	3378246	30604	2409080	1141752	207380
260755	1139013	10382	954055	16151	1372319	292906	9796
506364	1908891	13309	1575232	24439	2309889	503437	24354
139546	488044	2345	448047	6846	485717	166304	16454
534963	2426160	22731	2062649	27629	2342954	817621	48686

13-10 续表2

项　　　目	Item	负债合计（万元）Total Liabilities	所有者权益合计（万元）Total Owners' Equities	利润总额（万元）Total Profits
总　　　计	**Total**	**33301256**	**18322875**	**2290144**
按登记注册类型及隶属关系分	**By Registration Status and Jurisdiction of Management**			
国有企业	State-owned Enterprises	14732984	10393514	1339413
中央企业	Central enterprises	1712782	1558926	339266
地方企业	Local enterprises	13020202	8834587	1000147
集体企业	Collective-owned Enterprises			
股份合作企业	Cooperative Enterprises	86054	242486	35416
联营企业	Joint Ownership Enterprises	16839	10426	6500
有限责任公司	Limited Liability Corporations	14040095	5030220	624918
股份有限公司	Share-holding Corporations Limited	3736150	2038936	223453
私营企业	Private Enterprises			
港、澳、台商投资企业	Enterprises with Funds from Hong Kong,Macao and Taiwan	200359	206224	3321
外商投资企业	Foreign Funded Enterprises	488776	401069	57124
按轻、重工业分	**Grouped by Light & Heavy Industries**			
轻工业	Light Industry	1824145	2427561	334149
重工业	Heavy Industry	31477112	15895314	1955995
按企业规模分	**Grouped by Size of Enterprises**			
大型企业	Large Enterprises	23274716	13120388	1136143
中型企业	Medium-sized Enterprises	6563520	3296377	696353
小型企业	Small Enterprises	3450970	1902146	456628
微型企业	Miniature Enterprises	12050	3964	1021
按工业行业分	**Grouped by Sector**			
煤炭开采和洗选业	Mining and Washing of Coal	1116758	104533	-27583
黑色金属矿采选业	Mining and Processing of Ferrous Metal Ores	7526	13291	2699
有色金属矿采选业	Mining and Processing of Non-Ferrous Metal Ores	457376	647232	141855
非金属矿采选业	Mining and Processing of Nonmetal Ores	177911	255197	43550
农副食品加工业	Processing of Food from Agricultural Products	32580	74475	18577
食品制造业	Manufacture of Foods	36106	21802	5034
酒、饮料和精制茶制造业	Manufacture of Wine, Beverages & Refined Tea	70094	26565	-3413
烟草制品业	Manufacture of Tobacco	286357	891828	160476
纺织业	Manufacture of Textile	99503	-52198	-2612
纺织服装、服饰业	Manufacture of Textile Wearing Apparel,Clothing	38568	26928	2674
木材加工和木、竹、藤、棕、草制品业	Processing of Timber, Manufacture of Wood, Bamboo, Rattan, Palm and Straw Products	19223	4467	-1896

continued

#盈利企业的利润额 Profits of Profit-making Enterprises	#亏损企业的亏损额 Losses of Loss Enterprises	利润税金总额(万元) Total Profits and Taxes	企业亏损面(%) Ratio to Loss Enterprises (%)	经济效益综合指数(%) Aggregate Index of Economic Efficiency (%)	总资产贡献率(%) Ratio of Total Assets to Output Value	资本保值增值率(%) Changing Rate of Net Assets	资产负债率(%) Assets-Liability Ratio
2506734	**216590**	**5460975**	**18.11**	**291.82**	**12.51**	**111.59**	**64.51**
1404908	65494	3085271	20.47	270.96	14.80	109.16	58.64
347605	8339	1249845	37.50	473.48	41.73	123.07	52.35
1057302	57155	1835426	18.32	250.81	10.43	107.02	59.58
35416		55698		325.56	18.61	119.42	26.19
6500		8307		357.34	32.20	93.48	61.76
712780	87862	1273777	17.96	296.62	8.82	114.57	73.62
268627	45174	930480	10.34	383.15	20.09	120.15	64.69
13396	10075	8918	16.67	272.43	2.31	97.49	49.28
65109	7985	98524	9.09	498.20	4.46	104.15	54.93
351633	17484	1311617	15.63	282.20	31.71	115.03	42.90
2155101	199106	4149358	18.73	296.68	10.68	111.08	66.45
1229730	93587	3593100	21.05	304.41	11.76	108.19	63.95
744976	48623	1114159	14.72	250.20	13.58	112.60	66.57
530752	74124	751622	20.34	377.46	15.42	139.25	64.47
1277	256	2094	25.00	200.82	15.48	-278.05	75.25
8186	35769	27311	50.00	41.57	3.29	55.62	91.44
2699		4131		234.27	20.28	98.69	36.15
144659	2804	218285	4.35	250.75	19.90	126.47	41.41
43658	108	81003	20.00	389.22	27.21	350.73	41.08
18577		22947		401.31	23.35	128.18	30.43
5289	256	9159	16.67	251.31	17.97	144.04	62.35
2555	5968	2308	20.00	87.67	4.37	67.05	72.52
160476		1007165		757.59	91.27	125.02	24.30
422	3035	-1129	50.00	18.45	-1.77	106.04	210.34
2674		8807		165.47	7.38	106.00	58.89
	1896	-1038	100.00	113.23	-1.78	83.32	81.14

13-10 续表3

项　　　目	Item	负债合计 (万元) Total Liabilities	所有者权益合计 (万元) Total Owners' Equities	利润总额 (万元) Total Profits
造纸和纸制品业	Manufacture of Paper and Paper Products	19087	11610	3907
印刷和记录媒介复制业	Printing, Reproduction of Recording Media	107873	369366	45655
文教、工美、体育和娱乐用品制造业	Manufacture of Articles For Culture, Education Art , Sport & Entertainment Activities	10654	55094	47805
石油加工、炼焦和核燃料加工业	Processing of Petroleum,Coking,Processing of Nuclear Fuel	1913791	674416	6971
化学原料和化学制品制造业	Manufacture of Raw Chemical Materials and Chemical Products	1133023	386369	30886
医药制造业	Manufacture of Medicines	370041	446471	36394
橡胶和塑料制品业	Manufacture of Rubber & Plastics	10147	10184	1208
非金属矿物制品业	Manufacture of Non-metallic Mineral Products	1236487	1000069	246081
黑色金属冶炼和压延加工业	Smelting and Pressing of Ferrous Metals	2855197	1066329	9458
有色金属冶炼和压延加工业	Smelting and Pressing of Non-ferrous Metals	6919877	5839678	577736
金属制品业	Manufacture of Metal Products	32421	30863	1550
通用设备制造业	Manufacture of General Purpose Machinery	840082	445963	40812
专用设备制造业	Manufacture of Special Purpose Machinery	90005	113217	16198
汽车制造业	Manufacture of Automotive	2892641	1686457	277896
铁路、船舶、航空航天和其他运输设备制造业	Manufacture of Railway,Shipping, Aerospace & Other Transport Equipment	3057952	749350	42252
电气机械和器材制造业	Manufacture of Electrical Machinery and Equipment	455664	249286	6999
计算机、通信和其他电子设备制造业	Manufacture of Communication Equipment, Computers and Other Electronic Equipment	93042	110313	7231
仪器仪表制造业	Manufacture of Measuring Instruments Apparatus	32421	40815	2524
废弃资源综合利用业	Recycling and Disposal of Waste	23210	33942	4220
电力、热力生产和供应业	Production and Supply of Electric Power and Heat Power	8187115	2430574	507768
燃气生产和供应业	Production and Supply of Gas	154896	84520	13529
水的生产和供应业	Production and Supply of Water	523630	473871	23706
按地区分	**By Region**			
南 昌 市	Nanchang	9712315	6047258	702591
景德镇市	Jingdezhen	4893332	977442	86405
萍 乡 市	Pingxiang	696878	313234	18185
九 江 市	Jiujiang	2756970	1038657	126769
新 余 市	Xinyu	3317612	1217158	57536
鹰 潭 市	Yingtan	6565391	5167925	469562
赣 州 市	Ganzhou	1254640	1154440	318488
吉 安 市	Ji'an	704063	668256	97848
宜 春 市	Yichun	1881672	428217	161665
抚 州 市	Fuzhou	364243	121474	15055
上 饶 市	Shangrao	1154141	1188813	236040

continued

#盈利企业的利润额 Profits of Profit-making Enterprises	#亏损企业的亏损额 Losses of Loss Enterprises	利润税金总额 (万元) Total Profits and Taxes	企业亏损面 (%) Ratio to Loss Enterprises (%)	经济效益综合指数 (%) Aggregate Index of Economic Efficiency (%)	总资产贡献率 (%) Ratio of Total Assets to Output Value	资本保值增值率 (%) Changing Rate of Net Assets	资产负债率 (%) Assets-Liability Ratio
3907		6099		203.53	3.27	56.05	62.18
45766	111	62375	20.00	262.24	14.12	116.94	22.60
47805		87324		1555.27	197.57	611.40	16.20
6971		628130		518.85	27.76	119.18	73.94
77495	46609	69634	26.67	233.21	8.71	95.08	74.57
37919	1525	71207	22.22	189.35	9.85	103.28	45.32
1208	0	3875	14.29	235.68	16.62	122.72	49.91
252328	6247	357876	8.47	344.55	18.51	111.03	55.29
9458		108869		244.11	5.38	102.54	72.81
638248	60513	961473	25.00	542.77	8.61	104.11	54.23
1550		5449		148.99	9.51	118.92	51.23
49361	8549	58182	50.00	170.39	5.90	127.52	65.32
16347	149	25237	8.33	206.39	14.40	117.41	44.29
301714	23818	533527	25.00	282.07	13.31	110.40	63.17
43245	993	48960	10.00	201.67	1.81	110.00	80.32
7279	280	14045	25.00	210.47	3.34	103.15	64.64
8898	1667	8508	55.56	131.51	4.67	104.89	45.75
2524		4504		150.12	6.82	93.58	44.27
4220		5695		249.09	10.69	101.91	40.61
521952	14184	968432	15.97	430.45	11.89	127.55	77.11
14420	891	18235	14.29	226.54	8.71	122.18	64.70
24925	1218	34394	20.00	144.62	5.29	108.01	52.49
737900	35308	2072949	18.95	332.10	15.31	109.98	61.63
118511	32106	201923	29.03	217.89	4.98	117.64	83.35
41317	23132	59306	20.00	128.71	6.67	101.37	68.99
198832	72063	781681	15.63	472.07	24.84	117.35	72.64
64021	6485	183321	9.52	236.76	6.79	103.88	73.16
473914	4352	766248	33.33	472.58	7.46	103.38	55.96
327076	8589	502051	10.00	371.23	21.92	156.50	52.08
105614	7766	175346	17.78	261.79	15.05	107.00	51.30
168810	7146	283591	23.68	215.77	15.52	119.03	81.46
21258	6203	32544	29.63	181.50	8.00	100.73	74.99
249480	13440	402017	13.64	285.25	20.18	134.54	49.26

13-10 续表4

单位：%

项目	Item	流动资产周转率(次) Ratio of Turnover Working Capitals (time)	成本费用利润率(%) Ratio of Profits to Cost (%)	全员劳动生产率(元/人) Overall Labor Productivity (yuan/person)
总计	**Total**	**2.48**	**4.09**	**312980**
按登记注册类型及隶属关系分	**By Registration Status and Jurisdiction of Management**			
国有企业	State-owned Enterprises	2.69	4.31	265096
中央企业	Central Enterprises	2.15	19.40	427914
地方企业	Local Enterprises	2.75	3.41	250429
集体企业	Collective-owned Enterprises			
股份合作企业	Cooperative Enterprises	1.75	17.31	276087
联营企业	Joint Ownership Enterprises	12.50	14.84	132557
有限责任公司	Limited Liability Corporations	2.32	3.69	341128
股份有限公司	Share-holding Corporations Limited	3.01	3.40	434208
私营企业	Private Enterprises			
港、澳、台商投资企业	Enterprises with Funds from Hong Kong,Macao and Taiwan	1.92	0.98	342244
外商投资企业	Foreign Funded Enterprises	0.72	6.40	691794
按轻、重工业分	**Grouped by Light & Heavy Industries**			
轻工业	Light Industry	1.94	10.80	202022
重工业	Heavy Industry	2.53	3.69	329368
按企业规模分	**Grouped by Size of Enterprises**			
大型企业	Large Enterprises	2.32	2.75	347531
中型企业	Medium-sized Enterprises	2.74	7.96	213517
小型企业	Small Enterprises	3.66	7.68	397306
微型企业	Miniature Enterprises	3.19	12.91	177856
按工业行业分	**Grouped by Sector**			
煤炭开采和洗选业	Mining and Washing of Coal	1.71	-5.39	25907
黑色金属矿采选业	Mining and Processing of Ferrous Metal Ores	1.52	14.73	143992
有色金属矿采选业	Mining and Processing of Non-Ferrous Metal Ores	2.27	17.11	139042
非金属矿采选业	Mining and Processing of Nonmetal Ores	2.70	16.06	295091
农副食品加工业	Processing of Food from Agricultural Products	8.75	6.85	334880
食品制造业	Manufacture of Foods	3.84	6.42	184418
酒、饮料和精制茶制造业	Manufacture of Wine, Beverages & Refined Tea	1.32	-5.38	92910
烟草制品业	Manufacture of Tobacco	1.78	28.41	693746
纺织业	Manufacture of Textile	1.65	-5.63	53904
纺织服装、服饰业	Manufacture of Textile Wearing Apparel,Clothing	0.81	3.81	148096
木材加工和木、竹、藤、棕、草制品业	Processing of Timber, Manufacture of Wood, Bamboo, Rattan, Palm and Straw Products	2.89	-5.93	132143

产品销售率 (%) Proportion of Products Sold (%)	全部从业人员年平均人数 (人) Annual Average Empolyed Persons (person)	产值利税率 (%) Ratio of Profits and Taxes to Output Value (%)	销售利税率 (%) Ratio of Profits and Taxes to Sales (%)	人均实现利税 (元) Profits and Taxes Per Capita (yuan)	人均实现利润 (元) Profits Per Capita (yuan)	人均实现工业增加值 (元) Added Value of Industry Per Capita (yuan)
98.35	**366618**	**11.83**	**9.12**	**148955**	**62467**	**300612**
98.00	196400	14.73	9.32	157091	68198	274273
98.22	16230	44.72	45.61	770083	209036	852732
97.96	180170	10.11	6.04	101872	55511	222164
95.51	2248	22.30	23.13	247769	157542	323245
99.88	883	17.64	16.45	94078	73612	139739
98.87	120544	7.70	7.12	105669	51841	321078
98.23	40706	13.08	12.77	228585	54894	355733
96.36	2552	2.54	2.57	34944	13012	257664
99.30	3285	10.77	10.19	299922	173893	502392
97.86	47179	34.20	31.74	278009	70826	621458
98.39	319439	9.80	7.44	129895	61232	253225
98.11	217599	11.81	8.17	165125	52213	334698
98.12	109113	11.88	11.74	102111	63819	212574
99.81	39767	11.82	11.68	189007	114826	356183
100.00	139	21.05	22.88	150662	73453	150208
97.48	53273	4.92	5.29	5127	-5178	44133
98.59	375	19.01	19.63	110165	71973	169155
99.39	16339	23.88	22.66	133597	86820	237259
99.73	2719	25.09	24.84	297913	160169	419619
99.12	2109	8.07	7.91	108803	88083	236536
98.42	1172	10.53	10.60	78146	42950	201806
98.15	1760	3.51	3.66	13114	-19393	99277
96.68	5278	68.35	70.81	1908233	304047	2129275
96.07	2157	-2.41	-2.66	-5233	-12111	39033
99.10	1340	11.03	10.93	65723	19952	126490
100.15	512	-3.81	-3.42	-20270	-37031	125155

13-10 续表5

项　　目	Item	流动资产周转率(次) Ratio of Turnover Working Capitals (time)	成本费用利润率(%) Ratio of Profits to Cost (%)
造纸和纸制品业	Manufacture of Paper and Paper Products	0.44	17.62
印刷和记录媒介复制业	Printing, Reproduction of Recording Media	1.67	18.51
文教、工美、体育和娱乐用品制造业	Manufacture of Articles For Culture, Education Art , Sport & Entertainment Activities	28.80	16.02
石油加工、炼焦和核燃料加工业	Processing of Petroleum,Coking,Processing of Nuclear Fuel	4.68	0.17
化学原料和化学制品制造业	Manufacture of Raw Chemical Materials and Chemical Products	2.99	2.48
医药制造业	Manufacture of Medicines	1.74	4.46
橡胶和塑料制品业	Manufacture of Rubber & Plastics	5.39	1.76
非金属矿物制品业	Manufacture of Non-metallic Mineral Products	2.55	12.76
黑色金属冶炼和压延加工业	Smelting and Pressing of Ferrous Metals	2.38	0.21
有色金属冶炼和压延加工业	Smelting and Pressing of Non-ferrous Metals	2.78	2.60
金属制品业	Manufacture of Metal Products	2.01	2.16
通用设备制造业	Manufacture of General Purpose Machinery	1.85	3.09
专用设备制造业	Manufacture of Special Purpose Machinery	2.20	8.06
汽车制造业	Manufacture of Automotive	1.80	6.16
铁路、船舶、航空航天和其他运输设备制造业	Manufacture of Railway,Shipping, Aerospace & Other Transport Equipment	0.66	2.60
电气机械和器材制造业	Manufacture of Electrical Machinery and Equipment	1.28	1.50
计算机、通信和其他电子设备制造业	Manufacture of Communication Equipment, Computers and Other Electronic Equipment	0.94	6.61
仪器仪表制造业	Manufacture of Measuring Instruments Apparatus	1.81	4.42
废弃资源综合利用业	Recycling and Disposal of Waste	1.76	20.29
电力、热力生产和供应业	Production and Supply of Electric Power and Heat Power	4.54	5.52
燃气生产和供应业	Production and Supply of Gas	2.51	10.86
水的生产和供应业	Production and Supply of Water	1.03	10.59
按地区分	**By Region**		
南 昌 市	Nanchang	2.08	5.50
景德镇市	Jingdezhen	1.12	2.16
萍 乡 市	Pingxiang	2.94	2.82
九 江 市	Jiujiang	5.26	2.51
新 余 市	Xinyu	2.46	1.19
鹰 潭 市	Yingtan	2.73	2.37
赣 州 市	Ganzhou	3.23	9.04
吉 安 市	Ji'an	4.37	9.48
宜 春 市	Yichun	4.04	9.51
抚 州 市	Fuzhou	3.38	3.15
上 饶 市	Shangrao	3.31	10.77

continued

全员劳动生产率 (元/人) Overall Labor Productivity (yuan/person)	产品销售率 (%) Proportion of Products Sold (%)	全部从业人员年平均人数 (人) Annual Average Empolyed Persons (person)	产值利税率 (%) Ratio of Profits and Taxes to Output Value (%)	销售利税率 (%) Ratio of Profits and Taxes to Sales (%)	人均实现利税 (元) Profits and Taxes Per Capita (yuan)	人均实现利润 (元) Profits Per Capita (yuan)	人均实现工业增加值 (元) Added Value of Industry Per Capita (yuan)
156244.08	96.53	422	22.99	22.90	144517	92571	162307
179111.91	98.74	4021	21.52	21.03	155122	113541	225870
1211528.19	100.00	674	26.57	25.10	1295605	709279	1236764
631819.48	99.73	17583	14.05	13.86	357237	3964	330984
238466.06	97.69	13318	5.45	5.45	52285	23191	292041
161561.01	97.82	11367	9.64	8.38	62644	32018	160856
170224.26	97.90	1088	5.20	5.54	35615	11099	272803
324416.65	97.61	16575	16.54	16.38	215913	148465	423423
287756.49	100.02	28791	3.27	2.43	37814	3285	161276
743304.05	96.48	37491	8.57	4.21	256454	154100	569127
101833.07	100.87	1905	6.98	7.51	28603	8136	217805
146121.03	99.59	18690	5.29	4.32	31130	21836	117520
143570.87	93.63	3817	11.44	11.61	66116	42435	223317
291782.17	100.26	37456	12.13	11.03	142441	74193	269856
244838.56	96.09	18416	2.70	2.91	26586	22943	202628
246977.21	87.79	5354	2.64	2.94	26232	13072	241425
85734.35	78.42	3339	7.39	7.39	25480	21655	76789
107014.45	99.68	1384	7.56	7.54	32543	18240	188560
158460.22	100.03	465	19.21	23.53	122477	90761	127720
503545.75	99.98	47795	10.00	9.76	202622	106239	481080
171868.65	99.40	1477	17.85	13.36	123457	91596	241195
74203.04	97.72	8156	14.12	14.67	42170	29066	140542
367497.9	98.20	93349	15.02	14.29	222064	75265	451606
256111.76	99.53	41167	4.76	4.95	49050	20989	201467
67098.1	96.80	25149	8.73	8.78	23582	7231	79496
539563.39	98.93	25116	14.33	13.96	311228	50473	427539
263767.14	100.00	36108	4.78	3.69	50770	15934	173465
633455.2	96.41	34108	8.81	3.78	224654	137669	490003
359708.4	98.97	26204	13.24	13.09	191593	121542	367456
189773.79	99.57	14778	15.54	15.39	118653	66212	176448
125806.39	98.44	37022	15.13	14.86	76601	43667	136774
143356.08	99.64	8574	6.58	6.67	37956	17559	162755
215997.4	98.76	25043	18.47	16.57	160531	94254	213618

13-11 规模以上集体企业经济指标
Economic Indicators of Collective-owned Industrial Enterprises above Designated Size

指 标	Item	2000	2005	2010	2012	2013
企业单位数(个)	Number of Enterprises (unit)	476	130	117	79	74
#亏损企业	Loss Enterprises	80	25	5	3	2
资产总计(万元)	Total Assets (10000 yuan)	788828	229162	348716	334277	403245
流动资产合计(万元)	Total Working Capitals (10000 yuan)	339498	111332	144706	137980	151280
负债总计(万元)	Total Liabilities (10000 yuan)	524042	161107	188307	158033	171678
所有者权益(万元)	Owners' Equity (10000 yuan)	264786	68054	160408	176244	231568
主营业务收入(万元)	Revenue from Principal Business (10000 yuan)	639739	361711	987192	945409	1116276
#主营业务税金及附加	Taxes and Other Charges on Principal Business	9083	3078	9000	9432	10724
营业费用	Operating Expenses	28613	7522	13666	16649	20869
利润总额(万元)	Total Profits (10000 yuan)	16296	10666	70683	76139	94628
利润和税金总额(万元)	Total Profits and Taxes (10000 yuan)	45840	27309	113758	129152	152721
全部从业人员年平均人数(人)	Annual Average Empolyed Persons (person)	89896	22005	20572	14393	14589
工业总产值(万元)	Gross Industrial Output Value (10000 yuan)	721640	380504	1020817	957690	1094959
工业增加值(万元)	Value Added of Industry (10000 yuan)	202119	135072	246888	285995	308063
总资产贡献率(%)	Ratio of Total Assets to Output Value (%)	7.45	12.60	35.01	41.60	44.04
资本保值增值率(%)	Changing Rate of Net Assets (%)	105.66	111.03	118.10	104.76	132.99
资产负债率(%)	Assets-Liability Ratio (%)	66.43	70.30	54.00	47.28	42.57
流动资产周转率(次)	Ratio of Turnover Working Capitals (time)	2.04	3.40	7.55	7.29	8.22
成本费用利润率(%)	Ratio of Profits to Cost (%)	2.65	3.08	8.30	9.60	9.83
全员劳动生产率(元/人)	Overall Labor Productivity (yuan/person)	22484	61383	145987	165348	186509
产品销售率(%)	Proportion of Products Sold (%)	96.13	97.92	97.80	98.93	101.70
工业经济效益综合指数(%)	Aggregate Index of Industrial Economic Efficiency (%)	94.86	142.90	300.73	325.48	357.07

13-12 规模以上外商及港、澳、台投资工业企业经济指标

Economic Indicators of Industrial Enterprises with Funds From Foreign, Hong Kong,Macao and Taiwan above Designated Size

指　　标	Item	2000	2005	2010	2012	2013
企业单位数(个)	Number of Enterprises (unit)	161	497	865	797	834
#亏损企业	Loss Enterprises	48	105	76	73	70
资产总计(万元)	Total Assets (10000 yuan)	1535865	4342147	18824976	19783544	22275104
流动资产合计(万元)	Total Working Capitals (10000 yuan)	699168	1909426	8015663	8606737	9157683
负债总计(万元)	Total Liabilities (10000 yuan)	964810	2256224	10166105	10839465	11871050
所有者权益(万元)	Owners' Equity (10000 yuan)	564655	1828112	8658871	8944079	10404055
主营业务收入(万元)	Revenue from Principal Business (10000 yuan)	902503	4347580	23685256	33110433	38733856
#主营业务税金及附加	Taxes and Other Charges on Principal Business	10834	34229	110693	126666	185995
营业费用	Operating Expenses	48151	187397	491534	524310	635970
利润总额(万元)	Total Profits (10000 yuan)	35482	222587	1729082	1899548	2732993
利润和税金总额(万元)	Total Profits and Taxes (10000 yuan)	81449	393455	2426230	2793066	3964744
全部从业人员年平均人数(人)	Annual Average Empolyed Persons (person)	58244	175763	443757	458075	468105
工业总产值(万元)	Gross Industrial Output Value (10000 yuan)	970094	4474476	23507450	32357657	37293983
工业增加值(万元)	Value Added of Industry (10000 yuan)	228297	1292092	5528139	7890474	9093612
总资产贡献率(%)	Ratio of Total Assets to Output Value (%)	7.29	9.90	15.46	15.92	18.69
资本保值增值率(%)	Changing Rate of Net Assets (%)	128.36	102.77	137.21	100.65	112.85
资产负债率(%)	Assets-Liability Ratio (%)	62.82	51.96	54.00	54.79	53.29
流动资产周转率(次)	Ratio of Turnover Working Capitals (time)	1.37	2.41	3.38	4.00	3.88
成本费用利润率(%)	Ratio of Profits to Cost (%)	4.11	5.48	8.09	6.26	7.72
全员劳动生产率(元/人)	Overall Labor Productivity (yuan/person)	39197	73513	155849	175536	197980
产品销售率(%)	Proportion of Products Sold (%)	96.60	97.16	98.34	99.33	99.65
工业经济效益综合指数(%)	Aggregate Index of Industrial Economic Efficiency (%)	107.76	146.38	230.85	238.11	262.88

13-13 规模以上股份制工业企业经济指标

Economic Indicators of Share-holding Industrial Enterprises above Designated Size

指　　标	Item	2000	2005	2010	2012	2013
企业单位数(个)	Number of Enterprises (unit)	199	972	2178	2086	2375
#亏损企业	Loss Enterprises	46	199	133	146	169
资产总计(万元)	Total Assets (10000 yuan)	4344536	13787559	30827281	44616955	52678672
流动资产合计(万元)	Total Working Capitals (10000 yuan)	1711422	5440497	12239744	20695892	23678110
负债总计(万元)	Total Liabilities (10000 yuan)	2869565	9321612	19761575	27406759	31741325
所有者权益(万元)	Owners' Equity (10000 yuan)	1416631	4424947	11065706	17210196	20937347
主营业务收入(万元)	Revenue from Principal Business (10000 yuan)	2058324	11225035	46255501	74556239	87160395
#主营业务税金及附加	Taxes and Other Charges on Principal Business	16177	124353	664802	873655	961274
营业费用	Operating Expenses	94606	293763	757286	1139237	1382160
利润总额(万元)	Total Profits (10000 yuan)	70249	281401	2024469	3474150	5109692
利润和税金总额(万元)	Total Profits and Taxes (10000 yuan)	216345	850327	4043659	6467111	8850969
全部从业人员年平均人数(人)	Annual Average Empolyed Persons (person)	215719	346472	532875	626817	662521
工业总产值(万元)	Gross Industrial Output Value (10000 yuan)	2126128	11348631	45522156	72973425	83781647
工业增加值(万元)	Value Added of Industry (10000 yuan)	648393	3056479	10086142	16426624	18900804
总资产贡献率(%)	Ratio of Total Assets to Output Value (%)	7.13	7.62	15.48	17.05	19.81
资本保值增值率(%)	Changing Rate of Net Assets (%)	141.23	100.48	114.65	119.17	120.19
资产负债率(%)	Assets-Liability Ratio (%)	66.05	67.61	64.10	61.43	60.25
流动资产周转率(次)	Ratio of Turnover Working Capitals (time)	1.25	2.12	4.13	3.90	3.95
成本费用利润率(%)	Ratio of Profits to Cost (%)	3.52	2.62	4.75	5.07	6.35
全员劳动生产率(元/人)	Overall Labor Productivity (yuan/person)	30057	88217	251328	289301	314250.00
产品销售率(%)	Proportion of Products Sold (%)	97.75	98.90	99.20	98.97	98.88
工业经济效益综合指数(%)	Aggregate Index of Industrial Economic Efficiency (%)	99.44	135.03	279.43	305.69	331.77

13-14 规模以上私营工业企业经济指标
Economic Indicators of Private Industrial Enterprises above Designated Size

指　　标	Item	2000	2005	2010	2012	2013
企业单位数(个)	Number of Enterprises (unit)	252	2079	4349	3480	3941
#亏损企业	Loss Enterprises	38	291	109	139	135
资产总计(万元)	Total Assets (10000 yuan)	280103	4618283	19097127	26436696	33999883
流动资产合计(万元)	Total Working Capitals (10000 yuan)	135471	2136102	7601357	11699456	14607246
负债总计(万元)	Total Liabilities (10000 yuan)	176173	2378298	8834351	12128371	14660269
所有者权益(万元)	Owners' Equity (10000 yuan)	103930	2239923	10262776	14308325	19339614
主营业务收入(万元)	Revenue from Principal Business (10000 yuan)	333975	7176739	53384652	82106399	102070952
#主营业务税金及附加	Taxes and Other Charges on Principal Business	4011	82945	377494	496362	659970
营业费用	Operating Expenses	19971	250797	1030121	1317580	1665166
利润总额(万元)	Total Profits (10000 yuan)	5450	289789	3624354	5718569	7879904
利润和税金总额(万元)	Total Profits and Taxes (10000 yuan)	21757	647106	5721671	8665784	12171837
全部从业人员年平均人数(人)	Annual Average Empolyed Persons (person)	33823	315183	757930	765399	821675
工业总产值(万元)	Gross Industrial Output Value (10000 yuan)	355569	7500600	53492060	80060651	99029272
工业增加值(万元)	Value Added of Industry (10000 yuan)	101405	2368465	11579822	18660571	22882034
总资产贡献率(%)	Ratio of Total Assets to Output Value (%)	9.90	15.21	36.38	39.54	42.09
资本保值增值率(%)	Changing Rate of Net Assets (%)	197.87	175.04	126.25	117.63	128.20
资产负债率(%)	Assets-Liability Ratio (%)	62.90	51.50	46.26	45.88	43.12
流动资产周转率(次)	Ratio of Turnover Working Capitals (time)	2.47	3.56	8.34	8.16	7.84
成本费用利润率(%)	Ratio of Profits to Cost (%)	1.70	4.37	7.67	7.77	8.54
全员劳动生产率(元／人)	Overall Labor Productivity (yuan/person)	29981	75146	207636	259931	299495
产品销售率(%)	Proportion of Products Sold (%)	96.70	97.73	99.12	99.36	99.20
工业经济效益综合指数(%)	Aggregate Index of Industrial Economic Efficiency (%)	118.07	174.17	347.34	382.43	412.31

13-15 工业园区主要经济指标(2013年)

项目	Item	本年实际累计开发面积(平方公里) Actually Total Area Developed This Year (sq.km)	投产工业企业数(个) Number of Industrial Enterprises Completed and Put into Use (unit)	招商实际到位资金(万元) Actually Introduced Funds (10000 yuan)	
				绝对数 Value	比上年增长(%) Rate of Increase over Preceding Year
全省总计	**Provincical Total**	567.98	8217	32906877	15.38
国家级园区	**National Park**				
南昌小蓝经济技术开发区	Nanchang Xiaolan Economic-Technological Development Zone	6.60	252	592540	4.68
南昌经济技术开发区	Nanchang Economic-Technological Devolopment Zone	16.00	283	1464111	21.84
南昌高新技术产业开发区	Nanchang High-tech Industry Development Zone	11.70	343	1054811	11.37
景德镇高新技术产业开发区	Jingdezhen High-tech Industry Development Zone	11.34	101	636118	18.79
萍乡经济技术开发区	Pingxiang Economic-Technological Devolopment Zone	5.60	154	770213	11.08
九江经济技术开发区	Jiujiang Economic-Technological Devolopment Zone	14.50	173	1147810	24.67
新余高新技术产业开发区	Xinyu High-tech Industry Development Zone	4.90	147	1018998	-0.15
鹰潭高新技术产业园区	Yingtan High-tech Industry Park	9.50	97	360930	-23.02
龙南经济技术开发区	Longnan Economic-Technological Devolopment Zone	9.31	113	294547	9.50
瑞金经济技术开发区	Ruijin Economic-Technological Devolopment Zone	6.6	60	91895	-45.8
赣州经济技术开发区	Ganzhou Economic-Technological Devolopment Zone	10.10	200	988740	19.63
井冈山经济技术开发区	Jinggangshan Economic-Technological Devolopment Zone	5.10	79	916590	62.31
江西宜春经济开发区	Jiangxi Yichun Economic Development Zone	8.23	207	550134	-1.92
上饶经济技术开发区	Shangrao Economic-Technological Devolopment Zone	14.80	173	1008895	46.98
省级主要园区	**Provincical Main Park**				
江西抚州高新技术产业园区	Jiangxi Fuzhou High-tech Industry Park	11.50	153	451119	0.36
南昌昌东工业园区	Nanchang Changdong Industrial Park	9.58	252	416526	9.32
江西新建长堎工业园区	Jiangxi Xinjian Changleng Industrial Park	3.50	113	121647	-43.99
江西乐平工业园区	Jiangxi Leping Industrial Park	5.59	62	85000	-77.91
江西湖口金砂湾工业园区	Jiangxi Hukou Jinshawan Industrial Park	8.10	54	710498	-4.30
江西瑞昌经济开发区	Jiangxi Ruichang Industrial Park	5.00	89	863104	58.14
江西贵溪工业园区	Jiangxi Guixi Industrial Park	5.60	79	340274	5.12
江西赣州高新技术产业园区	Jiangxi Ganxian High-tech Industry Park	7.60	108	302004	0.23
江西奉新工业园区	Jiangxi Fengxin Industrial Park	3.96	81	448944	-5.84
江西上高工业园区	Jiangxi Shanggao Industrial Park	7.24	153	674620	18.52
江西丰城高新技术产业园区	Jiangxi Fengcheng High-tech Industry Park	27.00	95	625877	-2.25
江西樟树工业园区	Jiangxi Zhangshu Industrial Park	9.27	84	294962	-18.41
江西高安工业园区	Jiangxi Gao'an Industrial Park	8.80	138	401191	43.63
江西广丰工业园区	Jiangxi Guangfeng Industrial Park	9.00	142	447867	25.69

Main Economic Indicators of Industrial Park (2013)

工业增加值 (万元) Value-added of Industry (10000 yuan)		出口交货值 (万元) Delivery Value of Industry Export (10000 yuan)		主营业务收入 (万元) Revenue from Principal Business (10000 yuan)		利税总额 (万元) Total Profits and Taxes (10000 yuan)		从业人员 (人) Number of Employed Persons (person)	
绝对数 Value	比上年增长(%) Rate of Increase over Preceding Year	绝对数 Value	比上年增长(%) Rate of Increase over Preceding Year	绝对数 Value	比上年增长(%) Rate of Increase over Preceding Year	绝对数 Value	比上年增长(%) Rate of Increase over Preceding Year	绝对数 Value	比上年增长(%) Rate of Increase over Preceding Year
44788100	14.10	15230357	4.81	195034012	17.21	22310510	38.52	1874995	7.56
1504383	17.88	442819	-3.25	5264365	13.24	527770	29.36	57789	-1.99
2026768	23.87	821940	8.22	7709875	28.11	747384	34.69	77535	18.93
3287459	13.05	969479	17.34	10144286	14.30	1474270	13.18	87089	5.42
594320	14.98	257297	22.54	3211329	15.83	234446	31.59	28512	12.19
1158378	20.16	490420	26.77	5703977	14.99	729714	25.09	62455	-0.84
1598787	20.95	294094	-41.65	5834117	21.79	505906	24.18	54188	4.69
1189670	2.26	420507	-19.71	5285948	7.88	370136	30.75	38001	15.76
738230	22.21	50319	-6.16	4435319	15.56	341030	59.38	23147	3.96
446849	12.99	396475	7.95	1676414	11.93	255270	158.46	29416	7.28
160778	20.93	208240	25.33	631710	21.5	86906	206.14	12349	6.91
1243813	20.46	920154	19.86	5286291	19.26	519392	20.43	59502	11.35
697619	19.83	305680	15.89	4007739	23.45	397770	42.69	32788	38.91
573233	22.54	43628	71.29	2425865	30.99	326875	33.49	39304	16.26
1193646	10.01	689952	5.21	5762547	8.32	538487	14.38	50636	2.86
711012	20.23	169852	40.27	2686806	19.78	253849	44.49	27365	4.79
750486	6.07	292846	1.50	2996944	7.20	299804	6.30	30819	0.52
898050	20.05	163099	22.93	3771753	21.65	318787	21.55	24843	-5.46
522637	16.52	107964	21.19	2433756	12.02	277030	21.86	14372	-2.67
470459	22.90	27722	-66.10	2685922	12.19	204966	241.22	17653	9.81
706831	19.24	474070	-1.43	3090951	20.15	431042	12.60	27322	-7.99
595354	22.48	73692	15.85	4201913	19.79	299745	88.85	14515	24.03
547864	24.47	460150	18.35	2546603	21.14	183698	32.21	25541	8.92
722779	21.82	159198	18.13	3209188	22.66	428536	32.04	24277	-0.95
844967	21.79	512872	1.91	3584844	19.44	621821	10.79	45856	9.01
1046347	16.19	91170	11.60	4405637	14.18	582962	29.89	34213	20.08
841631	19.38	4687	-9.07	3030527	22.71	468788	18.18	27306	5.59
776309	15.67	42225	-12.34	3055232	14.04	333401	18.15	40765	7.67
1066694	27.43	396023	10.46	4847676	29.08	897864	168.06	26965	2.00

主要统计指标解释

工业 指从事自然资源的开采，对采掘品和农产品进行加工和再加工的物质生产部门。具体包括：(1)对自然资源的开采，如采矿、晒盐等(但不包括禽兽捕猎和水产捕捞)；(2)对农副产品的加工、再加工，如粮油加工、食品加工、缫丝、纺织、制革等；(3)对采掘品的加工、再加工，如炼铁、炼钢、化工生产、石油加工、机器制造、木材加工等，以及电力、自来水、煤气的生产和供应等；(4)对工业品的修理、翻新，如机器设备的修理、交通运输工具(如汽车)的修理等。

工业统计调查单位为独立核算法人工业企业。

独立核算法人工业企业指从事工业生产经营活动的单位。独立核算法人工业企业应同时具备以下条件：①依法成立，有自己的名称、组织机构和场所，能够承担民事责任；②独立拥有和使用资产，承担负债，有权与其他单位签订合同；③独立核算盈亏，并能够编制资产负债表。

本年鉴中涉及的企业登记注册类型：

国有及国有控股企业 指国有企业加上国有控股企业。国有企业(即原全民所有制工业或国营工业)指企业全部资产归国家所有，并按《中华人民共和国企业法人登记管理条例》规定登记注册的非公司制的经济组织。包括国有企业、国有独资公司和国有联营企业。1957 年以前的公私合营和私营工业，后均改造为国营工业，1992 年改为国有工业，这部分工业的资料不单独分列时，均包括在国有企业内。国有控股企业是对混合所有制经济的企业进行的“国有控股”分类。它是指这些企业的全部资产中国有资产(股份)相对其他所有者中的任何一个所有者占资(股)最多的企业。该分组反映了国有经济控股情况。

集体企业 指企业资产归集体所有，并按《中华人民共和国企业法人登记管理条例》规定登记注册的经济组织。是社会主义公有制经济的组成部分。包括城乡所有使用集体投资举办的企业，以及部分个人通过集资自愿放弃所有权并依法经工商行政管理机关认定为集体所有制的企业。

股份合作企业 指以合作制为基础，由企业职工共同出资入股，吸收一定比例的社会资产投资组建，实行自主经营，自负盈亏，共同劳动，民主管理，按劳分配与按股分红相结合的一种集体经济组织。

联营企业 指两个及两个以上相同或不同所有制性质的企业法人或事业单位法人，按自愿、平等、互利的原则，共同投资组成的经济组织。联营企业包括：

国有联营企业指国有企业与国有企业间的联营；

集体联营企业指集体企业与集体企业间的联营；

国有与集体联营企业指国有企业与集体企业间的联营。

有限责任公司 指根据《中华人民共和国公司登记管理条例》规定登记注册，由两个以上，五十个以下的股东共同出资，每个股东以其所认缴的出资额对公司承担有限责任，公司以其全部资产对其债务承担责任的经济组织。

有限责任公司包括国有独资公司以及其他有限责任公司。

股份有限公司 指根据《中华人民共和国企业法人登记管理条例》规定登记注册，其全部注册资本由等额股份构成并通过发行股票筹集资本，股东以其认购的股份对公司承担有限责任，公司以其全部资产对其债务承担责任的经济组织。

私营企业 指由自然人投资设立或由自然人控股，以雇佣劳动为基础的营利性经济组织。包括按照《公司法》、《合伙企业法》、《私营企业暂行条例》规定登记注册的私营有限责任公司、私营股份有限公司、私营合伙企业和私营独资企业。

港、澳、台商投资企业 指企业注册登记类型中的港、澳、台资合资、合作、独资经营企业和股份有限公司之和。

外商投资企业 指企业注册登记类型中的中外合资、合作经营企业、外资企业和外商投资股份有限公司之和。

“三资”企业系指港、澳、台商投资企业和外资企业的简称。

轻工业 指主要提供生活消费品和制作手工工具的工业。按其所使用的原料不同，可分为两大类：(1)以农产品为原料的轻工业，是指直接或间接以农产品为基本原料的轻工业。主要包括食品制造、饮料制造、烟草加工、纺织、缝纫、皮革和毛皮制作、造纸以及印刷等工业；(2)以非农产品为原料的轻工业，是指以工业品为原料的轻工业。主要包括文教体育用品、化学药品制造、合成纤维制造、日用化学制品、日用玻璃制品、日用金属制品、手工工具制造、医疗器械制造、文化和办公用机械制造等工业。

重工业 指为国民经济各部门提供物质技术基础的主要生产资料的工业。按其生产性质和产品用途，可以分为下列三类：(1)采掘(伐)工业，是指对自然资源的开采，包括石油开采、煤炭开采、金属矿开采、非金属矿开采等工业；(2)原材料工业，指向国民经济各部门提供基本材料、动力和燃料的工业。包括金属冶炼及加工、炼焦及焦炭、化学、化工原料、水泥、人造板以及电力、石油和煤炭加工等工业；(3)加工工业，是指对工业原材料进行再加工制造的工业。包括装备国民经济各部门的机械设备制造工业、金属结构、水泥制品等工业，以及为农业提供的生产资料如化肥、农药等工业。

根据上述划分原则，修理业中以重工业产品为修理作业对象的划为重工业，反之划为轻工业。

工业总产值

(1)定义:

工业总产值是以货币形式表现的,工业企业在一定时期内生产的工业最终产品或提供工业性劳务活动的总价值量。它反映一定时间内工业生产的总规模和总水平。

(2)计算原则:

工业生产的原则,即凡是企业在报告期生产的经检验合格的产品,不管是否在报告期销售,均包括在内。

最终产品的原则,即凡是计入工业总产值的产品,必须是本企业生产的经检验合格的,不需要再进行任何加工的最终产品。如果企业有中间产品(半成品)对外销售,则对外销售的中间产品应视为企业的最终产品。

工厂法原则,即工业总产值是以工业企业作为基本计算(核算)单位,即按企业的最终产品计算工业总产值。按这种方法计算的工业总产值,不允许同一产品价值在企业内部重复计算,不能把企业内部各个车间(分厂)生产的成果相加,但允许企业间的重复计算。

(3)内容及计算方法:

1995 年全国工业普查对工业总产值(原规定)的内容及计算原则和方法做了某些修订,修订后的工业总产值(新规定)包括三项内容:即本期生产成品价值、对外加工费收入、在制品半成品期末期初差额价值三部分。

本期生产成品价值:指企业本期生产,并在报告期内不再进行加工,经检验、包装入库的全部工业成品(半成品)价值合计,包括企业生产的自制设备及提供给本企业在建工程、其他非工业部门和福利部门等单位使用的成品价值。本期生产成品价值为按自备原材料生产的产品的数量乘以本期不含增值税(销项税额)的产品实际销售平均单价计算;会计核算中按成本价格转帐的自制设备和自产自用的成品,按成本价格计算生产成品价值。生产成品价值中不包括用定货者来料加工的成品(半成品)价值。

对外加工费收入:指企业在报告期内完成的对外承接的工业品加工(包括用定货者来料加工产品)的加工费收入和对外工业修理作业所取得的加工费收入。对外加工费收入按不含增值税(销项税额)的价格计算,可根据会计“产品销售收入”科目的有关资料取得。

对于本企业对内非工业部门提供的加工修理、设备安装的劳务收入,如果企业会计核算基础较好,能取得这部分资料,而且这部分价值所占比重较大,应包括在对外加工费收入中。

自制半成品在制品期末期初差额价值:指企业报告期在制品期末减期初的差额价值,本指标一般可以从会计核算资料中取得。如果会计产品成本核算中不计算半成品、在制品的成本,则总产值中也不包括这部分价值,反之则包括。

(4)工业总产值统计范围变化和计算方法修订情况:

1984 年以前工业总产值不包括村办工业,村办工业总产值划归农业。1984 年以后工业总产值包括村办工业。

1995 年工业普查对工业总产值计算方法做了修订,即从 1995 年始按新修订(新规定)方法计算工业总产值。新规定与原规定的区别如下:

全价与加工费的计算原则不同:新规定为凡自备原材料,不论其生产繁简程度如何,一律按全价计算工业总产值;凡来料加工,允许按加工费计算工业总产值。原规定则视生产加工的繁简程度不同,规定哪些行业按全价,哪些行业按加工费计算工业总产值。

自制半成品、在产品期末期初差额价值的计算原则不同:新规定要求,凡会计产品成本核算时计算了成本的差额价值,总产值中就应包括,否则可不包括;原规定则按生产周期六个月的界限区分,凡生产周期六个月以上的企业,总产值计算中应包括这部分差额价值,否则可不包括。

计算价格不同:新规定按不含增值税(销项税额)的价格计算;原规定则按含增值税(销项税额)的价格计算。

工业增加值 指工业企业在报告期内以货币表现的工业生产活动的最终成果。

工业增加值有两种计算方法:一是生产法,即工业总产出减去工业中间投入加上应交增值税;二是收入法,即从收入的角度出发,根据生产要素在生产过程中应得到的收入份额计算,具体构成项目有固定资产折旧、劳动者报酬、生产税净额、营业盈余,这种方法也称要素分配法。本年鉴中的工业增加值是以生产法计算的。

生产法工业增加值的计算方法为:

工业增加值=工业总产出-工业中间投入+应交增值税

(1)工业总产出:指工业企业在一定时期内工业生产活动的总成果。工业总产出包括:成品生产价值,对外加工费收入,自制半成品、在产品期末期初差额价值。1995 年后用新规定计算的工业总产值代替。

(2)工业中间投入:指工业企业在工业生产活动中消耗的外购物质产品和对外支付的服务费用。服务费用包括支付给物质生产部门(工业、农业、批发零售贸易业、建筑业、运输邮电业)的服务费用和支付给非物质生产部门(如保险、金融、文化教育、科学研究、医疗卫生、行政管理等)的服务费用。工业中间投入的确定须遵循以下原则:必须从外部购入的,并已计入工业总产出的产品和服务价值;必须是本期投入生产,并一次性消耗掉(包括本期摊销的低值易耗品等)的产品和服务价值。

工业中间投入包括直接材料费用、制造费用中的工业中间投入、管理费用中的工业中间投入、销售费用中的工业中间投入和利息支出五部分。

资产总计 指企业拥有或控制的能以货币计量的经济资源,包括各种财产、债权和其他权利。资产按流动性分为流动资产、长期投资、固定资产、无形资产、递延资产和其他资产。该指标根据企业会计“资产负债表”中“资产总计”项目的期末数增列。

流动资产 指企业可以在一年内或者超过一年的一个生产周期内变现或者耗用的资产，包括现金及各种存款、短期投资，应收及预付款项、存货等。

流动资产平均余额 指企业在报告期内全部流动资产的平均余额。

固定资产原价 指企业在建造、购置、安装、改建、扩建、技术改造某项固定资产时所支出的全部货币总额。它一般包括买价、包装费、运杂费和安装费等。

固定资产净值年平均余额 指固定资产净值在报告期内余额的平均数。计算公式为：

$$\text{固定资产净值年平均余额}=\frac{\text{1至12月各月月初、月末固定资产净值之和}}{24}$$

该指标根据“资产负债表”中“固定资产原价”、“累计折旧”指标的期初、期末数计算填列。

固定资产净值指固定资产原价减去历年已提折旧额后的净额。计算公式为：

固定资产净值=固定资产原价-累计折旧

负债合计 指企业所承担的能以货币计量，将以资产或劳务偿付的债务，偿还形式包括货币、资产或提供劳务。负债一般按偿还期长短分为流动负债和长期负债。根据会计“资产负债表”中“负债合计”的年末数填列。

所有者权益 指企业投资人对企业净资产的所有权。企业净资产等于企业全部资产减去全部负债后的余额，包括企业投资人对企业的最初投入的实际到位的资产及资本公积金、盈余公积金和未分配利润。所有者权益合计数小于零，表示企业资不抵债。

主营业务收入 指企业销售产品和提供劳务等主要经营业务取得的收入。

主营业务成本 指企业销售产品和提供劳务等主要经营业务过程中的实际成本。

主营业务税金及附加 指企业销售产品和提供劳务等主要经营业务应负担的城市维护建设税、消费税、资源税和教育费附加。

利润总额 指企业生产经营活动的最终成果，是企业在一定时期内实现的盈亏相抵后的利润总额(亏损以“-”号表示)，它等于营业利润加上补贴收入加上投资收益加上营业外净收入再加上以前年度损益调整。

本年应交增值税 指企业在报告期内应交纳的增值税额。它等于本年销项税额加上出口退税加上进项税额转出数减去本年进项税额。小规模纳税企业直接按全年计税销售额乘以征收率计算取得。

从业人员平均人数 是指报告期内每天拥有的从业人员人数。其计算公式为：

$$\text{季平均人数}=\frac{\text{季内各月平均人数之和}}{3}$$

$$\text{月平均人数}=\frac{\text{报告月内每天实有人数之和}}{\text{报告月日历日数}}$$

$$\text{年平均人数}=\frac{\text{年内各月平均人数之和}}{12}$$

工业增加值率 指在一定时期内工业增加值占同期工业总产值的比重，反映降低中间消耗的经济效益。计算公式为：

工业增加值率（%）＝工业增加值（现价）/工业总产值（现价）×100%

总资产贡献率 反映企业全部资产的获利能力，是企业经营业绩和管理水平的集中体现，是评价和考核企业盈利能力的核心指标。计算公式为：

$$\text{总资产贡献率(\%)}=\frac{\text{利润总额}+\text{税金总额}+\text{利息支出}}{\text{平均资金总额}}\times100\%$$

公式中：税金总额为产品销售税金及附加与应交增值税之和；平均资产总额为期初期末资产之和的算术平均值。

资产负债率 该指标既反映企业经营风险的大小，也反映企业利用债权人提供的资金从事经营活动的能力。计算公式为：

$$\text{资产负债率(\%)}=\frac{\text{负债总额}}{\text{资产总额}}\times100\%$$

资产与负债均为报告期期末数。

流动资产周转次数 指一定时期内流动资产完成的周转次数，反映投入工业企业流动资金的周转速度。计算公式为：

$$\text{流动资产周转次数}=\frac{\text{产品销售收入}}{\text{全部流动资产平均余额}}$$

公式中：全部流动资产平均余额为期初和期末的流动资产之和的算术平均值。

成本费用利润率 反映企业投入的生产成本及费用的经济效益，同时也反映企业降低成本所取得的经济效益。计算公式为：

$$\text{成本费用利润率(\%)}=\frac{\text{利润总额}}{\text{成本费用总额}}\times100\%$$

公式中：成本费用总额为产品销售成本、销售费用、管理费用、财务费用之和。

产品销售率 该指标反映工业产品已实现销售的程度，是分析工业产销衔接情况，研究工业产品满足社会需求的指标。计算公式为：

$$\text{产品销售率(\%)}=\frac{\text{工业销售产值}}{\text{工业总产值(现价)}}\times100\%$$

全员劳动生产率 指根据产品的价值量指标计算的平均每一就业人员在单位时间内的产品生产量。是考核企业经济活动的重要指标，是企业生产技术水平、经营管理水平、职工技术熟练程度和劳动积极性的综合表现。目前，我国的全员劳动生产率是将工业企业的增加值除以同一时期全部就业人员的平均人数来计算的。计算公式为：

$$全员员劳动生产率=\frac{工业增加值}{全部从业人员平均人数}$$

资本保值增值率 该指标反映企业净资产的变动状况，是企业发展能力的集中体现。计算公式为：

$$资本保值增值率（\%）=\frac{报告期期末所有者权益}{上年同期期末所有者权益}\times100\%$$

工业经济效益综合指数 是综合衡量地区工业经济效益总体水平的一种特殊相对数，是反映一定时期工业经济运行质量的主要指标。工业经济效益综合指数由总资产贡献率、资本保值增值率、资产负债率、流动资产周转率、成本费用利润率、全员劳动生产率和产品销售率的实际数值分别除以该项指标的全国标准值，并乘以各自的权数，加总后除以总权数求得。该指标可从静态水平和动态趋势上较为全面地反映各地区工业经济效益的变化情况，并可在一定程度上消除地区对比的不可比因素。

Explanatory Notes on Main Statistical Indicators

Industry refers to the material production sector which is engaged in the extraction of natural resources and processing and reprocessing of minerals and agricultural products, including (1) extraction of natural resources, such as mining, salt production (but not including hunting and fishing); (2) processing and reprocessing of farm and sideline produces, such as rice husking, flour milling, wine making, oil pressing, silk reeling, spinning and weaving, and leather making; (3) manufacture of industrial products, such as steel making, iron smelting, chemicals manufacturing, petroleum processing, machine building, timber processing; water and gas production and electricity generation and supply; (4)repairing of industrial products such as the repairing of machinery and means of transport (including cars).

In industrial statistics surveys, the units of enquiry are corporate industrial enterprises with independent accounting systems.

Corporate industrial enterprises with independent accounting systems refer to enterprises engaging in industrial production activities, which meet the following requirements: (1) They are established legally, having their own names, organizations, location and able to take civil liability; (2) They possess and use their assets independently, assume liabilities and are entitled to sign contracts with other units; (3) They are financially independent and compile their own balance sheets.

Enterprises covered in the industrial statistics in the Yearbook include the following categories by their registration:

State-owned and State-holding Enterprises refer to state-owned enterprises plus State-holding enterprises. State-owned enterprises (originally known as State-run enterprises with ownership by the whole society) are non-corporate economic entities registered in accordance with the Regulation of the People's Republic of China on the Management of Registration of Legal Enterprises, where all assets are owned by the State. Included in this category are State-owned enterprises, State-funded corporations and State-owned joint-operation enterprises. Joint State-private industries and private industries, which existed before 1957, were transformed into state-run industries since 1957, and into State-owned industries after 1992. Statistics on those enterprises are included in the State-owned industries instead of being grouped them separately. State-holding enterprises are a sub-classification of enterprises with mixed ownership, referring to enterprises where the percentage of State assets (or shares by the State) is larger than any other single share holder of the same enterprise. This sub-classification illustrates the control of the State over a particular industry.

Collective-owned Enterprises refer to economic entities registered in accordance with the Regulation of the People's Republic of China on the Management of Registration of Legal Enterprises, where assets are owned collectively. Collective enterprises constitute an integral part of the socialist economy with public ownership. They include urban and rural enterprises invested collectively, and some enterprises registered in industrial and commercial administration agency as collective units where funds are pooled together by individuals who voluntarily give up their right of ownership.

Share-holding Cooperative Enterprises refer to economic units set up on a cooperative basis, with funding partly from employees of the enterprise and partly from outside investment, where the operation and management is decided by all the members who also participate in the production, and the distribution of income is based both on work (labour input) and on shares (capital input).

Joint-operation Enterprises refer to economic units that are established by joint investment by two or more corporate enterprises or institutions of the same or different types of ownership on voluntary, equal and mutual-beneficial basis. They include:

a) State-owned joint-operation enterprises (joint operation between State-owned enterprises);

b) Collective joint-operation enterprises (joint operation between collective enterprises; and

c) State-collective joint-operation enterprises (joint operation between state and collective enterprises).

Limited Liability Corporations refer to economic units registered in accordance with the Regulation of the People's Republic of China on the Management of Registration of Corporations, with capital from 2 to 49 investors, each investor bears limited liability to the corporation depending on his/her holding of shares, and the corporation bears liability to its debt to the maximum of its total assets.

Share-holding Corporations Ltd. refer to economic units registered in accordance with the Regulation of the People's Republic of China on the Management of Registration of Corporate Enterprises, with total registered capital divided into equal shares and raised through issuing stocks. Each investor bears limited liability to the corporation depending on the holding of shares, and the corporation bears liability to its debt to the maximum of its total assets.

Private Enterprises refer to economic units invested or controlled (by holding the majority of the shares) by natural persons who hire labours for profit-making activities. Included in this category are private limited liability corporations, private share-holding corporations Ltd., private partnership enterprises and private sole investment enterprises registered in accordance with the Corporation Law, Partnership Enterprise Law and Tentative Regulation on Private Enterprises.

Enterprises with Funds from Hong Kong, Macao and Taiwan refers to all industrial enterprises registered as the joint-venture, cooperative, sole (exclusive) investment industrial enterprises and limited liability corporations with funds from Hong Kong, Macao and Taiwan.

Foreign Funded Enterprises refer to all industrial enterprises registered as the joint-venture, cooperative, sole (exclusive) investment industrial enterprises and limited liability corporations with foreign funds.

Enterprises with Hong Kong, Macao, Taiwan and Foreign Fund refer to all the enterprises with funds from Hong Kong, Macao, Taiwan and foreign funded enterprises.

Light Industry refers to the industry that produces consumer goods and hand tools. It consists of two categories, depending on the materials used:

(1) Industries using farm products as raw materials. These are the branches of light industry which directly or indirectly use farm products as basic raw materials, including the manufacture of food and beverages, tobacco processing, textile, clothing, fur and leather manufacturing, paper making, printing, etc.

(2) Industries using non-farm products as raw materials. These are the branches of light industry which use manufactured goods as raw materials, including the manufacture of cultural, educational articles and sports goods, chemicals, synthetic fibre, chemical products for daily use, glass products for daily use, metal products for daily use, hand tools, medical apparatus and instruments, and the manufacture of cultural and office machinery.

Heavy Industry refers to the industry which produces capital goods, and provides various sectors of the national economy with necessary material and technical basis for production. It consists of the following three branches according to the purpose of production or the use of products:

(1) Mining, quarrying and logging industry, which refers to the industry that extracts natural resources, including extraction of petroleum, coal, metal and non-metal ores.

(2) Raw materials industry refers to the industry that provides various sectors of the national economy with raw materials, fuels and power. It includes smelting and processing of metals, coking and coke chemistry, chemical materials and building materials such as cement, plywood, and power, petroleum refining and coal dressing.

(3) Manufacturing industry which refers to the industry that processes raw materials. It includes machine-building industries which equip sectors of the national economy; industries producing metal structure and cement products; and industries producing means of agricultural production, such as chemical fertilizers and pesticides.

In accordance with the above principles of classification, the repairing trades, which are engaged primarily in repairing products of heavy industry, are classified as heavy industry while those which are engaged in repairing products of light industry are classified as light industry.

Gross Industrial Output Value

(1) Definition: Gross industrial output value is the total volume of final industrial products produced and industrial services provided during a given period. It reflects the total achievements and overall scale of industrial production during a given period.

(2) Principles for calculation:

Statistics on industrial production follow the principle that all products produced by the enterprises and accepted through quality check during the reference period are to be included no matter whether they are sold or not during the reference period.

Determination of final products follows the principle that all products that are included in the calculation of gross industrial output value are the final products of the enterprise which have been accepted through quality check and require no further processing. If an enterprise has intermediate (semi-finished) products to sell, these intermediate products are considered as the final products of the enterprise.

Gross industrial output value is calculated following the principle of factory approach, i.e. industrial enterprise is used as the basic accounting unit in calculating the gross industrial output value. By this approach, value of the same product is not to be double-counted, and the output value of different workshops (branch factories) within the enterprise should not be added. However, this approach allows the possibility of double counting between enterprises.

(3) Content and method of calculation: The old definition of gross industrial output value was modified during the 1995 National Industrial Census. The revised (new) definition of gross industrial output value consists of 3 components: value of the finished products during the reference period, income from processing for external parties, and value of change in semi-finished products between the end and the beginning of the reference period.

Value of finished products during the reference period: refers to the value of all finished (semi-finished) industrial products that are produced during the reference period without the need for further processing, checked for acceptance, packed and put into the warehouse of the enterprise, including the value of own-produced equipment and the value of products provided to the projects under construction of the enterprise, and to other non-industrial or welfare units. Value of finished products during the reference period is calculated by the quantity of products produced using own materials multiplied by the average unit prices at which products are sold (excluding value-added tax). Own-produced equipment and products produced for own use are valued at cost prices as in the case of enterprise accounting. Value of finished products does not include the value of finished products (semi-finished products) that are produced using the materials from the clients who place the orders.

Income from external processing: refers to income from contracted external processing of industrial products (including processing of industrial products using materials from the clients), and the income from industrial repairing work provided to other parties. Income from external processing is calculated using information from the item "products sales income" in the enterprise accounting at the prices with value-added tax excluded.

For income from services such as processing, repairing and installation of equipment provided to non-industrial units within the enterprise, if the accounting work of the enterprise is good enough to separate it from other records, and the share of such services is significant, it should also be included in the income from external processing.

Value of change in semi-finished products between the end and the beginning of the reference period: refers to the value of change in semi-finished products between the end and the beginning of the reference period, which generally can be obtained from accounting records of enterprises. If the enterprise accounting excludes the cost of semi-finished products, then it should not be included in the gross industrial output value, and the reverse if otherwise.

(4) Changes in the scope and method of calculation of the gross industrial output value

Prior to 1984, the value of rural industry run by villages was classified into agriculture instead of industry. Since 1984, it has been included in the gross industrial output value. Method of calculation for the gross industrial output value was modified in the industrial census in 1995. The difference in the new method as compared with the old one is outlined below:

Principle in using full value vs. processing fee: The new method stipulates that all products produced using own materials are to be calculated with full value in reporting the gross industrial output value irrespective of the complexity of production, and for external processing, it allows calculation using processing fee. In the old method, however, the use of full value or processing fee was determined by the degree of complexity of production in different branches of industries.

Principle in determining the value of change in semi-finished products: The new method requires that value of change in semi-finished products should be included in the gross industrial output value if it is included in the accounting record of the enterprise, otherwise it should not be included. In the old method, it is determined by the type of enterprises in terms of production cycle. If the production cycle is over 6 months, the value of change in semi-finished products is included in the gross industrial output value, otherwise it is not.

Difference in prices: The new method uses prices excluding value-added tax in the calculation of gross industrial output value, while the old method used prices including value-added tax.

Value-added of Industry refers to the final results of industrial production of industrial enterprises in money terms during the reference period.

Industrial value-added can be calculated by two approaches: the production approach, i.e. gross industrial output value minus intermediate input plus value-added tax, and the income approach, i.e. income for various factors used in the course of production, including depreciation of fixed assets, remuneration of labourers, net of production tax, and operating surplus. Value-added of industry in the Yearbook is calculated by the production approach as follows:

Value-added of industry = gross industrial output - industrial intermediate input + value-added tax

(1) Gross industrial output: refers to the total achievements of industrial production activities during a given period. Gross industrial output includes value of finished products, income from external processing, and value of change in semi-finished products between the end and the beginning of the reference period. Since 1995, the gross industrial output value obtained by the new method is used in the calculation.

(2) Industrial intermediate input: refers to purchased goods and paid services consumed during the industrial production of enterprises. Fees paid for services include fees paid for the services provided by material production sectors (industry, agriculture, wholesale and retail trade, construction, transport, post and telecommunications) and by non-material production sectors (insurance, banking, culture, education, scientific research, health and medical care, public administration, etc.). The determination of industrial intermediate input follows the principle that the goods and services must be purchased from outside and included in the gross industrial output, and that the goods and services are inputted into production and consumed (include low-value consumables) during the reference period.

Industrial intermediate input includes 5 components, namely direct consumption of materials, industrial intermediate input in manufacturing cost, industrial intermediate input in management cost, industrial intermediate input in marketing cost and expenditure on interest.

Total Assets refer to all economic resources, in monetary term, these are owned or controlled by enterprises, including properties, creditor's equity and other economic rights of all forms. Classified by the degree of liquidity, total assets include working capitals, long-term investment, fixed assets, intangible assets, deferred assets and other assets. Data on this indicator can be obtained by the year-end figures of total assets in the Assets and Liability Table of accounting records of enterprises.

Working Capital refers to capital that an enterprise can cash or use during one year or one production cycle that may exceed one year, including cash and savings deposits of various forms, short-term investment, money receivable and prepaid money, inventories, etc.

Annual Average Value of Working Capital refers to the average value of all working capital of the enterprise during the reference period.

Original Value of Fixed Assets refers to the total value, in monetary terms, that an enterprise spent on fixed assets, through construction, purchase, installation, transformation, expansion or technical upgrading. Generally, it covers cost of purchase, packing, transportation and installation, etc.

Annual Average of Net Value of Fixed Assets refers to the average of the net value of fixed assets during the reference period, calculated with the following formula:

$$\text{Annual Average of Net Value of Fixed Assets} = \frac{\text{sum of net value of fixed assets at the beginning and at the end of each month from January to December}}{24}$$

Information on this indicator can be obtained from the beginning and ending figures of the original value of fixed assets and cumulative depreciation from the Assets and Liability Table of enterprises.

Net value of fixed assets refers to the original value of fixed assets minus depreciation over the years, i.e.:

Net value of fixed assets = original value of fixed assets - cumulative depreciation

Total Liabilities refer to payable liabilities of enterprises that have to be repaid in terms of money, assets or labour services. In terms of payment, it can be divided into liquid liabilities and long-term liabilities. Data on this item is obtained from the ending figures on total liabilities from the Assets and Liability Table from the enterprises.

Owner's Equity refers to the ownership of net assets of enterprise by its investors. Net assets equal total assets minus total liabilities of the enterprise, including the actual assets invested into the enterprise by investors, accumulation of capital and operating surplus and non-distributed profits. The enterprise's assets are less than its liabilities if the sum of owner's equity is smaller than zero.

Revenue from Principal Business is obtained by deducting depreciation over years from the original value of fixed assets.

Cost of Principal Business refers to the revenue from the sales of products by industrial enterprises and the revenue from services provided and etc.

Tax and Extra Charges from Principal Business refers to the actual cost of products of industrial enterprises and industrial services provided, etc.

Total Profits refer to the final achievement of production and operation activities of the enterprises, represented by total profits after deducting losses (loss is expressed by the negative figure). It is the sum of profits from operation, income from subsidies, investment earnings, net income from activities other than operation, and adjustment of profits and losses of previous years.

Value-added Tax Payable in the Current Year refers to the amount of the value-added tax which should be paid by the enterprises during the reference period. It is the sum of tax on sales, export rebate, and transferred tax on purchases of the current year, minus the tax on purchases of the current year. Value-added tax payable of small-size enterprises is determined by the taxable sales of the year multiplied by the tax rate.

Average Annual Number of Employed Persons Employed persons refer to all those who are employed in enterprises and receive remunerations there from, including currently working employees, retirees who are re-employed, teachers of local-run schools, as well as foreigners, staff from Hong Kong, Macao and Taiwan, part-time employees and persons with second job who are employed by the enterprise, and employees of other units temporarily working in the enterprises, but excluding former employees who left the enterprise with their employment records still being kept by the enterprises.

Average number of employed persons refers to the number

of employee everyday during the reference period, calculated with the following formula:

$$\text{Monthly average number} = \frac{\text{sum of actual employees everyday in reference month}}{\text{number of calendar dates in reference month}}$$

$$\text{Quarterly average number} = \frac{\text{sum of monthly average number in reference quarter}}{3}$$

$$\text{Annual average number} = \frac{\text{sum of monthly average number in reference year}}{12}$$

Ratio of Value-added to Gross Industrial Output Value refers to the ratio of value added of industry in a given period to the gross output value in the same period, which reflects the economic efficiency of cutting down the intermediate input. It is calculated as follows:

Ratio of Value-added to Gross Industrial Output Value (%) =Value Added of Industry (at Current Prices)/Gross Output Value (at Current Prices) ×100%

Ratio of Profits, Taxes and Interests to Average Assets reflects the profit-making capability of all assets of the enterprise and is a key indicator manifesting the performance and management and evaluating the profit-making potential of the enterprise. It is calculated as follows:

$$\text{Ratio of Profits, Taxes and Interests to Average Assets (\%)} = \frac{\text{total profits + total taxes + interest payment}}{\text{average assets}} \times 100\%$$

In the above formula, total taxes is the sum of tax and extra charges on the sales of products and value-added tax payable; and average assets is the arithmetic mean of the sum of beginning assets and ending assets.

Ratio of Debts to Assets reflects both the operation risk and the capability of the enterprise in making use of the capital from the creditors. It is calculated as follows:

$$\text{Ratio of Debts to Assets (\%)} = \frac{\text{total debts}}{\text{total assets}} \times 100\%$$

Both assets and debts are figures at the end of the reference period.

Turnover of Working Capital refers to the number of times of turnover of working capital in a given period of time, which reflects the speed of the turnover of working capital of industrial enterprises, and is calculated as follows:

$$\text{Turnover of Working Capital} = \frac{\text{sales revenue of products}}{\text{average balance of total working capital}}$$

In the above formula, average balance of total working capital refers to the arithmetic mean of the sum of working capital at the beginning and at the end of the reference period.

Ratio of Profits to Total Industrial Costs refers to the ratio of profits realized in a given period to the total costs in the same period, which reflects the economic efficiency of input cost and is calculated as follows:

$$\text{Ratio of Profits to Total Industrial Cost (\%)} = \frac{\text{total profits}}{\text{total costs}} \times 100\%$$

Total costs in the above formula are the sum of cost of products sold, marketing cost, management cost and financial cost.

Sales Ratio of Products is an indicator reflecting the actual sale of industrial products, analyzing the production-selling and supply-demand relations. It is calculated as:

$$\text{Sales Ratio of Products (\%)} = \frac{\text{value of industrial sales}}{\text{gross industrial output value (current prices)}} \times 100\%$$

Overall Labor Productivity refers to the average output per employed person in industrial enterprises in value terms. At present, the value added and the average number of staff and workers of an industrial enterprises in a given period are used to calculate the overall labor productivity. It is calculated as:

$$\text{Overall Labor Productivity} = \frac{\text{Value Added of Industry}}{\text{Average Number of Staff and Workers}}$$

Changing Rate of Net Assets refers to the changes of an enterprise's net assets. It epitomizes the growth capability of an enterprise .Its calculating formula is:

$$\text{Changing Rate of Net Assets} = \frac{\text{Ownership equity at the end of the reporting period}}{\text{Ownership equity at same period of the previous year}} \times 100\%$$

Aggregate Index of Industrial Economic Efficiency is a special kind of relative figure to comprehensively measure overall economic efficiency of regional industry, showing the quality of industrial economic efficiency of the reference period. Industrial comprehensive index of economic efficiency is calculated with 7 items of ratio of total assets to industrial output value, ratio of creditors' equity of current year to that of previous year, ratio of liabilities to assets, turnover ratio of output value, circulating funds, ratio of profits to cost, overall labor productivity, ratio of sales to products. The actual figure of every indicator above is divided by responding national standard numerical value, and the results multiply correlative weight coefficients, then the total number is divided by general weight coefficient. The index comprehensively reflects the changes of regional industrial economic efficiency in static and dynamic status, eliminating the incomparable factors at a certain extent.

14

建筑业

CONSTRUCTION

◆343/362

资料整理及英文翻译: 焦 毅

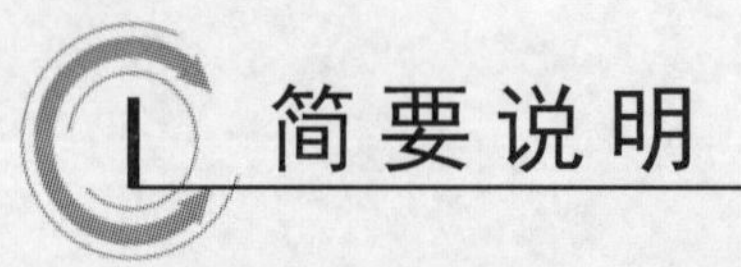

简要说明

一、本篇资料的主要内容

本篇资料反映全省建筑业概况和发展情况。包括建筑业企业基本情况和生产经营情况。主要指标有企业个数、从业人员数、建筑业总产值、房屋建筑面积、自有机械设备、资产负债、损益及分配、劳动生产率等。

二、本篇的统计范围

具有建筑业资质的独立核算建筑业企业。

三、本篇的资料来源

本篇建筑业企业统计数据是根据国家统计局制定的《建筑业统计报表制度》搜集资料，整理汇总的。

四、本篇的统计调查方法

由各级统计部门采取全面调查的方法布置、收集。

Brief Introduction

I. Main Contents

Data in this chapter show the general situation and the development of the construction industry for the whole province. They cover the situation of production and management of the construction enterprises, including the number of enterprises; number of employed persons; gross output value and value added of the construction industry; floor space of buildings under construction; profits and taxes ; and labour productivity etc. They also cover main indicators on the situation of prospecting and designing institutions and personnel.

II. Scope of Statistics

The previous criteria that required construction enterprises of various types of ownership to have qualification certificates at or above Class 4 with independent accounting systems.

III. Sources of Data

The data in this chapter cover the construction enterprises with qualification and independent accounting system.

IV. Methods of Survey

The annual reporting forms on construction statistics are designed in accordance with local situations for comprehensive collection by statistical bureaus of each municipality and conveyance level by level upwards.

14-1 建筑业主要经济指标
Main Economic Indicators on Construction

指　　标	Item	2012	2013
企业个数(个)	**Number of Enterprises(unit)**	**1632**	**1717**
建筑业合同情况(万元)	**Construction Contract(10000 yuan)**		
签订的合同额	Contract Value Signed	47411301	63076996
上年结转合同额	Contract Value on Hand last Year	16692284	20538890
本年新签合同额	Contract Value Newly Signed this Year	30719017	42538106
承包工程完成情况(万元)	**Conditions Finished of Contracted Projects(10000 yuan)**		
直接从建设单位承揽工程完成的产值	Completed Output Value of Projects Constracted Directly from Investors	27591459	34285941
自行完成施工产值	Own-completed output Value	27288877	33586187
分包出去工程的产值	Output Value of out-sourced Projects	302582	699754
从建设单位以外承揽工程完成的产值	Completed Output Value of Projects Constracted from Non-investors	648353	1113576
建筑业总产值(万元)	**Gross Output Value(10000 yuan)**	**27937230**	**34715550**
#装饰装修产值	Building Decoration	1492750	2185663
在外省完成的产值	Output in Other Provinces	8691646	11743998
建筑工程产值	Construction	24313740	30061822
安装工程产值	Installation	2132969	2431724
其他产值	Others	1490521	2222004
竣工产值(万元)	**Buildings Completed Output Value of Construction(10000yuan)**	**16517116**	**21553897**
房屋建筑施工及竣工面积(万平方米)	**Floor Space of Buildings Under Construction and Completed(10000 sq.m)**		
房屋建筑施工面积	Floor Space of Buildings Under Construction	18889.37	23144.38
#本年新开工面积	Floor Space Started this Year	10857.14	13444.05
实行投标承包面积	Floor Space Constructed through Bidding	13828.16	16753.51
#本年新开工	Started this Year	8468.99	10222.47
房屋建筑竣工面积	Floor Space of Buildings Completed	10148.83	11881.19
住宅房屋	Residential Buildings	6157.98	7727.99
商业及服务用房屋	Buildings for Business and Service	727.52	844.15
商厦房屋(批发和零售用房)	Building for Wholesale and Retail	328.11	278.21
宾馆用房屋(住宿用房)	Accommodation Buildings	77.72	127.78
餐饮用房屋(餐饮用房)	Dinning Buildings	27.82	47.01
商务会展用房屋	Business Exhibition Building	16.34	28.83
其他商业及服务用房屋(居民服务业用房)	Other Buildings for Business and Service	277.53	362.33
办公用房屋	Office Buildings	781.79	854.34
科研、教育、医疗用房屋	Buildings for Scientific Research,Education and Medical Sevice	549.57	592.46
科学研究用房屋	Buildings for Scientific Research	58.18	63.78
教育用房屋	Education Building	377.28	427.69
医疗用房屋(卫生医疗用房)	Medical Buildings	114.11	100.99
文化、体育、娱乐用房屋	Buildings for Culture,Sports and Entertainment	170.26	183.68
厂房及建筑物	Factory Buildings	1292.58	1353.02
厂房	Factories	746.13	742.52
仓库	Warehouses	107.48	69.67
其他未列明的房屋建筑物	Other Buildings	361.65	255.88

注：建筑业统计范围为具有建筑业资质等级的独立核算建筑业企业。

a) Statistics of Construction refers to enterprises with qualification and with independent accounting.

14-1 续表1 continued

指 标	Item	2012	2013
竣工房屋价值(万元)	**Value of Floor Space (10000 yuan)**	**10343751**	**13477959**
住宅房屋	Residential Buildings	6130384	8603422
商业及服务用房屋	Buildings for Business and Service	755989	1042654
商厦房屋(批发和零售用房)	Building for Wholesale and Retail	315655	303395
宾馆用房屋(住宿用房)	Accommodation Buildings	107938	209406
餐饮用房屋(餐饮用房)	Dinning Buildings	37081	55702
商务会展用房屋	Business Exhibition Building	24210	27408
其他商业及服务用房屋(居民服务业用房)	Other Buildings for Business and Service	271105	446743
办公用房屋	Office Buildings	835181	1051246
科研、教育、医疗用房屋	Buildings for Scientific Research,Education and Medical Sevice	634177	742638
科学研究用房屋	Buildings for Scientific Research	75677	88950
教育用房屋	Education Building	399837	509166
医疗用房屋(卫生医疗用房)	Medical Buildings	158663	144523
文化、体育、娱乐用房屋	Buildings for Culture,Sports and Entertainment	158480	221731
厂房及建筑物	Factory Buildings	1314504	1495141
厂房	Factories	713422	842873
仓库	Warehouses	94090	65826
其他未列明的房屋建筑物	Other Buildings	420946	255301
年末自有机械设备	**Year-end Self-own Machinery and Equipment**		
净 值(万元)	Net Value of Machinery and Equipment Owned(10000 yuan)	765984	960296
总台数(台)	Number of Machinery and Equipment Owned(set)	161853	181778
总功率(万千瓦)	Total Power of Machinery and Equipment Owned (10000 kw)	398.10	443.13
劳动人员情况(万人)	**Labourers(10000 persons)**		
计算劳动生产率的平均人数	Staff and Workers Annual Average	99.44	112.61
期末从业人数	Number of Persons Engaged	107.53	130.07
#工程技术人员	Technologist in Employed Persons at the Year-end	16.33	20.55
年末资产负债(万元)	**Year-end Assets and Liabilities(10000 yuan)**		
流动资产合计	Total Circulating Funds	11702909	14650631
#存 货	Stock	2445654	3395610
固定资产合计	Total Fixed Assets	2397129	2826777
固定资产原值	Original Value of Fixed Assets	2716740	3230066
累计折旧	Total Depreciation	844955	1041333
#本年折旧	Depreciation This Year	168627	204739
在建工程	Under Construction Project	313383	349160
资产合计	Total Assets	15479329	19329216
流动负债合计	Liquid Liabilities	7628955	9977352
#应付账款	Payable Accounts	1857656	2267496
非流动负债合计	Non-current Liabilities	304012	494213
负债合计	Total Liabilities	8777857	10950531
所有者权益合计	Total Creditors Equity	6696335	8370516
#实收资本	Capitals Hold	5081788	5212811
国家资本	State-owned	815196	1007903
集体资本	Collective-owned	435210	387542
法人资本	Institutional Units	1707628	1301822
个人资本	Individuals	2104088	2498852
港澳台资本	Funds from Hong Kong,Macao and Taiwan	8791	3002
外商资本	Foreign Funds	10875	13690
损益及分配(万元)	**Loss-profit and Allocation(10000 yuan)**		
营业收入	Operational Revenue	25513658	33119284
工程结算收入	Revenue of Project Settlement Accounts	25370389	32901227

14-1 续表2 continued

指　　标	Item	2012	2013
营业成本	Operational Cost	22707479	29405495
工程结算成本	Costs of Project Settlement Accounts	22354608	29026665
营业税金及附加	Operational Tax and Additional Expense	955800	1198711
工程结算税金及附加	Taxes and Extra Charges on Project Settle Accounts	901879	1155906
其他业务利润	Other Profit from Business	23603	37130
销售费用	Selling Expenses	119520	154213
管理费用	Management Fee	709198	838782
#税金	Taxes	38320	45647
财务费用	Financial Expenses	103907	143406
#利息收入	Interest of Revenue	12554	18885
#利息支出	Expenses of Interest	69154	118186
营业利润	Profits of Business	943299	1285389
营业外收入	Nonoperating Income	17395	30785
#补贴收入	Profits of Business	1766	2225
营业外支出	Nonoperating Expense	19645	27116
利润总额	Total Profits	949871	1283411
#应交所得税	Income Tax Payable	218433	313702
工资、福利费(万元)	**Wages,Welfare (10000 yuan)**		
应付职工薪酬	Payable Total Wages	2976605	3812582
其他	**Others**		
劳动生产率(按总产值计算)(元/人)	Overall Labor Productivity (In Terms of Gross Output Value)(yuan/person)	280946	308268
利税总额(万元)	Total Pre-Tax Profits(10000 yuan)	1890070	2484964
产值利润率(%)	Ratio of Profit to Gross Output Vaiue(%)	3.4	3.7
产值利税率(%)	Ratio of Pre-tax Profit to Gross Output Value(%)	6.8	7.2
资产负债率(%)	Assets-Liability Ratio(%)	56.7	56.7
技术装备率(元/人)	Value of Machinery per Laborer(yuan/person)	7132	7383
动力装备率(千瓦/人)	Power of Machinery per Laborer(kw/person)	3.7	3.4
房屋建筑面积竣工率(%)	Rate of Floor Space of Buildings Completed(%)	53.7	51.3

14-2 按登记注册类型分的建筑业企业主要经济指标（2013年）

指标	Item	合计 Total	内资企业 Domestic Funded
企业个数(个)	**Number of Enterprises(unit)**	**1717**	**1709**
建筑业合同情况(万元)	**Construction Contract(10000 yuan)**		
签订的合同额	Contract Value Signed	63076996	61222165
上年结转合同额	Contract Value on Hand last Year	20538890	19483927
本年新签合同额	Contract Value Newly Signed this Year	42538106	41738237
承包工程完成情况(万元)	**Conditions Finished of Contracted Projects(10000 yuan)**		
直接从建设单位承揽工程完成的产值	Contracted Directly from Fabricative Units Output Value Finished of Projects	34285941	33674581
自行完成施工产值	Output Value Self-Finished of Buildings Under Construction	33586187	32974827
分包出去工程的产值	Output Value of Projects Subcontracted	699754	699754
从建设单位以外承揽工程完成的产值	Contracted Directly Exceptant Fabricative Units Output Value Finished of Projects	1113576	1113362
建筑业总产值(万元)	**Gross Output Value (10000 yuan)**	**34715550**	**34103976**
#装饰装修产值	Building Decoration	2185663	2180553
在外省完成的产值	Output in Other Provinces	11743998	11515339
建筑工程产值	Construction	30061822	29483987
安装工程产值	Installation	2431724	2425091
其他产值	Others	2222004	2194898
竣工产值(万元)	**Buildings Completed Output Value of Construction(10000 yuan)**	**21553897**	**21286503**
房屋建筑施工及竣工面积(万平方米)	**Floor Space of Buildings Under Construction and Completed(10000 sq.m)**		
房屋建筑施工面积	Floor Space of Buildings Under Construction	23144.38	22396.71
#本年新开工面积	Floor Space Started this Year	13444.05	13175.88
实行投标承包面积	Floor Space of Enter a bid Contract	16753.51	16005.85
#本年新开工	Started this Year	10222.47	9954.30
房屋建筑竣工面积	Floor Space of Buildings Completed	11881.19	11743.41
住宅房屋	Residential Buildings	7727.99	7625.36
商业及服务用房屋	Buildings for Business and Service	844.15	842.32
商厦房屋(批发和零售用房)	Building for Wholesale and Retail	278.21	278.21
宾馆用房屋(住宿用房)	Accommodation Buildings	127.78	127.78
餐饮用房屋(餐饮用房)	Dinning Buildings	47.01	47.01
商务会展用房屋	Business Exhibition Building	28.83	28.33
其他商业及服务用房屋(居民服务业用房)	Other Buildings for Business and Service	362.33	360.99
办公用房屋	Office Buildings	854.34	838.26
科研、教育、医疗用房屋	Buildings for Scientific Research,Education and Medical Sevice	592.46	582.55
科学研究用房屋	Buildings for Scientific Research	63.78	63.78
教育用房屋	Education Building	427.69	420.53
医疗用房屋(卫生医疗用房)	Medical Buildings	100.99	98.24
文化、体育、娱乐用房屋	Buildings for Culture,Sports and Entertainment	183.68	183.68
厂房及建筑物	Factory Buildings	1353.02	1346.34
厂房	Factories	742.52	735.84
仓库	Warehouses	69.67	69.67
其他未列明的房屋建筑物	Other Buildings	255.88	255.24

Main Economic Indicators on Construction Enterprises by Registrtion Status (2013)

国有企业 State-owned	集体企业 Collective-owned	股份合作企业 Cooperative	联营企业 Joint Ownership Units	有限责任公司 Limited liability Enterprises	股份有限公司 Share-holding Corporations Ltd	私营企业 Private Enterprise	其他企业 Others	港澳台商投资企业 Funded from Hong Kong, Macao and Taiwan	外商投资企业 Foreign Funded
96	**180**	**12**		**639**	**114**	**665**	**3**	**7**	**1**
5031780	3920533	201277		31275796	6794468	13981108	17203	1853851	980
2269282	1178144	67801		10477438	2610931	2878402	1929	1054683	280
2762498	2742389	133476		20798358	4183537	11102706	15274	799168	700
2664396	2511989	117364		15196867	3645477	9522192	16298	610642	718
2636971	2485719	115364		14743537	3635780	9341359	16098	610642	718
27425	26270	2000		453330	9697	180833	200		
32243	36366	3800		540215	13797	486741	200	214	
2670416	**2524057**	**119164**		**15289077**	**3649577**	**9835388**	**16298**	**610856**	**718**
45830	47376	3089		1235267	89426	744067	15498	5110	
997818	319259	12600		5180752	2033734	2971176		228660	
2315678	2349116	113885		12902281	3433067	8354730	15230	577835	
265083	114513	3581		1093267	180304	767543	800	5915	718
89655	60428	1698		1293529	36206	713115	268	27106	
1363139	**1743228**	**82606**		**8751024**	**2116883**	**7221818**	**7804**	**267044**	**350**
1607.27	2291.21	123.61		10053.48	1772.69	6548.45		747.67	
922.43	1435.54	72.21		5631.91	860.72	4253.07		268.17	
1243.00	1789.25	115.81		7580.38	1241.26	4036.15		747.67	
740.93	1081.72	67.10		4622.79	704.91	2736.85		268.17	
621.05	1343.75	48.86		4564.11	957.13	4208.51		137.78	
487.64	910.50	30.67		2909.91	687.39	2599.25		102.62	
50.92	147.56	3.21		265.10	45.00	330.53		1.83	
43.94	30.96	0.14		96.68	5.56	100.93			
2.40	9.09	0.06		38.54	20.98	56.71			
0.10	3.61	0.22		9.77	3.17	30.13			
0.10	5.93	0.10		18.15	0.63	3.42		0.50	
4.38	97.97	2.69		101.96	14.66	139.33		1.33	
16.29	60.86	6.98		319.98	47.27	386.90		16.08	
8.15	60.18	0.15		261.67	26.54	225.85		9.92	
1.07	6.74	0.03		38.91	1.97	15.06			
6.78	40.19	0.04		168.28	16.35	188.90		7.16	
0.30	13.25	0.08		54.48	8.23	21.90		2.76	
1.60	5.48	0.30		79.54	7.11	89.65			
32.21	115.52	6.70		647.16	119.85	424.90		6.68	
19.10	55.69	6.70		419.37	55.65	179.34		6.68	
4.26	8.97	0.01		13.49	3.21	39.72			
19.98	34.68	0.85		67.26	20.76	111.71		0.65	

14-2 续表1

指　　标	Item	合　计 Total	内资企业 Domestic Funded
竣工房屋价值(万元)	**Value of Floor Space (10000 yuan)**	**13477959**	**13294034**
住宅房屋	Residential Buildings	8603422	8462741
商业及服务用房屋	Buildings for Business and Service	1042654	1038791
商厦房屋(批发和零售用房)	Building for Wholesale and Retail	303395	303395
宾馆用房屋(住宿用房)	Accommodation Buildings	209406	209406
餐饮用房屋(餐饮用房)	Dinning Buildings	55702	55702
商务会展用房屋	Business Exhibition Building	27408	25508
其他商业及服务用房屋(居民服务业用房)	Other Buildings for Business and Service	446743	444780
办公用房屋	Office Buildings	1051246	1036745
科研、教育、医疗用房屋	Buildings for Scientific Research,Education and Medical Sevice	742638	729197
科学研究用房屋	Buildings for Scientific Research	88950	88950
教育用房屋	Education Building	509166	499453
医疗用房屋(卫生医疗用房)	Medical Buildings	144523	140795
文化、体育、娱乐用房屋	Buildings for Culture,Sports and Entertainment	221731	221731
厂房及建筑物	Factory Buildings	1495141	1484826
厂房	Factories	842873	832558
仓库	Warehouses	65826	65826
其他未列明的房屋建筑物	Other Buildings	255301	254177
年末自有机械设备	**Year-end Self-own Machinery and Equipment**		
净　值(万元)	Net Value of Machinery and Equipment Owned (10000yuan)	960296	960041
总台数(台)	Number of Machinery and Equipment Owned (set)	181778	181655
总功率(万千瓦)	Total Power of Machinery and Equipment Owned (10000kw)	443.13	443.09
劳动人员情况(万人)	**Labourers(10000 persons)**		
计算劳动生产率的平均人数	Staff and Workers Annual Average	112.61	109.70
期末从业人数	Number of Persons Engaged at the Year-end	130.07	125.05
#工程技术人员	Technologist in Employed Persons at the Year-end	20.55	20.44
年末资产负债(万元)	**Year-end Assets and Liabilities(10000 yuan)**		
流动资产合计	Total Circulating Funds	14650631	14050852
#存　货	Stock	3395610	3364361
固定资产合计	Total Fixed Assets	2826777	2819214
固定资产原值	Original Value of Fixed Assets	3230066	3221560
累计折旧	Total Depreciation	1041333	1039285
#本年折旧	Depreciation this Year	204739	203926
在建工程	Under Construction Project	349160	349160
资产合计	Total Assets	19329216	18608201
流动负债合计	Liquid Liabilities	9977352	9357791
#应付账款	Payable Accounts	2267496	2247245
非流动负债合计	Non-current Liabilities	494213	493452
负债合计	Total Liabilities	10950531	10329863

continued

国有企业 State-owned	集体企业 Collective-owned	股份合作企业 Cooperative	联营企业 Joint Ownership Units	有限责任公司 Limited liability Enterprises	股份有限公司 Share-holding Corporations Ltd	私营企业 Private Enterprise	其他企业 Others	港澳台商投资企业 Funded from Hong Kong, Macao and Taiwan	外商投资企业 Foreign Funded
726784	**1453972**	**61745**		**5119547**	**1155207**	**4776778**		**183925**	
579739	1058679	37176		3184154	759414	2843579		140681	
55250	124790	3480		378141	54865	422265		3863	
45240	26041	86		112198	6613	113216			
2057	8137	30		84142	27741	87300			
100	3386	98		10632	4049	37437			
100	6606	20		13451	652	4679		1900	
7754	80619	3246		157718	15809	179633		1963	
16837	72839	8701		384162	59346	494861		14502	
5270	61665	150		332240	30608	299265		13441	
1190	8888	30		48134	3298	27410			
3780	39732	80		201328	17921	236611		9713	
300	13045	40		82778	9389	35243		3728	
1500	6058	170		87105	9804	117094			
46412	103076	8185		665073	214548	447532		10315	
32074	51072	8185		420639	139799	180788		10315	
1556	4575	80		17372	3097	39147			
20219	22292	3804		71301	23525	113036		1124	
51493	58673	1666		442576	83017	322288	328	256	
16428	18777	623		67886	21937	55856	148	123	
37.33	30.72	1.20		174.25	75.64	123.42	0.52	0.03	
8.52	8.46	1.23		50.76	8.14	32.50	0.10	2.92	
10.76	10.15	1.64		55.17	8.90	38.34	0.10	5.01	
1.44	1.65	0.06		9.10	1.55	6.63	0.01	0.11	
1731852	784410	99278		6665357	1502067	3259942	7945	599342	438
544823	188819	32364		1452768	359517	781817	4253	31249	
305139	284587	13086		1166095	221305	828160	842	7490	74
392838	213373	18486		1375568	298105	920135	3055	8358	148
184550	61758	6025		424213	112746	247571	2422	1973	74
28272	9325	260		87268	16260	62193	349	804	9
76199	59500	102		128662	8480	76217			
2236932	1168865	131004		8574430	1862958	4624576	9436	720504	511
1357749	594537	99562		4543245	1167702	1589097	5900	619554	6
378587	80114	6478		949718	501348	328121	2879	20251	
261846	10240			115167	18585	87615		761	
1669010	678065	100989		4865471	1198692	1811736	5900	620662	6

14-2 续表2

指 标	Item	合 计 Total	内资企业 Domestic Funded
所有者权益合计	Total Creditors Equity	8370516	8270169
#实收资本	Capitals Hold	5212811	5151996
国家资本	State-owned	1007903	976114
集体资本	Collective-owned	387542	387542
法人资本	Institutional Units	1301822	1286759
个人资本	Individuals	2498852	2498613
港澳台资本	Funds from Hong Kong,Macao and Taiwan	3002	238
外商资本	Foreign Funds	13690	2730
损益及分配(万元)	**Loss-profit and Allocation(10000 yuan)**		
营业收入	Operational Revenue	33119284	32517415.5
工程结算收入	Revenue of Project Settlement Accounts	32901227	32301987
营业成本	Operational Cost	29405495	28856400
工程结算成本	Costs of Project Settlement Accounts	29026665	28478324
营业税金及附加	Operational Tax and Additional Expense	1198711	1178631
工程结算税金及附加	Taxes and Extra Charges on Project Settle Accounts	1155906	1135955
其他业务利润	Other Profit from Business	37130	35358
销售费用	Selling Expenses	154213	154179
管理费用	Management Fee	838782	830959
#税金	Taxes	45647	45429
财务费用	Financial Expenses	143406	135801
#利息收入	Interest of Revenue	18885	18249
#利息支出	Expenses of Interest	118186	110349
营业利润	Profits of Business	1285389	1248282
营业外收入	Nonoperating Income	30785	30657
#补贴收入	Revenue of Subsidies	2225	2205
营业外支出	Nonoperating Expense	27116	26243
利润总额	Total Profits	1283411	1247049
#应交所得税	Income Tax Payable	313702	309491
工资、福利费(万元)	**Wages,Welfare (10000 yuan)**		
应付职工薪酬	Payable Total Wages	3812582	3645261
其他	**Others**		
劳动生产率(按总产值计算)(元/	Overall Labor Productivity (In Terms of Gross Output Value)(yuan/person)	308268	310895
利税总额(万元)	Total Pre-Tax Profits(10000 yuan)	2484964	2428433
产值利润率(%)	Ratio of Profit to Gross Output Value(%)	3.7	3.7
产值利税率(%)	Ratio of Pre-tax Profit to Gross Output Value(%)	7.2	7.1
资产负债率(%)	Assets-Liability Ratio(%)	56.7	55.5
技术装备率(元/人)	Value of Machinery Per Laborer(yuan/person)	7383	7677
动力装备率(千瓦/人)	Power of Machinery Per Laborer(kw/person)	3.4	3.5
房屋建筑面积竣工率(%)	Rate of Floor Space of Buildings Completed(%)	51.3	52.4

continued

国有企业 State-owned	集体企业 Collective-owned	股份合作企业 Cooperative	联营企业 Joint Ownership Units	有限责任公司 Limited liability Enterprises	股份有限公司 Share-holding Corporations Ltd	私营企业 Private Enterprise	其他企业 Others	港澳台商投资企业 Funded from Hong Kong, Macao and Taiwan	外商投资企业 Foreign Funded
567714	490726	30016		3705266	664265	2808647	3536	99842	505
392833	310848	20806		2320635	449358	1655307	2209	60310	505
332274	25797			510399	102790	4854		31789	
2050	244939	14077		67460	14333	44683			
54885	26799	1446		597114	83755	521100	1661	14558	505
3623	13238	5283		1144793	248391	1082736	548	239	
				112	90	36		2764	
	75			757		1899		10960	
2198638	2198486	92711		14849041	3856291	9304140	18108	601151	718
2184914	2186376	92177		14715167	3848448	9257394	17511	598522	718
1985901	1972554	74389		13207408	3548105	8053395	14647	548442	653
1952011	1898016	74367		13041377	3539063	7959282	14208	547689	653
70825	99874	4742		512743	121009	368884	553	20055	25
70307	97236	4610		490280	120102	352877	543	19952	
2842	2951	474		15756	1253	11954	128	1772	
2704	7817	2421		62657	14079	64318	184	34	
81671	51525	4214		355720	80987	256235	606	7791	32
2572	3464	230		19140	2414	17580	30	218	
13928	6701	229		68128	-739	47309	245	7605	
1179	298	210		8563	3700	4298		636	
12049	3186	471		54822	5087	34570	165	7837	
33457	85962	4634		542753	86224	493385	1866	37099	8
1324	4757	77		16012	457	8031		127	
26	228			1621		331		20	
816	3323	2		10032	832	11190	48	873	
35369	86564	4659		546657	84449	488133	1219	36354	8
8703	23912	865		131848	20754	122985	424	4209	2
295874	317090	19704		1692499	298950	1018601	2542	167272	50
313569	298426	97007		301231	448323	302605	171195	209405	398889
108248	187264	9499		1056076	206965	858590	1792	56523	8
1.3	3.4	3.9		3.6	2.3	5.0	7.5	6.0	1.1
4.1	7.4	8.0		6.9	5.7	8.7	11.0	9.3	1.1
74.6	58.0	77.1		56.7	64.3	39.2	62.5	86.1	1.2
4787	5780	1015		8022	9331	8407	3341	51	
3.5	3.0	0.7		3.2	8.5	3.2	5.3		
38.6	58.6	39.5		45.4	54.0	64.3		18.4	

14-3 各地区建筑业企业主要经济指标（2013年）

指标	Item	全省 Total	南昌市 Nanchang
企业个数（个）	**Number of Enterprises(unit)**	**1717**	**495**
建筑业合同情况（万元）	**Construction Contract(10000 yuan)**		
签订的合同额	Contract Value Signed	63076996	34515739
上年结转合同额	Contract Value on Hand last Year	20538890	11576649
本年新签合同额	Contract Value Newly Signed this Year	42538106	22939091
承包工程完成情况（万元）	**Conditions Finished of Contracted Projects(10000 yuan)**		
直接从建设单位承揽工程完成的产值	Contracted Directly from Fabricative Units Output Value Finished of Projects	34285941	16932941
自行完成施工产值	Output Value Self-Finished of Buildings Under Construction	33586187	16690600
分包出去工程的产值	Output Value of Projects Subcontracted	699754	242341
从建设单位以外承揽工程完成的产值	Contracted Directly Exceptant Fabricative Units Output Value Finished of Projects	1113576	385632
建筑业总产值（万元）	**Gross Output Value (10000 yuan)**	**34715550**	**17084345**
#装饰装修产值	Building Decoration	2185663	1626999
在外省完成的产值	Output in Other Provinces	11743998	6291556
建筑工程产值	Construction	30061822	14625977
安装工程产值	Installation	2431724	1204879
其他产值	Others	2222004	1253490
竣工产值（万元）	**Buildings Completed Output Value of Construction(10000 yuan)**	**21553897**	**9406775**
房屋建筑施工及竣工面积（万平方米）	**Floor Space of Buildings Under Construction and Completed(10000 sq.m)**		
房屋建筑施工面积	Floor Space of Buildings Under Construction	23144.38	11152.12
#本年新开工面积	Floor Space Started this Year	13444.05	5651.64
实行投标承包面积	Floor Space of Enter a bid Contract	16753.51	8554.69
#本年新开工	Started This Year	10222.47	4396.60
房屋建筑竣工面积	Floor Space of Buildings Completed	11881.19	4041.62
住宅房屋	Residential Buildings	7727.99	2556.66
商业及服务用房屋	Buildings for Business and Service	844.15	214.79
商厦房屋(批发和零售用房)	Building for Wholesale and Retail	278.21	38.63
宾馆用房屋(住宿用房)	Accommodation Buildings	127.78	37.36
餐饮用房屋(餐饮用房)	Dinning Buildings	47.01	4.78
商务会展用房屋	Business Exhibition Building	28.83	18.39
其他商业及服务用房屋(居民服务业用房)	Other Buildings for Business and Service	362.33	115.63
办公用房屋	Office Buildings	854.34	327.23
科研、教育、医疗用房屋	Buildings for Scientific Research,Education and Medical Sevice	592.46	236.37
科学研究用房屋	Buildings for Scientific Research	63.78	28.76
教育用房屋	Education Building	427.69	168.46
医疗用房屋(卫生医疗用房)	Medical Buildings	100.99	39.16
文化、体育、娱乐用房屋	Buildings for Culture,Sports and Entertainment	183.68	70.69
厂房及建筑物	Factory Buildings	1353.02	485.94
厂房	Factories	742.52	307.24
仓库	Warehouses	69.67	14.04
其他未列明的房屋建筑物	Other Buildings	255.88	135.90

Main Economic Indicators on Construction by Region (2013)

景德镇市 Jingdezhen	萍乡市 Pingxiang	九江市 Jiujiang	新余市 Xinyu	鹰潭市 Yingtan	赣州市 Ganzhou	吉安市 Ji'an	宜春市 Yichun	抚州市 Fuzhou	上饶市 Shangrao
38	**78**	**159**	**76**	**42**	**218**	**134**	**192**	**109**	**176**
477556	898825	4334277	2039301	4391223	2923661	2090405	2121789	3863509	5420711
218910	113141	1582491	927235	2426805	794093	438848	469549	766683	1224487
258646	785684	2751786	1112066	1964418	2129568	1651557	1652240	3096826	4196224
399095	868502	2782951	1179710	1447983	1965615	1570271	1595384	2075149	3468339
397375	868502	2753258	1178160	1447983	1960106	1433664	1583568	2075147	3197824
1720		29693	1550		5510	136607	11816	2	270516
12957	2820	46206	4979	39	57565	162750	19283	2076	419269
410332	**871322**	**2802597**	**1183139**	**1448021**	**2019514**	**1596894**	**1602863**	**2079429**	**3617093**
3158	51674	55189	43781	61619	84247	28533	52504	73187	104774
179501	82130	898461	322275	942060	220701	304386	297326	677310	1528293
381402	790720	2645426	1022608	1170626	1754070	1294252	1418384	1902617	3055742
21253	68027	79528	62585	256881	158023	216418	92654	58590	212886
7677	12575	77644	97946	20514	107421	86224	91826	118223	348465
427077	**518240**	**1633408**	**756768**	**343374**	**1396718**	**1182675**	**1271657**	**1664318**	**2952886**
407.45	388.81	1508.89	652.64	575.78	1317.37	1483.18	1576.94	1977.84	2103.36
162.31	268.58	1027.89	420.42	224.80	817.12	984.99	1122.80	1512.50	1251.00
343.96	237.42	1018.48	576.97	552.97	565.26	977.17	1174.00	1610.81	1141.79
109.42	209.42	798.75	406.78	209.73	381.13	659.33	929.58	1301.15	820.57
350.78	222.48	1085.59	393.70	211.57	844.14	895.41	1091.16	1101.49	1643.26
316.77	96.95	803.59	283.56	136.73	552.66	515.03	821.62	765.37	879.07
9.41	2.28	55.53	70.45	35.76	81.84	76.14	47.02	114.13	136.80
5.41	0.79	13.69	33.94	34.62	53.84	24.59	10.57	42.02	20.10
	0.40	6.27	1.44		5.92	1.04	26.37	13.81	35.17
0.02	0.10	2.60	0.58		1.72	13.34	0.85	5.18	17.83
	0.10	3.21	0.02		2.02	0.95	1.94	1.35	0.85
3.98	0.89	29.76	34.46	1.14	18.34	36.22	7.29	51.77	62.85
4.43	24.60	70.47	12.53	7.07	40.90	83.93	53.73	35.52	193.92
1.27	2.51	48.32	2.65	2.16	44.31	77.85	11.68	41.21	124.15
	0.79	4.38	0.06		2.24	10.98	0.32	0.30	15.95
1.27	0.68	28.78	0.36	1.26	35.61	59.23	9.90	31.65	90.50
	1.04	15.16	2.23	0.90	6.46	7.64	1.45	9.27	17.70
0.04	0.50	19.22	2.44	4.96	4.66	5.20	34.51	2.95	38.52
10.91	92.78	83.19	14.24	18.83	107.21	103.30	105.09	115.62	215.91
0.71	56.97	59.33	8.38	6.12	29.90	64.00	60.04	76.39	73.43
0.36	1.42	4.09	6.39	0.60	1.56	7.34	3.55	2.06	28.25
7.60	1.45	1.16	1.45	5.47	11.00	26.61	13.97	24.63	26.64

14-3 续表1

指 标	Item	全 省 Total	南昌市 Nanchang
竣工房屋价值(万元)	**Value of Hoor Space (10000 yuan)**	**13477959**	**5448358**
住宅房屋	Residential Buildings	8603422	3306581
商业及服务用房屋	Buildings for Business and Service	1042654	352785
商厦房屋(批发和零售用房)	Building for Wholesale and Retail	303395	50714
宾馆用房屋(住宿用房)	Accommodation Buildings	209406	83238
餐饮用房屋(餐饮用房)	Dinning Buildings	55702	6515
商务会展用房屋	Business Exhibition Building	27408	17867
其他商业及服务用房屋(居民服务业用房)	Other Buildings for Business and Service	446743	194452
办公用房屋	Office Buildings	1051246	508398
科研、教育、医疗用房屋	Buildings for Scientific Research,Education and Medical Sevice	742638	361071
科学研究用房屋	Buildings for Scientific Research	88950	47299
教育用房屋	Education Building	509166	239061
医疗用房屋(卫生医疗用房)	Medical Buildings	144523	74711
文化、体育、娱乐用房屋	Buildings for Culture,Sports and Entertainment	221731	120066
厂房及建筑物	Factory Buildings	1495141	642424
厂房	Factories	842873	420764
仓库	Warehouses	65826	13277
其他未列明的房屋建筑物	Other Buildings	255301	143754
年末自有机械设备	**Year-end Self-own Machinery and Equipment**		
净 值(万元)	Net Value of Machinery and Equipment Owned(10000 yuan)	960296	326597
总台数(台)	Number of Machinery and Equipment Owned(set)	181778	57670
总功率(万千瓦)	Total Power of Machinery and Equipment Owned (10000 kw)	443.13	174.67
劳动人员情况(万人)	**Labourers(10000 persons)**		
计算劳动生产率的平均人数	Staff and Workers Annual Average	112.61	44.78
期末从业人数	Number of Persons Engaged at the Year-end	130.07	57.06
#工程技术人员	Technologist in Employed Persons at the Year-end	20.55	7.71
年末资产负债(万元)	**Year-end Assets and Liabilities(10000 yuan)**		
流动资产合计	Total Circulating Funds	14650631	8145446
#存 货	Stock	3395610	1814676
固定资产合计	Total Fixed Assets	2826777	1051232
固定资产原值	Original Value of Fixed Assets	3230066	1233004
累计折旧	Total Depreciation	1041333	453215
#本年折旧	Depreciation this Year	204739	95263
在建工程	Under Construction Project	349160	166650
资产合计	Total Assets	19329216	10136237
流动负债合计	Liquid Liabilities	9977352	5992894
#应付账款	Payable Accounts	2267496	1213637
非流动负债合计	Non-current Liabilities	494213	401146
负债合计	Total Liabilities	10950531	6572613

continued

景德镇市 Jingdezhen	萍乡市 Pingxiang	九江市 Jiujiang	新余市 Xinyu	鹰潭市 Yingtan	赣州市 Ganzhou	吉安市 Ji'an	宜春市 Yichun	抚州市 Fuzhou	上饶市 Shangrao
370348	**249167**	**966981**	**430163**	**254622**	**899926**	**928969**	**975796**	**1226494**	**1727135**
329239	117626	725810	313240	171644	572626	485805	740791	899358	940702
10432	2058	56702	77404	42657	96321	74359	52929	121540	155467
3473	805	19255	32802	41727	58043	19849	12069	42322	22337
	400	5493	1185		10085	1552	32258	35061	40134
43	100	2120	783		2033	16489	629	5666	21325
	100	2640	10		2387	928	1149	1464	863
6917	653	27195	42624	930	23773	35541	6824	37027	70808
6067	27222	50056	13463	5931	49144	105344	52453	34197	198971
1373	3113	42962	2384	1587	49578	106797	9547	45496	118732
	997	3966	30		1795	21275	109	231	13248
1373	981	22327	382	980	39438	73029	8587	31901	91107
	1135	16669	1971	607	8345	12494	851	13364	14377
78	500	18586	1777	4652	4813	4297	22155	2641	42166
9822	95921	68356	15259	15906	111616	131065	83198	105447	216127
642	64221	44864	10463	4245	31100	70810	42053	79739	73972
190	1420	3644	5706	1320	1539	3357	2568	1746	31059
13147	1307	865	931	10925	14289	17946	12155	16070	23912
15397	31354	86590	39276	31227	64320	92123	71841	109436	92135
2389	6953	25097	10045	2916	15486	13814	14809	20850	11749
6.07	20.24	43.85	16.15	8.41	30.23	28.51	31.68	45.52	37.81
2.12	3.48	8.36	2.92	6.01	7.70	5.48	6.57	9.95	15.25
2.38	3.70	9.71	3.19	3.97	7.89	5.83	7.42	12.03	16.90
0.42	0.57	1.70	0.86	0.62	1.79	1.14	1.68	1.70	2.37
179779	187409	1690140	590644	262923	927718	425728	754101	540535	946207
25475	59575	476246	76835	71862	228064	72635	201928	146261	222054
51398	82430	288329	96394	62738	219234	142489	222192	205657	404684
53935	109165	348512	101178	75051	258659	156613	238767	233797	421384
18186	41031	114859	27896	30055	78569	49794	53280	49702	124745
2419	8293	15363	3237	4983	16092	9319	10942	14280	24551
1614	2067	37749	13766	6637	20626	20436	26230	7732	45653
257873	318424	2178651	812951	347860	1301868	647772	1047399	791398	1488784
132811	137187	1297385	348086	188398	594970	222625	399329	301383	362284
11068	53804	458660	101632	33397	70296	46185	107960	57724	113134
1220	1576	25373	1284	6720	14842	5547	1612	11326	23569
150071	143723	1388338	404135	195994	658982	265173	417222	323018	431263

14-3 续表2

指　　标	Item	全　省 Total	南昌市 Nanchang
所有者权益合计	Total Creditors Equity	8370516	3559290
#实收资本	Capitals Hold	5212811	2219119
国家资本	State-owned	1007903	611188
集体资本	Collective-owned	387542	160770
法人资本	Institutional Units	1301822	454278
个人资本	Individuals	2498852	979171
港澳台资本	Funds from Hong Kong,Macao and Taiwan	3002	2764
外商资本	Foreign Funds	13690	10949
损益及分配(万元)	**Loss-profit and Allocation(10000 yuan)**		
营业收入	Operational Revenue	33119284	16089876
工程结算收入	Revenue of Project Settlement Accounts	32901227	15980718
营业成本	Operational Cost	29405495	14479700
工程结算成本	Costs of Project Settlement Accounts	29026665	14348207
营业税金及附加	Operational Tax and Additional Expense	1198711	532500
工程结算税金及附加	Taxes and Extra Charges on Project Settle Accounts	1155906	510479
其他业务利润	Other Profit from Business	37130	17111
销售费用	Selling Expenses	154213	38658
管理费用	Management Fee	838782	378308
#税金	Taxes	45647	17452
财务费用	Financial Expenses	143406	80854
#利息收入	Interest of Revenue	18885	11982
#利息支出	Expenses of Interest	118186	66981
营业利润	Profits of Business	1285389	596449
营业外收入	Nonoperating Income	30785	8609
#补贴收入	Profits of Business	2225	1459
营业外支出	Nonoperating Expense	27116	7451
利润总额	Total Profits	1283411	598990
#应交所得税	Income Tax Payable	313702	144412
工资、福利费(万元)	**Wages,Welfare (10000 yuan)**		
应付职工薪酬	Payable Total Wages	3812582	1692835
其他	**Others**		
劳动生产率(按总产值计算)(元/人)	Overall Labor Productivity (In Terms of Gross Output Value)	308268	381493
利税总额(万元)	Total Pre-Tax Profits(10000 yuan)	2484964	1126921
产值利润率(%)	Ratio of Profit to Gross Output Value(%)	3.7	3.5
产值利税率(%)	Ratio of Pre-tax Profit to Gross Output Value(%)	7.2	6.6
资产负债率(%)	Assets-Liability Ratio(%)	56.7	64.8
技术装备率(元/人)	Value of Machinery per Laborer(yuan/person)	7383	5723
动力装备率(千瓦/人)	Power of Machinery per Laborer(kw/person)	3.4	3.1
房屋建筑面积竣工率(%)	Rate of Floor Space of Buildings Completed(%)	51.3	36.2

continued

景德镇市 Jingdezhen	萍乡市 Pingxiang	九江市 Jiujiang	新余市 Xinyu	鹰潭市 Yingtan	赣州市 Ganzhou	吉安市 Ji'an	宜春市 Yichun	抚州市 Fuzhou	上饶市 Shangrao
107802	174701	789935	408817	151867	642112	381275	630127	467069	1057521
84904	111861	462488	224239	107937	397002	275957	446292	329044	553969
27251	4579	146630	45470	39786	25246	17900	16065	40232	33556
16502	21176	46336	10084	2582	20101	55169	13738	29252	11832
27022	44377	166659	54193	19509	108726	75544	126744	55424	169346
14128	41639	102532	114492	46060	242841	125988	289486	203936	338579
	90					20	112		16
		332			89	1335	146	200	640
398635	790336	2717052	1047195	1419880	1765912	1493083	1600871	1998235	3798209
396958	783236	2687515	1046405	1413721	1758710	1490769	1600253	1980328	3762614
342821	622715	2432860	909649	1334278	1512636	1296141	1384397	1832074	3258224
341949	617909	2339043	908171	1319441	1496149	1293533	1364302	1813075	3184887
14584	32526	99686	37833	52733	91531	61340	72013	68328	135637
14574	32337	94081	37812	52614	90310	58464	70872	65881	128484
818	1780	1298	121	2965	3327	568	284	35	8824
6364	4747	9536	10215	3133	18189	15369	15352	3611	29038
19177	18772	80250	35494	14541	51025	46001	47588	36916	110710
629	843	4235	2286	394	6203	1779	3675	1485	6666
386	4887	2745	3954	1772	8670	7330	9905	6221	16682
38	50	4317	447	199	465	155	417	209	605
296	2794	11500	3369	1893	9227	2157	6834	4497	8636
11840	71008	78244	49731	13875	80009	66658	72987	51083	193505
1160	716	1560	1534	3630	1253	3225	505	349	8244
93		6		354		2	2	42	268
634	842	1022	750	934	2431	1536	506	1190	9821
12627	62858	78218	50621	16560	78801	68514	73826	50531	191865
2535	22802	12798	13063	3729	25090	18163	19315	11133	40661
60977	107600	286976	81221	166366	248801	129127	201017	348022	489639
193580	250366	335395	405740	240995	262367	291191	243896	209093	237134
27830	96038	176534	90718	69569	175314	128756	148373	117896	327014
3.1	7.2	2.8	4.3	1.1	3.9	4.3	4.6	2.4	5.3
6.8	11.0	6.3	7.7	4.8	8.7	8.1	9.3	5.7	9.0
58.2	45.1	63.7	49.7	56.3	50.6	40.9	39.8	40.8	29.0
6479	8476	8918	12314	7870	8151	15807	9687	9099	5453
2.6	5.5	4.5	5.1	2.1	3.8	4.9	4.3	3.8	2.2
86.1	57.2	71.9	60.3	36.7	64.1	60.4	69.2	55.7	78.1

14-4 劳务分包建筑业企业主要指标

Main Indicators of Labour Subcontractors in Construction Industry

指　　标	Item	2012	2013
企业个数(个)	Number of Construction Enterprises (unit)	40	33
建筑业总产值(万元)	Gross Output Value of Construction (10000 yuan)	41522	15786
#装饰装修产值	Output Value of Fitment	965	2098
计算劳动生产率的平均人数(人)	Staff and Workers Annual Average (person)	1953	2467
年末从业人员(人)	Number of Employed Persons at the Year-end (person)	2548	3431
工程技术人员	Technologist in Employed Persons at the Year-end	266	399
现场施工工人(人)	Builder in Employed Persons at the Year-end (person)	1814	2549
固定资产原值(万元)	Original Value of Fixed Assets (10000 yuan)	3928	3045
#本年折旧	Draw Depreciation This Year	380	213
资产总计(万元)	Total Assets (10000 yuan)	10475	16745
负债合计(万元)	Total Liabilities (10000 yuan)	4912	8575
实收资本(万元)	Capitals Hold (10000 yuan)	2226	2539
营业收入(万元)	Total Revenue (10000 yuan)	15892	18409
#工程结算收入	Revenue of Project Settlement Accounts	15199	18409
营业成本(万元)	Operating Costs (10000 yuan)	12050	15485
#工程结算成本	Costs of Project Settlement Accounts	11379	15079
营业税金及附加(万元)	Business Tax and Extra (10000 yuan)	682	676
#工程结算税金及附加	Taxes and Extra Charges on Project Settle Accounts	657	650
费用合计(万元)	Total Charges (10000 yuan)	1942	1308
营业利润(万元)	Profits of Business (10000 yuan)	1381	971
利润总额(万元)	Total Profits (10000 yuan)	1952	1014
从业人员劳动报酬(万元)	Labour Reward of Employed Persons(10000 yuan)	7481	12002

主要统计指标解释

建筑业统计单位 指从事房屋、构筑物建造和设备安装活动的法人企业。建筑业法人企业应同时具备的条件是：①依法成立，有自己的名称、组织机构和场所，能够承担民事责任；②独立拥有和使用资产，承担负债，有权与其他单位签订合同；③独立核算盈亏，能够编制资产负债表。

建筑业总产值 是以货币形式表现的建筑业企业在一定时期内生产的建筑业产品和提供的服务的总和。建筑业总产值包括：

⑴建筑工程产值：指列入建筑工程预算内的各种工程价值。

⑵安装工程产值：指设备安装工程价值，不包括被安装设备本身的价值。

⑶其他产值：建筑业总产值中除建筑工程、安装工程以外的产值。包括房屋构筑物修理产值、非标准设备制造产值、总包企业向分包企业收取的管理费以及不能明确划分的施工活动所完成的产值。

a.房屋构筑物修理产值：指房屋和构筑物修理所完成的产值，但不包括被修理房屋、构筑物本身价值和生产设备的修理产值。

b.非标准设备制造产值：指加工制造没有定型的非标准生产设备的加工费和原材料价值(如化工厂、炼油厂用的各种罐、槽，矿井生产统一使用的各种漏斗、三角槽、阀门等)以及附属加工厂为本企业承建工程制作的非标准设备的价值。

建筑业增加值 指建筑业企业在报告期内以货币形式表现的建筑业生产经营活动的最终成果。

从 2004 年第一次全国经济普查开始，建筑业现价增加值按生产法和分配法(收入法)两种方法计算，以收入法的计算结果为准，即从收入的角度出发，根据生产要素在生产过程中应得的收入份额计算。具体计算方法：经济普查年度建筑业增加值按照《经济普查年度 GDP 核算方案》计算，非经济普查年度建筑业增加值按照《非经济普查年度 GDP 核算方案》计算。

房屋建筑施工面积 指在报告期内施工的全部房屋建筑面积，包括本期新开工的房屋面积、上期施工跨入本期继续施工的房屋面积、上期停缓建在本期恢复施工的房屋面积、本期竣工的房屋面积及本期施工后又停缓建的房屋面积。

房屋建筑竣工面积 指在报告期内房屋建筑按照设计要求全部完工，达到了住人和使用条件，经验收鉴定合格，正式移交使用单位的房屋建筑面积。

自有机械设备年末总台数 指归本企业所有，属于本企业固定资产的生产性机械设备年末总台数。包括施工机械、生产设备、运输设备以及其他设备。

自有机械设备年末总功率 指本企业自有施工机械、生产设备、运输设备以及其他设备等列为在册固定资产的生产性机械设备年末总功率，按设定能力或查定能力计算。包括机械本身的动力和为该机械服务的单独动力设备，如电动机等。计算单位用千瓦，动力换算可按 1 马力＝0.735 千瓦折合成千瓦数。电焊机、变压器、锅炉不计算动力。

工程结算收入 指企业承包工程实现的工程价款结算收入，以及向发包单位收取的除工程价款以外的按规定列作营业收入的各种款项，如临时设施费、劳动保险费、施工机械调迁费等以及向发包单位收取的各种索赔款。

工程结算利润 指已结算工程实现的利润，如亏损以“－”号表示。计算公式为：

工程结算利润＝工程结算收入－工程结算成本－工程结算税金及附加

Explanatory Notes on Main Statistical Indicators

Statistical Unit in Construction refers to corporate enterprise engaged in the construction of buildings and structures and in the installation of equipment. A corporate construction enterprise should meet the following 3 requirements:①being set up in line with relevant legal basis, having its full name, organization and location, and capable of taking civil liabilities;②independently possessing and using its assets and assuming its liabilities, and entitled to sign contracts with other institutions; and ③ making independent accounts of its profits and losses, and capable of compiling its own balance sheet

Gross Output Value of Construction refers to total of construction products and services, expressed in money terms, produced or rendered by construction and installation enterprises during a given period of time. It includes:

(1) Output value of construction projects: the value of projects covered by the project budgets;

(2) Output value of installation projects: the value of the installation of equipment, (excluding the value of the equipment to be installed);

(3) Other output values: the output value of construction industry apart from that of construction projects and installation projects. It includes: output value of repair of buildings and structures; output value of non-standard equipment manufacturing; overhead expenses received by contracted enterprises from the sub-contracted enterprises and the completed output value of construction activities for which there is no clear definition.

a. Output value of repair of buildings and structures: the value created through the repairs of buildings or structures. It does not include the value of buildings or structures being repaired and the value of the repair of production equipment;

b. Output value of manufactured non-standard equipment: the value of non-standard production equipment, including raw materials and manufacturing cost, made for the construction project (i.e., chemical plant; kettles or tanks used by refineries; various fillers, triangle tanks, valves used by mines). It also includes the output value of equipment manufactured by subsidiary workshops.

Value-added of Construction refers to the final result of the activities of production and operation of enterprises of the construction industry in monetary terms during the reference period.

Starting from the 2004 economic census, value-added of construction is calculated by both production approach and income approach, with the figures from the income approach as the final figures., Under the income approach,, calculation starts from the perspective of income and is based on the share of income derived from the production process by the relevant factors of production.. Specifically, value-added of construction for the Census years is calculated in accordance with the *Programme of Compi*lation of GDP and National Accounts for the Year of Economic Census, and value-added of construction for other years is calculated in accordance with the Programme of Compilation of GDP and National Accounts for the Non Economic Census Years.

Floor Space of Buildings Under Construction refers to floor space of buildings under construction during the reference period, including newly started buildings, buildings started earlier and continued during the reference period, and buildings suspended earlier but restarted during the reference period, buildings completed during the reference period, and buildings under construction and then suspended during the reference period.

Floor Space of Buildings Completed refers to the floor space of buildings that are completed in the reference period in accordance with the requirements of the design, up to the standard for putting them into use, and have been checked and accepted by concerned departments as qualified ones.

Total Number of Machinery and Equipment Owned by the End of Year refers to the number of machines and equipment owned by the enterprises, and listed as the fixed assets of the enterprises by the end of the year, including machinery and equipment for construction, production and transportation.

Total Power of Machinery and Equipment Owned by the End of Year refers to the total power of machinery and equipment owned by the enterprises, and listed as the fixed assets of the enterprises by the end of the year, including machinery and equipment for construction, production and transportation. The power of the machinery is calculated on basis of the designed or verified capacity, covering the power of the machinery/equipment and the separate power equipment serving the machinery/equipment (such as electric motors), but excluding welders, transformers and boilers. The unit used for the calculation of power is kilowatt, with horsepower converted to kilowatt by 1 horsepower=0.735 kilowatt.

Income from Settlement of Projects refers to the income received by the construction enterprise from the contracted project through settlement procedures, and other charges to the contractee as operational costs in addition to the value of the project, such as temporary facility fee, labour insurance premium, moving cost of construction equipment, as well as various types of claims to the contractee.

Profit from Settlement of Projects refers to profit realized through settled projects. It is calculated with the following formula:

Profit from Settlement of Projects=Income from Settlement of Projects−Settled Cost−Settled Taxes and Other Cost.

15

交通运输、邮电通讯业

TRANSPORTATION,POSTAL AND TELECOMMUNICATIONS

资料整理及英文翻译：胡雨涵

简要说明

一、本篇资料的主要内容

本篇资料反映了全省交通运输业和邮电通讯业发展的基本状况，主要包括各种运输方式的线路里程、各种运输方式完成的货物运输量和旅客运输量及周转量、邮政和电信基本情况、民用汽车拥有量等方面的内容。

二、本篇资料的来源

本篇资料中，交通运输资料分别来源于南昌铁路局、省交通厅、东方航空公司江西分公司、省公安厅交警总队，邮电通信业资料来源于省通信管理局和省邮政管理局。

Brief Introduction

Ⅰ.Main Contents

Data in this chapter present the development of transportation, post and telecommunication in Jiangxi province. They cover mainly the length of the routes of various means of transportation, freight traffic and passenger traffic accomplished by various means of transportation and turnover, basic conditions of post and telecommunications, and the possession of civil motor vehicles etc.

Ⅱ.Sources of Data

Data on transportation in this chapter are from Nanchang Railway Bureau, Jiangxi Provincial Communications Department, China Eastern Airlines Jiangxi Branch, and Jiangxi Provincial Department of Public Security Traffic Administrative Bureau. Data on post and telecommunication services come from Jiangxi Communication Administration, and Provincial Postal Administration.

15-1 运输线路长度

Length of Transportation Routes

单位：公里 (km)

指标	Item	1978	1980	1990	2000	2010	2012	2013
铁路营业里程	Length of Railways in Operation	1184	1335	1581	2197	2734	2734	2984
公路通车里程	Length of Highways	30245	29651	33203	60292	140597	150595	152067
等级公路	Expressway and Class I to IV Highways		12096	18561	34999	101455	120332	122675
#高速公路	Expressway				421	3088	4229	4303
一级公路	First Class Highways			15	314	1386	1543	1643
二级公路	Second Class Highways		169	1105	6471	9340	9540	9790
三级公路	Third Class Highways		521	2156	5581	6670	9497	9379
等外公路	Highways Below Class IV		17559	14642	25293	39142	30263	29393
内河通航里程	Length of Navigable Inland Waterways	6630	4937	4937	5537	5638	5716	5638
等级航道	Standard Waterways				2343	2349	2427	2349
等外航道	Substandard Waterways				3194	3289	3289	3289

注：1.2000年的公路通车里程根据公路普查作了调整。
2.公路通车里程从2006年开始包括村道。

a) The total Length of highways is adjusted according to the Highways Census in 2000.
b) The total length of highways have included the village road since 2006.

15-2 交通运输工具年末实有数

Actual Number of Transportation Facilities at Year-end

指标	Item	1990	2000	2010	2012	2013
民用汽车合计(辆)	Total Civil Motor Vehicles (unit)	110432	247000	1476011	2116862	2564459
#载货汽车	Trucks	74424	131147	401679	470113	545621
载客汽车	Passenger Vehicles	29473	100794	956480	1527264	1901083
其他汽车	Other Vehicles	6535	15059	117852	119485	117755
摩托车(辆)	Motorcycles(unit)	51630	891179	4172862	4670209	4062755
汽车挂车(辆)	Trailers (unit)	5209	1190	39684	51609	60441
运输船舶(艘)	Transport Vessels (unit)	8687	4856	4221	4190	3942
机动船(艘)	Motor Vessels (unit)	8051	4511	4184	4156	3926
(净载重量吨)	(Dead Weight Cargo Tonnage)	333989	356441	1962783	2251232	2287031
(客位)	(Number of Seats)	13362	16172	11811	10967	10758
驳 船(艘)	Barges (unit)	636	345	37	34	16
(净载重量吨)	(Dead Weight Cargo Tonnage)	76267	74504	17560	15240	7581
补充资料:	Supplementary Information:					
汽车驾驶员(人)	Drivers (person)	168842	791545	3911886	8752277	9382601

注：其他汽车从2006年起，将农业运输车放入民用汽车中其他汽车。

a) Since 2006,Other vehicles inclued farm vehicles.

15-3 公路里程年底到达数（2013年）

Length of Highways at Year-end (2013)

单位：公里 (km)

地 区	Region	合 计 Total	等级公路 Expressway and Class I to IV Highway	高速公路 Expressway	一 级 First Class
全 省	**Provincial Total**	**152067**	**122675**	**4303**	**1643**
南 昌 市	Nanchang	10822	9090	342	107
景德镇市	Jingdezhen	4646	4015	199	43
萍 乡 市	Pingxiang	6827	5356	61	51
九 江 市	Jiujiang	19036	13921	496	200
新 余 市	Xinyu	4277	3387	128	56
鹰 潭 市	Yingtan	4016	3138	89	46
赣 州 市	Ganzhou	28803	23250	947	265
吉 安 市	Ji'an	21929	20023	586	206
宜 春 市	Yichun	17990	13882	354	260
抚 州 市	Fuzhou	14072	11708	482	174
上 饶 市	Shangrao	19649	14903	618	236

15-3 续表 continued

单位：公里 (km)

地 区	Region	二 级 Second Class	三 级 Third Class	四 级 Fourth Class	等外公路 Highway Below Class IV
全 省	**Provincial Total**	**9790**	**9379**	**97559**	**29393**
南 昌 市	Nanchang	624	450	7568	1732
景德镇市	Jingdezhen	341	390	3042	630
萍 乡 市	Pingxiang	372	273	4598	1472
九 江 市	Jiujiang	983	1155	11088	5115
新 余 市	Xinyu	305	316	2582	890
鹰 潭 市	Yingtan	125	472	2406	877
赣 州 市	Ganzhou	1840	1288	18910	5553
吉 安 市	Ji'an	1629	1262	16341	1906
宜 春 市	Yichun	1465	1227	10575	4108
抚 州 市	Fuzhou	677	1044	9332	2364
上 饶 市	Shangrao	1430	1503	11117	4746

15-4 全社会运输量

Total Freight Traffic and Passenger Traffic

单位：万吨、万人 (10000 tons, 10000 persons)

指　标	Item	2008	2009	2010	2011	2012	2013
货物运输量	**Freight Traffic**	**80332**	**85718**	**100339**	**111576**	**127020**	**135036**
民　航	Civil Aviation	2	2	2	1.4	1.5	4.04
铁　路	Railways	5389	5229	5379	5769.1	5384.4	5077.2
公　路	Highways	70270	75200	88445	98358	113703	121279
水　运	Waterways	4671	5287	6513	7447	7931	8676
内　河	Inland Waterways	4281	4895	6081	6947	7426	8152
沿　海	Coastal	357	359	412	481	490	508
远　洋	Ocean	33	33	20.0	19	15	17
旅客运输量	**Passenger Traffic**	**66261**	**70674**	**76633**	**79138**	**84459**	**65747**
民　航	Civil Aviation	169	178	186	208.3	219	681.1
铁　路	Railways	5214	5470	5588	6152.2	6335	6944.793
公　路	Highways	60573	64770	70628	72527	77650	57915
水　运	Waterways	305	256	231	251	255	206.6
内　河	Inland Waterways	305	256	231	251	255	206.6

15-5 全社会运输周转量

Total Freight Ton-kilometers and Passenger-kilometers

单位：万吨公里、万人公里 (10000 ton-km, 10000 passenger-km)

指　标	Item	2008	2009	2010	2011	2012	2013
货物周转量	**Freight Ton-kilometers**	**22898520**	**23509074**	**27386993**	**30040231**	**34489670**	**36460456**
民　航	Civil Aviation	2089	1903	1923	1550	1743	
铁　路	Railways	6839417	6756730	7059000	7337700	6817500	6186600
公　路	Highways	14941575	15364575	18501965	20668297	25597786	28290235
水　运	Waterways	1115439	1385866	1824105	2032684	2072641	1983621
内　河	Inland Waterways	551403	829092	1147431	1267603	1329992	1430470
沿　海	Coastal	450524	478549	602711	694858	586569	485999
远　洋	Ocean	113512	78225	73963	70223	56080	67153
旅客周转量	**Passenger-kilometers**	**8070117**	**8072337**	**9127645**	**9625564**	**9798488**	**9306886**
民　航	Civil Aviation	159193	170974	171654	211766	235824	
铁　路	Railways	5299101	5105255	5648000	6001800	5840600	6226300
公　路	Highways	2606642	2792169	3304835	3409013	3718895	3076941
水　运	Waterways	5181	3939	3156	2985	3169	3645
内　河	Inland Waterways	5181	3939	3156	2985	3169	3645

15-6 铁路、港口主要指标

Main Indicators of Railways and Ports

指　　标	Item	2000	2005	2010	2012	2013
铁　　路	**Railway Transport**					
货车周转时间(天)	Turning Around Time of Freight Cars Locomotives(day)	1.85	2.60	2.61	2.6	2.6
平均每日装车数(辆)	Average Daily Loading Coaches (coach)	1456	2155	4111.7	4067	3849
货车平均静载重(吨)	Average Static Load of Freight Cars Locomotives (ton)	58.9		61.8	62.6	63
货物列车旅行速度(公里/小时)	Running Speed of Freight Trains (km/hour)	38.9	28.0	30.7	33.8	34
货运机车平均日产量(万吨公里)	Average Daily Ton-kilometers of Freight Locomotives (10000 ton-km)	107.0	106.0	109.7	112.4	108.4
内燃机车每万吨公里耗油(公斤)	Oil Consumption of Diesel Locomotives per 10000 ton-km(kg)	22.8	22.9	30	33	34.4
南 昌 直属站	**Nanchang Station**					
货物发送量(万吨)	Volume of Freight Dispatched (10000 tons)	1.30	0.40	12.4	21.6	0.4
旅客发送量(万人)	Number of Passenger Dispatched(10000 persons)	867.7	1217.7	1860.7	2074.1	2285.8
平均每日装车数(车)	Daily Loading Coach (coach)	0.7	0.4	5.2	8.9	0.2
平均每日卸车数(车)	Daily Unloading Coach (coach)	8.5	8.9	34.8	38.8	20.3
向 塘 直属站	**Xiangtang Station**					
货物发送量(万吨)	Volume of Freight Dispatched (10000 tons)	7.45	19.90	21.2	28.2	43.2
旅客发送量(万人)	Number of Passenger Dispatched(10000 persons)	82.41	82.40	63.4	56.6	54.0
平均每日装车数(车)	Daily Loading Coach (coach)	3.6	9.3	10.9	13.5	20.2
平均每日卸车数(车)	Daily Unloading Coach (coach)	18.0	19.7	21.9	23.1	29.6
其中：向塘西站平均每日办理车数(车)	Daily Transaction Coach (coach)	11769	14644	12495	13952	13749
鹰 潭 直属站	**Yingtan Station**					
货物发送量(万吨)	Volume of Freight Dispatched (10000 tons)	222.45	300.40	397.5	380.3	392.0
旅客发送量(万人)	Number of Passenger Dispatched(10000 persons)	363.97	376.60	459.9	499.2	533.5
平均每日装车数(车)	Daily Loading Coach (coach)	109.6	140.0	188.9	179.3	178.5
平均每日卸车数(车)	Daily Unloading Coach (coach)	174.0	283.3	240.4	299.8	345.5
其中：鹰潭站平均每日办理车数(车)	Daily Transaction Coach (coach)	10473	10527	8773	9197	9151
长航九江港务局	**Jiujiang Port Authority**					
旅客吞吐量(万人)	Volume of Passenger Traffic(10000 persons)	92.00	2.18	88.42	61.99	17.7
货物吞吐量(万吨)	Volume of Freight Handled(10000 tons)	623	928	3291	4827	6029.8

15-7 邮政电信业务主要指标

Principal Indicators of Postal and Telecommunications Services

指　　标	Item	1995	2000	2010	2012	2013
邮政业务总量(亿元)	Business Volume of Postal Services(100Billion yuan)		5.45	36.85	31.64	40.94
电信业务总量(亿元)	Business Volume of Telecommunications(100Billion yuan)		75.9	661.2	278.1	295.6
邮路总长度(公里)	Length of Postal Routes(km)	46182	119905	98020	48967	47126
#航空邮路	Aviation Routes	3788	73487	28150		
铁路邮路	Railway Routes	5262	6507	7113	5694	3905
农村投递路线总长度(公里)	Length of Rural Delivery Routes(km)	120365	118555	97950	100828	99768
自备火车车厢(辆)	Owned Postal Railway Carriage(unit)	18	19	20	18	
邮政汽车(辆)	Postal Cars(unit)	498	1098	2060	1035	1087
函　　件(万件)	Number of Letters(10000 pcs)	23254	14010	17971	10247	7506
包　　裹(万件)	Package(10000 pcs)		247	121	89	94
报刊期发数(万份)	Issue of Newspapers and Magazines(10000 copies)	516	375	361	346	366.9
报刊累计数(万份)	Total Number of Newspapers and Magazines Subscribed(10000 copies)	56016	48881	54433	56170	48774
快递业务量(万件)	Pieces of Express Mail Services(10000 pcs)	157	283	2351	5473	9752
集　　邮(万枚)	Stamps for Collection(10000 stamps)	9278	11127	2540	4413	
固定电话用户(万户)	Fixed Telephone Subscribers(10000 Subscribers)	74.1	354.1	709.6	644.2	621.5
#城市电话用户	Urban Fixed Telephone Subscribers	63.1	234.3	439.7	405	395.9
#住宅电话	Household Fixed Telephone Subscribers	45.7	191.4	235.6	218	207.2
农村电话用户	Rural Fixed Telephone Subscribers	11.0	119.8	269.8	239	226.6
#住宅电话	Household Fixed Telephone Subscribers		108.9	233.9	201	191.6
公用电话	Public Telephone	1.9	4.3	64.1	55	51.9
移动电话用户(万户)	Number of Mobile Telephone Subscribers (10000 Subscribers)		140	1811	2639	2807
互连网宽带用户数(万户)	Number of DSL Services Subscribers (10000 Subscribers)		27.0	253.4	372.0	410.1
长途光缆线路长度(公里)	Length of Long-distance Optical Cable Lines(km)			21201	21492	21500
本地中继线光缆线路长度(公里)	Length of Local Optical Cable Lines(km)			247494	312824	303420
长途电话交换机容量(路端)	Capacity of Long Distance Telephone Exchanges (circuit)	118311	190330	554829	554829	342237
局用交换机容量(万门)	Capacity of Office Telephone Exchanges(10000 line)	174	439	567	289	275
移动电话交换机容量(万门)	Capacity of Mobile Telephone Exchanges (10000 line)			3333	3923	4088

注：1.2003年以后"固定电话用户"包括小灵通用户。
　　2.局用交换机容量包括接入网数据。

a) The fixed telephone subscribers includes PHS subscribers since 2003.

b) The capacity of office telephone exchanges includes the access network.

15-8 各设区市交通运输工具年末实有数（2013年）

Actual Number of Transportation Facilities at Year-end(2013)

地区	Region	民用汽车合计(辆) Total Civil Motor Vehicles (unit)	载货汽车 Trucks	载客汽车 Passenger Vehicles	其他汽车 Other Vehicles	摩托车(辆) Motorcycles (unit)	汽车挂车(辆) Trailers (unit)	运输船舶(艘) Transport Vessels (unit)
全　省	**Provincial Total**	**2564459**	**545621**	**1901083**	**117755**	**4062755**	**60441**	**3923**
南昌市	Nanchang	560779	62822	492367	5590	69502	787	261
景德镇市	Jingdezhen	116610	16105	98897	1608	25052	2352	170
萍乡市	Pingxiang	108098	18129	84188	5781	246156	1594	
九江市	Jiujiang	286640	57663	209397	19580	375904	4354	575
新余市	Xinyu	98019	29931	65521	2567	173895	10264	68
鹰潭市	Yingtan	69829	21416	46785	1628	74154	11199	200
赣州市	Ganzhou	390175	96431	282557	11187	1405798	1144	429
吉安市	Ji'an	187766	44225	127093	16448	342028	4530	447
宜春市	Yichun	293714	88245	191396	14073	608015	10172	1146
抚州市	Fuzhou	172132	53704	97738	20690	399285	7782	126
上饶市	Shangrao	265486	55904	191755	17827	341689	6263	501

15-9 邮政电信业务主要指标（2013年）

Principal Indicators of Postal and Telecommunications Services(2013)

地区	Region	年末邮政局(所)数 Number of Postal Offices at Year-end(unit)	邮政业务总量(亿元) Business Volume of Postal Services (100Billion yuan)	电信业务总量(亿元) Business Volume of Telecommunications (100Billion yuan)	固定电话年末用户数(万户) Fixed Telephone Subscribers(10000 Subscribers)	移动电话年末用户数(万户) Number of Mobile Telephone Subscribers (10000 Subscribers)	互联网宽带接入用户数(万户) Number of DSL Services Subscribers (10000 Subscribers)
全　省	**Provincial Total**	**1712**	**40.94**	**294.9**	**622**	**2807**	**1716**
南昌市	Nanchang	157	11.54	56.0	132	490	295
景德镇市	Jingdezhen	53	1.87	12.0	24	110	70
萍乡市	Pingxiang	49	1.42	13.3	28	127	81
九江市	Jiujiang	215	3.20	32.4	84	299	188
新余市	Xinyu	50	1.08	9.8	18	93	58
鹰潭市	Yingtan	39	1.21	7.7	16	71	45
赣州市	Ganzhou	345	5.71	51.1	102	514	306
吉安市	Ji'an	217	4.22	26.2	54	261	161
宜春市	Yichun	182	3.74	31.9	62	320	187
抚州市	Fuzhou	182	2.74	20.3	27	196	118
上饶市	Shangrao	223	4.22	34.1	76	326	209

主要统计指标解释

铁路营业里程 指办理客货运输业务的铁路正线总长度。凡是全线或部分建成双线及以上的线路，以第一线的实际长度计算；复线、站线、段管线、岔线和特别用途线以及不计算运费的联络线都不计算营业里程。铁路营业里程是反映铁路运输业基础设施发展水平的重要指标，也是计算客货周转量、运输密度和机车车辆运用效率指标的基础资料。

公路里程 也称“公路通车里程”，是指实际达到《公路工程[WTB2]技术标准 JTJ01-88》规定的等级公路，并经主管部门的正式验收支付使用的公路里程数。它包括大中城市的郊区公路以及通过小城镇街道的公路里程，也包括桥梁、渡口的长度，但不包括城市的街道以及厂矿、林区和农业生产用道的里程。两条或多条公路共同经由同一路段，只计算一次，不重复计算里程长度。公路里程是反映公路建设发展规模的重要指标，也是计算运输网密度等指标的基础资料。

内河航道里程 也称“内河通航里程”，是指在枯水季节水深在０.３米及以上，能通航运输船舶及排筏的天然河流、湖泊水库、运河及通航渠道的长度。包括全年季节性通航累计三个月以上的航道，但不包括仅供零散流放竹木排的河道。内河航道里程是反映内河水运网规模、水平和发展情况的主要指标。

货（客）运量 指运输业实际运送的货物（旅客）数量。货运按吨计算，客运按人计算。货物不论运输距离长短，货物类别，均按实际重量统计；旅客不论行程远近或票价多少，均按一人一次作为客运量统计。半票价、小孩票，也按一人统计。货（客）运量是反映运输业为国民经济和人民生活服务的数量指标，也是制定和检查运输生产计划、研究运输展规模和速度的重要指标。

货物（旅客）周转量 指运输业运送的货物（旅客）数量与其相应运输距离的乘积之总和，通常以吨公里和人公里为计算单位。计算货物周转量通常按发出站与到达站之间的最短距离，也就是计费距离计算。它是反映运输业生产总成果的重要指标，也是编制和检查运输生产计划、计算运输效率、劳动生产率以及核算运输单位成本的主要基础资料。

铁路货运机车平均日产量 指平均每台货运机车在一昼夜内所完成的总重吨公里数。它既包括载运货物的重量，也包括车辆本身的自重，它是从时间和牵引能力两方面反映了机车运用效率的综合性指标。计算公式为:

$$\text{货运机车平均日产量}=\frac{\text{货运总重吨公里数}}{\text{货运机车台日数}}$$

邮电业务总量 指以货币表现的邮电部门为用户传递信息和提供其他邮电服务的总量。它用各种邮电分类业务量，如函件件数、电报份数、长话张数、市内电话和农村电话的年均户数、订销报刊累计份数等，分别乘以相应的不变单价加总后再加上出租电路和设备的收入、代用户维护电话交换机和线路等设备的收入、其他业务收入求得。邮电业务总量综合反映了一定时期邮电工作的总成果，是研究邮电业务量构成和发展趋势的重要指标。

Explanatory Notes on Main Statistical Indicators

Length of Railways in Operation refers to the total length of the trunk line for passenger and freight transportation (including both full operation and temporary operation). The calculation is based on the actual length of the first line if this line has a full or partial double (or more). Not included are double tracks, station sidings, tracks under the charge of stations, branch lines, special-purpose lines and non-payable connecting lines. The length of railways in operation is an important indicator to show the development of the infrastructure of railway transport. It is also essential data to calculate volume of passenger freight transport, traffic density and utilization efficiency of locomotives and carriages.

Length of Highways refers to the length of highways which are built in conformity with the grades specified by the highway engineering standard [Highways WTBZ-Technical Standard JTJ01-88]formulated by the Ministry of Communications, and have been formally checked and accepted by the departments of highways and put into use. The length of highways includes that of the suburb highways at large and medium-sized cities, highways passing through streets at small cities and towns, and also the length of bridges and ferry piers. It does not include the length of streets in big and medium-sized cities and highways built for the production purpose at factories, mines, forest areas and agricultural areas. If two or more highways go the same section of the way, the length of the section is only calculated for once and no duplication is allowed. The length of highways is an indicator to show the development of the scale of highway construction and to provide essential information to calculate the transport network density.

Length of Navigable Inland Waterways is an indicator reflecting the size and development of inland water network. It refers to the length of the natural rivers, lakes, reservoirs, canals, and ditches open to navigation during a given period, which enables transportation by ships and rafts. It includes the channels open to navigation for over an accumulated period of 3 months in a year, yet this does not include the river courses which are only used to float odd logs and bamboo rafts. This indicator can reflect the scale, level and development situation of the inland waterway network.

Freight (Passenger) Traffic refers to the volume of freight (passenger) transported with various means within a specific period of time. This indicator reflects the service of the transport industry towards the national economy and people's living conditions, as well as an important indicator used in formulating and monitoring transport production plans and research into the scale and pace of transport development. Freight transport is calculated in tons and passenger traffic is calculated in terms of number of persons. Freight transport is calculated in terms of the actual weight of the goods and takes no account of the type of freight and distance of travel. Passenger traffic is calculated by the principle that one person can be counted only once in one trip and takes no account of the travelling distance and ticket price. The passengers who travel with a half price ticket or a child's ticket is also calculated as one person.

Freight Ton-kilometres (Passenger-kilometres) refers to the sum of the product of the volume of transported cargo (passengers) multiplied by the transport distance. It is an important indicator to reflect the achievement of the transportation industry. This is an important indicator to show the total results of the transport industry; to prepare and examine the transport plan; and to serve as the main basic data for calculating the efficiency, labour productivity and unit cost of transport. Normally, the shortest distance between the departure station and the destination station (i.e., the payable distance) is the basis in calculating the freight ton-kilometres.

Average Daily Haul of Freight Locomotives refers to the average total ton-kilometres accomplished by each freight transport locomotive over one day and night during a given period of time. It includes both the weight of the goods carried and the dead weight of the train itself. It is a comprehensive indicator reflecting the locomotive efficiency in terms of both time and the pulling force.

$$\begin{array}{c}\text{Average daily haul of}\\ \text{freight transport locomotive}\\ \text{(ton - kilometre)}\end{array} = \frac{\text{Total ton - kilometres of freight}}{\text{Daily number of freight transport locomotive}}$$

Business Volume of Post and Telecommunications refers to the total amount of postal and telecommunication services, expressed in value terms, provided by the post and telecommunications departments for society. Postal and telecommunication services can be classified as letters, parcels, remittance, issue of newspapers and magazines, fast mail service, express mail service, savings deposits, stamps for collection, facsimiles, long-distance telephone service, leasing of telephone lines, mobile telephone service, data transmission, income from leasing, maintenance, etc. The accounting approach is to multiply the service products of all types with their average unit price (constant price) to get the total business value, and to add to it income from other services such as leasing of telephone lines and equipment and maintenance of telephone switchboards and lines on behalf of customers. This indicator reflects the overall results of postal and telecommunication services during a given period, and is important for studying the composition of business service and the trend of development of postal and telecommunication services.

16

国内贸易和旅游

DOMESTIC TRADE AND TOURISM

资料整理及英文翻译：王杨帆、王惠媗
林　红

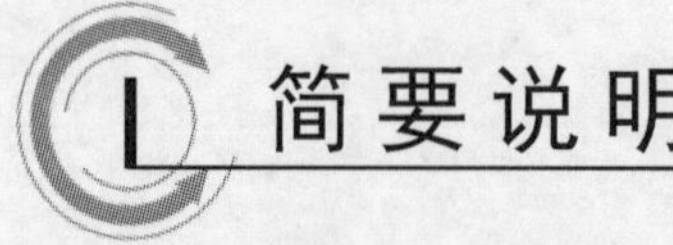

简要说明

一、本篇资料的主要内容

本篇资料主要反映全省国内贸易基本情况、零售市场的发展和批发和零售业商品流转情况、住宿和餐饮业经营情况以及主要财务状况；旅游的历年概况等。主要内容包括：社会消费品零售总额及其分组指标；城乡个体私营批发零售贸易、住宿餐饮业基本情况；限额以上批发和零售业、住宿和餐饮业基本情况、商品流转和经营情况、财务状况；亿元商品交易市场成交情况；旅游统计资料等。

二、本篇资料的统计范围

从事批发和零售业、住宿和餐饮业的法人企业、产业活动单位和个体户，以及年成交额在亿元以上的商品交易市场。

根据国家统计局对社会消费品零售总额指标调整的要求，我们对社会消费品零售总额进行了调整，即：1993年以后社会消费品零售总额指标不包括农业生产资料；1997年以后社会消费品零售总额指标不包括居民购买住房；2003年以后社会消费品零售总额指标不包括有各种经济类型的制造业法人企业、产业活动单位和个体工业，直接售给城乡居民（包括本企业职工）和社会集团的商品以及农民在田间地头出售的农产品。

限额以上批发和零售业、住宿和餐饮业统计限额标准：批发业，年主营业务收入2000万元及以上；零售业，年主营业务收入500万元及以上；住宿业、餐饮业，年主营业务收入200万元及以上。

国际旅游和国内旅游资料。

三、本篇的资料来源

本篇资料国内贸易部分是江西省统计局贸易外经处根据国家统计局制定的《批发和零售业、住宿和餐饮业统计报表制度》进行搜集和加工整理而得；城乡个体私营批发零售贸易、住宿餐饮业基本情况资料由省工商局提供；旅游资料来自省旅游局。

四、本篇的统计调查方法

本篇资料中限额以上批发和零售业、住宿和餐饮业法人企业资料和限额以下批发和零售业、住宿和餐饮企业及个体户的资料采用全面调查和抽样调查的方法取得；国际、国内旅游收入和旅游人数等指标采取抽样调查方法取得。

Brief Introduction

I. Main Contents

Data in this chapter reflect the development for the whole province of domestic market, development of retail trade, and circulation of commodities through wholesale and retail trades, and the operation, management and financial situation of hotels catering services and annual tourism. Main contents include total retail sales of consumer goods and its indicators by group; the basic conditions of private enterprises in wholesale and retail trades and catering services in urban and rural areas; the basic statistics of the wholesale and retail trades, hotels and catering services above designated size; circulation of commodities (in operation and financial terms); turnover of large commodity transaction markets with transaction over 100 million yuan;. statistical information of tourism.

II. Scope of Statistics

Included in this chapter are corporation enterprises, economic active establishments and self-employed individuals of wholesale and retail trades; hotels and catering services and large commodity markets with transaction value over 100 million yuan.

Based on requests from national bureau of statistics, adjustments have been made for total retail sales of consumer goods. Starting from 1993, this indicator does not include means of agricultural production; starting from 1997, this indicator does not include purchase of houses by residents. Since 2003, this indicator does not include commodities sold to urban and rural households (including their own employees) and institutions directly by manufacturing corporations, establishments and individual manufacturers, nor farm products sold by farmers in the fields.

Criteria for wholesale and retail sale trades, hotels and catering services above designated size are as follows: wholesale trade, wholesale trade with annual principal business sales over 20 million yuan; retail trade, with annual principal business sales over 5 million yuan. The statistical unit of enterprises of hotel and catering services above the designated size is the annual income of main business at and over 2 million yuan.

Statistical information of home and aboard tourism.

III. Sources of Data

Data on domestic trade in this chapter are collected and processed in accordance with The Statistical Reporting Form System on Wholesale and Retail Trades, Hotels and Catering Services of the National Bureau of Statistics by the Department of Trade and External Economic Relations of Jiangxi Provincial Bureau of Statistics. Data on private enterprises in wholesale and retail trades and catering services in urban and rural areas are provided by Industry and Commerce Bureau of Jiangxi Province. Data on tourism are provided by Tourism Bureau of Jiangxi Province.

IV. Methods of Survey

Data on basic conditions for all corporate enterprises of wholesale and retail trades, hotels and catering services above designated size and enterprises and individual enterprises below the designated size are collected through comprehensive reporting form system and sample surveys. Data are reported to their next higher level. Data on private enterprises in wholesale and retail trades and catering services in urban and rural areas are offered by Jiangxi Administration for Industry and Commerce. Data on revenue and population of home and aboard tourism are collected from sample surveys.

16-1 社会消费品零售总额

Total Retail Sales of Consumer Goods

单位：万元 (10000 yuan)

年份 Year	社会消费品零售总额 Total Retail Sales of Consumer Goods	按行业分 Gruped by Sector				按所在地分 Grouped by Location		
		批发零售贸易业 Wholesale and Retail Trades	住宿餐饮业 Hotels and Catering Services	制造业 Manufacturing Industry	其他行业 Others	市 City	县 County	县以下 Below County Level
1980	454837	394464	14716	11925	33732	136117	124878	193842
1985	857101	624672	29833	67896	134700	284121	241686	331294
1990	1519351	992798	67288	123838	335427	565455	416650	537246
1991	1691914	1104809	76691	124733	385681	652942	452991	585981
1992	1976150	1252247	95006	140292	488605	773815	552926	649409
1993	2436197	1558161	133924	182450	561662	993276	647603	795318
1994	3309488	2170230	190318	225022	723918	1417590	842239	1049659
1995	4108625	2621800	240923	339499	906403	1754824	1032896	1320905
1996	4904426	3097082	324083	415364	1067896	2136075	1160310	1608041
1997	5585484	3393320	434171	422694	1335299	2509674	1328683	1747127
1998	6050877	3663941	487089	455056	1444791	2783772	1416479	1850626
1999	6504678	3976504	529461	472388	1526325	3024481	1504438	1975759
2000	7048677	4332119	601080	482100	1633378	3336519	1597858	2114300
2001	7633414	4719534	668622	505988	1739270	3689149	1712064	2232201
2002	8327099	5208415	750374	533849	1834461	4062171	1867732	2397196
2003	9232088	8120182	852549		259357	4553077	2066072	2612939
2004	10744928	9516427	1064138		164363	5545548	2358081	2841299
2005	12448931	11020953	1270375		157603	6449814	2737685	3261432
2006	14481923	12805426	1512142		164355	7594410	3170514	3716999
2007	17189295	15175878	1834720		178697	9097512	3736589	4355194
2008	21417862	18879278	2335508		203076	11464236	4583190	5370436
2009	24844266	21855608	2785850		202808	13305829	5317196	6221240

16-1 续表 continued

单位：万元 (10000 yuan)

年份 Year	社会消费品零售总额 Total Retail Sales of Consumer Goods	按行业分 Gruped by Sector				按所在地分 Grouped by Location		
		批发业 Wholesale Trades	零售业 Retail Trades	住宿业 Hotels Services	餐饮业 Catering Services	城镇 City and Town	城区 County Proper	乡村 Below County Level
2010	29562073	4740892	21340866	358522	3121793	24659839	14614792	4902234
2011	34850588	6752635	23783941	473411	3840601	28868099	17644019	5982489
2012	40272499	7763189	27231773	576698	4700839	33522324	20787583	6750175
2013	45760501	8818983	31072897	641288	5227333	38105503	23798971	7654998
南昌市 Nanchang	12769540	1407113	9346249	208706	1807472	12286787	8393480	482753
景德镇市 Jingdezhen	2144395	981135	893097	16516	253647	1881351	1852767	263043
萍乡市 Pingxiang	2390176	293515	1789453	24604	282603	2048745	1123039	341431
九江市 Jiujiang	4380215	582395	3260158	66509	471153	2510526	2070985	1869688
新余市 Xinyu	1717681	337919	1164625	23366	191771	1420614	903954	297067
鹰潭市 Yingtan	1345078	330521	821047	15247	178263	1228101	1057290	116977
赣州市 Ganzhou	5630644	1745597	3402163	53930	428954	4659463	2274098	971181
吉安市 Ji'an	3019335	578336	2071747	40104	329148	2204336	728661	814999
宜春市 Yichun	4070516	782732	2794119	54048	439618	3553272	2079495	517244
抚州市 Fuzhou	3414562	661959	2331024	46449	375130	2825336	1195761	589225
上饶市 Shangrao	4878360	1117762	3199215	91809	469574	3486970	2119440	1391390

注：2010年国家统计制度作了修订，社会消费品零售总额统计分组发生变化。

a)Data classify of Total Retail Sales of Consumer Goods have changed due to national statistical system in 2010 revised.

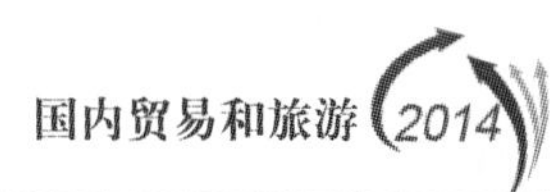

16-2 消费品市场情况

Consumer Goods Markets in Urban and Rural Areas

年 份 Year	消费品市场数（个）Number of Consumable Markets (unit)		
	总 计 Total	城市市场 Urban Areas	农村市场 Rural Areas
1978	1192		
1979	1346	96	1250
1980	1401	104	1297
1981	1425	125	1300
1982	1475	125	1350
1983	1598	124	1454
1984	1858	201	1624
1985	2094	209	1775
1986	2234	256	1978
1987	2350	290	2060
1988	2440	321	2119
1989	2419	288	2131
1990	2406	299	2107
1991	2508	350	2158
1992	2567	367	2200
1993	2686	412	2274
1994	2720	426	2294
1995	2777	488	2289
1996	2852	559	2293
1997	2898	525	2373
1998	2936	568	2368
1999	2885	586	2299
2000	2374	440	1934
2001	2623	588	2035
2002	2522	515	2007
2003	2508	521	1987
2004	2009	589	1420
2005	2161	703	1458
2006	1602	553	1049
2007	1677	522	1155
2008	1396	468	944
2009	1668	588	1080
2010	1931	765	1166
2011	1642	661	981
2012	1382	631	751
2013	944	452	492

16-3 限额以上批发零售贸易法人企业商品购进、销售、库存总额(2013年)

单位：万元

指　　标	Item	购进总额 Total Purchases	#进　口 Imports
总　计	**Total**	**26235354**	**174471**
批发业	**wholesale Trade**	**15654766**	**78346**
按登记注册类型分	**By Types of Registration**		
内资企业	Domestic Funded Enterprises	15498466	63784
#国有企业	State-owned Enterprises	2899561	
集体企业	Collective-owned Enterprises	21000	
股份合作企业	Cooperative Enterprises	2665	
有限责任公司	Limited Liability Corporations	9079108	63784
国有独资公司	State Sole Funded Corporations	369981	
其他有限责任公司	Other Limited Liability Corporations	8709127	63784
股份有限公司	Share-holding Corporations Ltd.	1594431	
私营企业	Private Enterprises	1875782	
#私营有限责任公司	Private Limited Liability Corporations	1778080	
私营股份有限公司	Private Share-holding Corporations Ltd.	70683	
其他企业	Other Enterprises	3478	
港澳台商投资企业	Enterprises with Funds from Hong Kong, Macao and Taiwan	81962	
与港澳台商合资经营企业	Joint-venture Enterprises	17470	
港澳台商独资企业	Enterprises with Sole Funds	61406	
港澳台商投资股份有限公司	Share-holding Corporations Ltd. with Funds	3086	
外商投资企业	Foreign Funded Enterprises	74337	14561
#中外合资经营企业	Joint-venture Enterprises	14561	14561
外资企业	Enterprises with Sole Foreign Funds	59776	
按国民经济行业分	**By Sector**		
农、林、牧产品批发业	Wholesale of Farm Produce and Livestock Products	252365	
食品、饮料及烟草制品批发业	Wholesale of Food, Beverages and Tobaccos	3183424	3625
#米、面制品及食用油批发业	Wholesale of Rice, Flour and Edible Oil	287353	
烟草制品批发业	Whole of Tobaccos	2579514	
纺织、服装及家庭用品批发业	Wholesale of Textiles, Garments and Daily Consumer Articles	947710	3442
#服装批发业	Wholesale of Garments	86021	5
家用电器批发业	Wholesale of Household Electrical Appliances	776914	
文化、体育用品及器材批发业	Wholesale of Culture, Sports Appliances and Equipments	180871	
医药及医疗器材批发业	Wholesale of Medicines and Medical Appliances	2027897	
矿产品、建材及化工产品批发业	Wholesale of Mineral Products, Building Materials and Chemical Products	7990102	50918
#煤炭及制品批发业	Wholesale of Coal and Related Products	2050203	
石油及制品批发业	Wholesale of Petrolem and Related Products	2484382	
金属及金属矿批发业	Wholesale of Metal Materials	2377057	50631
建材批发业	Wholesale of Building Materials	127285	
化肥批发业	Wholesale of Chemical Fertilizer	89686	
机械设备、五金交电及电子产品批发业	Wholesale of Machinery, Hardware and Electronic Equipment	672780	14561
#汽车、摩托车及零配件批发业	Wholesale of Motor Vehicles, Motorcycles and Parts	197594	
计算机、软件及辅助设备批发业	Wholesale of Computer, Software and Assistant Appliances	28974	
贸易经纪与代理	Trade Broker and Agency	63853	
其他批发业	Other Wholesale not Classified Elsewhere	335764	5799

Total Purchases,Sales and Inventory of Enterprisc abovc Designated Size in Wholesale and Retail Sale Trades(2013)

(10000 yuan)

销售总额 Total Sales	批发 wholesale Trade	#出口 Exports	零售 Retail Trade	年末库存总额 Inventory (year-end)
33996210	**18248309**	**712839**	**15747901**	**2524148**
21758666	**16979017**	**712739**	**4779649**	**1287074**
21308619	16556273	425437	4752346	1282266
4212298	4065727	65291	146571	419322
23005	22575		430	2742
3104	3104			594
10789165	9656960	251638	1132204	571849
1291868	1047397		244471	32495
9497297	8609564	251638	887733	539354
4260428	991120		3269309	116967
2001403	1797635	108508	203768	155590
1895178	1696566	103722	198612	150174
74894	71118	4786	3776	3987
3479	3479			5
85380	64166	4413	21213	3950
18095	13877	4413	4217	2873
64198	47202		16996	1029
3087	3087			48
364667	358578	282888	6090	858
282888	282888	282888		858
81779	75689		6090	
312747	283390	3347	29357	110582
4577824	4478559	32020	99265	553406
292531	245903		46628	123833
3658700	3646582		12118	268595
1033259	989284	118121	43975	16424
108791	108287	83474	504	2646
835527	800886		34642	10809
197351	143750	44564	53601	8716
2194765	1981352	36037	213413	154545
12016572	7814124	88190	4202449	374237
2059227	2035453		23775	14428
5463843	1317422		4146421	152802
3367247	3347715	72031	19532	153583
157737	145667	2175	12071	5312
92149	91523		627	22718
996356	909583	297747	86772	57580
185332	142236	7959	43096	20186
36512	29541		6971	2476
63793	63793	58391		232
366000	315182	34321	50818	11353

16-3 续表

单位：万元

指标	Item	购进总额 Total Purchases	#进口 Imports
零售业	**Retail Trade**	**10580588**	**96125**
按登记注册类型分	**By Types of Registration**		
内资企业	Domestic Funded Enterprises	9884484	96125
国有企业	State-owned Enterprises	63524	
股份合作企业	Cooperative Enterprises	31282	
有限责任公司	Limited Liability Corporations	5089802	74842
国有独资公司	State Sole Funded Corporations	49331	
其他有限责任公司	Other Limited Liability Corporations	5040472	74842
股份有限公司	Share-holding Corporations Ltd.	1521558	71
私营企业	Private Enterprises	3105382	19512
私营独资企业	Private-funded Enterprises	47814	
私营合伙企业	Private Share-holding Corporations Ltd.	28776	
私营有限责任公司	Private Limited Liability Corporations	2904485	19512
私营股份有限公司	Private Share-holding Corporations Ltd.	124306	
其他企业	Other Enterprises	23485	1700
港澳台商投资企业	Enterprises with Funds from Hong Kong, Macao and Taiwan	367270	
#与港澳台商合资经营企业	Joint-venture Enterprises	10442	
港澳台商独资企业	Enterprises with Sole Funds	354680	
外商投资企业	Foreign Funded Enterprises	328835	
中外合资经营企业	Joint-venture Enterprises	111056	
中外合作经营企业	Cooperation Enterprises		
外资企业	Enterprises with Sole Foreign Funds	215703	
外商投资股份有限公司	Share-holding Corporations Ltd. with Foreign Funds		
按国民经济行业分	**By Sector**		
综合零售业	Integrated Retail	2189869	
#百货零售业	Retail of General Merchandise	1184381	
超级市场零售业	Retail of Supermarkets	969491	
食品、饮料及烟草制品专门零售业	Retail of Food, Beverages and Tobaccos	225131	
纺织、服装及日用品专门零售业	Special Retail of Textiles, Garments and Daily Consumer Articles	130663	527
#服装零售业	Retail of Garments	75579	
文化、体育用品及器材专门零售业	Retail of Culture, Sports Appliances and Equipments	699649	
#图书、报刊零售业	Wholesale of Coal and Related Products	512894	
医药及医疗器材专门零售业	Retail of Medicines and Medical Appliances	911288	
#药品零售业	Retail of Medicines	897815	
汽车、摩托车、燃料及零配件专门零售业	Retail of Motor Vehicles, Motorcycles, Fuel and Parts	4828005	95599
#汽车零售业	Retail of Motor Vehicles	4066386	95599
机动车燃料零售业	Retail of Fuel of Motor Vehicles	721169	
家用电器及电子产品专门零售业	Special Retail of Household Electric Appliances and Electronic Products	1029661	
#家用电器零售业	Retail of Household Electric Appliances	813219	
计算机、软件及辅助设备零售业	Retail of Computer, Software and Assistant Appliances	167435	
通讯设备零售业	Retail of Communication Equipments	34685	
五金、家具及室内装修材料专门零售业	Special Retail of Hardware, Furniture and Decoration Materials	389522	
货摊、无店铺及其他零售业	Non-shop and Other Retails	176801	

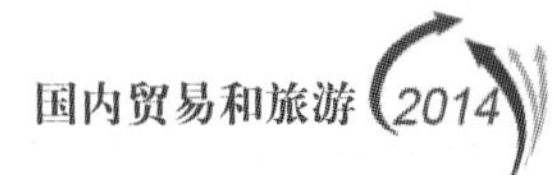

continued

(10000 yuan)

销售总额 Total Sales	批发 wholesale Trade	#出口 Exports	零售 Retail Trade	年末库存总额 Inventory (year-end)
12237544	**1269292**	**100**	**10968252**	**1237074**
11518487	1238922	100	10279565	1179160
70563	3033		67530	4173
31373	444		30929	2686
5840921	553068		5287854	536304
50916			50916	5987
5790005	553068		5236937	530317
2108314	343727		1764587	268910
3393085	335051	100	3058034	363913
47310	3084		44226	6215
27435	115		27320	2007
3173584	327969	100	2845615	342051
144756	3883		140873	13641
23186	1362		21824	1335
373111	26611		346500	15426
9814			9814	1218
360917	26542		334375	12821
345946	3759		342187	42488
120987	3759		117228	11986
223070			223070	30316
2555333	89608		2465725	307246
1517353	74436		1442917	154361
999381	12884		986497	150337
262281	73784		188498	28333
185457	752		184706	31752
123781	69		123712	23094
776474	320383		456091	36647
527763	233178		294585	20583
979631	249250		730381	178863
962488	240059		722429	178118
5745251	343664		5401587	456296
4555614	142625		4412990	434732
1147367	199680		947687	14629
1106235	167723		938512	118569
858613	104816		753797	95756
194835	55880		138955	16497
37378	7026		30352	5520
406867	21017		385850	51464
220016	3112	100	216904	27906

16-4 限额以上批发零售贸易法人企业主要财务指标（2013年）

单位：万元

类　　别	Type	资产合计 Total Assets
总　　计	**Total**	**12984254**
批发业	**Wholesale Trade**	**7300561**
按登记注册类型分	**By Types of Registration**	
内资企业	Domestic Funded Enterprises	7098516
#国有企业	State-owned Enterprises	1775282
集体企业	Collective-owned Enterprises	11515
股份合作企业	Cooperative Enterprises	702
有限责任公司	Limited Liability Corporations	3262583
国有独资公司	State Sole Funded Corporations	443105
其他有限责任公司	Other Limited Liability Corporations	2819478
股份有限公司	Share-holding Corporations Ltd.	1102769
私营企业	Private Enterprises	939766
#私营独资企业	Private-funded Enterprises	29843
私营有限责任公司	Private Limited Liability Corporations	880855
港澳台商投资企业	Enterprises with Funds from Hong Kong, Macao and Taiwan	21826
#港澳台商独资企业	Enterprises with Sole Funds	8891
外商投资企业	Foreign Funded Enterprises	180219
#中外合资经营企业	Joint-venture Enterprises	144562
外资企业	Enterprises with Sole Foreign Funds	35657
按国民经济行业分	**By Sector**	
农、林、牧产品批发业	Wholesale of Farm Produce and Livestock Products	259020
食品、饮料及烟草制品批发业	Wholesale of Food, Beverages and Tobaccos	1914487
#米、面制品及食用油批发业	Wholesale of Rice, Flour and Edible Oil	140286
烟草制品批发业	Wholesale of Tobaccos	1343282
纺织、服装及家庭用品批发业	Wholesale of Textiles, Garments and Daily Consumer Articles	446842
#服装批发业	Wholesale of Garments	60080
家用电器批发业	Wholesale of Household Electrical Appliances	352593
文化、体育用品及器材批发业	Wholesale of Culture, Sports Appliances and Equipments	73890
医药及医疗器材批发业	Wholesale of Medicines and Medical Appliances	946049
矿产品、建材及化工产品批发业	Wholesale of Mineral Products, Building Materials and Chemical Products	3127121
#煤炭及制品批发业	Wholesale of Coal and Related Products	486140
石油及制品批发业	Wholesale of Petrolem and Related Products	1425361
金属及金属矿批发业	Wholesale of Metal Materials	755830
建材批发业	Wholesale of Building Materials	44077
化肥批发业	Wholesale of Chemical Fertilizer	46923
机械设备、五金交电及电子产品批发业	Wholesale of Machinery, Hardware and Electronic Equipment	460498
#汽车、摩托车及零配件批发业	Wholesale of Motor Vehicles, Motorcycles and Parts	53813
计算机、软件及辅助设备批发业	Wholesale of Computer, Software and Assistant Appliances	13704
贸易经纪与代理	Trade Broker and Agency	12323
其他批发业	Other Wholesale not Classified Elsewhere	60330

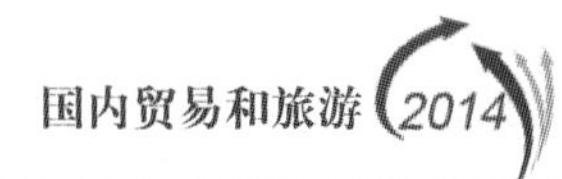

Size in Wholesale and Retail Trade (2013)

(10000 yuan)

流动资产合计 Working Capitals	固定资产原价 Original Value of Fixed Assets	负债合计 Total Liabilities	所有者权益合计 Total Owners' Equities	主营业务收入 Revenue from Principal Business	主营业务成本 Cost of Principal Business
9020577	**2605898**	**8025514**	**4958740**	**30666798**	**27327363**
5369802	**1265407**	**4346396**	**2954165**	**19581295**	**17536821**
5185974	1256902	4222105	2876411	19193491	17192500
1323822	450916	483092	1292190	3808065	2925037
9492	1499	8487	3028	21931	20301
697	63	1385	-683	2653	2150
2737616	263290	2600716	661867	9799871	9178223
376653	30010	409987	33118	1155826	1132001
2360963	233280	2190729	628749	8644045	8046222
314516	405142	366932	735837	3702367	3382089
795307	133764	757287	182479	1842507	1669521
10958	20734	14710	15133	26620	20540
761425	107464	721697	159158	1749360	1592327
18205	5499	14605	7222	76346	68748
7555	1435	3247	5645	57088	52181
165623	3006	109686	70533	311458	275573
130054	2884	130889	13673	241785	224482
35568	122	-21203	56860	69673	51090
165808	95985	225212	33808	288826	272217
1428263	408817	559658	1354829	4187331	3148605
109762	32661	122101	18185	283585	257649
1080782	304717	193838	1149443	3292551	2457188
415459	11089	347200	99642	919044	846829
54885	2821	53139	6940	103736	98336
331451	5926	273222	79371	728586	671451
54634	19183	52405	21485	173215	146408
818241	72704	746446	199603	2087891	1817499
2022700	616090	2013370	1113751	10632381	10127251
425097	66895	412649	73490	1931882	1874886
509851	491131	591787	833574	4733998	4383536
652791	45016	606023	149808	2967610	2906796
33027	2894	32803	11273	150351	139410
41238	5572	38890	8034	88213	82160
404375	32055	367190	93309	896486	807800
44231	9230	28392	25421	173411	149702
12643	888	8221	5483	31038	27400
11418	480	7453	4870	63632	63103
48905	9004	27461	32869	332489	307109

16-4 续表1

单位：万元

类　　别	Type	资产合计 Total Assets
零售业	**Retail Trade**	**5683693**
按登记注册类型分	**By Types of Registration**	
内资企业	Domestic Funded Enterprises	5385942
国有企业	State-owned Enterprises	27508
股份合作企业	Cooperative Enterprises	13468
有限责任公司	Limited Liability Corporations	2579980
国有独资公司	State Sole Funded Corporations	13069
其他有限责任公司	Other Limited Liability Corporations	2566910
股份有限公司	Share-holding Corporations Ltd.	1204894
私营企业	Private Enterprises	1539836
私营独资企业	Private-funded Enterprises	15807
私营合伙企业	Private Partnership Enterprises	11095
私营有限责任公司	Private Limited Liability Corporations	1450617
私营股份有限公司	Private Share-holding Corporations Ltd.	62316
其他企业	Other Enterprises	8003
港澳台商投资企业	Enterprises with Funds from Hong Kong, Macao and Taiwan	184863
#与港澳台商合资经营企业	Joint-venture Enterprises	8728
港澳台商独资企业	Enterprises with Sole Funds	174628
外商投资企业	Foreign Funded Enterprises	112889
中外合资经营企业	Joint-venture Enterprises	35546
外资企业	Enterprises with Sole Foreign Funds	76664
外商投资股份有限公司	Share-holding Corporations Ltd. with Foreign Funds	
按国民经济行业分	**By Sector**	
综合零售业	Integrated Retail	1450896
#百货零售业	Retail of General Merchandise	946532
超级市场零售业	Retail of Supermarkets	478619
食品、饮料及烟草制品专门零售业	Retail of Food, Beverages and Tobaccos	256898
纺织、服装及日用品专门零售业	Special Retail of Textiles, Garments and Daily Consumer Articles	86232
#服装零售业	Retail of Garments	52698
文化、体育用品及器材专门零售业	Retail of Culture, Sports Appliances and Equipments	736624
#图书、报刊零售业	Wholesale of Coal and Related Products	545782
医药及医疗器材专门零售业	Retail of Medicines and Medical Appliances	510670
#药品零售业	Retail of Medicines	501952
汽车、摩托车、燃料及零配件专门零售业	Retail of Motor Vehicles, Motorcycles, Fuel and Parts	1918946
#汽车零售业	Retail of Motor Vehicles	1666001
机动车燃料零售业	Retail of Fuel of Motor Vehicles	230766
家用电器及电子产品专门零售业	Special Retail of Household Electric Appliances and Electronic Products	482715
#家用电器零售业	Retail of Household Electric Appliances	359511
计算机、软件及辅助设备零售业	Retail of Computer, Software and Assistant Appliances	101733
通讯设备零售业	Retail of Communication Equipments	17726
五金、家具及室内装修材料专门零售业	Special Retail of Hardware, Furniture and Decoration Materials	76405
货摊、无店铺及其他零售业	Non-shop and Other Retails	164306

continued

(10000 yuan)

流动资产合计 Circulating Funds	固定资产原价 Original Value of Fixed Assets	负债合计 Total Liabilities	所有者权益合计 Total Creditors' Equity	主营业务收入 Revenue from Principal Business	主营业务成本 Cost of Principal Business
3650776	**1340491**	**3679118**	**2004575**	**11085503**	**9790542**
3474810	1253984	3432251	1953690	10430802	9225723
20063	6375	21306	6202	63137	55909
9711	4657	6004	7464	28327	25329
1759134	531256	1572691	1007288	5228644	4555537
11796	1153	4940	8129	49237	47408
1747338	530102	1567751	999159	5179407	4508130
625759	385327	744751	460143	1879920	1688167
1047447	320548	1074977	464859	3157746	2835605
9824	4715	7319	8489	45285	40242
3979	4316	4181	6915	26996	22620
994228	294604	1032908	417709	2949868	2656418
39416	16914	30570	31747	135597	116325
3696	3365	2928	5075	22230	19061
95601	51719	171064	13799	332470	283451
7621	651	2367	6361	9569	6337
86514	51059	167683	6945	320865	275335
80365	34788	75803	37086	322231	281368
25121	12993	24630	10916	115461	104971
54690	21602	49674	26991	205100	175349
800022	522904	1045182	405714	2286297	1954980
549097	275441	686495	260037	1325255	1145598
247938	228823	335800	142819	922869	778394
170753	30343	66931	189967	239145	185211
68842	8061	58097	28135	173274	137526
40182	4840	42422	10276	118165	92831
439842	218431	203615	533009	744346	580351
362819	69003	162168	383614	511319	411840
377714	51572	431843	78827	856079	778724
369125	51321	424320	77632	839786	763981
1247936	384035	1405995	512951	5215106	4787542
1207548	263240	1218822	447179	4133330	3759142
28681	112932	174681	56084	1040712	991696
395726	64467	315235	167480	1011336	910100
296990	49490	252889	106622	781847	706118
81101	13014	52251	49482	182473	161011
14357	1468	9269	8457	32818	29823
45053	18550	32206	44199	353084	306267
104886	42129	120014	44292	206837	149841

16-4 续表2

单位：万元

类　　别	Type	主营业务税金及附加 Taxes and Other Charges on Principal Business
总　计	**Total**	**320280**
批发业	**Wholesale Trade**	**230389**
按登记注册类型分	**By Types of Registration**	
内资企业	Domestic Funded Enterprises	229045
国有企业	State-owned Enterprises	186505
集体企业	Collective-owned Enterprises	704
股份合作企业	Cooperative Enterprises	8
有限责任公司	Limited Liability Corporations	22795
国有独资公司	State Sole Funded Corporations	380
其他有限责任公司	Other Limited Liability Corporations	22415
股份有限公司	Share-holding Corporations Ltd.	3750
私营企业	Private Enterprises	15201
#私营独资企业	Private-funded Enterprises	1049
私营有限责任公司	Private Limited Liability Corporations	13416
港澳台商投资企业	Enterprises with Funds from Hong Kong, Macao and Taiwan	635
#港澳台商独资企业	Enterprises with Sole Funds	449
外商投资企业	Foreign Funded Enterprises	709
#中外合资经营企业	Joint-venture Enterprises	325
外资企业	Enterprises with Sole Foreign Funds	385
按国民经济行业分	**By Sector**	
农、林、牧产品批发业	Wholesale of Farm Produce and Livestock Products	569
食品、饮料及烟草制品批发业	Wholesale of Food, Beverages and Tobaccos	192044
#米、面制品及食用油批发业	Wholesale of Rice, Flour and Edible Oil	855
烟草制品批发业	Wholesale of Tobaccos	185644
纺织、服装及家庭用品批发业	Wholesale of Textiles, Garments and Daily Consumer Articles	1862
#服装批发业	Wholesale of Garments	70
家用电器批发业	Wholesale of Household Electrical Appliances	1164
文化、体育用品及器材批发业	Wholesale of Culture, Sports Appliances and Equipments	642
医药及医疗器材批发业	Wholesale of Medicines and Medical Appliances	9658
矿产品、建材及化工产品批发业	Wholesale of Mineral Products, Building Materials and Chemical Products	16883
#煤炭及制品批发业	Wholesale of Coal and Related Products	2487
石油及制品批发业	Wholesale of Coal and Related Products	4053
金属及金属矿批发业	Wholesale of Metal Materials	7821
建材批发业	Wholesale of Building Materials	883
化肥批发业	Wholesale of Chemical Fertilizer	1325
机械设备、五金交电及电子产品批发业	Wholesale of Machinery, Hardware and Electronic Equipment	6095
#汽车、摩托车及零配件批发业	Wholesale of Motor Vehicles, Motorcycles and Parts	3116
计算机、软件及辅助设备批发业	Wholesale of Computer, Software and Assistant Appliances	53
贸易经纪与代理	Trade Broker and Agency	157
其他批发业	Other Wholesale not Classified Elsewhere	2479

continued

(10000 yuan)

其他业务利润 Other Business Profits	营业利润 Profits	利润总额 Total Profits	本年应交增值税 Valued Added Payable	利税总额 Total Pre-Tax Profits
91763	**1342218**	**1237409**	**662910**	**2220599**
20812	**960435**	**902624**	**418799**	**1551812**
20537	934937	879137	373298	1481480
5784	463142	480987	147702	815194
37	190	244	383	1331
	-59	-59	101	50
13174	276637	214542	142481	379818
446	7158	9229	16604	26214
12728	269480	205312	125877	353604
780	120546	115059	37565	156374
763	75011	68424	44916	128541
175	1563	1231	1109	3389
587	70066	65315	41841	120572
53	8811	5761	1236	7631
14	8654	5750	315	6514
222	16687	17727	44266	62702
	633	805	41103	42233
222	16054	16922	3163	20469
3391	-4610	6796	1476	8842
4244	567017	562730	167630	922403
2121	5319	3123	1587	5565
1646	465391	468189	143012	796845
630	47774	46161	11738	59761
206	234	46	301	416
406	39154	37418	10029	48611
	20293	19612	4322	24576
7067	106443	65858	78445	153961
2730	177936	167145	99719	283747
719	20576	19536	11412	33434
1006	123623	118822	58807	181681
496	20900	18507	21613	47941
84	4528	1926	4850	7658
65	1246	1310	386	3021
2620	31117	24017	47433	77545
	14673	11287	583	14987
575	841	1074	47	1173
	26	81	20	258
130	14441	10225	8016	20720

16-4 续表3

单位：万元

类　　别	Type	主营业务税金及附加 Taxes and Other Charges on Principal Business
零售业	**Retail Trade**	**89891**
按登记注册类型分	**By Types of Registration**	
内资企业	Domestic Funded Enterprises	84917
国有企业	State-owned Enterprises	239
股份合作企业	Cooperative Enterprises	411
有限责任公司	Limited Liability Corporations	46748
国有独资公司	State Sole Funded Corporations	75
其他有限责任公司	Other Limited Liability Corporations	46673
股份有限公司	Share-holding Corporations Ltd.	11421
私营企业	Private Enterprises	24788
私营独资企业	Private-funded Enterprises	414
私营合伙企业	Private Partnership Enterprises	478
私营有限责任公司	Private Limited Liability Corporations	19870
私营股份有限公司	Private Share-holding Corporations Ltd.	4027
其他企业	Other Enterprises	527
港澳台商投资企业	Enterprises with Funds from Hong Kong, Macao and Taiwan	2397
#与港澳台商合资经营企业	Joint-venture Enterprises	79
港澳台商独资企业	Enterprises with Sole Funds	2281
外商投资企业	Foreign Funded Enterprises	2577
中外合资经营企业	Joint-venture Enterprises	1907
外资企业	Enterprises with Sole Foreign Funds	659
外商投资股份有限公司	Share-holding Corporations Ltd. with Foreign Funds	
按国民经济行业分	**By Sector**	
综合零售业	Integrated Retail	26459
#百货零售业	Retail of General Merchandise	14137
超级市场零售业	Retail of Supermarkets	11365
食品、饮料及烟草制品专门零售业	Retail of Food, Beverages and Tobaccos	4643
纺织、服装及日用品专门零售业	Special Retail of Textiles, Garments and Daily Consumer Articles	1566
#服装零售业	Retail of Garments	1124
文化、体育用品及器材专门零售业	Retail of Culture, Sports Appliances and Equipments	9428
#图书、报刊零售业	Wholesale of Coal and Related Products	1210
医药及医疗器材专门零售业	Retail of Medicines and Medical Appliances	2194
#药品零售业	Retail of Medicines	2143
汽车、摩托车、燃料及零配件专门零售业	Retail of Motor Vehicles, Motorcycles, Fuel and Parts	33013
#汽车零售业	Retail of Motor Vehicles	29005
机动车燃料零售业	Retail of Fuel of Motor Vehicles	3293
家用电器及电子产品专门零售业	Special Retail of Household Electric Appliances and Electronic Products	5240
#家用电器零售业	Retail of Household Electric Appliances	3989
计算机、软件及辅助设备零售业	Retail of Computer, Software and Assistant Appliances	1087
通讯设备零售业	Retail of Communication Equipments	141
五金、家具及室内装修材料专门零售业	Special Retail of Hardware, Furniture and Decoration Materials	5660
货摊、无店铺及其他零售业	Non-shop and Other Retails	1688

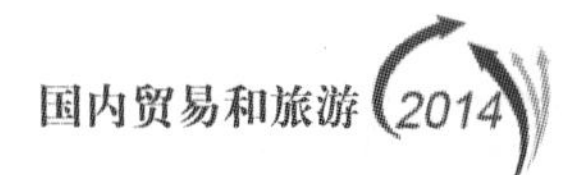

continued

(10000 yuan)

其他业务利润 Other Business Profits	营业利润 Profits	利润总额 Total Profits	本年应交增值税 Valued Added Payable	利税总额 Total Pre-Tax Profits
70951	**381783**	**334785**	**244110**	**668787**
65733	364609	320675	234354	639946
117	1331	1164	1718	3121
78	1048	1133	636	2180
32059	214384	185320	130473	362542
89	757	793	387	1256
31970	213628	184527	130086	361286
10737	50049	53469	28855	93745
22567	94928	78542	71181	174511
86	1783	1795	923	3132
8	1214	183	646	1307
22405	85579	73121	65819	158810
69	6352	3442	3794	11263
90	808	605	725	1858
2558	9103	9269	6097	17763
16	828	879	165	1123
2542	8176	8463	5928	16672
2659	8071	4841	3660	11078
1123	-475	220	343	2470
1537	8526	4602	3211	8472
39434	59223	56290	39323	122072
15379	40638	35179	24201	73518
24029	16881	20978	14815	47157
6384	21070	19995	9974	34611
935	2794	1518	4897	7981
475	-501	-1539	3703	3288
7537	81308	80612	8670	98710
5271	39154	40062	2348	43620
988	7608	7383	16609	26187
988	7401	7354	14545	24041
10913	146908	127746	133793	294552
10460	141521	112417	121227	262648
373	4689	14479	11916	29687
2195	23553	17542	14114	36896
1843	16201	10406	10558	24953
92	6902	6805	2901	10793
260	414	302	474	917
1967	21167	7122	9407	22189
598	18152	16579	7323	25590

16-5 限额以上餐饮法人企业主要财务指标（2013年）

单位：万元

类　　别	Type	资产合计 Total Assets	流动资产合计 Working Capitals	固定资产原价 Original Value of Fixed Assets
总　　计	**Total**	**436151**	**164881**	**195606**
按登记注册类型分组	**By Types of Registration**			
内资企业	Domestic Funded Enterprises	367421	132755	174826
国有企业	State-owned Enterprises	14844	4841	11170
集体企业	Collective-owned Enterprises	64	33	31
股份合作企业	Cooperative Enterprises	7591	6256	2422
有限责任公司	Limited Liability Corporations	125572	46888	57850
#其他有限责任公司	Other Limited Liability Corporations	121783	45069	57832
股份有限公司	Share-holding Corporations Ltd.	19817	4476	5881
私营企业	Private Enterprises	197503	69175	95912
私营独资企业	Private Limited Liability Corporations	22857	8298	9994
私营合伙企业	Private Partnership Enterprises	4421	876	3012
私营有限责任公司	Private Limited Liability Corporations	162057	56674	77814
私营股份有限公司	Private Share-holding Corporations Ltd.	8167	3326	5093
其他企业	Other Enterprises	2031	1087	1560
港澳台商投资企业	Enterprises with Funds from Hong Kong, Macao and Taiwan	49177	28241	15124
#与港澳台商合资经营企业	Joint-venture Enterprises	21882	20053	2279
港澳台商独资企业	Enterprises with Sole Funds	26041	7612	11928
外商投资企业	Foreign Funded Enterprises	19554	3886	5656
中外合资经营企业	Joint-venture Enterprises	152	112	190
外资企业	Enterprises with Sole Foreign Funds	16366	1934	4905
外商投资股份有限公司	Share-holding Corporations Ltd. with Foreign Funds	3035	1840	561
按国民经济行业分组	**By Sector**			
正餐服务业	Dinner	416255	161064	189536
快餐服务业	Snack	19648	3811	5926

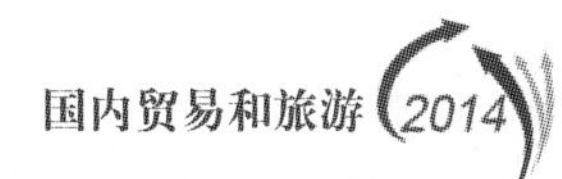

Main Financial Indicators of Enterprises above Designated Size in Catering Services (2013)

(10000 yuan)

负债合计 Total Liabilities	所有者权益合计 Total Owners Equity	主营业务收入 Revenue from Principal Business	主营业务成本 Cost of Principal Business	主营业务税金及附加 Taxes and Other Charges on Principal Business	其他业务利润 Profits From Other Business	营业利润 Profits	利润总额 Total Profits	利税总额 Total Pre-Tax Profits
253696	**182455**	**317780**	**186335**	**13507**	**3265**	**29982**	**8034**	**21541**
208383	159038	248135	149522	12275	3246	9491	7829	20103
8216	6628	10067	5958	501	913	293	198	699
23	41	360	142	20		45	45	65
8139	-547	2849	1646	126		-271	-313	-188
68403	57169	82409	46147	4337	282	1011	1344	5680
66395	55388	81860	45872	4323	282	912	1269	5592
7798	12019	11791	7450	673	312	465	78	751
115511	81992	136982	85597	6385	1740	7632	6162	12547
8207	14650	19017	10580	833		2213	1385	2217
832	3589	5806	3482	422	21	607	334	756
102800	59257	107538	68638	4866	1639	4340	4006	8872
3672	4495	4621	2897	265	81	472	437	702
294	1737	3676	2583	233	-2	316	316	549
35388	13789	13123	7462	903		472	469	1372
20467	1415	8191	4281	452		91	91	543
14324	11717	3880	2504	395		408	408	803
9926	9628	56523	29351	330	19	20019	-265	66
15	137	494	339	28		-12	-12	16
8335	8031	54482	27875	239		20297	14	253
1576	1460	1547	1137	63	19	-266	-266	-203
244407	171847	258785	156520	13052	2955	9015	7377	20429
9241	10408	58724	29737	441	310	20888	578	1019

16-6 限额以上住宿法人企业主要财务指标（2013年）

单位：万元

类别	Type	资产合计 Total Assets	流动资产合计 Working Capitals	固定资产原价 Original Value of Fixed Assets
总计	**Total**	**1626253**	**484858**	**974368**
按登记注册类型分组	**By Types of Registration**			
内资企业	Domestic Funded Enterprises	1511892	460093	887199
国有企业	State-owned Enterprises	229351	62454	195006
集体企业	Collective-owned Enterprises	1534	504	1586
股份合作企业	Cooperative Enterprises	3600	515	3269
联营企业	Joint Ownership Enterprises			
国有联营企业	State Joint Ownership Enterprises			
有限责任公司	Limited Liability Corporations	739499	209484	386489
#其他有限责任公司	Other Limited Liability Corporations	603490	183213	354092
股份有限公司	Share-holding Corporations Ltd.	111191	40181	86230
私营企业	Private Enterprises	413132	143200	204578
私营独资企业	Private - Funded Enterprises	10393	4847	6390
私营合伙企业	Private Partnership Enterprises	10476	4468	6986
私营有限责任公司	Private Limited Liability Corporations	362812	127587	167303
私营股份有限公司	Private Share-holding Corporations Ltd.	29450	6299	23899
其他企业	Other Enterprises	13585	3757	10041
港澳台商投资企业	Enterprises with Funds from Hong Kong, Macao and Taiwan	73376	10986	40956
与港澳台商合资经营企业	Joint-venture Enterprises	27630	6577	13240
与港澳台商合作经营企业	Cooperation Enterprises	15826	688	10778
港澳台商独资企业	Enterprises with Sole Funds	29919	3721	16938
港澳台商独资股份有限公司	Share-holding Corporations Ltd. with Funds			
外商投资企业	Foreign Funded Enterprises	40985	13779	46213
中外合资经营企业	Joint-venture Enterprises	20205	9806	11330
中外合作经营企业	Cooperation Enterprises			
外资企业	Enterprises with Sole Foreign Funds	20389	3609	34883
外商投资股份有限公司	Share-holding Corporations Ltd. with Foreign Funds	392	364	
按国民经济行业分组	**By Sector**			
旅游饭店	Tourism Hotel	1340268	383160	848140
一般旅馆	General Hotel	263218	92418	118333
其他住宿服务	Other Residential Services	22767	9281	7895

Main Financial Indicators of Star-ranking Hotels (2013)

(10000 yuan)

负债合计 Total Liabilities	所有者权益合计 Total Owners Equity	主营业务收入 Revenue from Principal Business	主营业务成本 Cost of Principal Business	主营业务税金及附加 Taxes and Other Charges on Principal Business	其他业务利润 Profits From Other Business	营业利润 Profits	利润总额 Total Profits	利税总额 Total Pre-Tax Profits
1024367	**601886**	**488148**	**207174**	**26618**	**4734**	**-9218**	**-12089**	**14529**
951380	560511	458162	194970	24852	4722	-7613	-11065	13788
98164	131187	73020	34696	4196	479	-1505	-1508	2689
526	1007	2155	1252	83		-54	-23	60
2799	801	3235	1384	227	150	760	923	1150
492162	247338	209584	76445	11260	1906	-5585	-6562	4699
395383	208107	189747	69527	10198	1889	-5934	-7422	2776
78031	33160	39579	18903	2190	343	200	-602	1588
269942	143190	124377	58428	6571	1844	-1710	-3593	2977
4804	5589	8132	6382	339	127	863	885	1224
2817	7660	4389	1973	234	41	481	494	728
243005	119807	100633	44452	5324	1675	-3371	-5366	-42
19316	10135	11223	5621	674	0	318	393	1067
9757	3829	6213	3861	325		281	301	626
40047	33329	14166	8079	859	12	-686	-454	405
19383	8247	6057	2733	353	12	-164	-256	97
2586	13241	1916	1269	106		-118	-111	-5
18078	11841	6194	4077	400		-404	-87	313
32940	8045	15820	4126	907		-919	-570	336
19357	847	5586	1613	307		-266	105	412
13202	7187	8969	1708	529		-570	-585	-56
381	11	1265	805	71		-83	-91	-20
854048	486220	391036	160586	21290	4135	-10379	-11960	9330
159472	103746	91463	44893	5002	591	1243	-88	4914
10848	11919	5648	1694	325	9	-81	-42	284

16-7 限额以上住宿业经营情况（2013年）

Business of Star-ranking Hotels (2013)

单位：万元 (10000 yuan)

类别	Type	法人企业（个） Number of Corporation (unit)	从业人数（人） Persons Employed (person)	营业额 Business Revenue	#客房收入 Revenue from Hotel Rooms	#餐费收入 Revenue from Meals	#商品销售收入 Revenue from Commodities
总计	**Total**	**378**	**41114**	**493642**	**257291**	**190997**	**15674**
按登记注册类型分	**By Types of Registration**						
内资企业	Domestic Funded Enterprises	359	38905	463678	240285	182061	14659
国有企业	State-owned Enterprises	64	6980	73374	39531	27988	1983
集体企业	Collective-owned Enterprises	2	96	2229	886	1269	48
股份合作企业	Cooperative Enterprises	3	117	3659	1648	1473	445
联营企业	Joint Ownership Enterprises						
国有联营	State Joint Ownership Enterprises						
有限责任公司	Limited Liability Corporations	118	16487	211434	107503	81165	6807
#其他有限责任公司	Other Limited Liability Corporations	109	15208	191597	97597	72209	6427
股份有限公司	Share-holding Corporations Ltd.	33	2839	40040	19202	18483	1688
私营企业	Private Enterprises	132	11854	126716	68681	48709	3349
私营独资企业	Private - Funded Enterprises	10	774	8988	4000	3716	246
私营合伙企业	Private Partnership Enterprises	8	412	4418	2177	2109	88
私营有限责任公司	Private Limited Liability Corporations	101	9870	102073	56803	37776	2618
私营股份有限公司	Private Share-holding Corporations Ltd.	13	798	11237	5701	5108	397
其他企业	Other Enterprises	7	532	6227	2835	2974	338
港澳台商投资企业	Enterprises with Funds from Hong Kong, Macao and Taiwan	11	1175	14141	6964	5042	404
与港澳台商合资经营企业	Joint-venture Enterprises	6	481	5991	2690	1980	158
与港澳台商合作经营	Cooperation Enterprises	1	192	1914	955	593	153
港澳台商独资企业	Enterprises with Sole Funds	4	502	6236	3319	2470	93
港澳台商投资股份有限公司	Share-holding Corporations Ltd. with Funds						
外商投资企业	Foreign Funded Enterprises	8	1034	15823	10042	3895	610
中外合资经营企业	Joint-venture Enterprises	3	327	5586	3303	1423	594
中外合作经营企业	Cooperation Enterprises						
外资企业	Enterprises with Sole Foreign Funds	4	582	8972	5592	2354	16
外商投资股份有限公司	Share-holding Corporations Ltd. with Foreign Funds	1	125	1265	1147	118	0
按国民经济行业分	**By Sector**						
旅游饭店	Tourism Hotel	274	32316	394412	199268	155714	12609
一般旅馆	General Hotel	99	8417	93585	55094	32674	3061
其他住宿服务	Other Residential Hotel	5	381	5645	2929	2609	4

16-8 限额以上餐饮法人企业经营情况（2013年）

Business of Catering Services above Designated Size (2013)

单位：万元 (10000 yuan)

类别	Type	法人企业（个）Number of Corporation (unit)	从业人数（人）Persons Employed (person)	营业额 Business Revenue	#客房收入 Revenue from Hotel Rooms	#餐费收入 Revenue from Meals	#商品销售收入 Revenue from Commodities
总计	**Total**	**241**	**25778**	**317909**	**34382**	**259671**	**21584**
按登记注册类型分	**By Types of Registration**						
内资企业	Domestic Funded Enterprises	229	18352	247966	33392	192768	19533
国有企业	State-owned Enterprises	11	903	10071	2822	6830	414
集体企业	Collective-owned Enterprises	1	41	360	24	269	67
股份合作企业	Cooperative Enterprises	4	260	2849		2244	606
有限责任公司	Limited Liability Corporations	70	5765	82296	10136	64598	6903
#其他有限责任公司	Other Limited Liability Corporations	69	5690	81333	9673	64098	6903
股份有限公司	Share-holding Corporations Ltd.	12	1151	11676	2075	7970	1202
私营企业	Private Enterprises	127	10100	137038	17871	107709	10283
私营独资企业	Private - Funded Enterprises	15	1077	19228	3317	14272	1033
私营合伙企业	Private Partnership Enterprises	9	470	5811	825	4589	392
私营有限责任公司	Private Limited Liability Corporations	98	8179	107379	13218	85220	8494
私营股份有限公司	Private Share-holding Corporations Ltd.	5	374	4621	511	3628	364
其他企业	Other Enterprises	4	132	3676	464	3149	59
港澳台商投资企业	Enterprises with Funds from Hong Kong, Macao and Taiwan	8	1306	13175	990	10730	1455
#与港澳台商合资经营企业	Joint-venture Enterprises	3	755	8243		6952	1292
港澳台商独资企业	Enterprises with Sole Funds	3	447	3880	934	2946	
外商投资企业	Foreign Funded Enterprises	4	6120	56769		56173	596
中外合资经营企业	Joint-venture Enterprises	1	28	494		296	198
中外合作经营企业	Cooperation Enterprises						
外资企业	Enterprises with Sole Foreign Funds	1	5904	54729		54729	
外商投资股份有限公司	Share-holding Corporations Ltd. with Foreign Funds	2	188	1547		1148	398
按国民经济行业分组	**By Sector**						
正餐服务业	Dinner	232	19509	258667	34382	200700	21410
快餐服务业	Snack	8	6224	58971		58700	174

16-9 各地区限额以上批发零售贸易法人企业主要指标（2013年）

Main Indicators of Domestic Trade by Region (2013)

地 区	Region	法人企业(个) Number of Corporation Unit	批发企业 Wholesale Trade	零售企业 Retail Trade	产业活动单位(个) Number of Economic Active Units (unit)	年末从业人数(人) Persons Employed (person)	销售合计(万元) Total Purchase Value (10000 yuan)
全 省	**Provincial Total**	**1633**	**483**	**1150**	**4802**	**157551**	**33996210**
南昌市	Nanchang	460	190	270	1421	55202	17388799
景德镇市	Jingdezhen	62	16	46	183	4792	890804
萍乡市	Pingxiang	59	19	40	217	4691	770433
九江市	Jiujiang	132	18	114	312	13003	2140750
新余市	Xinyu	55	13	42	160	4896	900956
鹰潭市	Yingtan	41	14	27	112	2356	805452
赣州市	Ganzhou	177	42	135	584	13719	2750213
吉安市	Ji'an	156	29	127	567	12232	1485793
宜春市	Yichun	174	66	108	479	20877	3343608
抚州市	Fuzhou	112	44	68	314	9640	1257504
上饶市	Shangrao	205	32	173	453	16143	2261900

16-9 续表 continued

单位：万元 (10000 yuan)

地 区	Region	批发额 Wholesale Value	#出口 Exports	零售额 Retail Value	主营业务收入 Revenue from Principal Business	主营业务成本 Cost of Principal Business	主营业务税金及附加 Taxes and Other Charges on Principal Business	营业利润 Profits
全 省	**Provincial Total**	**18248309**	**712839**	**15747901**	**30666798**	**27327363**	**320280**	**1342218**
南昌市	Nanchang	10163191	604756	7225608	15321530	14086029	86729	443730
景德镇市	Jingdezhen	437415	58391	453389	841580	712696	21865	67348
萍乡市	Pingxiang	314249		456184	670760	569059	14765	48093
九江市	Jiujiang	841836		1298914	1980733	1770048	28541	74209
新余市	Xinyu	365721		535235	798171	709084	9289	37568
鹰潭市	Yingtan	492497		312956	714637	666344	6488	15620
赣州市	Ganzhou	931596	3347	1818617	2605763	2260658	36531	159020
吉安市	Ji'an	838885		646908	1406590	1221683	21412	64277
宜春市	Yichun	2157300	14224	1186307	3097741	2601606	32830	245938
抚州市	Fuzhou	624268	32020	633236	1139227	984351	17204	61001
上饶市	Shangrao	1081352	100	1180548	2090065	1745807	44627	125413

16-10 各地区限额以上住宿餐饮法人企业主要指标（2013年）

Main Indicators of Hotels and Catering Sevices (2013)

地　区	Region	法人企业（个）Number of Corporation Units (unit)	住宿企业 Hotels	餐饮企业 Catering Sevices	产业活动单位(个) Number of Economic Active Units (unit)	年末从业人数(人) Persons Employed (person)	营业额（万元）Business Revenue (10000 yuan)	#客房收入 Revenue from Hotel Rooms
全　省	**Provincial Total**	**619**	**378**	**241**	**726**	**66892**	**811551**	**291673**
南昌市	Nanchang	153	84	69	228	22618	283433	89096
景德镇市	Jingdezhen	34	23	11	37	3221	30669	14641
萍乡市	Pingxiang	19	5	14	19	1465	18835	4822
九江市	Jiujiang	61	37	24	67	6696	84196	29102
新余市	Xinyu	29	11	18	37	4220	70680	9376
鹰潭市	Yingtan	20	13	7	21	2365	20171	7811
赣州市	Ganzhou	76	45	31	76	7005	81771	32804
吉安市	Ji'an	64	47	17	72	3778	36425	19251
宜春市	Yichun	43	31	12	48	4845	46173	22733
抚州市	Fuzhou	28	19	9	28	2765	23288	11140
上饶市	Shangrao	92	63	29	93	7914	115911	50897

16-10 续表 continued

单位：万元 (10000 yuan)

地　区	Region	餐费收入 Revenue from Meals	商品销售收入 Revenue from Commodities	主营业务收入 Revenue from Principal Business	主营业务成本 Cost of Principal Business	主营业务税金及附加 Taxes and Other Charges on Principal Business	营业利润 Profits
全　省	**Provincial Total**	**450668**	**37258**	**805928**	**393509**	**40125**	**20765**
南昌市	Nanchang	163725	20599	283205	124236	12406	14426
景德镇市	Jingdezhen	14445	163	30742	12198	1768	-773
萍乡市	Pingxiang	11001	2819	18837	9783	817	1274
九江市	Jiujiang	46665	2458	83973	43445	4587	4088
新余市	Xinyu	60749	116	70416	45765	2740	4143
鹰潭市	Yingtan	9373	2407	20170	8906.4	1015	-973
赣州市	Ganzhou	46386	710	81595	35526	4725	-1876
吉安市	Ji'an	14753	401	36357	19805	2076	-3278
宜春市	Yichun	17337	753	44853	20050	2500	1851
抚州市	Fuzhou	10747	496	23391	12724	1211	-1279
上饶市	Shangrao	55489	6337	112391	61072	6281	3160

16-11 城乡个体批发和零售贸易、住宿餐饮业基本情况

Basic Conditions of Individual Wholesale and Retail Trades,Hotel and Catering Services in Both Urban and Rural Areas

指 标	Item	2000	2010	2012	2013
户数合计(户)	**Units(unit)**	**340190**	**742972**	**899824**	**1009413**
城 镇	Urban Areas	171011	472175	605820	625065
农 村	Rural Areas	169179	270797	294004	384348
人数合计(人)	**Persons(person)**	**797020**	**1726322**	**2078638**	**2320730**
城 镇	Urban Areas	397949	1056969	1342016	1464180
农 村	Rural Areas	399071	669353	736622	856550

16-12 私营批发和零售贸易、住宿餐饮企业基本情况（2013年）

Basic Conditions of Private Enterprises in Wholesale and Retail Trade,Hotel and Catering Services in both Urban and Rural Areas (2013)

类 别	Type	户数(户) Number of Households (household)	投资者(人) Employers (person)	雇工人数(人) Persons Employed (person)	注册资本金(万元) Registration Funds (10000 yuan)
合 计	**Total**	**91769**	**180947**	**864075**	**18998534**
按经营地区分	**By Region**				
城 镇	Urban Areas	70467	139207	437415	14183300
农 村	Rural Areas	21302	41740	426660	4815234
按行业分	**By Sector**				
批发和零售业	Wholesale and Retail Trade	88165	173856	809359	18085284
城 镇	Urban Areas	67421	133274	405486	13478393
农 村	Rural Areas	20744	40582	403873	4606891
住宿和餐饮业	Hotel and Catering Services	3604	7091	54716	913250
城 镇	Urban Areas	3046	5933	31929	704906
农 村	Rural Areas	558	1158	22787	208344

16-13 亿元以上商品交易市场摊位成交额情况（2013年）
Classification of Commodity Exchange Markets of Transaction Value over 100 Million Yuan (2013)

类　　别	Classification	摊位数（个）Number of Booths (unit)	成交额（万元）Turnover (10000yuan)
全　省	**Total**	**68855**	**16834517**
食品、饮料、烟酒类	Food,Beverages,Tobacco and Liquor	21953	7602033
#食品类	Food	19588	7062790
#粮油类	Grain and Oil	1844	935623
肉禽蛋类	Meat,Poultry and Eggs	4328	1359158
水产品类	Aquatic Products	1591	545473
蔬菜类	Vegetables	7504	1600298
干鲜果品类	Dried and Fresh Melons and Fruits	4048	2073218
饮料类	Beverages	1052	215816
烟酒类	Tobacco and Liquor	1313	323427
服装、鞋帽、针纺织品类	Clothing,shoes,Hats and Textiles	15723	2469425
#服装类	Clothing	9511	1426965
鞋帽类	Footwear and Hats	3069	448577
针纺织品类	Knitwear and Textiles	3143	593883
化妆品类	Cosmetics	827	92086
金银珠宝类	Gold silver and Jeweller	60	9421
日用品类	Articles for Daily Use	2951	459735
#洗涤用品类	Washing Articles	1146	196854
儿童玩具类	Children Toys	614	127783
五金、电料类	Hardware & Electrical Materials	1448	400804
体育、娱乐用品类	Sports & Recreational Articles	103	6789
书报杂志类	Newspapers and Magazines	113	6543
电子出版物及音像制品类	E-journal and Video Products	233	22930
家用电器和音像器材类	Household Appliances and Video Equipments	1662	302673
中西药品类	Traditional Chinese and Western Medicine	485	202321
#西药类	Western Medicine	35	5136
中草药及中成药类	Traditional Chinese	381	183529
文化办公用品类	Cultural and official Goods	1152	288010
家俱类	Furniture	2674	362321
通讯器材类	Communication Appliances	145	45539
木材及制品类	Wood and Wooden Products	441	40853
化工材料及制品类	Raw Chemical Materials and Related Products	297	40577
#化肥类	Fertilizer	41	9001
金属材料类	Metal Materials	1377	882663
建筑及装潢材料类	Building and Decoration Materials	9063	1418103
机电产品及设备类	Mechanical & Electrical Products	1480	388810
#农机类	Agricultural Machinery	686	154626
汽车类	Automobile	2341	1616053
种子饲料类	Seed and Feedstuff	142	18868
棉麻类	Cotton and Hemp	82	2951
其他类	Others	4103	155009

16-14 各地区亿元以上商品交易市场基本情况（2013年）
Basic Statistics on Commodity Exchange Markets of Transaction Value over 100 Million Yuan by Region (2013)

地区	Region	市场数量(个) Number of Markets (unit)	摊位数(个) Number of Booths (unit)	营业面积(平方米) Operating Area (sq.m)	成交额(万元) Turnover (10000yuan)
全省	**Provincial Total**	**95**	**68855**	**3660873**	**16834517**
南昌市	Nanchang	33	27277	1450486	9662463
景德镇市	Jingdezhen	4	2887	284638	389027
萍乡市	Pingxiang	3	2111	36900	240252
九江市	Jiujiang	8	4609	467744	1371581
鹰潭市	Yingtan	3	2000	34399	335101
赣州市	Ganzhou	15	7774	651017	2128293
吉安市	Ji'an	4	6033	249588	670887
宜春市	Yichun	7	4309	188746	827471
抚州市	Fuzhou	4	2605	60402	139913
上饶市	Shangrao	14	9250	236953	1069529

16-15 旅游业发展情况
Development of Tourism

年份 Year	旅游总收入(亿元) Total Tourism Earnings (100 million yuan)	占全国旅游总收入比重(%) As Percentage of Total National Tourism Earnings(%)	为全省地区生产总值(%) As Percentage of the Province's GDP (%)	为全省地区生产总值中第三产业(%) As Percentage of Tertiary Industry in the Province's GDP(%)
1991	4.30	1.23	0.90	3.04
1992	4.81	1.03	0.84	2.79
1993	5.31	0.47	0.73	2.47
1994	6.33	0.38	0.67	2.14
1995	8.39	0.40	0.67	2.14
1996	50.15	2.02	3.31	10.27
1997	79.35	2.55	4.63	13.64
1998	81.64	2.37	4.41	12.35
1999	111.29	2.78	5.67	15.03
2000	134.6	2.98	6.72	16.47
2001	161.4	3.23	7.42	18.31
2002	191.1	3.43	7.80	19.85
2003	197.47	4.04	6.98	18.93
2004	240.81	3.52	6.97	19.65
2005	320.02	4.16	7.89	22.67
2006	390.89	4.37	8.37	25.00
2007	463.67	4.23	8.43	26.44
2008	559.38	4.83	8.63	27.90
2009	675.61	5.20	8.83	25.62
2010	818.32	5.21	8.66	26.22
2011	1105.93	4.92	9.45	28.20
2012	1402.59	5.42	10.83	31.27
2013	1896.06	6.43	13.22	37.69

16-16 国际旅游收入情况

Income from International Turism

单位：万美元 (USD 10000)

指　　标	Item	2010	2011	2012	2013
合　　计	**Total**	**34630**	**41500**	**48473**	**52508**
长途交通	Long Distance Transportation	11324	14899	15463	16803
民　航	Civil Aviation	7792	9296	7659	8926
铁　路	Railway	1420	2241	4266	3623
汽　车	Highway	1281	2490	2472	2888
轮　船	Waterway	831	872	1066	1365
游　览	Sightseeing	1281	1992	3296	3255
住　宿	Accommodation	3498	3984	4460	5828
餐　饮	Food and Beverage	3047	2532	2908	4201
娱　乐	Entertainment	2009	1411	2521	2363
购　物	Shopping	9281	12409	13427	13705
邮电通讯	Post and Communication Services	623	871	969	1470
市内交通	Local Transportation	693	705	921	1050
其　他	Others	2874	2697	4508	3833

16-17 入境旅游情况

Condition of Oversea Visitor Arrivals

指　　标	Item	2000	2005	2010	2012	2013
旅游人数(人次)	**Number of Oversea Visitor Arrivals (person-time)**	**163057**	**372513**	**1140792**	**1561793**	**1636100**
外　国　人	Foreigners	55411	136270	399449	503860	531533
#印度尼西亚	Indonesia	239	1982	12251	14631	15585
日　　本	Japan	12282	23945	34956	28646	23716
马来西亚	Malaysia	1256	3639	12113	16094	16766
菲　律　宾	Philippines	270	1794	8320	11614	12787
新　加　坡	Singapore	2018	8271	20249	24448	25612
韩　　国	Korea Rep.	1183	10809	36240	46105	43872
泰　　国	Thailand	2559	1716	4271	6621	7168
英　　国	United Kingdom	2966	11543	21613	28207	30324
德　　国	Germany	3080	5943	21689	26939	28492
法　　国	France	1212	6488	15299	21711	23702
意　大　利	Italy	464	3320	9132	12422	13384
西　班　牙	Spain	195	3757	5551	7288	7745
瑞　　典	Sweden	195	1131	6705	8818	9368
瑞　　士	Switzerland	236	364	6748	9968	10822
俄　罗　斯	Russia	419	2329	16502	20321	22544
加　拿　大	Canada	1069	4380	10886	13958	14276
美　　国	United States	11997	27235	52339	64417	67676
澳大利亚	Australia	640	4622	11888	15279	15729
新　西　兰	New Zealand	164	1486	2911	4198	4669
港澳同胞	Chinese Compatriots from Hong Kong and Macao	69375	154885	534537	775351	808708
台湾同胞	Chinese Compatriots fromTaiwan Province	38271	81358	206806	282582	295859
旅游外汇收入(万美元)	**Foreign Exchange Earnings from International Tourism (USD 10000)**	**6234**	**10395**	**34630**	**48473**	**52508**

注：外国人包括了华侨人数。

a) Overseas Chinese are included in foreigners.

16-18 各地区旅游情况（2013年）

Condition of Oversea Visitor Arrivals by Region (2013)

地 区	Region	入境游客（万人次）Number of Oversea Visitor Arrivals (10000 Person-times)	国际旅游外汇收入（万美元）Foreign Exchange Earnings from International Tourism (USD 10000)	国内游客（万人次）Number of Domestic Visitors (10000 Person-times)	国内旅游收入（亿元）Earnings from Domestic Tourism (100 million yuan)	星级饭店数（个）Number of Star-rated Hotel (unit)
全 省	**Provincial Total**	**163.61**	**52508**	**24846**	**1864**	**432**
南昌市	Nanchang	20.18	6390	3282	272	56
景德镇市	Jingdezhen	26.73	8391	2222	157	28
萍乡市	Pingxiang	7.78	2540	1707	103	12
九江市	Jiujiang	30.72	10513	3435	263	83
新余市	Xinyu	2.37	731	855	71	12
鹰潭市	Yingtan	7.15	1774	1300	95	16
赣州市	Ganzhou	16.10	4957	2575	204	59
吉安市	Ji'an	19.34	6007	3029	210	48
宜春市	Yichun	7.42	2504	1775	121	43
抚州市	Fuzhou	7.08	2460	1215	100	26
上饶市	Shangrao	18.74	6241	3451	268	49

16-19 各地区“春节、五一、十一”旅游情况（2013年）

Condition of Tourism by Region in Spring Festival, May Day or National Day Holidays (2013)

地 区	Region	旅游人数（万人次）Number of Visitors (10000 person-times)			旅游收入（万元）Tourism Earnings (10000 yuan)		
		春节 Spring Festival	五一 Labor Day	十一 National Day	春节 Spring Festival	五一 Labor Day	十一 National Day
全 省	**Provincial Total**	**685.0**	**1092.7**	**2469.9**	**262467**	**515316**	**1150264**
南昌市	Nanchang	114.2	145.9	455.0	57600	61132	140910
景德镇市	Jingdezhen	42.1	109.9	196.7	11791	71400	136100
萍乡市	Pingxiang	19.7	86.9	160.1	8616	19654	63995
九江市	Jiujiang	64.4	129.7	297.5	18200	77600	166718
新余市	Xinyu	30.4	58.5	96.6	8514	16657	30798
鹰潭市	Yingtan	37.7	50.3	180.0	24132	14719	38000
赣州市	Ganzhou	153.9	107.2	215.1	58916	46284	97053
吉安市	Ji'an	39.9	96.3	236.8	15700	77500	126560
宜春市	Yichun	70.5	77.3	223.8	15845	22070	97908
抚州市	Fuzhou	36.3	38.0	107.0	10600	10000	45372
上饶市	Shangrao	75.8	192.7	301.3	32553	98300	206850

主要统计指标解释

批发业 指批发商向批发、零售单位及其他企事业、机关单位批量销售生活用品和生产资料的活动，以及从事进出口贸易和贸易经纪与代理的活动。批发商可以对所批发的货物拥有所有权，并以本单位、公司的名义进行交易活动；也可以不拥有货物的所有权，而以中介身份做代理销售商。还包括各类商品批发市场中固定摊位的批发活动。

零售业 指百货商店、超级市场、专门零售商店、品牌专卖店、售货摊等主要面向最终消费者（如居民等）的销售活动。包括以互联网、邮政、电话、售货机等方式的销售活动，还包括在同一地点，后面加工生产，前面销售的店铺（如前店后厂的面包房）。不包括：谷物、种子、饲料、牲畜、矿产品、生产用原料、化工原料、农用化工产品、机械设备（乘用车、计算机及通信设备等除外）等生产资料的销售（列入批发业）；非零售单位附带的零售活动，如汽车修理单位销售汽车零件（列入单位主业所对应的行业类别中）；商业零售单位所在商厦的物业管理（列入物业管理）；商业零售单位所在的商品市场、商业大厦的市场管理活动（列入市场管理）。

批发和零售业商品购进、销售、库存额 指各种登记注册类型的批发和零售业企业(单位)以本企业(单位)为总体的，从国内、国外市场购进的商品总量，销售和出口的商品总量，库存的商品总量等情况。该指标可以反映商品流转过程中商品的购进、销售、库存之间的比例关系和存在的问题。

商品购进额 指从本企业以外的单位和个人购进（包括从国外直接进口）作为转卖或加工后转卖的商品金额（含增值税）。商品购进包括：（1）从工农业生产者、批发和零售业企业、住宿和餐饮业企业、出版社或报社的出版发行部门和其他服务业企业购进的商品；（2）从机关团体、事业单位购进的商品；（3）从海关、市场管理部门购进的缉私和没收的商品；（4）从居民收购的废旧商品等。不包括：（1）企业为本单位自身经营用，不是作为转卖而购进的商品，如材料物资、包装物、低值易耗品、办公用品等；（2）未通过买卖行为而收入的商品，如接受其他部门移交的商品、借入的商品、收入代其他单位保管的商品、其他单位赠送的样品、加工回收的成品等；（3）经本单位介绍，由买卖双方直接结算，本单位只收取手续费的业务；（4）销售退回和买方拒付货款的商品；（5）商品溢余。

商品销售额 指对本单位以外的单位和个人出售的商品金额（包括售给本单位消费用的商品，含增值税）。商品销售包括（1）售给城乡居民和社会集团消费用的商品；（2）售给农业、工业、建筑业、运输邮电业、服务业、公用事业等国民经济各行业用于生产、经营用的商品，包括售予批发和零售业作为转卖或加工后转卖的商品；（3）对国（境）外直接出口的商品。不包括：（1）未通过买卖行为付出的商品，如随机构变动移交给其他企业单位的商品、借出的商品、归还受其他单位委托代保管的商品、付出的加工原料和赠送给其他单位的样品等；（2）经本单位介绍，由买卖双方直接结算，本单位只收取手续费的业务；（3）购货退回的商品；（4）商品损耗和损失；（5）出售本单位自用的废旧物资。

商品库存额 指报告期末各种登记注册类型的批发和零售业企业(单位)已取得所有权的商品。它反映批发和零售业企业(单位)的商品库存情况和对市场商品供应的保证程度。商品库存包括：(1)存放在批发和零售业经营单位(如门市部、批发站、采购站、经营处)的仓库、货场、货柜和货架中的商品；(2)挑选、整理、包装中的商品；(3)已记入购进而尚未运到本单位的商品，即发货单或银行承兑凭证已到而货未到的商品；(4)寄放他处的商品，如因购货方拒绝付款而暂时存在购货方的商品；(5)委托其他单位代销(未作销售或调出)尚未售出的商品；(6)代其他单位购进尚未交付的商品。不包括：所有权不属于本单位的商品；委托外单位加工的商品；外贸企业代理其他单位从国外进口尚未付给订货单位的商品；代国家物资储备部门保管的商品等。

连锁总店（总部） 指负责连锁企业资源（商号、商誉、经营模式、服务标准、管理模式等等）的开发、配置、控制或使用等功能的企业核心管理机构。连锁经营是指经营同类商品或服务，使用统一商号的若干店铺，在同一总店（总部）的管理下，采取统一采购或特许经营等方式，实现规模效益的组织形式，包括直营连锁、特许连锁和自愿连锁三种形式。其中，直营连锁是指连锁店铺由连锁公司全资或控股开设，在总部的直接控制下，开展统一经营的连锁经营形式；特许连锁是指拥有注册商标、企业标志、专利、专有技术等经营资源的企业（特许人），以合同形式将其拥有的经营资源许可其他经营者（被特许人）使用，被特许人按合同约定在统一的经营模式下开展经营，并向特许人支付特许经营费用的连锁经营形式；自愿连锁是指若干个店铺或企业自愿组合起来，在不改变各自资产所有权关系的情况下，以同一个品牌形象面对消费者，以共同进货为纽带开展的连锁经营形式。

亿元以上商品交易市场 指年成交额在亿元及以上的商品交易市场。商品交易市场是指经有关部门和组织批准设立，有固定场所、设施，有经营管理部门和监管人员，若干市场经营者入内，常年或实际开业三个月以上，集中、公开、独立地进行生活消费品、生产资料等现货商品交易以及提供相关服务的交易场所，包括各类消费品市场、生产资料市场等。

住宿业 指有偿为顾客提供临时住宿的服务活动。不包括提供长期住宿场所的活动，如出租房屋、公寓等（列入房地产开发经营）。

餐饮业 指在一定场所，对食物进行现场烹饪、调制，并出售给顾客主要供现场消费的服务活动。

营业额 指住宿和餐饮业单位在经营活动中因提供服务或销售商品等取得的收入。包括：客房收入、餐费收入、商品销售额和其他收入。其中，客房收入指住宿和餐饮业单位在经营活动中因提供住宿服务取得的收入。餐费收入指住宿和餐饮业单位因为顾客提供就餐服务取得的收入，包括经烹饪、调制加工后出售的各种食品，如主食、炒菜、凉拌菜等的收入。

社会消费品零售总额 指企业（单位、个体户）通过交易直接售给个人、社会集团非生产、非经营用的实物商品金额，以及提供餐饮服务所取得的收入金额。个人包括城乡居民和入境人员，社会集团包括机关、社会团体、部队、学校、企事业单位、居委会或村委会等。

旅游人数

(1)入境游客 指报告期内来中国（大陆）观光、度假、探亲访友、就医疗养、购物、参加会议或从事经济、文化、体育、宗教活动的外国人、港澳台同胞等游客(即入境旅游人数)。统计时，入境游客按每入境一次统计 1 人次。入境旅游人数包括入境过夜游客和入境一日游游客。

(2)国内游客 指在报告期内在中国（大陆）观光游览、度假、探亲访友、就医疗养、购物、参加会议或从事经济、文化、体育、宗教活动的中国（大陆）居民人数，其出游的目的不是通过所从事的活动谋取报酬。统计时，国内游客按每出游一次统计 1 人次。

国际旅游(外汇)收入 指入境游客在中国（大陆）境内旅行、游览过程中用于交通、参观游览、住宿、餐饮、购物、娱乐等全部花费。

国内旅游收入 指国内游客在国内旅行、游览过程中用于交通、参观游览、住宿、餐饮、购物、娱乐等全部花费。

星级饭店 指设备、设施、服务符合《旅游饭店星级的划分与评定》(GB/T14308-2003)，通过相关旅游管理部门评定，并取得星级饭店称号的饭店（含预备星级饭店）。

Explanatory Notes on Main Statistical Indicators

Wholesale Trade refers to the activities of wholesaler selling at wholesale commodities for daily use and capital goods to enterprises of wholesale and retail trades and other enterprises, institutions and government offices, including the activities of wholesaler engaged in import and export and acting as a trade agent. The wholesaler may have the right of ownership over the commodities of wholesale and trade in the name of its owns or a company, the wholesaler may not have the right of ownership, only acts an agent. The wholesale trade also include the activities of wholesaler at the fixed stalls of the wholesale market of different commodities.

Retail Trade refers to the activities of department store, supermarket, franchised store, brand store, retail stall and on-the-spot-making-selling store selling commodities to the final consumers (citizens) by any means including internet, post, telephone, sales machine. Retail trade excludes the activities of sales of capital goods such a grain, seed, feed, livestock, mineral products, raw material for production, industrial chemicals, chemical products for farm, machine and equipment (vehicle, computer and communication equipment), and the activities of supplementary sales of non-retailer such as the sales of spare parts of car repair business (listed as branch in correspondence with principle business), property management of buildings of retail units (listed as property management); market management of commercial markets and buildings of retail units (listed as market management) .

Purchase, Sales and Stock of Commodities by Wholesale and Retail Trades refer to the total volume of commodities purchased, total volume of sales and exports, and the stock of commodities by wholesale and retail enterprises (establishments) of different status of registration from domestic and overseas markets. This indicator reflects the relationship among purchase, sales and stock of commodities in the circulation of goods and reveals the existing problems.

Total Purchases of Commodities refer to the total value of purchases of commodities by enterprises (establishments) from other establishments or individuals (including direct import from abroad) for the purpose of re-selling, either with or without further processing of the commodities purchased. The commodities include: (1) commodities purchased from agricultural and industrial producer, wholesaler, retailer, publishing house and other service business; (2) commodities purchased from institutions and government departments; (3) confiscated goods purchased from the customs authorities or market management agencies; (4) second-hand goods and wastes purchased from residents; The commodities exclude 1. commodities purchased by enterprises (establishments) for use in their own business operation, commodities obtained without buying or selling procedures such as materials, consumable goods of low value, office appliance, etc. 2. received goods without trading, such as goods handed over from others, borrowed goods, preserved goods for others, donated goods from others, processed and retrieved goods, etc. 3. goods of direct settlement between buyer and seller with handling fees introduced by others, 4. goods returned or refused to pay by the buyer, 5. excessive goods.

Total Sales of Commodities refer to value of commodities sold by the establishments to other establishments and individuals (including goods sold for self consumption, including the value-added tax). The commodities include: (1) commodities sold to urban and rural residents and social groups for their consumption; (2) commodities sold to establishments in all industries for their production and operation, including agriculture, industry, construction, transportation, post and telecommunications, catering services, and public utility including commodities sold to wholesale and retail establishments for re-selling, with or without further processing; and (3) commodities for direct export to abroad. Excluded are (1) extended commodities without trading, such as goods handed over to other enterprises and institutions because of the change of organizations, lent goods, returned goods preserved for others, extended processing materials and samples donated to others, (2) goods of direct settlement between buyer and seller with handling fees introduced by others, 3. goods returned after purchase, (4) damaged and spoiled goods, (5) waste and used goods of self use,

Total Stock of Commodities refers to total commodities possessed by wholesaler and retailer of various types of registration status at the end of the reference period, reflecting the commodity stock level of various wholesaler and retailer and the potential for market supply. It includes: (1) commodities located in storage, garages, counters, and shelves of operating places of wholesale and retail trades (such as sale stores, wholesale centers, procurement stations and operating offices); (2) commodities in the process of being selected, sorted, and packed; (3) commodities not arrived but recorded as purchase in the account, i.e. commodities not arrived but payment receipts for the commodities from the sellers or the banks arrived; (4) commodities deposited in other places rather than places mentioned above, for instance: commodities in the hold of purchasers temporarily due to the refusal of payment; (5) commodities entrusted to other units to sell but not sold yet; (6) commodities purchased for other units but not delivered yet. Commodities not included as stock are those not owned by the enterprises (units), commodities on commission for processing, imported commodities of agency of foreign trade enterprise but not yet delivered to ordering units and finally those put in stock on behalf of the state material reserves units.

Chain Head Stores (headquarter) refer to the core leading stores responsible for development, allocation, administration and utilization of resources (name of stores, brand of stores, operation model, service standard, management way, etc.) of chain stores. Chain stores refers to the stores engaged in providing homogeneous commodities or services, with the central leadership of head store (headquarters) and guided by common policies, conduct centralized purchase and distributed selling of commodities, in order to gain better efficiency through standardized operation. The chain stores include regular chain stores, franchise chain stores and voluntary chain stores.

Regular Chain store refers to chain stores that are invested or controlled by the headquarters. They operate under direct and unified management from the headquarters.

Franchise chain store refers to the chain stores (franchisees) which are franchised with operation resources such as trade marks, names, patent and operation know-how by the franchisors in form of contract and pay the operation fees to the franchisors.

Voluntary chain store refers to the stores operate jointly on the voluntary bases while maintaining their status of independent legal entities with full ownership of their assets. They sell goods of same brand from same channel of resource to the consumers.

Large Commodity Markets with Transaction Value

over 100 Million Yuan refers to the commodity markets with an annual transaction at and above 100 million. The commodity market refers to the markets approved and managed by related departments, where there are fixed sites, facilities, managers and administration offices, where there are a certain number of traders to operate for three month and above or all the year, where the commodities including the articles for daily consumption and capital goods and services are traded in a centralized, independent and open way. Such market includes markets of daily goods and market of capital goods, etc.

Hotel Services refer to the charged accommodation services provided to customers, excluding the long term accommodation service activities such as rental housing and apartments(it is under real estate development and management).

Catering Services refer to the activities of enterprises providing on-the-spot services of selling food cooked and prepared to the customer in certain sites

Business Revenue refers to revenue of hotels and catering services received from providing services or selling commodities through business activities, including income from hotels, from catering services, from selling of commodities and from other services. Income from hotels refers to income of hotels and catering services by providing lodging services through business activities. Income from catering services refers to income of hotels and catering services by providing catering services, including selling of cooked or prepared foods, such as staple food, cooked dishes, or cold dishes.

Total Retail Sales of Consumer Goods refer to the amount obtained by enterprises (units, self-employed individuals) through direct sales of non-production and non-business physical commodity to individuals, social institutions, and revenue from providing catering services. Individuals include rural and urban households, population from abroad, social institutions include government agencies, social organizations, military units, schools, institutions, neighborhood (village) committees.

Number of Tourists

(1) **Visitor arrivals** refer to the number of tourists of foreigners, Chinese compatriots from Hong Kong, Macao and Taiwan who come to China (mainland) within the reference period for sight-seeing, vacation, visiting relatives, medical treatment, shopping, attending conference, or to engage in economic, cultural, sports and religious activities. Each entry of one visitor counts as one person-time. Visitor arrivals include both overnight-trippers and day-trippers.

(2) **Number of domestic tourists** refers to the number of Chinese (mainland) residents who travel within China (mainland) for sight-seeing, vacation, visiting relatives, medical treatment, shopping, attending conference, or to engage in economic, cultural, sports and religious activities. In compiling statistics, each time of travelling is counted as one person-time.

Foreign Exchange Earnings from International Tourism refer to the total expenditure of foreigners, overseas Chinese, Chinese compatriots from Hong Kong, Macao and Taiwan during their stay in the mainland of China on transportation, sighting, accommodation, food, shopping and entertainment.

Income from Domestic Tourism refer to expenditure of domestic tourists on transportation, sighting, accommodation, food, shopping and entertainment while they travel.

Star-rated Hotels refer to hotels rated with stars as assessed by the relevant tourism authorities according to GB/T14308-2003 standard with reference to their infrastructure, facilities and service levels

17

金融业

FINANCIAL INDUSTRY

◆407/415

资料整理及英文翻译： 吴 洁、 黄小平

简要说明

本篇资料主要反映全省金融、保险、证券等方面的基本情况。

金融资料由中国人民银行南昌中心支行提供。

保险业务资料由江西省保险学会提供。

证券资料由江西省证监局提供。

Brief Introduction

The data in this chapter show the basic conditions of local government banking，insurance and stocks of the whole province.

The data on banking are provided by Nanchang Branch of the People's Bank of China.

The data on insurance are provided by Insurance Institute of Jiangxi Province.

The data on stocks are provided by Securities Regulatory Bureau of Jiangxi Province.

17-1 金融机构本外币信贷资金平衡表年末余额(2013年)

Balance Sheet of Credit Funds of RMB and Foreign Currency of Financial Institutions at Year-end (2013)

单位：万元 (10000 yuan)

指　　标	Item	年末余额 Balance	比年初增减 Over Beginning of Year	比年初增长(%) Growth Rate (%)
各项存款	**Total Deposits**	**195827131**	**27423330**	**16.3**
单位存款	Corporate Deposits	87471115	12845722	**17.2**
#活期存款	Demand Deposits	44253500	4761541	**12.1**
定期存款	Time Deposits	21609735	2848453	**15.2**
个人存款	Personal Deposits	99784695	14049132	**16.4**
#储蓄存款	Savings Deposits	97585721	12554428	**14.8**
财政性存款	Fiscal Deposits	6217487	417922	**7.2**
临时性存款	Temporary Deposits	249128	-19293	**-7.2**
委托存款	Designated Deposit	152596	43712	**40.1**
其他存款	Other Deposits	1952110	86135	**4.6**
各项贷款	**Total Loans**	**131117333**	**19818750**	**17.8**
境内贷款	Demestic Loans	131030859	19795006	**17.8**
#短期贷款	Short-term Loans	57664839	10705088	**22.8**
中长期贷款	Medium& Long-term Loans	71410407	9626343	**15.6**
票据融资	Bill Financing	1791804	-631704	**-26.1**
各项垫款	Miscellaneous Advances	163810	95279	**139.0**
境外贷款	Overseas Loans	86474	23743	**37.8**

注：本表统计口径包括中国人民银行、政策性银行、国有独资商业银行、邮政信汇局、其他商业银行、农村合作银行、城市信用社、农村信用社、信托投资公司、财务公司等金融机构。后同。

a) The statistical scope in the table include the People's Bank of China,policy banks,State-owned commercial banks,postal savings bureau,other commercial banks,rural cooperative banks,urban credit cooperatives,rural credit cooperatives,financial trust and investment companies,finance companies. The same applies to the following tables.

17-2 金融机构人民币信贷资金平衡表年末余额(2013年)

Balance Sheet of Credit Funds of Financial Institutions at Year-end(2013)

单位：万元 (10000 yuan)

指　　标	Item	年末余额 Balance	比年初增减 Over Beginning of Year	比年初增长(%) Growth Rate (%)
各项存款	**Total Deposits**	**194347467**	**27175239**	**16.3**
单位存款	Corporate Deposits	86339626	12622724	**17.1**
#活期存款	Demand Deposits	43946170	4806928	**12.3**
定期存款	Time Deposits	20868563	2578187	**14.1**
个人存款	Personal Deposits	99446638	14025392	**16.4**
#储蓄存款	Savings Deposits	97251729	12531588	**14.8**
财政性存款	Fiscal Deposits	6217487	417922	**7.2**
临时性存款	Temporary Deposits	239313	-20911	**-8.0**
委托存款	Designated Deposit	152559	43676	**40.1**
其他存款	Other Deposits	1951843	86436	**4.6**
各项贷款	**Total Loans**	**129534701**	**19792964**	**18.0**
境内贷款	Demestic Loans	129522822	19807874	18.1
#短期贷款	Short-term Loans	56557117	10666944	23.2
中长期贷款	Medium& Long-term Loans	71036671	9683755	15.8
票据融资	Bill Financing	1791804	-631704	-26.1
各项垫款	Miscellaneous Advances	137231	88879	183.8
境外贷款	Overseas Loans	11879	-14910	-55.7

17-3 四家大型银行人民币信贷收支表(2013年)

Renminbi Balance of Credit on State-owned Commercial Banks (2013)

单位：万元 (10000 yuan)

指标	Item	年末余额 Balance	比年初增减 Over Beginning of Year	比年初增长(%) Growth Rate (%)
各项存款	Total Deposits	83200457	9550300	13.0
单位存款	Corporate Deposits	38433240	4747165	14.1
#活期存款	Demand Deposits	20159889	933164	4.9
定期存款	Time Deposits	9713588	1206089	14.2
个人存款	Personal Deposits	43741911	4769396	12.2
#储蓄存款	Savings Deposits	42456741	3774929	9.8
临时性存款	Temporary Deposits	117029	-18230	-13.5
其他存款	Others Deposits	908277	51968	6.1
各项贷款	Total Loans	53237335	6324508	13.5
境内贷款	Demestic Loans	53234681	6324844	13.5
短期贷款	Short-term Loans	16736750	1895488	12.8
中长期贷款	Medium& Long-term Loans	35769264	4717330	15.2
票据融资	Bill Financing	683961	-322684	-32.1
各项垫款	Miscellaneous Advances	44706	34710	347.2
境外贷款	Overseas Loans	2654	-335	-11.2

17-4 各地区金融机构(含外资)本外币信贷主要指标 (2013年)

Main Indicators on RMB and Foreign Currency Trust of Financial Institutions (Foreign Capital Included) by Region(2013)

单位：亿元 (100 million yuan)

地区	Region	各项存款 Savings Deposits in Various Forms			各项贷款 Loans in Various Forms		
		年末余额 Balance	比年初增减 Over Beginning of Year	增长(%) Growth Rate (%)	年末余额 Balance	比年初增减 Over Beginning of Year	增长(%) Growth Rate (%)
全省	**Provincial Total**	**19582.71**	**2742.33**	**16.3**	**13111.73**	**1981.87**	**17.8**
南昌市	Nanchang	6701.80	930.09	16.1	5562.14	711.75	14.7
景德镇市	Jingdezhen	672.48	88.58	15.2	362.69	54.57	17.7
萍乡市	Pingxiang	623.42	80.51	14.8	380.82	62.15	19.5
九江市	Jiujiang	1764.85	262.38	17.5	1066.77	124.89	13.3
新余市	Xinyu	658.11	55.93	9.3	547.92	54.17	11.0
鹰潭市	Yingtan	516.73	58.22	12.7	329.23	31.52	10.6
赣州市	Ganzhou	2630.92	353.36	15.5	1607.39	310.24	23.9
吉安市	Ji'an	1497.34	208.14	16.2	717.77	147.41	25.9
宜春市	Yichun	1713.89	259.89	17.9	918.37	184.11	25.1
抚州市	Fuzhou	1113.46	173.87	18.5	600.13	124.83	26.3
上饶市	Shangrao	1669.20	260.54	18.5	1008.54	179.75	21.7

17-5 财产保险公司主要指标
Main Indicators of Property Insurance Companies

单位：万元 (10000 yuan)

指标	Item	保费收入 Premium Income		赔款支出 Indemnity Expenditure	
		2012	2013	2012	2013
合计	**Total**	**1015698**	**1214491**	**582524**	**689098**
企业财产保险	Enterprise Property Insurance	38874	41346	15429	15348
机动车辆保险	Motor Vehicle Insurance	801997	972402	476792	577998
货物运输保险	Freight Transport Insurance	6578	6800	2676	3037
责任保险	Liability Insurance	35174	39680	16482	18341
信用保证保险	ExportCredit Insurance	20446	21476	12054	8455
农业保险	Agriculture Insurance	62278	66193	32623	38092
其它财产保险	Other Insurance	50352	66595	26467	27827

17-6 人寿保险公司主要指标
Main Indicators of Life Insurance Companies

单位：万元 (10000 yuan)

指标	Item	2009	2010	2011	2012	2013
保费收入合计	**Total Premium Income**	**1410623**	**1814804**	**1637678**	**1701491**	**1965028**
团体业务	Group Business	67509	61673	35386	45930	60486
人寿保险	Life Insurance	21540	23175	4831	5008	6533
意外伤害保险	Accident Injury Insurance	9515	13249	16224	18589	22950
健康保险	Health Insurance	36454	25249	14331	22333	31002
个人业务	Personal Business	1343247	1753131	1602292	1655561	1904543
人寿保险	Life Insurance	1281201	1668886	1515036	1547888	1768705
意外伤害保险	Accident Injury Insurance	22519	18644	22367	24999	30285
健康保险	Health Insurance	39527	65601	64888	82674	105553
赔款支出合计	**Total Indemnity Expenditure**	**321740**	**297479**	**317214**	**349065**	**580825**
团体业务	Group Business	39037	40806	27627	30204	42217
年金给付	Annuity Payment	9408	5046	6202	9016	11697
满期给付	Mature Payment	1740	5037	5782	6519	5747
死伤医疗给付	Payment for Death ,Injury and Medical Treatment	8122	12928	1340	1491	5533
赔款	Payment	19767	17795	14304	13178	19240
个人业务	Personal Business	282703	256673	289586	318861	538608
年金给付	Annuity Payment	21460	29061	29770	50497	46147
满期给付	Mature Payment	231314	191523	215792	217532	436074
死伤医疗给付	Payment for Death ,Injury and Medical Treatment	17605	22380	26107	31669	36116
赔款	Payment	12323	13709	17916	19163	20271

17-7 各地区保险业务情况（2013年）

Insurance Business Conditions by Region (2013)

单位：万元 (10000 yuan)

地区	Region	全部业务 Insurance Total Business		财产保险业务 Property Insurance Business		人身保险业务 Life Insurance Business	
		保费收入 Premium Income	比上年增长(%) Growth Rate over Preceding year (%)	保费收入 Premium Income	比上年增长(%) Growth Rate over Preceding year (%)	保费收入 Premium Income	比上年增长(%) Growth Rate over Preceding year (%)
全　省	**Provincial Total**	**3179534**	**17.02**	**1161965**	**19.18**	**2017569**	**15.80**
南昌市	Nanchang	775969	19.70	260101	20.42	515868	19.15
景德镇市	Jingdezhen	111358	21.16	41480	18.34	69878	22.90
萍乡市	Pingxiang	127638	20.43	46560	19.11	81078	21.20
九江市	Jiujiang	292570	15.04	107435	17.66	185136	13.57
新余市	Xinyu	115499	12.72	45709	12.49	69789	12.88
鹰潭市	Yingtan	89588	10.07	37037	10.14	52552	10.02
赣州市	Ganzhou	485209	15.92	182439	24.40	302771	11.34
吉安市	Ji'an	318159	15.05	96434	20.09	221725	12.99
宜春市	Yichun	368558	21.50	155895	22.82	212663	20.54
抚州市	Fuzhou	208703	19.30	67567	17.80	141136	20.02
上饶市	Shangrao	286283	10.65	121309	12.33	164974	9.44

17-7 续表 continued

地区	Region	保险密度（元） Density of Insurance (yuan)			保险深度（%） Deep of Insurance (%)		
		全部业务 Total Insurance Business	财产险 Property Insurance	人身险 Life Insurance	全部业务 Total Insurance Business	财产险 Property Insurance	人身险 Life Insurance
全　省	**Provincial Total**	**703.10**	**256.95**	**446.15**	**2.22**	**0.81**	**1.41**
南昌市	Nanchang	1496.79	501.72	995.07	2.33	0.78	1.55
景德镇市	Jingdezhen	687.62	256.13	431.49	1.64	0.61	1.03
萍乡市	Pingxiang	678.37	247.46	430.91	1.60	0.58	1.02
九江市	Jiujiang	610.86	224.32	386.55	1.83	0.67	1.16
新余市	Xinyu	999.45	395.54	603.91	1.37	0.54	0.83
鹰潭市	Yingtan	784.15	324.17	459.98	1.62	0.67	0.95
赣州市	Ganzhou	572.31	215.19	357.12	2.90	1.09	1.81
吉安市	Ji'an	653.81	198.17	455.64	2.83	0.86	1.97
宜春市	Yichun	672.83	284.60	388.23	2.66	1.12	1.53
抚州市	Fuzhou	526.71	170.52	356.19	2.22	0.72	1.50
上饶市	Shangrao	429.58	182.03	247.55	2.04	0.87	1.18

注：保险密度=年保费收入/国民年平均人口；保险深度=年保费收入/年国内生产总值。

a) Density of insurance=The annualy premium income/The National annual owerage population.

Deep of insurance=The annualy premium income/The annual Gross Domestic Product.

17-8 江西省上市公司数量
Jangxi Summary for Number of Listed Companies

单位：个 (unit)

地　区	Region	2005	2010	2012	2013
全　省	**Total**	**26**	**30**	**33**	**33**
南昌市	Nanchang	15	16	17	16
景德镇市	Jingdezhen	3	3	3	3
萍乡市	Pingxiang	1	1	1	1
九江市	Jiujiang	1			
新余市	Xinyu	1	2	2	2
鹰潭市	Yingtan	1	2	2	2
赣州市	Ganzhou	1	2	2	3
吉安市	Ji'an				
宜春市	Yichun	1	3	2	2
抚州市	Fuzhou			1	1
上饶市	Shangrao	2	1	3	3

17-9 股票发行量和筹资额
Issued Share and Raised Capital

年份 Year	股票发行量 (亿股) Issued Share (100million shares)	A股 A Shares	H股 H Shares	B股 B shares	股票筹资额 (亿元) Raised Capital (100milln shares)	A股 A Shares	配股 Rights Issued	B股 B Shares
2009	2.5				20.86	20.86		
2010	10.74	10.74			153	153		
2011	5.04	5.04			49.50	49.50		
2012	7.98	4.90	3.08		65.35	60.48		4.87
2013	4.03	4.03			33.63	33.63		

17-10 江西省证券市场基本情况

Jiangxi General Statistics on Securities Markets

指　　标	Item	2005	2010	2012	2013
证券法人公司(个)	Securities Company corporation(unit)	2	2	2	2
证券营业部(个)	Security Exchange(unit)	60	122	126	133
证券投资者开户数(万户)	Security Accounts Established (10000 units)	95.77	205.01	231.31	241.81
A股成交金额(亿元)	Stock A turnover value(100 million yuan)	883.38	16932.95	11076.06	13722.46
B股成交金额(亿元)	Stock B turnover value(100 million yuan)	2.26	19.25	33.24	12.62
上市公司总股本(亿股)	Total Share Capital of Listed Company(100 million shares)	96.1	183.13	212.35	226.21
A股	Stock A	78.89	162.81	195.03	208.89
B股	Stock B	3.44	3.44	3.44	3.44
流通股本(亿股)	Share Capital in Circulation(100 million shares)	43.15	141.31	166.15	203.91
股票市价总值(亿元)	Total Market Capitalization(100 million yuan)	447.19	3316.25	2287.44	2366.95
A股	Stock A	356.1	2948.79	2008.87	2136.06
B股	Stock B	11.42	65.8	49.06	78.16
股票流通市值(亿元)	Negotiable Market Capitalization(100 million yuan)	206.36	2857.14	1877.95	2002.92
A股	Stock A	115.27	2489.68	1599.38	1772.04
B股	Stock B	11.42	65.8	49.06	78.16
期货投资者开户数(万户)	Future Accounts Established (10000 units)	446.54	1.69	2.62	2.89
期货总成交量(万手)	Trading Volume of Future(10000 transactions)	80.56	1994.93	2267.51	3256.26
期货总成交额(亿元)	Trading Turnover of Future(100 million yuan)	303.3	18384.63	24234.81	34783.37

主要统计指标解释

信贷资金 国家银行用于发放贷款的资金叫信贷资金。中国人民银行信贷资金的来源有各项存款、对国际金融机构负债、流通中货币、银行自有资金及当年结益等。信贷资金的运用有各项贷款、黄金占款、外汇占款、财政借款及在国际金融机构中的资产等。

存款 企业、机关、团体或居民根据可以收回的原则，把货币资金存入银行或其他信用机构保管并取得一定利息的一种信用活动形式。根据存款对象的不同可划分：企业存款、财政存款、机关团体存款、对外贸易存款、城乡居民储蓄存款和农村存款等科目，它是银行信贷资金的主要来源。

贷款 银行或其他信用机构根据必须归还的原则，按一定利率，为企业、个人等提供资金的一种信用活动形式。我国银行贷款，分流动资金贷款、固定资产贷款、城乡个体工商户贷款以及农业贷款等科目。

保险金额 指保险人承担赔偿或者给付保险金责任的最高限额。

保费 指投保人为取得保险人在约定范围内所承担赔偿责任而支付给保险人的费用。

赔偿 指保险人根据保险合同的规定，向被保险人支付的赔偿保险责任损失的金额。

Explanatory Notes on Main Statistical Indicators

Credit Funds refer to the monetary funds accumulated and distributed in the means of credit by the financial institutions. The sources of credit funds include various deposits, financial bonds, liabilities to international financial institutions, currency in circulation, other items. The uses of credit funds include loans, securities and investment, position for bullion and silver purchase, position for foreign exchange purchase, advances to treasury, and assets with international financial institutions.

Deposit is a form of credit by which enterprises, institutions, organizations or households can put money into banks and other credit institutions for safekeeping and interest earning under the principle of free withdrawal. According to different depositors, deposits are divided into enterprise deposits, fiscal deposits, deposits of government agencies and organizations, savings deposits of rural and urban households, agricultural savings deposits, entrusted deposits and other deposits. Deposits are major sources of the credit funds of banks.

Loan is a form of credit by which banks and other credit institutions provide funds at certain interest rate to enterprises and individuals in the light of the principle of unconditional repayment. Loans from Chinese banks include short-term loan, medium- term and long-term loans, entrusted loans, and other loans.

Amount Insured refers to the maximum that the insurant will get for the claim of the case insured.

Premium is the fee paid by the insurant to the insurer to obtain the obligation of compensation from the insurance within the agreed terms.

Settled Claim is the compensation paid by the insurer to the insurant in accordance with the insurance contract.

主要统计指标解释

Explanatory Notes on Main Statistical Indicators

18

房地产开发

REAL ESTATE DEVELOPMENT

◆417/430

资料整理及英文翻译：石　磊

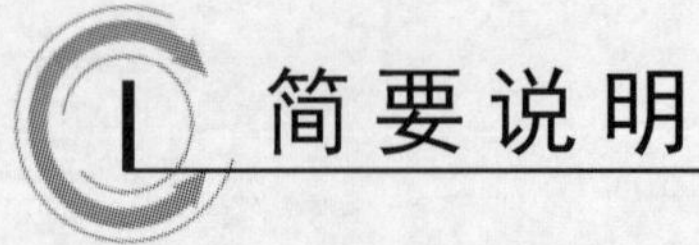

简要说明

房地产开发统计资料的主要内容包括：全省房地产开发建设方面的基本情况，包括11个设区市的主要房地产统计数据。如：房地产开发投资额、房屋施工面积、房屋竣工面积、商品房销售面积、商品房销售额、房地产开发投资资金来源等。

统计范围：房地产开发投资统计的统计范围为各种登记注册类型的房地产开发公司、商品房建设公司及其他房地产开发单位统一开发的包括统代建、拆迁还建的住宅、厂房、仓库、饭店、宾馆、度假村、写字楼、办公楼等房屋建筑物和配套的服务设施、土地开发工程，如道路、给水、排水、供电、供热、通讯、平整场地等基础设施工程。包括实际从事房地产开发或经营活动的附营房地产开发单位。

资料来源：根据国家统计局制定的《房地产开发投资统计报表制度》搜集资料，由省统计局固定资产投资处整理汇总。

统计调查方法：由各级统计部门采取全面调查方法，执行企业一套表，由企业网上直报。

Brief Introduction

Main Contents of Real Estate Statistic: Datas in this chapter show the general situation and the development of real estate, They cover the situation of real estate of the 11 cities in the whole Jiangxi Province. For instance,the value of real estate development, floor space under construction, floor space completed, floor space sold, value of house sold,the sourse of funds for the development of construction.

Scope of Statistics: The scope of the development of real estate statistics covers the investment by the real estate development companies, commercial buildings construction companies and other real estate development units of various types of ownership in the construction of house buildings, such as residential buildings, factory buildings, warehouses, hotels, guesthouses, holiday villages, office buildings, and the complementary service facilities and land development projects, such as roads, water supply, water drainage, power supply, heating, telecommunications, land leveling and other projects of infrastructure. It includes practical in the real estate development or business activities of the business of real estate development unit.

Sources of Data: Datas on Real Estate Statistic are collected in accordance with the Reporting Form System of the Development of Real Estate Statistics stipulated by the National Bureau of Statistics and provided by Fixed Assets Investment Division of Jiangxi Provincial Bureau of statistics.

Methods of Survey The Data are from comprehensive collection and report by local level statistical bureans.

18-1 房地产开发与经营主要指标
Main Indicators of Enterprises for Real Estate Development

指 标	Item	2000	2005	2010	2012	2013
企业个数(个)	**Number of Enterprises**	**539**	**1824**	**2141**	**2005**	**2080**
房地产开发投资(万元)	**Total Investment in Real Estate Development(10000 yuan)**	**423705**	**3010982**	**7068222**	**9696176**	**11745768**
按登记注册类型分	Grouped by Registration Status					
内 资	Domestic Funds	319440	2596827	6355494	9035649	11031313
#国 有	State-Owned Units	143139	201199	378676	563560	427265
集 体	Collective-Owned Units	39137	33198	20283	17539	11212
股份合作	Cooperative Units	16395	49932	31746	79145	56661
联 营	Joint Ownership Units	627	4280	10683	13965	16155
有限责任公司	Limited liability Corporations	29918	1053487	3037481	4225194	5285465
股份有限公司	Share-holding Corporations Ltd.	16114	333554	779993	575880	823424
私 营	Private Enterprises	73810	854028	2033226	3434724	4187707
其 他	Others	300	67149	63406	125642	223424
港澳台商投资	Funds from Hong Kong,Macao and Taiwan	63317	243112	552561	476952	524180
外商投资	Foreign Funds	40948	171043	160167	183575	190275
按构成分	Grouped by Use of Funds					
建筑工程	Construction	294410	2089989	4920441	6910787	8280520
安装工程	Installation	10658	97839	422486	862555	1034597
设备工器具购置	Purchase of Equipment and Instruments	2704	23842	135226	119087	153261
其他费用	Others	115933	799312	1590069	1803747	2277390
#土地购置费	Land Purchase	66281	593283	1098952	1075870	1474486
按工程用途分	Grouped by Use of Projects					
住 宅	Residential Buildings	264555	2081628	5447742	6842114	7957469
#别墅、高档公寓	Villas、High-grade Apartments	14316	55694	181581	296939	364864

18-1 续表 continued

指 标	Item	2000	2005	2010	2012	2013
办公楼	Office Buildings	14324	44861	110064	621001	1009719
商业营业用房	Houses for Bussiness Use	67984	456512	781411	1176446	1535876
其 他	Others	76842	427981	729005	1056615	1242704
本年新增固定资产	**Newly Increased Fixed Assets this Year**	**294124**	**1486566**	**3898732**	**5832322**	**5772236**
土地开发（万平方米）	**Land Space Developed (10000 sq.m)**					
本年购置土地面积	Land Space Purchased this Year	287.81	1517.92	777.15	733.17	837.32
资金来源（万元）	**Sources of Funds(10000 yuan)**					
本年资金来源小计	Sources of Funds this Year	444086	3295995	10081606	14772167	19088417
国内贷款	Domestic Loans	71414	460301	1464036	1648995	2369843
#银行贷款	Bank Loans		449328	1412902	1545709	2254630
非银行金融机构贷款	Non-banking Financial Institutions Loans		10973	51134	103286	115213
利用外资	Foreign Investment	33925	38527	28979	7893	8236
#外商直接投资	Foreign Direct Investment	32997	25605	28979	6493	8236
自筹资金	Self-raising Funds	134697	1448201	3912925	5047928	5816600
#企事业单位自有资金	Enterprises and Institutions Self-own Fund	68906	969826	1688924	2223031	2098049
其他资金来源	Others	202730	1348966	4675666	8067351	10893738
#定金及预付款	Deposit and Advance Payment	164019	1091048	2542706	4382059	6495139
个人按揭贷款	Individual Credit		43322	1460827	2425428	3162939
房屋施工、竣工和销售、出租情况（万平方米）	**Floor Space of Buildings Under Construction and Completed、 On Sale and for Rent(10000 sq.m)**					
房屋施工面积	Floor Space under Construction	896.62	4508.16	7229.94	9465.63	11994.92
#新开工面积	Started this Year	490.92	2490.82	2344.98	3261.03	4138.33
房屋竣工面积	Floor Space Completed	402.80	1561.54	1817.74	1747.48	1784.55
商品房销售面积	Floor Space of Commercialized Buildings Sold	286.69	1650.12	2469.73	2397.10	3167.06
商品房销售额(万元)	Total Sales of Commercialized Buildings(10000 yuan)	272008	2522496	7764058	11373453	16486810
商品房出租面积	Floor Space of Commercialized Buildings for Rent	4.67	168.94	23.66	28.89	27.37
商品房待售面积	Eloor Space of Commercialized Bulidings Lying Idle	102.90	228.89	357.99	640.57	928.38

18-2 房地产开发房屋施工、竣工、销售与出租情况（2013年）
Residential Buildings under Construction, Completed, Sale and for Rent of Real Estate Development (2013)

指 标	Item	合 计 Total	住 宅 Residential Budildings	#90平方米及以下住房 Housing of 90 Squre Metres and Below
房屋施工面积(平方米)	Floor Space under Construction(sq.m)	119949183	90185937	15799918
#新开工面积	Started This Year	41383289	30503033	4409985
房屋竣工面积(平方米)	Floor Space Completed(sq.m)	17845483	14239682	2209412
房屋竣工价值(万元)	Value of Buildings Completed(10000 yuan)	3850810	3032934	488670
商品房销售面积(平方米)	Floor Space of Commercialized Buildings Sold (sq.m)	31670588	28460366	4232920
#现房销售面积	Floor Space of Marketable Housing Sold	5500141	4813990	715634
期房销售面积	Floor Space of Future Marketable Housing Sold	26170447	23646376	3517286
出租房屋面积(平方米)	Floor Space for Rent (sq.m)	273701	12907	8606
不可销售面积(平方米)	Floor Space Unsalable (sq.m)	500536	234756	82603
待售面积(平方米)	Floor Space Lying Idle (sq.m)	9283797	6514619	724777
商品房销售额(万元)	Total Sales of Commarcialized Buildings (10000 yuan)	16486810	13965598	2281539
#现房销售额	Sale of Marketable Housing	2675542	2211133	301423
期房销售额	Sale of Futures Marketable Housing	13811268	11754465	1980116

18-2 续表 continued

指 标	Item	#别墅、高档公寓 Villas, High-grade Apartments	办公楼 Office Buildings	商业营业用房 Houses for Bussiness Use	其 他 Other
房屋施工面积(平方米)	Floor Space under Construction(sq.m)	2950696	4239112	15148051	10376083
#新开工面积	Started This Year	869361	1671250	5294691	3914315
房屋竣工面积(平方米)	Floor Space Completed(sq.m)	370467	245541	2580084	780176
房屋竣工价值(万元)	Value of Buildings Completed(10000 yuan)	99679	61115	592624	164137
商品房销售面积(平方米)	Floor Space of Commercialized Buildings Sold (sq.m)	730396	564647	2140261	505314
#现房销售面积	Floor Space of Marketable Housing Sold	177513	117727	459498	108926
期房销售面积	Floor Space of Future Marketable Housing Sold	552883	446920	1680763	396388
出租房屋面积(平方米)	Floor Space for Rent (sq.m)		8604	252190	
不可销售面积(平方米)	Floor Space Unsalable (sq.m)		11726	173668	80386
待售面积(平方米)	Floor Space Lying Idle (sq.m)	376469	120991	2214074	434113
商品房销售额(万元)	Total Sales of Commarcialized Buildings (10000 yuan)	480088	512849	1751539	256824
#现房销售额	Sale of Marketable Housing	125203	108072	319303	37034
期房销售额	Sale of Futures Marketable Housing	354885	404777	1432236	219790

18-3 按登记注册类型分的房地产开发投资（2013年）

单位:万元

指标	Item	合计 Total	内资 Domestic Funds	国有 State-Owned Units
投资总额	**Total Investment**	**11745768**	**11031313**	**427265**
按构成分	Grouped by Use of Funds			
建筑工程	Construction	8280520	7809189	287901
安装工程	Installation	1034597	922394	40871
设备工器具购置	Purchase of Equipment and Instruments	153261	125771	9492
其他费用	Others	2277390	2173959	89001
按工程用途分	Grouped by Use of Projects			
住　宅	Residential Buildings	7957469	7476220	336016
#90平方米及以下住房	Housing of 90 Square Metres and below	1741860	1625901	76007
别墅、高档公寓	Villas、High-grade Apartments	364864	279956	8721
办公楼	Office Buildings	1009719	952868	13787
商业营业用房	Houses for Bussiness Use	1535876	1427768	30984
其　他	Others	1242704	1174457	46478
本年资金来源合计	**Total Sources of Funds**	**24171529**	**21866797**	**1084161**
上年末结余资金	Surplus Funds last Year	5083112	4377921	202260
本年资金来源小计	Sources of Funds This Year	19088417	17488876	881901
国内贷款	Domestic Loans	2369843	2194943	30000
#银行贷款	Bank Loans	2254630	2094730	30000
非银行金融机构贷款	Non-banking Financial Institutions Loans	115213	100213	
利用外资	Foreign Investment	8236		
#外商直接投资	Foreign Direct Investment	8236		
自筹资金	Self-raising Funds	5816600	5612489	282136
#企事业单位自有资金	Enterprises and Institutions Self-own Fund	2098049	1987604	181591
其他资金来源	Others	10893738	9681444	569765
#定金及预付款	Deposit and Advance Payment	6495139	5596320	444117
个人按揭贷款	Individual Credit	3162939	2882517	46191

Investment in Real Estate Development by Registration Status (2013)

(10000 yuan)

集　体 Collective-Owned Units	私营及个体投资 Private & Self-employed	联　营 Joint Ownership Units	股份有限公司 Share-holding Corporations Ltd.	其他内资 Others	港澳台商投资 Funds from Hong Kong, Macao and Taiwan	外商投资 Foreign Funds
11212	**4187707**	**16155**	**823424**	**223424**	**524180**	**190275**
6533	2853186	11967	605760	187681	330867	140464
1750	375242	4080	95914	7162	84139	28064
	44448	3	6215	1 521	25159	2331
2929	914831	105	115535	27060	84015	19416
6494	2900487	13398	546795	142810	330289	150960
	581522	9486	84077	11496	76741	39218
	101645		9898	5979	77387	7521
	77614		18660	49949	49006	7845
989	646101	1840	196453	21952	87320	20788
3729	563505	917	61516	8713	57565	10682
10665	**8040194**	**61960**	**1367297**	**382692**	**1712374**	**592358**
1838	1620802	25576	352601	116551	529549	175642
8827	6419392	36384	1014696	266141	1182825	416716
	859713	5000	128960	14300	107900	67000
	808205	5000	120480	14300	92900	67000
	51508		8480		15000	
					3530	4706
					3530	4706
4697	2023792		285579	95491	112936	91175
	660721		86631	23971	62532	47913
4130	3535887	31384	600157	156350	958459	253835
3750	2010206	20588	289442	85757	784455	114364
380	1257236	10796	194222	40517	161012	119410

18-4 各地区房地产开发和经营指标（2013年）

指　　标	Item	全　省 Total	南昌市 Nanchang	景德镇市 Jingdezhen
企业个数（个）	**Number of Enterprises (unit)**	**2080**	**483**	**83**
投资额和新增固定资产（万元）	**Investment And Newly Increased Fixed Assets(10000 yuan)**			
投资额	**Investment**	**11745768**	**4061358**	**426646**
按登记注册类型分	Grouped by Registration Status			
内　资	Domestic Funds	11031313	3589928	398332
#国　有	State-Owned Units	427265	215912	1818
集　体	Collective-Owned Units	11212		
私营及个体	Individuals	4187707	596075	159544
联　营	Joint Ownership Units	16155		
股份有限公司	Share-holding Corporations Ltd.	823424	297028	14420
其他内资	Others	223424	69039	
港澳台商投资	Funded by Entrepreneurs from Hong Kong, Macao and Taiwa	524180	340430	21830
外商投资	Enterprises with Foreign Investment	190275	131000	6484
按构成分	Grouped by Use of Funds			
建筑工程	Construction	8280520	3071893	351299
安装工程	Installation	1034597	382943	26056
设备工器具购置	Purchase of Equipment and Instruments	153261	63404	3529
其他费用	Others	2277390	543118	45762
#土地购置费	Land Purchase	1474486	333802	36431
按工程用途分	Grouped by Use of Projects			
住　宅	Residential Buildings	7957469	2411410	335020
#90平方米及以下住房	Housing of 90 Square Metres and below	1741860	759006	155644
别墅、高档公寓	Villas, High-grade Apartments	364864	164812	2586
办公楼	Office Buildings	1009719	908162	942
商业营业用房	Houses for Bussiness Use	1535876	440300	73532
其　他	Others	1242704	301486	17152
本年新增固定资产（万元）	**Newly Increased Fixed Assets this Year (10000 yuan)**	**5772236**	**1362332**	**312726**
土地开发情况（平方米）	**Land Space Developed(Hectare)**			
本年购置土地面积	Land Space Purchased this Year	8373226	2571316	314335
资金来源（万元）	**Source of Funds(10000 yuan)**	**24 171 529**	**9 678 145**	**1 039 234**
本年资金来源小计（万元）	**Source of Funds this Year (10000 yuan)**	**19088417**	**7379743**	**869547**
国内贷款	Domestic Loans	2369843	1095760	50100
#银行贷款	Bank Loans	2254630	1051605	50100
非银行金融机构贷款	Non-banking Financial Institutions Loans	115213	44155	
利用外资	Foreign Investment	8236	299	
#外商直接投资	Foreign Direct Investment	8236	299	
自筹资金	Self-raising Funds	5816600	1541518	273799
#企事业单位自有资金	Enterprises and Institutions Self-own Fund	2098049	639860	64864
其他资金来源	Others	10893738	4742166	545648
#定金及预付款	Deposit and Advance Payment	6495139	2952485	435680
个人按揭贷款	Individual Credit	3162939	1160271	99578
房屋施工、竣工和销售、出租情况	**Floor Space of Buildings Under Construction and Completed, on Sale and for Rent**			
房屋施工面积（平方米）	**Floor Space of Buildings under Construction(sq.m)**	**119949183**	**39925097**	**4012241**
住　宅	Residential Buildings	90185937	27627146	3108888
#90平方米及以下住房	Housing of 90 square metres and below	15799918	7568134	680944
别墅、高档公寓	Villas, High-grade Apartments	2950696	1034332	34443
办公楼	Office Buildings	4239112	3159383	4165
商业营业用房	Houses for Bussiness Use	15148051	4546939	681045
其　他	Others	10376083	4591629	218143

Development and Operating Indicators for Real Estate by Region (2013)

萍乡市 Pingxiang	九江市 Jiujiang	新余市 Xinyu	鹰潭市 Yingtan	赣州市 Ganzhou	吉安市 Ji'an	宜春市 Yichun	抚州市 Fuzhou	上饶市 Shangrao
128	**151**	**113**	**88**	**323**	**124**	**211**	**169**	**207**
243783	**752929**	**415211**	**366276**	**1966223**	**622319**	**1009931**	**813592**	**1067500**
243783	751519	408312	365896	1863393	613579	963796	765871	1066904
	11682	5800	2000	40757	98910	14172	2252	33962
		5300		3162			680	2070
119074	277296	196216	119021	1273304	231103	475828	249359	490887
							272	15883
350	7905	68328		40427	119373	22815	156589	96189
	1695		8 753	45543	9410	516	31814	56654
	900	3659		81659	8740	23615	42751	596
	510	3240	380	21171		22520	4970	
172180	503039	275611	238786	1339641	393724	622652	586984	724711
13598	65781	83432	38313	99226	61900	107647	83077	72624
1353	15948	7241	4429	9934	12363	11997	15822	7241
56652	168161	48927	84748	517422	154332	267635	127709	262924
27804	100193	29350	73120	282501	113179	211517	93371	173218
191079	594804	281822	237960	1263043	448073	772963	653921	767374
29833	115598	32446	32184	179277	67969	157952	110676	101275
3963	5957	32282	9325	38446	8812	56840	4117	37724
1440	17291	4267	5748	39901	7437	13332	5321	5878
28696	70259	87448	56972	325014	90935	127830	100662	134228
22568	70575	41674	65596	338265	75874	95806	53688	160020
96901	**628598**	**370530**	**91122**	**611502**	**326539**	**982818**	**382939**	**606229**
277410	419470	87675	620347	1446717	500381	1038171	467594	629810
507 627	**1 383 778**	**733 451**	**466 828**	**4 173 884**	**1 138 372**	**1 729 831**	**1 438 149**	**1 882 230**
456267	**1078678**	**548883**	**410172**	**3291586**	**884377**	**1440313**	**1221928**	**1506923**
62070	141041	71123	11000	318477	115651	159505	96950	248166
61020	132441	64823	10000	296317	114751	154805	84040	234728
1 050	8600	6300	1000	22160	900	4700	12910	13438
				4706	3231			
				4706	3231			
177768	459499	141068	225248	1149184	281754	435847	509479	621436
93214	191511	72382	66822	281283	95559	104801	227979	259774
216429	478138	336692	173924	1819219	483741	844961	615499	637321
106745	271560	195066	115702	1024763	262717	448360	315854	366207
57039	145450	120430	49701	647569	165726	287028	234085	196062
2523867	**7361582**	**6426255**	**3896901**	**19191477**	**7383177**	**11898013**	**8754707**	**8575866**
2104530	6357981	5089556	3130742	12512720	5758864	9710802	7694577	7090131
136491	1101174	469002	349324	1171133	956680	1260257	1469029	637750
33760	55672	167559	62380	371275	82908	627792	43674	436901
11621	112687	39322	70177	631318	127069	40496	19013	23861
265800	562544	741742	389633	3319870	1031792	1810043	832078	966565
141916	328370	555635	306349	2727569	465452	336672	209039	495309

18-4 续表

指　　标	Item	全　省 Total	南昌市 Nanchang	景德镇市 Jingdezhen
房屋新开工面积（平方米）	**Floor Space Started this Year(sq.m)**	**41383289**	**11185473**	**1388696**
住　宅	Residential Buildings	30503033	7347647	1179268
#90平方米及以下住房	Housing of 90 Square Metres and Below	4409985	1632268	332690
别墅、高档公寓	Villas、High-grade Apartments	869361	266365	
办公楼	Office Buildings	1671250	1201424	2858
商业营业用房	Houses for Bussiness Use	5294691	999367	142609
其　他	Others	3914315	1637035	63961
房屋竣工面积（平方米）	**Floor Space Completed(sq.m)**	**17845483**	**3737500**	**794658**
住　宅	Residential Buildings	14239682	3054749	651826
#90平方米及以下住房	Housing of 90 Square Metres and Below	2209412	1031885	113253
别墅、高档公寓	Villas、High-grade Apartments	370467	68911	11744
办公楼	Office Buildings	245541	164644	1658
商业营业用房	Houses for Bussiness Use	2580084	467536	101166
其　他	Others	780176	50571	40008
竣工房屋价值（万元）	**Value of Buildings Completed(10000 yuan)**	**3850810**	**741122**	**258401**
住　宅	Residential Buildings	3032934	607796	165654
#90平方米及以下住房	Housing of 90 Square Metres and Below	488670	212598	30730
别墅、高档公寓	Villas、High-grade Apartments	99679	14454	7000
办公楼	Office Buildings	61115	40729	550
商业营业用房	Houses for Bussiness Use	592624	84965	76714
其　他	Others	164137	7632	15483
商品房销售面积（平方米）	**Floor Space Sold of Commercialized Buildings(sq.m)**	**31670588**	**8414924**	**1589605**
住　宅	Residential Buildings	28460366	7518728	1477107
#90平方米及以下住房	Housing of 90 Squre Metres and Below	4232920	1840987	265338
别墅、高档公寓	Villas、High-grade Apartments	730396	248662	23167
办公楼	Office Buildings	564647	402681	1200
商业营业用房	Houses for Bussiness Use	2140261	406068	106052
其　他	Others	505314	87447	5246
商品房出租面积（平方米）	**Floor Space for rent(sq.m)**	**273701**	**109802**	
住　宅	Residential Buildings	12907	2 960	
#90平方米及以下住房	Housing of 90 Squre Metres and Below	8606		
别墅、高档公寓	Villas、High-grade Apartments			
办公楼	Office Buildings	8604	8604	
商业营业用房	Houses for Bussiness Use	252190	98238	
其　他	Others			
商品房待售面积（平方米）	**Floor Space Lying Idle (sq.m)**	**9283797**	**1039248**	**332817**
住　宅	Residential Buildings	6514619	494712	250493
#90平方米及以下住房	Housing of 90 Square Metres and Below	724777	107792	35485
别墅、高档公寓	Villas、High-grade Apartments	376469	77961	190
办公楼	Office Buildings	120991	72298	1025
商业营业用房	Houses for Bussiness Use	2214074	409571	80299
其　他	Others	434113	62667	1000
商品房销售额（万元）	**Floor Space Sales(10000 yuan)**	**16486810**	**5975036**	**649221**
住　宅	Residential Buildings	13965598	4991916	561120
#90平方米及以下住房	Housing of 90 Square Metres and Below	2281539	1227363	102680
别墅、高档公寓	Villas、High-grade Apartments	480088	233324	12121
办公楼	Office Buildings	512849	401079	1560
商业营业用房	Houses for Bussiness Use	1751539	500583	84443
其　他	Others	256824	81458	2098

continued

萍乡市 Pingxiang	九江市 Jiujiang	新余市 Xinyu	鹰潭市 Yingtan	赣州市 Ganzhou	吉安市 Ji'an	宜春市 Yichun	抚州市 Fuzhou	上饶市 Shangrao
1025589	**2899454**	**2104632**	**1555971**	**7289574**	**2523927**	**4895380**	**2744537**	**3770056**
853149	2547721	1470603	1287450	4407136	2005492	3970627	2367886	3066054
31619	353101	124644	113090	430823	228812	465672	386558	310708
33060	9600	28461	28942	46418	33770	366839		55906
2661	37520	3208	100	400026	6975	6418	2961	7099
98905	237884	466941	135358	1333911	345927	789088	282002	462699
70874	76329	163880	133063	1148501	165533	129247	91688	234204
329235	**2121244**	**1243326**	**380427**	**2512418**	**1302695**	**2421222**	**1291846**	**1710912**
275343	1984317	930636	309324	1654402	1080815	1829688	1142089	1326493
7896	274146	116811	3853	124461	45090	301442	78343	112232
	8500		18 211	3136	46237	163961		49767
	22544		216	9806	13328	18062	5466	9817
50098	96111	189501	41709	613741	153913	502883	124494	238932
3794	18272	123189	29178	234469	54639	70589	19797	135670
76527	**435054**	**266811**	**74516**	**519709**	**270269**	**520389**	**277146**	**410866**
62917	406569	194511	59158	351868	226139	417679	243249	297394
10105	49099	22755	537	31488	5927	81252	19141	25038
	2322		3 646	784	12621	45212		13640
	4390		30	2737	3824	5196	950	2709
12542	20169	51650	9643	121405	31154	86415	28805	69162
1068	3926	20650	5685	43699	9152	11099	4142	41601
639428	**3048446**	**1317808**	**787303**	**5817931**	**1843559**	**2789051**	**3034750**	**2387783**
607522	2901110	992091	742597	4969006	1618411	2595766	2920367	2117661
30912	481130	141487	63296	425016	130621	193576	472867	187690
7192	14935	39593	22216	40297	39288	242715	11 658	40673
	18895	4129	4988	108919	13690			10145
28575	116123	299824	29806	552610	150078	140877	93375	216873
3331	12318	21764	9912	187396	61380	52408	21008	43104
1209		**153452**		**8738**				**500**
1 209				8738				
				8 606				
		153452						500
357883	**925303**	**788878**	**261476**	**1168536**	**695550**	**1647702**	**427200**	**1639204**
277409	807198	462620	210804	783357	486212	1093960	289271	1358583
10125	76592	55246	6084	185289	10522	93236	10073	134333
342	7 900	50383	962	50785	34568	50398	8661	94319
1140	8924		9 156	17491	3414	3000	1 357	3186
67413	87844	300082	17768	210707	164974	507773	122624	245019
11921	21337	26176	23 748	156981	40950	42969	13948	32416
276301	**1474440**	**500572**	**360935**	**3090648**	**804022**	**1121809**	**1227787**	**1006039**
249450	1374682	359589	326009	2421210	645825	1026039	1143148	866610
13133	215038	50662	29148	226608	59429	82152	199637	75689
6871	10280	5850	12848	32682	9091	130178	4 291	22552
	7568	1800	2417	89632	5569			3224
25792	87952	132924	29016	498127	115297	76670	77905	122830
1059	4238	6259	3493	81679	37331	19100	6734	13375

主要统计指标解释

房地产业 是指从事房地产开发、建设、经营、租赁及维修等活动的经济部门。按照国民经济行业划分的规定，房地产业包括房地产开发与经营、房地产管理和房地产经纪与代理业三部分内容。

房地产开发业 是房地产业的一个重要组成部分，是指进行商品房屋建设和土地开发及经营活动的企业和单位。

房地产开发投资额 是以货币形式表现的房地产开发企业（单位）在一定时期内进行房屋建设及土地开发所完成的工作量及有关费用的总称。

建筑工程 指各种房屋、建筑物的建造工程，又称建筑工作量。这部分投资额必须兴工动料，通过施工活动才能实现。

安装工程 指各种设备、装置的安装工程，又称安装工作量。

设备、工器具购置 指工业企业生产的产品转化为固定资产的购置活动，包括建设单位或企、事业单位购置或自制的，达到固定资产标准的设备、工具、器具的价值。

商品住宅 指房地产开发企业(单位)建设并出售、出租给使用者，仅供居住用的房屋。

别墅、高档公寓 指建筑造价和销售价格明显高于一般商品住宅的商品住宅。别墅一般指地处郊区，独立成栋的商品住宅；高档公寓一般指地处市内高尚社区，高层或多层的商品住宅。别墅、高档公寓的确定标准：一是经有房地产投资计划审批权的主管部门审批建设的别墅、高档公寓开发项目；二是销售价格高于当地同等地段商品住宅平均销售价格一倍以上的别墅、公寓开发项目。该指标可以分析房地产投资结构，反映高收入家庭商品住宅的供求平衡情况。

办公楼 指企业、事业、机关、团体、学校、医院等单位使用的各类办公用房(又称写字楼)。

本年新增固定资产 指在报告期已经完成建造和开发过程并交付使用的房屋和土地开发面积的价值。指房地产开发公司进行开发经营活动的最终成果，即为社会提供的固定资产，而且是在报告期内新增加的。不是反映房地产开发企业本身固定资产的增加。

本年资金来源合计 指房地产开发企业(单位)在本年内收到的可用于房地产开发和经营的各种资金来源数之和，包括上年末结余资金、本年度内拨入、借入或以各种方式筹集的资金。

上年末结余资金 指上年资金来源中没有形成投资额而结余的资金。包括尚未用到工程上去的材料价值、未开始安装的需要安装设备价值及结存的现金和银行存款等。可根据有关财务数字填报。上年末结余资金不能出现负数，即不能把上年应付工程、材料款作为上年末结余资金的负数来处理。

本年资金来源小计 指房地产开发企业(单位)实际拨入的，用于房地产开发的各种货币资金。包括国内贷款、利用外资、自筹资金和其他资金。

国内贷款 指报告期房地产开发企业(单位)向银行及非银行金融机构借入的用于房地产开发与经营的各种国内借款，包括银行利用自有资金及吸收的存款发放的贷款、上级主管部门拨入的国内贷款、国家专项贷款(包括煤代油贷款、劳改煤矿专项贷款等)，地方财政专项资金安排的贷款、国内储备贷款、周转贷款等。

银行贷款 指向各商业银行、政策性银行借入的用于房地产开发与经营的各项贷款。

利用外资 指报告期收到的用于房地产开发与经营的境外资金(包括外国及港澳台地区)，包括外商直接投资、对外借款(外国政府贷款、国际金融组织贷款、出口信贷、外国银行商业贷款、对外发行债券和股票)及外商其他投资(包括补偿贸易和加工装配由外商提供的设备价款、国际租赁)。不包括我国自有外汇资金(包括国家外汇、地方外汇、留成外汇、调剂外汇和中国银行自有资金发行的外汇贷款等)。各类外资按报告期的外汇牌价(中间价)折成人民币“万元”计算。

自筹资金 指各地区、各部门及企事业单位筹集用于房地产开发与经营的预算外资金。

其他资金来源 指在报告期收到的除以上各种资金之外其他用于房地产开发与经营的资金。包括国家预算内资金、债券、社会集资、个人资金、无偿捐赠的资金及用征地迁移补偿费、移民费等进行房地产开发的资金。

房屋施工面积 指报告期内施工的全部房屋建筑面积。包括本期新开工的面积和上年开工跨入本期继续施工的房屋面积，以及上期已停建在本期恢复施工的房屋面积。本期竣工和本期施工后又停建缓建的房屋面积仍包括在施工面积中，多层建筑应填各层建筑面积之和。

房屋竣工面积 指报告期内房屋建筑按照设计要求已全部完工，达到住人和使用条件，经验收鉴定合格或达到竣工验收标准，可正式移交使用的各栋房屋建筑面积的总和。

竣工房屋价值 指在报告期内竣工房屋本身的建造价值。

竣工房屋的价值一般按房屋设计和预算规定的内容计算。包括竣工房屋本身的基础、结构、屋面、装修以及水、电、卫等附属工程的建筑价值，也包括作为房屋建筑组成部分而列入房屋建筑工程预算内的设备(如电梯、通风设备等)的购置和安装费用；不包括厂房内的工艺设备、工艺管线的购置和安装，工艺设备基础的建造；办公和生活用家具的购置等费用；购置土地的费用；迁移补偿费和场地平整的费用及城市建设配套投资。竣工房屋价值一般按结算价格计算。

出租房屋面积 指在报告期期末房屋开发单位出租的商品房屋的全部面积。

商品房销售面积 指报告期内出售商品房屋的合同总面积(即双方签署的正式买卖合同中所确定的建筑面积)。由现房销售建筑面积和期房销售建筑面积两部分组成。

商品房销售额 指报告期内出售商品房屋的合同总价款(即双方签署的正式买卖合同中所确定的合同总价)。该指标与商品房销售面积同口径，由现房销售额和期房销售额两部分组成。

待售面积 指报告期末已竣工的可供销售或出租的商品房屋建筑面积中，尚未销售或出租的商品房屋建筑面积，包括以前年度竣工和本期竣工的房屋面积，但不包括报告期已竣工的拆迁还建、统建代建、公共配套建筑、房地产公司自用及周转房等不可销售或出租的房屋面积。

本年购置土地面积 指在本年内通过各种方式获得土地使用权的土地面积。

Explanatory Notes on Main Statistical Indicators

Real Estate Industry refers to those engaged in real estate development,construction,management,leasing and maintenance activities in the sectors of the economy. In accordance with the provisions of the national economy sectors, the real estate industry including real estate development and management, property management and real estate brokers and agents part of the contents of the three.

Real Estate Development Industry is an important component of real estate industry ,refers to enterprises and units engaged in housing construction and land development and management.

Value of Real Estate Development Investment is in the form of money in real estate development enterprises (units) in a certain period for housing construction and land development by the workload and related costs.

Construction refers to the construction of houses and buildings,also called work volume of construction.This part of investment can only be realized under construction.

Installation refers to the installation of various kinds of equipment and instruments,also called work volume of installation.

Purchase of Equipment and Instruments Purchase of equipment and instruments refers to the total value of equipment, tools, and instruments purchased or self-produced which come up to the cut-off point for fixed assets by the construction units or investing enterprises or institutions.

Residential Buildings refers to buildings built and sod, least to users, only used for living .

Villas、High-grade Apartments refers to commercial houses whose construction costs and marketing prices are significantly higher than ordinary housing.Villas are independent structures generally located in the suburbs;high-grade apartments are multi-story buildings located in elegant urban neighborhoods.Criteria for villas and high-grade apartments include:1）projects for the construction of villas or high-grade apartments have to be approved by comprtent departments in charge of real estate development and investment plans,and 2)prices for projects on villas or high-grade apartments are higher by over 100% compared with the average prices of ordinary commercial housing projects in similar location.This indicator helps to analyze the investment structure of the real estate industry and the demand and supply of housing for high-income households.

Office Buildings refers to office space for enterprise, business, institutions, organizations, schools, hospitals and other units .

Newly Increased Fixed Assets This year refer to the newly increased value of fixed assets,constructed or purchased,that have been transferred to the investors.This is an indicator that demonstrates the results of investment in fixed assets in monetary terms,and an important indicator to reflect the speed of construction and to calculate the efficiency of investement.

Total source of funds refers to the various funds received by real estate enterprises in this year for the purpose of construction and purchase of investment in real estate. It includes balance of funds brought forward from the previous year, funds appropriated and brought in this year, and funds collected by various ways.

Surplus Funds Last Year refers to the surplus funds which didn't form the investment in fixed assets in the sources of funds in previous year. It includes material values that will be used in the projects, facilities values that must be and will be installed, and surplus cashes and deposits in bank.

Sources of Funds This Year refers to the monetary funds received by investing enterprises during the reference period for the purpose of investment in fixed assets. It includes funds from domestic loans, foreign investment, self-raised funds, and others.

Domestic Loans refer to loans of various forms borrowed by investing units from banks and non-bank financial institutions during the reference period, including loans issued by banks from their self-owned funds and deposit, loans appropriated by higher responsible authorities, special loans by government (including loan for substituting petroleum with coal, special loan for reform-through-labour coal mines), loans arranged by local government from special funds, domestic reserve loan, and working loan, etc.

Bank Loans refers to loans for real estate development and management brought from commercial banks and policy banks.

Foreign Investment refers to foreign funds received during the reference period for investment in fixed assets (covering equipment, materials and technology), including foreign direct investment, foreign borrowings (loans from foreign governments and international financial institutions, export credit, commercial loans from foreign banks, issuance of bonds and stocks overseas), and other foreign investment (covering facilities' funds provided by foreign investment by compensation trade and processing & assembly, as well as international lease).

Self-raising Funds refer to extra-budgetary funds for investment in fixed assets received by investing units from central government ministries, local governments, enterprises and institutions during the reference period.

Others Sources of Funds refer to funds for investment in fixed assets received from the sources other than those listed above, including funds raised from social and individuals, through donations, and funds transferred from other units.

Floor Space under Construction refers to total floor space of all buildings under construction during the reference period, including floor space of newly started buildings during the reference period, floor space of construction extended from the previous period to the current period, and floor space of construction suspended during the previous period and resumed in the current period. Floor space of construction completed in the current period, and floor space of construction started and then suspended in the current period are also included in the floor space under construction of the current year.

Floor Space Completed refers to the floor space of all buildings completed in the reference period, which have been appraised and accepted (or come up to the designed standards) and have been transferred to owner units.

Value of Buildings Completed refers to the intrinsic construction value of buildings completed in the reference period. It is figured by the rules of buildings design and budget, which not only includes the construction value of foundations, structure, furnishings, subsidiary projects such as water, electricity, toilet, etc. but also includes purchase and installation expenditures of facilities (such as lift, ventilation, etc.) listed into buildings budget as component of building construction. It excludes the purchase and installation of technical facilities, leads and lines in factories, construction of technical facilities' basis, expenditures of environment projects such as water, eructate, electricity, toilet, road projects, wall fended to earth outside, purchase of furniture in office or house, purchase of lands, as well as expenditures of move compensation and land leveling etc.

Floor Space of Buildings for rent refers to the total area for rent in the end of the reference period.

Floor Space of Commercialized Buildings Sold refers to total contracted area of commercialized housing (i.e. area of floor space as designated in the formal contracts signed by both sides) during the reference time. It constitutes floor space of completed housing and floor space of future housing.

Total Sales of Commercialized Buildings Sold refers to the total contracted value (i.e. value of sales/purchase for selling/purchase of commercialized housing as designated in the contract signed by both sides) during the reference time. This indicator has the same coverage as the area of commercialized housing sold, which constitutes floor space of completed housing and floor space of housing yet to be completed.

Floor Space Lying Idle refers he area has not yet sold or rent, including the housing area completed in the current period the previous year, but does not include demolition re-construction,united construction and the building of agents, public supporting the construction, real estate companies, such as swing space for personal use and not for sale or rental of housing area. has been completed in the reporting period.

Land Space Purchased This Year refers to the land area accessible by various means in current year.

19

科技、教育、文化

SCI-TECH, EDUCATION AND CULTURE

◆431/470

资料整理及英文翻译：万 玲、张家琦、黄小平(女)

I 简要说明

本篇资料主要分为科技、教育、文化三部分。

科技统计资料主要内容包括：国有企事业单位专业技术人员情况；独立核算的科研机构、高校及各类企事业单位的科技活动人员、研究与试验发展（R&D）活动、科技成果及奖励等情况；专利申请和授权情况；技术市场技术合同成交情况；科协系统科技活动情况等。

统计范围：科技活动统计资料包括全社会有科技活动的企事业单位，具体为：规模以上工业企业、独立核算的科研机构、普通高等学校以及国民经济其他行业中有研发活动的企业（单位）等。

资料来源：全省科技综合资料、各类企业科技资料由省统计局调查提供；独立核算的科研机构资料、技术市场资料由省科技厅调查提供；高校科技活动资料由省教育厅调查提供；国防科研机构资料由省国防科工委调查提供；专业技术人员资料由省人力资源保障厅调查提供；科协系统科技活动资料由省科协调查提供；专利由省知识产权局调查提供。

统计调查方法：规模以上工业企业、独立核算的科研机构、高校的科技活动资料采用全数调查取得，国民经济其他行业中有研发活动的企业（单位）数据为第二次R&D资源清查资料。

教育统计资料包括研究生教育、高等教育(普通教育本专科、成人教育本专科)、中等教育(高中阶段教育和初中阶段教育)、初等教育(小学)、学前教育、特殊教育(盲聋哑和弱智儿童学校等)以及教育经费等资料。主要指标包括学校数、在校学生数、招生数、毕业生数、教职工数和专任教师数等。资料来源于省教育厅，技工学校资料来源于省人力资源和社会保障厅。

文化统计资料主要包括艺术表演团体、艺术表演场所、公共图书馆、博物馆、文化馆、文化站、文物、文化产业、新闻出版、广播电视等资料，资料来源于省文化厅、省新闻出版广电局、省统计局。

I Brief Introduction

This chapter includes three parts: technology, education and culture.

Data on technology mainly include: condition of professional scientific and technological personnel of state-owned enterprises and institutions; scientific and technological institutions with independent accounting system, scientific and technological personnel in universities and colleges and various enterprises or institutions, activities of R&D and scientific and technological achievements and prizes; condition on applied and certified patent applications domestically and overseas; the situation of signed technological contracts on technological market; scientific and technological activities within scientific and technological system.

Statistical scope: data on scientific and technological activities include all institutions of the society engaged in those activities. They are mainly: industrial enterprises above designed size, scientific and technological institutions with independent accounting system, universities and colleges enterprises with scientific and technological activities in other national economic industries.

Sources of data: Scientific and technological data on provincial level and various enterprises are from Jiangxi Bureau of Statistics. Data on scientific and technologic research institutions, technological markets and high and new-tech industrial zones are from Bureau of Science and Technology; Data on scientific and technological activities in universities and colleges are from Ministry of Education; Data on scientific research institutions for defense are from Commission of Science, Technology and Industry for Provincial Defense. Department of Human Resources and Social Security provide the data on the number of scientific and technological personnel. Jiangxi Science Association provides data on the scientific and technological activities. Data on supervision and checking of the products quality and patents are provided by Inspection and Quarantine and State Intellectual Property Office.

Statistical methodology: data on industrial enterprises above designed size, scientific and technological institutions with independent accounting system and scientific and technological activities of universities and colleges are collected through comprehensive reporting system. Data on enterprises with scientific and technological activities in other national economic industries are collected through the 2rd R&D survey.

The data on education cover the situations on postgraduates, higher education (universities and colleges), secondary education (senior and junior high schools), elementary education (primary schools), preschool education, special education (schools for the blind, deaf-mutes, and the retarded) and expenditure on education. The main indicators cover the number of schools, the number of students enrolled, the number of new students enrolled, the number of graduates, the number of staff and workers, the number of full-time teachers, sources and outlay of education fund, education expenditure from the state budget. The data are mainly provided by Bureau of Education. Data on the technical training schools are provided by the Bureau of Labor and Social Security.

Data on culture industry include show groups, art places, public libratories, museums, culture centers, culture satiations, relics, publishing and broadcasting. Data source from Jiangxi Bureau of Culture, Press Publication and Broadcasting Bureau, Bureau of Statistics.

19-1 科技活动人员情况（2013年）

Scientific Research Personnel (2013)

项　　目	Item	总　计 Total	企　业 Enterprises	#规模以上工业企业 Enterprises above Designated Size	科研机构 Science Institutions	高等院校 High Educations	其　他 Others
科技活动人员(人)	Scientific Research Personnel(person)	135437	84379	77802	8936	32328	9794
#大学本科及以上学历	University Graduate and above	62526	25737	23724	6015	28725	2049

19-2 研究与试验发展(R&D)情况（2013年）

Basic Statistics on Research and Experimental Development (2013)

项　　目	Item	总　计 Total	企　业 Enterprises	#规模以上工业企业 Enterprises above Designated Size	科研机构 Science Institutions	高等院校 High Educations	其　他 Others
有R&D活动单位	R&D Institutions	1195	997	954	70	51	77
R&D人员(人)	R&D Personnel (person)	70928	48243	46599	5762	10644	6279
#研究人员	Research Personnel (person)	34365	18542	17735	3780	8888	3155
全时人员	Full-time	40891	28139	27378	4866	4249	3637
非全时人员	Non Full-time	30037	20104	19221	896	6395	2642
R&D人员折合全时当量(人年)	Full-time Equivalent of R&D Personnels (person-year)	43512	30508	29519	5130	4612	3262
R&D经费内部支出(万元)	R&D Interal Expenditure（10000yuan）	1354972	1115771.5	1106443	122711	95126	21363
日常性支出	Routine	1135530	973775	965213	89484	58352	13919
#人员劳务费	Labour	300161	243577	238188	30756	14355	11473
资产性支出	Asset	219442	141997	141230	33227	36774	7444
#仪器和设备	Instruments and Facilities	196280	136686	135955	23730	29050	6815
政府资金	Government Funded	242340	47221.7	45668	113177	64216	17725
企业资金	Enterprises Funded	1041009	1016755	1009134	70	21955	2229
境外资金	Overseas Fund	2820	2467	2467	29	279	44
其他资金	Other funds	68803	49327	49173	9435	8675	1365
R&D经费外部支出	R&D External Expenditure	119842	106155	105765	5861	7811	15
专利申请数(件)	Numbers of Patent Applications (unit)	7265	218	1979	5047	4893	21
#发明专利	Inventions	2699	126	836	1723	1669	14
专利授权数(件)	Numbers of Patent Applications Granted(unit)	1295	107	1083	88		17
#发明专利	Inventions	323	45	246	23		9
有效发明专利数(件)	Number of Valid Patent Applications (unit)	3475	252	797	2405	2333	21
发表科技论文(篇)	Number of S&T Paper Published (piece)	31480	1894	24040	2222	1861	3324
出版科技著作(种)	Number of S&T Works Published (copy)	594	59	509			26

19-3 研究与试验发展(R&D)项目(课题)情况(2013年)

R&D Projects (2013)

指　标	Item	项目(课题)数（项） Number of Projects (item)	项目(课题)参加人员折合全时当量(人年) Full-time Equivalent of Project Personnel (person-year)	项目(课题)经费内部支出(万元) Expenditure (10000 yuan)
总　计	**Total**	**22112**	**37834.2**	**1161089**
企　业	Enterprises	4419	26768.6	992683
#规模以上工业企业	Enterprises above Designated Size	4288	26013.7	986917
科研机构	Science Institutions	826	4490.5	72288
高等院校	High Educations	16224	4599.6	84546
其　他	Others	643	1975.5	11572

19-4 研究机构情况(2013年)

Scientific Research Institutions (2013)

指　标	Item	机构数(个) Number of Institutions (unit)	R&D人员(人) R&D Personnel (person)	#博士毕业 Doctor Graduates	#硕士毕业 Master Graduates	R&D经费支出(万元) Expenditure on R&D Activities (10000 yuan)	科研用仪器设备原价(万元) Prime Cost of Research Instruments (10000 yuan)
总　计	**Total**	**1154**	**27904**	**1306**	**3540**	**598662**	**519323**
企　业	Enterprises	786	19620	394	1759	452023	334093
#规模以上工业	Enterprises above Designated Size	710	19077	386	1727	449150	330808
科研机构	Science Institutions	116	5762	187	1101	122711	76909
高等院校	High Educations	208	1732	707	556	20357	97839
其　他	Others	44	790	18	124	3571	10482

19-5 规模以上工业企业科技活动情况
S&T Activities of Industrial Enterprises above Designated Size

指　　标	Item	2012	2013
科技活动人员情况(人)	**Personnel in S&T Activities(person)**		
科技活动人员合计	Number of S&T Personnel	57933	77802
参加科技项目人员	Project	45166	60907
科技管理和服务人员	Management and Services	12767	16895
#女性	Female	11283	15244
#高中级技术职称人员	Senior and Medium	18056	22506
#全时人员	Full-time	36198	45084
科技活动费用情况(万元)	**S&T Expenditure(10000 yuan)**		
企业内部用于科技活动的经费支出	Internal Expenditure on S&T Activities	1126887	1384022
人员人工费	On Labour	251448	328169
原材料费	On Raw Material Cost	550976	612752
折旧费用与长期费用摊销	On Depreciation and Long-term Deferred Expenses	65067	86257
无形资产摊销	On Amortization of Intangible Assets	25326	35222
其他费用	On Others	234069	321622
委托外单位开展科技活动的经费支出	Expenditure on Entrust S&T Activities	104112	138038
#对境内研究机构支出	On Domestic Research Institution	53481	65155
对境内高等学校支出	On Domestic Institution of Higher Learning	27412	16197
对境外支出	On Overseas	7389	33759
当年形成的用于科技活动的固定资产	Present Year Fixed Assets on S&T Activites	192875	264636
#仪器和设备	Instruments and Facilities	150752	190246
使用来自政府部门的研究开发资金	R&D Fund from Government Departments	56333	54098
科技项目情况	**S&T Projects**		
全部科技项目数(项)	Number of S&T Projects(unit)	4753	6295
全部科技项目经费内部支出(万元)	Internal Expenditure on S&T Projects(10000 yuan)	1083819	1326868
企业办科技机构情况	**S&T institutions by Enterprises**		
机构数(个)	Number of Institutions(unit)	510	955
机构人员合计(人)	Number of Personnel(person)	25572	35052
#博士毕业	Doctor Graduates	436	699
硕士毕业	Master Graduates	2248	3061
本科毕业	Under-graduates	15568	19964
机构经费支出(万元)	Institutional Expenditure(10000 yuan)	512429	727516
仪器和设备原价(万元)	Prime Cost of Instruments and Facilities(10000 yuan)	244006	330808
#进口	Exports	29654	45341
科技活动产出及相关情况	**Output of S&T Activities**		
自主知识产权情况	Intellectual Property Rights		
专利申请数(件)	Number of Patent Applications Examined(unit)	3015	4893
#发明专利	Inventions	1135	1669
有效发明专利数(件)	Numbers of Patent Applications Granted (unit)	1398	2333
#境外授权	Overseas	49	45
专利所有权转让及许可数(件)	Number of Patent Ownership Transfer and Application Grant (unit)	97	96
专利所有权转让与许可收入(万元)	Input on Patent Ownership Transfer and Application Grant (10000 yuan)	223	1439
新产品生产及销售情况	Production and Marketing of New Product		
新产品产值(万元)	Output of New Product(10000 yuan)	13206309	16918560
新产品销售收入(万元)	Sales Revenue of New Product(10000 yuan)	12871344	16829309
#出口	Exports	1748554	1575374
其他情况	Others		
发表科技论文(篇)	S&T Paper Published(unit)	1537	1861
拥有注册商标(件)	Registered Trademark (unit)	3927	4979
#境外注册	Overseas Registered	541	615
形成国家或行业标准(项)	Industrial or National Standard(unit)	196	218
其他相关情况(万元)	**Other Relvances(10000 yuan)**		
政府相关政策落实情况	Government Policy Implement		
研究开发费用加计扣除减免税	Total R&D Expenditure Minus Tariff Reductions	53080	37292
高新技术企业减免税	Tariff Reductions on High-tech Enterprises	105000	72432
技术获取和技术改造情况	Technica Acquisition and Renovation		
引进国外技术经费支出	Expenditure on Acquisition of Foreign Technology	22132	21542
引进技术的消化吸收经费支出	Expenditure on Assimilation of Technology	49108	28800
购买国内技术经费支出	Expenditure on Purchase of Domestic Technology	16691	33158
技术改造经费支出	Expenditure on Technical Renovation	537753	801555

19-6 各地区研发情况(2013年)

Main Statistics on R&D by Region(2013)

地 区	Region	科技活动人员(人) S&T Personnel (person)	R&D人员(人) R&D Personnel (person)	R&D内部经费支出(万元) R&D Interal Expenditure (10000 yuan)	研发机构数(个) R&D Institutions (unit)	专利申请受理量(件) Patent Applications Examined (unit)	专利申请授权量(件) Patent Applications Granted (unit)
全 省	**Provincial Total**	**135437**	**70928**	**1354971.9**	**1154**	**7265**	**1295**
南 昌 市	Nanchang	57967	30945	535406.8	400	3826	1030
景德镇市	Jingdezhen	9787	5229	110027.1	65	252	48
萍 乡 市	Pingxiang	5551	3531	40888.2	78	318	8
九 江 市	Jiujiang	11458	3761	50154.2	92	428	92
新 余 市	Xinyu	8993	4832	123465.6	48	280	2
鹰 潭 市	Yingtan	3881	2855	216437.5	24	278	
赣 州 市	Ganzhou	11331	5963	97912.5	151	529	56
吉 安 市	Ji'an	5950	3481	36942.9	55	232	6
宜 春 市	Yichun	10121	5008	62388.8	122	488	1
抚 州 市	Fuzhou	5098	2253	33225.4	68	299	52
上 饶 市	Shangrao	5300	3070	48122.9	51	335	

注：本表中专利授权量未包括工业企业。

a) Patent applications of industrial enterprises are not included in this table.

19-7 地方企事业单位专业技术人员(一)

Professional Technical Personnel in Local Institutions and Enterprises (I)

单位：人 (person)

类 别	Type	2000	2005	2010	2012	2013
总 计	**Total**	**693530**	**693932**	**695946**	**709274**	**720607**
工程技术人员	Engineering	91360	74607	67728	73130	72163
农业技术人员	Agriculture	19470	19733	20391	20010	19245
卫生技术人员	Health Care	99631	110834	119861	126083	138389
科学研究人员	Scientific Research	2333	3840	2840	3783	3348
教学人员	Teaching	360818	399404	414664	421237	423872
其他人员	Others	119918	85514	70462	65031	63590

注：本表中事业单位专业技术人员不包含聘用人员。

a)Personnel contract are not included in institution personnel in this table.

19-8 地方企事业单位专业技术人员(二)

Professional Technical Personnel in Local Institutions and Enterprises (II)

类别	Type	人数 (人) Personnel (person)		比重 (%) Percentage (%)		平均每万人口专业技术人员（人） Professional Technical Staff per 10000 Population (person)		平均每万在岗职工专业技术人员(人) Professional Technical Staff per 10000 Staff and Workers (person)	
		2012	2013	2012	2013	2012	2013	2012	2013
总　计	**Total**	**709274**	**720607**	**100.0**	**100.0**	**157**	**160**	**1965**	**1891**
工程技术人员	Engineering	73130	72163	10.3	10.0	16	16	204	189
农业技术人员	Agriculture	20010	19245	2.8	2.7	4	4	55	51
卫生技术人员	Health Care	126083	3348	17.8	0.5	28	31	349	363
科学研究人员	Scientific Research	3783	138389	0.5	19.2	1	1	10	9
教学人员	Teaching	421237	423872	59.4	58.8	94	94	1167	1112
其他人员	Others	65031	63590	9.2	8.8	14	14	180	167

19-9 地方企事业单位分行业专业技术人员（2013年）

Professional Technical Personnel in Local Institutions and Enterprises by Sector (2013)

单位：人　　　　(person)

行业	Sector	合计 Total	事业单位 Institutions	企业单位 Enterprises
总　计	**Total**	**727735**	**655810**	**71925**
农、林、牧、渔业	Agriculture,Forestry,Animal Husbandry and Fishery	29969	24049	5920
采掘业	Mining	18385		18385
制造业	Manufacturing	16709		16709
电力、燃气及水的生产和供应业	Production and Supply of Electric Power,Gas and Water	2669	83	2586
建筑业	Construction	5947		5947
交通运输、仓储和邮政业	Transport,Storage and Post	1919	138	1781
信息传输、计算机服务和软件业	Information Transmission,Computer Services and Software	13508	7767	5741
批发和零售业	Wholesale and Retail Trade	261	148	113
住宿餐饮业	Hotel and Catering	577	510	67
金融业	Financial Intermediation	7589		7589
房地产业	Real Estate	2223	1767	456
租赁和商务服务业	Leasing and Business Services	1399	162	1237
科学研究、技术服务和地质勘查业	Scientific Research,Technical Service and Geologic Prospecting	19349	18249	1100
水利、环境和公共设施管理业	Management of Water Conservancy,Environment and Public Facilities	8498	7893	605
居民服务和其他服务业	Services to Households and Other Services	2122	687	1435
教　育	Education	425867	425867	
卫生、社会保障和社会福利业	Health, Social Security and Social Welfare	137796	137577	219
文化、体育和娱乐业	Culture, Sports and Entertainment	12860	10825	2035
公共管理和社会组织	Public Management and Social Organization	20088	20088	

注：本表中事业单位专业技术人员包含聘用人员。

a)Personnel contract are included in institution personnel in this table.

19-10 地方企业单位按学历职务分专业技术人员（2013年）
Technical Personnel in Local Stated-owned Enterprises by Schooling and Rank (2013)

单位：人 (person)

类 别	Type	合计 Total	研究生 Postgraduate	大学本科 Undergraduate	大学本科 Junior College	中专 Junior Secondary School	高中及以下 Senior Secondary School and below
总 计	**Total**	**71925**	**1988**	**26155**	**25963**	**10837**	**6982**
高级职务	Senior	5474	536	4060	744	101	33
#正高级职务	High Senior	324	69	243	12		
中级职务	Middle	19675	632	7791	7958	2704	590
初级职务	Junior	35269	324	9389	13676	7064	4816
未聘任专业技术职务	Un-titled	11507	496	4915	3585	968	1543

19-11 地方企业单位按年龄分专业技术人员（2013年）
Technical Personnel in Local Stated-owned Enterprises by Age and Rank (2013)

单位：人 (person)

类 别	Type	合计 Total	35岁及以下 35 and below	36岁至40岁 36-40	41岁至45岁 41-45	46岁至50岁 46-50	51岁至54岁 51-54	55岁及以上 55 and over
总 计	**Total**	**71925**	**24518**	**12741**	**12927**	**12445**	**5685**	**3609**
高级职务	Senior	5474	137	710	1398	1715	796	718
#正高级职务	High Senior	324		6	51	142	69	56
中级职务	Middle	19675	3791	4128	4470	4252	2014	1020
初级职务	Junior	35269	12531	6785	6167	5690	2501	1595
未聘任专业技术职务	Un-titled	11507	8059	1118	892	788	374	276

19-12 地方事业单位按学历分专业技术人员（2013年）

Technical Personnel in Local Institutions by Schooling and Profession (2013)

单位：人 (person)

类别	Type	合计 Total	工程技术人员 Engineering	农业技术人员 Agriculture	科学研究人员 Scientific Research	卫生技术人员 Health Care	教学人员 Teaching	其他人员 Others
总计	**Total**	**648682**	**38479**	**16710**	**3190**	**134397**	**423189**	**32717**
研究生	Postgraduate	23516	1455	225	1045	3996	16287	508
大学本科	Undergraduate	250458	17471	3726	1367	36117	179083	12694
大学专科	Junior College	252769	13196	6823	561	58694	160458	13037
中专	Junior Secondary School	106613	4937	4545	156	31282	61409	4284
高中及以下	Senior Secondary School and below	15326	1420	1391	61	4308	5952	2194

注：本表中事业单位专业技术人员不包含聘用人员。(后同)
a)Personnel contract are not included in institution personnel in this table. The same applies to the table following.

19-13 地方事业单位按年龄分专业技术人员（2013年）

Technical Personnel in Local Institutions by Age and Profession (2013)

单位：人 (person)

年龄（岁）	Age (year old)	合计 Total	工程技术人员 Engineering	农业技术人员 Agriculture	科学研究人员 Scientific Research	卫生技术人员 Health Care	教学人员 Teaching	其他人员 Others
总计	**Total**	**648682**	**38479**	**16710**	**3190**	**134397**	**423189**	**32717**
35岁及以下	35 and below	242386	15865	4295	1042	44738	165696	10750
36-40	36-40	129933	6898	3691	504	41211	70503	7126
41-45	41-45	98092	5937	3655	496	17648	64288	6068
46-50	46-50	86079	5700	2751	633	16794	55452	4749
51-54	51-54	52314	2464	1324	265	8929	36848	2484
55岁及以上	55 and over	39878	1615	994	250	5077	30402	1540

19-14 地方企业单位按学历分专业技术人员（2013年）

Technical Personnel in Local Enterprises by Schooling and Profession (2013)

单位：人 (person)

类别	Type	合计 Total	工程技术人员 Engineering	农业技术人员 Agriculture	科学研究人员 Scientific Research	卫生技术人员 Health Care	教学人员 Teaching	其他人员 Others
总计	**Total**	**71925**	**33684**	**2535**	**158**	**3992**	**683**	**30873**
研究生	Postgraduate	1988	1231		22	42	14	679
大学本科	Undergraduate	26155	13854	341	105	1257	308	10290
大学专科	Junior College	25963	12077	942	14	1306	247	11377
中专	Junior Secondary School	10837	4572	927	16	1264	90	3968
高中及以下	Senior Secondary School and below	6982	1950	325	1	123	24	4559

19-15 地方企业单位按年龄分专业技术人员（2013年）

Technical Personnel in Local Enterprises by Age and Profession (2013)

单位：人 (person)

年龄（岁）	Age (year old)	合计 Total	工程技术人员 Engineering	农业技术人员 Agriculture	科学研究人员 Scientific Research	卫生技术人员 Health Care	教学人员 Teaching	其他人员 Others
总计	**Total**	**71925**	**33684**	**2535**	**158**	**3992**	**683**	**30873**
35岁及以下	35 and below	24518	14775	353	25	1847	127	7391
36-40	36-40	12741	5637	419	7	568	97	6013
41-45	41-45	12927	5382	627	18	564	117	6219
46-50	46-50	12445	4717	585	60	672	192	6219
51-54	51-54	5685	1969	436	32	220	90	2938
55岁及以上	55 and over	3609	1204	115	16	121	60	2093

19-16 政府部门属科技机构情况（2013年）
Government Administratied Science Institutions (2013)

类别	Type	机构数（个）Number of Institutions (unit)	从业人员 总数（人）Total Number of Employees (person)	#单位在职科技活动人员 Personnel Engaged in S&T Activities	经费收入 总额（千元）Total Income (1000yuan)	经费支出 总额（千元）Total Expenditures (1000yuan)	#科技经费支出 On Science and Technology
总计	**Total**	**113**	**8941**	**5913**	**1472425**	**1346120**	**921690**
按隶属关系分	**Grouped by Jurisdiction of Management**						
地方部门属	Local Department Administratied	113	8941	5913	1472425	1346120	921690
省级部门属	Provincial Department Administratied	57	6076	4238	1244320	1129018	760574
地市级部门属	Municipal Departments Administratied	56	2865	1675	228105	217102	161116
按国民经济行业分	**Group by Sector**						
农、林、牧、渔业	Agriculture,Forestry,Animal Husbandry and Fishery	44	4238	2214	458128	455838	307919
采矿业	Mining	1	52	41	6930	6621	4905
制造业	Manufacturing	18	967	711	155277	140215	100931
建筑业	Construction	2	123	85	47181	45870	7656
交通运输、仓储和邮政业	Transport,Storage and Post	1	216	135	78936	54377	5224
信息传输、计算机服务和软件业	Information Transmission, Computer Services and Software	1	79	79	10818	10286	10205
科学研究、技术服务和地质勘查业	Scientific Research,Technical Service and Geologic Prospecting	37	2510	2026	473746	419792	339895
水利、环境和公共设施管理业	Management of Water Conservancy, Environment and Public Facilities	5	422	339	186617	156554	113051
卫生、社会工作	Health and Social Affairs	4	334	283	54792	56567	31904
按学科领域分	**Grouped by Field of Study**						
自然科学领域	Natural Science	5	278	242	61803	52077	37252
农业科学领域	Agriculture Science	45	4469	2289	533808	518689	360900
医学科学领域	Medical Science	8	579	500	86797	84593	52194
工程科学与技术领域	Engineering Science and Technology	40	3084	2388	699980	603070	393722
社会、人文科学领域	Social and Human Science	15	531	494	90037	87691	77622
按地区分	**Grouped by Region**						
南昌市	Nanchang	57	5734	4188	1219358	1100316	739754
景德镇市	Jingdezhen	6	300	201	21566	22024	19637
萍乡市	Pingxiang	7	193	155	14659	14432	10752
九江市	Jiujiang	10	1049	353	72527	68698	46156
新余市	Xinyu	2	40	27	18407	18407	15618
鹰潭市	Yingtan	2	27	21	2958	3304	2868
赣州市	Ganzhou	10	767	409	58455	57111	34475
吉安市	Ji'an	5	231	171	9029	7745	6550
宜春市	Yichun	4	176	136	23390	23227	16855
抚州市	Fuzhou	6	193	118	14230	14423	12692
上饶市	Shangrao	4	231	134	17846	16433	16333

19-17 县以上政府部门属自然科学研究与开发机构情况（2013年）
County and above Departments Administratied Natural Science Research and Development Institutions (2013)

类别	Type	机构数（个）Number of Institutions (unit)	从业人员 总数（人）Total Number of Employees (person)	#单位在职科技活动人员 Personnel Engaged in S&T Activities	经费收入 总额（千元）Total Income (1000yuan)	经费支出 总额（千元）Total Expenditures (1000yuan)	#科技经费支出 On Science and Technology
总计	**Total**	**99**	**8424**	**5427**	**1385176**	**1259841**	**846823**
按隶属关系分	**Grouped by Jurisdiction of Management**						
地方部门属	Local Department Administratied	99	8424	5427	1385176	1259841	846823
省级部门属	Provincial Department Administratied	54	5781	3947	1180894	1066212	704297
地市级部门属	Municipal Departments Administratied	45	2643	1480	204282	193629	142526
按国民经济行业分	**Group by Sector**						
农、林、牧、渔业	Agriculture,Forestry,Animal Husbandry and Fishery	44	4238	2214	458128	455838	307919
采矿业	Mining	1	52	41	6930	6621	4905
制造业	Manufacturing	18	967	711	155277	140215	100931
建筑业	Construction	2	123	85	47181	45870	7656
交通运输、仓储和邮政业	Transport,Storage and Post	1	216	135	78936	54377	5224
信息传输、计算机服务和软件业	Information Transmission, Computer Services and Software	1	79	79	10818	10286	10205
科学研究、技术服务和地质勘查业	Scientific Research,Technical Service and Geologic Prospecting	23	1993	1540	386497	333513	265028
水利、环境和公共设施管理业	Management of Water Conservancy, Environment and Public Facilities	5	422	339	186617	156554	113051
卫生、社会工作	Health and Social Affairs	4	334	283	54792	56567	31904
按学科领域分	**Grouped by Field of Study**						
自然科学领域	Natural Science	4	241	205	55839	47067	33585
农业科学领域	Agriculture Science	45	4469	2289	533808	518689	360900
医学科学领域	Medical Science	8	579	500	86797	84593	52194
工程科学与技术领域	Engineering Science and Technology	40	3084	2388	699980	603070	393722
社会、人文科学领域	Social and Human Science	2	51	45	8752	6422	6422
按地区分	**Grouped by Region**						
南昌市	Nanchang	53	5402	3860	1149968	1032500	679810
景德镇市	Jingdezhen	5	275	179	19988	20446	18059
萍乡市	Pingxiang	6	172	134	13225	12947	9267
九江市	Jiujiang	9	1025	335	70627	66898	44856
新余市	Xinyu	1	25	15	15965	15965	13836
鹰潭市	Yingtan	1	15	12	1408	1129	1003
赣州市	Ganzhou	9	744	386	55655	54846	32210
吉安市	Ji'an	4	219	160	8289	6622	5747
宜春市	Yichun	3	152	119	20418	20025	14946
抚州市	Fuzhou	5	179	108	12898	12974	11700
上饶市	Shangrao	3	216	119	16735	15489	15389

19-18 高等学校科技人力资源情况（2013年）

Basic Statistics on Higher Education for Human Resource (2013)

单位：人 (person)

类别	Type	总计 Total	高级 Senior	中级 Medium	初级 Junior	技术员 Technician	辅助人员 Assistant
合计	**Total**	**20148**	**6637**	**7676**	**5269**	**196**	**370**
按学科分	Grouped by Field of Study						
自然科学	Natural Science	3508	1432	1487	563	6	20
工程与技术	Engineering and Technology	6843	2505	2965	1252	46	75
医药科学	Medical Science	7962	2064	2547	3079	102	170
农业科学	Agricultural Science	456	237	177	41	1	
其他	Others	1379	399	500	334	41	105
按学历分	Grouped by Schooling						
博士研究生	Doctor-graduates	2888	1565	1176	146	1	
硕士研究生	Post-graduates	6407	1679	2857	1841	30	
大学本科	Undergraduate	7656	3050	2655	1786	165	
大学专科	Junior College	2351	272	747	1143		189
中专	Secondary Technical School	663	38	220	325		80
高中及以下	Senior Secondary Schools and below	183	33	21	28		101

注：本表数据为高校理工院校。

a) The data refers to polytechnic colleges in this table.

19-19 高等学校科技项目情况（2013年）

Statistics on Scientific Projects in Schools of Higher Education (2013)

类别	Type	课题数（项） Number of Project (item)	当年投入（万元） Input this Year (10000 yuan)	当年支出经费(万元) Expenditures this Year (10000 yuan)	当年投入人员（人年） Staff Input this Year (person-year)	高级职务 Senior Title	中级职务 Middle Title	初级职务 Junior Title	其他 Others
总计	**Total**	**8775**	**1235953**	**969779**	**4156**	**1580**	**1852**	**677**	**47**
基础研究	Basic Research	3005	344088	254089	1422	530	589	280	24
应用研究	Applied Research	3052	442120	324933	1655	628	739	271	17
试验发展	Experimental Development	1061	191647	160560	427	166	195	63	3
R&D成果应用	R&D Production Application	307	46980	42790	137	67	54	13	2
其他科技服务	Other Scientific Services	1350	211118	187407	515	189	275	50	1

注：本表数据为高校理工院校。

a) The data refers to polytechnic colleges in this table.

19-20 科协系统科技活动情况（2013年）

Basic Statistics on S&T Activities of S&T Associations (2013)

指标	Item	科协 合计 Total Number of Associations	省科协 Provincial Associations	市科协 Prefectural Associations	县科协 County Associations	省学会合计 Total Number of Learned Societies
机构与人员	**Number of Associations or Academic Societies and Personnel**					
机构数(个)	Number of Associations (unit)	111	1	11	99	114
人员数(人)	Number of Personnel (person)	666	33	140	493	623
举办学术交流活动	**Academic Exchange**					
次　数(次)	Number of Academic Meetings (time)	98	29	46	23	275
参加人数(人次)	Number of Participants (person-time)	11287	2340	6690	2257	36440
科普活动	**S&T Popularization Activities**					
科普宣讲活动(次)	Number of S&T Popularization Lectures (time)	2648	32	553	2063	1715
受众人次(人次)	Number of Participants (person-time)	1877116	442800	526990	907326	950216
科普展览次数(次)	Number of S&T Popularization Exhibitions (time)	69	8	24	37	4
参观人次(人次)	Number of Participants (person-time)	602930	350000	182000	70930	5100
出　版	**S&T Media**					
科技期刊种数(种)	Number of S&T Journals (kind)	8	2	3	3	31
科技期刊年发行总数(册)	Printed Copies (copy)	68400	30000	22400	16000	541970
科技报纸种数(种)	Number of S&T Newspapers (kind)	1			1	2
科技报纸年发行总数(份)	Printed Copies (copy)	2300			2300	37000
科技图书种数(种)	Number of S&T Books (kind)	26		17	9	29
科技图书年发行总数(册)	Printed Copies (copy)	167400		118000	49400	56002
科技光盘种数(种)	Number of S&T CDs (kind)	17	2	2	13	311
科技光盘张数(张)	Copies (copy)	2958	550	50	2358	21200
科技挂图种数(种)	Number of S&T Hanging Charts (kind)	44	9	3	32	60
科技挂图总印数(张)	Printed Copies (copy)	54568	16000	3000	35568	225808

19-21 技术市场基本情况

Basic Statistics on Technology Market

类别	Type	项数(项) Item (item)		成交额(万元) Transation Value (10000yuan)	
		2012	2013	2012	2013
总　计	**Total**	**2184**	**1949**	**397796.15**	**413687.92**
按签订的技术合同类别分	**Grouped by Signed Technological Contracts**				
技术开发合同	Technological Development Contract	1122	1163	302484.76	306093.37
技术转让合同	Technological Transfer Contract	204	231	55860.50	63842.91
技术咨询合同	Technological Consultation Contract	371	205	11182.46	10147.22
技术服务合同	Technological Service Contract	487	350	28268.43	33604.42

19-22 专利申请受理量和授权量

Patents Application Accepted and Granted

单位：项 (unit)

类别	Type	受理量 Number of Patent Applications Examined					授权量 Number of Patent Applications Granted				
		2000	2005	2010	2012	2013	2000	2005	2010	2012	2013
总计	**Total**	**1557**	**2815**	**6307**	**12458**	**16938**	**1072**	**1361**	**4351**	**7985**	**9970**
按种类分	**Grouped by Types**										
发明	Inventions	267	713	1968	3023	3931	67	142	411	892	923
实用新型	Utility Models	806	1280	2947	6132	7818	690	717	2588	4734	5913
外观设计	Designs	484	822	1392	3303	5189	315	502	1352	2359	3134
按申请者分	**Grouped by Applicants**										
个人	Individuals	1303	2180	2960	5392	7383	854	1089	2313	3677	4651
大专院校	Universities and Colleges	6	62	855	1484	1740	6	12	428	908	857
科研单位	Research Institutions	18	19	90	242	290	11	11	58	129	167
工矿企业	Industrial and Mining Enterprises	222	546	2375	5317	7480	193	247	1539	3242	4286
机关团体	Government Agencies and Organizations	8	8	27	23	45	8	2	13	29	9

19-23 获国家级、省级科技奖项数

National-level and Provincial-level S&T Awards

单位：项 (item)

类别	Type	2005	2010	2012	2013
国家级科学技术奖	National-level S&T Advancement Award	4	8	4	8
省级奖项合计	Total Provincial-level Awards	79	102	101	103
特别贡献奖	Special Contribution Award				
国际合作奖	Znternational Cooperation Award				
自然科学奖	Natural Science Award	8	11	13	18
一等奖	First Prize	1	2	1	2
二等奖	Second Prize	3	3	6	3
三等奖	Third Prize	4	6	6	13
技术发明奖	Technology Invention Award	2	5	8	9
一等奖	First Prize	1	1		
二等奖	Second Prize		1	2	3
三等奖	Third Prize	1	3	6	6
科技进步奖	S&T Advancement Award	69	86	80	76
一等奖	First Prize	4	5	3	2
二等奖	Second Prize	17	19	17	22
三等奖	Third Prize	48	62	60	52

19-24 各类全日制学校基本情况（2013年）

Total Enrollment of Full-time Schools by Type of School (2013)

单位：人 (person)

类别	Type	学校数（所）Number of Schools (unit)	在校学生数 Total Enrollment	招生数 New Enrollment	毕业生数 Graduates	教职工数 Teachers and Staff	#专任教师 Full-time Teachers
研究生	Post-graduates		26330	9407	7853		5928
普通高等学校	Regular Institutions of Higher Education	92	861849	263229	240601	74396	52434
普通中专学校	Regular Specialized Secondary School	78	260665	94538	72198	8035	5462
普通中学	Regular Secondary Schools	2536	2630771	921150	866915	203858	171200
高(完)中	Senior Secondary Schools	436	876722	310514	240907	81328	49762
初中	Junior Secondary Schools	2100	1754049	610636	626008	122530	121438
职业中学	Secondary Vocational Schools	261	207381	69061	83398	11851	9126
高(完)中	Senior Secondary Vocational Schools	260	207069	68933	83312	11806	9081
初中	Junior Secondary Vocational Schools	1	312	128	86	45	45
技工学校	Technical Schools	105	139257	43196	40997	10414	1984
小学	Primary Schools	10650	4081086	789067	655898	195737	207153
特殊教育学校	Special Education Schools	85	17111	3337	2197	1158	1042
幼儿园	Kindergartens	11485	1563241	944893	661272	102917	61588
工读学校	Schools for Juvenile Delinquents	1					

备注：1.普通中学学校数中含九年一贯制学校555所。
2.普通高等学校专任教师数中含研究生专任教师数
3.普通高等学校学生数中含在成人高校接受普通高等教育的学生数。后同。
4.普通中等专业学校在校学生数含在普通高校接受普通中专教育的学生数。

a) Nine-year consistent system schools are included in 555 regular secondary schools.
b) Post-graduate full-time teachers are included in full-time teachers of regular institutions of higher education.
c) Students getting regular higher education in adult higher educaton are included in students of regular institutions of higher education.The same applies to the table following.
d) Students getting regular specialized secondary education in regular institutions of higher education are included in students of regular specialized secondary schools.

19-25 各类全日制学校在校学生数

Total Enrollment of Full-time Schools by Type of School

类别	Type	1980	1990	2000	2005	2010	2012	2013
研究生(人)	Post-graduates (person)	58	479	2118	9860	21313	25209	26330
普通高等学校(人)	Regular Institutions of Higher Education (person)	35623	56608	144293	646086	816484	851119	861849
普通中专学校(人)	Regular Specialized Secondary School (person)	40800	61675	160022	261404	238744	249127	260665
普通中学(万人)	Regular Secondary Schools (10000 persons)	154.86	181.06	259.22	286.15	273.96	278.18	263.08
高(完)中	Senior Secondary Schools	28.01	26.23	38.53	84.92	73.96	83.66	87.67
初中	Junior Secondary Schools	126.85	154.83	220.69	201.23	199.99	194.52	175.41
职业中学(万人)	Secondary Vocational Schools (10000 persons)	0.51	11.69	12.71	26.69	36.69	28.32	20.74
高(完)中	Senior Secondary Vocational Schools	0.15	9.17	10.72	26.56	36.64	28.29	20.71
初中	Junior Secondary Vocational Schools	0.36	2.52	1.99	0.13	0.05	0.03	0.03
技工学校(人)	Technical Schools (person)	13370	34237	34617	101252	169564	150271	139257
小学(万人)	Primary Schools (10000 persons)	529.3	450.44	422.68	384.16	426.02	434.14	408.11
特殊教育学校(人)	Special Education Schools (person)	485	1195	13142	18805	23741	21510	17111
幼儿园(万人)	Kindergartens (10000 persons)	30.61	36.26	62.06	71.68	123.51	152.11	156.32

19-26 各类全日制学校毕业生数

Graduates in Full-time Schools by Type of School

类　别	Type	1980	1990	2000	2005	2010	2012	2013
研 究 生(人)	Post-graduates (person)		215	409	1772	4568	7086	7853
普通高等学校(人)	Regular Institutions of Higher Education (person)	3363	13616	24449	97781	225943	232048	240601
普通中专学校(人)	Regular Specialized Secondary School (person)	11296	21040	45776	48084	70542	74921	72198
普 通 中 学(万人)	Regular Secondary Schools (10000 persons)	34.82	49.02	73.79	98.22	79.92	88.48	86.69
高(完)中	Senior Secondary Schools	15.83	8.39	9.19	23.96	26.25	23.31	24.09
初　中	Junior Secondary Schools	18.99	40.63	64.60	74.25	53.68	65.16	62.6
职 业 中 学(万人)	Secondary Vocational Schools (10000 persons)	0.12	3.03	4.62	6.48	11.30	10.94	8.34
高(完)中	Senior Secondary Vocational Schools	0.08	2.39	3.88	6.41	11.27	10.93	8.33
初　中	Junior Secondary Vocational Schools	0.04	0.64	0.74	0.07	0.03	0.01	0.01
技 工 学 校(人)	Technical Schools(person)	297	9457	14740	26155	51359	48893	40997
小　学(万人)	Primary Schools (10000 persons)	60.89	86.02	85.61	64.88	67.85	67.01	65.59
特 殊 教 育(人)	Special Education Schools (person)	65	98	1073	1551	2476	1751	2197

19-27 各地区普通高等学校基本情况（2013年）

Basic Statistics on Colleges and University by Region (2013)

单位：人　　(person)

地　区	Region	学校数(所) Number of Schools(unit)	在校学生数 Total Enrollment	招 生 数 New Enrollment	毕业生数 Graduates	教职工数 Teachers and Staff	#专任教师 Full-time Teachers
全　省	**Provincial Total**	**92**	**861849**	**263229**	**240601**	**74396**	**52434**
南 昌 市	Nanchang	52	520148	159134	139055	44614	30457
景德镇市	Jingdezhen	5	28770	8806	9105	2817	1860
萍 乡 市	Pingxiang	3	10363	4140	5114	1396	1006
九 江 市	Jiujiang	7	79596	26145	24132	6524	5217
新 余 市	Xinyu	5	29146	9324	9316	2465	1748
鹰 潭 市	Yingtan	1	5073	2017	2075	353	298
赣 州 市	Ganzhou	8	81669	21465	21431	7090	5340
吉 安 市	Ji'an	1	17711	4506	4898	1562	988
宜 春 市	Yichun	3	30293	9922	8732	2507	1926
抚 州 市	Fuzhou	4	36319	10411	10613	3570	2482
上 饶 市	Shangrao	3	22761	7359	6130	1498	1112

19-28 普通高等学校分学科学生情况（2013年）

Basic Statistics on Students in Regular Institutions of Higher Education by Field of Study (2013)

单位：人 (person)

类别	Type	在校学生数 Total Enrollment	招生数 New Enrollment	毕业生数 Graduates
总计	**Total**	**861849**	**263229**	**240601**
#女	Female	395704	124146	107649
本科	**Undergraduate course**	**481211**	**126783**	**101020**
#女	Female	224461	62191	45110
哲学	Philosophy	274	81	94
经济学	Economics	26266	6469	6373
法学	Law	13997	3656	3024
教育学	Education	16585	4578	3729
文学	Literature	48196	12487	13062
#外语	Foreign Language	29956	7687	8315
历史学	History	1956	553	437
理学	Science	27601	6765	6763
工学	Engineering	162137	42253	32486
农学	Agriculture	5627	1658	1382
医学	Medicine	39917	9241	6324
管理学	Management	91606	24510	18827
艺术学	Art	47049	14532	8519
专科	**Specialized Undergraduate Courses**	**380638**	**136446**	**139581**
#女	Female	171243	61955	62539
农林牧渔大类	Farming,Forestry,Husbandry and Fishing	3983	1222	1452
交通运输大类	Communication and Transportation	14734	5536	4932
生化与药品大类	Biochemistry and Medicine	2613	845	1151
资源开发与测绘大类	Resources Exploitation,Surveying & Mapping	4306	1519	1311
材料与能源大类	Material and Energy	8265	2250	4605
土建大类	Civil Engineering	55062	20580	14487
水利大类	Water Conservancy	833	458	211
制造大类	Manufactures	43516	14264	18860
电子信息大类	Electronic Information	29713	10295	11583
环保、气象与安全大类	Environmental Protection,Meteorology & Safety	1739	622	686
轻纺食品大类	Industrial Textiles and Food	7959	2397	3298
财经大类	Financial Economics	85648	29685	29976
医药卫生大类	Medicine and Health	36250	14407	11777
旅游大类	Tourism	9007	3033	3235
公共事业大类	Public Affairs	3161	1086	1042
文化教育大类	Cultural Education	50899	19861	21494
艺术设计传媒大类	Art Design and Media	15105	5611	6435
公安大类	Public Security	2557	975	1034
法律大类	Law	5288	1800	2012

注：本表中学生数不含在成人高校接受普通高等教育的学生数。

a) Students getting regular higher education in adult higher educaton are included in students of regular institutions of higher education.

19-29 普通中专学校分科学生数（2013年）

Number of Students in Regular Specialized Secondary School by Field of Study (2013)

单位：人　　(person)

类别	Type	在校学生数 Total Enrollment	招生数 New Enrollment	#招收应届毕业生数 This Year's Graduates	#招收初中毕业生数 Junior Middle School Graduates	毕业生数 Graduates	专任教师 Full-time Teachers
总计	**Total**	**260665**	**94538**	**85834**	**84119**	**72198**	**5462**
#女	Female	162979	57908	53616	52684	43148	2542
农林牧渔类	Farming,Forestry,Husbandry and Fishing	7277	1734	1539	1529	3698	119
资源与环境类	Resources and Environment	1314	470	314	304	758	25
能源与新能源类	Energy and New Energy	852	69	67	67	481	148
土木水利类	Civil and Hydraulic Engineering	13495	6325	4382	4240	2784	82
加工制造类	Manufacturing	29276	9450	8575	8360	11442	560
石油化工类	Petrochemical Industry	1922	647	643	643	497	13
轻纺食品类	Textile and Food	906	391	373	373	201	24
交通运输类	Communication & Transportation	11077	4772	4395	4366	2303	54
信息技术类	Information Technologies	31919	11675	10978	10858	9830	620
医药卫生类	Medicine and Health	70068	24123	21869	20971	18809	515
休闲保健类	Recreation and Health Care	600	218	102	102	262	10
财经商贸类	Finance Economics and Trade	21809	8317	7661	7605	5384	240
旅游服务类	Tourism and Service	4140	1840	1662	1639	1110	60
文化艺术类	Culture and Arts	7744	2972	2422	2255	1558	302
体育与健身	Physical Fitness	1101	379	379	379	243	125
教育类	Education	53552	19985	19349	19304	11419	260
司法服务类	Legal Service	1136	270	261	261	412	12
公共管理与服务类	Public Affairs and Services	1212	147	147	147	613	53
其他	Others	1265	754	716	716	394	2240

注：1.普通中等专业学校在校学生数含在普通高校接受普通中专教育的学生数。

a) Number of students in regular specialized secondary school include regular specialized secondary education in regular institutions of higher education.

2.专任教师其他中包括文化基础课、实习教导课老师。

b）Number of full-time teachers include the number of teachers of basic culture and intern guide.

19-30 各地区普通中专教育基本情况（2013年）

Basic Statistics on Regular Specialized Secondary School by Region (2013)

单位：人　　(person)

地区	Region	学校数(所) Number of Schools(unit)	在校学生数 Total Enrollment	招生数 New Enrollment	毕业生数 Graduates	教职工数 Teachers and Staff	#专任教师 Full-time Teachers
全省	**Provincial Total**	**78**	**181739**	**57107**	**55555**	**8035**	**5462**
南昌市	Nanchang	40	75437	25278	21990	3922	2363
景德镇市	Jingdezhen	4	4200	1356	920	458	359
萍乡市	Pingxiang	2	10252	2565	3659	513	407
九江市	Jiujiang	4	7805	2605	3401	407	296
新余市	Xinyu	5	5679	1708	3849	445	299
鹰潭市	Yingtan	1	3850	1012	1698	125	76
赣州市	Ganzhou	4	14728	3883	5268	431	276
吉安市	Ji'an	9	27149	6870	7039	746	639
宜春市	Yichun	1	1890	425	841	62	27
抚州市	Fuzhou	1	4579	1698	836	172	142
上饶市	Shangrao	7	26170	9707	6054	754	578

19-31 各地区普通中学基本情况（2013年）

Basic Statistics on Regular Secondary Schools (2013)

单位：人 (person)

类别	Type	学校数(所) Number of Schools (unit)	在校学生数 Total Enrollment	初中 Junior Secondary Schools	高中 Senior Secondary School	招生数 New Enrollment	初中 Junior Secondary Schools
全省	**Provincial Total**	**2537**	**2631083**	**1754361**	**876722**	**921278**	**610764**
#女	Female		1172485	800298	372187	408204	276893
南昌市	Nanchang	266	295132	196122	99010	100328	66095
景德镇市	Jingdezhen	98	90798	60089	30709	30747	20207
萍乡市	Pingxiang	106	98640	63826	34814	33635	21901
九江市	Jiujiang	295	261970	161449	100521	89769	55187
新余市	Xinyu	38	63693	39133	24560	21836	12974
鹰潭市	Yingtan	76	56822	37943	18879	20223	13574
赣州市	Ganzhou	452	577684	408418	169266	206088	145928
吉安市	Ji'an	301	256467	162178	94289	88704	55600
宜春市	Yichun	235	301606	204411	97195	107131	71526
抚州市	Fuzhou	212	230936	153036	77900	81453	53082
上饶市	Shangrao	458	397335	267756	129579	141364	94690

注：初中各项指标中均含职业初中数据。
a) Data on junior secondary vocational schools are included in junior secondary vocational schools.

19-31 续表 continued

单位：人 (person)

类别	Type	高中 Senior Secondary Schools	毕业学生数 Graduates	初中 Junior Secondary Schools	高中 Senior Secondary Schools	教职工数 Teachers and Staff	#专任教师 Full-time Teachers
全省	**Provincial Total**	**310514**	**867001**	**626094**	**240907**	**203903**	**187006**
#女	Female	131311	386505	286057	100448	82199	75472
南昌市	Nanchang	34233	98760	68814	29946	24179	22043
景德镇市	Jingdezhen	10540	29739	22246	7493	7938	7377
萍乡市	Pingxiang	11734	35146	23645	11501	9272	8445
九江市	Jiujiang	34582	91331	63046	28285	20556	19254
新余市	Xinyu	8862	19822	14377	5445	5057	4837
鹰潭市	Yingtan	6649	20977	16513	4464	6038	5294
赣州市	Ganzhou	60160	165454	126662	38792	38154	35299
吉安市	Ji'an	33104	84387	56577	27810	21094	19868
宜春市	Yichun	35605	95163	68665	26498	21071	19862
抚州市	Fuzhou	28371	81965	59997	21968	16114	15226
上饶市	Shangrao	46674	144257	105552	38705	34430	29501

19-32 中等职业学校基本情况（2013年）

Basic Statistics on Schools, Students and Full-time Teacher in Vocational Secondary Education by Type of School (2013)

单位：人 (person)

类别	Type	学校数(所) Number of Schools (unit)	在校学生数 Total Enrollment	招生数 New Enrollment	毕业生数 Graduates	教职工数 Teachers and Staff	#专任教师 Full-time Teachers
总计	**Total**		**484 628**	**167380**	**159155**	**22454**	**16315**
#女	Female		267521	92547	83763	8962	6683
全日制	Full-time		474630	165787	158538		
非全日制	Part-time		9998	1593	617		
按办学类型分:	Grouped by School Types						
普通中等专业学校	Regular Specialized Secondary School	78	260665	94538	72198	8035	5462
成人中等专业学校	Adult Specialized Secondary School	91	16894	3909	3645	2428	1615
职业高中学校	Vocational Junior Secondary School	260	205026	69274	82284	11806	9081
按举办部门分:	Grouped by Administrative Department						
中央部门	Central Department	1	281	100	153	38	17
地方部门	Regional Department	272	391352	138627	125352	16578	12417
教育部门	Educational Department	228	279009	101774	89374	11749	9398
非教育部门	Non-educational Department	44	112344	36853	35978	4829	3019
民办	Privately-run	156	92994	28653	33650	5838	3881

注:教职工、专任教师中不包括教学点，各项相加不等于总数。
a)The data Teachers and Staff and Full-time teachers do not include those from teaching stations,There fore the subentry figures do not add up to the total.

19-33 职业高中基本情况（2013年）

Basic Statistics on Vocational Secondary Schools (2013)

单位：人 (person)

地区	Region	学校数(所) Number of Schools (unit)	在校学生数 Total Enrollment	招生数 New Enrollment	毕业生数 Graduates	教职工数 Teachers and Staff	#专任教师 Full-time Teachers
全省	**Provincial Total**	**260**	**207069**	**68933**	**83312**	**11806**	**9081**
#女	Female		97072	32620	39272	4309	3424
南昌市	Nanchang	12	6192	2329	4275	123	108
景德镇市	Jingdezhen	14	2010	470	1458	234	190
萍乡市	Pingxiang	16	12701	4599	5099	672	583
九江市	Jiujiang	27	17043	4661	7916	1234	989
新余市	Xinyu	12	26277	9077	9912	2016	1244
鹰潭市	Yingtan	9	10114	3360	6241	641	402
赣州市	Ganzhou	51	57178	22026	16677	2946	2306
吉安市	Ji'an	33	22918	7373	7348	793	664
宜春市	Yichun	26	19214	5018	8711	1365	1164
抚州市	Fuzhou	24	17002	5330	6907	877	743
上饶市	Shangrao	36	16420	4690	8768	905	688

19-34 职业高中分科学生情况（2013年）

Students of Senior Secondary Vocational School by Field of Study (2013)

单位：人 (person)

类 别	Type	在校学生数 Total Enrollment	招生数 New Enrollment	毕业生数 Graduates
总 计	**Total**	**207069**	**68933**	**83312**
#女	Female	97072	32620	39272
农林牧渔类	Farming,Forestry,Husbandry and Fishing	13315	4100	8012
资源环境类	Resources and Environment	133	111	
能源与新能源类	Energy and New Energy	2763	1312	1306
土木水利类	Civil and Hydraulic Engineering	2789	977	985
加工制造类	Manufacturing	37946	11640	15609
石油化工类	Petrochemical Industry	699	250	120
轻纺食品类	Textile and Food	4210	971	1971
交通运输类	Communication & Transportation	10150	4473	3252
信息技术类	Information Technologies	65968	21204	25675
医药卫生类	Medicine and Health	5908	2324	2213
休闲保健类	Recreation and Health Care	268	181	209
财经商贸类	Finance Economics and Trade	11508	3322	3906
旅游服务类	Tourism and Service	8592	3107	3356
文化艺术类	Culture, Arts and Physical Education	8390	2888	4146
体育与健身类	Physical Fitness	799	311	806
教育类	Education	21947	7970	6866
司法服务类	Legal Service	4146	1543	1090
管理与服务类	Public Affairs and Services	5818	1942	2610
其他	Others	1718	307	1180

19-35 小学 、特殊教育（2013年）

Basic Statistics on Primary Schools, Special Education and Schools for Juvenile Delinquents (2013)

单位：人 (person)

类 别	Type	学校数(所) Number of Schools (unit)	在校学生数 Total Enrollment	招生数 New Enrollment	毕业生数 Graduates	教职工数 Teachers and Staff	#专任教师 Full-time Teachers
小 学	**Primary Schools**	**10650**	**4081086**	**789067**	**655898**	**195737**	**191392**
#女	Female		1836812	357867		103366	101905
民 办	Non-public	56	120501	17538	26415	2305	1541
按城乡分	Grouped by Residence						
城 市	Cities	684	723939	132755	114571	29668	28870
县 镇	Counties and Towns	2377	1783164	319763	309772	77167	75094
农 村	Rural Areas	7589	1573983	336549	231555	88902	87428
按地区分	Grouped by Region						
南昌市	Nanchang	972	394882	74295	67300	18236	17735
景德镇市	Jingdezhen	475	141514	27953	20457	6679	6572
萍乡市	Pingxiang	382	144609	27099	23077	7035	6883
九江市	Jiujiang	1131	393473	83469	59562	19692	19393
新余市	Xinyu	98	95813	17860	14191	4727	4641
鹰潭市	Yingtan	325	104574	20175	18415	4945	4816
赣州市	Ganzhou	2140	909180	162599	147465	41191	39856
吉安市	Ji'an	956	413973	83643	56031	18465	18175
宜春市	Yichun	1108	466505	87896	74307	23109	22790
抚州市	Fuzhou	1095	342922	70112	62391	19107	18879
上饶市	Shangrao	1968	673641	133966	112702	32551	31652
特殊教育	**Special Education**	**85**	**17111**	**3337**	**2197**	**1158**	**1042**
#女	Female		5529	1146	654	817	753

19-36 平均每万人口在校学生数
Number of Students Per 10000 Population by Level

指标	Item	1980	1990	2000	2005	2010	2012	2013
各类学校在校学生占全省人口比重(%)	Schools of All Types of Students in the Proportion of the Population of the Province (%)	21.21	17.28	17.57	18.51	22.34	23.13	22.05
平均每万人口在校学生数	Number of Students Per 10000 population by Level							
普通高等学校(人)	Regular Institutions of Higher Education (person)	10.91	14.98	35.29	149.86	187.98	194.57	196.4
中等学校(人)	Secondary Education (person)	491.67	530.97	702.41	809.75	788.66	769.18	716.04
中等专业学校	Specialized Secondary Schools	12.48	16.18	38.57	60.63	53.57	55.31	57.64
普通中学	Regular Secondary Schools	473.55	475.13	624.84	663.73	614.71	617.64	581.75
职业中学	Vocational Secondary Schools	1.55	30.68	30.65	61.90	82.33	62.87	45.86
技工学校	Technical Schools	4.09	8.98	8.35	23.49	38.05	33.36	30.79
小　学(人)	Primary Schools (person)	1618.56	1182.05	1018.85	891.06	955.90	963.92	905.35

注：普通高等学校包括研究生。后同。

a) Number of regular institutions of higher education include the number of post-graduates. The same applies to the tables following.

19-37 各类学校学生构成情况
Composition of Students by Type of School

单位：%　　(%)

类别	Type	1980	1990	2000	2005	2010	2012	2013
各类学校学生占学生总数比重	**Schools of All Types of Students in Poportion of Students**							
普通高等学校	Regular Institutions of Higher Education	0.5	0.9	2.0	8.2	9.7	10.1	10.6
中等学校	Sceondary Education	23.2	30.7	40.0	43.8	40.9	39.9	40.5
中专学校	Specialized Secondary Schools	0.6	0.9	2.2	3.3	2.8	2.9	5.1
普通中学	Regular Secondary Schools	22.3	27.5	35.5	35.8	31.8	32.0	31.2
职业中学	Vocational Secondary Schools	0.1	1.8	1.8	3.3	4.3	3.3	2.5
技工学校	Technical Schools	0.2	0.5	0.5	1.3	2.0	1.7	1.7
小　学	Primary Schools	76.3	68.4	58.0	48.1	49.5	50.0	48.9

19-38 初中毕业生、小学毕业生升学率

Proportion of Students Entering into Junior and Senior Secondary Schools

年 份 Year	初 中 Junior Secondary School			小 学 Primary School		
	毕业生数（万人）Graduates (10000 persons)	高级中等学校招生人数(万人) New Enrollment of Senior Secondary Schools (10000 persons)	升 学 率 (%) Rate of Entering the Higher School (%)	毕业生数（万人）Graduates (10000 persons)	初级中等学校招生数(万人) New Enrollment of Junior Secondary Schools (10000 persons)	升 学 率 (%) Rate of Entering the Higher School (%)
1978	41.77	20.69	49.53	72.03	56.36	78.25
1979	39.55	21.36	54.01	61.41	45.49	74.08
1980	19.03	10.78	56.65	60.89	41.23	67.71
1981	33.88	15.22	44.92	64.86	41.13	63.41
1982	31.71	12.40	39.10	67.30	39.89	59.27
1983	29.99	12.64	42.15	69.90	41.20	58.94
1984	28.75	14.26	49.60	67.85	42.58	62.76
1985	30.04	13.42	44.67	71.75	45.50	63.41
1986	34.07	14.68	43.09	76.41	50.10	65.57
1987	37.32	15.14	40.57	83.68	52.55	62.80
1988	40.35	15.46	38.31	88.94	54.07	60.79
1989	41.18	14.88	36.13	86.96	53.83	61.90
1990	41.27	15.88	38.48	86.02	56.65	65.86
1991	43.41	16.38	37.73	85.44	57.66	67.49
1992	45.83	17.10	37.31	79.45	57.18	71.97
1993	47.51	18.36	38.64	71.50	57.87	80.94
1994	48.44	19.26	39.76	67.99	58.23	85.64
1995	46.99	20.57	43.78	70.05	63.08	90.04
1996	51.27	20.96	40.88	73.70	68.44	92.86
1997	55.51	21.38	38.52	77.20	72.88	94.39
1998	59.55	21.99	36.92	80.35	75.70	94.21
1999	62.28	25.53	40.99	83.90	78.57	93.65
2000	65.34	26.57	40.67	85.61	81.23	94.89
2001	65.49	30.53	46.62	85.47	81.00	94.77
2002	67.15	38.81	57.80	82.15	81.25	98.91
2003	68.66	43.30	63.06	75.74	75.96	100.29
2004	72.42	48.69	67.23	67.68	67.72	100.06
2005	74.32	57.88	77.88	64.88	64.53	99.46
2006	69.48	57.63	82.94	53.84	53.54	99.44
2007	62.06	54.81	88.32	54.28	54.73	100.82
2008	60.09	55.90	93.03	65.48	66.83	102.06
2009	51.90	51.67	99.56	69.48	69.69	100.30
2010	53.68	49.05	91.37	67.85	68.39	100.80
2011	63.12	57.52	91.13	66.79	67.56	101.15
2012	65.18	56.26	87.08	67.01	65.59	97.88
2013	62.60	52.11	83.24	65.59	61.06	93.09

注：高级中等学校招生人数包括中等职业教育学校、技工学校和高(完)中招生数。

a) Number of new enroument of senior secondary schools include the number of secondary vocational educations, vestibule schools and senior secondary schools.

19-39 小学学龄儿童数和入学率

Number of School-age Children and Rate of Entering the Primary Schools

单位: 万人 (10000 persons)

年 份 Year	学龄儿童数 School-age Children	#农 村 Rural	已入学学龄儿童数 School-age Children Enrollment	#农 村 Rural	入学率 (%) Rate of Entering Primary Schools(%)	#农 村 Rural
1978	436.66	391.79	411.10	366.48	94.15	93.54
1979	441.58	398.05	410.82	367.76	93.03	92.39
1980	443.15	397.47	415.07	369.60	93.66	92.99
1981	445.81	398.40	416.46	368.27	93.42	92.44
1982	456.45	406.80	426.33	376.98	93.40	92.67
1983	462.17	413.08	437.56	388.56	94.67	94.06
1984	458.27	409.40	440.82	392.12	96.19	95.78
1985	464.66	412.84	450.19	398.32	96.89	96.48
1986	459.05	409.02	445.54	395.65	97.06	96.73
1987	435.42	385.39	423.66	373.92	97.30	97.02
1988	403.31	355.63	392.06	344.68	97.21	96.92
1989	378.45	328.56	370.01	320.33	97.77	97.50
1990	358.31	318.24	351.99	312.00	98.24	98.04
1991	349.80	264.94	343.78	260.00	98.28	98.14
1992	351.62	261.22	347.18	257.64	98.74	98.63
1993	363.71	258.84	359.45	255.31	98.83	98.64
1994	370.48	255.01	367.15	252.49	99.10	99.01
1995	389.04	257.54	386.78	255.89	99.42	99.36
1996	404.23	252.15	402.80	251.07	99.65	99.57
1997	413.80	244.25	411.99	243.08	99.56	99.52
1998	416.12	238.82	414.31	237.74	99.57	99.55
1999	405.52	223.09	403.96	222.11	99.61	99.56
2000	390.24	206.64	388.58	205.57	99.58	99.49
2001	370.61	208.59	359.15	204.23	96.91	96.41
2002	355.09	186.25	349.84	183.33	98.53	98.44
2003	350.83	205.58	347.34	203.57	99.01	99.00
2004	349.19	202.63	345.84	200.59	99.04	98.99
2005	348.46	233.24	345.02	230.92	99.01	99.00
2006	364.24	256.56	362.93	255.61	99.64	99.63
2007	378.85	246.15	378.22	245.69	99.83	99.81
2008	390.71	248.94	390.42	248.74	99.93	99.92
2009	396.68	267.64	396.26	267.35	99.89	99.89
2010	403.69	273.26	403.40	273.08	99.93	99.93
2011	416.09	195.83	415.11	191.17	99.76	97.62
2012	417.58	179.22	417.58	179.22	99.85	99.85
2013	389.14	149.94	389.14	149.94	99.99	99.88

注：入学率为教育部门推算数据。
a) Rate of entering primary schools are estimated by Provincial Department of Education.

19-40 幼儿园基本情况

Basic Statstics on Kindergartens

单位：人 (person)

年份 Year	幼儿园数（所） Number of Kindergartens(unit)	入园幼儿数 New Enrollment	在园幼儿数 Total Enrollment	教职工数 Teachers and Staff	#教师 Teachers
1978	2104		105914	6278	4159
1979	3854		172476	8304	6509
1980	7204		306055	13565	11184
1981	6364		300231	14366	11853
1982	5488		300630	15638	12693
1983	1857		296400	16000	12923
1984	4987		310300	15257	13454
1985	5208		323021	14778	12998
1986	5866	190318	318347	17744	14147
1987	5406	194370	329718	18229	14259
1988	4547	182034	327540	18471	14579
1989	4520	187932	330680	18953	14574
1990	4827	208294	362621	19798	15492
1991	4141	283249	394487	20013	15780
1992	4490	294967	450005	21050	16983
1993	3856	337689	491055	21365	17271
1994	4123		505530	21058	17755
1995	4600	419190	525330	22284	18976
1996	5084	462715	584601	23757	19822
1997	5986	496134	609026	26124	21764
1998	6626	518683	619048	26879	22321
1999	7602	514200	626009	29179	24124
2000	6573	500453	620624	26472	21154
2001	2894	428073	488380	18519	12335
2002	3469	475561	574756	21526	14275
2003	4478	504672	633073	26515	17612
2004	4370	507222	658093	28406	18228
2005	4870	526960	716760	32367	20742
2006	5848	594627	806287	37453	24235
2007	6245	648555	881690	41853	27093
2008	6620	649104	924488	47920	30447
2009	8326	728337	1123138	60102	39541
2010	8518	812046	1235056	69186	43349
2011	9431	894446	1455048	86222	52895
2012	10560	902810	1521149	94067	57338
2013	11485	944893	1563241	102917	61588

19-41 幼儿园基本情况（2013年）

Basic Statstics on Kindergartens (2013)

单位：人 (person)

类别	Type	园数(所) Number of Kindergarten	入园幼儿数 New Enrollment	在园幼儿数 Total Enrollment	离园幼儿数 Dropout	教职工数 Teachers and Staff	#教师 Teachers
全省	**Provincial Total**	**11485**	**944893**	**1563241**	**661272**	**102917**	**61588**
#女	Female		430159	704505	309287	95584	60838
民办	Non-public	10267	638578	1140403	413242	88249	51572
按城乡分	**Grouped by Residence**						
城市	Cities	1956	154223	323628	109871	32100	18190
县镇	Counties and Towns	4569	458731	755736	320218	48827	30596
农村	Rural Areas	4960	331939	483877	231183	21990	12802
按地区分	**Grouped by Region**						
南昌市	Nanchang	767	65354	132459	49134	12710	7345
景德镇市	Jingdezhen	453	34963	50802	16430	4044	2644
萍乡市	Pingxiang	562	50642	73737	37293	4568	2613
九江市	Jiujiang	906	83639	146725	47921	10864	5887
新余市	Xinyu	276	19617	47263	17057	4467	2374
鹰潭市	Yingtan	208	21782	38911	16567	2982	1702
赣州市	Ganzhou	3003	221011	353831	147497	21372	13651
吉安市	Ji'an	1596	107507	171981	72715	9832	6079
宜春市	Yichun	1299	133282	210313	102802	12354	7402
抚州市	Fuzhou	454	59168	100100	43657	6167	3666
上饶市	Shangrao	1961	147928	237119	110199	13557	8225

19-42 成人教育基本情况（2013年）

Basic Statistics on Adult Educations (2013)

单位：人 (person)

类别	Type	学校数(所) Number of Schools(unit)	在校学生数 Total Enrollment	招生数 New Enrollment	毕业生数 Graduates	教职工数 Teachers and Staff	#专任教师 Full-time Teachers
成人高等学校	Institutions of Higher Education for Adults	**8**	**184042**	**69529**	**36835**	**1561**	**894**
广播电视大学	Radio and Televison College	1	1269	683	300	300	211
职工高等学校	Institutions of Higher Education for Workers	4	2089	885	736	229	146
管理干部学院	School of Management Cadres off-job Courses	2	3929	2288	1227	885	413
教育学院	Educational School	1	1204	749	289	147	124
普通高等学校办成人教育	Adult Education Run by Regular Institutions of Higher Education						
函授部	Department of Correspondence Education		249	86	61		
业余大学	After-hours Higher Education		2112	866	495		
脱产班	Day-release Course		6130	3653	1996		
成人中等专业学校	Adult Specialized Secondary School	91	16894	3909	3645	2428	1615
成人中学	Secondary School for Adult	60	5235		5010	134	107
成人小学	Primary School for Adult	171	13029		11730	560	430
成人技术培训学校	Technical Training Schools for Adult	658	105500		96670	2531	1819

19-43 成人教育基本情况

Basic Statistics on Adult Educations

单位：人 (person)

类　　别	Type	1990	2000	2005	2010	2012	2013
成人高等教育	**Adult Institutions of Higher Education**						
成人高校数(所)	Number of Schools(unit)	28	18	11	9	10	8
在校学生数	Total Enrollment	37525	85953	101254	120348	153947	184042
招生数	New Enrollment	14191	39761	43504	47336	58624	69529
毕业生数	Graduates	11156	20461	39916	37056	34816	36835
教职工数	Teachers and Staff	4732	4015	2704	2302	2458	1561
#专任教师	Full-time Teachers	2165	1875	1389	1445	1533	894
成人中等专业学校	**Adult Specialized Secondary School**						
在校学生数	Total Enrollment	28215	27552	14605	12907	17086	16894
招生数	New Enrollment	11318	7839	2603	5422	5041	3909
毕业生数	Graduates	6822	12946	8449	5214	6414	3645
成人中学	**Adult Institutions of Secondary Education**						
在校学生数	Total Enrollment	33492	4563	3003	8500	3269	5235
招生数	New Enrollment	25627	3891				
毕业生数	Graduates	16125	4713	16217	1700	3044	5010
成人初等学校	**Adult Institutions of Primary Education**						
在校学生数	Total Enrollment	277810	176278	118917	11458	14396	13029
招生数	New Enrollment	205164	135331				
毕业生数	Graduates	122310	230159	134392	12521	12443	11730
成人技术培训学校	**Adult Technical Training Schools**						
在校学生数	Total Enrollment	107932	1563308	389930	100491	155825	105500
招生数	New Enrollment	89438	1495816				
毕业生数	Graduates	96023	1512540	487906	103756	150033	96670

注：成人高等教育在校学生数、招生数、毕业生数包括普通高等学校举办的成人教育学生数。

a) Number of total enrollment,new enrollment,graduates of adult institutions of higher education do not include the number of institutions of Higher Education.

19-44 文化事业机构与人员数

Number of Institutions and Staff Personnel for Cultural Undertakings

指　　标	Item	1980	1990	2000	2005	2010	2012	2013
机构数(个)	**Number of Institutions (unit)**							
艺术表演团体	Art Performance Troupes	118	86	79	79	103	63	229
艺术表演场所	Art Performance Places	59	77	62	57	55	37	51
文化馆(站)	Cultural Centers (Station)	739	2084	1988	1544	1822	1937	1877
文 化 馆	Cultural Centers	102	101	101	101	103	102	105
文 化 站	Cultural Stations	637	1983	1887	1433	1719	1835	1759
群众艺术馆	Mass Art Centers	11	12	12	12	12	13	13
图　书　馆	Libraries	49	104	104	104	108	114	114
博　物　馆	Museums	52	82	81	82	102	109	137
文物保护管理所	Agencies of Historical Relics Preservation	10	33	44	68	65	70	66
文物科研机构	Scientific and Research Historical Relics Agencies				2	2	2	2
文物商店	Cultural Relic Shops	3	4	4	4	4	4	4
其他文物机构	Other Historical Relics Agencies		1	2	2	2	2	2
人员数(人)	**Number of Staff (person)**							
艺术表演团体	Art Performance Troupes	7747	4384	3949	3495	4082	2798	6825
艺术表演场所	Art Performance Places	107	874	919	709	604	441	732
文 化 馆(站)	Cultural Centers (Station)	2296	5119	4080	3869	3960	4424	5462
文 化 馆	Cultural Centers	1434	1484	1486	1378	1664	1319	1954
文 化 站	Cultural Stations	862	3635	2594	2491	2296	3105	3508
群众艺术馆	Mass Art Centers	244	369	340	322	337	391	554
图　书　馆	Libraries	475	1277	1462	1373	1426	1454	1435
博　物　馆	Museums	764	1134	1324	1435	1917	2475	2972
文物保护管理所	Agencies of Historical Relics Preservation	292	510	242	554	217	457	292
文物科研机构	Scientific and Research Historical Relics Agencies				42	44	55	43
文物商店	Cultural Relic Shops	47	136	126	42	69	78	74
其他文物机构	Other Historical Relics Agencies		280	292	292	316	443	437

注：2013年艺术表演团体数包括市场艺术团体。后同。

a) Number staff of art performance troupes includes personnels of commercial art performance troupes. The same applies to the tables following.

19-45 各地区文化事业单位数（2013年）

Number of Institutions for Cultural undertakings by Region (2013)

单位：个 (unit)

地区	Region	艺术表演团体 Art Performance Troupes	艺术表演场所 Art Performance Places	群众艺术馆文化馆 Cultural Centers and Mass Art Centers	公共图书馆 Public Libraries	#总藏量(万册) Total Collections (10000 copies)	博物馆 Museums	文物保护管理所 Agencies of Historical Relics Preservation
全省	**Provincial Total**	**229**	**51**	**118**	**114**	**1989.683**	**137**	**66**
南昌市	Nanchang	42	3	10	10	170.33	18	4
景德镇市	Jingdezhen	7	3	6	5	78.25	15	3
萍乡市	Pingxiang	6	5	6	6	88.02	3	4
九江市	Jiujiang	9	6	15	15	195.59	17	11
新余市	Xinyu	1	1	4	3	61.55	2	1
鹰潭市	Yingtan	2	2	4	4	39.20	5	5
赣州市	Ganzhou	40	7	19	19	307.41	16	11
吉安市	Ji'an	29	3	15	15	294.04	14	5
宜春市	Yichun	33	6	11	11	131.50	12	9
抚州市	Fuzhou	19	5	14	12	132.36	10	7
上饶市	Shangrao	35	4	13	13	168.03	20	6
省级	Provincial	6	6	1	1	323.41	5	

注：文物保护管理所包括其它文物机构。

a) Data on agency of historical relics preservations include data on other historical relics institutions.

19-46 文化产业机构基本情况（2013年）

Basic Statistics on Cultural Industry Institutions (2013)

单位：个 (unit)

指标	Item	合计 Total	文化部门 Culture Department	国有经济 State-owned Units	集体经济 Collective-owned Units	其他经济 Other Ownerships	其他部门 Other Departments
总计	**Total**	**10484**	**2533**	**2496**	**2**	**35**	**7951**
文化产业	Cultural Industry						
艺术业	Art Industry	280	121	113		8	159
图书馆业	Museum Industry	114	114	114			
群众文化业	Mass Art Industry	1877	1877	1877			
艺术教育业	Art Education Industry	4	4	4			
文化市场经营业	The Cultural Market Management Industry	7769					7769
文艺科研	Art Research	14	14	14			
文物业	Cultural Relic Industry	235	216	205		11	19
其他文化产业	Other Cultural Industries	191	187	169	2	16	4

注：有关文化产业的指标仅含文化厅本系统的数据。后同。

a) Data on indicators of cultural industry include only data from culture system.The same applies to the tables following.

19-47 文化产业从业人员基本情况（2013年）
Basic Statistics on Employed Persons of Cultural Industry (2013)

指 标	Item	总 计 Total	#高级职称 Senior Title	中级职称 Middle Title	文化部门 合 计 Cultural Department	#高级职称 Senior Title	中级职称 Middle Title	国有经济 合 计 State-owned Economy	#高级职称 Senior Title	中级职称 Middle Title
总 计	**Total**	**62632**	**917**	**2506**	**18696**	**827**	**2371**	**16880**	**737**	**2190**
文化产业	Cultural Industry									
艺术业	Art Industry	7557	255	801	3028	214	701	2735	186	650
图书馆业	Museum Industry	1435	97	352	1435	97	352	1435	97	352
群众文化业	Mass Art Industry	5462	132	472	5462	132	472	5462	132	472
艺术教育业	Art Education Industry	237	76	68	237	76	68	237	76	68
文艺科研	Art Research	292	45	108	292	45	108	292	45	108
文物业	Cultural Relic Industry	3818	190	445	3627	141	410	3520	140	410
文化市场经营业	The Cultural Market Management Industry	38233	61	130		61	130			
其他文化产业	Other Cultural Industries	5598	61	130	4615	61	130	3199	61	130

19-47 续表 continued

指 标	Item	集体经济 合 计 Collective Economy	其他经济 合 计 Other Ownerships	#高级职称 Senior Title	中级职称 Middle Title	其他部门 合 计 Others	#高级职称 Senior Title	中级职称 Middle Title
总 计	**Total**	**24**	**1792**	**29**	**51**	**43936**	**151**	**265**
文化产业	Cultural Industry							
艺术业	Art Industry		293	28	51	4529	41	100
图书馆业	Museum Industry							
群众文化业	Mass Art Industry							
艺术教育业	Art Education Industry							
文艺科研	Art Research							
文物业	Cultural Relic Industry		107	1		191	49	35
文化市场经营业	The Cultural Market Management Industry					38233	61	130
其他文化产业	Other Cultural Industries	24	1392			983		

19-48 文化产业机构人员情况（2013年）

Basic Statistics on Personnel of Cultural Industry Institutions (2013)

单位：人 (person)

指标	Item	合计 Total	文化部门 Culture Department	国有经济 State-owned Units	集体经济 Collective-owned Units	其他经济 Other Ownerships	其他部门 Other Departments
总计	**Total**	**62632**	**18696**	**16880**	**24**	**1792**	**43936**
文化产业	Cultural Industry						
艺术业	Art Industry	7557	3028	2735		293	4529
图书馆业	Museum Industry	1435	1435	1435			
群众文化业	Mass Art Industry	5462	5462	5462			
艺术教育业	Art Education Industry	237	237	237			
文艺科研	Art Research	292	292	292			
文物业	Cultural Relic Industry	3818	3627	3520		107	191
文化市场经营业	The Cultural Market Management Industry	38233					38233
其他文化产业	Other Cultural Industries	5598	4615	3199	24	1392	983

19-49 报纸、杂志、图书出版种数

Publication of Newspapers, Magazines and Books

单位：种 (item)

指标	Item	1980	1990	2000	2005	2010	2012	2013
报纸	Newspapers Published	6	28	65	65	63	74	74
综合报	General Newspapers	2	18	28	31	29	30	30
专业报	Special Newspapers	4	10	37	34	34	44	44
期刊	Magazines Published	84	141	167	163	163	164	160
综合	General Magazines	6	1	1	1	5	5	5
哲学、社会科学	Philosophy and General Social Sciences	10	33	52	42	39	39	39
自然科学、技术	Natural Sciences and Technology	47	63	78	73	71	71	73
文化、教育	Culture and Education	9	27	21	28	29	30	26
少年儿童读物	Children's Books	2	3	7	8	7	7	7
文学、艺术	Literature and Art	10	13	8	9	10	9	9
画刊	Picture Books		1		2	2	3	1
图书	Books	362	1264	2158	3011	3869	5436	5812
#课本	Textbooks	134	329	583	839	689	533	453

19-50 报纸、杂志、图书出版数量

Pieces of Newspapers, Magazines and Books Published

单位：万份 (10000 copies)

指标	Item	1980	1990	2000	2005	2010	2012	2013
报纸	Newspapers Published	17048	58930	39929	62263	70449	76158	128431
综合报	General Newspapers	16506	38936	33273	56059	60771	64664	65913
专业报	Special Newspapers	542	19994	6657	6204	9678	11494	62518
期刊	Magazines Published	584	2714	9060	5623	7060	7217	7328
综合	General Magazines	23	54	2	48	46	74	74
哲学社会科学	Philosophy and General Social Sciences	18	933	3239	755	577	673	761
自然科学技术	Natural Sciences and Technology	119	241	830	506	576	700	537
文化、教育	Culture and Education	210	679	2401	1143	1696	1304	1263
少年儿童读物	Children's Books	30	417	1850	2416	3715	4216	4422
文学艺术	Literature and Art	184	384	738	667	420	226	247
画刊	Picture Books		6		89	30	24	24
图书	Books	8474	19216	20300	16907	16039	18196	18628
#课本	Textbooks	4861	10935	10490	9953	6945	7301	7181

19-51 广播、电视事业

Basic Statistics on Radio and Television Stations

指标	Item	1980	2000	2005	2010	2012	2013
广播台(站)	All Number of Broadcasting Stations (station)						
广播电台(座)	Number of Stations (set)	3	10	12	12	11	10
节目套数(套)	Number of Programs (set)	3	72	109	103	105	105
全年广播剧播出部数(部)	Pieces of Radio Seplay Programs (piece)			230	2359		
全年广播剧播出集数(集)	Episodes of Radio Seplay Programs (episode)			10168	30027		
中短波转播发射台(座)	FM&AM Radio Broadcasting Stations (set)	17	15	15	16	17	15
广播人口覆盖率(%)	Radio Coverage of Population (%)	38.5	89.49	93.22	96.78	97.23	97.42
#农村广播人口覆盖率(%)	Radio Coverage of Rural Population (%)				96.23	96.75	96.9
电视台(座)	Television Stations (set)	1	12	12	12	11	10
节目套数(套)	Number of Programs (set)		42	122	113	113	112
全年电视剧播出部数(部)	Pieces of TV Series Broadcast (piece)			10495	9318	10071	10178
全年电视剧播出集数(集)	Episodes of TV Series Broadcast (episode)			217656	247239	270747	254276
全年动画电视播出部数(部)	Pieces of Cartoons Broadcast (piece)			949	782		
全年动画电视播出集数(集)	Episodes of Cartoons Broadcast (episode)			8858	28192		
电视转播发射机台数(座)	TV Transmission Facilities (set)	58	493	349	301	292	241
电视人口覆盖率(%)	TV Coverage of Household (%)	50.5	92.67	95.44	97.96	98.40	98.5
#农村电视人口覆盖率	TV Coverage of Rural Household				97.55	98.01	98.15
广播电视卫星收转站(座)	TV Transmission Stations and Relaying Stations (set)		8315	9668	329759		
有线电视入户率(%)	CATV Coverage of Household (%)			26.90	34.00	44.62	48.33
#农村	Rural				21.56		

注：1.1995年以前中短波广播发射台数是指广播发射台及转播台数。
2.2000年以前电视台是指无线电视台，2001年无线电视台与有线电视台合并。

a) Before 1995,number of FM&AM Radio Broadcasting Stations refer to the number of both radio broadcasting stations and transmission stations.
b) Before 2000,number of TV Stations refer to number of Wireless TV. Wirless TV and CATV merged in 2001.

19-52 各地区广播电视主要统计指标(一)

Basic Statistics on Radio and Television by Region

地 区	Region	广播电视台 (座) Number of Broadcasting and TV Stations (set)	调频转播发射台 (座) FM Broadcast Transmitting Stations (set)	电视转播发射台 (座) TV Transmission Facilities (set)	广播电视人口覆盖率(%) Radio &TV Coverage of Population (%)	电视综合人口覆盖率(%) General TV Coverage of Household (%)
全 省	**Provincial Total**	**82**	**425**	**241**	**97.42**	**98.50**
南 昌 市	Nanchang	4	82	28	97.59	98.91
景德镇市	Jingdezhen	2	5	5	99.10	99.50
萍 乡 市	Pingxiang	3	7	5	99.04	99.77
九 江 市	Jiujiang	10	9	13	97.30	98.56
新 余 市	Xinyu	2	3	2	99.39	99.43
鹰 潭 市	Yingtan	2	5	1	95.52	97.32
赣 州 市	Ganzhou	17	31	21	95.89	97.75
吉 安 市	Ji'an	11	87	91	94.91	97.65
宜 春 市	Yichun	10	11	11	99.10	98.32
抚 州 市	Fuzhou	10	148	12	98.00	99.43
上 饶 市	Shangrao	11	35	50	98.58	98.71

注:1.调频转播发射台未包括江西省新闻出版广电局2座.
2.电视转播发射台未包括江西广播电视台2座.

a) Number of FM broadcast transmitting stations does not include 2 sets of Jiangxi Press Publication and Broadcasting Bureau.
b) Number of broadcasting and TV stations does not include 2 sets of Jiangxi Broadcasting and TV Station.

19-53 各地区广播电视主要经济指标(二)

Basic Statistics on Radio and Television by Region

地 区	Region	从业人员 (人) Number of Employees (person)	总收入 (万元) Total Income (10000 yuan)	实际创收收入 (万元) Actual Income (10000 yuan)	广告收入 (万元) Advertisement (10000 yuan)	广播广告收入 (万元) Broadcasting Advertisement (10000 yuan)	电视广告收入 (万元) TV Advertisement (10000 yuan)
全 省	Provincial Total	19616	529237.99	460933.36	181290.54	13303.21	162890.49
江西广播电视台	Jiangxi Broadcasting and TV Station	9755	373376.92	363402.87	125194.22	8037.24	116440.11
江西省新闻出版广电局	Jiangxi Press Publication and Broadcasting Bureau	131	8500.49	257.30			
江西省系统外	Outside of the System	48	15630.00	15630.00	14525.00		14525.00
南 昌 市	Nanchang	1655	45078.13	41706.90	10304.88	1574.62	6289.66
景德镇市	Jingdezhen	440	3491.90	1786.90	1712.80	109.00	1584.00
萍 乡 市	Pingxiang	423	4788.48	2926.24	2338.00	260.00	1943.00
九 江 市	Jiujiang	961	15369.08	4382.48	3754.08	577.45	2429.63
新 余 市	Xinyu	305	5256.29	3124.00	2791.00	408.00	2222.00
鹰 潭 市	Yingtan	251	3571.78	1995.20	1044.00	228.00	760.00
赣 州 市	Ganzhou	1421	14929.92	5619.04	4929.10	530.24	4322.69
吉 安 市	Ji'an	1300	10459.44	2942.55	2277.37	237.76	1974.61
宜 春 市	Yichun	820	6930.00	3098.42	2789.40	161.81	2467.59
抚 州 市	Fuzhou	712	5953.05	2838.98	2008.09	88.09	1723.10
上 饶 市	Shangrao	1394	15902.50	11222.58	7622.60	1091.00	6209.10

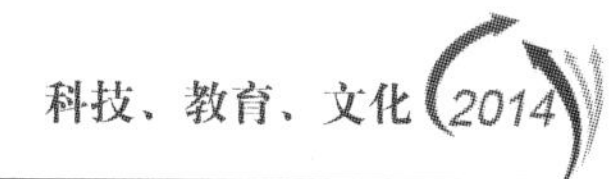

19-54 各设区市农村广播电视主要指标指标（2013年）

Basic Statistics on Rural Radio and Television by Region (2013)

单位：%　　(%)

地　区	Region	农村广播综合覆盖率 Radio Coverage of Rural Population	#中央广播节目 Central Radio Program	农村电视综合覆盖率 TV Coverage of Rural Household	#中央电视节目 Central TV Program	农村无线电视综合覆盖率 Wireless-TV Coverage of Rural Household	#中央电视节目 Central TV Program	农村直播卫星入户率 Live Broadcast Coverage of Rural Satelite-to-home
全　省	**Provincial Total**	**96.90**	**96.55**	**98.15**	**97.84**	**96.82**	**96.41**	**2.37**
南昌市	Nanchang	96.10	96.10	98.30	97.93	96.15	94.85	0.11
景德镇市	Jingdezhen	98.71	98.71	99.32	99.32	95.05	95.05	4.59
萍乡市	Pingxiang	98.74	96.21	99.67	96.05	95.51	92.46	2.05
九江市	Jiujiang	96.82	96.82	98.19	98.19	98.19	98.19	0.80
新余市	Xinyu	99.29	99.21	99.32	99.28	99.17	99.13	2.03
鹰潭市	Yingtan	94.10	94.10	96.34	96.34	96.34	96.34	9.92
赣州市	Ganzhou	95.51	95.39	97.50	97.39	95.87	95.75	4.84
吉安市	Ji'an	94.35	94.35	97.11	97.11	97.11	97.11	0.75
宜春市	Yichun	98.86	98.86	98.05	98.02	97.89	97.85	1.39
抚州市	Fuzhou	97.57	97.57	99.35	99.35	97.88	97.88	4.71
上饶市	Shangrao	98.36	97.01	98.50	97.86	96.26	95.32	0.59

19-55 测绘生产完成情况

Statistics on Projects Completed by Surveying and Mapping Departments

年份 Year	大地测量 Geodesy: GPS测量（点） Global Positioning System Survey (point)	大地测量 Geodesy: 水准测量（公里） Leveling (kilometer)	测图合计（幅） Mapping (unit)	地图数字化（幅） Digital Map (unit)	地图编制 Cartography: 地形图（幅） Topographic Map (unit)	地图编制 Cartography: 专题地图（幅/册） Special Map (unit/Volume)	地图编制 Cartography: 地图集（册） Atlas (Volume)
2001	528	336	1941	1416	440	61	2
2002	500	481	2219	1091		372	
2003	189	100	2068	1887		23	1
2004	796	5031	3051	2754		44	
2005	576	800	2509			36	
2006	1840	200	6418	999		35	
2007	1940	286	6127	288	10	30	1
2008	2150	400	13360	286	41	33	1
2009	632	1978	5114		25	607	2
2010	1009	2022	6971	4579	58	66	1
2011	62	943	3104	2078	194		
2012	462	1281	19767		16	210	1
2013	658	327	6469		5	42	

19-56 测绘资料提供情况

Statistics on Output of Surveying and Mapping Materials

年 份 Year	地形图合计 (张) Topographic Map (unit)	1:10000 (scale)	1:50000 (scale)	大地成果(点) Geodetic Results (point)	航摄成果(片) Aerial Photograph (piece)	挂 图(张) Wall Map (unit)	地 图 集 (册) Atlas (volume)
2000	8904	7266	1638	377	281		
2001	10704	8785	1919	1611		66	217
2002	8294	7287	1007	173	120	40	48
2003	10048	8656	1392	47372	8411		
2004	5868	3959	1909	563	29000		
2005	5815	4231	1584	1327	48126	5	
2006	7926	5058	2868	17010	15865	112	20
2007	15035	12754	2281	24221	22631		
2008	17352	15336	2016	7929	12355		
2009	5523	4909	614	5554	22803		
2010	5469	4441	1028	31121	5329	628	731
2011	8153	7498	655	3687	7994	12	15
2012	10444	9162	1282	8992	52354	1035	79
2013	2886	2440	446	4880	133567	951	1500

19-57 各地区产品质量监督抽查情况（2013年）

Results of Supervision and Sampling Check on the Quality of Products by Region (2013)

地 区	Region	抽查产品 (种) Production Supervised (kinds)	抽查企业 (家) Number of Enterprises Supervised (units)	抽查产品 (批) Production Supervised(times)	不合格产品 (批) Production Unqualified (times)
全 省	**Provincial Total**	**275**	**6814**	**7887**	**2241**
省本级	Provincial class	75	2682	3096	294
南昌市	Nanchang	9	84	84	3
景德镇市	Jingdezhen	26	272	367	15
萍乡市	Pingxiang	13	401	434	1
九江市	Jiujiang	46	432	498	242
新余市	Xinyu	15	156	182	35
鹰潭市	Yingtan	11	126	126	125
赣州市	Ganzhou	18	905	999	593
吉安市	Ji'an	20	970	1221	560
宜春市	Yichun	4	382	382	251
抚州市	Fuzhou	12	196	196	82
上饶市	Shangrao	26	208	302	40

主要统计指标解释

科技活动 指在自然科学、农业科学、医药科学、工程与技术科学、人文与社会科学领域(简称科学技术领域)中，与科技知识的产生、发展、传播和应用密切相关的有组织的活动。可分为研究与试验发展(R&D)、研究与试验发展成果应用及相关的科技服务三类活动。该定义是联合国教科文组织考虑成员国特别是发展中国家开展科技统计工作的需要，而对科技活动所作的统计界定。

科技活动人员 指直接从事科技活动、以及专门从事科技活动管理和为科技活动提供直接服务，累计的实际工作时间占全年制度工作时间10%及以上的人员。(1)直接从事科技活动的人员包括：在独立核算的科学研究与技术开发机构、高等学校、各类企业及其他事业单位内设的研究室、实验室、技术开发中心及中试车间(基地)等机构中从事科技活动的研究人员、工程技术人员、技术工人及其它人员；虽不在上述机构工作，但编入科技活动项目(课题)组的人员；科技信息与文献机构中的专业技术人员；从事论文设计的研究生等。(2)专门从事科技活动管理和为科技活动提供直接服务的人员，包括：独立核算的科学研究与技术开发机构、科技信息与文献机构、高等学校、各类企业及其他事业单位主管科技工作的负责人，专门从事科技活动的计划、行政、人事、财务、物资供应、设备维护、图书资料管理等工作的各类人员，但不包括保卫、医疗保健人员、司机、食堂人员、茶炉工、水暖工、清洁工等为科技活动提供间接服务的人员。该指标用来反映投入科技活动人力的规模。

研究与试验发展(R&D) 指在科学技术领域，为增加知识总量，以及运用这些知识去创造新的应用进行的系统的创造性的活动，包括基础研究、应用研究、试验发展三类活动。国际上通常采用R&D活动的规模和强度指标反映一国的科技实力和核心竞争力。

基础研究 指为了获得关于现象和可观察事实的基本原理的新知识(揭示客观事物的本质、运动规律，获得新发现、新学说)而进行的实验性或理论性研究，它不以任何专门或特定的应用或使用为目的。其成果以科学论文和科学著作为主要形式。用来反映知识的原始创新能力。

应用研究 指为获得新知识而进行的创造性研究，主要针对某一特定的目的或目标。应用研究是为了确定基础研究成果可能的用途，或是为达到预定的目标探索应采取的新方法(原理性)或新途径。其成果形式以科学论文、专著、原理性模型或发明专利为主。用来反映对基础研究成果应用途径的探索。

试验发展 指利用从基础研究、应用研究和实际经验所获得的现有知识，为产生新的产品、材料和装置，建立新的工艺、系统和服务，以及对已产生和建立的上述各项作实质性的改进而进行的系统性工作。其成果形式主要是专利、专有技术、具有新产品基本特征的产品原型或具有新装置基本特征的原始样机等。在社会科学领域，试验发展是指把通过基础研究、应用研究获得的知识转变成可以实施的计划(包括为进行检验和评估实施示范项目)的过程。人文科学领域没有对应的试验发展活动。主要反映将科研成果转化为技术和产品的能力，是科技推动经济社会发展的物化成果。

专业技术人员 指从事专业技术工作和专业技术管理工作的人员，即企事业单位中已经聘任专业技术职务从事专业技术工作和专业技术管理工作的人员，以及未聘任专业技术职务，现在专业技术岗位上工作的人员。包括工程技术人员，农业技术人员，科学研究人员，卫生技术人员，教学人员，经济人员，会计人员，统计人员，翻译人员，图书资料、档案、文博人员，新闻出版人员，律师、公证人员，广播电视播音人员，工艺美术人员，体育人员，艺术人员及企业政治思想工作人员，共十七个专业技术职务类别。用来反映科技人力资源情况。

专利 是专利权的简称，是对发明人的发明创造经审查合格后，由专利局依据专利法授予发明人和设计人对该项发明创造享有的专有权。包括发明、实用新型和外观设计。反映拥有自主知识产权的科技和设计成果情况。

普通高等学校 指按照国家规定的设置标准和审批程序批准举办的，通过全国普通高等学校统一招生考试，招收高中毕业生为主要培养对象，实施高等教育的全日制大学、独立设置的学院和高等专科学校、高等职业学校和其他机构。

成人高等学校 指按照国家规定的设置标准和审批程序批准举办的，通过全国成人高等学校统一招生考试，招收具有高中毕业或同等学历的在职从业人员为主要培养对象，利用函授、业余、脱产等多种形式对其实施高等学历教育的学校。

包括职工高等学校、农民高等学校、管理干部学院、教育学院、独立函授学院、广播电视大学、其他机构等。其他机构是承担国家成人招生计划任务不计校数的机构。

小学学龄儿童净入学率 指调查范围内已入小学学习的学龄儿童占校内外学龄儿童总数(包括弱智儿童，不包括盲聋哑儿童)的比重。计算公式为:

$$\text{小学学龄儿童净入学率}=\frac{\text{已入学的小学学龄儿童数}}{\text{校内外小学学龄儿童总数}}\times 100\%$$

文化事业机构 指从事专业文化工作和为专业文化工作服务的独立建制的单位。不包括这些单位另外举办独立核算的其他机构和各部门的业余文化组织。该指标主要反映文化事业机构发展规模水平。

艺术表演团体 指从事戏曲、音乐、舞蹈、杂技等专业艺术表演，有独立帐户的单位，不包括半工半艺、半农半艺和民间职业剧团。该指标主要反映全国专业艺术表演团体发展规模水平。

艺术表演观众人数(人次) 指售票、包场演出或民族地区免费演出的艺术表演观众人次数，不包括彩排审查和内部观摩演出的观看人次数。该指标主要反映全国观看专业艺术表演团体演出的效益规模。

Explanatory Notes on Main Statistical Indicators

Scientific and Technological Activities (S&T Activities) refer to organized activities which are closely related with the creation, development, dissemination and application of the scientific and technical knowledge in the fields of natural sciences, agricultural science, medical science, engineering and technological science, humanities and social sciences (referred to as scientific and technological fields). S&T activities can be classified into 3 categories: research and development (R&D) activities, application of R&D results, and related S&T services. This statistical definition is made by UNICHIEF for scientific and technological activities to meet the need of carrying out statistical work in this field for its member countries particularly the developing countries.

Personnel Engaged in S&T Activities refer to personnel directly engaged in S&T activities, in the management of S&T activities, and in providing direct service to S&T activities, with over 10% of the total working hours in a year spent on S&T activities. (1) Personnel directly engaged in S&T activities include researchers, engineers, technicians and other related personnel engaged in S&T activities in independent-accounting R&D institutions, institutions of higher learning, and in research institutes, laboratories, technology development centres and central experiment workshops under enterprises and institutions. Also included are people working in S&T research project teams, professional and technical personnel working in S&T information archiving institutes, and graduate students working on the design of their thesis. (2) Personnel engaged in the management of S&T activities and in providing direct service to S&T activities include senior management people responsible for S&T activities in independent-accounting R&D institutions, S&T information archiving institutes, institutions of higher learning and in enterprises and institutions where S&T activities are undertaken. Also included are people responsible for the planning, administration, personnel management, financial management, logistics supply, equipment maintenance, information and library management that are related with S&T activities. People providing indirect services are excluded, such as security, medical service, drivers, plumbers, cleaners and those providing catering and related service. This indicator reflects the size of personnel engaged in S&T activities.

Research and Development (R&D) refers to systematic and creative activities in the field of science and technology aiming at increasing the knowledge and using the knowledge for new application. R&D includes 3 categories of activities: basic research, applied research and experimentation for development. The scale and intensity of R&D are widely used internationally to reflect the strength of S&T and the core competitiveness of a country in the world.

Basic Research refers to empirical or theoretical research aiming at obtaining new knowledge on the fundamental principles regarding phenomena or observable facts to reveal the intrinsic nature and underlying laws and to acquire new discoveries or new theories. Basic research takes no specific or designated application as the aim of the research. Results of basic research are mainly released or disseminated in the form of scientific papers or monographs. This indicator reflects the innovation capacity for original knowledge.

Applied Research refers to creative research aiming at obtaining new knowledge on a specific objective or target. Purpose of the applied research is to identify the possible uses of results from basic research, or to explore new (fundamental) methods or new approaches. Results of applied research are expressed in the form of scientific papers, monographs, fundamental models or invention patents. This indicator reflects the exploration of ways to apply the results of basic research.

Experiments and Development refer to systematic activities aiming at using the knowledge from basic and applied researches or from practical experience to develop new products, materials and equipment, to establish new production process, systems and services, or to make substantial improvement on the existing products, process or services. Results of experiment and development activities are embodied in patents, exclusive technology, and monotype of new products or equipment. In social sciences, experiment and development activities refer to the process of converting the knowledge from basic or applied researches into feasible programmes (including conduct of demonstration projects for assessment and evaluation). There are no experiment and development activities in the science of humanities. This indicator reflects the capability of transferring the results of S&T into technique and products, and measures the realization of S&T in spearheading the economic and social development.

Professional and Technical Personnel refer to persons engaged in professional and technical work or in the management of professional and technical activities, i.e., people with professional or technical positions who are engaged in professional and technical work or in the management of professional and technical activities, and people without professional or technical positions but are working on professional or technical posts. They include professionals and technicians working in 17 categories of technical occupations including engineering, agriculture, scientific researches, medical service, teaching, economic research and application, accounting, statistics, translation, libraries, archives, cultural and museum service, journalism and publication, lawyers, notarization service, radio and television broadcasting, handicraft and fine arts, sports, performing art, and political workers in enterprises. This indicator reflects the condition of human resources in S&T.

Patent is an abbreviation for the patent right and refers to the exclusive right of ownership by the inventors or designers for the creation or inventions, given from the patent offices after due process of assessment and approval in accordance with the Patent Law. Patents are granted for inventions, utility models and designs. This indicator reflects the achievements of S&T and design with independent intellectual property.

Regular Institutions of Higher Learning refer to educational establishments set up according to the government evaluation and approval procedures, enrolling graduates from senior secondary schools and providing higher education courses and training for senior professionals. They include full-time universities, colleges, institutions of higher professional education, institutions of higher vocational education and others.

Institutions of Higher Learning for Adults refer to educational establishments, set up in line with relevant rules approved by the government, enrolling staff and workers with senior secondary school or equivalent education, and providing higher education courses in many forms of correspondence, spare time, or full time for adults. Professionals thus trained receive a qualification equivalent to graduates studying regular courses at regular universities, colleges and professional colleges. Institutions of higher learning for adults include schools of higher education for staff and workers, schools of higher education for peasants, colleges for management cadres, pedagogical colleges, independent correspondence colleges, Radio and TV universities and other educational establishments. Other educational establishments have undertakings to enrol adult students but not enumerated in the schools under the State Plan.

Enrolment Rate of Primary School Age Children refers to the proportion of school age children enrolled at schools to the total number of school age children both in and outside schools (including retarded children, but excluding blind, deaf and mute children). The formula is:

$$\begin{matrix}\text{Enrolment Rate}\\ \text{of Primary}\\ \text{School-age Children}\end{matrix} = \frac{\begin{matrix}\text{Total Primary School-age}\\ \text{Children at Schools}\end{matrix}}{\begin{matrix}\text{Total Primary School-age}\\ \text{Children Whether or}\\ \text{Not Attending School}\end{matrix}} \times 100\%$$

Cultural Institutions refer to units which have their own organizational system and independent accounting system and specialize in cultural work or service cultural work. They do not include other establishments run by these units with separate accounting system and amateur cultural groups established by various departments. The statistics reflect the scale and level of development of institutions engaged in cultural undertakings.

Art Troupes refer to the troupes which are engaged in drama, opera, music, dance, acrobatics or other art performance, have independent accounts with banks and have self-supporting

accounting system. Troupes which are engaged partly in industrial or agricultural activities, partly in art performance and the professional troupes organized by the mass are not included. The statistics reflect the scale and level of development of professional art troupes nationally.

Number of Audience at Art Performance refers to the number of spectators at commercial shows, privately organized shows or free shows given in ethnic minority areas, and does not include the number of spectators at rehearsals and internal viewings. This indicator mainly reflects the scale and effects of viewing of performances given by professional art troupes across the country.

20

卫生、体育、社会福利和其他

PUBLIC HEALTH,SPORTS,SOCIAL WELFARE AND OTHERS

资料整理及英文翻译：万 玲、张家琦
曹淳隽、龚 丹

Ⅰ 简要说明

本篇资料主要分为卫生、体育、社会福利及其他三部分。

卫生统计资料包括卫生机构、人员、床位数；医院门诊诊疗人次及入院人数；医院住院治疗情况；医院病床使用情况等，资料来源于省卫生厅。

体育统计资料包括举办运动会次数；全民健身活动人数；健身设施和俱乐部；国际国内比赛中获奖情况；少年儿童业余体校情况等，资料来源于省体育局。

社会福利及其他统计资料主要包括社会福利企事业机构、人员情况、优抚、福利类收养情况；社会救济情况；城镇社区服务情况；社会捐赠情况；福利彩票发行情况；婚姻登记情况等，资料来源于省民政厅。计划生育及育龄妇女节育、晚婚情况，资料来源于省人口和计划生育委员会。社会活动参与（包括全省人大代表和政协委员情况，工会组织情况，共青团组织情况，妇联系统组织情况），资料来源分别为省人大、省政协、省总工会、团省委、省妇联。

公检法司（包括律师、公证、调解工作情况，各类事故伤亡情况），资料来源分别为省司法厅、省安全生产监督管理局。

以上资料均由省统计局科技环保处整理提供。

Ⅰ Brief Introduction

Data in this chapter show statistics on public health, sports, social welfare and other statistic data.

Data on public health include mainly the number of institutions, personnel, hospital beds, number of patients treated and in-patients, hospital inpatient treatment; use of hospital beds, etc. Data source from Jiangxi Public Heath Department.

Data on sports cover the number of games held, mass sports, the number of fitness facilities and clubs; domestic and international competition prizes; amateur sports schools, etc. Data source from Jiangxi Sport Bureau.

Data on social welfare and other statistic data include: condition of institutions and personnel, budget, social welfare relief, urban welfare facilities, social donations, lottery, marriage registration, etc. Data source from Civil Administration Office in Jiangxi Province. Data on family planning and reproductive, later marriage, are from National Population and Family Planning Commission of Jiangxi. Data on participation (cover mainly information on representatives to Provincial People's Congress, CPPCC Provincial Committee, and Trade Unions Communist Youth League, Women's Federations) are separately from Provincial People's Congress, CPPCC Provincial Committee, the Provincial Federation of Trade Unions, Provincial Party Committee and Provincial Women's Federation.

Data on public security (mainly cover statistics on lawyers, notarization and mediation, various accidents casualties) are separately from Department of Justice of Jiangxi Province, Administration of Work Safety of Jiangxi Province.

Data above are provided by Division of Science,Technology and Environment ,Jiangxi Bureau of Statistics.

20-1 卫生机构、床位及人员数

Number of Health Institutions, Beds and Personnels

年份 Year	机构数 (个) Number of Institutions (unit)	#医院 卫生院 Hospitals and Health Centers	床位数 (张) Number of Beds (unit)	#医院 卫生院 Hospitals and Health Centers	人员数 (人) Number of Personnels (person)	#卫生技术人员 Medical Technical Personnel	#医生 Doctor
1978	5178	2107	72289	65237	87018	70247	30430
1979	5268	2157	74314	67398	92090	73868	31054
1980	5373	2189	76924	69716	97831	79014	32675
1981	5474	2195	78630	70876	111364	90812	37021
1982	5615	2199	81011	72471	115000	93392	38578
1983	5624	2205	82098	72963	119748	97661	40628
1984	5587	2217	82623	73510	126059	100673	40865
1985	5538	2206	84134	75203	127679	102209	43322
1986	5597	2221	86431	76779	131342	105401	45012
1987	5614	2234	89227	79304	134846	108065	46109
1988	5583	2253	90151	80342	138238	111765	48801
1989	5613	2283	92194	82059	141587	114402	50525
1990	5632	2305	92274	82601	144583	116786	51994
1991	5632	2308	92745	83190	146418	117903	51893
1992	5620	2321	93291	83619	147375	118708	52304
1993	5389	2276	93315	82625	147217	118318	52619
1994	5432	2304	94372	83911	149247	120503	54212
1995	5423	2313	93669	83625	151246	122649	55095
1996	7966	2302	88509	81323	147057	118700	50876
1997	8056	2310	90251	82489	148605	120072	51864
1998	7972	2305	91641	83349	149356	121119	52498
1999	7953	2298	91230	82326	152264	122321	53147
2000	8048	2282	90930	83300	151985	123192	54437
2001	7594	2266	91091	83484	151518	122858	53717
2002	11286	2146	90019	83817	139076	114513	46756
2003	11401	2083	85537	79790	141287	117755	49289
2004	12080	2047	84036	78211	141244	118196	46468
2005	10664	2007	85086	79292	138697	115986	46093
2006	10210	2032	88260	81585	142682	119761	51436
2007	9456	2028	94862	85502	153238	126598	51828
2008	8229	2036	105156	93890	168472	139764	55187
2009	7102	2077	123086	104700	176720	146990	56325
2010	7172	2092	127915	103075	184139	154733	59264
2011	7121	2131	136512	132319	196317	166069	62888
2012	7137	2134	157660	142436	210887	179797	67168
2013	7250	2140	174299	158096	269848	190234	70276

注：1.从1996年起卫生年报统计口径变动，机构数中包括个体机构。
2.2002年卫生年报统计口径调整，数据变化较大。后同。
3.2007年卫生年报统计口径变动。后同。
4.本表人员数合计中不包括乡村医生和卫生员。

a) Statistical standards in health report have changed since 1996, individual institutions are included in total number of institutions.
b) Statistical standards in health report have changed since 2002, there have been great amount of changes in data. The same applies to the following tables.
c) Statistical standards in health report have changed since 2007. The same applies to the following tables.
d) Village doctors and assistant nurses are not included in technical personnel in health institutions.

20-2 卫生机构、床位、人员数（2013年）

Number of Health Institutiors, Beds and Personnels by Type (2013)

类别	Type	机构数（个）Total (unit)	#国有 State-owned	床位数（张）Beds (unit)	#国有 State-owned	人员数（人）Personnel (person)	#卫生技术人员 Medical Technical Personnel
全省	**Provincial Total**	**7250**	**2811**	**174299**	**155970**	**269848**	**190234**
医院	Hospital	549	351	114782	100478	128948	110211
#综合医院	General Hospital	360	233	81126	71242	92802	79882
中医医院	Hospital Specialized in Traditional	98	88	20037	19342	22299	19450
中西医结合医院	Combined Chinese and Western Medicine Hospital	7	5	918	860	1410	1210
专科医院	Specialized Hospital	84	25	12701	9034	12437	9669
疗养院	Sanatoriums	3	3	1810	1810	491	264
社区卫生服务中心(站)	Health Service Center for Community	607	135	3833	2233	8725	7533
卫生院	Township Hospital	1596	1447	43353	39094	44551	38571
门诊部	Outpatient Department	88	22	241	38	833	710
诊所、卫生所、医务室、护理站	Clinic, Medical Center, Nursing Station	3796	241			6342	6150
急救中心(站)	Emergency Center	8	8			292	182
采供血机构	Institution for Blood Collection and Supplyment	13	12			748	542
妇幼保健院(所、站)	MCH Center	112	111	7901	7774	12191	10486
专科疾病防治院(所、站)	Specialized Disease Prevention &Treatment Institute	111	109	2379.	2379	2662	2107
疾病预防控制中心(防疫站)	Disease Prevention & Control Center	147	146		354	5197	3872
卫生监督所	Health Supervision Institution	110	109			1937	1619
医学科学研究机构	Research Institution of Medical Science	5	5			418	260
医学在职培训机构	Medical-service Training Institution	3	3			30	2
健康教育所(站、中心)	Health Education Center	7	7			76	38
其他卫生机构	Other Health Institutions	95	102			56407	7687

注：1.本表人员合计中包括乡村医生和卫生员。
2.不含乡镇卫生院在村卫生室工作的执业(助理)医师、注册护士数。
a) Village doctors and assistant nurses are included in personnels.
b) Licensed (assistant) physicians and nurses of country health stations working in village health stations are not included in personels.

20-3 卫生机构人员数

Number of Employed Persons in Health Institutions

单位：人 (person)

类别	Type	1990	1995	2000	2005	2010	2012	2013
全省	**Provincial Total**	**144583**	**151246**	**151985**	**138697**	**184139**	**210887**	**222343**
卫生技术人员	Medical Technical Personnel	116786	122649	123192	115986	154733	179797	190234
执业医师	Certified Doctors	51994	55095	54437	39522	50737	56525	58864
执业助理医师	Certified Assistant Doctors				10179	8527	10643	11412
注册护士	Registerd Nurses	1774	1227	1764	35679	57703	72062	78229
药剂师(士)	Pharmacists	1237	1057	611	11379	12223	13015	13415
技师(士)	Technical Personnel					10584	11654	12561
#检验师	Chemist	891	677	444	6254	7229	8150	8730
其他	Others	5921	5914	4351	12973	14959	15898	15753
其他技术人员	Other Technical Personnel	1229	2329	4340	5787	6523	7127	7067
管理人员	Managerial Personnel		4464	5004	6233	7644	7678	8062
工勤技能人员	Ground Skilled Staff	10498	10812	12903	10691	15239	16285	16980
平均每千人中有卫生技术人员	Number of Medical Technical Personnel Per 1000 Population	3.06	3.02	2.97	2.69	3.47	3.99	4.2
#医生	Doctors	1.36	1.36	1.31	1.15	1.33	1.49	1.55

注：2007年卫生统计口径改变,故指标有所变化。
a) New statistic standard in health care varies in 2007. Indicators vary accordingly.

20-4 各地区卫生事业基本情况（2013年）
Basic Statistics on Health Institutions by Region (2013)

地 区	Region	机构数（个）Total (unit)	#医院、卫生院 Hospitals and Health Centers	床位数（张）Number of Beds (unit)	#医院、卫生院 Hospitals and Health Centers	人员数（人）Number of Personnel (person)
全 省	**Provincial Total**	**7250**	**2140**	**174299**	**158096**	**269848**
南昌市	Nanchang	705	181	25600	23664	41545
景德镇市	Jingdezhen	339	70	6740	6180	10412
萍乡市	Pingxiang	369	82	9958	8848	15364
九江市	Jiujiang	810	258	20841	17246	31593
新余市	Xinyu	245	49	4892	4407	8044
鹰潭市	Yingtan	374	61	4626	4348	6832
赣州市	Ganzhou	1468	379	30945	28154	41934
吉安市	Ji'an	638	279	18130	16915	25737
宜春市	Yichun	820	219	20898	18551	30432
抚州市	Fuzhou	440	212	9676	9332	19219
上饶市	Shangrao	1042	350	21993	20451	38736

注：人员数包括乡村医生和卫生员
a) Village doctors and assistant nurses are included.

20-5 各地区卫生技术人员数（2013年）
Technical Personnel in Health Institutions by Region (2013)

单位：人 (person)

地 区	Region	合计 Total	医生 Doctors	执业医师 Certified Doctors	执业助理医师 Certified Assistant Doctors	注册护士 Registerd Nurses	其他 Others
全 省	**Provincial Total**	**190234**	**70276**	**58864**	**11412**	**78229**	**41729**
南昌市	Nanchang	31582	11369	10346	1023	14021	6192
景德镇市	Jingdezhen	7661	2756	2374	382	3372	1533
萍乡市	Pingxiang	11312	4041	3393	648	4890	2381
九江市	Jiujiang	22139	8370	6929	1441	9054	4715
新余市	Xinyu	6175	2456	1984	472	2615	1104
鹰潭市	Yingtan	5250	2353	2035	318	1822	1075
赣州市	Ganzhou	29766	10140	8041	2099	12073	7553
吉安市	Ji'an	17913	6883	5572	1311	6925	4105
宜春市	Yichun	20578	7227	6176	1051	8486	4865
抚州市	Fuzhou	12349	4720	3961	759	5013	2616
上饶市	Shangrao	25509	9961	8053	1908	9958	5590

注：1.其他卫生技术人员中包括药师(士)、技师(士)和见习医师等。
2.本表卫生技术人员合计中不包括乡村医生和卫生员。
a)Pharmacists,technical personnel and interns included.
b) Village doctors and assistant nurses are not included in technical personnel in health institutions.

20-6 各类医院机构、床位及人员数（2013年）
Beds and Personnel in Health Institutions by Specializtions (2013)

类别	Type	机构数（个）Number of Institutions (unit)	床位数（张）Number of Beds (unit)	人员数（人）Number of Personnel (person)	#卫生技术人员 Medical Technical Personnel	执业医师 Certified Doctors	执业助理医师 Certified Assistant Doctors
全省	**Provincial Total**	**549**	**114782**	**128948**	**110211**	**33663**	**2197**
综合医院	General Hospital	360	81126	92802	79882	24226	1452
中医医院	Hospital Specialized in Traditional Chinese Medicine	98	20037	22299	19450	6455	492
中西医结合医院	Combined Chinese and Western Medicine Hospital	7	918	1410	1210	407	30
专科医院	Specialized Hospital	84	12701	12437	9669	2575	223
口腔医院	Stomatological Hospital	4	42	284	243	122	6
眼科医院	Ophtalmology Hospital	5	245	397	247	53	6
耳鼻喉科医院	Otolaryngology Hospital	1	78	132	84	13	2
肿瘤医院	Tumor Hospital	3	2201	2654	2072	530	12
妇产(科)医院	Obstetrics and Gynecology Hospital	6	220	284	196	44	8
儿童医院	Children's Hospital	1	1346	1600	1354	386	
精神病医院	Psychiatry Hospital	20	5830	3232	2471	607	84
传染病医院	Hospital for Infectious Diseases	2	150	190	167	51	1
皮肤病医院	Dermatology Hospital	4	200	569	454	110	36
结核病医院	Tuberculosis Hospital	2	720	796	636	173	1
骨科医院	Orthopedics Hospital	7	436	469	394	124	28
康复医院	Rehabilitation Hospital	2	110	37	29	10	6
美容医院	Plastic Surgery Hospital	2	38	106	88	16	1
其他专科医院	Other Specialized Hospitals	25	1085	1687	1234	336	32

20-7 各类医疗机构病床使用情况（2013年）
Bed Utilization of Medical Institutions (2013)

类别	Type	实际开放总床日数(日) Actual Number of Bed-opening Days (day)	病床周转次数(次) Hospital Bed Turnover (time)	病床工作日(日) Hospital Bed Using Days (day)	病床使用率(%) Utilization Rate (%)	出院者平均住院日(日) Average Staying Days in Hospital (day)	出院者占用总床日数(日) Total Number of Bed-occupying Days (day)
全省	**Provincial Total**	**60768228**	**41.30**	**316.9**	**86.59**	**7.3**	**50347935**
医院	**Hospital**	40364244	35.90	341.3	93.24	9.2	36281206
综合医院	General Hospital	28569469	37.90	338.7	92.55	8.6	25561451
中医医院	Hospital Specialized in Traditional Chinese Medicine	7003473	36.60	336.0	91.80	9.0	6320553
中西医结合医院	Combined Chinese and Western Medicine Hospital	335070	28.90	348.7	95.27	11.9	314299
专科医院	**Specialized Hospital**	4456232	22.30	365.2	99.78	15.0	4084903
口腔医院	Stomatological Hospital	10571	22.00	164.1	44.83	7.5	4735
眼科医院	Ophtalmology Hospital	88343	30.90	164.8	45.02	5.0	37451
耳鼻喉科医院	Otolaryngology Hospital	28470	57.20	283.8	77.53	5.9	26398
肿瘤医院	Tumor Hospital	797525	31.00	389.0	106.28	12.4	837817
妇产(科)医院	Obstetrics and Gynecology Hospital	70535	25.00	155.7	42.55	5.3	25356
儿童医院	Children's Hospital	397050	66.70	470.0	128.42	7.0	504536
精神病医院	Psychiatry Hospital	2121977	6.20	388.7	106.20	58.1	2078291
传染病医院	Hospital for Infectious Diseases	54750	24.60	327.0	89.36	13.4	49245
皮肤病医院	Dermatology Hospital	67990	35.20	254.9	69.64	7.5	48933
结核病医院	Tuberculosis Hospital	253850	27.20	379.7	103.74	3.1	58529
骨科医院	Orthopedics Hospital	158126	30.20	211.9	57.91	7.9	103140
康复医院	Rehabilitation Hospital	40145	28.80	355.9	97.25	9.9	31315
美容医院	Plastic Surgery Hospital	10220	3.90	17.5	4.77	4.5	488
其他专科医院	Other Specialized Hospitals	356680	34.20	254.5	69.54	8.4	278669
疗养院	Sanitarium	587650	23.50	131.0	35.80	3.4	127170
社区卫生服务中心(站)	Health Service Center for Community	1195117	24.00	207.2	56.61	6.5	507403
卫生院	Township Hospital	15028037	56.30	279.1	76.25	4.7	10888963
#中心卫生院	Center Township Hospital	6928527	56.10	284.6	77.75	4.8	5103230
乡卫生院	Rural Township Hospital	8087830	56.40	274.3	74.95	4.6	5778333
妇幼保健院(所、站)	Maternity and Child Care Center (Station)	2779026	54.80	292.5	79.92	5.2	2145779
#妇幼保健院	Maternity and Child Care Center	2512000	55.20	300.5	82.10	5.3	1998799
专科疾病防治院(所、站)	Specialized Disease Prevention & Treatment Institute	814154	27.90	187.9	51.33	6.4	397414

20-8 各类医疗机构门诊诊疗情况（2013年）

Out-patient Clinics in Hospitals in Medical Institutions(2013)

类别	Type	诊疗人次（人次）Visits (person-time)	#门、急诊 Clinics	门急诊人次占总人次(%) Percentage of Out-patients in Total Number (%)	观察室留观病人(人) Patients in Observation Room (person)	健康检查(人) Health Examine (person)
全省	**Provincial Total**	**104741007**	**100658628**	**96**	**2172396**	**11340501**
医院	Hospital	52729051	51182364	97	1314487	2529211
综合医院	General Hospital	37601176	36526568	97	997164	1847921
中医医院	Hospital Specialized in Traditional Chinese Medicine	11315638	10927875	97	225684	469926
中西医结合医院	Combined Chinese and Western Medicine Hospital	678906	654292	96	15445	40208
专科医院	Specialized Hospital	3133331	3073629	98	76194	171156
口腔医院	Stomatological Hospital	239721	239721	100		215
眼科医院	Ophtalmology Hospital	144484	141472	98	500	1000
耳鼻喉科医院	Otolaryngology Hospital	18949	18949	100		
肿瘤医院	Tumor Hospital	222831	207930	93	88	51272
妇产(科)医院	Obstetrics and Gynecology Hospital	38091	34092	90	6500	1774
儿童医院	Children's Hospital	1023500	1023500	100	34552	50081
精神病医院	Psychiatry Hospital	418744	413570	99	81	5346
传染病医院	Hospital for Infectious Diseases	79026	79025	100	16617	13215
皮肤病医院	Dermatology Hospital	380269	380269	100	17322	151
结核病医院	Tuberculosis Hospital	152014	135382	89	350	25000
骨科医院	Orthopedics Hospital	97964	94810	97	60	16000
康复医院	Rehabilitation Hospital	12605	10130	80		460
美容医院	Plastic Sergury Hospittal	17335	17335	100		
其他专科医院	Other Specialized Hospitals	287798	277444	96	124	6642
疗养院	Sanitarium	57014	51873	91	142	119
社区卫生服务中心(站)	Health Service Center for Community	6589724	6072619	92	204428	1084647
卫生院	Township Hospital	26943443	25296855	94	379146	6885825
#中心卫生院	Center Township Hospital	12089843	11424098	94	153649	2527817
乡卫生院	Rural Township Hospital	14832419	13851576	93	225293	4336046
门诊部	Clinic	446501	407499	91		
诊所、卫生所、医务室	Clinic, Medical Center, Nursing Station	9853792	9672748	98		
妇幼保健院(所、站)	Maternity and Child Care Center (Station)	7255251	7135169	98	273512	756439
#妇幼保健院	Maternity and Child Care Center	6497168	6402963	99	271194	622249
专科疾病防治院(所、站)	Specialized Disease Prevention & Treatment Institute	866231	839501	97	681	84260

注：本表数据没有包括村卫生室和急救中心(站)数据。后同。

a) Country health stations and emergency health centres (stations) are not included. The same applies to the tables following.

20-9 各类医疗机构住院治疗情况（2013年）

Basic Statistics on Inpatients Treatments in Medical Institutions(2013)

类　别	Type	入院人数（人）Inpatients (person)	出院人数（人）Out-patients (person)	住院病人手术人次（人次）Inpatients Operation (person-time)	每百门急诊的入院人数（人）Number of Admissions per 100 Outpatient Emergency Treatment (person)
全　省	**Provincial Total**	**6887078**	**6861792**	**1035292**	**7.60**
医　院	Hospital	3975450	3954381	909114	7.77
综合医院	General Hospital	2969825	2956173	698901	8.13
中医医院	Hospital Specialized in Traditional Chinese Medicine	702613	699873	129237	6.43
中西医结合医院	Combined Chinese and Western Medicine Hospital	26654	26452	6869	4.07
专科医院	Specialized Hospital	276358	271883	74107	8.99
口腔医院	Stomatological Hospital	643	635	959	0.27
眼科医院	Ophtalmology Hospital	7697	7463	5536	5.44
耳鼻喉医院	Otolaryngology Hospital	4438	4451	3284	23.42
肿瘤医院	Tumor Hospital	68250	67559	16452	32.82
妇产(科)医院	Obstetrics and Gynecology Hospital	4819	4813	1008	14.14
儿童医院	Children's Hospital	72500	72381	20963	7.08
精神病医院	Psychiatry Hospital	36531	35774	2593	8.83
传染病医院	Hospital for Infectious Diseases	3657	3685	96	4.63
皮肤病医院	Dermatology Hospital	6242	6535	401	1.64
结核病医院	Tuberculosis Hospital	19481	18894		14.39
骨科医院	Orthopedics Hospital	13214	13062	6130	13.94
康复医院	Rehabilitation Hospital	3176	3156	80	31.35
其他专科医院	Other Specialized Hospitals	35601	33366	16605	12.83
疗养院	Sanitarium	37853	37755	156	72.97
社区卫生服务中心	Health Service Center for Community	79189	78325		1.30
卫生院	Township Hospital	2313086	2310285		9.14
#中心卫生院	Center Township Hospital	1062645	1062003		9.30
乡卫生院	Rural Township Hospital	1249367	1247135		9.02
门诊部	Clinic	2937	2937		
妇幼保健院(所、站)	Maternity and Child Care Center (Station)	416432	415955	123713	5.84
#妇幼保健院	Maternity and Child Care Center	379101	378669	116807	5.92
专科疾病防治院(所、站)	Specialized Disease Prevention & Treatment Institute	62131	62154	2309	7.40

20-10 各地区医院门诊诊疗情况（2013年）

Out-patient Clinics in Hospitals by Region (2013)

地　区	Region	诊疗人次 (人次) Visits (person-time)	#门、急诊 Clinics	门急诊人次占总人次 (%) Percentages of Out-patients in Total Number (%)	观察室留观病人 (人) Patients in Observation Room (person)	观察室病死率 (%) Observation Room Mortality (%)	健康检查 (人) Health Examine (person)
全　省	**Provincial Total**	**52729051**	**51182364**	**97.07**	**1314487**	**0.02**	**2529211**
南昌市	Nanchang	11473453	11114389	96.87	134372	0.03	513824
景德镇市	Jingdezhen	1815210	1802812	99.32	128368		112329
萍乡市	Pingxiang	2594573	2442741	94.15	67658		154280
九江市	Jiujiang	5592377	5399003	96.54	79340	0.07	367605
新余市	Xinyu	1868964	1751913	93.74	21010	0.03	198750
鹰潭市	Yingtan	1163702	1139519	97.92	33999		61141
赣州市	Ganzhou	8947207	8792823	98.27	320289	0.04	295526
吉安市	Ji'an	5186634	5079972	97.94	50670	0.01	239492
宜春市	Yichun	4643974	4516211	97.25	427926	0.01	233666
抚州市	Fuzhou	3890125	3776239	97.07	36992	0.02	168925
上饶市	Shangrao	5552832	5366742	96.65	13863	0.19	183673

注：本表数据包含村级卫生医疗情况。
a) Data on village health service are included.

20-11 各地区医院病床使用情况（2013年）

Utilization of Hospital Beds by Region (2013)

地　区	Region	医院 Total			#政府办医院 Government-conducted Hospital		
		病床周转次数 (次) Hospital Bed Turnover (time)	病床使用率 (%) Utilization Rate (%)	出院者平均住院日 (日) Average Staying Days in Hospital (day)	病床工作日 (日) Hospital Bed Utilization (day)	病床使用率 (%) Utilization Rate (%)	出院者平均住院日 (日) Average Staying Days in Hospital (day)
全　省	**Provincial Total**	**35.90**	**93.24**	**9.17**	**351**	**96.02**	**9.46**
南昌市	Nanchang	34.40	100.69	10.18	376	102.72	10.36
景德镇市	Jingdezhen	34.30	82.82	8.61	311	84.92	8.50
萍乡市	Pingxiang	33.00	88.86	9.62	346	94.53	9.75
九江市	Jiujiang	34.20	95.42	9.82	355	97.10	10.07
新余市	Xinyu	27.50	92.70	11.49	349	95.47	11.46
鹰潭市	Yingtan	23.50	81.53	11.71	298	81.39	11.27
赣州市	Ganzhou	35.70	92.06	9.20	343	93.62	9.24
吉安市	Ji'an	38.10	92.74	8.78	347	94.77	9.15
宜春市	Yichun	36.20	101.08	10.16	377	102.93	10.42
抚州市	Fuzhou	42.60	86.70	7.32	323	88.25	7.28
上饶市	Shangrao	41.70	87.62	7.15	347	94.71	7.80

20-12 各地区育龄妇女节育、晚婚情况（2013年）

Birth-Control and Later-Marriage of Childbearing-age Women by Region (2013)

地 区	Region	已婚育龄妇女人数（人）Married Childbearing-age Women (person)	采取各种避孕节育措施人数（人）Number of Women Taking Birth-Control (person)	综合避孕节育率（%）General Birth-Control Rate (%)	晚婚人数（人）Number of Later-Marriage (person)	晚婚率（%）Later-Marriage Rate (%)
全 省	**Provincial Total**	**10875153**	**9835788**	**90.44**	**193667**	**52.58**
南昌市	Nanchang	1183311	1078614	91.15	20155	54.93
景德镇市	Jingdezhen	392245	358639	91.43	5855	47.19
萍乡市	Pingxiang	428191	388046	90.62	7357	58.88
九江市	Jiujiang	1171073	1046791	89.39	25163	57.64
新余市	Xinyu	274444	241706	88.07	3690	56.16
鹰潭市	Yingtan	286090	253263	88.53	4816	47.84
赣州市	Ganzhou	2055527	1897680	92.32	36822	51.43
吉安市	Ji'an	1116265	1018758	91.26	22831	57.35
宜春市	Yichun	1285807	1129977	87.88	21225	48.81
抚州市	Fuzhou	972313	889168	91.45	16007	49.37
上饶市	Shangrao	1709887	1533146	89.66	29746	50.31

20-13 各地区计划生育情况（2013年）

Basic Statistics on Family Planning by Region (2013)

地 区	Region	现有一孩育龄妇女人数（人）Married Childbearing-age Women with One Child (person)	现有一孩育龄妇女占已婚育龄妇女比重(%) Percentage of Married Childbearing-age Women with One Child in Total Married Women (%)	累计领取独生子女证人数（人）Number of Women Receiving Single-Child Permit (person)	领取独生子女证人数占一孩育龄妇女比重(%) Percentage of Women Receiving Single-Child Permit in Married Childbearing-age Women with One Child (%)	出生政策符合率（%）Birth-Control Rate (%)
全 省	**Provincial Total**	**4035512**	**37.10**	**1596489**	**39.56**	**80.01**
南昌市	Nanchang	546716	46.20	242914	44.43	81.67
景德镇市	Jingdezhen	175326	44.68	90437	51.58	81.01
萍乡市	Pingxiang	189858	44.32	82282	43.34	80.64
九江市	Jiujiang	460554	39.31	179730	39.02	79.77
新余市	Xinyu	144371	52.59	73957	51.23	82.06
鹰潭市	Yingtan	108399	37.89	40670	37.52	81.46
赣州市	Ganzhou	651277	31.68	267756	41.11	80.40
吉安市	Ji'an	422127	37.81	184624	43.74	80.26
宜春市	Yichun	432658	33.64	169581	39.20	77.97
抚州市	Fuzhou	347641	35.75	133832	38.50	80.22
上饶市	Shangrao	556585	32.54	130706	23.48	79.13

注：国家人口计生委在2008年将“计划生育率”指标改为“出生政策符合率”。
a)"Birth-Control Rate" instead of " Plan-Birth" since 2008.

20-14 体育事业基本情况
Basic Statistics on Sports

指　　标	Item	1990	1995	2000	2005	2010	2012	2013
群众体育活动次数(次)	Mass Sport Event (time)				1920	13105	6318	5280
群众体育活动人数(万人)	Population Paticpated in Mass Sport Event (10000 persons)				287.8	521.82	475	415
青少年俱乐部(个)	Youth Club (unit)				64	108	253	165
等级裁判员发展人数(人)	Ranked Referees Developed (person)	2008	1523	2223	1465	567	2108	1953
等级运动员发展人数(人)	Ranked Athletes Developed (person)	1517	1222	1624	785	195	1011	1110
在国际国内比赛中获奖牌数（枚）	Medals Won in National and International Competitions (piece)	90	88	71	80	95	102	97.5
金　牌	Gold	28	24	25	44	36	33	40
银　牌	Silver	33	40	27	21	26	32	30
铜　牌	Bronze	29	24	19	15	33	37	27.5

注："群众体育活动"2007年以前为"举办全民健身活动"。
a)Before 2007, mass sport event refered to national fit-keeping event.

20-15 少年儿童业余体育学校基本情况
Basic Statistics on Amateur Sports School for Children and Adolescents

指　　标	Item	1990	1995	2000	2005	2010	2012	2013
学　校　数(所)	Number of Schools (unit)	133	99	105	92	89	89	107
在校学生数(人)	Total School Enrollments (person)	7122	5174	7417	8955	10113	8380	12556
专职教练员人数(人)	Full-time Coaches (person)	400	398	439	436	462	557	602
#专科以上	Above Specialized Courses			238	330	410	234	575

20-16 历届全省人民代表大会的代表人数

Number of Deputies to All the Previous Provincial People's Congresses

届 别	Congress	年 份 Year	代表总数（人） Total Number of Deputies (person)	#女代表 Female Deputies	占代表总数(%) As Percentage to Total Deputies (%)	#少数民族代表 Ethnic Minority Deputies	占代表总数(%) As Percentage to Total Deputies (%)
一 届	First Congress	1954	404				
二 届	Second Congress	1958	500	76	15.2		
三 届	Third Congress	1963	613	129	21.0	7	1.1
五 届	Fifth Congress	1978	1200	261	21.8	9	0.8
六 届	Sixth Congress	1983	958	184	19.2	17	1.8
七 届	Seventh Congress	1988	583	99	17.0	15	2.6
八 届	Eighth Congress	1993	615	108	17.6	12	2.0
九 届	Ninth Congress	1998	603	136	22.6	11	1.8
十 届	Tenth Congress	2003	604	146	24.2	14	2.3
十一届	Eleventh Congress	2008	608	148	24.3	16	2.6
十二届	Twelfth Congress	2 013	609	148	24.3	21	3.4

注：1968年1月成立的江西省革命委员会作为江西省第四届人民代表大会的届次计算。

a) Revolutionary Committee of Jiangxi Province which was founded in Jun.1968 is complied as 4th Provincial People's Congresses.

20-17 历届全省政治协商会议的委员人数

Number of Deputies to All the Previous Provincical People's Political Consultative Conferences

届 别	Congress	年 份 Year	委员总数（人） Total Number of Deputies (person)	#中国共产党委员 Deputies from the Communist Party of China	占委员总数(%) As Percentage to Total Deputies (%)	#少数民族委员 Ethnic Minority Deputies	占委员总数(%) As Percentage to Total Deputies (%)
一 届	First Congress	1955	159	50	31.5	6	3.8
二 届	Second Congress	1959	571	227	39.8	11	1.9
三 届	Third Congress	1964	601	266	44.3	10	1.7
四 届	Fourth Congress	1978	752	340	45.3	12	1.6
五 届	Fifth Congress	1983	760	259	34.1	17	2.2
六 届	Sixth Congress	1988	755	258	36.0	22	2.9
七 届	Seventh Congress	1993	704	281	39.9	17	2.4
八 届	Eighth Congress	1998	649	274	42.2	19	2.9
九 届	Ninth Congress	2003	683	273	40.0	16	2.4
十 届	Tenth Congress	2008	690	276	40.0	13	1.9
十一届	Eleventh Congress	2013	691	275	39.8	11	1.6

20-18 工会组织情况
Basic Statistics on Trade Unions

年份 Year	工会基层组织数（万个）Number of Grassroots Trade Unions (10000 units)	全省已建工会组织的基层单位的职工和会员人数（万人）Membership and Staff and Workers in Grassroot Trade Unions (10000 persons)				工会专职工作人员人数（万人）Full-time Staff (10000 persons)
		职工人数 Staff and Workers	#女职工 Female	会员人数 Membership	#女会员 Female	
1980	1.28	193.33	57.67	162.17		0.70
1985	1.78	260.16	90.84	229.87	77.46	1.55
1986	1.87	265.37	90.04	234.39	79.74	1.28
1987	1.95	274.43	96.85	243.38	84.88	1.29
1988	2.01	283.54	101.39	250.24	89.69	1.29
1989	2.10	293.33	102.66	260.64	93.71	1.45
1990	2.14	299.93	107.36	271.76	97.41	1.56
1991	2.16	305.12	111.02	278.47	100.88	1.60
1992	2.19	311.86	115.47	282.70	102.99	1.66
1993	2.14	300.12	111.29	272.28	99.72	1.58
1994	2.14	312.54	116.58	289.86	102.84	1.61
1995	2.01	306.17	112.10	281.77	100.15	0.91
1996	2.14	318.51	120.94	286.57	107.94	1.37
1997	1.76	243.00	91.08	222.57	81.72	1.40
1998	1.70	251.32	94.22	232.77	86.34	1.18
1999	1.56	242.01	88.92	230.59	80.78	1.16
2000	1.82	267.12	82.61	237.31	74.71	1.79
2001	3.84	288.89		273.76		1.79
2002	2.21	513.82	152.96	363.01	116.65	1.44
2003	2.24	288.55	100.68	260.36	92.68	1.04
2004	3.08	373.30	116.26	347.41	109.06	0.97
2005	3.77	391.00	139.14	375.89	131.48	1.11
2006	4.11	459.93	157.68	438.81	149.97	1.32
2007	4.60	517.76	158.07	495.92	151.9	1.55
2008	5.17	572.04	203.97	551.60	199.17	1.80
2009	5.54	600.01	218.20	581.00	212.82	2.60
2010	5.92	647.36	242.81	611.04	231.69	3.80
2011	6.48	673.36	250.61	646.86	240.67	5.42
2012	7.37	736.82	274.40	714.60	266.37	5.93
2013	7.73	750.77	276.69	730.94	270.54	4.49

注：2001年为工会四季度报表数据,空白指标数据未作统计。

a) In 2001,the data is fourth quarter of Trade Union.Blanks have no Statistic.

20-19 共青团组织情况

Basic Statistics on the Communist Youth League

年份 Year	基层团支部 (万个) Grassroot CYL Branch (10000 units)	共青团员 (万人) CYL Members (10000 persons)	#女团员 Female	专职团干部 (人) Full-time Cadres (person)
1978	11.10	133.22	49.87	4342
1979	11.51	125.81		
1980	10.56	124.04	41.80	4732
1981	8.75	123.62	46.22	5323
1982	6.47	124.05	45.27	5713
1983	6.26	126.96	46.66	5839
1984	6.12	131.67	46.23	5903
1985	6.48	152.69	53.00	6473
1986	6.64	169.37	56.83	6729
1987	6.75	183.48	60.62	6542
1988	6.78	181.34	58.23	6337
1989	6.88	161.66	50.39	6074
1990	6.75	162.03	53.60	6725
1991	6.77	160.19	55.06	7156
1992	6.39	157.53	52.54	6821
1993	6.55	156.32	53.66	6801
1994	10.31	238.38	83.32	10339
1995	10.40	248.42	85.93	8752
1996	12.00	219.78	81.46	7855
1997	11.13	222.37	78.98	9759
1998	8.52	212.80	72.73	7909
1999	6.98	187.68	68.39	7362
2000	6.80	187.98	68.53	7015
2001	6.83	182.30	68.27	6627
2002	7.49	191.29	79.50	7444
2003	3.83	194.10	42.81	7444
2004	6.15	213.63	68.73	15680
2005	6.41	246.62	71.42	10370
2006	6.42	248.61	72.41	10370
2007	6.42	248.71	72.41	10370
2008	6.42	248.79	72.42	10470
2009	6.53	250.75	83.57	11812
2010	6.51	240.12	81.76	11756
2011	5.81	440.17	181.54	12888
2012	9.38	247.90	82.10	10146
2013	9.71	245.86	81.42	9714

注：2011年共青团员数含驻赣部队团员及省外流动团员。

a) Members of the CYL included those of PLA Garrison Force and migrations due to change in coverage.

20-20 妇联系统组织情况
Basic Statistics of Women's Federations

单位：个 (unit)

年份 Year	基层妇代会 Grassroot Women's Conference	城市 Urban	农村 Rural	机关、事业单位妇委会 Women's Federations of Institutions and Agencies
1987	23635	1938	21697	718
1988	21214	2274	18940	980
1989	23870	2146	21724	1714
1990	22941	1843	21098	1555
1991	22849	2132	20717	1733
1992	22931	2086	20845	2366
1993	22477	1656	20821	1766
1994	22898	2159	20739	2481
1995	22871	2054	20817	2408
1996	22643	2237	20406	2494
1997	22815	2226	20589	2610
1998	22802	2211	20591	2982
1999	22297	2081	20216	2836
2000	22727	2445	20282	3484
2001	21519	1747	19772	
2002	19691	1695	17996	3069
2003	19189	2181	17008	2252
2004	18591	2761	15830	2539
2005	17474	2010	15464	4333
2006	18753	1830	16923	3737
2007	18695	2250	16445	3714
2008	18805	2627	16178	3911
2009	19878	2397	17481	4523
2010	19881	2399	17483	4521
2011	18222	2410	15812	4682
2012	20107	2538	17569	4864
2013	20487	2628	17859	4887

20-21 各地区城镇社区服务情况（2013年）
Basic Conditions of Urban Community Service by Region (2013)

单位：个

地区	Region	城镇社区服务设施 Urban Community Service Facilities	城镇便民利民服务网点 Convenience Stores in Urban Areas	社区服务志愿者组织数 Voluntary Organizations for Community Services
全省	**Provincial Total**	**3189**	**3701**	**1433**
南昌市	Nanchang	351	876	79
景德镇市	Jingdezhen	91	380	
萍乡市	Pingxiang	54	54	297
九江市	Jiujiang	370	4	7
新余市	Xinyu	51	12	6
鹰潭市	Yingtan	445	256	129
赣州市	Ganzhou	341	824	376
吉安市	Ji'an	289	214	59
宜春市	Yichun	646	59	6
抚州市	Fuzhou	436	951	71
上饶市	Shangrao	115	71	403

20-22 社会福利事业基本情况(2013年)

Basic Statistics on Social Welfare(2013)

指　　标	Item	2013
提供住宿的社会服务机构(个)	Residental Institutions of Social Service (unit)	2061
#老年人与残疾人服务机构(个)	Service Institutions for The Elderly and The Disabled (unit)	1934
#社会福利院	Social Welfare Homes	131
光荣院	Homes for Disabled Veterans	205
养老服务机构	Residental Institutions for Aging Population	1576
#农村	Rural	1371
智障与精神疾病服务机构(个)	Service Institutions for Mental Retardation and Mental Illness (unit)	4
儿童收养救助服务机构(个)	Service Institutions for Adoption and Salvation of Children (unit)	18
其他提供住宿的社会服务机构(个)	Other Residental Institutions of Social Service (unit)	105
年末在院人数(人)	Number of Persons Housed at Year-end (person)	
#老年人与残疾人服务机构	Service Institutions for The Elderly and The Disabled	154991
#社会福利院	Social Welfare Homes	12927
光荣院	Homes for Disabled Veterans	11775
养老服务机构	Residental Institutions for Aging Population	127740
#农村	Rural	121517
智障与精神疾病服务机构	Service Institutions for Mental Retardation and Mental Illness	372
儿童收养救助服务机构	Service Institutions for Adoption and Salvation of Children	1060
城市居民最低生活保障人数(人)	Number of Persons Receiving Minimum Living Allowance in Urban Areas (person)	978048
农村最低生活保障人数(人)	Number of Persons Receiving Minimum Living Allowance in Rural Areas (person)	1606531
民政部门资助参保人数(人)	Number of Insurance Paticipation Funded by Civil Affairs Departments (person)	499133
民政部门资助参合人数(人)	Number of NCMS Paticipation Funded by Civil Affairs Departments (person)	1402937
民政部门直接救助人次数(人次)	Number of Persons Directly Receiving Medical Salvation from Civil Affairs Departments (person-time)	587785
临时救助(户次)	Number of Poor Persons Receiving Temporary Relief (household-time)	51405

20−23　各地区社会捐赠情况（2013年）

Basic Statistics on Social Donations by Region (2013)

地　区	Region	直接接收捐赠 Directly accepting donations 捐赠款(万元) Donations (10000 yuan)	直接接收捐赠 捐赠衣被(万件) Donated Clothing (10000 pieces)	间接接收捐赠 Indirectly accepting donations 捐赠款(万元) Donations (10000 yuan)	间接接收捐赠 捐赠衣被(万件) Donated Clothing (10000 pieces)	受益人次数(人次) Beneficiaries (person-time)	社会捐赠接收工作站、点(个) Social Donations Receiving Centers(stations) (unit)	#社会捐赠接收工作站 Social Donations Receiving Stations
全　省	**Provincial Total**	**8370.9**	**155.5**	**580.0**	**0.4**	**404141**	**542**	**214**
省本级	Provincial	2250.0	6.0			300000		
南昌市	Nanchang	2674.5	147.6	20.0		30810	248	26
景德镇市	Jingdezhen	74.0				3200	8	1
萍乡市	Pingxiang	206.2				26330	20	13
九江市	Jiujiang	1207.9	0.5	509.0		9950	56	42
新余市	Xinyu	354.3				2725		
鹰潭市	Yingtan	137.8				2455	41	41
赣州市	Ganzhou	632.2	0.8	1.0	0.4	6150	26	12
吉安市	Ji'an	328.4	0.5	50.0		8210	57	47
宜春市	Yichun	170.0				900	69	18
抚州市	Fuzhou	334.2	0.1			13411	16	13
上饶市	Shangrao	1.4					1	1

20−24　各地区福利彩票发行情况（2013年）

Statistics on Welfare Lottery by Region (2013)

地　区	Reigon	机构数(个) Number of Institutions (unit)	年末职工人数(人) Number of Staff and Workers at Year-end (person)	增加值(万元) Value Added (10000 yuan)	收　入(万元) Revenues (10000 yuan)	支　出(万元) Expenditures (10000 yuan)
全　省	**Provincial Total**	**52**	**170**	**3407**	**15490**	**13721**
省本级	Provincial	1	12	2567	13684	11968
南昌市	Nanchang	1	5	87	124	127
景德镇市	Jingdezhen	4	9	10	101	101
萍乡市	Pingxiang	2	15	3	95	95
九江市	Jiujiang	6	18	129	387	391
新余市	Xinyu	2	6	18	42	39
鹰潭市	Yingtan	4	9	39	53	53
赣州市	Ganzhou	13	36	273	654	594
吉安市	Ji'an	4	6	6	13	15
宜春市	Yichun	5	25	265	260	260
抚州市	Fuzhou	3	11	5	72	72
上饶市	Shangrao	7	18	4	6	6

20-25 社会保障情况

Situations of Social Security

单位：万人 (10000 persons)

年份 Year	养老保险 Pension Insurance		失业保险 Unemployment Insurance		医疗保险参保人数 Number of Joining Medical Care Insurance
	职工人数 Number of Staff and Workers	离退休、退职人数 Number of Retired Persons	参加失业保险人数 Number of Joining Unemployment Insurance	领取失业保险金人数 Number of Beneficiaries of Unemployment Insurance	
1990	144.65	29.21	153.96		
1991	146.59	30.05	158.29	0.01	
1992	204.22	42.40	167.15	0.08	
1993	205.92	45.20	166.60	0.16	
1994	199.96	45.21	170.92	0.43	
1995	193.32	45.09	183.44	0.14	
1996	203.25	47.45	183.03	0.56	
1997	196.14	48.50	152.24	0.39	
1998	235.67	64.06	182.76	0.80	
1999	246.53	66.72	209.60	0.96	
2000	254.85	72.58	231.59	0.81	61.44
2001	250.60	78.16	234.53	2.52	71.62
2002	257.13	82.65	226.67	5.16	106.60
2003	262.51	88.44	215.54	5.91	188.21
2004	271.83	99.92	226.56	10.18	250.42
2005	281.96	105.48	230.74	10.61	276.74
2006	303.34	111.63	241.05	9.98	313.34
2007	356.53	118.50	251.46	8.73	403.42
2008	421.87	128.46	266.29	6.79	503.16
2009	446.02	135.91	275.47	6.41	515.12
2010	462.08	145.52	265.33	10.69	532.13
2011	484.31	168.72	263.48	8.83	535.85
2012	518.26	189.12	267.44	7.86	546.76
2013	547.14	207.05	271.06	3.74	569.94
南昌市 Nanchang	111.97	41.60	58.52	1.31	96.75
景德镇市 Jingdezhen	28.16	11.31	13.60	0.09	33.49
萍乡市 Pingxiang	24.29	8.72	14.70	0.35	43.94
九江市 Jiujiang	58.76	19.97	34.00	0.15	59.99
新余市 Xinyu	20.21	8.38	10.36	0.32	27.05
鹰潭市 Yingtan	13.71	5.12	7.79	0.07	14.07
赣州市 Ganzhou	59.43	19.51	35.05	0.55	63.12
吉安市 Ji'an	46.54	13.56	22.06	0.24	49.55
宜春市 Yichun	50.10	18.94	25.90	0.23	69.58
抚州市 Fuzhou	39.31	13.72	20.05	0.17	37.54
上饶市 Shangrao	53.18	24.84	29.03	0.27	60.68

20-26 各地区行政事业单位离退休费和企业单位养老金平均水平(2013年)
Average Expenditure for Retired Persons in Administrative Department and Average Pension in Enterprise by Region(2013)

单位：元/人月 (yuan/person·month)

地 区	Region	行政事业单位离退休费和企业单位养老金平均水平 Average Expenditure for Retired Persons in Administrative Department and Average Pension of Enterprise	企业单位养老金平均水平 Average Pension of Enterprise
全 省	**Provincial Total**	**2050**	**1461**
南昌市	Nanchang	2359	1550
景德镇市	Jingdezhen	1914	1452
萍乡市	Pingxiang	1901	1392
九江市	Jiujiang	2034	1466
新余市	Xinyu	2048	1363
鹰潭市	Yingtan	1899	1249
赣州市	Ganzhou	1995	1429
吉安市	Ji'an	1977	1388
宜春市	Yichun	1906	1294
抚州市	Fuzhou	1870	1310
上饶市	Shangrao	1769	1149

20-27 劳动争议处理基本情况(2013年)
Basic Situations of Disposal of Labor Disputes(2013)

指 标	Item	合计 Total	国有企业 State-owned Enterprises	集体企业 Collective-owned Enterprises	港澳台及外资企业 Enterprises with Funds from Hong Kong, Macao&Taiwan and Foreign Funded Enterprises	私营企业 Private Enterprises	其他 Others
案件受理情况	**Situations of Cases Accepted**						
案件数(件)	Number of Cases (case)	8009	318	65	193	6975	458
#劳动者申诉案件数	Number of Cases Appealed by Laborer	7729	317	65	194	6707	446
劳动者当事人人数(人)	Number of Laborers Involved(Person)	10083	333	65	198	9058	429
争议原因(件)	**Reasons of Disputes(case)**						
#劳动报酬	Earning	2081	97	31	63	1822	68
保 险	Insurance	2878	134	22	56	2521	145
解除劳动合同	Relief from the Labor Contract	1834	22		35	1703	74
案件处理情况(件)	**Disposal of Cases(case)**						
结案案件数	Number of Cases Settled	7904	289	57	186	6913	459
用人单位胜诉	Recovered by Units	730	54	11	19	591	55
劳动者胜诉	Recovered by Laborers	4198	146	19	67	3834	132
双方部分胜诉	Recovered Partly by Both Parties	2546	79	17	70	2191	189
本期未结案数	Number of Cases Unsettled this Period	319	31	9	30	236	13

20-28 律师、公证及调解工作基本情况

Basic Statistics on Lawyers, Notarization and Mediation

指 标	Item	1990	2000	2005	2010	2012	2013
律师工作	**Lawyers**						
律师事务所(个)	Number of Law Offices (unit)	118	272	282	332	352	358
律 师(人)	Number of Lawyers (person)	1820	2830	1963	3247	3391	3692
#专职律师	Full-time Lawyers	792	1618	1869	2800	2900	3207
担任法律顾问(家)	Legal Adivisors (unit)	4124	8218	6184	7536	8019	8862
民事案件诉讼代理(件)	Agent of Civil Cases (case)	11688	11197	17857	26618	30726	34330
行政案件诉讼代理(件)	Agent of Adminmstrative Action (case)		513	970	1574	945	790
刑事诉讼辩护及代理(件)	Defender and Agent of Criminal Cases (case)	7952	8202	8434	14125	11692	17804
非诉讼法律事务(件)	Agent of Non-Litigious Legal Affairs (case)	32652	28850	14844	14108	11404	10776
解答法律咨询(万人次)	Legal Advisory Services (10000 person-cases)	9.20	6.10	12.10	8.91	11.9	13.2
代写法律事务文书(万件)	Agent of Legal Doucuments Written on Behalf of Chients (10000 cases)	2.00	2.10	3.46	1.49	2	1.86
公证工作	**Notarization**						
公证处(个)	Number of Notary Offices (unit)	104	111	111	111	111	111
#涉外公证处	Number of Foreign-related Notary Offices	12	27	45	55	56	56
公证人员(人)	Notarial Personnel (person)	537	603	557	559	611	652
#公证员	Nortaries	331	382	351	319	330	339
公证员助理(人)	Assistant Nortaries (person)	74	43	52	87	135	167
办理公证文书(件)	Number of Notarized Documents (case)	221620	222407	257375	164764	216019	163939
国内公证文书	Number of Domestic Notarization	218416	193717	216375	123881	174275	124791
涉外公证文书	Number of Foreign-related Notarization	3204	25053	36572	35091	36671	34519
港台澳公证文书	Number of Hong Kong,Macao, Taiwan Notarization		3637	4428	5792	5073	4629
基层工作	**People's Mediation**						
法律服务所(个)	Agent of Legal Affairs (unit)		1178	686	666	608	678
法律工作者(人)	Personnel of Legal Affairs (person)		3126	2153	1789	1944	2107
法律服务所调解民间纠纷(件)	Number of Civil Disputes Mediated (case)		38004	28263	23995	31576	32557
司法所(个)	Number of Judicial Offices (unit)		1188	1629	1630	1707	1707
司法人员(人)	Judicial Personnel (person)		3113	3888	3139	3755	3772
#专职司法助理员	Number of Full-time Judicial Assistants	1461	1604	1831	2042	3016	2817
协助基层政府处理民间纠纷(件)	Help Grass-roots Government's Handling of Civil Disputes (case)		28256	17319	24124	25481	28506
#处理成功率(%)	Success Rate (%)			94.61	96.7	96.8	97.49
人民调解委员会(万个)	Number of People's Mediation Committees (10000 units)	2.70	2.70	2.27	2.3	2.5	2.5
调解人员(万人)	Number of Mediators (10000 persons)	20.90	24.50	11.86	14.35	12.52	12.5
司法所调解民间纠纷(万件)	Number of Civil Disputes Mediated (10000 case)		13.17	11.44	13.83	18.68	21.59
#调解成功率(%)	Success Rate (%)	96.50	93.00	97.69	97.71	96.78	97.33

20-29 婚姻登记情况(2013年)

Numbers of Marriages and Divorces

年份 Year	准予登记结婚 (对) Total Number of Registered Marriage (couple)	初婚 (人) First Marriage (person)	再婚 (人) Re-marriage (person)	离婚 (对) Divorces (couple)
1978	159661	150186		7387
1979	127242	239747	14737	6844
1980	148365	284253	12477	10200
1981	210132	402171	18093	5717
1982	213296			6487
1983	174610			4791
1984	223765			5666
1985	232469	453632	11306	11113
1986	231917	453021	10813	11241
1987	258275	504338	12212	12473
1988	250353	488228	12478	14063
1989	283406	551914	13075	16391
1990	334773	652052	17494	17637
1991	261054	508724	13384	17376
1992	255777	496201	15353	17682
1993	236384	458275	14493	19291
1994	249091	483833	14349	18979
1995	260573	502791	18355	19751
1996	271049	526016	16082	20037
1997	272364	525087	19641	21087
1998	278088	539122	17054	21502
1999	289370	558788	17454	26935
2000	295766	570202	18296	24229
2001	293852	548757	35569	26090
2002	283391	540779	21617	31762
2003	269708	507607	27805	29700
2004	296058	560260	28418	39897
2005	295282	553628	36936	39441
2006	315513	594219	36807	45291
2007	356154	665248	47060	51240
2008	391221	719684	62758	56030
2009	408061	738330	77792	45495
2010	361099	695884	26134	48891
2011	373001	703739	42263	54360
2012	421144	781537	60751	60006
2013	393733	713805	73661	70247

注：1.1978、1979年和1981年至1984年离婚对数中未包括法院离婚数。
2.1999年以后华侨、港澳台居民登记结婚中未分初婚、再婚人数。后同。

a) Number of divorced Couples in 1978,1979,1981 and 1984 didn't include number of court divorces.

b) Since 1999,Number of registered marriage of overseas Chinese, Hong Kong, Macao residents do not distinct first-marriage and re-marriage.The same applies to the tables following.

20-30 各地区婚姻登记情况（2013年）

Number of Marriages and Divorces by Region (2013)

地区	Region	准予登记结婚（对）Total Number of Registered Marriage (couple)	#内地居民 Registered Marriages of Mainland	准予登记结婚（人）Total Number of Registered Marriage (person)	初婚 First Marriage	再婚 Re-marriage	#恢复结婚（对）Resumption of Marriage(couple)	离婚（对）Divorces (couple)
全省	**Provincial Total**	**393733**	**390435**	**787466**	**713805**	**73661**	**7079**	**70247**
南昌市	Nanchang	38838	38838	77676	67413	10263	1758	10999
景德镇市	Jingdezhen	11982	11982	23964	22492	1472	258	3617
萍乡市	Pingxiang	18318	18318	36636	34584	2052	26	2782
九江市	Jiujiang	43312	43312	86624	77576	9048	976	9438
新余市	Xinyu	8561	8561	17122	15662	1460	144	1877
鹰潭市	Yingtan	11373	11373	22746	19184	3562	131	2224
赣州市	Ganzhou	69271	69271	138542	126195	12347	674	10850
吉安市	Ji'an	44056	44056	88112	79747	8365	637	5909
宜春市	Yichun	46224	46224	92448	82162	10286	1054	7944
抚州市	Fuzhou	40510	40510	81020	76555	4465	449	5532
上饶市	Shangrao	57990	57990	115980	106488	9492	966	8922

注：各设区市离婚人数未包括法院调解、判决离婚人数，故小于总计。

a) Divorce number by region does not include divorce number of court order,thus less than provincial total number.

20-31 各类事故伤亡情况

Basic Statistics on Accidents

指标	Item	1990	2000	2005	2010	2012	2013
事故死亡总人数(人)	**Total (person)**		**4543**	**3321**	**1924**	**1691**	**1698**
#工矿商贸企业事故死亡人数	Mortality of Industry, Mining, Commerce and Trade Enterprises	396	531	365	233	216	234
铁路交通事故死亡人数	Mortality of Railway Traffic Accident		695	438	58	49	48
水上交通事故死亡人数	Mortality of Water Traffic Accident		20	17	9	9	4
道路交通事故情况	**Traffic Accidents**						
起数(起)	Traffic Accidents (case)	5326	17591	8585	4126	3102	2880
死亡人数(人)	Mortalities (person)	1387	3222	2428	1603	1399	1351
受伤人数(人)	Injures (person)	3343	13988	8370	4938	3394	2935
经济损失(万元)	Losses Converted into Cash (10000 yuan)	573	7225	7698	4184	4542	3738
火灾情况	**Fire Accidents**						
起数(起)	Fire Accidents (case)	896	5354	6105	4721	3791	7194
死亡人数(人)	Mortalities (person)	63	93	42	21	18	61
受伤人数(人)	Injures (person)	87	137	51	11	17	22
经济损失(万元)	Losses Converted into Cash (10000 yuan)	1139	4039	3355	8074	7247	19222

20-32 各地区工矿商贸企业、火灾、道路交通事故情况（2013年）
Industry, Mining, Commerce and Trade Enterprises Accidents, Fire Accidents and Traffic Accidents by Region (2013)

地 区	Region	工矿商贸企业事故死亡人数（人）Mortality of Industry, Mining,Commerce (person per 100 million) Accidents (person)	火 灾 Fire Accidents				道路交通事故 Traffic Accidents			
			起数（起）Fire Accidents (case)	死亡人数（人）Mortality (person)	受伤人数（人）Injures (person)	经济损失（万元）Losses Converted into Cash (10000 yuan)	起数（起）Fire Accidents (case)	死亡人数（人）Mortality (person)	受伤人数（人）Injures (person)	经济损失（万元）Losses Converted into Cash (10000 yuan)
全 省	**Provincial Total**	**234**	**7194**	**61**	**22**	**19222**	**2880**	**1351**	**2935**	**3738**
南昌市	Nanchang	24	1854	17	4	6909	313	224	216	53
景德镇市	Jingdezhen	6	133	4		481	77	40	62	5
萍乡市	Pingxiang	8	312		2	583	124	30	140	58
九江市	Jiujiang	21	600	3		704	290	104	291	110
新余市	Xinyu	14	418	1	2	488	33	25	25	14
鹰潭市	Yingtan	2	268		1	502	89	32	81	32
赣州市	Ganzhou	52	1084	16	9	4246	665	267	679	60
吉安市	Ji'an	24	646	1		1819	190	95	233	169
宜春市	Yichun	26	906	6	3	1053	251	102	243	141
抚州市	Fuzhou	9	445	10		770	140	87	130	72
上饶市	Shangrao	28	528	3	1	1667	270	96	254	81
高速公路	Expressway						438	249	581	2943

注：各设区市工矿商贸企业事故死亡人数不包括省煤炭集团，故小于总计。
a) Number of mortality of mining and trading enterprise by region does not include the number of mortality of Provincical Coal Cooperation.

20-33 各地区安全生产四项相对控制指标情况（2013年）
Four Safe Production Relatively Control Targets by Region (2013)

地 区	Region	亿元GDP生产安全事故死亡率（人/亿元）Billion GDP Production Safety Accidents Mortality Rate (person per 100 million)	工矿商贸企业从业人员10万人生产安全事故死亡率（人/10万）Production Safety Accidents Mortality Rate in Per Hundred Thousand Industry, Mining, Commerce and Trade Enterprises Employees (person per 100 thousand)	道路交通万车死亡率(人/万车) Traffic Accident Mortality Rate Per 10 Thousand Vehicles (person per 10 thousand units)	煤矿百万吨死亡率（人/百万吨）Coal Mining Mortality Rate Per Million Tons (person per million tons)
全 省	**Provincial Total**	**0.115**	**1.32**	**2.04**	**1.583**
南昌市	Nanchang	0.06	0.93	3.55	
景德镇市	Jingdezhen	0.06	0.81	2.78	10
萍乡市	Pingxiang	0.064	0.91	0.84	
九江市	Jiujiang	0.072	0.98	1.56	3.57
新余市	Xinyu	0.054	3.44	0.89	
鹰潭市	Yingtan	0.07	0.41	2.06	
赣州市	Ganzhou	0.17	1.53	1.49	2.56
吉安市	Ji'an	0.113	1.61	1.78	
宜春市	Yichun	0.097	1.26	1.12	2.41
抚州市	Fuzhou	0.091	0.7	1.50	
上饶市	Shangrao	0.099	0.96	1.56	0.91
省煤炭集团	Provincical Coal Cooperation				2.53

20-34 妇女儿童基本状况

Basic Statistics on Women and Children

指　　标	Item	2012	2013
卫生保健	**Health Care**		
出生人口性别比(以女孩为100)	Sex Ratio of Born Population (female=100)	116.73	115.92
婴儿死亡率(‰)	Infant Mortality Rate (‰)	10.09	9.42
城　市	Urban	5.93	5.05
农　村	Rural	10.82	10.20
5岁以下儿童死亡率(‰)	Mortality Rate Under 5 (‰)	15.65	14.66
城　市	Urban	6.95	6.35
农　村	Rural	17.20	16.14
孕产妇死亡率(1/10万)	Maternal Mortality Rate (per 100000 persons)	12.53	11.83
城　市	Urban	18.22	13.16
农　村	Rural	11.35	11.61
卡介苗接种率(%)	BCG (%)	99.82	99.86
百白破三联制剂接种率(%)	DPT3 (%)	99.83	99.76
脊髓灰质炎疫苗接种率(%)	OPV3 (%)	99.83	99.74
含麻疹成分疫苗接种率(%)	Measles (%)	99.87	99.83
乙肝疫苗接种率(%)	Hepatitis (%)	99.88	99.83
流脑疫苗接种率(%)	Epidemic Cerebrospinal Meningitis (%)	99.78	99.67
乙脑疫苗接种率(%)	Epidemic Encephalitis B (%)	99.81	99.71
甲肝疫苗接种率(%)	Hepatitis A (%)	99.78	98.94
低出生体重发生率(%)	Low Birth Weight Rate(%)	2.32	2.26
7岁以下儿童保健管理率(%)	Health Care Coverage for Children Aged under 7 (%)	85.14	85.81
住院分娩率(%)	Hospital Delivery Rate (%)	99.68	99.79
农村孕产妇住院分娩率(%)	Hospital Delivery Rate for Rural Pregnant Women (%)	99.65	99.75
农村高危孕产妇住院分娩率(%)	Hospital Delivery Rate for Rural High-risk Pregnant Women (%)	99.98	99.99
非住院分娩中新法接生率(%)	New Method Delivery for Births Not Delivered at Hospitals (%)	97.91	99.14
孕妇产前医学检查率(%)	Ante-natal Medical Examination Rate (%)	94.79	94.54
孕产妇系统管理率(%)	Pregnant Women System Care Rate (%)	83.96	84.78
城　市	Urban	87.44	89.19
农　村	Rural	82.36	82.75
婚前医学检查率(%)	Pre-marital Examination (%)	40.89	41.14
城　市	Urban	52.21	50.20
农　村	Rural	35.68	36.67
当年报告艾滋病病毒感染例数(例)	HIV Infections Reported at Current Year (case)	769	948
#女　性	Female	176	193
已婚育龄妇女综合避孕率(%)	General Contraceptive Rate of Married Women (%)	94.42	90.44
教　育	**Education**		
在园幼儿数(万人)	Kindergarten Enrollment (10000 persons)	152.1	156.3
#女　童	Female	68.8	70.5
学前教育毛入园率(%)	Pre-primary Enrollment of 3 years in Pre-primary (%)	56.50	63.98
小学学龄儿童净入学率(%)	Primary Net Enrollment (%)	99.85	100.00
男　生	Male	99.84	100.00
女　生	Female	99.85	100.00

20-34 续表1 continued

指 标	Item	2012	2013
小学五年巩固率(%)	Consistant Rate of 5 Years in Primary School (%)	83.34	77.08
男 生	Male	82.91	77.00
女 生	Female	83.88	77.17
初中阶段毛入学率(%)	Secondary Gross Enrollment (%)	112.81	98.40
男 生	Male	113.48	98.76
女 生	Female	112.03	98.03
初中三年巩固率(%)	Consistant Rate of 3 Years in Junior Secondary School (%)	92.01	81.47
男 生	Male	91.95	80.86
女 生	Female	92.09	82.19
九年义务教育巩固率(%)	Consistant Rate of 9 Years in Compulsory Education (%)	92.70	82.53
男 生	Male	92.88	81.57
女 生	Female	92.50	83.69
特殊教育在校学生数(人)	Special Education School Enrollment (person)	21510	17111
#女 生	Female	6491	5529
高中阶段毛入学率(%)	High School Gross Enrollment (%)	79.50	82.00
男 生	Male	81.62	84.03
女 生	Female	75.69	78.56
就业与社会保障	**Employment and Social Security**		
就业人员(万人)	Employed Persons (10000 persons)	2556.0	2588.7
#女 性	Female	1185.2	1207.4
城镇单位就业人员(万人)	Urban Employed Persons (10000 persons)	385.8	445.0
#女 性	Female	178.9	207.5
城镇登记失业人员(万人)	Urban Registration Unemployment (10000 persons)	25.7	27.4
#女 性	Female	7.9	11.9
城镇职工基本养老保险参保人数(万人)	Basic Pension Insurance Contributors of Urban Employees (10000 persons)	707.4	754.2
#女 性	Female	313.0	329.4
城乡居民基本养老保险参保人数(万人)	Basic Pension Insurance Contributors of Urban and Rural Residents (10000 persons)	1737.5	1772.5
城镇职工基本医疗保险参保人数(万人)	Basic Medical Care Insurance Contributors of Urban Employees (10000 persons)	546.8	569.9
#女 性	Female	264.4	278.5
城镇居民基本医疗保险参保人数(万人)	Basic Medical Care Insurance Contributors of Urban Residents (10000 persons)	891.8	906.7
#女 性	Female	462.0	361.5
失业保险参保人数(万人)	Unemployment Insurance Contributors (10000 persons)	267.4	271.1
#女 性	Female	81.6	87.1
工伤保险参保人数(万人)	Work Injury Insurance Contributors (10000 persons)	410.9	431.5
#女 性	Female	121.6	136.4
生育保险参保人数(万人)	Maternity Insurance Contributors (10000 persons)	204.2	217.8
#女 性	Female	89.3	101.8
城镇居民最低生活保障人数(万人)	Persons Receiving Lowest Cost-of-living in Urban Area (10000 persons)	97.9	98.0
#女 性	Female	42.8	41.3

20-34 续表2 continued

指 标	Item	2012	2013
农村居民最低生活保障人数(万人)	Persons Receiving Lowest Cost-of-living in Rural Area (10000 persons)	151.9	150.3
#女 性	Female	68.7	70.0
村民委员会成员中女性比重(%)	Percentage of Females in Villater's Committees (%)	26.27	26.27
其中：村委会主任中女性比重(%)	Percentage of Females in Directors of Villater's Committees (%)	3.01	3.01
居民委员会成员中女性比重(%)	Percentage of Females in Neighborhood Committees (%)	70.30	70.31
社区服务机构总数(个)	Community Service Facilities (unit)	3206	3189
城镇便民、利民网点数(个)	Service Centers, Urban (unit)	3231	3869
妇女参政议政	**Women Empowerment**		
省(区、市)人大代表数(人)	Provincial(Regional and Municipal)NPC Deputies(person)	609	607
#女 性	Female	148	148
省(区、市)政协委员数(人)	Provincial(Regional and Municipal)CPPCC Deputies (person)	691	694
#女 性	Female	129	122
省级政府领导班子中女干部配备率(%)	Rate of Women Cadres in Provincial Government Organs (%)	100.00	100.00
地级政府领导班子中女干部配备率(%)	Rates of Women Cadres in Prefecture Government Organs (%)	90.91	90.91
县级政府领导班子中女干部配备率(%)	Rates of Women Cadres in County Government Organs (%)	93.00	86.00
省级政府工作部门领导班子配有女干部的班子比例(%)	Rates of Women Cadres in Provincial Government Services (%)	41.46	35.00
市级政府工作部门领导班子配有女干部的班子比例(%)	Rates of Women Cadres in Prefecture Government Services (%)	48.84	53.37
省级政府领导班子正职女干部比例(%)	Rates of Principal Women Cadres in Provincial Government Organs (%)		
市级政府领导班子正职女干部比例(%)	Rats of Principal Women Cadres in Prefecture Government Organs (%)		
县级政府领导班子正职女干部比例(%)	Rates of Principal Women Cadres in County Government Organs (%)	12.12	15.15
省级政府工作部门领导班子正职女干部比例(%)	Rate of Principal Women Cadres in Provincial Government Services (%)	4.88	2.50
市级政府工作部门领导班子正职女干部比例(%)	Rates of Principal Women Cadres in Prefecture Government Services (%)	8.27	11.14
县级政府工作部门领导班子正职女干部比例(%)	Rates of Principal Women Cadres in County Government Services (%)	8.15	8.69
保护妇女儿童的人身权利	**Human Rights Protection of Women and Children**		
破获强奸案件数(起)	Rape Cases Solved (case)	557	589
破获拐卖妇女案件数(起)	Abducting Women Cases Solved (case)	32	52
破获拐卖儿童案件数(起)	Abducting Children Cases Solved (case)	35	27
破获组织、强迫、引诱、容留妇女卖淫案件数(起)	Prostitution-involved Cases Solved (case)	339	344
受暴妇女儿童救助(庇护)机构数(个)	Number of Shelters for Domestic Violence Victims (unit)	125	155
受救助(庇护)的妇女儿童人次数(人次)	Number of Domestic Violence Victims Succoured (person-time)	1891	2349
生存环境和社会福利	**Living Environment and Social Welfare**		
农村集中供水受益人口比重(%)	Rate of Population Benefited from Centralized Water Supply,Rural (%)	44.35	48.00
农村自来水普及率(%)	Rate of Population With Access to Tap Water, Rural (%)	66.45	72.44
农村卫生厕所普及率(%)	Rate of Population With Access to Sanitary Latrines, Rural (%)	84.38	86.92
城市建成区绿化覆盖率(%)	Rate of Afforestation Covered Area to Developed Area，Urban (%)	45.95	45.09
城市污水处理率(%)	Treatment Rate of Waste Water, Urban (%)	84.25	83.10
城市生活垃圾无害化处理率(%)	Treatment Rate of Consumption Wastes,Urban (%)	89.05	93.28

主要统计指标解释

卫生机构 包括医疗机构、疾病预防控制中心(防疫站)、采供血机构、卫生监督及监测(检验)机构、医学科研和在职培训机构、健康教育所等。

医疗机构 包括医院、社区卫生服务中心(站)、疗养院、卫生院、门诊部、诊所(卫生所、医务室)、妇幼保健院(所、站)、专科疾病防治院(所、站)、急救中心(站)和临床检验中心。医疗机构分为非赢利性医疗机构和赢利性医疗机构。

医院 包括综合医院、中医医院、中西医结合医院、民族医院、各类专科医院和护理院。

卫生技术人员 指卫生机构中医生、护理人员 、药剂人员、检验人员等卫生技术人员。

医生 指在医疗、预防保健机构工作且取得《执业医师证书》的执业医师和执业助理医师。

社会福利事业单位 指集中收养社会孤老、残、幼的机构，包括由民政部门管理的社会福利院、儿童福利院、精神病人福利院和城镇集体举办的福利院及农村集体举办的敬老院以及优抚医院和具有收养能力的社区服务中心等。该指标主要反映我国社会福利性单位的投入水平。

社会福利事业单位收养人数 包括民政部门管理和城镇、农村集体举办的社会福利事业单位中收养的老人、少年儿童、缺乏生活自理能力的残疾人员和精神病人。该指标主要反映收养性社会福利单位的收养能力。

社会福利企业单位 指以安置城镇有一定劳动能力的盲、聋、哑和肢体残疾人员就业为目的，享受国家减免税待遇的国有或集体企业。包括福利工厂、福利商业和服务业、假肢厂和安置农场等单位。该指标主要反映我国对残疾人照顾的特殊政策。

行政事业单位离退休费和企业单位养老金平均水平 行政、事业和企业单位离休、退休、退职人员在一定时期内平均每人所得离休金、退休金、退职生活费用和养老金。

$$\text{行政事业单位离退休费和企业单位养老金平均水平} = \frac{\text{报告期行政、事业和企业单位实际支付的离休金、退休金、退职生活费用和养老金总额}}{\text{报告期行政、事业和企业单位离退休人员平均人数}}$$

律师 指依法取得律师执业证书，担任法律顾问，民事(刑事、行政)案件代理人、刑事案件辩护人、办理非诉讼业务，解答法律询问，代写法律事务文书等，为社会提供法律服务的人员。

公证人员 指在公证处工作的人员总称，包括公证处主任、副主任、公证员、公证员助理(助理公证员)和其他从事辅助性工作的人员。

公证文书 指公证处根据当事人申请，依照事实和法律，按照法定程序制作的，具有法律效力的司法证明文书。根据公证书用途和使用地，公证书分为国内公证书、国内经济公证书、涉外民事公证书、涉外经济公证书四类。

调解员 指在人民调解委员会担负调解民间纠纷工作的人员，包括调解委员会的委员和调解小组的调解员。该指标主要反映从事人民调解工作的人员数量。

调解民间纠纷 指调解委员会按照法律规定，根据自愿原则，用说服教育的方法调解民间发生的有关民事权利和义务争执的件数，包括调解成功数和调解未成功数。该指标主要反映人民调解委员会的工作量。

Explanatory Notes on Main Statistical Indicators

Health Care Institutions include: medical institutions, disease prevention and control centres (epidemic prevention stations), blood gathering and supplying institutions, health supervision and inspection (check up) institutions, medicinal scientific research and on-job training institutions, health education centres and so on.

Medical Organizations include: hospitals, health service centres (stations) in communities, sanatoria, health centres, out-patient clinics, clinics (health stations and infirmaries), maternity and child care agencies (centres and stations), special disease prevention and curing agencies (centres and stations), first aid centres (stations) and clinical inspection centres.

Medical organizations are grouped by two types: profit-making and non-profit-making medical organizations.

Hospitals include: polyclinics, traditional Chinese medical hospitals, hospitals integrating traditional Chinese therapeutics and western therapeutics, ethnic hospitals, various specialist hospitals and nursing homes.

Medical Technical Personnel refers to doctors, nurses, pharmacists and laboratory technicians working in medical institutions.

Doctors refer to certified physicians and certified assistant physicians with certifications working in medical and health care and prevention agencies.

Social Welfare Institutions refer to institutions taking care of old people without children, handicapped people and orphans. They include social welfare institutions run by civil affairs departments, children welfare institutions, social welfare institutions for mental patients, collective-owned old people's homes in rural areas, convalescent homes and community service centers with the capacity of receiving those people. This indicator reflects the input in social welfare institutions.

Number of People Accommodated by Social Welfare Institutions refers to the number of old people, children, totally dependent handicapped people and mental patients Accommodated by social welfare institutions run by civil affairs departments and those run by collective units in urban and rural areas. This indicator reflects the capacity of social welfare institutions.

Social Welfare Enterprises are collective-owned enterprises which employ the blind, deaf-mute, and physically disabled people who are able to work in cities and towns and enjoy exemption from State taxes. They include welfare plants, welfare commercial services, artificial limb plants and farms, etc. This indicator reflects the preferential policies toward disabled persons.

Average Expenditure for Retired Persons in Administrative Department and Average Pension of Enterprise refers to average level of retirement pension, expenditures for living consumption after retirement and pension in money terms per person in the administrative department, institution and enterprise during a certain time of period.

$$\begin{matrix}\text{Average Expenditure}\\ \text{for Retired Persons}\\ \text{in Administrative}\\ \text{Department and Average}\\ \text{Pension of Enterprise}\end{matrix} = \frac{\begin{matrix}\text{Total Expenditure for Retired}\\ \text{Persons and Pension in}\\ \text{Administrative Department Institution}\\ \text{and Enterprise at Reference Period}\end{matrix}}{\begin{matrix}\text{Average Number of}\\ \text{Retirees in Administrative}\\ \text{Department, Institution}\\ \text{and Enterprise at Reference Period}\end{matrix}}$$

Lawyers are certified legal workers according to law, and who are employed by legal counselling firms to act as legal advisers; agents in criminal or civil lawsuits; and defenders in criminal lawsuits; or to handle non-litigious legal affairs, to advise on matters of law or to write legal papers for others and provide service to the public.

Notary Personnel refers to people working for notary offices including: directors, deputy directors, notaries, assistant notaries and other people providing assistance.

Notary Documents refer to the judicial notary documents drawn up at the request of the interested party and are in accordance with facts and the law and following certain legal proceedings. According to usage and locality, notary documents are divided into the following 4 types: domestic notary documents, domestic economic notary documents, foreign-related civil notary documents and foreign-related economic notary documents.

Mediators refer to workers on people's mediation committees responsible for mediating in civil disputes and cases of slight infraction of the law. They include members of the mediation committees and mediators of mediation groups. This indicator reflects the number of people engaged in mediation.

Mediation of Civil Disputes refers to number of cases made by mediation committees in mediating in civil disputes concerning civil rights and duties through persuasion and education in accordance with the provisions of law on a voluntary basis, so as to solve disputes by helping the parties involved come to an agreement and understanding, including those unsuccessful ones. This indicator reflects the workload of the mediation committees.

21

各省、市、自治区主要经济指标

MAIN ECONOMIC INDICATORS OF PROVICES, AUTONOMOUS REGIONS AND MUNICIPALITIES DIRECTLY UNDER THE CENTRAL GOVERNMENT

资料整理及英文翻译：洪安、林红

21-1 各省(市、区)年末总人口

Total Population at Year-end of Provinces, Autonomous Regions and Municipalities

单位：万人 (10000 persons)

地　区	Region	2007	2008	2009	2010	2011	2012	2013
全　国	**National Total**	**132129**	**132802**	**133450**	**134091**	**134735**	**135404**	**136072**
北　京	Beijing	1676	1771	1860	1962	2019	2069	2115
天　津	Tianjin	1115	1176	1228	1299	1355	1413	1472
河　北	Hebei	6943	6989	7034	7194	7241	7288	7333
山　西	Shanxi	3393	3411	3427	3574	3593	3611	3630
内蒙古	Inner Mongolia	2429	2444	2458	2472	2482	2490	2498
辽　宁	Liaoning	4298	4315	4341	4375	4383	4389	4390
吉　林	Jilin	2730	2734	2740	2747	2749	2750	2751
黑龙江	Heilongjiang	3824	3825	3826	3833	3834	3834	3835
上　海	Shanghai	2064	2141	2210	2303	2347	2380	2415
江　苏	Jiangsu	7723	7762	7810	7869	7899	7920	7939
浙　江	Zhejiang	5155	5212	5276	5447	5463	5477	5498
安　徽	Anhui	6118	6135	6131	5957	5968	5988	6030
福　建	Fujian	3612	3639	3666	3693	3720	3748	3774
江　西	**Jiangxi**	**4368**	**4400**	**4432**	**4462**	**4488**	**4504**	**4522**
山　东	Shandong	9367	9417	9470	9588	9637	9685	9733
河　南	Henan	9360	9429	9487	9405	9388	9406	9413
湖　北	Hubei	5699	5711	5720	5728	5758	5779	5799
湖　南	Hunan	6355	6380	6406	6570	6596	6639	6691
广　东	Guangdong	9660	9893	10130	10441	10505	10594	10644
广　西	Guangxi	4768	4816	4856	4610	4645	4682	4719
海　南	Hainan	845	854	864	869	877	887	895
重　庆	Chongqing	2816	2839	2859	2885	2919	2945	2970
四　川	Sichuan	8127	8138	8185	8045	8050	8076	8107
贵　州	Guizhou	3632	3596	3537	3479	3469	3484	3502
云　南	Yunnan	4514	4543	4571	4602	4631	4659	4687
西　藏	Tibet	289	292	296	300	303	308	312
陕　西	Shanxi	3708	3718	3727	3735	3743	3753	3764
甘　肃	Gansu	2548	2551	2555	2560	2564	2578	2582
青　海	Qinghai	552	554	557	563	568	573	578
宁　夏	Ningxia	610	618	625	633	639	647	654
新　疆	Xinjiang	2095	2131	2159	2185	2209	2233	2264

注：1.全国数据包括中国人民解放军现役军人数，但不包括香港、澳门特别行政区和台湾省数据；分省数据中未包括中国人民解放军现役军人数。

2.2010年数据为当年人口普查数据推算数；其余年份数据在年度人口抽样调查基础上，根据人口普查数据有所修订。

a) The military personnel were included in the national total population,but excluded in the regional total population.The national total population excluded the population of HongKong SAR, Macao SAR and Taiwan Province.

b)Data in 2010 were estimated on The Sixth National Population Census. Data in other years were estimated on Annual Sample Survey on Population Changes, adjusting by data on Population Census.

21-2 各省(市、区)年末城镇人口比重

Urban Population Percentage of Provinces, Autonomous Regions and Municipalities

单位：% (%)

地 区	Region	2007	2008	2009	2010	2011	2012	2013
全 国	**National Total**	**45.89**	**46.99**	**48.34**	**49.95**	**51.27**	**52.57**	**53.73**
北 京	Beijing	84.50	84.90	85.00	85.96	86.20	86.20	86.30
天 津	Tianjin	76.31	77.23	78.01	79.55	80.50	81.55	82.01
河 北	Hebei	40.25	41.90	43.74	44.50	45.60	46.80	48.12
山 西	Shanxi	44.03	45.11	45.99	48.05	49.68	51.26	52.56
内蒙古	Inner Mongolia	50.15	51.71	53.40	55.50	56.62	57.74	58.71
辽 宁	Liaoning	59.20	60.05	60.35	62.10	64.05	65.65	66.45
吉 林	Jilin	53.16	53.21	53.32	53.35	53.40	53.70	54.20
黑龙江	Heilongjiang	53.90	55.40	55.50	55.66	56.50	56.90	57.40
上 海	Shanghai	88.70	88.60	88.60	89.30	89.30	89.30	89.60
江 苏	Jiangsu	53.20	54.30	55.60	60.58	61.90	63.00	64.11
浙 江	Zhejiang	57.20	57.60	57.90	61.62	62.30	63.20	64.00
安 徽	Anhui	38.70	40.50	42.10	43.01	44.80	46.50	47.86
福 建	Fujian	51.40	53.00	55.10	57.10	58.10	59.60	60.77
江 西	**Jiangxi**	**39.80**	**41.36**	**43.18**	**44.06**	**45.70**	**47.51**	**48.87**
山 东	Shandong	46.75	47.60	48.32	49.70	50.95	52.43	53.75
河 南	Henan	34.34	36.03	37.70	38.50	40.57	42.43	43.80
湖 北	Hubei	44.30	45.20	46.00	49.70	51.83	53.50	54.51
湖 南	Hunan	40.45	42.15	43.20	43.30	45.10	46.65	47.96
广 东	Guangdong	63.14	63.37	63.40	66.18	66.50	67.40	67.76
广 西	Guangxi	36.24	38.16	39.20	40.00	41.80	43.53	44.81
海 南	Hainan	47.20	48.00	49.13	49.80	50.50	51.60	52.74
重 庆	Chongqing	48.30	49.99	51.59	53.02	55.02	56.98	58.34
四 川	Sichuan	35.60	37.40	38.70	40.18	41.83	43.53	44.90
贵 州	Guizhou	28.24	29.11	29.89	33.81	34.96	36.41	37.83
云 南	Yunnan	31.60	33.00	34.00	34.70	36.80	39.31	40.48
西 藏	Tibet	21.50	21.90	22.30	22.67	22.71	22.75	23.71
陕 西	Shanxi	40.62	42.10	43.50	45.76	47.30	50.02	51.31
甘 肃	Gansu	32.25	33.56	34.89	36.12	37.15	38.75	40.13
青 海	Qinghai	40.07	40.86	41.90	44.72	46.22	47.44	48.51
宁 夏	Ningxia	44.02	44.98	46.10	47.90	49.82	50.67	52.01
新 疆	Xinjiang	39.15	39.64	39.85	43.01	43.54	43.98	44.47

注：2010年数据为当年人口普查数据推算数；其余年份数据根据年度人口抽样调查推算。

a)Data on 2010 sources from statistics of Population Census. Data on other years sources from Annual Survey on Population Changes.

21-3 各省(市、区)生产总值

GDP of Provinces,Autonomous Regions and Municipalities

单位：亿元 (100 million yuan)

地 区	Region	2007	2008	2009	2010	2011	2012	2013
全 国	**National Total**	**265810.3**	**314045.4**	**340902.8**	**401512.8**	**473104.0**	**519470.1**	**568845.2**
北 京	Beijing	9846.8	11115.0	12153.0	14113.6	16251.9	17879.4	19500.6
天 津	Tianjin	5252.8	6719.0	7521.9	9224.5	11307.3	12893.9	14370.2
河 北	Hebei	13607.3	16012.0	17235.5	20394.3	24515.8	26575.0	28301.4
山 西	Shanxi	6024.5	7315.4	7358.3	9200.9	11237.6	12112.8	12602.2
内蒙古	Inner Mongolia	6423.2	8496.2	9740.3	11672.0	14359.9	15880.6	16832.4
辽 宁	Liaoning	11164.3	13668.6	15212.5	18457.3	22226.7	24846.4	27077.7
吉 林	Jilin	5284.7	6426.1	7278.8	8667.6	10568.8	11939.2	12981.5
黑龙江	Heilongjiang	7104.0	8314.4	8587.0	10368.6	12582.0	13691.6	14382.9
上 海	Shanghai	12494.0	14069.9	15046.5	17166.0	19195.7	20181.7	21602.1
江 苏	Jiangsu	26018.5	30982.0	34457.3	41425.5	49110.3	54058.2	59161.8
浙 江	Zhejiang	18753.7	21462.7	22990.4	27722.3	32318.9	34665.3	37568.5
安 徽	Anhui	7360.9	8851.7	10062.8	12359.3	15300.7	17212.1	19038.9
福 建	Fujian	9248.5	10823.0	12236.5	14737.1	17560.2	19701.8	21759.6
江 西	**Jiangxi**	**5800.3**	**6971.1**	**7655.2**	**9451.3**	**11702.8**	**12948.9**	**14338.5**
山 东	Shandong	25776.9	30933.3	33896.7	39169.9	45361.9	50013.2	54684.3
河 南	Henan	15012.5	18018.5	19480.5	23092.4	26931.0	29599.3	32155.9
湖 北	Hubei	9333.4	11328.9	12961.1	15967.6	19632.3	22250.5	24668.5
湖 南	Hunan	9439.6	11555.0	13059.7	16038.0	19669.6	22154.2	24501.7
广 东	Guangdong	31777.0	36796.7	39482.6	46013.1	53210.3	57067.9	62164.0
广 西	Guangxi	5823.4	7021.0	7759.2	9569.9	11720.9	13035.1	14378.0
海 南	Hainan	1254.2	1503.1	1654.2	2064.5	2522.7	2855.5	3146.5
重 庆	Chongqing	4676.1	5793.7	6530.0	7925.6	10011.4	11409.6	12656.7
四 川	Sichuan	10562.4	12601.2	14151.3	17185.5	21026.7	23872.8	26260.8
贵 州	Guizhou	2884.1	3561.6	3912.7	4602.2	5701.8	6852.2	8006.8
云 南	Yunnan	4772.5	5692.1	6169.8	7224.2	8893.1	10309.5	11720.9
西 藏	Tibet	341.4	394.9	441.4	507.5	605.8	701.0	807.7
陕 西	Shanxi	5757.3	7314.6	8169.8	10123.5	12512.3	14453.7	16045.2
甘 肃	Gansu	2704.0	3166.8	3387.6	4120.8	5020.4	5650.2	6268.0
青 海	Qinghai	797.4	1018.6	1081.3	1350.4	1670.4	1893.5	2101.1
宁 夏	Ningxia	919.1	1203.9	1353.3	1689.7	2102.2	2341.3	2565.1
新 疆	Xinjiang	3523.2	4183.2	4277.1	5437.5	6610.1	7505.3	8360.2

注：本表按当年价格计算。

a) Data in this table are calculated at current prices.

21-4 各省(市、区)生产总值指数

GDP Index of Provinces, Autonomous Regions and Municipalities

(上年=100) (preceding year=100)

地区	Region	2007	2008	2009	2010	2011	2012	2013
全国	**National Total**	**114.2**	**109.6**	**109.2**	**110.4**	**109.3**	**107.7**	**107.7**
北京	Beijing	114.5	109.1	110.2	110.3	108.1	107.7	107.7
天津	Tianjin	115.5	116.5	116.5	117.4	116.4	113.8	112.5
河北	Hebei	112.8	110.1	110.0	112.2	111.3	109.6	108.2
山西	Shanxi	115.9	108.5	105.4	113.9	113.0	110.1	108.9
内蒙古	Inner Mongolia	119.2	117.8	116.9	115.0	114.3	111.5	109.0
辽宁	Liaoning	115.0	113.4	113.1	114.2	112.2	109.5	108.7
吉林	Jilin	116.1	116.0	113.6	113.8	113.8	112.0	108.3
黑龙江	Heilongjiang	112.0	111.8	111.4	112.7	112.3	110.0	108.0
上海	Shanghai	115.2	109.7	108.2	110.3	108.2	107.5	107.7
江苏	Jiangsu	114.9	112.7	112.4	112.7	111.0	110.1	109.6
浙江	Zhejiang	114.7	110.1	108.9	111.9	109.0	108.0	108.2
安徽	Anhui	114.2	112.7	112.9	114.6	113.5	112.1	110.4
福建	Fujian	115.2	113.0	112.3	113.9	112.3	111.4	111.0
江西	**Jiangxi**	**113.2**	**113.2**	**113.1**	**114.0**	**112.5**	**111.0**	**110.1**
山东	Shandong	114.2	112.0	112.2	112.3	110.9	109.8	109.6
河南	Henan	114.6	112.1	110.9	112.5	111.9	110.1	109.0
湖北	Hubei	114.6	113.4	113.5	114.8	113.8	111.3	110.1
湖南	Hunan	115.0	113.9	113.7	114.6	112.8	111.3	110.1
广东	Guangdong	114.9	110.4	109.7	112.4	110.0	108.2	108.5
广西	Guangxi	115.1	112.8	113.9	114.2	112.3	111.3	110.2
海南	Hainan	115.8	110.3	111.7	116.0	112.0	109.1	109.9
重庆	Chongqing	115.9	114.5	114.9	117.1	116.4	113.6	112.3
四川	Sichuan	114.5	111.0	114.5	115.1	115.0	112.6	110.0
贵州	Guizhou	114.8	111.3	111.4	112.8	115.0	113.6	112.5
云南	Yunnan	112.2	110.6	112.1	112.3	113.7	113.0	112.1
西藏	Tibet	114.0	110.1	112.4	112.3	112.7	111.8	112.1
陕西	Shanxi	115.8	116.4	113.6	114.6	113.9	112.9	111.0
甘肃	Gansu	112.3	110.1	110.3	111.8	112.5	112.6	110.8
青海	Qinghai	113.5	113.5	110.1	115.3	113.5	112.3	110.8
宁夏	Ningxia	112.7	112.6	111.9	113.5	112.1	111.5	109.8
新疆	Xinjiang	112.2	111.0	108.1	110.6	112.0	112.0	111.0

注：本表按不变格计算。

a) Data in this table are calculated at constant prices.

21-5 各省(市、区)人均生产总值

Per-capita GDP of Provinces, Autonomous Regions and Municipalities

单位：元 (yuan)

地区	Region	2007	2008	2009	2010	2011	2012	2013
全国	**National Total**	**20169**	**23708**	**25608**	**30015**	**35198**	**38459**	**41908**
北京	Beijing	60096	64491	66940	73856	81658	87475	93213
天津	Tianjin	47970	58656	62574	72994	85213	93173	99607
河北	Hebei	19662	22986	24581	28668	33969	36584	38716
山西	Shanxi	17805	21506	21522	26283	31357	33628	34813
内蒙古	Inner Mongolia	26521	34869	39735	47347	57974	63886	67498
辽宁	Liaoning	26057	31739	35149	42355	50760	56649	61686
吉林	Jilin	19383	23521	26595	31599	38460	43415	47191
黑龙江	Heilongjiang	18580	21740	22447	27076	32819	35711	37509
上海	Shanghai	62041	66932	69164	76074	82560	85373	90092
江苏	Jiangsu	33837	40014	44253	52840	62290	68347	74607
浙江	Zhejiang	36676	41405	43842	51711	59249	63374	68462
安徽	Anhui	12039	14448	16408	20888	25659	28792	31684
福建	Fujian	25582	29755	33437	40025	47377	52763	57856
江西	**Jiangxi**	**13322**	**15900**	**17335**	**21253**	**26150**	**28800**	**31771**
山东	Shandong	27604	32936	35894	41106	47335	51768	56323
河南	Henan	16012	19181	20597	24446	28661	31499	34174
湖北	Hubei	16386	19858	22677	27906	34197	38572	42613
湖南	Hunan	14869	18147	20428	24719	29880	33480	36763
广东	Guangdong	33272	37638	39436	44736	50807	54095	58540
广西	Guangxi	12277	14652	16045	20219	25326	27952	30588
海南	Hainan	14923	17691	19254	23831	28898	32377	35317
重庆	Chongqing	16629	20490	22920	27596	34500	38914	42795
四川	Sichuan	12963	15495	17339	21182	26133	29608	32454
贵州	Guizhou	7878	9855	10971	13119	16413	19710	22922
云南	Yunnan	10609	12570	13539	15752	19265	22195	25083
西藏	Tibet	12083	13824	15295	17319	20077	22936	26068
陕西	Shanxi	15546	19700	21947	27133	33464	38564	42692
甘肃	Gansu	10614	12421	13269	16113	19595	21978	24296
青海	Qinghai	14507	18421	19454	24115	29522	33181	36510
宁夏	Ningxia	15142	19609	21777	26860	33043	36394	39420
新疆	Xinjiang	16999	19797	19942	25034	30087	33796	37181

注：本表按当年价格计算。

a) Data in this table are calculated at current prices.

21-6 各省(市、区)人均生产总值指数

Per-capita GDP Index of Provinces, Autonomous Regions and Municipalities

(上年=100) (preceding year=100)

地区	Region	2007	2008	2009	2010	2011	2012	2013
全国	**National Total**	**113.6**	**109.1**	**108.7**	**109.9**	**108.8**	**107.1**	**107.1**
北京	Beijing	109.7	103.7	104.6	104.8	103.8	104.9	105.2
天津	Tianjin	111.7	111.4	111.1	111.7	110.9	109.2	107.9
河北	Hebei	112.0	109.3	109.3	110.6	109.7	108.9	107.5
山西	Shanxi	115.3	107.9	104.9	111.2	110.4	109.6	108.4
内蒙古	Inner Mongolia	118.6	117.1	116.2	114.4	113.8	111.1	108.7
辽宁	Liaoning	114.0	112.8	112.5	113.4	111.6	109.4	108.6
吉林	Jilin	115.8	115.7	113.4	113.6	113.5	111.9	108.2
黑龙江	Heilongjiang	111.9	111.7	111.4	112.6	112.2	110.1	107.9
上海	Shanghai	110.3	105.1	104.6	106.4	105.0	105.7	106.1
江苏	Jiangsu	113.9	111.9	111.8	112.0	110.3	109.7	109.3
浙江	Zhejiang	112.8	108.6	107.7	109.5	107.2	107.7	107.8
安徽	Anhui	114.2	112.4	112.8	118.8	112.6	111.8	109.8
福建	Fujian	114.5	112.3	111.6	113.2	111.6	110.5	110.2
江西	**Jiangxi**	**112.5**	**112.4**	**112.3**	**113.2**	**111.8**	**110.4**	**109.7**
山东	Shandong	113.5	111.4	111.6	111.3	109.9	109.2	109.0
河南	Henan	114.7	111.9	110.2	112.6	112.5	110.1	108.9
湖北	Hubei	114.7	113.2	113.3	114.7	113.5	110.7	109.7
湖南	Hunan	114.7	113.6	113.2	112.9	111.2	110.7	109.3
广东	Guangdong	112.1	107.9	107.1	109.5	108.0	107.4	107.8
广西	Guangxi	113.8	111.7	112.9	113.9	112.0	110.4	109.3
海南	Hainan	114.7	109.2	110.4	115.0	111.1	108.0	108.7
重庆	Chongqing	115.5	113.9	114.1	116.2	115.1	112.4	111.3
四川	Sichuan	115.1	111.2	114.0	115.7	115.9	112.3	109.6
贵州	Guizhou	116.4	112.8	112.9	114.7	116.1	113.5	111.9
云南	Yunnan	111.4	109.8	111.4	111.6	112.9	112.3	111.4
西藏	Tibet	112.5	109.0	111.2	111.2	111.3	110.4	110.5
陕西	Shanxi	115.6	116.1	113.3	114.4	113.7	112.6	110.6
甘肃	Gansu	112.3	110.1	110.2	111.6	112.3	112.2	110.4
青海	Qinghai	112.6	112.9	109.6	114.5	112.3	111.3	109.9
宁夏	Ningxia	111.4	111.3	110.6	112.2	110.8	110.3	108.6
新疆	Xinjiang	109.9	108.9	106.5	109.3	110.7	110.8	109.6

注：本表按不变价格计算。
a) Data in this table are calculated at constant prices.

21-7 各省(市、区)公共财政预算收入

Public Financial Revenue of the Local Government of Provinces, Autonomous Regions and Municipalities

单位：亿元 (100 million yuan)

地 区	Region	2007	2008	2009	2010	2011	2012	2013
全 国	**National Total**	**23572.6**	**28649.8**	**32602.6**	**40613.0**	**52547.1**	**61077.3**	**68969.1**
北 京	Beijing	1492.6	1837.3	2026.8	2353.9	3006.3	3314.9	3661.1
天 津	Tianjin	540.4	675.5	821.4	1068.8	1454.9	1760.0	2078.3
河 北	Hebei	789.1	944.6	1066.2	1330.8	1737.4	2084.3	2292.2
山 西	Shanxi	597.9	747.9	805.8	969.7	1213.2	1516.4	1700.2
内蒙古	Inner Mongolia	492.4	649.6	850.8	1070.0	1358.9	1552.8	1719.5
辽 宁	Liaoning	1082.7	1356.1	1591.0	2004.8	2640.5	3103.7	3341.8
吉 林	Jilin	320.7	422.8	487.1	602.4	850.1	1041.3	1157.0
黑龙江	Heilongjiang	440.5	578.4	641.6	755.6	997.4	1163.2	1277.4
上 海	Shanghai	2074.5	2358.7	2540.3	2873.6	3429.8	3743.7	4109.5
江 苏	Jiangsu	2237.7	2731.1	3228.6	4079.9	5147.9	5860.7	6568.5
浙 江	Zhejiang	1649.5	1933.1	2142.4	2608.5	3150.8	3441.2	3796.9
安 徽	Anhui	543.7	724.6	863.9	1149.4	1463.4	1792.7	2073.8
福 建	Fujian	699.5	833.3	932.3	1151.5	1501.2	1776.2	2118.7
江 西	**Jiangxi**	**389.9**	**488.6**	**581.3**	**778.1**	**1053.4**	**1371.9**	**1620.2**
山 东	Shandong	1675.4	1956.9	2198.5	2749.3	3455.7	4059.4	4560.0
河 南	Henan	862.1	1009.1	1126.1	1381.0	1721.6	2040.6	2413.1
湖 北	Hubei	590.4	710.2	800.4	1011.3	1470.5	1822.6	2175.8
湖 南	Hunan	606.6	722.7	845.0	1081.7	1456.1	1782.2	2029.5
广 东	Guangdong	2785.8	3310.0	3649.2	4515.7	5513.7	6228.2	7075.5
广 西	Guangxi	418.8	518.7	620.8	772.3	947.6	1166.0	1316.8
海 南	Hainan	108.3	145.0	178.2	271.1	340.1	409.4	480.5
重 庆	Chongqing	442.7	577.2	655.6	1018.3	1488.3	1705.1	1692.9
四 川	Sichuan	850.9	1041.7	1174.2	1561.0	2044.4	2421.3	2784.2
贵 州	Guizhou	285.1	349.5	416.5	533.9	773.2	1014.1	1205.7
云 南	Yunnan	486.7	613.6	698.2	871.2	1110.8	1338.0	1610.7
西 藏	Tibet	20.1	24.9	30.1	36.7	54.7	86.6	95.0
陕 西	Shanxi	475.2	591.3	733.9	957.9	1499.1	1600.7	1747.2
甘 肃	Gansu	190.9	264.9	286.7	353.6	450.4	520.9	606.5
青 海	Qinghai	56.7	71.6	87.7	110.2	151.8	186.4	224.4
宁 夏	Ningxia	80.0	95.0	111.5	153.6	220.0	264.0	308.1
新 疆	Xinjiang	285.9	361.1	388.8	500.6	720.9	909.1	1128.0

21-8　各省(市、区)全社会固定资产投资

Investment in Fixed Assets of Provinces, Autonomous Regions and Municipalities

单位：亿元　　(100 million yuan)

地　区	Region	2007	2008	2009	2010	2011	2012	2013
全　国	**National Total**	**137323.9**	**172828.4**	**224598.8**	**278121.9**	**311485.1**	**374694.7**	**447074.4**
北　京	Beijing	3907.2	3814.7	4616.9	5403.0	5578.9	6112.4	6847.1
天　津	Tianjin	2353.1	3389.8	4738.2	6278.1	7067.7	7934.8	9130.3
河　北	Hebei	6884.7	8866.6	12269.8	15083.4	16389.3	19661.3	23194.2
山　西	Shanxi	2861.5	3531.2	4943.2	6063.2	7073.1	8863.3	11031.9
内蒙古	Inner Mongolia	4372.9	5475.4	7336.8	8926.5	10365.2	11875.7	14215.5
辽　宁	Liaoning	7435.2	10019.1	12292.5	16043.0	17726.3	21836.3	25107.7
吉　林	Jilin	3651.4	5038.9	6411.6	7870.4	7441.7	9511.5	10133.5
黑龙江	Heilongjiang	2833.5	3656.0	5028.8	6812.6	7475.4	9694.7	12126.0
上　海	Shanghai	4420.4	4823.1	5043.8	5108.9	4962.1	5117.6	5647.8
江　苏	Jiangsu	12268.1	15300.6	18949.9	23184.3	26692.6	30854.2	36373.8
浙　江	Zhejiang	8420.4	9323.0	10742.3	12376.0	14185.3	17649.4	20777.1
安　徽	Anhui	5087.5	6747.0	8990.7	11542.9	12455.7	15425.8	18621.6
福　建	Fujian	4287.8	5207.7	6231.2	8199.1	9910.9	12439.9	15327.4
江　西	**Jiangxi**	**3301.9**	**4745.4**	**6643.1**	**8772.3**	**9087.6**	**10774.2**	**12866.1**
山　东	Shandong	12537.7	15435.9	19034.5	23280.5	26749.7	31256.0	36789.1
河　南	Henan	8010.1	10490.6	13704.5	16585.9	17769.0	21450.0	26220.9
湖　北	Hubei	4330.4	5647.0	7866.9	10262.7	12557.3	15578.3	19307.3
湖　南	Hunan	4154.8	5534.0	7703.4	9663.6	11880.9	14523.2	17846.3
广　东	Guangdong	9294.3	10868.7	12933.1	15623.7	17069.2	18751.5	22307.8
广　西	Guangxi	2939.7	3756.4	5237.2	7057.6	7990.7	9808.6	11907.7
海　南	Hainan	502.4	705.4	988.3	1317.0	1657.2	2145.4	2697.4
重　庆	Chongqing	3127.7	3979.6	5214.3	6688.9	7473.4	8736.2	10429.6
四　川	Sichuan	5639.8	7127.8	11371.9	13116.7	14222.2	17040.0	20325.2
贵　州	Guizhou	1488.8	1864.5	2412.0	3104.9	4235.9	5717.8	7373.6
云　南	Yunnan	2759.0	3435.9	4526.4	5528.7	6191.0	7831.1	9968.3
西　藏	Tibet	270.3	309.9	378.3	462.7	516.3	670.5	876.0
陕　西	Shanxi	3415.0	4614.4	6246.9	7963.7	9431.1	12044.5	14867.3
甘　肃	Gansu	1304.2	1712.8	2363.0	3158.3	3965.8	5145.0	6527.9
青　海	Qinghai	482.8	583.2	798.2	1016.9	1435.6	1883.4	2361.1
宁　夏	Ningxia	599.8	828.9	1075.9	1444.2	1644.7	2096.9	2651.1
新　疆	Xinjiang	1850.8	2260.0	2725.5	3423.2	4632.1	6158.8	7724.5
不分地区	Not Classified by Region	2530.8	3734.9	5779.7	6759.1	5651.3	6106.4	5493.3

21-9 各省(市、区)固定资产投资

Investment in Fixed Assets of Provinces, Autonomous Regions and Municipalities

单位：亿元 (100 million yuan)

地区	Region	2007	2008	2009	2010	2011	2012	2013
全国	**National Total**	**117464.5**	**148738.3**	**193920.4**	**241430.9**	**302396.1**	**364854.1**	**436527.7**
北京	Beijing	3597.3	3520.9	4149.6	4916.5	5519.8	6064.9	6797.5
天津	Tianjin	2192.2	3175.1	4446.6	5896.5	7040.7	7913.3	9103.0
河北	Hebei	5690.3	7463.8	10476.5	12922.7	15780.3	19104.6	22629.8
山西	Shanxi	2600.2	3194.6	4509.6	5526.6	6837.7	8584.9	10745.3
内蒙古	Inner Mongolia	4255.0	5327.0	7143.8	8688.0	10253.0	11749.8	14070.5
辽宁	Liaoning	6576.0	8881.9	11605.1	15106.3	17431.5	21535.4	24791.4
吉林	Jilin	3340.2	4592.7	5958.9	7395.2	7226.6	9262.2	9880.0
黑龙江	Heilongjiang	2591.7	3354.8	4695.7	6292.7	7157.9	9375.4	11794.2
上海	Shanghai	4045.1	4404.9	4618.9	4630.5	4959.9	5114.6	5644.1
江苏	Jiangsu	9161.4	11609.7	14266.8	17416.5	26313.5	30473.7	35983.0
浙江	Zhejiang	5996.9	6551.1	7454.3	8438.1	13651.7	17096.0	20189.1
安徽	Anhui	4444.6	5948.6	7945.5	10281.3	12007.9	14943.8	18090.9
福建	Fujian	3829.0	4601.5	5548.6	7385.8	9677.1	12182.5	15045.8
江西	**Jiangxi**	**2954.9**	**4325.4**	**6008.1**	**7856.9**	**8753.9**	**10378.4**	**12434.9**
山东	Shandong	10153.6	12529.0	15439.1	18844.4	25907.4	30319.8	35875.9
河南	Henan	6609.2	8721.2	11454.9	13934.8	16934.3	20558.6	25321.5
湖北	Hubei	3927.4	5148.8	7183.7	9405.6	12195.4	15148.7	18796.9
湖南	Hunan	3609.5	4880.0	6880.0	8618.0	11407.7	13966.3	17230.1
广东	Guangdong	7368.7	8640.9	10230.1	12599.3	16599.2	18250.1	21795.0
广西	Guangxi	2596.7	3325.9	4689.9	6383.3	7580.9	9345.2	11383.9
海南	Hainan	472.8	668.0	942.7	1257.5	1599.1	2064.4	2625.0
重庆	Chongqing	2937.1	3715.9	4855.1	6170.6	7367.0	8610.4	10285.3
四川	Sichuan	5043.4	6362.1	9090.1	11061.4	13687.7	16530.3	19754.4
贵州	Guizhou	1289.1	1609.3	2049.8	2609.4	4026.5	5504.9	7102.8
云南	Yunnan	2443.8	3106.3	4117.5	5052.6	5932.7	7553.5	9621.8
西藏	Tibet	230.8	271.3	327.6	405.0	516.3	670.5	876.0
陕西	Shanxi	3168.8	4286.4	5888.4	7569.9	9109.0	11705.8	14516.7
甘肃	Gansu	1177.5	1510.8	2076.4	2808.6	3870.1	5040.0	6407.2
青海	Qinghai	443.7	514.0	689.1	840.0	1365.9	1808.7	2285.3
宁夏	Ningxia	527.7	735.7	964.2	1292.8	1589.1	2033.0	2577.8
新疆	Xinjiang	1659.2	2025.6	2434.1	3065.1	4445.0	5858.0	7363.4
不分地区	Not Classified by Region	2530.8	3734.9	5779.7	6759.1	5651.3	6106.4	5493.3

注：2010年之前为城镇固定资产投资口径；从2011年起，固定资产投资(不含农户)项目统计起点由过去的计划投资50万元及以上提高到计划投资500万元及以上。

a)From 2011 onwards, the statistical starting point of the fixed assets investment projects from the previous plan to invest 500,000yuan and above to plans to invest 5,000,000 million and above.

21-10 各省(市、区)居民消费价格指数

Consumer Price Index of Provinces,Autonomous Regions and Municipalities

(上年=100) (preceding year=100)

地 区	Region	2007	2008	2009	2010	2011	2012	2013
全 国	**National Total**	**104.8**	**105.9**	**99.3**	**103.3**	**105.4**	**102.6**	**102.6**
北 京	Beijing	102.4	105.1	98.5	102.4	105.6	103.3	103.3
天 津	Tianjin	104.2	105.4	99.0	103.5	104.9	102.7	103.1
河 北	Hebei	104.7	106.2	99.3	103.1	105.7	102.6	103.0
山 西	Shanxi	104.6	107.2	99.6	103.0	105.2	102.5	103.1
内蒙古	Inner Mongolia	104.6	105.7	99.7	103.2	105.6	103.1	103.2
辽 宁	Liaoning	105.1	104.6	100.0	103.0	105.2	102.8	102.4
吉 林	Jilin	104.8	105.1	100.1	103.7	105.2	102.5	102.9
黑龙江	Heilongjiang	105.4	105.6	100.2	103.9	105.8	103.2	102.2
上 海	Shanghai	103.2	105.8	99.6	103.1	105.2	102.8	102.3
江 苏	Jiangsu	104.3	105.4	99.6	103.8	105.3	102.6	102.3
浙 江	Zhejiang	104.2	105.0	98.5	103.8	105.4	102.2	102.3
安 徽	Anhui	105.3	106.2	99.1	103.1	105.6	102.3	102.4
福 建	Fujian	105.2	104.6	98.2	103.2	105.3	102.4	102.5
江 西	**Jiangxi**	**104.8**	**106.0**	**99.3**	**103.0**	**105.2**	**102.7**	**102.5**
山 东	Shandong	104.4	105.3	100.0	102.9	105.0	102.1	102.2
河 南	Henan	105.4	107.0	99.4	103.5	105.6	102.5	102.9
湖 北	Hubei	104.8	106.3	99.6	102.9	105.8	102.9	102.8
湖 南	Hunan	105.6	106.0	99.6	103.1	105.5	102.0	102.5
广 东	Guangdong	103.7	105.6	97.7	103.1	105.3	102.8	102.5
广 西	Guangxi	106.1	107.8	97.9	103.0	105.9	103.2	102.2
海 南	Hainan	105.0	106.9	99.3	104.8	106.1	103.2	102.8
重 庆	Chongqing	104.7	105.6	98.4	103.2	105.3	102.6	102.7
四 川	Sichuan	105.9	105.1	100.8	103.2	105.3	102.5	102.8
贵 州	Guizhou	106.4	107.6	98.7	102.9	105.1	102.7	102.5
云 南	Yunnan	105.9	105.7	100.4	103.7	104.9	102.7	103.1
西 藏	Tibet	103.4	105.7	101.4	102.2	105.0	103.5	103.6
陕 西	Shanxi	105.1	106.4	100.5	104.0	105.7	102.8	103.0
甘 肃	Gansu	105.5	108.2	101.3	104.1	105.9	102.7	103.2
青 海	Qinghai	106.6	110.1	102.6	105.4	106.1	103.1	103.9
宁 夏	Ningxia	105.4	108.5	100.7	104.1	106.3	102.0	103.4
新 疆	Xinjiang	105.5	108.1	100.7	104.3	105.9	103.8	103.9

21-11 各省(市、区)城镇居民家庭人均可支配收入

Per Capita Disposable Income of Urban Households of Provinces, Autonomous Regions and Municipalities

单位：元 (yuan)

地 区	Region	2007	2008	2009	2010	2011	2012	2013
全 国	**National Total**	**13785.8**	**15780.8**	**17174.7**	**19109.4**	**21809.8**	**24564.7**	**26955.1**
北 京	Beijing	21988.7	24724.9	26738.5	29072.9	32903.0	36468.8	40321.0
天 津	Tianjin	16357.4	19422.5	21402.0	24292.6	26920.9	29626.4	32293.6
河 北	Hebei	11690.5	13441.1	14718.3	16263.4	18292.2	20543.4	22580.3
山 西	Shanxi	11565.0	13119.1	13996.6	15647.7	18123.9	20411.7	22455.6
内蒙古	Inner Mongolia	12377.8	14432.6	15849.2	17698.2	20407.6	23150.3	25496.7
辽 宁	Liaoning	12300.4	14392.7	15761.4	17712.6	20466.8	23222.7	25578.2
吉 林	Jilin	11285.5	12829.5	14006.3	15411.5	17796.6	20208.0	22274.6
黑龙江	Heilongjiang	10245.3	11581.3	12566.0	13856.5	15696.2	17759.8	19597.0
上 海	Shanghai	23622.7	26674.9	28837.8	31838.1	36230.5	40188.3	43851.4
江 苏	Jiangsu	16378.0	18679.5	20551.7	22944.3	26340.7	29677.0	32537.5
浙 江	Zhejiang	20573.8	22726.7	24610.8	27359.0	30970.7	34550.3	37850.8
安 徽	Anhui	11473.6	12990.4	14085.7	15788.2	18606.1	21024.2	23114.2
福 建	Fujian	15506.1	17961.5	19576.8	21781.3	24907.4	28055.2	30816.4
江 西	**Jiangxi**	**11451.7**	**12866.4**	**14021.5**	**15481.1**	**17494.9**	**19860.4**	**21872.7**
山 东	Shandong	14264.7	16305.4	17811.0	19945.8	22791.8	25755.2	28264.1
河 南	Henan	11477.1	13231.1	14371.6	15930.3	18194.8	20442.6	22398.0
湖 北	Hubei	11485.8	13152.9	14367.5	16058.4	18373.9	20839.6	22906.4
湖 南	Hunan	12293.5	13821.2	15084.3	16565.7	18844.1	21318.8	23414.0
广 东	Guangdong	17699.3	19732.9	21574.7	23897.8	26897.5	30226.7	33090.0
广 西	Guangxi	12200.4	14146.0	15451.5	17063.9	18854.1	21242.8	23305.4
海 南	Hainan	10996.9	12607.8	13750.9	15581.1	18369.0	20917.7	22928.9
重 庆	Chongqing	12590.8	14367.6	15748.7	17532.4	20249.7	22968.1	25216.1
四 川	Sichuan	11098.3	12633.4	13839.4	15461.2	17899.1	20307.0	22367.6
贵 州	Guizhou	10678.4	11758.8	12862.5	14142.7	16495.0	18700.5	20667.1
云 南	Yunnan	11496.1	13250.2	14423.9	16064.5	18575.6	21074.5	23235.5
西 藏	Tibet	11130.9	12481.5	13544.4	14980.5	16195.6	18028.3	20023.4
陕 西	Shanxi	10763.3	12857.9	14128.8	15695.2	18245.2	20733.9	22858.4
甘 肃	Gansu	10012.3	10969.4	11929.8	13188.6	14988.7	17156.9	18964.8
青 海	Qinghai	10276.1	11640.4	12691.9	13855.0	15603.3	17566.3	19498.5
宁 夏	Ningxia	10859.3	12931.5	14024.7	15344.5	17578.9	19831.4	21833.3
新 疆	Xinjiang	10313.4	11432.1	12257.5	13643.8	15513.6	17920.7	19873.8

21-12 各省(市、区)农村居民家庭人均纯收入

Per Capita Net Income of Rural Households of Provinces, Autonomous Regions and Municipalities

单位：元 (yuan)

地区	Region	2007	2008	2009	2010	2011	2012	2013
全国	**National Total**	**4140.4**	**4760.6**	**5153.2**	**5919.0**	**6977.3**	**7916.6**	**8895.9**
北京	Beijing	9439.6	10661.9	11668.6	13262.3	14735.7	16475.7	18337.5
天津	Tianjin	7010.1	7910.8	8687.6	10074.9	12321.2	14025.5	15841.0
河北	Hebei	4293.4	4795.5	5149.7	5958.0	7119.7	8081.4	9101.9
山西	Shanxi	3665.7	4097.2	4244.1	4736.3	5601.4	6356.6	7153.5
内蒙古	Inner Mongolia	3953.1	4656.2	4937.8	5529.6	6641.6	7611.3	8595.7
辽宁	Liaoning	4773.4	5576.5	5958.0	6907.9	8296.5	9383.7	10522.7
吉林	Jilin	4191.3	4932.7	5265.9	6237.4	7510.0	8598.2	9621.2
黑龙江	Heilongjiang	4132.3	4855.6	5206.8	6210.7	7590.7	8603.8	9634.1
上海	Shanghai	10144.6	11440.3	12482.9	13978.0	16053.8	17803.7	19595.0
江苏	Jiangsu	6561.0	7356.5	8003.5	9118.2	10805.0	12202.0	13597.8
浙江	Zhejiang	8265.2	9257.9	10007.3	11302.6	13070.7	14551.9	16106.0
安徽	Anhui	3556.3	4202.5	4504.3	5285.2	6232.2	7160.5	8097.9
福建	Fujian	5467.1	6196.1	6680.2	7426.9	8778.6	9967.2	11184.2
江西	**Jiangxi**	**4044.7**	**4697.2**	**5075.0**	**5788.6**	**6891.6**	**7829.4**	**8781.5**
山东	Shandong	4985.3	5641.4	6118.8	6990.3	8342.1	9446.5	10619.9
河南	Henan	3851.6	4454.2	4807.0	5523.7	6604.0	7524.9	8475.3
湖北	Hubei	3997.5	4656.4	5035.3	5832.3	6897.9	7851.7	8867.0
湖南	Hunan	3904.2	4512.5	4909.0	5622.0	6567.1	7440.2	8372.1
广东	Guangdong	5624.0	6399.8	6906.9	7890.3	9371.7	10542.8	11669.3
广西	Guangxi	3224.1	3690.3	3980.4	4543.4	5231.3	6007.5	6790.9
海南	Hainan	3791.4	4390.0	4744.4	5275.4	6446.0	7408.0	8342.6
重庆	Chongqing	3509.3	4126.2	4478.4	5276.7	6480.4	7383.3	8332.0
四川	Sichuan	3546.7	4121.2	4462.1	5086.9	6128.6	7001.4	7895.3
贵州	Guizhou	2374.0	2796.9	3005.4	3471.9	4145.4	4753.0	5434.0
云南	Yunnan	2634.1	3102.6	3369.3	3952.0	4722.0	5416.5	6141.3
西藏	Tibet	2788.2	3175.8	3531.7	4138.7	4904.3	5719.4	6578.2
陕西	Shanxi	2644.7	3136.5	3437.6	4105.0	5027.9	5762.5	6502.6
甘肃	Gansu	2328.9	2723.8	2980.1	3424.7	3909.4	4506.7	5107.8
青海	Qinghai	2683.8	3061.2	3346.2	3862.7	4608.5	5364.4	6196.4
宁夏	Ningxia	3180.8	3681.4	4048.3	4674.9	5410.0	6180.3	6931.0
新疆	Xinjiang	3183.0	3502.9	3883.1	4642.7	5442.2	6393.7	7296.5

21-13 各省(市、区)社会消费品零售总额

Total Retail Sales of Consumer Goods of Provinces, Autonomous Regions and Municipalities

单位：亿元 (100 million yuan)

地区	Region	2007	2008	2009	2010	2011	2012	2013
全国	**National Total**	**93571.6**	**114830.1**	**132678.4**	**156998.4**	**183918.6**	**210307.0**	**237809.9**
北京	Beijing	3835.2	4645.5	5309.9	6229.3	6900.3	7702.8	8375.1
天津	Tianjin	1650.6	2078.7	2430.8	2860.2	3395.1	3921.4	4470.4
河北	Hebei	4053.8	4991.1	5764.9	6821.8	8035.5	9254.0	10516.7
山西	Shanxi	1953.3	2421.1	2809.0	3318.2	3903.4	4506.8	5139.3
内蒙古	Inner Mongolia	1964.0	2463.0	2855.3	3384.0	3991.7	4572.5	5114.2
辽宁	Liaoning	4097.8	5032.4	5812.6	6887.6	8095.3	9304.2	10581.4
吉林	Jilin	2038.3	2549.2	2957.3	3504.9	4119.8	4772.9	5426.4
黑龙江	Heilongjiang	2386.2	2928.3	3401.8	4039.2	4750.1	5491.0	6251.2
上海	Shanghai	3873.3	4577.2	5173.2	6070.5	6814.8	7412.3	8052.0
江苏	Jiangsu	7985.9	9905.1	11484.1	13606.8	15988.4	18331.3	20796.5
浙江	Zhejiang	6271.3	7533.3	8622.3	10245.4	12028.0	13588.3	15225.5
安徽	Anhui	2451.9	3045.2	3527.8	4197.7	4955.1	5736.6	6542.4
福建	Fujian	3212.3	3866.7	4481.0	5310.0	6276.2	7256.5	8275.3
江西	**Jiangxi**	**1718.9**	**2141.8**	**2484.4**	**2956.2**	**3485.1**	**4027.2**	**4576.1**
山东	Shandong	8607.5	10658.8	12363.0	14620.3	17155.5	19651.9	22294.8
河南	Henan	4690.3	5815.4	6746.4	8004.2	9453.6	10915.6	12426.6
湖北	Hubei	4115.8	5109.7	5928.4	7013.9	8275.2	9562.5	10885.9
湖南	Hunan	3419.2	4222.6	4913.7	5839.5	6884.7	7921.9	9018.6
广东	Guangdong	10731.3	12986.6	14891.8	17458.4	20297.5	22677.1	25453.9
广西	Guangxi	1932.7	2395.8	2790.7	3312.0	3908.2	4516.6	5133.1
海南	Hainan	370.9	463.2	537.5	639.3	759.5	870.8	992.9
重庆	Chongqing	1711.1	2147.1	2479.0	2938.6	3487.8	4033.7	4599.8
四川	Sichuan	4105.6	4944.8	5758.7	6810.1	8044.6	9268.6	10561.4
贵州	Guizhou	858.2	1075.2	1247.3	1482.7	1751.6	2075.9	2366.2
云南	Yunnan	1422.5	1764.7	2051.1	2542.4	3000.1	3511.6	4004.6
西藏	Tibet	112.6	130.0	156.6	185.3	219.0	254.6	293.2
陕西	Shanxi	1837.3	2317.1	2699.7	3195.7	3790.0	4383.8	4999.5
甘肃	Gansu	854.4	1023.6	1183.0	1394.5	1648.0	1906.5	2173.8
青海	Qinghai	212.6	259.7	300.5	350.8	410.5	476.0	544.1
宁夏	Ningxia	239.5	295.4	339.3	403.6	477.6	542.9	610.5
新疆	Xinjiang	857.5	1041.5	1177.5	1375.1	1616.3	1858.6	2108.2

21-14 各省(市、区)进出口总额

Total Imports & Exports of Provinces,Autonomous Regions and Municipalities

单位：亿美元 (USD 100 million)

地　区	Region	2006	2007	2008	2009	2010	2011	2012	2013
全　国	**National Total**	**17604.4**	**21765.7**	**25632.6**	**22075.4**	**29740.0**	**36418.6**	**38667.6**	**41610.2**
北　京	Beijing	1580.4	1930.0	2716.9	2147.3	3017.2	3895.6	4079.2	4299.5
天　津	Tianjin	644.6	714.5	804.0	638.3	821.0	1033.8	1156.2	1285.0
河　北	Hebei	185.3	255.2	384.2	296.3	420.6	536.0	505.5	549.1
山　西	Shanxi	66.3	115.8	144.0	85.7	125.8	147.4	150.4	157.9
内蒙古	Inner Mongolia	59.6	77.4	89.2	67.7	87.3	119.3	112.6	119.9
辽　宁	Liaoning	483.9	594.7	724.3	629.3	807.1	960.4	1039.9	1144.6
吉　林	Jilin	79.1	103.0	133.3	117.4	168.5	220.6	245.7	258.3
黑龙江	Heilongjiang	128.6	173.0	231.3	162.3	255.2	385.2	378.2	388.8
上　海	Shanghai	2275.2	2828.5	3220.6	2777.1	3689.5	4375.5	4365.4	4416.2
江　苏	Jiangsu	2839.8	3494.7	3922.7	3387.4	4658.0	5395.8	5480.9	5508.2
浙　江	Zhejiang	1391.4	1768.5	2111.3	1877.3	2535.3	3093.8	3122.3	3357.9
安　徽	Anhui	122.5	159.3	201.8	156.8	242.7	313.1	393.3	455.2
福　建	Fujian	626.6	744.5	848.2	796.5	1087.8	1435.2	1559.3	1693.3
江　西	**Jiangxi**	**61.9**	**94.5**	**136.2**	**127.8**	**216.0**	**314.7**	**334.1**	**367.5**
山　东	Shandong	952.1	1224.7	1584.1	1390.5	1891.6	2358.9	2455.4	2668.8
河　南	Henan	97.9	127.9	174.8	134.8	178.3	326.2	517.5	599.6
湖　北	Hubei	117.6	148.7	207.1	172.5	259.3	335.9	319.6	363.8
湖　南	Hunan	73.5	96.9	125.5	101.5	146.6	189.4	219.4	251.8
广　东	Guangdong	5272.0	6341.9	6849.7	6110.9	7849.0	9134.7	9838.2	10918.1
广　西	Guangxi	66.7	92.6	132.4	142.5	177.4	233.6	294.7	328.3
海　南	Hainan	28.5	35.1	45.3	48.8	86.5	127.6	143.3	150.6
重　庆	Chongqing	54.7	74.4	95.2	77.1	124.3	292.1	532.0	686.9
四　川	Sichuan	110.2	143.8	221.1	241.7	326.9	477.2	591.3	645.9
贵　州	Guizhou	16.2	22.7	33.7	23.0	31.5	48.9	66.3	82.9
云　南	Yunnan	62.2	87.9	96.0	80.5	134.3	160.3	210.0	253.2
西　藏	Tibet	3.3	3.9	7.7	4.0	8.4	13.6	34.2	33.2
陕　西	Shanxi	53.6	68.9	83.3	84.1	121.0	146.5	148.0	201.3
甘　肃	Gansu	38.2	55.2	61.0	38.7	74.0	87.3	89.0	102.6
青　海	Qinghai	6.5	6.1	6.9	5.9	7.9	9.2	11.6	14.0
宁　夏	Ningxia	14.4	15.8	18.8	12.0	19.6	22.9	22.2	32.2
新　疆	Xinjiang	91.0	137.2	222.2	139.5	171.3	228.2	251.7	275.6

21-15 各省(市、区)入境旅游情况
Development of Overseas Visitor Arrivals of Provinces, Autonomous Regions and Municipalities

地 区	Region	入境游客（万人次） Number of Overseas Visitor Arrivals (10000 Person-times)			外汇收入（万美元） Foreign Exchange Earnings from International Tourism (USD 10000)		
		2011	2012	2013	2011	2012	2013
北 京	Beijing	520.40	500.86	450.13	541600	514900	479468
天 津	Tianjin	73.06	73.75	75.86	175553	222641	259128
河 北	Hebei	114.14	129.32	84.27	44765	54494	58578
山 西	Shanxi	155.32	189.18	53.84	56719	72024	82268
内蒙古	Inner Mongolia	151.52	159.17	161.61	67097	77196	96229
辽 宁	Liaoning	405.33	473.13	256.04	271314	326369	347714
吉 林	Jilin	99.32	118.27	124.30	38528	49477	55237
黑龙江	Heilongjiang	206.52	207.62	152.86	91762	83548	60436
上 海	Shanghai	668.61	651.23	614.09	575118	549323	524470
江 苏	Jiangsu	737.33	791.54	288.03	565297	629972	237989
浙 江	Zhejiang	773.69	865.93	337.57	454173	515174	539293
安 徽	Anhui	262.87	331.47	271.95	117918	156267	166042
福 建	Fujian	427.42	493.67	294.02	363444	422567	457338
江 西	**Jiangxi**	**135.83**	**156.18**	**123.89**	**41500**	**48473**	**52508**
山 东	Shandong	424.23	469.91	285.98	255076	292365	273120
河 南	Henan	168.29	190.77	127.38	54903	61141	65998
湖 北	Hubei	213.52	264.72	267.96	94018	120297	121892
湖 南	Hunan	227.63	224.55	230.66	101434	92836	82269
广 东	Guangdong	3331.63	3489.43	3397.90	1390619	1561067	1627808
广 西	Guangxi	302.79	350.27	281.74	105188	127887	154730
海 南	Hainan	81.43	81.58	75.64	37615	34802	33748
重 庆	Chongqing	186.40	224.28	115.17	96806	116832	126831
四 川	Sichuan	163.97	227.34	209.56	59383	79815	76467
贵 州	Guizhou	58.52	70.50	62.40	13507	16894	20143
云 南	Yunnan	395.38	457.84	287.88	160861	194708	241818
西 藏	Tibet	27.08	19.49	22.32	12963	10570	12786
陕 西	Shanxi	270.41	335.24	253.47	129505	159747	167619
甘 肃	Gansu	9.11	10.20	9.78	1740	2235	2039
青 海	Qinghai	5.17	4.73	4.65	2659	2432	1942
宁 夏	Ningxia	1.95	1.90	2.54	620	545	1208
新 疆	Xinjiang	56.37	62.49	68.88	46519	55057	58502

注：此表2013年入境旅客人数只包括入境过夜游客人数，不包括入境一日游游客人数。
a)Visitor arrivals in 2013 include only overnight-trippers, not day-trippers.

2013年江西统计调查工作大事记

1月

1月6日 江西调查总队启动采购经理调查联网直报平台迁移和新平台网上直报工作。

1月8日 省统计局召开全省信息化统计年报布置会。

1月10日 第二轮江西省统计调查志编纂工作动员部署暨篇目研讨会在南昌召开。

1月12日 江西调查总队总队长邓盛平、省统计局副局长彭道宾当选为十一届省政协委员。

1月15日 省统计局下发《关于认真做好企业一套表科技统计年报联网直报工作的通知》(赣统字〔2013〕9号)。

1月15-16日 省统计局、江西调查总队在南昌联合召开全省分市县住户调查一体化改革工作会议。

1月17日 韩志生任省统计局党组成员、副局长。

1月18日 全省统计局长会议在南昌召开，会议传达了省委常委、常务副省长凌成兴对统计工作的重要指示，王建农局长作工作报告。

1月18日 江西调查总队召开全省统计调查工作会议。

1月22日 省统计局下发《江西省工业园区工业企业名录库管理暂行办法》(赣统字〔2013〕14号)。

1月23-25日 省统计局首次采取专业报表和民意调查相结合的办法开展全省贯彻落实中央“八条规定”情况专项调查，获取了第一手数据并撰写了调查报告，鹿心社省长批示：“调查很好，客观反映了贯彻八项规定的实效”，国家统计局《每日调查》刊登。

1月24日 省统计局撰写的《2012：江西工业生产圆满收官》一文先后获省长鹿心社、副省长洪礼和批示。

1月23-25日 江西调查总队开展了对广告和花卉市场变化情况的调研，两篇调研材料在省委办公厅形成的《关于我省落实中央“八项规定”有关情况的调研报告》中采用。

1月28日 省统计局党组出台《关于进一步改进工作作风的若干规定》(赣统党组字〔2013〕4号)。

1月31日 江西调查总队印发《中共国家统计局江西调查总队党组关于进一步加强和改进工作作风若干规定》。

1月31-2月1日 省统计局局长王建农代表省委、省政府，赴全南县走访慰问困难企业、困难群众和重点优抚对象。

2月

2月1日 江西调查总队完成非国家样本县城乡一体化调查小区抽户工作。

2月4日 省统计局对2012年江西建筑业生产运行形势分析的快讯获副省长朱虹批示。

2月8日 江西调查总队印发《2013年江西统计调查工作要点》。

2月上旬 江西调查总队完成首次服务业小微企业监测调查工作。

2月20日 全省能源统计工作会议在南昌召开，省统计局总统计师曹青云出席会议并讲话。

2月25-3月3日 省统计局在全省范围内开展工业企业统计数据质量检查活动。

2月28日 江西调查总队召开全省企业景气调查工作会议。

3月

3月1日 全省统计系统党风廉政建设工作会议在南昌召开。省统计局局长王建农出席会议并讲话,局纪检组长姚睿钦代表局党组作工作报告。

3月7日 江西调查总队启动统计数据质量自查工作和小微商业企业问卷调查样本抽取工作。

3月12日 全省普查中心系统工作会议在南昌召开，省统计局副巡视员黄奕祯出席会议并讲话。各设区市统计局分管领导和普查中心主任参加了会议。

3月18日 省统计局党组制定党风廉政建设工作要点，并落实有关单位职责分工。

3月27日 省统计局王建农局长参加刚到江西工作一周的省委强卫书记主持召开的改革发展专题座谈会，就江西经济社会发展的现状、困难及建议作发言。

3月27日 国家统计局任命：符史武为江西调查总队党组成员、副总队长。

3月27日 江西调查总队召开全省调查队系统分析研究、信息写作暨新闻宣传工作培训会。

4月

4月3日 全省统计法制和设计管理工作会议在南昌召开，省统计局巡视员彭师怀出席会议并讲话。各设区市统计局分管领导和法规科（处）长参加了会议。

4月8-10日 省统计局与江西调查总队联合开展全省城乡住户调查一体化改革工作督促检查。

4月9日 全省社会科技和文化产业统计工作会议在南昌召开，省统计局纪检组长姚睿钦出席会议并讲话，各设区市统计局分管领导和科室负责人参加了会议。

4月上旬 江西调查总队联合省统计局开展全省城乡住户调查一体化改革工作督促检查活动。

4月11日 国家统计局任命：刘文峰为江西调查总队党组副书记、副总队长，周献华为江西调查总队党组成员、副总队长（试用期1年），邓祖龙为江西调查总队巡视员（正厅局级）。

4月17日 全省服务业统计工作会议在南昌召开，省统计局副局长韩志生出席会议并讲话。会议的主题是贯彻落实全国服务业统计工作会议精神，通报2012年年度及2013年一季度重点企业调查定报情况，研究部署2013年服务业统计工作。

4月18日 江西调查总队召开全省统计法规和设计管理工作会议。

4月19日 省统计局在南昌召开能源环境部门统计工作会议，会议传达了全国能源环境统计工作会议精神，部署了2013年部门统计工作任务。省直有关单位负责能源环境统计工作的处室领导及业务人员参加了会议。

4月19日 江西调查总队召开全省调查队系统党风廉政建设工作暨培训会议。

4月22日 江西调查总队在各调查队建立省委办公厅信息直报点，选聘信息直报员。

4月23日 江西调查总队印发《全省采购经理调查数据质量核查抽查方案》，启动全省采购经理调查数据质量核查抽查工作。

4月26日 省统计局王建农局长向省委常委会报告2012年度市县政府考评工作和考评结果。

4月27日 全省第三次全国经济普查筹备工作会议在南昌召开，省统计局副巡视员黄奕祯出席会议并讲话。各设区市统计局分管第三次经济普查工作的局领导、普查中心及计算中心负责人参加了会议。

4月27日 江西调查总队召开规模以下工业抽样调查工作暨培训会议。

5月

5月 江西调查总队开展资质外建筑业企业和法人单位基本情况核查工作。

5月3日 省统计局撰写的《一季度全省工业生产形势严峻》获副省长李贻煌批示。

5月6日 江西省第三次全国经济普查领导小组成立，常务副省长凌成兴任组长，省政府办公厅、省统计局、省委宣传部、省发展改革委、省财政厅等23个省直部门为成员单位。领导小组办公室设在省统计局，办公室主任由省统计局副巡视员黄奕祯兼任。

5月10日 江西省统计学会第八次会员代表大会在南昌召开，会议选举省统计局局长王建农为省统计学会第七届理事会会长；邓盛平、彭道宾、万昱原、卢述银、刁勤、罗良清为第七届理事会副会长。张启良为第七届理事会秘书处秘书长。

5月16日 江西省第三次全国经济普查网正式开通，网站开设文件通知、领导讲话、普查简报、工作动态、方案制度、资料开发、各地交流、普查视角等栏目。

5月21日 新任国家烟草专卖局党组书记、局长，原江西省常务副省长凌成兴到省统计局告别。

5月22日 “江西统计”政务微博在腾讯网开通，标志着我局已搭建完成了以门户网站为主，政务微博为辅的网络宣传平台。

5月29日 江西调查总队启动统计“六五”普法中期督导检查工作。

5月29日 江西调查总队开展粮食产销情况专项调查。

5月30日 省统计局出台《关于进一步改进工作作风的监督检查办法》(赣统字〔2013〕90号)。

5月31日 省委书记强卫对江西调查总队撰写的分析报告《农户农业生产性固定资产投资行为分析》和《打破城乡二元管理 统筹城乡基本医保》做出批示。

5月下旬 江西调查总队开展进城农民工享受政府公共服务状况调查。

6月

6月4日 江西调查总队启动服务业小微企业数据质量检查工作。

6月5日 副省长谢茹对江西调查总队撰写的《打破城乡二元管理 统筹城乡基本医保》(《江西调查》2013年第28期)调研文章做出批示。

6月6日 省统计局制定下发《江西省2013年企业一套表统计改革工作考核办法》(赣统办字〔2013〕60号)。

6月6日 江西调查总队启动《中华人民共和国统计法》颁布30周年纪念宣传活动。

6月9日 省委、省政府联合下发《关于表彰江西省第四届文明城市、文明村镇和第十三届文明单位的通报》(赣字〔2013〕17号)文件，江西调查总队获“江西省第十三届文明单位”称号。

6月13-14日 省统计局在景德镇召开市县统计基层基础建设工作座谈会，介绍了湖北省整体推进县级统计基础工作的基本经验及成效。

6月18日 省统计局将从事“一套表”制度规定业务活动的事业单位纳入联网直报。

6月19- 21日 全省劳动工资统计并轨工作会议在井冈山召开，会议传达了国家统计局劳动工资统计并轨及相关测试工作精神，培训了并轨网上平台操作流程，研究了劳动工资统计报表并轨数据质量控制办法。韩志生副局长出席会议并讲话。

6月19日 江西调查总队建立《县级粮食生产动态月报制度》(赣调办字〔2013〕59号)。

6月20日 江西调查总队综治责任人邓盛平、胡水泉和综治办主任彭明获得省综治委嘉奖(赣综治委〔2013〕4号)。

6月21日 江西调查总队召开全省粮食产量抽样调查工作会议。

6月21日 江西调查总队与省统计局联合在弋阳县召开全省粮食产量抽样调查工作会，会议主要内容是总结上年工作和布置新一年调查任务；培训县级粮食产量抽样调查、全省农作物抽样调查制度及调查方法。省统计局副局长彭道宾、江西调查总队副总队长刘文峰出席会议并讲话。

6月23-27日 省统计局在井冈山分别召开全省工业园区统计人员持证上岗和工业统计业务两个培训会议。全省各工业园区管委会未取得资格证的统计人员及业务骨干、各市、县(区)未参加过专业培训的工业统计人员约260人参加了培训。

6月23-28日 江西调查总队举办全省调查队系统第三期新录用公务员初任培训班。

6月24日 省统计局组织省、市两级统计局收看国家统计局召开的企业联网直报“三查”工作视频会议，并现场召开会议，具体研究部署贯彻落实国家视频会议精神。

6月25日 江西调查总队召开全省主要农产品中间消耗调查工作会议。

6月26日 省委常委、省纪委书记周泽民率省纪委副书记赵力平，省纪委常委、监察厅副厅长王仁辉等，到省统计局民调查中心视察，就全省党风廉政建设社会评价民意调查工作进行调研。

6月28日 《中国信息报》刊登了反映我省统计系统开展优质统计服务工作的文章《求真务实，争创一流——江西省统计局统计服务之路五年回眸》。

7月

7月3日 2013年江西省经济社会发展重大招标课题中标单位公布，省统计局局长王建农主持的《江西全面建成小康社会进程中的差距、难点及追赶战略研究》课题组中标。

7月4日 省统计局出台《江西省企业“一套表”联网直报“三查”工作方案》(赣统字〔2013〕105号)。

7月4日 江西调查总队召开全省资质外建筑业法人单位调查问卷试点工作培训会议。

7月10日 江西调查总队开展统计调查基层基础工作检查工作。

7月中旬 江西调查总队与省统计局联合组成五个督导工作组，分赴各调查县督导检查粮食产量抽样调查预测产工作。

7月17日 省统计局召开党的群众路线教育实践活动动员大会。

7月17日 省统计局固定电话经济普查宣传彩铃开通。

7月19日 省统计局下发《关于开展党的群众路线教育实践活动调研暨企业“一套表”联网直报“三查”工作督查的通知》(赣统字〔2013〕110号)。

7月23-26日 江西省统计局全体局领导分赴11个设区市开展党的群众路线教育实践活动和企业“一套表”联网直报“三查”工作督查。

7月24日 江西调查总队召开党的群众路线教育实践活动动员大会。国家统计局党的群众路线教育实践活动第七督导组出席大会。

7月31日 省统计局撰写的《我省“文明交通满意度”降低，交通问题令人堪忧》获省委常委、常务副省长莫建成批示。

8月

8月 针对江西连续数日高温少雨、干旱严重的情况，江西调查总队开展旱情专题调查。

8月8日 省统计局撰写的《1-5月江西重点服务业企业运行喜中有忧》分别获省委书记强卫，省委常委、常务副省长莫建成，副省长胡幼桃批示。

8月9日 全省经济普查部门数据整理工作会议在南昌召开，各设区市经普办常务副主任和负责基本单位名录库维护工作的业务人员参加了会议。

8月10日 省统计局撰写的《我省“文明交通满意度”降低，交通问题令人堪忧》分别获省委书记强卫、省长鹿心社批示。

8月15日 省统计局出台《江西省统计局目标管理责任制考核方案》(赣统字〔2013〕118号)。

8月15-16日 江西调查总队召开全省规模以下工业抽样调查工作暨业务培训会议。

8月中旬 江西调查总队开展农村统计调查基层基础工作检查和采购经理调查数据质量核查抽查工作。

8月20日 江西调查总队召开全省调查队系统办公室暨保密普查工作会议。

8月19-20日 全省国家点季度劳动力调查工作布置暨业务培训会议在南昌召开，会议研究布置了2013年度国家点季度劳动力调查工作，并对相关业务进行培训。

8月28日 全省第三次全国经济普查综合试点工作动员会在德安召开。各设区市统计局长、经普办主任和常务副主任，德安县第三次全国经济普查领导小组全体成员、经普办主任、常务副主任、各乡（镇、场）长和统计负责人参加了会议。

8月28—29日 国家统计局党的群众路线教育实践活动第七督导组深入景德镇调查队进行调研。

8月29日 全省第三次全国经济普查电视电话会议召开，省委常委、常务副省长莫建成出席会议并讲话。省统计局局长、省第三次全国经济普查领导小组副组长王建农通报我省经济普查前期准备情况和下步工作安排。

8月29日 江西调查总队与省委办公厅联合调研撰写的报告《慎防失地农民成为城镇低收入群体》获省委副书记尚勇的批示。

9月

9月 省统计局和南昌市统计局联合编辑的统计科普工具书《横看成岭侧成峰——统计指标与用语解释》由江西人民出版社出版。

9月6日 全省文化产业数据联审会议在南昌召开，省统计局纪检组长姚睿钦出席会议并讲话，各设区市统计局分管局领导、科长和业务人员参加了会议。

9月11日 省统计局副巡视员、省经普办主任黄奕祯，新闻发言人、综合处处长彭勇平，普查中心主任喻滨走进“江西省人民政府网站在线访谈”栏目直播间，就“第四届中国统计开放日”活动和“第三次全国经济普查”热点问题与广大网友进行互动交流。

9月12日 江西省暨九江市庆祝第四届“中国统计开放日”活动在瑞昌市举行，开放日的主题是“统计为您服务”。省统计局各处室负责人、瑞昌市市直机关、江西财经大学、九江学院、企业单位、新闻媒体和市民代表共100余人参加庆祝活动，相关媒体进行了跟踪报道。

9月17日 省统计局撰写的《2012年江西文化产业实现较快增长》获朱虹副省长批示。

9月17日 江西调查总队举办全省调查队系统“在依法统计中争做有理想有道德有文化的统计调查人”系列主题活动演讲

比赛。

9月17-18日 第二轮江西省统计调查志编辑人员培训会在南昌召开。各设区市统计局、省统计局各参编单位的责任编辑和编辑参加了会议，曹青云总统计师到会讲话。

9月22日 省统计局撰写的《2012年江西文化产业实现较快增长》获省委常委、宣传部部长姚亚平批示。

9月23-27日 江西调查总队在中共江西省委党校举办江西调查队系统副处级干部培训班。

9月24—28日 江西调查总队组成两个核查组到部分市队和企业进行采购经理调查数据质量核查。

9月26日 全省经济普查办公室主任会议在南昌召开，省统计局副巡视员、省经普办主任黄奕祯出席会议并讲话。各设区市经普办主任和常务副主任，有关县（市、区）经普办主任及分管业务的副主任，省经普办各专业职能组负责人参加了会议。

10月

10月10日 省统计局印发《江西省统计局第三次全国经济普查廉政风险防控管理的意见》（赣统字〔2013〕138号）。

10月10日 江西调查总队完成服务业小微企业数据质量自查核实工作。

10月10-13日 全省县（市、区）统计局长培训班在井冈山开班。

10月12日 王建农局长赴德安县调研第三次全国经济普查工作。

10月16日 省统计局撰写的《借力创新 大力促进我省文化产业与旅游业融合发展》获副省长朱虹批示。

10月17-20日 国家统计局固定资产投资司贾海司长一行到江西调研资质外建筑业法人单位试点调查工作。

10月18日 全省统计执法检查人员培训班在南昌召开，省统计局巡视员彭师怀出席并讲话，各市、县（区）统计局执法检查人员参加了培训。

10月18-20日 全国服务业统计年报布置会在江西南昌召开。

10月20日 省统计局撰写的《江西全面小康建设的差距、难点和对策》获副省长朱虹批示。

10月21-23日 省统计局党组召开党的群众路线教育实践活动专题民主生活会。

10月21-25日 江西调查总队开展秋粮生产形势调研。

10月23日 省统计局副局长韩志生、国家统计局江西调查总队副总队长周献华带队联合走进江西人民广播电台直播间，参加“政风行风热线”直播节目，就统计调查工作接听群众诉求、解答听众疑问、介绍统计知识、解析热点问题。

10月25—26日 王建农局长赴景德镇调研第三次全国经济普查及文化产业统计工作。

10月26日 由省统计学会、共青团省委、省统计局、江西调查总队、江西财经大学联合举办的“华创杯”江西省首届市场调查分析大赛正式启动。

10月28-29日 中宣部副部长孙志军率领中宣部、国家统计局专题调研组到寻乌县进行对口支援调研。

10月28-29日 江西调查总队论文《大数据在小微企业统计中的应用》入选第十七次全国统计科学讨论会。

10月29日 省委书记强卫对江西调查总队撰写的调研文章《我省城镇居民收入与全国平均水平差距的原因分析与增收建议》（《江西调查》2013年第47期）作出批示。

10月30日 省委书记强卫对《江西调查》第48期《失地农民生活状况仍需重视》作出批示。

10月30日 省人大常委会副主任朱秉发对江西调查总队撰写的文章《推进乡镇科学发展的经验与启示》《基本公共服务均等化评价指标体系研究》做出批示。

10月30日 江西调查总队成立总队第三次全国经济普查个体经营户抽样调查工作办公室。

10月中下旬 江西调查总队先后召开全省居民消费价格调查、统计信息系统建设基本情况调查方案布置、规模以下工业抽样调查会议。

11月

11月4-9日 省统计局在井冈山举办全市GDP核算业务培训班。

11月8日 省统计局下发《江西省统计局关于认真执行重要事项报告制度的通知》（赣统字〔2013〕146号），要求各单位及时上报各类重要事项。

11月8日 省统计局党组下发《关于印发江西省统计局党组工作规则及领导班子成员工作守则的通知》（赣统党组字〔2013〕20号）。

11月8日 全省社会科技和文化产业统计年报工作布置会在南昌召开。会议传达了全国社会科技和文化产业统计年报工作

布置会议精神，对2013年全省社会科技和文化产业统计年报工作进行部署，开展了相关业务培训。

11月11-12日 全省统计系统经济形势分析现场会在南昌召开。省统计局局长王建农作主题报告。各设区市统计局局长及助手、省统计局各单位主要负责人及南昌市各县区相关人员参加了会议。

11月17日、20日、22日 省委书记强卫、省长鹿心社、副省长胡幼桃分别对江西调查总队撰写的《前三季度我省城镇居民收支平稳增长》（《江西调查》2013年第63期）作出批示。

11月18日 省第三次全国经济普查领导小组办公室和江西调查总队联合下发《关于做好江西省第三次全国经济普查个体经营户抽样调查工作的通知》（赣经普办字〔2013〕45号）。

11月18-19日 全省建设领域统计制度布置会在上饶召开，会议传达了全国建设领域统计制度布置会议和全国第三季度数据质量联审会议精神；分析建设领域投资形势；布置2013年统计年报和2014年定期统计报表制度；交流建设领域统计工作经验。

11月26日 全省统计网络信息工作会议在南昌召开，省统计局总统计师曹青云出席会议并讲话，各市、县（区）统计局，省局各单位网络信息员参加了会议。

11月26-28日 全省服务业统计年报布置会在景德镇市召开。省统计局副局长韩志生出席会议并讲话，各设区市统计局分管领导、业务科长和业务骨干参加了会议。

11月中下旬 江西调查总队发文要求做好江西省第三次全国经济普查个体经营户抽样调查工作，布置规下服务业调查年报和定报、城乡住户调查年报工作，组织开展《统计法》颁布30周年纪念宣传活动。

11月中下旬 江西调查总队先后召开全省人事教育、党风廉政建设和国有企业反腐倡廉民意调查、农产品价格调查、农民工监测调查、规下服务业调查工作会议和消费价格调查年定报布置总结会。

12月

12月3日 江西调查总队召开退耕还林监测调查工作会议、全省经济形势专题分析会议、江西第三次经济普查个体户抽样调查办公室主任会议。

12月4日 省长鹿心社对江西调查总队撰写的《小微企业融资难的现状、问题及对策研究》做出批示。

12月4日 省统计局开展送统计法进园区、进企业活动，活动的主题是“大力弘扬法治精神，共筑伟大中国梦”。

12月4-6日 国家统计局中国经济景气监测中心副主任潘建成率调研组赴寻乌县，就苏区振兴发展对口支援工作进行调研。

12月上旬 江西调查总队组成8个宣传组，由总队领导带队分别深入市、县队开展统计法颁布30周年纪念宣传活动。

12月10日 全省贸易外经统计工作会议在南昌召开。会议的主要任务是贯彻落实全国贸易统计方法制度布置会议精神，总结2013年度全省贸易外经统计工作，对2014年贸易外经统计工作进行全面布置。省统计局副局长韩志生出席会议并讲话。

12月11日 由江西省统计局和广西壮族自治区统计局共同承担的课题《林业统计方法和统计数据质量控制办法研究》在南昌召开了结题研讨会，国家统计局和国家林业局的领导和专家出席。

12月11日 江西调查总队印发《江西省第三次全国经济普查个体经营户抽样调查实施方案》。

12月11-12日 省统计局在南昌举办统计分析写作及新闻宣传技巧培训班，各市、县（区）从事综合统计工作的人员共120余人参加了培训。

12月18日 王建农局长陪同省委常委、省纪委周泽民书记赴双胞胎集团调研。

12月18日 江西调查总队召开全省采购经理调查工作会议。

12月19日 省统计局撰写的《加快江西乡村旅游发展，壮大旅游产业》获副省长朱虹批示。

12月23日 江西调查总队召开全省第三次全国经济普查个体经营户抽样调查工作布置暨动员会议。

12月23-24日 全省统计部门2013年决算编制会议在南昌召开。省统计局副局长韩志生出席会议并讲话，各设区市统计局财务人员参加了会议。

12月24日 全省第三次全国经济普查服务业培训会议在南昌召开。省统计局副巡视员、省经普办主任黄奕祯出席会议并讲话。各设区市、市辖区及县级市统计局核算和服务业统计人员参加了培训。

12月25-27日 江西局队陪同国家统计局财务司副司长刘晓东、广西总队总队长邹伟忠、广西农科院院长白先进、广西柑橘研究所所长邓崇岭等专家，到国家统计局对口支援寻乌县实地考察调研柑橘黄龙病防治情况，进行柑橘黄龙病防治知识培训。

12 月 26 日　全省工业经济普查业务布置暨全年数据质量控制会议在南昌召开。会议的主要内容是布置三经普工业专业有关工作，通报国家统计局数据质量研讨会议精神，研讨如何提高全年工业统计数据质量。省统计局总统计师曹青云出席会议并讲话。

12 月 28 日　江西省第三次全国经济普查宣传日活动在南昌举行。此次活动的主题是“经济普查 盘点过去 把握现在 指点未来”。省统计局副巡视员、省经普办主任黄奕祯参加宣传活动。